Hofmannsthal
Jahrbuch · Zur europäischen Moderne
3/1995

HOfMANNSTHAL
JAHRBUCH · ZUR EUROPÄISCHEN MODERNE 3/1995

Im Auftrag der Hugo von Hofmannsthal-Gesellschaft

herausgegeben von

Gerhard Neumann · Ursula Renner

Günter Schnitzler · Gotthart Wunberg

Rombach Verlag Freiburg

Beilage
Pablo Picasso: Selbstbildnis »Yo Picasso«.
Paris 1901. Öl auf Leinwand, 73,5 × 60,5 cm.
Von Hofmannsthal erworben 1912 (Privatbesitz).

© 1995, Rombach GmbH Druck- und Verlagshaus,
Freiburg im Breisgau
1. Auflage. Alle Rechte vorbehalten
Lektorin: Dr. Edelgard Spaude
Typographie: Friedrich Pfäfflin, Marbach
Herstellung: Rombach GmbH Druck- und Verlagshaus,
Freiburg im Breisgau
Printed in Germany
ISBN 3-7930-9122-8

Inhalt

Hugo von Hofmannsthal
Der Dichter und die Leute. Notizen zu einem Vortrag
Mitgeteilt und kommentiert von Leonhard M. Fiedler
7

Hugo von Hofmannsthal – Alfred Walter Heymel
Briefwechsel – Teil 2 1909 bis 1914
Herausgegeben von Werner Volke
19

Hugo von Hofmannsthals »Gabriele d'Annunzio«
in der Übersetzung von Gabriele d'Annunzio
Mitgeteilt und kommentiert von Roberta Ascarelli
169

Jacques Le Rider
La »Reitergeschichte« de Hugo von Hofmannsthal
Éléments d'interprétation
215

Mathias Mayer
Zwischen Ethik und Ästhetik
Zum Fragmentarischen im Werk Hugo von Hofmannsthals
251

Achim Aurnhammer
Hofmannsthals »Andreas«
Das Fragment als Erzählform zwischen Tradition und Moderne
275

Elisabetta Potthoff
Endlose Trennung und Vereinigung
Spuren Ariosts in Hofmannsthals »Andreas«
297

Michael Hamburger
Das Fragment: Ein Kunstwerk?
305

Carlpeter Braegger
Dem Nichts ein Gesicht geben
Hofmannsthal und die künstlerische Avantgarde
319

Susanne Rode-Breymann
»Ein Wort, daraus Tiefsinn und Trauer rinnt«
Alban Bergs Vertonung der »Ballade des äusseren Lebens«
Spiegel seiner Hofmannsthal-Rezeption
363

Hofmannsthal-Bibliographie 1.1.1994 bis 31.12.1994
Zusammengestellt von G. Bärbel Schmid
387

Hugo von Hofmannsthal-Gesellschaft
Mitteilungen
413

Siglen- und Abkürzungsverzeichnis
419

Anschriften der Mitarbeiter
425

Register
427

Hugo von Hofmannsthal

Der Dichter und die Leute
Notizen zu einem Vortrag

Mitgeteilt von Leonhard M. Fiedler

Dem kürzlich von Werner Volke an dieser Stelle veröffentlichten Briefwechsel zwischen Hugo von Hofmannsthal und Alfred Walther Heymel (Teil I) kann man einen ersten Hinweis auf die Beschäftigung mit einem Gegenstand entnehmen, der Hofmannsthal offensichtlich sehr am Herzen lag. Am 28. August 1905 läßt er den Freund wissen:

> Ich lese den 23ten November in einem ›Künstler-Verein‹ den Leuten einiges von meinen Arbeiten. Tags vorher möchte ich im Saal eines Herrn Leuwer der sich mir durch Nennung Deines Namens empfahl, vor einem kleinen Kreis über ein Thema sprechen, das mich interessiert: nämlich über die Stellung der Dichter unter den Leuten in dieser unserer Zeit. (HJb 1, 51).

Einen Monat später, am 26. September 1905, bietet er das Thema, nun etwas abgewandelt, Oscar Bie für die »Neue Rundschau« an: »[...] zeigen Sie, bitte, wenn Sie wollen, einen Aufsatz an: Der Dichter und diese Zeit. Zu dem Aufsatz dieses Titels hab' ich ein starkes Material liegen [...]« (B II 216). Allerdings, stellt er fest: »Ob ich das aber fertig bringe? Es vor Dezember zu schreiben, ist absolut ausgeschlossen.« (Ebd.) Die Niederschrift erwies sich als langwierig und mühevoll,[1] der Vortrag – unter dem Titel »Der Dichter und diese Zeit« – wurde erst ein Jahr später gehalten,[2] der Druck in der »Neuen Rundschau« erfolgte im März 1907.

Unter dem »starken Material«, von dem Hofmannsthal spricht, hat sich ein Konvolut mit Notizen erhalten, das »Der Dichter und die Leute / ein Vortrag.« bezeichnet ist und das von Hofmannsthal (nachträglich, mit Bleistift) auf »Ende August 1905« datiert wurde. Es handelt sich offenbar um die frühesten, einem ersten Impuls entsprungenen

---

[1] Vgl. dazu Rudolf Hirsch: Edmund Husserl und Hugo von Hofmannsthal. In: Sprache und Politik. Festgabe für Dolf Sternberger zum sechzigsten Geburtstag. Heidelberg 1968, S. 108 ff.

[2] Im November/Dezember 1906 in München, Frankfurt, Göttingen und Berlin, im Januar 1907 in Wien.

Aufzeichnungen. Sie wurden später in das umfassendere Konzept des Vortrags »Der Dichter und diese Zeit« integriert.³

Ausgangspunkt für Hofmannsthals Überlegungen scheint die in privaten und öffentlichen Zusammenhängen erfahrene Einschätzung (»der Leute«) gewesen zu sein, der zeitgenössische Dichter sei zu wenig gegenwärtig und sichtbar in der Welt, sein Werk ohne direkten Bezug auf das aktuelle Geschehen. Seine Antwort auf diesen Vorwurf hat Hofmannsthal zu einer seiner umfassendsten Äußerungen über die Rolle des Dichters ausgeweitet. Zunächst ging es ihm wohl in erster Linie um diese Antwort an »die Leute«. Den Entschluß, sie zu formulieren und mitzuteilen, scheint Hofmannsthal der Entdeckung eines aus einer Lektüre gewonnenen Bildes verdankt zu haben. Die Formulierung auf einem der frühen Notizblätter »[...] aber wir sind doch wie Brüder zu unserer Zeit, nicht wie fremde Gäste. Wir sind der sensitivste Bruder im Haus, dem nur wohl ist, wenn seinen Geschwistern bis ins Mark wohl wäre. Ein Glied darf sich seines Lebens überheben, aber der innerste Nerv spürt ob dem ganzen Organismus so wohl ist!«, aber auch die Notiz »Ein Werk wie die Novelle von Goethe ist der heimliche Kaiser« weisen gleichnishaft auf die Alexius-Legende hin: die Geschichte des in seiner Jugend ein asketisches Leben in der Ferne suchenden Fürstensohns, der nach vielen Jahren in sein Vaterhaus zurückkehrt und dort unerkannt, aber allgegenwärtig seine Tage als Bettler verbringt, bis er im Augenblick seines Todes erkannt und von da an als Heiliger verehrt wird. Hofmannsthal kannte die Legende aus den »Gesta Romanorum«,⁴

---

³ Zu diesem haben sich etwa zwanzig weitere Notizblätter erhalten. Das vollständige Manuskript seines Vortrags schenkte Hofmannsthal seinem Göttinger Gastgeber Otto Deneke. Zahlreiche darin enthaltene Korrekturen, Streichungen und Einfügungen zeugen von der Schwierigkeit des Arbeitsprozesses. (Heute im Deutschen Literaturarchiv Marbach a.N.). – Für seine Hilfe bei der Entzifferung der zum Teil sehr flüchtigen Notizen und für wertvolle Hinweise danke ich Herrn Dr. Rudolf Hirsch, für archivalische Unterstützung Frau Dr. Renate Moering. – Die Blätter 10, 12, 13 und 14 sind irrtümlich bereits im Zusammenhang der Notizen zu den wohl etwa um die gleiche Zeit entstandenen »Unterhaltungen über ein neues Buch« in der Kritischen Hofmannsthal-Ausgabe publiziert worden (SW XXXI 406).

⁴ Vom Leben des Heiligen Alexius, des Kaisers Eufemianus Sohn. In: Gesta Romanorum. Das älteste Märchen- und Legendenbuch des christlichen Mittelalters. Aus dem Lateinischen übertragen [...] von Johann Georg Theodor Gräße. 3. Ausg. Bd. 1. Leipzig: Löffler 1905, S. 24-30. (In Hofmannsthals Bibliothek). – Auch in seinen wohl etwa um die gleiche Zeit entstandenen Notizen zu einem »Gespräch über die Novelle von Goethe« weist Hofmannsthal auf die »Gesta Romanorum« hin (vgl. SW XXXI 149).

und sicher war er auch mit Goethes Version, in einem der »Briefe aus der Schweiz« (11. November 1779), vertraut. Das daraus entwickelte Gleichnis für die Rolle des Dichters steht dann im Zentrum der endgültigen Fassung des Vortrags »Der Dichter und diese Zeit«. Daran klingt auch die mehrfach in den Notizen wie im Text der Rede formulierte Vorstellung vom Dichter als Seismograph an. Die wiederholten Hinweise auf Goethe deuten darüber hinaus auf das wohl im gleichen Zusammenhang entstandene Manuskript eines Vortrags »Vom dichterischen Dasein« hin (GW RA I 82 ff.), das auf »das zweite Leben Goethes« und die möglichen Wirkungen der Generation von 1790 und 1820 Bezug nimmt.

*

[1]
                Der Dichter und die Leute
                         ein Vortrag
            (concipiert Grundlsee Ende August 1905)

Notizen (vielleicht entbehrlich)
   Auflösung der Dialektik
   Stil Sprache

[2]
                    Der Dichter und die Leute.
Man hört manchmal klagen, daß einzelne Stoffgebiete vernachlässigt werden. (z.B. Gebiete moderner Industrie) Ibsen: Wegebaumeister, Baumeister.[5] Aber das ist nicht möglich: sofern sie nur Motive bieten, sich als Motive differencieren, so erschaffen sie sich auch einen, der von diesem Wasser mit Lust seine Mühle treiben läßt. Dies ist einmal

---

[5] Henrik Ibsen: Baumeister Solness (1892).

initiiert, daß das ganze Leben Stoff ist. Nun streben die [gestrichen: Kunstwerke] Dichtwerke untereinander eine Vergeistigung an: sie suchen sich des Stofflichen zu entledigen, ordnen sich nach ihrem Rang. Ein Werk wie die Novelle von Goethe ist der heimliche Kaiser. Dergleichen lebt und durch sein bloßes Dasein schafft es andere Gestaltungen. Die Seligkeit des Dichters ist der innere Bezug zwischen den vorhandenen und den möglichen Werken: das sphären-harmonische Treiben dieser in sich geschlossenen, ihre Bahn kreisenden Welten

Der Dichter und die Welt. So wie der Mensch Kraft seines Wesens Zeit und Raum die Welt der Dinge schafft, so der Dichter die Welt der Bezüge.

Grenze, was von moderner Bethätigung Gegenstand der Poesie werden kann. Diese Grenze von Zola immer durchaus verkannt.

[3]
      Dichter.

Manchmal höre ich sagen, daß es scheine, als interessiere uns die Gegenwart nicht: als hätten wir nicht genug Stolz über solche Dinge, wie die großen Schiffahrtsgesellschaften... aber wir sind doch wie Brüder zu unserer Zeit, nicht wie fremde Gäste. Wir sind der sensitivste Bruder im Haus, dem nur wohl ist, wenn seinen Geschwistern bis ins Mark wohl wäre. Ein Glied darf sich seines Lebens überheben, aber der innerste Nerv spürt ob dem ganzen Organismus so wohl ist. Ja das ist das seltsame: in der sachlichen oder fachlichen Anspannung und Überspannung liegt das geheime Eingeständnis, daß dem Ganzen nicht so wohl ist, daß die Kräfte nicht fröhlich kreisen

Ein Gleichnis für den Dichter ist der Mann der die Orgien bezahlt ohne mit zu genießen.

[4]
      Dichter.

Druck der Gegenwart: wenn die Gegenwart sehr fest organisiert ist, so daß ein Brechen ihrer Fesseln, ein Sieg des Geistes über die Umstände sehr schwer, so wird die Phantasie der Dichter unermüdlich dorthin tauchen (in die dunkelsten Abgründe des einzelnen Lebens) wo sie den

Sieg des Geistes über die Materie sieht. So sicher findet sie dies, wie der Geier die Caravanne [die Tragischen] dem Sturz nahe sind oder wie die Biene ihren Blüthen.)

Welches Kleben an der Stofflichkeit, an den nichtigen Begriffen Groß und Klein, ist es zu glauben der Dichter bekümmere sich um etwas in der Epoche liegendes nicht. Ja die Kunst gehört doch zur Natur! tua res agitur, während ich Elektra und während ich eine Pflanze schildere. Es gibt keinen unhistorischeren Menschen als den Dichter. (Hebbel: was zu tarnen Zeit – . Schluß)[6]

This (des Dichters innere Kraft) is a natural power, like light and heat, and all nature cooperates with it. The reason why we feel one mans presence and do not feel anothers is as simple as gravity. Truth is the summit of being, justice is the application of it to affairs. (Emerson »Character«)[7]

[5]
                    Der Dichter.
Der Dichter und der Weltzustand. Goethe und die Zeit von 1789-1815. er krampft sich unter dem Druck der Weltereignisse. Er ist ein Seismograph. Später entspannt sich dieser Druck: eine Epoche kündigt sich an, Panama, Suez, der Oder-main-canal, verbesserte Post, das möchte er erleben (er sieht diese Zukunft so vereinfacht strahlend gebadet wie wir ganz altes sehen.) Er vermag nicht rhetorisch gegenüberzustehen, sondern muss die Umgestaltung durchmachen wie eine Krankheit. In seinen Knochen ist die Schwäche Deutschlands. Auf seinen Lippen nicht das erste beste pathetische Wort, sondern Ringen um das erlösende Wort. So der gegenwärtige Dichter einen ungeheueren Ausgleich von Kräfteströmen ahnend. Das Becken reiner unverbrauchter Luft: Amerika. Die Welle von Osten her: auf dem Schreibtisch einer cultivierten Frau Deussen, Hearn, Okakura, Omar Khayyam, die orientalischen Publicaten der Harvard Universität.[8]

[6] Spätere Hinzufügung.
[7] Essays by Ralph Waldo Emerson. London: Macmillan 1903. Second Series. III. Character, S. 382. (Exemplar in Hofmannsthals Bibliothek.)
[8] Hofmannsthal mag hier Helene von Nostitz im Auge gehabt haben. Die erwähnten Werke befinden sich in seiner Bibliothek: Sechzig Upanishads des Veda. Aus dem Sanskrit übersetzt [...] von Dr. Paul Deussen. Leipzig: Brockhaus 1897. – Kakasu Okakura: The Ideals

[6]
Der Dichter
Er schafft die Welt der Bezüge. Er vermittelt zwischen dem eigentlich Unvermittelbaren. er ist geistig was das Geld materiell

Lexicon: seine Leidenschaft mit der er die Substantiva und Verba genießt, als das Material der Weltbezüge. (Lord Chatham las ein Lexicon bevor er im Parlament zu sprechen hatte.)[9]

[7]
Der Dichter. (Dichter und Epoche)
Daß nicht nur Athen, Paris, England interessant sondern jeder Fleck, wo Menschen wohnen leben, leiden: solche Bücher wie Pitaval[10] oder Krankengeschichten verklären ihm die Miethscasernen und Proletariervorstädte.

ein fortwährendes Entgegenarbeiten dem Philisterthum: Kern des Philisterthums zu sondern: nicht zu erkennen daß Leib und Seele eins, daß Groß und Klein, Heute und Gestern eins; davon abstammend das Kleben am Fachbegriff, am Competenzbegriff, ein durchgehendes Verholzen, Verknöchern

Kern des Philisterthums: sich orientieren, in egoistischer niedrig besorgter Weise. Es liegt ein Haß und eine Angst des Unterliegens drin. Gegen das Erstarren: der Brauch größter Betriebe, ihre führenden Personen aus fremden Lebenskreisen zu nehmen

[Rückseite, durchgestrichen:
   liebe Lili   Grundlsee, Schlömmerhaus. 24 VIII.]

---

of the East. With special Reference to the Art of Japan. London: Murray 1903. – Rubaiyat of Omar Khayyam. Edinburgh: Grant, London: Johnson 1903. – Von den Werken Lafcadio Hearns sind zehn Bände in verschiedenen Ausgaben in Hofmannsthals Bibliothek erhalten, außerdem die zweibändige Biographie von Elizabeth Bisland. 1907 erschien die deutsche Ausgabe von »Kokoro« mit Hofmannsthals Vorwort. – Seit 1891 erschienen die Harvard Oriental Studies.

[9] Der britische Parlamentarierer William Pitt, Earl of Chatham (1708-1778). Vgl. John Almon: Anecdotes of William Pitt, Earl of Chatham, and of the principal events of his time, with his speeches in Parliament. 3 Bde. London [4]1810.

[10] In Hofmannsthals Bibliothek: Der neue Pitaval. Eine Sammlung der interessantesten Criminalgeschichten. Hg. von Julius Eduard Hitzig und Wilhelm Häring (d. i. Willibald Alexis). 2. Aufl. 36 Bde. Leipzig: Brockhaus 1857-1872.

[8]
           Dichter

Hypothese, es sei der Hauptinhalt unserer Zeit die Umwandlung der Dialektik in Musik. Stützpunkte: wie unbegreiflich ist uns heute schon die Dialektik des XVIIIten (Voltaire, Mirabeau, Schiller) und wie fühlbar ihre Musik. Wie wundervoll ist in Goethe »wer darf ihn nennen« schon die Dialektik aufgelöst in Musik.

auf ein Werk das entsteht blicken alle Dichterwerke, blicken auch die Veden – nirgends kann es sich bergen.

[9]
           Dichter

Innere Aufgaben: vielleicht ist der Kern der geistigen Vorgänge unserer Epoche dies: die Musik an Stelle der Dialektik zu setzen, nicht länger das Wort Dialektik dialektisch zu brauchen, sondern alles durch Relationen von Worten zu sagen: in unerhörter Weise das Individuum (welches redet) und des Individuums Stimmung, Gedanke, Kunstwerk, vom eigenen Aetherkreise umflossen, zu respectieren und dadurch der Aufhebung des Individuums und der äußeren Welt ein adaequates Gegengewicht zu schaffen. Hiezu wäre manches Hebbelwort nur eine Vorbereitung (Hebbelworte worin sich die einzigkeit des Gefühls, des Gedankengefühls ausspricht) wäre die Kunst von Stefan George.

Wenn das wäre so würde auf einmal die drahtlose Telegraphie, die Eigenschaft des radium, ja die ungeheuren Vorgänge in Asien dazustimmen. Vielleicht sehen, ich, Landauer,[11] der einsame Verfasser jenes großen Buches,[12] Lord Curzon[13] und X X die Sache ganz gleich.

In einem so ungeheuren Durcheinanderfluß geistiger Ströme, wer könnte es aushalten, als derjenige dem alles ein Gleichnis ist, wer könnte sonst, im Tiefsten erregt und bebend wie die Memnonsäule beim

---

[11] Zu Hofmannsthals Verhältnis zu Gustav Landauer vgl. die Dokumentation von Norbert Altenhofer in HB 19/20, 1978 (jetzt auch in: Nobert Altenhofer: »Die Ironie der Dinge«. Zu Hofmannsthals Spätwerk. Frankfurt am Main 1995).

[12] Gemeint ist möglicherweise Fritz Mauthner: Beiträge zu einer Kritik der Sprache. 3 Bde. Stuttgart: Cotta 1901/02. Die Bände 1 und 3 befinden sich in Hofmannsthals Bibliothek.

[13] Vermutlich der englische Staatsmann George Nathaniel Lord Curzon of Kedleston, von 1898 bis 1905 Vizekönig von Indien. Er veröffentlichte diverse Bücher über seine Aufenthalte im Fernen Osten.

Aufleuchten dieser neuen Wahrheit, aber unzerrüttet solches über sich ergehen lassen, als wer alles als Gleichnis erkennt, wenn darum das Schlömmer Winterholz,[14] die Erscheinung Mirabeaus, der [Himmels]zustand gleich wertvoll sind (diese umgaben mich als solche Gedanken mich zuerst befielen).

Im Wohlfühlen, sich Einfühlen in der Epoche zuhause sein

[10]
Stil
Dorthin wo das Leben des Ganzen herkommt: denn dort sind die saugenden Wurzeln, die das Leben geben, vermöge dessen oben der Hauch des Lebens immer zu uns flüstert

Die Gedanken die Gefühle schweifen durchs Ganze hin: individuell gebrochen müssen sie im Medium als Wesen erscheinen

---

[14] Vgl. oben Blatt 7, Rückseite.

16 Hugo von Hofmannsthal

[11]
Stil
In den Schwierigkeiten des Schreibens liegt etwas fast mystisches. Was für tiefe unbegreifliche innere Gewohnheit, Unfähigkeiten etwas anders als auf eine Art zu sehen, innere Verwachsungen hängen an diesen Wurzeln. Eines Menschen Werke sind sein Schicksal: da ist schon sein Inferno ausgedrückt. Flaubert und Madame X. Der seine Werke über seine Liebe stellte.[15]

Associationen durchbrechen.

Daß seine Worte in wesenhafte in enge Weise zu setzen
Stäubchen von dem Hirn wegbläst und der seine Begriffe [reinigt] Seitenwege:

Kampf mit dem er sich formulierte, mit dem chaotischen Trieb seines Geistes

Kampf mit der Menge

Zu spüren seine Individualität: daß er Worte meidet, Worte sucht
Was Luther, man möchte in das Wort [ ] Wie ist alles darin: sein Athem, sein letzter Blick* sein Gang, sein Gewissen, Wie verräth sich der Schwache der sich stärker machen will. Wer sieht Cicero nicht! Wer spürt nicht Renan!

Goethe: welch Auseinanderlegen, welch Emporführen, die wunderbare Gelassenheit, in Qualen gewonnen

* Seine Schmerzen Ahnung Schwünge Naivitäten (frisches Fühlen einzelner Worte)

[12]
Sprache und Leben
Hier ist ein wundervolles großes Citat aus Goethe, und dann eine kleine Betrachtung die hinter ihm hergeht und ihm die Schleppe trägt.

[13]
Worte Wort, ich rede immer vom Wort. Aber das Leben? Aber da ist das

---

[15] Möglicherweise eine Anspielung auf Flauberts hoffnungslose Liebe zu der Frau des Musikverlegers Schlésinger, deren poetische Verarbeitung zu einem der Grundmotive der »Éducation Sentimentale« wurde.

Leben, das ganze Leben, das kosmische Leben. Die Gedanken die Gefühle schweifen durchs Ganze hin. Das Leben ist tun nicht in der Seele dessen der schreibt.

          Worte sind der Seele Bild
          Worte sind der Seele Schatten.[16]
Worte sind Annäherungsunterschiede an das Unsagbare
»mit Zungen reden«

[14]
          Reflexion über Sprache und Leben
so will denn Goethe scheint es, nur seine Sprache bereichern. Betrachtet man aber was er mit seiner Sprache anfängt (Brief an Kayser, Briefe II S. 6.)[17] so wird man des Ethischen der inneren Sprache gewahr: Sprache haben ist dann wissen wo oben und unten ist; in dieser Sprache ist so viel Ton, daß Ton und Wortlaut unlöslich verbunden sind: das mahnend helfende unter die Arme greifen, dem andern die Bahn vorgraben, das Edle Hilfreiche und Gute, der Innere Muth liegt sogleich darinnen.

---

[16] Von Hofmannsthal häufiger zitierte Verse aus dem letzten Stück von Goethes »Inschriften, Denk- und Sendeblättern« der Ausgabe letzter Hand. Vgl. dazu Rudolf Hirsch: Drei Vorträge im Jahre 1902. Mit Aufzeichnungen Hofmannsthals zu »Die natürliche Tochter« und »Torquato Tasso«. In: HB 26, 1982 und SW XXXI 304 f. Korrekt und vollständig lauten Goethes Verse: »Worte sind der Seele Bild – / Nicht ein Bild! Sie sind ein Schatten! / Sagen herbe, deuten mild / Was wir haben, was wir hatten. – / Was wir hatten wo ists hin? / Nun, wir sprechen! Rasch im Fliehn / Haschen wir des Lebens Gaben.« (WA I/4, S. 71).

[17] Am 20. Januar 1780 schreibt Goethe an den Musiker Philipp Christoph Kayser: »Das Accompagnement rate ich Ihnen sehr mäßig zu halten, nur in der Mäßigkeit ist der Reichtum [...]. Bedienen Sie sich der blasenden Instrumenten als eines Gewürzes der einzelnen; bei der Stelle die Flöte, bei einer die Fagot, dort Hautbo, das bestimmt den Ausdruck, und man weiß, was man genießt, anstatt die meisten neure Komponisten, wie die Köche bei den Speisen, einen Hautgout von allerlei anbringen, darüber Fisch wie Fleisch und das Gesottne wie das Gebratne schmeckt.« In Hofmannsthals Exemplar (Goethes Briefe. Ausgewählt und in chronologischer Folge mit Anmerkungen hrsg. von Eduard von der Hellen. Stuttgart, Berlin o.J. [1902]. Bd. 2, S. 5f.) ist der erste Teil dieses Satzes am Rande angestrichen. Weiter unten fährt Goethe fort: »Was ich an Ihren Sachen am meisten schätze, ist eben diese Keuschheit, die Sicherheit, mit wenigem viel hervorzubringen und mit einem einzigen veränderten Griff mehr zu thun, als wenn andre sich in weitläufigen Orgeleien den Zügel schießen lassen. Bei dieser Gelegenheit wird Ihnen das Variieren eben derselben Melodie große Dienste thun, und es ist ein sehr schöner einfacher Eindruck, den man am rechten Ort durch einen minor, durch eine gewandte Harmonie hervorbringt.« (Vgl. SW XXXI 413).

Hugo von Hofmannsthal – Alfred Walter Heymel
Briefwechsel
Herausgegeben von Werner Volke

Teil II   1909 bis 1914

[...] denn bei den vielen Fehlern, mit denen mich meine Vorfahren und das Schicksal ausgestattet haben, habe ich vielleicht doch die Tugend der Treue der Gefühle, einer unerschütterlichen Anhänglichkeit an meine Freunde und eine Fähigkeit, nichts aus dem Leben zu verlieren [...]

Heymel an Otto Vrieslander. Berlin, 22. Mai 1912

Alfred Walter Heymel, Photo: Privatbesitz Dr. Rudolf Hirsch

New York, den 28sten Januar 1909.

Lieber Hugo!

Viele Dinge sind es, die mich augenblicklich Dir noch näher bringen als es sonst das fortlaufende Freundschaftsgefühl und der immerwährende Zusammenhang mit Deiner Production Dich mir nie aus den Augen und aus dem Sinn kommen lassen.

Die Nachricht von Deinem, Strauss und Elektras großem Erfolg in Dresden geht durch die Welt wie ein Lauffeuer.[1]

Ferner erhielt ich gestern das zweite Heft des neuen Jahrgangs der Süddeutschen Monatshefte und fand zu meiner größten Freude das prachtvolle, lebendige, erregende und graziöse Fragment Deiner neuen Prosa Komödie darin enthalten.[2]

Das wären also zwei höchst angenehme und wohltuende Erinnerungen an Dich, während die Dritte mir darum schmerzlich ist, weil ich fürchte daß Du mit Recht sehr ärgerlich über meine Frau hast sein können. Das hat man davon, wenn man Frauen überraschen will und ihnen etwas schenkt, worauf sie nicht vorbereitet waren und sich einbilden daß sie es nicht brauchen können. Ich war außer mir und habe ihr dies geschrieben. Heute möchte ich mich nur noch bei Dir und Deiner Frau entschuldigen, da Ihr sicher Mühe gehabt habt, ich kann die ganze Sache von hier aus nicht so gut beurteilen und weiß nicht was aus ihr geworden ist. Jedenfalls bitte ich Dich wenn es noch möglich ist, Fortuny nichts von der Angelegenheit wissen zu lassen, das Tuch für mich nach Leipzig zum Inselverlag schicken, dort bezahlen und mir bis zu meiner Rückkehr aufheben zu lassen. Ich werde es irgendeiner Bremer Freundin bei irgendeiner Gelegenheit schenken. Trag meiner Frau und mir die Sache nicht nach, sie handelt zuweilen etwas schnell

---

[1] Die Oper war am 25. Januar 1909 im Königlichen Opernhaus Dresden erstmals aufgeführt worden.

[2] »Aus einer Komödie in Prosa. Der erste Aufzug (Fragment)« (Süddeutsche Monatshefte, Jg. 6, 1909, Heft 2, Februar, S. 192–223). D. i. der Beginn von »Florindos Werk«, der Vorfassung von »Cristinas Heimreise«, 1918 unter dem Titel »Florindo und die Unbekannte« im 2. Teil der »Rodauner Nachträge« mit geringfügigen Änderungen erneut gedruckt. Siehe dazu und zur weiteren Entstehungs-, Publikations- und Aufführungsgeschichte der Komödie SW XI Dramen 9.

und unüberlegt, ist hier aber gründlich im Unrecht, auch mir gegenüber.[3]

Was ich hier täglich sehe und erlebe, mit wievielerlei verschiedenen Menschen und Schicksalen in Berührung komme, wie ich versuche neue Lebensfäden anzuknüpfen und alte fortzuspinnen, würde zu erzählen zu weit führen. Ich habe alles das noch ungeordnet und wie es so daherkommt in kurzen Tagebuchnotizen niedergelegt und in Briefen an meinen ältesten Schwager etwas geklärt und doch immer noch wirr, als Rohmaterial gesichtet. Vielleicht schicke ich Dir einmal Copien, vielleicht aber und das wird wohl das Beste sein, verschiebe ich dies Alles auf unser nächstes Wiedersehen, im Frühjahr irgendwo in Europa. Wie wollen wir zusammenarbeiten, da ich jetzt Dir soviel näher in Süddeutschland residieren werde! Das klingt ja ordentlich fürstlich! Aber man kriegt hier unter den Amerikanern als Europäer zuweilen solche Anwandlungen. Trotzdem ist das Land und seine Möglichkeiten köstlich. Ich sage Dir Begriffe werden einem hier verkörpert die man bei uns zu Hause kaum noch dem Namen nach kennt. Hier ein paar: Spontanität, Optimismus, Unternehmungslust, Elastizität, Begeisterungsfähigkeit, Heiterkeit, kindliche Fröhlichkeit, halb barbarische Gastfreundschaft, homerische Neugierde, halb wilde Renommierfreude, und höchste Achtung vor jedem Erfolg und jeder Leistung. Dagegen stehen als Schatten, Unkultur, in künstlerischen und seelischen Dingen, wenn auch eine dumpfe Scheu und ein noch unklares Begehren nach diesen, vor allem in den Frauen und jungen Mädchen ersteht, Rastlosigkeit, Lärm, wahlloser Luxus, unrepublikanische und ach doch so republikanische Titel- und Auszeichnungssucht, Societyschwindel in jeder Form, Hysterie, und Wetterwendischkeit der Gefühle, Geldmachen als Selbstzweck und eine fürchterliche Vorliebe für alle Superlative, eine Begleiterscheinung der nationalen Reklamebedürfnisse. Land, Städte und Menschen,

---

[3] Heymel hatte gebeten, für seine Frau einen der durch Isadora Duncan berühmt gewordenen Schals mit kretischen Mustern von Mariano Fortuny zu besorgen. Hofmannsthal hatte den Maler und Bühnenbildner spanischer Herkunft durch seinen Schwager Hans Schlesinger in Paris kennengelernt. Auch Ottonie Degenfeld hatte später einen solchen gewünscht; Hofmannsthal mußte melden, sie seien ausverkauft (BW Degenfeld [1986], S. 33). D'Annunzio, der Freund der Tänzerin, läßt in seinem Roman »Vielleicht – vielleicht auch nicht« Isabella vor ihrem Geliebten Paolo mit einem »jener langen Schals von orientalischer Gaze« tanzen, »die der Zauberkünstler Fortuny in die geheimnisvollen Beizen seiner Farbtröge taucht und mit fremden Träumen beladen herauszieht«.

sind nicht fertig, sind provisorisch in dem Kindeszustand. Amerika ist reich geworden im Glück, durch seine Bodenschätze, durch seine Möglichkeiten, seine Dimensionen, seine Kolossalität; es wird eine Nation, ein Vaterland werden im Unglück und im Leiden, die Völker, Stämme, Familien, erst zum Volke heranreifen, alles das mündlich.

Ein klein wenig traurig war ich, daß ich trotz zwei langer Abschiedsbriefe noch in Europa keine schriftliche Antwort erhielt, während ein kurzes Cabel mich erfreute und mir sagte, daß Du meine Grüße erhalten hast.[4] Gesundheitlich ging es mir bis vor vierzehn Tagen glänzend; momentan leide ich unter einer ermüdenden und schmerzhaften Gallen- und Magenattacke, die allerdings auf dem Abmarsch begriffen ist. Harry Kessler's schwerer Sommeranfall aber macht mich ein wenig ängstlich, denn auch ich war ja gleich ihm nie in das notwendige Bad zu bringen gewesen; ich werde es aber nachholen. Wie ein Kind habe ich mich über seine außergewöhnliche Ehrung durch die dreißig Künstler der drei vornehmlichen Kulturnationen gefreut.[5] Er hat es weiß Gott verdient, denn als Kunst »Promoter« wie man sich hier geschäftlich ausdrücken würde, sucht er seinesgleichen und seine motorischen und Hebelwirkungen sind auf vielen Gebieten, die uns die nächsten sind, unausrechenbar. Wenn Du ihn siehst oder ihm schreibst, grüße und gratuliere ihm, so freundschaftlich und herzlich von mir als Du kannst. Wann wirst Du diese Zeilen wohl erhalten und wo werde ich etwas von Dir hören? Ich gehe wohl noch nach Canada und nach Mexico, Briefe aber erreichen mich immer am sichersten über Wall Street 46, Room 30, New York.

[4] Nicht erhalten.
[5] Henry van de Velde und Ludwig von Hofmann hatten am 20. Dezember 1908 in Weimar Kessler ein bronzenes Opfergefäß aus der Han-Zeit mit einer Grußadresse von elf englischen, zehn deutschen und neun französischen Künstlern und Dichtern überreicht. Der Gedanke, Kessler zu ehren, stammte von dem englischen Maler William Rothenstein. Die Adresse hatte Eric Gill entworfen; sie wurde von dem englischen Schriftkünstler Edward Johnston geschrieben. Kessler möge, so heißt es darin, dieses »small token« als Zeichen »of our appreciation of your energy, sympathy and unfailing courage« annehmen. Hofmannthal hatte für die Huldigung einen eigenen Grußtext entworfen, der aber einigen der Beteiligten zu überschwenglich erschien. Siehe dazu BW Kessler, S. 210 und 548; Kessler-Katalog, S. 204f. und die Dokumentation Hugo von Hofmannsthal und Gerhart Hauptmann in HB 37/38, 1988, S. 56.

Grüße mir Deine liebe, liebe Frau und die drei Prachtskinder und lasse Dir ganz besonders kräftig die Hand schütteln, von

                  Deinem alten vielverschlagenen, Alfred

Gleichzeitig möchte ich Dir, lieber Hugo folgenden Vorschlag machen und Dich bitten, ihn zu erwägen und ihm freundlichst zuzustimmen. Du weißt daß ich Ende jedes Jahres seit 1907 ein Buch in hundert Exemplaren für die nächsten Freunde und unsere Verständnisvollen herausgebe. 1907 war es Borchardt's Villa, 1908 Schröders's Zwillingsbrüder, 1909 möchte ich Dich bitten etwas von Dir drucken zu lassen. Die geschäftlichen Bedingungen sind folgende: Fünfzig Exemplare stehen mir, fünfzig Dir zur Verfügung. Dieses Jahr möchte ich der Publikation eine vollständige namentliche Liste derjenigen Personen die das Buch erhalten sollen, anfügen, wie es schon seiner Zeit um die Wende des achtzehnten Jahrhunderts die Mode war, da man die Subscribenten von Luxusdrucken namentlich erwähnte. Ich finde das hübsch und es ist eine bleibende Erinnerung an einen Kreis zu dem man zu gehören glaubt. Ich würde Dir meine Freunde nennen, die Du dann beliebig vervollständigen könntest. Es werden ja, dem Leben sei Dank, viele Namen von uns beiden gemeinsam aufgegeben werden. Für würdigen Druck, dauerhaftes Papier und einfachen noblen Einband werde ich sorgen. Die beiden oben erwähnten Bücher geben Dir hierfür eine gewisse Garantie. Schwieriger ist die Wahl der zu veröffentlichenden Arbeit. Am liebsten wäre mir natürlich etwas Neues, besonders reizvolles, in Prosa oder Vers, Geschriebenes; vielleicht etwas, was irgendwie Bezug auf persönlich Erlebtes hat. Von älteren Arbeiten käme vielleicht das liebe Ballett »Die Stunden« in Frage. Auch die »Alkestis« könnte noch einmal in dieser Form gebracht werden. Auch irgendein grundlegender Essai der während des Jahres in einer Tageszeitung erscheint könnte so für die Dauer erhalten werden. Bestimme selbst, aber stimme zu, denn ich würde stolz und glücklich sein in dieser Weise unsere Namen zu verknüpfen. Prachtvolle Pergamentdrucke habe ich hier gesehen. Wenn dieses edle Material nicht zu unerschwinglich ist, so könnte man daran denken Dein Buch auf diesem zu drucken.

Die Gesammtausgabe Deiner kleinen Dramen zu billigem Preise wird im Frühjahr zu Hause erwogen und der Hofmillersche Essai besprochen werden nachdem der Gute durch mich schon halb verständigt ist.[6]

Schreibe mir bald, denn ich sehne mich nach einem Lebenszeichen von Dir!

Rodaun d 26 III 09

Mein lieber Alfred,

herzlich willkommen heiß ich Dich in Deutschland und danke Dir von Herzen für Deine guten Briefe und die anderen freundschaftlichen Zeichen, die mich von drüben erreichten und mir jedesmal Freude bereiteten. Wirklich mehr als einmal habe ich schon angesetzt, Dir zu schreiben und habe es dann doch sein lassen um über eine etwas confuse Epoche wie für mich die letzten 6 Monate waren, leidlich Bericht zu erstatten, muß man sich schon gehörig anspannen. Und gerade das sollte und durfte ich nicht und nur indem ich es aufs Äußerste vermied habe ich mich aus dem häßlichen Zusammenbruch, der gerade mit Deiner Abreise zugleich fiel und mich damals so völlig stumm machte, wieder auf leidlichen Boden herübergerettet und vermag wieder mich meiner selbst und der aufkeimenden Phantasieen, vermag mich meines Landes, meiner Menschen und des Frühjahrs wieder zu freuen und gedenke gesünder und stärker zu sein als ich es die allerletzten Jahre war und aus einem nicht zitternden sondern stetigen Boden Frischeres und Runderes hervorzutreiben als man bisher von mir gekannt hat. Die Comödie, die mich im vorigen Sommer quälte oder vielleicht in einen gequälten Zustand hineinverstrickt wurde hat ein neues Gesicht und verspricht ein nettes Ding zu werden. Von einer heiteren Oper für

---

[6] Heymel konnte, wie die späteren Briefe zeigen, seinen Vorschlag und Wunsch eines Hundertdruckes mit Hofmannsthal nicht verwirklichen. – Von der 1908 erstmals im Insel-Verlag erschienenen zweibändigen Ausgabe der »Kleinen Dramen« kam 1909 für M 8,– eine zweite Auflage heraus. Die »wohlfeile Ausgabe« der »Gedichte und kleinen Dramen« für M 2 erschien dann 1911. – Heymel hatte sich von Hofmiller einen das Gesamtwerk Hofmannsthals würdigenden Essay erhofft (siehe Heymels Brief an Nikolaus Cossmann vom 24. Oktober 1908. In: Für Rudolf Hirsch, Frankfurt a. M. 1975, S. 348).

Strauss bestimmt, dabei Österreichisch und sogar im Dialect ist der erste Akt schon am Papier.[7] Andere schöne Pläne und Gestalten regen sich mächtig. Bei Dir sind es der Pläne 1001. Aber laß Dich nicht von ihnen drunterkriegen, wie Aktaeon, den seine zahllosen Hunde, deren ja auch jeder einen schönen Namen trug, drunterkriegten und in Stücke rissen, im Ernst lieber Alfred, thu nicht zu vielerlei, denn wir sind keine Kinder mehr und was wir hinfort thun müssen wir mit Nachdruck thun, es bleibt uns keine Zeit mehr, eine falsche Contur zu verwischen.

Ich freue mich, Dich zu sehen und zu sprechen. Sicherlich komme ich nach München, umsomehr als Reinhardt dort für den Sommer seine Zelte aufschlägt und von mir nicht nur die Aller-Welts Elektra, sondern auch und das zum ersten Mal meine Übersetzung des Oedipus-König spielen wird. Aber bis dahin ist noch eine Weile, ein paar Monate zumindest; wie wenn Du indessen einmal auf 48 Stunden hergejagt kämest, Dir die ganz wundervolle hiesige Aufführung der Elektra ansähest, gegen die Berlin, Dresden und München wahre Provinzaufführungen sind, und man plauderte einen Tag bis dem einen der Mund und dem anderen die Ohren weh thun. Also überleg Dir's

Dein alter Hugo

P.S. Grüße Deine Frau herzlich. Wozu sie Dir die Geschichte mit dem Schawl noch geschrieben hat ist mir räthselhaft. Ich ärgerte mich einen Moment nahm es aber gar nicht schwer.

Ja das Weihnachtsbuch! Das Ballet steht mit Freude zur Verfügung. Alkestis möchte ich nicht. Oder willst Du lieber warten bis ich etwas Neues habe?

Heymel an Richard von Kühlmann
Tutzing, 12.-19. Juni 1909 (Tutzinger Tagebuch)

14. Juni. Heute Morgen wurde ich in einer großen Freude geweckt. Hofmannsthals telefonierten unangemeldet von Starnberg aus und sagten ihren Besuch auf den Nachmittag an. Jetzt bin ich wie elektrisiert und freue mich der nahen Freunde.
[...]

[7] »Cristinas Heimreise«; »Der Rosenkavalier«.

14. Juni, Nachmittags. Der 3 Uhrzug bringt lieben Besuch, Hofmannsthals und Schröder entsteigen dem Coupé. Stürmische Begrüßung und großes Gelächter über die Amerika-Zeit. Hofmannsthal ist entzückend, gar nicht nervös, scheint ordentlich in der Produktion mitten drin zu stehen. Ein Text für Richard Strauss zu einer Singspiel Oper ist beinahe fertig. Der Frauenberg wird auf das höchste bewundert, man konstatiert eine feine sichere Hand, die alles das so gestaltet, wie es jetzt ist, die Deine. Die Frauen duzen sich. Frau von Hofmannsthals bescheidene, feine, angenehme Art wird von Gitta sehr goutiert. Man kann nur drei Stunden zusammen sein, da Abends die Gäste bei Bruckmanns, bei denen sie abgestiegen sind, in Starnberg zurück sein müssen.[8] Morgen aber, bei der Eröffnungsvorstellung von Reinhardts Künstler Theater im Ausstellungspark, man wird Hamlet geben, sind wir alle zu Gaste gebeten. Darauf wird wohl eine lange, gesprächsreiche Nacht für die Herren folgen.

Die Süddeutschen Monatshefte gefallen auch Hofmannsthal von Monat zu Monat besser und vor allem erregt der Hofmillersche Aufsatz über Schröder helles Entzücken.

[...]

17. Juni. [...] Um 1/2 4 Uhr fuhren wir in die Stadt, zogen uns schnell um und kamen noch rechtzeitig zum Anfang der ersten Reinhardtschen Aufführung im Künstler Theater, zum Hamlet. Welch eine andere Welt! Beinahe alles, was Anspruch auf Geist in München macht, war versammelt, von überall her waren Fremde zugereist. Ich mußte lachen, wenn ich an die Gegensätzlichkeit der beiden Welten dachte, in denen ich mich heute bewegt hatte. Heut früh Prinzen, Fürsten und Grafen, die Koryphäen des Sports, Leute, die die Vornehmheit und die Grandeur gepachtet zu haben glaubten und von denen kaum einer sein Alter und seinen Tod überleben wird. Heute Nachmittag nachdenkliche, würdige, nicht immer sehr elegante, aber lebendige Köpfe von Gelehrten, Künstlern und Dichtern, Zeitungsschreibern, von denen kaum einer ein gewisses kleines Quantum von bleibendem Wert sich nicht schon gesichert hat. Mir ist beides am liebsten, vielgefräßig, wie ich bin, aber es ist nicht immer leicht beides zu vereinigen.

---

[8] Der Münchner Verleger Hugo Bruckmann und Elsa Bruckmann, geb. Cantacuzène, mit der Hofmannsthal schon seit 1894 in freundschaftlicher Verbindung stand.

Die Aufführung war teilweise prachtvoll. [Es folgt ein ausführlicher kritischer Bericht. ...] Hofmannsthal, Schröder, ich und v. a. Gleichgesinnte werden nie wieder Hamlet lesen, oder nur den Namen aussprechen können, ohne irgendwie an diesen Abend zu denken.
[...]
Nach dem Theater aßen wir, Bruckmanns und Rudi in der Odeons-Bar. Die Damen gingen nach Hause, die Herren ins Hotel vier Jahreszeiten, wo der ganze Geist sich Rendevous gab. Da waren Vollmöllers und Hofmannsthals, Reinhardt und seine Schauspieler, Erler[9] und die Kritiker. Da wurde manche gute Bemerkung, mancher Witz und manche Betrachtung hin und her geworfen über den Tisch hinüber und noch weiter bis auf den Nebentisch, wie der Fußball in einer gut eingespielten amerikanischen Mannschaft. Bis spät in die Nacht blieben wir zusammen.
[...]
Freitag, den 18. Juni [...] holte um 11 Uhr Hugo von Hofmannsthal im Marienbad ab. Er besuchte die S. M. und ist mit mir ehrlich derselben Meinung, die man jetzt öfter und öfter hört, daß unser Blatt das beste in Deutschland heute wohl schon ist. Er will uns viele Adressen von Freunden und Bekannten geben.

[...] Auch mit Borchardt haben wir uns wieder vertragen, der, wenn er auch nur ein wenig einfacher schreiben würde, doch wohl einer der bemerkenswertesten Mitarbeiter in kritischer Hinsicht sein dürfte.

       Tutzing, Villa Frauenberg, 1. Aug. 09.

Lieber alter Hugo!

Die schöne Zeit, da ich Dich, Deine liebe Frau und die Kinderchen wiedersehen darf, rückt immer näher. Ich möchte Dir aber vorher noch einmal schreiben, damit Du Dich an den Gedanken, daß wir kommen, gewöhnen kannst, denn ich weiß, Du liebst keine Überraschungen und alle plötzlichen Geschehnisse, kannst so besser disponieren, Deine

---

[9] Der Münchner Bühnenbildner Fritz Erler hatte die Dekoration für die »Hamlet«-Aufführung entworfen.

Wünsche äußern, oder uns anders, oder abbestellen. Ich verspreche Dir aber schon im Voraus, daß wir sehr brav sein, Dir nicht wertvolle Arbeitszeit stehlen, sondern ganz ruhig uns nach Alt-Aussee setzen und nur den Berg herauf krabbeln wollen, wenn es Dir paßt. Rudi und Klärchen haben sich leider etwas früher einlogiert, als wir erwartet hatten, denn für Gitta ist es unmöglich vor dem 21.-22. zu reisen, vielleicht komme ich ein paar Tage früher, möchte aber nicht gern die kleine Frau die lange Reise allein machen lassen. – Schreib mir eine Zeile, ob wir Ende August auch wirklich gern gesehen sind. Was für mich diese wenigen Tage, die ich im Jahr mit Dir zusammen sein kann, bedeuten, das kann ich Dir garnicht sagen. Ich habe voriges Jahr mehr Mut, Ermunterung, Zuversicht, Glauben aus den 3 Ausseer Tagen gesogen, als aus der ganzen übrigen Flucht der Tage 1908.

Es ist zu lieb von Dir, daß Du einen in jeder Beziehung so vortrefflichen Brief für die Südd. M. gesandt hast, eine bessere Empfehlung können wir uns garnicht denken. Wir arbeiten, was wir können, daß aus dem Unternehmen nun endlich mal wirklich etwas Dauerndes wird. Die Abonnentenzahl geht langsam und stetig in die Höhe, der Einzelverkauf der Hefte hat sich beinahe unerklärlich gesteigert, an Annoncen nehmen wir jetzt schon im Monat fast M 1000 ein, dabei treten aber ab Oktober erst eine ganze Reihe wertvoller Aufträge in Kraft. Sollten wir wirklich über den Berg sein?

Sonst läuft mein Leben immer zickzack, aber gradaus; viel Ärger, Enttäuschungen, Anfeindungen von allen Seiten, häßliche Zwischenspiele mit Leuten, von denen man es nicht erwartet hätte, Perzynski, hiesige Tröpfe usw.[10] Aber ich will Dir nichts vorjammern, vielmehr Dir sagen, daß ich, so wie es für Menschen unserer Veranlagung nach möglich ist, glücklich, unverschämt glücklich bin, am glücklichsten aber darüber, mit Menschen, wie mit Dir und Rudi, meinem ältesten Schwager, Klärchen Heye usw. zusammen leben zu dürfen.

An meinen amerikanischen Impressionen maikäfere ich noch herum, weiß noch nicht recht, wie ich sie anpacken und wie ich sie formen soll.

---

[10] Der in Berlin lebende gelernte Buchhändler und Kenner japanischer Kunst Friedrich Perzynski hatte trotz der Fürsprache Heymels dem Insel-Verlag vergeblich sein Manuskript »Masken« angeboten und sich mit den Süddeutschen Monatsheften wegen eines Referats anläßlich der Münchner Ausstellung japanischer Farbholzschnitte aus Heymels Sammlung angelegt.

Ich bringe ein bisserl davon mit und vielleicht ergiebt sich mal eine Stunde im Wald, wo ich Deinen Rat einholen kann. Mich hat, nach Europa zurückgekehrt, so ganz die amerikanische Unverschämtheit des Glaubens, daß man recht hat und recht sieht, verlassen und nun erscheint mir vieles so schief gesehen und unzutreffend formuliert. In Privatbriefen ist so etwas ja höchst reizvoll und unterhaltend, wenn es aber nachher irgendwo steif und ernsthaft und gruppiert gedruckt steht, dann muß es wenigstens einen Anflug von Richtigkeit haben. Na, wir werden sehen!

Der Don Juan von Sternheim ist jetzt ausgedruckt und liegt in Korrekturbogen vor mir.[11] Ich habe mich recht mit ihm geplagt, als Ganzes wirkt es doch sehr anders, als teilweise vorgelesen oder erzählt. Es zerflattert so, ist stellenweise etwas geschwätzig, dann wieder packend, höchst talentvoll, höchst merkwürdig, reich an brillant gemachten Situationen, funkelnd von Lebendigkeit und doch und doch, es geht nicht eigentlich zu Herzen. Man sagt bravo, man lacht, man erschrickt, man fürchtet sich, es graust einem, aber man bleibt eigentlich kalt. Der Aufbau des ganzen Stückes ist von einer sehr feinen Psychologie, der ganze Vorwurf ist ja eigentlich psychologisch, das hohe Lied der Liebe des Mannes nicht zu einer Frau, sondern zu der Idee, die er sich von der Frau macht, das bildhaft Gesteigerte über den Tod hinaus als stärkster Ausdruck, dazu diese prachtvolle Erfindung eine Steigerung noch der Anhänglichkeit der wahnsinnigen Johanna an die Leiche des Gatten, denn hier in unserem Stück ließ der Dichter den Enkel d'Austria so weit sich in seiner Liebe zur gestorbenen Maria steigern, daß er mit einem leeren Wagen durch das Land zieht, mit dessen imaginären Insassin er sich unterhält, ja alles für dieses Truggespinst unternimmt und tut und trotzdem, es ist etwas Seelenloses in der ganzen Arbeit, etwas Konstruiertes, man fühlt heißen Atem, aber kein heißes Herz. Es ist kaum eine Stelle in dem unaufhörlich abrollenden Bilde, die einem zu Herzen ginge, weil man empfindet, hier hat ein Dichter unserer Zeit einen Ausdruck für unsere Empfindungen gefunden, wie wir sie in unserer Generation haben. Das ist doch schließlich das Wichtigste, das was uns

---

[11] Carl Sternheims Tragödie »Don Juan«, 1909 im Insel-Verlag erschienen, findet sich in Hofmannsthal Bibliothek als Widmungsexemplar. Siehe dazu: Carl Sternheim – Hugo von Hofmannsthal, Briefe. Mitgeteilt und kommentiert von Leonhard M. Fiedler; in: HB 4, 1970, S. 247 und 253, Anm. 23.

Dich, Hugo, alle so verehren läßt, dieses Aufdecken und Finden unserer Schätze, die in unserem Empfinden liegen und die Du dann so wundervoll sicher wie Steine schleifst und köstlich faßt, diese beinahe hellseherische Sicherheit Deiner Kunst für irgend etwas, sei es häufig alltäglich, oder sei es selten Festliches, das Bild, die Situation, die Worte zu finden.

Ich weiß nicht, ob Du Dir bei diesen, wie im Gespräch nicht ganz geordneten Sätzen etwas denken kannst und ob das heraus kommt, was ich Dir habe sagen wollen, sollte das eine oder andere Wort Dir nicht richtig erscheinen, so nimm es nicht übel. Ich mag solche Dinge nicht korrigieren, denn ich will keinen Aufsatz über Dich schreiben, sondern Dir nur immer und immer wieder sagen, wie sehr ich Dich als einen Bestandteil meines eigensten Lebens ansehen muß, wie ich Dir stellenweise ganz und gar verfallen bin, d. h. wie unwillkürlich Deine Gedanken so starkes leben in mir bekommen haben, daß ich sie wie eigene ertragen oder genießen muß. Mir gehts damit wie mit einigen Malern, deren Werke mich am stärksten ergreifen, man sieht schließlich wie sie die flirrende, flammende, brütende Hitze eines Augusttages auf staubiger Landstraße, über Felder und Hügel wie van Gogh, oder die morbide, späte Eleganz von Paris wie Lautrec. Deine Welt aber umfaßt beinahe völlig die unsrige. Doch nun Schluß!

Küß mir Frau Gerti's Hand recht lieb, streichle die Kinder und lasse mich auf einer Postkarte wissen, ob wir Dir recht kommen. Von ganzem Herzen

Dein Alfred

Aussee Obertressen, den 5 August [1909]

mein guter Alfred

Dein Brief ist lieb und warm und hat mir sehr wohl gethan. Was einem die andern sind weiß man allernfalls, oder glaubts zu wissen – was man den andern sein mag, ahnt man kaum und hie und da einmal es von einem lieben lebendigen Menschen so freundlich und stark ausgesprochen zu finden, ist schön. Zugleich gibt mir Dein Brief, der die Luft der geistigen Freundschaft athmet und uns deutlich außerhalb aller sonstigen Conversation stellt, den ganzen Mut, als Bitte und Wunsch es auszusprechen, *wie* ich mir Dein Hiersein ausmale, damit es vorher, während und im nachhinein durchaus freundlich und gewinnbringend für uns *beide* sei. Ich bitte Dich Alfred, gegen Ende August für eine begrenzte Zeit, sagen wir für 8 Tage, hier her zu kommen und zwar allein, ohne Deine Frau. Ich werd nun offen sagen, warum ich das so wünsche und Du wirst's verstehen und Deine Frau, fein und rasch verstehend wie Frauen in diesen Dingen sind, wirds ebenso schnell oder noch schneller sich zu eigen machen. Siehst Du, vor allem Alfred, dies hier ist nicht meine Zeit und mein Ort der freundlichen Unthätigkeit, sondern der Arbeit. Und ich bin im Rückstand mit meiner Arbeit und bin meiner Kräfte, dieser geheimsten, körperlich-geistigen Kräfte, nicht so sicher als in früheren Jahren und wie ich doch, durch Frau und Kind, kein einzelner einfacher, leicht zu versetzender und zu isolierender Körper bin, so muß ich mich doppelt inachtnehmen und muß mit Voraussehen und Combinieren, mit Anlocken und Abwehren mir um mich eine harmonische Atmosphäre aufbauen die mir meine Ruhe, nicht bloß die äußerlichste (in einem winzigen Häusl mit Mauern so dünn daß es unmöglich ist, tagsüber eine Stunde versäumter Nachtruhe nachzuholen) sondern auch die wichtigere innere heitere Ruhe einigermaßen verspricht. Rechne dazu daß es in diesem Sommer viel regnet, oft drei vier Tage nacheinander, und daß wenn ich vormittags gearbeitet habe, mich nachmittags ein Gespräch nur unter günstigen harmonischen Umständen nicht angreift – und daß ich gegen die Abenddämmerung nicht täglich, aber die mehrsten Tage werde mich isolieren müssen, sonst ersticke ich mir das in den Morgenstunden aufgeweckte Leben der Gestalten in mir. Rechne dazu, daß Gerty möglicher, höchstwahrscheinlicher Weise die ganzen 6 oder 8 kommenden Wochen kaum mitzählen wird, denn es ist die überwiegende Wahrscheinlichkeit daß unsere Kinder Keuchhusten haben werden, ja daß der Kleine die Krankheit jetzt schon im Anfangsstadium hat. Dies alles im Zusammenhang wird Dir begreiflich machen daß wenn Du mit Gitta herkämest unser Verkehr notgedrungen sich auf das Gleiche beschränken würde, wie jetzt unser Verkehr mit so lieben guten alten Freunden als die Franckensteins sind: nämlich eine gemeinsame Mahlzeit oder ein Spaziergang alle 4 Tage – und dies überdies um den Preis des mir höchst verhaßten Brieferlschreibens, Verabredens, Hin und Herschickens – und selbst dies mir mehr

Last als Freude, wie all dergleichen Zeug in Gruppen und Trupps. Dies wird Dir auch begreiflich machen daß ich ein geplantes Herkommen so lieber Freunde wie Nostitzens sind, in den September hinausschiebe und stricte auf 3 Tage beschränke. Rudi, das muß ich einschieben, ist einer der wenigen Menschen, deren Gegenwart und Existenzform in dieser Art ich so gewöhnt bin, dessen Ruhe, dessen Bereitwilligkeit sich stunden- ja tageweise zu isolieren mich in einer Weise unbelastet läßt, daß ich auch von Clärchens Mitkommen nichts für meine Atmosphäre belastendes befürchte (Du siehst wie wenig diplomatische Ausdrücke ich wähle) sondern eher die Möglichkeit des Erfreulichen. Kommst Du aber für eine begrenzte Zeit, en garçon, sowie ich Dich zu tun herzlich bitte, kommst mit einer Arbeit an der Du die Vormittage herumbosselst, mit Briefschaften und Dingen die Du hier durcharbeiten willst, und kommst dann zu dem kleinen Haus gegangen, bald verbring ich eine Stunde mit Dir, bald Rudi, ist es keiner von beiden, so gehst Du auch wieder und freust Dich am Alleinsein (wovon nie ein Mensch zu viel hat) und an der Landschaft, dann wieder verbringen wir an einem Tag, der schön und freudig ist, viele Stunden mitsammen, sind eines Abends wieder Deine Gäste in dem netten ganz kleinen Parkhôtel in Alt Aussee wo ich Dich einlogieren will, auf dem geraden Strich, Waldweg, nur zwanzig Minuten von uns – ja so solls werden Alfred, *bitte*! Rudi und die Schwester sollen den 13ten kommen und wollen etwa 18 Tage da sein. So komm Du, bitte, etwa den 22ten oder 23ten. Ja? Mit vielen herzlichen Grüßen Dir und Deiner Frau

Dein Hugo.

Tutzing, Villa Frauenberg, 7. Aug. 09.

Ja, mein lieber, guter Hugo, ich habe Dich richtig verstanden und mir es so gedacht, sonst hätte ich Dir ja nicht in dem Sinne geschrieben. Ich werde also Ende August kommen, den genauen Tag mache ich mit Rudi und Klärchen, die morgen in München eintreffen, ab. Gitta hat natürlich alles, wie Du es erwartet, richtig verstanden. Beide sind wir recht traurig, daß Frau Gerty nun Sorgen mit den Kindern und ihrem Husten hat, hoffentlich geht alles schneller und schmerzloser vorüber, als Ihr jetzt vielleicht denkt. Das Einzige, worin Du Dich vielleicht verkalkuliert hast ist das: Wären Gitta und ich zusammen gekommen, so hätten wir Dich dann und wann auch von Rudi und Klärchen entlastet, wir hätten zu vieren Touren gemacht und wären oft über Land und fort gefahren. Nun ist es aber auch so gut. Ob ich unter diesen Umständen volle acht Tage bleiben kann, weiß ich nicht, vielleicht muß ich etwas früher weg und werde meine Frau dann wohl in Salzburg oder Berchtesgaden treffen.

Denk Dir mal, Harry schreibt mir in einem sonst sehr lieben Brief, als Antwort auf meine Anfrage, wie ihm der Hofmiller'sche Aufsatz über Rudi gefallen hätte: Über Hofmillers Aufsatz kann ich Dir leider nichts sagen, er hat bei mir »*keinen Eindruck*« hinterlassen. Es giebt doch seltsame Käuze. Glaubst Du nicht, daß diese seltsame Kälte und scheinbare Ungerechtigkeit auf den Hauptmannschen Artikel zurückzuführen ist? Oder meinst Du, daß Harry einfach der Umstand, daß Hofmiller Schullehrer ist als professoral und unhomogen erscheint? Ich habe sonst auch von großen Menschen, jeden Alters und jeden Standes nur Gutes über Hofmillers kritische Arbeiten gehört. Aber alles das bald mündlich.

Grüß mir die Deinen herzlichst von uns beiden hier. Auf Wiedersehen

Dein Alfred

Aussee 29 VIII [1909]

mein guter Alfred

hier ist nun der Aufsatz. Ich überlese ihn und finde ihn wirklich gut, sachlich, reich an Argumenten; eine gute politische Broschüre. Es wäre mir persönlich *sehr* lieb, wenn der Verlag der Süddeutschen die Sache auf sich nehmen würde. Jedenfalls habe ich Oppenheimer versprochen, daß er innerhalb der 1ten Hälfte September die Entscheidung haben wird.[12]

---

[12] Die *politische Broschüre* von Felix Baron Oppenheimer »Deutschland und England« wurde nicht von den Süddeutschen Monatsheften verlegt. Sie erschien 1909 in der Österreichischen Rundschau.

Ich erinnere mich mit wahrer Freude der Tage hier, besonders des letzten Gespräches.

Dein Hugo

PS. Die Sache wegen der ich Dich recht inständig bitten wollte und die mir nicht ins Gedächtnis kam, ist mir nun eingefallen: sie betrifft die einactige Oper meines Freundes Clemens Franckenstein und eine eventuell gütige Intervention Deinerseits beim Bremer Theater.[13] Rudi wird Dir davon näher sprechen. Ich bin glücklicherweise nicht oft in dem Fall von Freunden Gefälligkeiten zu erbitten, finde es jedesmal sehr unangenehm. Doch wird es durch den Gedanken, daß der andere es jedenfalls nett aufnimmt, wie bei Dir, gemildert.

Tutzing, Villa Frauenberg, 6. Sept. 09.

Mein lieber guter Hugo!

Vielen Dank für Deine freundschaftlichen Zeilen vom 29. August.
Vorgestern bin ich nun wieder zu Hause bei den Eltern eingetroffen, habe alles gesund und munter vorgefunden.

Mit Rudi verlebte ich eine gesprächsreiche und im Hause Voss ganz anregende Zeit in Berchtesgaden.[14] Schlechtestes Wetter suchte uns den Aufenthalt zu verderben, wir ließen uns aber nicht irre machen. Gitta, Rudi und ich, sehr nette Gäste des Voss'schen Hauses und die Wirte selber haben, glaube ich zusammen sich gegenseitig mancherlei gegeben. Ich schreibe Dir bald mal ausführlich. – Heute bin ich ein wenig pressiert und möchte Dir nur mitteilen, daß die Leitung der Südd. M. prinzipiell mit einer Drucklegung der Oppenheimer'schen Broschüre auf seine Kosten einverstanden ist. Es kann nunmehr von seiner Seite

---

[13] Wohl Clemens Baron zu Franckensteins einaktige Oper »Fortunatus«.
[14] Richard Voss, im Haus Bergfrieden bei Berchtesgaden lebend, seit langem mit dem Hause von Kühlmann in freundschaftlicher Verbindung, und Heymel waren sich 1908 näher gekommen und schließlich enge Freunde geworden. Davon zeugen ihr Briefwechsel, Heymels Gruß zum 60. Geburtstag von Voss (Süddeutsche Monatshefte, Jg. 8, 1911, Heft 9, September, S. 404f.) und die treffende Charakteristik Heymels in den Erinnerungen von Voss »Aus einem phantastischen Leben« (Stuttgart 1920, S. 399–409).

aus direkt verhandelt werden, da keine Refüs mehr zu fürchten ist. Die einzigen Bedenken, die zu beseitigen waren, war der etwas sehr englische freundschaftliche Standpunkt, der dem Verleger unter Umständen den Vorwurf der Ausländerei eintragen könnte. Ich glaube aber, daß ich Cossmann über diesen Punkt beruhigt habe.

Was die Oper anlangt, will ich gern alles tun, was in meinen schwachen Kräften steht. Natürlich ist mein Einfluß nach dem Fortzug von Bremen heute nur noch ein minimaler. Rudi sprach mir übrigens bis jetzt nichts von der Sache, ich werde ihn aber heute befragen.

Mein lieber, lieber Freund, laß Dir noch einmal die Hand drücken für Dein warmes, tiefes und echtes Freundschaftsempfinden meiner Person gegenüber. Ich habe den Glauben, daß Niemand in der ganzen Welt so sehr seine eigentliche Persönlichkeit erfaßt und umfaßt hat wie Du. Das ist seltsam, denn eigentlich sehen wir uns ja viel zu wenig, aber vielleicht ists gerade deswegen. Ich muß immer an Dich denken, viel sprechen wir über Dich und hoffen alle, daß dieser Herbst für Dich ein wirkliches Vorwärtskommen in Deinen Arbeiten bringen möge.

Rudi ist ganz reizend augenblicklich, voll von Plänen, ernsthaft sich seiner Verantwortung bewußt. Möge es zwischen uns Dreien immer so bleiben, was auch kommen möge, auch wenn wir einer den andern nicht so ganz verstehen können.

Jenes Gespräch im Walde hat mich, mehr vielleicht als mir lieb war, aufgewühlt, alte Gespenster wach gerufen, aber vielleicht war es notwendig, wie alle jenen merkwürdigen, ganz spontanen Äußerungen, zu denen einen die Gelegenheit und die Minute treibt. Es war ein wenig kurz und manches wäre noch hinzuzufügen und zu erklären gewesen. Verschieben wir dies auf ein anderes Mal, wenn uns je wieder die Stunde so günstig sein sollte.

Grüß mir die liebe Frau Gerty und die Kinder, ihrer selbst willen und weil sie zu Dir gehören. Vergiß mich nicht Guter und denke zuweilen nett an mich.

Ganz besonders herzlichst Dein Alfred

Aussee 7 IX. [1909?]

mein lieber guter Alfred

darf ich nun so unbescheiden sein die Bitte um Empfehlungen nach Mexico für meinen kleinen Schwager in Erinnerung zu bringen:

Dr. Fritz Schlesinger, (k.u.k. Lieut. i.d. Res. des Husarenreg. No 4) spricht geläufig spanisch

kommt für mindestens 3 Jahre als Privatsecretär des Herrn Scherer, Chef des gleichnamigen dortigen Bankhauses, nach Mexico (Hauptstadt).

Ich bin Dir im voraus sehr dankbar. Alles herzliche auch von Gerty.

Dein Hofmannsthal.

[München, 27. IX. 1909] Montag morgens

mein lieber Alfred

ich habe Dir noch für den guten Brief zu danken, den ich in Aussee empfangen habe und worin Du in einer so zarten und für mich fast beschämenden Weise es ausspricht, welchen besonderen Wert Du unserer Beziehung beilegst.[15] Wenn Du hinzufügst, daß es Dir mit zum Wesen solcher Beziehung zu gehören scheine, daß sie sich von seltenen, gelegentlichen Begegnungen und Aussprachen nähren müssen, so sagst Du nur, was ich auch denke und was mir immerfort die Erfahrung bestätigt. Denn alle Menschen, mit denen ich durch vieljährige und lebendige Freundschaft verbunden bin, sehe ich nur höchst selten, ob sie nun, wie Harry Kessler, ein anderes Land bewohnen, oder wie Schnitzler oder Georg Franckenstein, dieselbe Stadt mit mir.

Ich dachte Dir von hier aus nach Partenkirchen für Deinen Brief zu danken; Dich hier zu begegnen war ich mir nicht gewärtig. Da es nun so gekommen ist, möchte ich bitten, es *so* halten zu dürfen (falls ich überhaupt die innere Ruhe und das Vertrauen in mir finde, hier etwas

---

[15] Heymels Brief vom 6. September. Auf dieser Zuschreibung basiert die Datierung (vgl. dazu auch den Brief Hofmannsthals an Helene von Nostitz von Ende September 1909; BW Nostitz, S. 89).

länger zu bleiben): daß ich gelegentlich es Dir darf durch eine Zeile sagen lassen: ich möchte heute in der Dämmerstunde mit Dir eine Stunde spazierengehen oder so – was Du dann ohne allen Zwang nach Deiner Lust beantworten magst.

Dein Freund Hugo

PS. Wollten heute vormittag, wie selbstverständlich, für die Frau Karten lassen und haben alberner Weise keine Visitenkarten mit!!

Hofmannsthal an seine Frau Gerty

[München, 2. X. 1909][16] Samstag 4^h

[...] Nach Tisch war ich 1 Stunde mit Alfred und Gitta ganz gemütlich zusammen. [...]

[München, 3. X. 1909] Sonntag 3/4 1

[...] Jetzt gehe ich essen, fahre dann mit Alfred, der wirklich sehr nett und gemütlich ist (auch Gitta) zum Rennen. [...]

[München, 4. X. 1909] Montag 1^h

[...] Das Rennen war ganz hübsch, aber auf die Dauer ermüdend, wie immer. Alfred wurde zweiter. [...]

[München, 7. X. 1909] Donnerstag 5^h

[...] war jetzt spazieren, gehe abends mit Alfred in die Oper (Orpheus). Die beiden sind die friedlichsten stillsten Menschen, die man sich denken kann, nehmen alle ihre Mahlzeiten still für sich allein im Marienbad u.s.f. und Gitta ist wirklich eine sehr angenehme Frau, ich weiß nicht was man gegen sie hat. [...]

[München, 10. X. 1909] Sonntag 11^h früh

[...] Gestern habe ich die Zeit von 11–5 Uhr nachmittags im tête à tête

---

[16] Wie auch bei den folgenden Auszügen Datum des Poststempels. – Über Hofmannsthals Eindruck von diesen Begegnungen (»Ich bin wirklich unter seinem Charme«) siehe auch seinen Brief an Kessler vom 8. Oktober (BW Kessler, S. 265).

mit Gitta (ohne Alfred) zugebracht! Wir hatten eine Panne auf offener Landstraße in strömendem Regen, mußten zu Fuß laufen, fanden endlich ein Gasthaus mit einem Telephon und ein Mittagessen aus Wurst und Eiern um 4 Uhr! Sie war aber *sehr* nett und gemütlich dabei. [...]

München, Hotel Marienbad, 13. Okt. 09.

Mein lieber Hugo!

Ein Unglück kommt selten allein, erst reist Du weg und dann verliere ich noch die letzte Chance mit Dir zu jausen und komme drei Minuten zu spät, da ich bei den Südd. M. durch Korrektur und eine höchstwichtige und noch dazu ärgerliche Besprechung aufgehalten war.

Du kannst Dir denken, was ich Dir heut sagen möchte und eigentlich ist es nötig noch einmal zu bestätigen, wie glücklich mich Dein Hiersein gemacht hat und die Entwicklung unseres freundschaftlichen Verhältnisses mich beruhigt und zuversichtlich macht. Von Gitta soll ich Dir dasselbe sagen, sie freut sich wie ein kleines Mädchen, daß Ihr zwei nun endlich den Weg zu einander gefunden habt. Wir können uns noch garnicht daran gewöhnen, wenn wir in den kleinen Speisesaal des Marienbads, unter dem Stilleben essen, daß Dein Ecktischchen und Deine Einsiedelei leer, oder von gleichgültigen Anderen besetzt ist.

Lieber Hugo, laß es zwischen uns immer so bleiben wie es jetzt war und nie und nimmer die Beziehungen abreißen.

Ich schicke Dir heute eine Nummer des Hyperion, in dem ein Dialog der Anette Kolb steht, mit feinen und ganz ehrlich gemeinten Sätzen, die Dich angehen.[17] Schreibe mir ein Wörtchen über dies zerflatternde und doch reizvolle Stückchen Prosa, das wie eine angenehme Konversa-

---

[17] In dem Dialog »Der Schatten« (im 8. Heft, 1909, der von Franz Blei und Carl Sternheim herausgegebenen Zeitschrift) läßt Annette Kolb Kore deren Freundin Hofmannsthals »Unterhaltung über den ›Tasso‹« empfehlen als Beispiel dafür, daß das Schönste über die Frau stets von Männern gesagt wurde: »[...] worauf Hofmannsthal hier [in dem Abschnitt ›Die Prinzessin‹] hindeutet, ist das letzte Wort der Frauenpsyche: ihr seltsam verwobener, niemals ungetrübter und doch so mächtiger Drang, auf ihre eigene Schwäche wie auf eine Schlange den Fuß zu setzen. Wo hier ein Sieg bis zum Triumphe errungen ist – und Hofmannsthal hebt hervor (und die Weise, wie er es hervorhebt, ist von höchster Genialität),

tion sich zufällig entwickelt an der Oberfläche tanzt, um dann und wann in die Tiefe zu gehen, um ebenso schnell wieder an die Oberfläche zurückzukehren. Wenn Du Zeit hast und einem Menschen eine ganz außergewöhnliche Freud machen willst, und das ist doch immer was Hübsches, so schreibe Anette Kolb, München, Luisenstraße, Botanischer Garten, ein paar Worte, eine Postkarte, ein Zettelchen. Aber natürlich nur, wenn die Arbeit Dir irgend etwas sagt und ein Gefühl für die Autorin auslöst. Diese schreibende Dame ist ein feines, ein wenig verworrenes, höchst unglückliches, aber an sich doch sehr ernsthaftes Geschöpf, arm, allein, verkannt, häufig verlacht, stolz, dabei im gewissen Sinne unabhängig, Freundin von Mottl, Habermann und besseren Menschen.[18] Ein Wort von Dir könnte ihr für Jahre hinaus eine Kräftigung und Förderung sein.

Nun leb wohl für heute. Gitta und ich schütteln Dir freundschaftlichst die Hand und jeder von uns Dreien geht nun wieder sein Leben und weiß doch, daß irgend etwas vom andern mit ihm, oder jeder von uns in und durch den andern lebt.

Bitte grüß Bodenhausen's vielmals von mir und sag ihnen wie schmerzlich es mir gewesen wäre, sie nicht gesehen zu haben und wie es mich gefreut haben würde, wenn Gitta die liebe verehrte Baronin endlich einmal hätte kennen lernen können. Hoffentlich ein andermal!

Briefe erreichen mich: Sonnabend Insel-Verlag, Leipzig, dann bis etwa Ende des Monats: Schloß Klein Gaffron, bei Raudten bei Breslau, Schlesien.[19]

Herzlichst Dein Alfred

---

daß Goethe dies ›das Ungeheure‹ nannte, – da stylisiert sich gleichsam die Natur, zur Ahnung einer höheren Daseinsform. [...]« (S. 170)

[18] Felix Mottl (1856–1911) war Dirigent und seit 1907 Direktor der Münchner Hofoper, Hugo Freiherr von Habermann (1849–1929) Maler und Präsident der Sezession München.

[19] Wohnsitz des mit Heymel eng befreundeten Grafen Max Bethusy-Huc.

München, 3. November 1909. Gabelsbergerstr. 10b.

Mein lieber Hugo!

Nach der unvergesslichen Zeit, die wir in München zusammen verbringen konnten, habe ich nichts von Dir und Du nichts von mir gehört. Ich habe mancherlei erlebt, habe in Bremen einen bösen Sturz getan und mir den Rückenschulterknochen angebrochen, war 10 Tage bei meinen Freunden Bethusy's auf einem Gute, herrschaftlicher Grundbesitz mit einem Schloß, dessen alte Mauern 1 1/2 m breit waren, vor dessen Terrasse Abends die Fasanen kamen, während das Wild in Rudeln in einiger Entfernung aus dem Wald auf das Feld hinausgetreten stand, äste und scherzte. Dann war ich in Bremen zur Hubertusjagd, ritt mit ziemlichen Schmerzen und angebundenem Arm schlecht und recht hinterher, war aber dabei.

In Leipzig erfuhr ich bei dem Verlag nur Gutes und Vorwärtsschreitendes!

In Berlin sah ich Meier-Graefe, der mit Fischer, Cassirer und Blei zusammen die Gründung eines französischen Verlages plant. Es ist das noch ein ungegorener Teig. Wir werden drüber reden.

Cassirer trug mir auf, Dir folgendes zu sagen: Die Durieux sei ärgerlich auf Dich zu sprechen, oder verwundert, daß Du ihr auf ihren Brief vom Sommer nicht geantwortet hättest.[20] Du hättest sie gebeten in der Electra zu spielen, sie hätte sich selbst nicht dazu für geeignet gehalten, plötzlich aber – ich habe den Namen vergessen – sei die Rolle an eine andere Dame gegeben worden, das hätte zu Differenzen zwischen Reinhardt und ihr geführt, die weitere Konsequenzen bei einem bald neu zu machenden Vertrag haben würden. Als sie Dir über alles das geschrieben hätte, hättest Du nicht geantwortet. Ich sagte gleich, Du wärest viel herum gereist und würdest den Brief wohl nicht erhalten haben, versprach aber, Dir diesbezüglich zu schreiben. Ich erledige diesen Auftrag hiermit rein sachlich und erwarte selbstverständlich von Dir niemals eine Antwort darauf, denn mich geht die ganze Geschichte ja nichts an. Vielleicht aber ist Dir dieser Wink, daß da irgend so eine Theatergeschichte oder ein Mißverständnis im Gange ist, nützlich.

[20] Nicht zu ermitteln.

Alsdann, das aber ist ganz geheim. Wir stehen in Unterhandlung mit Wassermann zwecks Drucklegung seines neuen Romans im Inselverlag. Wir haben ihm eine sehr gute Offerte gemacht und mir liegt nun alles daran, daß aus der Sache etwas wird, denn Du weißt, wie sehr ich hinter der Gewinnung lebender Autoren von Rang her bin. Ein Novellenband von Salten ist angenommen und Vollmöllers neue Sachen werden so gut wie sicher bei uns erscheinen. Wenn Du nun glaubst, daß ein Zureden Deinerseits der Sache förderlich sein könnte, so tu es, bitte, der Insel und meinetwegen. Wenn Du glaubst, daß es besser ist, wenn Du die Finger davon läßt, so sage nichts und wenn Du endlich glaubst aus irgend einem Grunde Wassermann nicht zu diesem Kontrakt zureden zu können, dann laß, bitte, die Finger erst recht davon.[21]

Wie schön und würdig sieht der Hesperus aus! Das Buch ist endlich einmal wieder eine reine Freude und ein wirklich würdiges, sprachliches und geistiges Dokument unserer Zeit. Denkst Du wohl mal an das versprochene Fragment der Pagenaufstand oder die Knaben?[22] Du würdest mich sehr glücklich durch Einsendung machen.

Soeben schreibe ich an Miethke, daß ich, wenn es ihnen noch paßt, am 10. oder 12. in Wien reden könnte.[23] Wie schön wäre es, wenn wir uns dann dort wiedersähen!

Ich stecke wieder einmal in einer jener Perioden meines Lebens, wo ich gelebt werde, wo Angefangenes groß und fürchterlich wird, den Hals zuzuschnüren droht, man ganz verfangen und verstrickt ist und nicht rück- und seitwärts schauen, sondern nur immer vorwärts gehen darf,

---

[21] Um Wassermanns *neuen Roman* »Die Masken Erwin Reiners« bemühte sich der Insel-Verlag vergeblich. Wassermann blieb bei S. Fischer. Dort erschien das Buch im Mai 1910. Wassermann gab aber 1910 Kippenberg seinen Essay »Der Literat oder Mythos und Persönlichkeit« zum Verlag. – Felix Saltens Novellenband »Das Schicksal der Agathe« brachte der Insel-Verlag 1911. – Karl Vollmoellers »Wieland. Ein Märchen in drei Akten« wurde, wie auch dessen Übersetzung von Gabriele d'Annunzios Roman »Vielleicht – vielleicht auch nicht«, 1910 in den Buchhandel gebracht.

[22] Die Bitte bezieht sich auf Heymels Plan eines Hundertdruckes. Hofmannsthals »Tragödie der 4 Edelknaben, die den König Alexander ermorden wollen« (1895) war nicht über Notizen hinaus gediehen. Sie dürften sich kaum für einen Hundertdruck geeignet haben. Siehe »Alexander/Die Freunde«, SW XVIII Dramen 16, S. 15–24 und 348–351.

[23] Heymel hatte dem Wiener Kunsthändler und Verleger Hugo Othmar Miethke Originallithographien von Toulouse-Lautrec für eine Ausstellung in dessen Galerie zur Verfügung gestellt und einen Vortrag über den Maler und Graphiker für die Zeit nach dem 8. November angeboten.

wie traumbefangen sicher oder vorsichtig tastend, aber immer vorwärts. Davon mündlich mehr.

Frau Gerti einen Handkuß, Dir und den Kindern alles Gute.

Sehr herzlich Dein Alfred

Rodaun 4 XI. [1909]

mein lieber Alfred

Du Armer! Mir ahnte immer so als ob etwas mit Dir los sei! Ist es nun in richtiger Weise verheilt und ohne weitere Gefahr?

Das Manuscript von der Knabenverschwörung werde ich Dir im December suchen.

Nun höre: gerade zwischen dem 10ten und 20ten dieses Monats werde ich fast sicher, wegen völliger Isolierung für den 3ten Act der Comödie – auf dem Semmering und unsichtbar sein. Könntest Du nicht etwa den 20ten kommen? Aber auch nicht *viel* später weil ich dann, wenn alles gut geht, nach Berlin muß.

Dein Hugo

PS. Bitte laß mir doch den Operngucker zuschicken, um den ich schon an Gitta schrieb. Ich ließ ihn in Eurem Automobil liegen.

München, 27. Dezember 1909. Regina Palast Hotel.

Mein lieber Hugo!

Du hättest mir nicht leicht eine größere Freude zu Weihnachten machen können, als durch Dein freundliches Unser-Gedenken.[24] Die Mitteilung aber, daß Deine Prosakomödie beendet sei und die Proben in kürzester Zeit stattfinden sollen, das war die beste Nachricht, die Du mir

---

[24] Ein möglicher Brief fehlt; auch ein Widmungsexemplar aus dieser Zeit läßt sich in Heymels Bibliothek nicht nachweisen.

überhaupt zu Weihnachten senden konntest. Wie freue ich mich, Dich nun bald wieder im lebendigsten Kampf zu sehen!

Hast Du wohl daran gedacht, daß Du mir im Dezember den Pagenaufstand gegen den großen Alexander senden wolltest? Wie schön wäre es, wenn ich das Manuskript nun noch in den letzten Tagen, zum neuen Jahr erhielt!

Denke Dir, auch ich habe eine seriöse Arbeit angefangen, die mich ganz beschäftigt, in der ich ganz untergehe und die mir enorm gut tut. Es ist die Übersetzung des »König Eduard des Zweiten« von Marlowe, eines Stückes, das mich immer aufs tiefste erschüttert hat. Wie es nun so im Deutschen nachher wird und aussieht, müssen wir der Gnade der Musen überlassen. Daß ich aber dabei viel lerne und einen dauernden Gewinn haben werde, ist sicher. Der Bremer Theaterdirektor interessiert sich für den Fall und ich halte es auch nicht für ausgeschlossen, daß Reinhardt, der so sehr mit Shakespeare verheiratet ist, auf englischem Boden einmal sich einen Seitensprung erlauben wird. Wenn die Übersetzung vor Deinen und den Augen der Wenigen, die ich für kompetent halte, später besteht, so hätte ich wohl Lust, auch noch den »Juden von Malta« vorzunehmen. Die andern Stücke nicht. Die Mord-Scene übrigens, die meiner Meinung nach zu dem Ungeheuersten gehört, was jemals für die Bühne geschrieben wurde, erscheint im nächsten Heft der Sü. M.[25] Da kannst Du Dir vielleicht ein kleines Bild davon machen, in welcher Art ich es versuche, an die wunderbare Knappheit des engl. Originals heran zu kommen. Schreib' mir bitte ganz aufrichtig, was Du davon denkst.

Das Jahr 1909, das für mich so zahllose Aufregungen gebracht hat, schließt stürmischer, als es anfing und als es sich in der Mitte anließ. Persönliche innere und geschäftlich äußere Stürme versuchen augenblicklich einmal wieder den ruhig vorwärts strebenden Kurs meines Lebensschiffes abzulenken und ich habe die Hände, die Gedanken und

---

[25] Kessler hatte Heymel zu der Marlowe-Übertragung angeregt. Diesem ist auch der Druck von 1912 mit Hofmannsthals Einführung gewidmet. Reinhardt nahm die Tragödie nicht in sein Repertoire; ebensowenig kam Heymel noch zur Übersetzung des »Juden von Malta«. Die Mord-Szene am Schluß des zweiten Teils der Tragödie steht im 1. Heft der Süddeutschen Monatshefte (Jg. 7, 1910, S. 199–207). Die Abdankungsszene wurde im Insel-Almanach auf das Jahr 1912, S. 108–114, vorab gedruckt.

die Nerven voll zu tun, zu verhüten, daß mein Boot leck werde oder kentere.

Mitte des nächsten Monats in der zweiten Hälfte fahre ich wahrscheinlich mit meiner Frau nach New-York. Wie gern würde ich Dich vorher noch sehen und wäre es auf 24 Stunden. Nach Wien kann ich nicht kommen, aber vielleicht treffen wir uns in Berlin, wenn Du zu den Proben fährst, oder Du machst den Umweg über München.

Meine Gedanken beschäftigen sich mehr als Du wissen kannst mit Dir und Deinen Werken. Schreib' mir bald mal wieder irgend etwas Nettes, Freundliches, Teilnehmendes, denn ich brauche von Zeit zu Zeit Aufmunterungen, von denen, die mir am nächsten stehen.

Grüße Deine liebe Frau, streichle die Kinder von mir, laß Dir die Hand drücken und seid alle vergewissert, daß meine Frau und ich Euch zum neuen Jahre das Aller-allerschönste und Liebste wünschen.

Herzlichst Dein Alfred

Rodaun 10 I. [1910]

mein guter lieber Alfred

ist es wirklich möglich daß ich durch volle zwei Wochen mir jeden Tag sage: morgen schreib ich an Alfred! Denn wirklich, gleich, am 29ten oder 30ten December, gleich eben, wollte ich Deine lieben Worte beantworten. Aber mein Leben hat jetzt auch sein tempo. Vorgestern bin ich mit der Überarbeitung des dritten Acts der Comödie fertig geworden (»Cristina's Reise«, so ists wie sie wahrscheinlichst heißen wird) und heute arbeite ich schon wieder fleißig, von Strauss gemahnt und gedrängt, an Act III der Operette, indessen neue Figuren, zu neuen Handlungen verstrickt, mir den Kopf reichlich unsicher machen. – So ist es ganz unmöglich, mein Guter – und wenn Du mir darüber böse würdest, was Du nicht wirst! – nach dem alten, unter aufregenden alten Päcken vergrabenen »Knabenaufstand« zu suchen. Das ist Nervensache: es geht eben jetzt nicht. Im März wirds gehen.

Auch Briefschreibwetter ist dies innere Wetter nicht, nichts weniger als das: aber laß mich Dir dies nur sagen, mein lieber Alfred. Seit ich, zum ersten Mal im Leben, in diesem October reichlich und in Gelassenheit mit Dir zusammen war, ist mir noch weniger bange um Dich als vorher. Die Stürme, die eines andern Lebensschifflein aus allen Fugen brechen würden, scheint das Deinige zu brauchen, vorläufig zumindest. Das Widerspenstige zu bändigen, mitten im Wirbel Dein Häuslein zu bauen, auf der rasenden Welle auszuruhen, das Divergente zu vereinigen und im Rösselsprung auf ein geheimnisvolles Lebensziel loszusprengen, ist einmal Deine Kreation. Ruhe und Unruhe, Trachten und Besitzen, das alles ist äußerst relativ. Sei wie Du bist und man kann Dich recht lieb haben.

Dein Hugo.

PS: Vielen Dank für den schönen Thomas Morus, ein Buch das ich von je lieb hatte.

PS. P.S. Die Lieferungen von Slevogts Lederstrumpf kamen zuerst und freuten mich. Seit Lieferung 5 stocken sie. Wie soll ich mich verhalten??[26]

Den Betrag von 144 M. lasse ich mit vielem Dank, demnächst Deinem Conto bei der »Insel« überweisen.

München, 16. Januar 1910.
Regina Palast Hotel.

Mein lieber guter Hugo!

Dein tief freundschaftlicher Brief erreichte mich in Bremen, wo ich Geschäfte halber war.

Was Du mir jedesmal mit solchem Zuspruch Gutes antust, kannst Du selber kaum ermessen. Die Tage, an denen Deine Briefe eintreffen, gehören zu den glücklichsten und schönsten meines Lebens, denn sie bauen immer wieder von neuem jenes Bollwerk unserer Freundschaft

---

[26] James F. Coopers Lederstrumpf-Erzählungen in der Übersetzung und Bearbeitung von Karl Federn und mit Originallithographien von Max Slevogt erschienen 1909-10 in zwölf Lieferungen in Berlin bei Paul Cassirer. Heymel gab Hofmannsthals Reklamation am 20. Januar an Cassirer weiter. In Hofmannsthals Bibliothek ist diese Ausgabe vollständig vorhanden, dagegen fehlt die erwähnte Morus-Ausgabe.

gegen die Welt auf. Daß dieses Mal Deine Zeilen mich gerade in dem heftigsten Sturm, den ich je äußerlich durchzumachen hatte, erreichten, war ein besonders wertvolles Moment für mich, denn wie ich Dir schon andeutete, bläst es mal wieder von allen Seiten und nicht nur äußerlich, sondern auch innerlich geht ein scharfer Wind und doch kann ich Dir sagen, daß ich nie so stolz, glücklich, mutig und zuversichtlich gewesen bin, wie gerade jetzt.

Ich kann mir denken, daß Du mitten in Deinen Arbeiten stehend weder Zeit noch Lust hast in den alten schlafenden Dingen zu suchen, freue mich aber Deines Versprechens für die Zukunft und werde nach meiner Rückkehr aus Amerika, die nicht vor April erfolgt, meine Bitte erneuern.

Daß ich in Berlin zur Premiere von »Christinens Reise« – den Titel finde ich übrigens ausgezeichnet – nicht sein kann, betrübt mich über die Maßen.

Reinhardt, mit dem ich eine wirklich außerordentliche schöne Nacht in Berlin zusammen war, nachdem ich die hinreißende, erstaunliche Aufführung der Widerspenstigen Zähmung gesehen hatte, sagte mir, was ich zwar schon wußte, aber was ich gern von ihm hören mochte, unendlich viel Gutes über Deine Komödie.

Mit Felix Salten war ich zusammen und mag ihn gern, trotzdem ich ihn persönlich erst sehr kurz kenne, entstanden da zu verschiedenen Tageszeiten, ja sogar ganz früh am Morgen, wo man eigentlich nicht dazu aufgelegt ist, Gespräche, die überraschender Weise das Allerpersönlichste von uns beiden streifte. Denke Dir, es ist so merkwürdig, in so einem Gespräch über Dinge, die nichts mit ihm zu tun haben, ohne daß je einmal der Name zwischen uns Beiden gefallen ist, mußte ich mit solcher ängstlichen Heftigkeit an Andrian denken, daß ich ihm heute eine Brief schreiben werde. Da sich der Klang seines Namens und die Vorstellung, daß irgend etwas mit ihm los sein müßte, bis zur fixen Idee steigerte, sprach ich schließlich Salten von diesem unerwarteten Auftauchen des beinahe Verschollenen in meiner Gedankenwelt und hörte von ihm, daß Andrian sich augenblicklich seelisch in einer großen Wirrnis befinde, die ihn häufig zu Schnitzler und Anderen treibe, um sich zu entlasten. Ich hoffe es ist nichts Ernstliches und nur etwas Vorübergehendes und will ihm anbieten irgend eine schöne Ausgabe des Gartens der Erkenntnis zu machen, um so vielleicht – doch dies ist eine ganz leise Hoffnung – ihn zu veranlassen uns Allen Neues zu geben. Er dürfte von Rechts wegen nicht schweigen, doch hat dieses plötzliche Verstummen, nachdem sich sein Gesang nur einmal so wundervoll erhob, etwas Rührendes, unsagbar Anziehendes und Süß-Trauriges.[27]

In Leipzig traf ich Rilke bei Kippenberg ein Prosabuch diktierend und mehr als ich eigentlich erwartet, fühlte ich mich von Neuem zu seiner reinen Persönlichkeit hingezogen.[28]

Dann war ich in Bremen, traf Tewes, Matthes, Schröder; Tewes fortschreitend, Matthes ruhiger und geklärter, Rudi in dumpfer Stimmung, vielleicht kommt sie von dem nicht ganz geglückten Vorstoß gegen Stefan George, der ihm so viel Feindschaft und Belästigung einträgt, her vielleicht ist sie veranlaßt durch den gänzlichen Mangel an weiterer, breiterer Wirkung.[29] Jedenfalls glaube ich, daß freundliche Worte von Dir, die sich aber um nichts in der Welt auf einen Wink von mir beziehen dürfen, ihn sehr aufrichten könnten.

Pauli ist in London, wandelnd auf dem Kriegspfad gegen die Wachsbüste des Lucas da Vinci, wie sie unser braver Voll in München so bezeichnend nennt. Was da noch unter Umständen alles an Grauslichkeiten aufgedeckt wird, läßt einen wie vor einem Nachtmahr fürchten und wenn es nicht um das Ansehen der deutschen Kunstwissenschaft vor der ganzen Welt ginge, so möchte man wünschen einen Schleier, vielmehr dicke Tücher, über die Affäre zu decken um sie zu verhüllen

---

[27] Zu den bei Leopold von Andrian periodisch auftretenden Krankheitssorgen und -zuständen siehe in diesem Zusammenhang die Korrespondenz zwischen Hofmannsthal und Andrian seit Mai 1909 (BW Andrian, S. 181–190). – Vom »Garten der Erkenntnis« brachte Heymel 1910 in der Offizin Drugulin, Leipzig, einen Hundertdruck. Texteingriffe und Fragen der äußeren Gestaltung erregten Andrians Unwillen (siehe Hofmannsthals Brief vom 24. März 1910; BW Andrian, S. 190f.).

[28] Rilkes *Prosabuch* »Die Aufzeichnungen des Malte Laurids Brigge« erschien 1910 im Insel-Verlag. Heymel empfahl das Buch immer wieder Freunden, wie auch Wassermanns Roman und Hofmannsthals neue Komödie.

[29] Von dem Bremer Maler und Graphiker Rudolf Tewes, geboren 1878, besaß Heymel einige Arbeiten. – Für den Maler und Aquarellisten Ernst Matthes (1878–1918) hatte sich Heymel immer wieder eingesetzt. 1908 hatte er eine Ausstellung in der Münchner Sezession initiiert; 1909 kam von dem 1901 bis 1911 in Paris lebenden Künstler eine Mappe mit zehn farbigen Lithographien heraus. – Schröders Rezension des Auswahlbandes aus den »Blättern für die Kunst« (1904–1909), in der er sich in scharfer Form mit Stefan George und mit den anderen ›Blätter‹-Dichtern auseinandersetzt, stand in Heft 6 (Jg. 6), Oktober 1909, S. 439–449 der Süddeutschen Monatshefte. Schröder nahm diese Kritik später nicht in die Sammlung seiner Werke auf.

und zu ersticken. Der Stein aber ist im Rollen und von Bode und seinen Lakaien so unglücklich ins Rollen gebracht, daß es kein Aufhalten mehr gibt. Sage keinem ein Wort von diesen Mitteilungen, aber denke Dir, falle nicht um, wer hat seine Finger im Spiel? –: Das Urbild des Wedekindschen Marquis von Keith, der lahme Gretor, der rote Satan, der Albert Langen verdarb, der berüchtigte Hochstapler im Kunsthandel, dessen schlimmstes Werkzeug die kleine berüchtigte, verruchte Frau Strindberg ist, die Du wohl mal in Paris gesehen hast. Ein schönes Duo! Mehr darf ich heute nicht sagen, ich verfolge aber die Angelegenheit aus menschlichem Interesse, aus Liebe zu Tschudi, aus Haß gegen Bode, aus vielleicht übertriebenem Verantwortlichkeitsgefühl deutscher Kunst und deutscher Wissenschaft gegenüber und aus vielen anderen Gründen, die teils da sind, die man sich teils einredet und aus Motiven, die so gemischt sind, daß man selber nicht recht durchfindet.[30]

Weißt Du, daß Reinhardt den »Don Juan« von Sternheim zur Aufführung angenommen hat? Höre ferner, daß er sich für meinen »Eduard den Zweiten« interessiert und bedenke wie fördernd eine Verwirklichung dieses Planes für mich sein könnte.[31] Es ist wundervoll, so Pläne zu machen, mitten im rohesten Kampfe um die innere und äußere Existenz.

Geschäftlich sind die Zeiten in Amerika so wild, daß man jeden Augenblick in Grund und Boden überrannt werden kann, während man andererseits gerade in diesem Tumult und in der Demoralisation eine seltene Chance hat sein Schifflein in den Hafen und sein Schäfchen ins Trockne zu bringen.

---

[30] Die *Wachsbüste des Lucas da Vinci* ist die von Wilhelm Bode 1909 für die Berliner Museen als ein Werk Leonardo da Vincis erworbene Wachsbüste einer Flora, die tatsächlich aber eine nach einem Leonardo zugeschriebenen Gemälde um 1850 entstandene Kopie des englischen Bildhauers R. C. Lucas sein soll. Der Streit der Kunstwissenschaftler erregte allgemeines Aufsehen. Siehe dazu: Gustav Pauli, Erinnerungen aus sieben Jahrzehnten, Tübingen 1936, S. 236–238. – Der hinkende dänische Maler, Bildhauer, hochstaplerische Fälscher und Kunsthändler Willy Grétor, der »Genußmensch« Franz Walter in Wedekinds Schauspiel, hatte einen Großteil des Vermögens von Albert Langen für seine Fälschungen flüssig gemacht, der nach deren Entdeckung verloren war. Wedekind vermutete sehr stark Grétor als den Hersteller der Flora-Büste.

[31] Carl Sternheims »Don Juan« wurde erst im September 1912 im ›Deutschen Theater‹ aufgeführt. Die Tragödie wurde nur zweimal gegeben. – Heymels Marlowe-Übertragung kam nicht auf die Reinhardt-Bühne.

Wenn wir das nächste Mal in Ruhe und Gemächlichkeit zusammen sein werden, dann erzähle ich Dir die einzelnen Phasen meiner diesjährigen Operation, wie sie auch ausgehen mag. Nur soviel, daß ich in diesem Jahre bereits zweimal und zwar immer innerhalb drei Stunden zur äußersten Grenze meiner Möglichkeiten angekommen war und eine ebenso kurze Zeit genügte die Sache wieder auszugleichen und das Schifflein wieder flott zu machen. Während ich auf dem Wasser bin, werde ich alle Engagements lösen und dann drüben angekommen mich in den Mittelpunkt der Bewegung stellen. Ich habe eine ganz bestimmte, einheitliche Idee, die ich entschlossen bin durchzuführen und wenn es nötig ist, werde ich immer von neuem zum Sturm blasen und eine neue Attacke reiten. Gelingt das, was ich will, werde ich ein für alle Mal die Finger aus diesem schwer zu berechnenden Spiel lassen, vorher aber keine, auch nicht die kleinste Konzession an die sogenannte Vernunft, die konservative Vermögensverwaltung machen.«[32]

Schöne und große Träume kommen jetzt Nachts zu mir, – manchmal die Folge von einem wenig Baldrian – die nicht nur die Gefäße, sondern auch das Gehirn weit und leicht zu machen scheint. Hier einen der lustigsten. Ich fühlte mich tagelang förmlich getragen, obgleich ich wußte, daß es nur ein Traum war. Einer meiner größten Sehnsüchte war in ihm plötzlich verwirklicht, denn durch meine Initiative war nicht nur das Geld für eine zu gründende deutsche Akademie nach französischem Muster zusammengebracht, sondern das ganze herrliche cremegelbe Sandsteingebäude, mit den großen Säulen und der Marmortreppe stand hoch aufgerichtet und zwar seltsamer Weise in Straßburg. Ich träumte ich war dort in einem alten Hotel gegenüber dem Straßburger Münster und saß gerade beim Morgenkaffee, da ging die Tür auf und herein stampfte der Kaiser. Der Kaiser war ganz alt, hatte einen weißen Bart, neben ihm ging Erich Schmidt[33] und vor dem Hause war eine ungeheure Volksmenge. Ich selber war so jung, wie ich jetzt bin. Der Kaiser schüttelte mir die Hand und Erich Schmidt richtete die Bitte an mich durch eine Rede die neu gegründete deutsche Akademie zu eröffnen. Ich

---

[32] Von den vielen Plänen Heymels und von den in die Amerika-Reise gesetzten Hoffnungen, unter anderem auch durch den Einstieg ins Baumwollgeschäft, blieb wenig. In Briefen an Freunde spricht er später von »lauter Niederlagen« und lauter »Jenas« in den Staaten.

[33] *Erich Schmidt:* (1853–1913) der Berliner Literaturwissenschaftler, Nachfolger auf dem Lehrstuhl Wilhelm Scherers.

suchte abzulehnen, da ich nicht vorbereitet sei, der Kaiser aber sagte, ich müßte es tun, da die Idee von mir ausgegangen sei. Dann legten plötzlich Lakaien mir einen großen roten Mantel mit weißer Krause um die Schultern, ich bekam ein purpurrotes Samtbarett aufgesetzt und eine Art von schwarzem Feldherrnstab in die rechte Hand, dann fuhren wir in einem vierspännigen Wagen zur Akademie. Dort waren alle Gelehrten, Künstler, Dichter und große Herren, die sich für intellektuelle Dinge interessierten, versammelt und ich hielt eine Rede, erst schüchtern und zaghaft, dann wurde es mir mit einem Male klar, daß dies vielleicht die einzige Gelegenheit sei einmal in, vor und für Deutschland zu sprechen. Ich glühte und ein Feuer fuhr aus mir heraus. Immer wilder wurden meine Worte, rasender die Sätze, immer politischer wurde die Rede, immer mehr auf ein ganz großes Deutschland gerichtet, eine unendliche Liebe für alles, das unsere Sprache spricht und mit uns verwandt ist, kam über mich. Holland, die Schweiz, die österreichischen Provinzen wurden mit dem bestehenden Deutschland zusammen geschweißt, Philologen wurde das allzu eng und heimlich verwaltete literarische Erbe aus den Fingern gerissen und aller Welt zugänglich gemacht. Die schaffenden Künstler, die schaffenden Dichter, natürlich Du und Rudi und die, die ich am liebsten habe, wurden auch in die roten Mäntel eingekleidet und saßen nun in großen Stühlen um den Tisch. Die Deutsche Sprache war mit einem Male das größte Kleinod des Landes und die Wissenschaft ausgesöhnt mit der Dichtung, denn die Dichter waren wieder hof- und gesellschaftsfähig, ihre Werke Ereignisse für das Land, sie brauchten nicht mehr landesflüchtig zu werden, die reine Quelle, die aus ihnen heraussprudelte, versiegte nicht mehr im dürren Sande der allgemeinen Gleichgültigkeit und Teilnahmslosigkeit. Was dann eigentlich geschah, weiß ich nicht, ich habs vergessen, oder ich bin aufgewacht, aber von dieser, im rasenden Tempo geträumten Geschichte blieb etwas zurück, das vielmehr wie Sehnsucht, oder Wunsch, oder Plan war, sondern wie ein Versprechen auf Erfüllung.

Apropos, der Kaiser. Ich habe ihn vorgestern gesehen in Berlin, am Tiergartenrande, etwa von der Viktoriastraße herunter gehend zum Garten des Reichskanzler Palais. Noch nie hat mich das Äußere eines Menschen so entsetzt und erschüttert. Eine fürchterlich starre Maske, die ganze Fläche seines Gesichts weißlich blau, grau, Krebskrankenfarbe, der affektierte Bart wie leblos aufgesetzt und angeklebt. Das Auge starr und unruhig, die übertrieben herausquellenden Kaumuskeln in unaufhörlicher Bewegung, der Gang automatenhaft steif, gesucht soldatisch, der linke, verkümmerte Arm wie angebunden in einem Mantelknopf hängend, den rechten Arm ruckweise, unnatürlich, als wäre er von einem Sprunggewicht beschwert, vor- und rückwärts stoßend, nicht natürlich schlenkernd. Es wurde wenig gegrüßt und der finstere, wie von bösen Gedanken gehetzte Mann sah kaum rechts und links. Am äußeren Thor stand ein Herr im Cylinder, er wurde vom Kaiser theaterhaft freundlich gegrüßt, kein Lächeln, ein Grinsen überfuhr das gequälte Gesicht. Der Mann muß unsagbar leiden. Er soll jetzt viel beten und macht mit der Kaiserin in Frömmigkeit, während unsere ersten Beamten an der Spitze Dummheiten auf Dummheiten anzetteln, uns in Rußland und Marokko blamieren, unser politisches Ansehen schädigen, wie Bode in England die deutsche Kunstwissenschaft. Wenn es so weitergeht, wird sich Wilhelm II nicht den ersehnten Titel »der Friedfertige« erringen können und er wird nicht die böse Weissagung der Lehniner Mönche: »Unter dem mit der lahmen Hand wird die Flotte zerstört werden,« vermeiden können. Schlechte, miserabel schlechte Sterne hat dieser, sicher um das Richtige und Gute bemühte Mensch, der mich als Ganzes mehr dauert als irgend ein Lebender, den ich kenne. Vielleicht kommen Zeiten, wo große Taten und große Opfer und große Gesinnung, Haltung, Gebärden, Gesten, großes Wollen, Anspannung aller Kräfte notwendig sein werden und Deutschland wieder Deutschland wird.

Vielleicht interessiert es Dich zu wissen, was ich lese; vor allem in einer schönen roten Halbleder Ausgabe, aus dem Jahre 1831, der in Stuttgart gedruckten »Briefe eines Verstorbenen«, in dem fragmentarischen Tagebuch Pückler Muskaus, eine jener wenigen deutschen Aufzeichnungen, die Welt, Witz und Kultur haben. Du kennst sie sicher! Sie gehören auch zu jenen klugen Büchern, zu denen wir immer wieder zurückkehren, Michel Montaigne, Abbé Galiani, Plutarch, Marco Polo und wie sie alle heißen. Dann bekam ich zu Weihnachten von meinem Freund Max Bethusy die schöne alte Ausgabe des Abraham à S. Clara, die zu Cöln im Jahre 1691 unter dem Zeichen des wachsamen Gockels erschien.[34] Wenn Damen da sind, lese ich oft und gern daraus vor, besonders die groben köstlichen Stellen über den Ehestand, über die Frauen und die Liebe. Wir lachen dann und freuen uns der Kraft und des Witzes. Hier gleich etwas, das mir besonderen Spaß machte und das ich hierher setzen muß. Es ist aus der schönen Predigt über der Narren unendliche Zahl. Nachdem er sie alle aufgezählt hat: die Wein-Narren, die Weiber-Narren, die stolzen, groben Narren, die Sauf-Narren und Freß-Narren, die verbainten und schönen Narren, die Gold-Narren, die unverschämten Narren, die verliebten, die seltsamen Narren, da fährt er dann also fort:

»Wer will endlich alle Narren zählen? Jetzt entstehet allein die Frag, welche die verdrießlichste Narren seynd? die große oder die kleine? Meinerseits verdrießen mich die kleine Narren zum mehristen, verstehe die kleinmütigen Narren, welche in allen üblen Zuständen gleich hinder den Ohren kratzen und wollen verzweifflen, trauen so garnicht, schauen so garnicht, bauen so garnicht auf die göttliche Hülff.«

Ist das nicht schön, und uns so recht aus dem Herzen gesprochen, wenn wir das Wort »göttlich« jeder für sich nennen, was wir göttlich empfinden!

Nun hätte ich lange genug Dir etwas vorerzählt und wenn ich weiter fortfahren wollte Dir alles aufzuzählen, was mir Gutes und Schönes schon in diesem Jahre begegnet ist, so hörete ich nimmer auf.

Drum Schluß, ich grüße Dich und die Deinen von Gitta und von mir. Wir grüßen Euch.

Alfred

Adresse vom 21.-24. Bremen, Hillmanns Hotel, dann pr. Adr.: Herrn Otto Julius Merkel, New-York, 46 Wallstreet, Room 30.

---

[34] Die »Briefe eines Verstorbenen« des Fürsten Hermann von Pückler-Muskau besaß Heymel nach dem Auktionskatalog seiner Bücher und Graphiken von Paul Graupe, Berlin (Katalog VI, 1917), in der 3. Auflage von 1836/37 (rote Halbmaroquinbände). Die Jahresangabe *1831* ist ein Irrtum. Die Bände 1 und 2 erschienen 1830 erstmals in München, die Bände 3 und 4 1832 bei Hallberger in Stuttgart. – Die Ausgabe des Abraham à Santa Clara ist wohl der Nachdruck von »Reimb dich, oder ich liß dich, das ist allerley Materien, Discurs, Concept und Predigen [...]« (Köln: Ketteler 1691).

München, 17. Januar 1910.
Regina Palast Hotel.

Mein lieber Hugo!

In meinem gestrigen langen Schreiben habe ich vergessen, Dir über die Lederstrumpf Lieferungen Aufschluß zu geben. Auch ich habe seit längerer Zeit keine neue Lieferung erhalten und nehme daher an, daß wohl nichts fertig geworden ist. Ich werde aber an Paul Cassirer schreiben und ihn fragen, wie es um die Sache steht.

In meine gestrigen Lebensbericht habe ich vergessen Dir von Kellermann zu erzählen, den ich zusammen mit dem alten temperamentvollen, als Menschen prachtvollen Sinding aus Norwegen-Dänemark bei Richard Voss traf.[35] Kennst Du eigentlich Kellermanns Bücher »Yester und Lie«, »Ingeborg« und »der Tor« und was hältst Du von ihnen? Sie haben in ihrer Art keinen kleinen Eindruck auf mich gemacht, denn sie sind persönlich, poetisch im guten Sinn und im menschlichen Sinne gut. Kellermann ist ein kleiner, magerer, blasser, schwarzer Kerl, amerikanischer Typ mit versorgten, oder ehrgeizigen, oder nachdenklichen Furchen im Gesicht. Er kam viel in der Welt herum, schrieb in Japan für Cassirer, lebte auch einen Sommer auf einer beinahe unbekannten Insel an der französischen Westküste nur mit Fischern zusammen und befreundete sich dort mit dem Postbeamten der Station für drahtlose Telegraphie. Denke Dir, ganz losgelöst von den Menschen, zu denen man gehört, durch Mitentziffern der Funkentelegramme vollkommen auf dem Laufenden gehälten zu werden und zu erfahren, was in aller Welt vorgeht: Politisches, Geschäftliches, Kriminalistisches, Liebes-Affären, Todesfälle und Geburten, Prozesse, Gründungen, Freundesgrüße, ist das nicht eine Lebens-Episode von faszinierendem Reize? Jetzt möchte er gern hinaus, um in Amerika in Minen zu arbeiten.

War wohl jemals die Sehnsucht nach fremdländischen Abenteuern zu irgend einer Zeit größer als zu unserer? Nur daß das Abenteuer heute wohl mehr geistig bestanden werden will und da ich nun weiß, daß du

---

[35] Bernhard Kellermanns Roman »Der Tor« war eben bei S. Fischer erschienen. Alle drei von Heymel genannten Frühwerke befanden sich in Heymels Bibliothek. – Mit dem norwegischen Bildhauer dänischer Staatsangehörigkeit Stephan Abel Sinding (1846–1922) war Voss seit seinem Romaufenthalt 1877/78 eng befreundet. Siehe dazu: Richard Voss, Aus einem phantastischen Leben, S. 97f.

Dir gern Exotisches erzählen läßt und man nie wissen kann, in welchem Augenblick von Dir solche ungefaßte Steine plötzlich geschliffen und schön gefaßt erst ihren ureigentlichen Sinn und Glanz bekommen, so schenke ich Dir hier einen javanischen Edelstein.

Gitta und ich waren um Neujahr herum einige Tage in Partenkirchen, ganz im Schnee, sporttreibend und ausruhend. Wir waren zusammen mit unsern Freunden Stedmans aus Karlsruhe, von denen ich schon so viel erzählt habe, wie ich denn nichts sehnlicher wünsche, als Dich, lieber Hugo, einmal mit meinem guten Radulph irgendwo zusammen zu bringen; wir sprachen schon darüber. Nun war als Fünfter in unserer Gesellschaft ein junger Karlsruher, Abkömmling einer Zähringer Bastardfamilie, seit einem Jahrhundert aber bereits in Karlsruhe anerkannt, früher Rennreiter, leichtsinniger junger Offizier, Majoratsherr, bis ihn das Räuber- und Soldatenspielen der Friedenssoldaten langweilte; auch hatte er Schulden, die sein Vater zum letzen Male bezahlen wollte, da regte sich in ihm das Blut seiner Großmutter, einer Baseler Patrizierin aus altem Kaufmannsgeschlecht. Er nahm seinen Abschied, machte eine Reise um die Welt, ging in eine Bank, machte sich selbständig und ist jetzt einer jener Promotoren neuer Dinge, also einer jener modernen Typen, die ich die Unterhändler, oder die Diplomaten in der Industrie und Geschäftswelt nennen möchte. Da gilt es einmal eine Gruppe zu bilden, die Pilsner Brauereien kontrollieren will, oder es handelt sich um die Gründung einer Kriegsschiffswerft in Fiume, auf der man die Dreadnoughts für Österreich bauen will, oder man versucht in Budapest mit hundert Automobildroschken die altgewohnten, prächtigen Fiaker aus der Mode zu bringen, oder man versucht aus Nitrogengas Stickstoff zu fabrizieren zu einem Spottpreis und mit diesem Stickstoff Maschinen, speziell Automobile anzutreiben und mit einer ganz neuen treibenden Kraft Kohle und Benzin um Ansehen und Wert zu bringen. Aber das ist nicht das, was ich Dir erzählen wollte, sondern folgendes wunderbares Erlebnis in Java, das ihm ein gütiges Geschick bescherte.

Gefesselt von einer traumhaft seligen Landschaft, wie wir sie etwa aus Noa Noa und aus Bildern Gauguins kennen, angezogen von der äußersten Grazie einer Bevölkerung, deren Männer und Frauen im Tanz, den sie bis zur höchsten Stufe ausgebildet haben, beinahe alles Menschliche auszudrücken vermögen, blieb unser Freund länger als er wollte auf der Insel. Abends nach dem mit Feldarbeiten, oder Nichtstun hingebrachten Tage, versammeln sich die Einwohner in einem offenen Bambushaus, das von Fackeln mit wechselndem Lichte erhellt wird, während draußen die Büsche und die Bäume mehr und mehr in der dunkelblauen Nacht dem Auge sich entziehen. Schon öfter hatte er eine der blutjungen Eingeborenen mit der goldenen Haut im Tanze bewundert, als er beschloß sie zu heiraten. Die Heirat ist dort sehr einfach. Nicht, daß man die Mädchen, die man zur Frau will von den Eltern und Verwandten kauft, wie in Japan, ohne sie zu fragen, sondern man schickt einen Unterhändler – wie Dein Rosenkavalier – einen Sprecher zu ihr und fragt sie. Als Hochzeitsgeschenk bekommt die junge Frau Schmuck und Kleider. Sie und ihre Verwandten bauen eine Bambushütte und der Ehegatte muß meistens eine Kuh zur Milchwirtschaft oder einen Ochsen zur Feldarbeit als Morgengabe stellen. Das Land gibt der Landherr, der Fürst oder der Reiche, dem es daran liegt viel Arbeitskräfte und viel Untertanen zu bekommen. Also unser Deutscher schickte einen Unterhändler zu dem Mädchen, der kam mit der Nachricht zurück, daß das Mädchen nicht abgeneigt sei, sich die Sache aber erst noch einmal überlegen müsse. Von dem Augenblick an, da sie begehrt wurde, erschien sie tagelang nicht bei den abendlich nächtlichen Tänzen. Schon war unser Hochzeiter beunruhigt und ärgerlich und ungeduldig, während der Unterhändler ihn tröstete und meinte sie würde schon kommen. Als endgültig aussichtslos sei die Werbung nur zu betrachten, wenn sie acht Tage dem Tanz fern blieb. Jeden Abend nun saß unser Freund auf dem Boden und sah mit halbem Interesse und zweifelnden Gedanken dem Tanz der andern zu. Da eines Abends erscheint die Kleine festlich geschmückt, das Seidentuch nur über einer Brust, Blumen im Haar, Blumen im Kleid, Blumen in den Händen. Sofort entsteht ein feierliches Schweigen, die Musik hört auf zu spielen, die Tanzenden geben Raum, stehen im Kreise um das Mädchen, der sich nur nach der Stelle hin öffnet, wo der Deutsche bis ins Tiefste erschrocken und entzückt auf der Erde sitzt. Nun beginnt ein Tanz von so unsagbarer Schönheit, ein Tanz auf der Stelle, ein Tanz der Schultern und vor allem der Achselhöhle. Das Mädchen tanzt und tanzt, erst langsam, dann immer schneller, immer erregter, immer hingebender und läßt kein Auge von dem am Boden sitzenden. Als die Ekstase des Tanzes ihren Höhepunkt erreicht hat, geht sie, immer noch in kleinen, tanzenden Schritten, den Körper hin und her wiegend, das Auge nicht von dem Halbbetäubten lassend, rückwärts aus der Bambushütte heraus immer weiter ins Dunkle des Waldes. Sofort schließt sich der Kreis der Eingeborenen, der allgemeine Tanz fängt wieder an und kein indiskreter Blick, keine Bemerkung stört den dem Mädchen Nachschleichenden.

Soll ich dieser Erzählung, die auszuschmücken und zu vervollständigen mir die Einzelheiten des Landeskolorits fehlen, die Häßlichkeit unserer Hochzeitsgebräuche gegenüberstellen? Mitten in der Nacht, neulich spät nach langem Zechen erzählte mir Der, der dies erleben durfte, stoßweise und noch immer von Erinnerung an all die Schönheit geschüttelt, diese Geschichte und wußte dann nicht genug die Hingebung, Güte des halben Kindes zu schildern, wie sie sich bemühte ihm jeden Wunsch von den Augen zu lesen, seine Sprache zu lernen, wie sie leise verhalten weinte, als er Abschied nehmen mußte und doch versuchte ihm den Abschied nicht schwer zu machen; wie sie sich freute und lachte und ihm um den Hals fiel als er kurz vor der Heimreise noch einmal von Japan auf einem holländischen Postdampfer nach Java kam, nur um sie noch einmal zu sehen; wie da die steifen holländischen Farmer Familien sich entrüsteten als die Eingeborene beim Anlegen des Dampfers, mitten auf dem Landungssteg beim Aussteigen dem Weißen um den Hals fiel und ihn europäisch küßte.

Wir haben an dem Abend nur noch sehr wenig gesprochen, sind dann früh am Morgen zu einem Bekannten von mir, der eine Junggesellenwohnung und viel Bücher hat, gegangen und ich habe noch eine Stunde Gedichte vorgelesen aus Bänden, die ich in seiner Bücherei fand. Mir aber fielen dann beim Nachhausegehen durch den Schnee, der frisch gefallen war, viel, viel Dinge ein, die irgendwie mit dem Gehörten Zusammenhänge haben könnten; so die Stelle aus der Erzählung des Dieners über den Wahnsinn seines Herrn aus Deinem kleinen Welttheater, wo die Rede von den fremden Frauen ist, denen er am Wege begegnet und bei denen er ruht, so die aufdämmernde Liebeserinnerung Deines Matrosen aus dem Bergwerk von Falun.

Lebwohl mein Guter! Vielleicht schreibe ich Dir morgen oder übermorgen noch so einen Brief. Vielleicht wird es lange dauern, bis ich Zeit und Anstoß zu einem neuen Brief an Dich finde, aber sei vergewissert, daß es außer Deinen Nächsten wohl keinen gibt, der beim eigenen Erleben durch Deine Person und Dein Werk so sehr gesteigert wird; oder

der daran denken muß, ob etwas, das ihm widerfährt, Dir Freude oder Nutzen bringen könnte, wie Dein Dir sehr zugetaner

Alfred

Norddeutscher Lloyd Dampfer
Bremen. »Kaiser Wilhelm der Grosse«

31.1.10.

Mein lieber Hugo!

Deine Karte, Wünsche, furchtlose, süße Tochter war ein wunderschöner Abschiedsgruß.[36] Danke Dir! Bald sind wir übers Wasser herüber, hatten glatte, leicht und wildbewegte See, Sturm, Wind, Sonnenschein, eine abwechselnd gute und recht schlechte Überfahrt, daher gute und rechte schlechte Laune. Unser Capitain, den solltest Du sehn, das ist ein Kerl, rettete unzählige Menschen, fuhr einmal *ohne* Steuerruder über den Ocean, da es wenige Stunden nach der Ausfahrt aus dem Hafen brach, er aber weiter nur mit der Maschine steuern fuhr, um seiner Gesellschaft den Millionenschaden zu ersparen. Das ist ein Kerl sage ich Dir wie er nur in Deutschland wächst.

Ganz neue Perspektiven für die Staaten eröffnen sich für mich an Bord neben den geschäftlichen. Große Bücheraustauschausstellung![37] Doch halt, nichts herreden noch wegreden. Bin ein rechter ewiger Planer. Jetzt stürmts wieder bös! Du solltest mitsein. Ob wir wohl mal zusammen irgendwohin reisen? Ob wir uns vertrügen? Ich glaubs! und somit Gottbefohlen.

Alfred

Schreib mal ein Kärtchen. Wallstreet 46 Room 30. Newyork

[36] Hofmannsthals *Karte,* nach einer Bemerkung Heymels in seinem Brief an Stedman vom 20. Januar um den 17. Januar geschrieben, fehlt.

[37] Die Buchhandlung Brentano hatte angeboten, Bücher des Insel-Verlags in ihren Schaufenstern der 5th Avenue zu zeigen. Die am 11. März eröffnete Ausstellung fand viel Beachtung. Für den Winter 1910/11 wurde daraufhin eine größere deutsche Buchausstellung in New York erwogen.

[New York,] den 6ten März, 1910.

Mein alter Hugo!

Jetzt ist Christine wohl schon abgereist; dein Werk und dein Wort im Mund der Leute und ich war nicht dabei! Wie mag der Erfolg gewesen sein? Wenn's nach meiner Gesinnung ginge, dann wüßt' ich wie er wäre! Denn sieh mal, wir alle schätzen den Erfolg gering aber wir müssen ihn haben.

Da sitze ich nun wieder zwischen den Maschinen und den Maschinen Menschen der neuen Welt und kämpfe darum, wie jeder der herüber kommt, sie immer wieder von Neuem zu entdecken. Hie und da kann einem der Däne Jensen als Pfadfinder dienen. Was er über Norris und Roosevelt sagt, deckt sich manchmal beinah wörtlich mit dem was meine Tagebücher des letzten Jahres enthalten, und doch wieder ist das Ganze anders. Aber Jensen ist, wie man hier sagt, »in it, I bet you«.[38]

Ich bin nun 32 Jahre geworden und wenn mich etwas davon überzeugen könnte nicht groß zu sein wie ich es manchmal hoffte, so ist es der Umstand daß ich noch so »terrible young« und gesund bin. Alexander's Flamme brannte schon noch einmal hoch aufschlagend in diesem Alter zu Ende. Byrons Leben stürzte wie ein Wasserfall über die letzten Felsen. Andere verwirrten sich schon oder löschten aus oder erlagen einem Zufall, der eine unbestimmbare Notwendigkeit für sie war und unsereins lebt weiter und frißt sich durch das Leben wie ein Cancer oder vielleicht ein schmückender Epheu. Wer von uns ist Baum oder Felsen; wer von uns Schmarotzerpflanze oder Krankheitsstoff?

Ich schicke dir ein paar Verse! sie sind nicht viel aber sie gehören zum Ganzen. Eins ist Übersetzung; eins Original; beide aber zum kleinen Dokument gehörig das ich hinterlassen will.[39]

Heute Morgen, ein wenig wehmütig las ich im letzten Capitel des zweiten Jahrgangs der Inselzeitschrift, dem wichtigsten des ganzen Unternehmens, dein Ballett.[40] Wie ich es liebe! So wie es da ist und weil

---

[38] Johannes Vilhelm Jensen (1873–1950), weitgereister Kulturkritiker und Romancier, Bejaher des technischen Fortschritts wie auch Kritiker großstädtischer Dekadenz, Nobelpreisträger. Heymel bezieht sich auf den Essay-Band »Die neue Welt«, 1908 erschienen bei S. Fischer.

[39] Nicht erhalten.

[40] »Der Triumph der Zeit« (Die Insel, 2. Jg., Nr. 12, September 1901).

es mir persönlich soviel bedeutet. Erinnerst du dich der Veilchentafel im Pariser Hotel? Es war mein Aufwachen, es war Paris, das Leben, die Tänzerin und es war vor allem DU, den ich zum ersten Male ganz erkannte. Du erzähltest von deinem Ballettplan; du streicheltest meine Haare, tröstetest und ermutigtest mich in meinem edlen und doch so fürchterlichen Kampfe mit Rudolf. Du sagtest du glaubtest an mich und alles das hat mich im Leben nie verlassen.

Hier bin ich nun wieder; kämpfe, siege und unterliege, bin geschüttelt von den Ereignissen, gerüttelt von dem Mangel an sicherer Erkenntnis was eigentlich mir not tut. Du weißt; Aussees Wälder wissen es und Münchens weite Pläne.

Voriges Jahr um dieselbe Zeit war ich bei den Niagara Wasserfällen und konnte einem Halbfremden helfen. Dieses Jahr bin ich hier allein mit meiner Frau und uns hilft Niemand; aber was ist, ist gut. Menschen giebt es hier mein Junge, mitten im Lande des Geldes die die Kunst um der Kunst willen lieben, die Geld opfern um Kunst und wahre Liebe zur Kunst propagieren. Kleine, elende Plätze unter dem Dach in Häusern die in der elegantesten Straße der Fünften Avenue liegen, da findest du Ausstellungen unentgeltlich von Rodinschen Zeichnungen; von Lautrecschen Lithografien; von Matisse Ringkämpfen mit der Linie dem Raum und der Farbe. Ausstellungen die jedem aufstrebenden amerikanischen Talente offen sind. Da sind Menschen wie Stieglitz und Steichen die die Fotografie steigern wollen und zur höchsten heben wie die großen Maler die Farbe und die großen Bildhauer die Formen. Sie geben eine fotografische Zeitschrift heraus »The Camera Works« vielleicht die best gedruckte Zeitschrift unserer Zeit. Ich bringe sie mit und lasse sie dich sehen und erzähle dir von diesen Idealisten die ihre Arbeiten Niemandem verkaufen wenn sie nicht fühlen, daß der Käufer die Sachen heiß begehrt und gewillt wäre sogar dafür zu leiden, zu darben, zu hungern und dafür Opfer zu bringen. Das ist die Art wie man Kunst propagieren muß.

Neulich widerfuhr mir etwas Seltsames. Ich saß in einer Broker Office, verfolgte angestrengter Aufmerksamkeit die irrsinnigen Schwankungen der Wertpapiere, der Baumwolle und des Weizens, als man mir einen Brief brachte, der enthielt die ersten zehn Fortsetzungen der

Masken des Erwin Reiners von Wassermann.[41] Da saß ich nun zwischen einer Horde von dicken, flacken, schlappen, blassen und hagern, dürren, gelben Männern die täglich versuchen ihre $100.00 zu verdienen während sie vielleicht $ 500.00 riskieren, Spielern nicht viel besser wie die am Roulette oder am Pharao Tisch. Wenn der Markt geht wie sie denken, so lachen sie, stecken sich Cigarren an, plaudern schwatzen und zeigen ein munteres aufgewecktes Wesen; geht aber das Glück gegen sie, so verstummen sie, werfen die halbaufgerauchten Zigarren fort, husten, räuspern sich, und spucken aus, werden unruhig, müssen mal heraus, werden einsilbig, zänkisch und ekelhaft. O diese armen Würfler! Da saß ich nun und las und las und ward befangen und gefangen und war auf einmal zu Hause bei Euch allen; ich möchte sagen bei uns und bei mir; die Baumwolle war mir Wurst, die Welt hätte untergehen können, denn wieder einmal erstand die herzliche Hoffnung in mir, daß für uns hier vollendet sei, das für uns alle zeugen könnte. Ob wohl der Schluß das Versprechen des Anfangs einlöst? ich glaube und hoffe wie immer.

Sage Wassermann etwas liebes von mir und Salten.

Das heute zum Abschiedsgruß daß ich mir für dieses neue mir persönliche Lebensjahr nichts heißer wünsche, als wieder genau wie in den letzten Jahren mit dir irgendwo zusammen zu treffen. Mir wäre am liebsten Wien. Aber worauf ich unerschütterlich hoffe das sind die Salzburger Mozartfestspiele.[42] Da mußt du für mich früh genug für Gitta und mich Billets besorgen, damit wir mit dir und Gerti zusammen dort sein können. Hugo ich bin immer Dein.

Alfred

---

[41] Vorabdruck in der Wiener ›Neuen Freien Presse‹ vom 1. Februar 1910 ab.
[42] 1910 brachte das 10. und letzte Mozartfest der Stadt Salzburg. Heymels Hoffnungen wurden enttäuscht. Siehe Heymels Brief an Hofmannsthal vom 15. Juni 1910 und Hofmannsthals Antwort vom 3. Juli.

Charfreitag, den 25 III 1910.

mein lieber Alfred

Dein guter Brief vom 6 III. machte mir große Freude. Man denkt oft und viel an Dich, nennt den Freunden Deinen Namen, und findet doch nicht den Übergang zum Briefpapier. Doch hat Dir Kessler hoffentlich, wie ich ihn bat, gesagt, wie wir damals in Weimar, stille Tage mit viel Gespräch erfüllend, viel und sehr herzlich uns Deine Gegenwart heraufgerufen haben.

Die Übersetzung des Marlowe finde ich schön. Das Original hat noch etwas Letztes, das wohl unübertragbar ist. Für mich bindet diese Sache meine frühe Jugend mit der jetzigen Zeit zusammen. Ich war vielleicht fünfzehn Jahre alt, da mir gerade diese Stellen, dieses gräßliche Ende des zarten Königs einen unausgewickelten aber sehr intensiven, unvergänglichen Begriff von großer Litteratur, großem genre in der Litteratur, in die Seele pflanzten.

Es ist vielleicht ein bischen philiströs von mir – ist es? – wenn ich mir gewünscht hätte, daß Dein schöner Brief auch eine Hindeutung auf Realitäten enthielte: als zum Beispiel, ob Du in diesen für mich etwas chaotischen Dingen da drüben bald ein Ende, die Möglichkeit eines Abschließens und Rücken-wenden sähest – oder so. Aber vielleicht ist es im Augenblick nicht möglich, diese Hindeutung zu geben.

Wie dem immer sei, bin ich darüber ruhig, daß Du Dich nicht verlieren wirst – also werde auch ich Dich nicht verlieren. Das übrige ist scenisches Beiwerk. Cristina wirst Du, weiß ich, liebhaben. Du siehst die Comödie im Sommer in München, in einer neuen Fassung, die ich gestern abschloß.[43]

Dein Hugo.

---

[43] Die neue Fassung von »Cristinas Heimreise«, vor allem um den dritten Akt verkürzt, wurde nicht, wie auch in einem Brief gleichen Datums an Ottonie von Degenfeld erwähnt, im Sommer in München aufgeführt. Die ersten Aufführungen mit dem Reinhardt-Ensemble fanden in Budapest und Wien im Mai 1910 statt.

New York, den 6ten April, 1910

Mein guter Hugo: –

Wieder einmal kam dein lieber Brief so recht als ein Tröster und ein Auffrischer in mein Leben. Ich erhielt ihn heute Morgen nach meiner Rückkehr aus Canada, wohin ich eine Inspectionsreise unternommen hatte um mit dem Lord Governor Earl Grey und hervorragenden Herren Canadischer Eisenbahnen, Banken und der Regierung Ansiedlungspläne deutscher und deutsch russischer Bauern aus den Ostsee Provinzen hin und her zu erwägen. Canada ist ein gottgesegnetes Land. Viel europäischer wie die Staaten mit ungeheuren Möglichkeiten für jeden unternehmenden, mutigen praktischen Kopf der als Handwerker, Landmann oder Unternehmer dorthin übersiedelt. Zweimal so groß als die Vereinigten Staaten ist die Einwohnerzahl Canadas etwa neun Millionen; die märchenhaften, unermeßlich großen Seen sind voll von Fischen, die Wälder voll Wild, ein reicher fetter noch nicht ermüdeter Boden der seit Jahrtausenden brach liegt, lassen Obstbäume, Weizen und andere Feldfrüchte zu reichster Ernte gedeihen. Sonnenschein und Regen wechselt befruchtend und treibend ab. Wertvolle Erze sind in Unmenge im Innern der Erde verborgen; wie nach langem Schlafe reibt sich die Welt die Augen aus und erkennt, welche Schatzkammer sie bis jetzt verächtlich am Wege liegen ließ und welches Verbrechen England in kleinlicher Politik beging, um dieses Land künstlich herunterzuhalten. Ein kompliziertes Eisenbahnnetz ist gebaut und wird weiter gebaut. Aus der Erde wachsen Städte wie vor einigen Dezennien im Süden und Westen der Vereinigten Staaten. Eine englisch-französische Gesellschaft pflegt den Sport, den geselligen Verkehr in unauffälligerer Weise wie die amerikanische. Es ist unendlich viel dort zu machen und triebe mich irgend ein böses Schicksal und ein feindseliger Wind von den heimischen Gestaden, so wüßte ich für mich wo ich hingehen würde um ein neues Leben zu beginnen und mein Glück zu versuchen.

Morgen reise ich für eine hiesige Firma mit einem der besten Ernte Experten der Staaten auf 10 bis 14 Tage nach Texas, wo wir Tag und Nacht unterwegs sein werden in dem heißen Süden der gerade jetzt wie ein blühender Garten alle seine Pracht entfaltet. Mit dem Automobil und zu Pferde geht es dann von Plantage zu Plantage durch die Korn und Baumwollen Meere und Spinnereien und Mühlen zu einigen verstreuten Freunden und neuen Eindrücken entgegen. Möge Merkur mir günstig sein.

Heute früh kam ein Brief von Harry aus Weimar.[44] Angenehmes kommt wie Unangenehmes selten allein. Gerade in dem Moment da ein mich nie zu Ruhe kommen lassendes Schicksal mich wieder in die Wanderschaft treibt, wurden durch seinen und deinen Brief die alten angestammten Bande fester und fester rückwärts zur Heimat geknüpft. Harry Kesslers Brief atmet wie immer eine wunderbare Teilnahme und zeigt tiefstes Verständnis so weit unser aller, dein und Rudis und mein Werk in Frage kommt. Naturgemäß ist auch er über die moderne Romantik meines jetzigen Lebens beunruhigt und sorgt sich tief freundschaftlichst. Das gesteckte Ziel aber muß erreicht werden und sollte es auch noch fünf oder sechs Jahre dauern und ich erst um die vierzig herum endgültig zur Ruhe kommen, und in die Lage daran denken zu können meinen Plan zu verwirklichen. Ich brauche 4 Millionen Mark als sichere Lebensbasis; eine Million für Unternehmungen; eine Million um an die Gründung, Du weißt schon wovon denken zu können. Das ist alles was ich will. Für unsere Verhältnisse klingt es anmaßend und schwer zu erreichen; hier drüben ist es, wenn man nur ein einzigesmal in die Glücksserie, in die jeder einmal kommen muß, wenn er gewillt ist nicht nachzugeben und schlimmsten Falls immer von Vorne anzufangen, nicht viel. Das ist doch klar, lieber Freund, wenn ich auch manchmal um die Mittel das Ziel zu erreichen nicht ganz im Klaren bin. Dein gutes Abschiedswort aber vom Rösselsprung meines Lebensweges leuchtet mir wie ein Stern auf meinem Wege.

Von diesem Briefe schicke ich eine Copie an Harry weil ich vor meiner Abreise wohl nicht dazu kommen werde ihm persönlich so recht von Herzen wie ich möchte für guten Zuspruch zu danken.

Drei Übersetzungen amerikanischer Gedichte lege ich diesem Briefe bei. Ich wählte sie aus vielen aus, aus drei verschiedenen Gründen. ›Die begrabene Stadt‹ ihres Gedankens wegen; ›Das Gebet um Schmerz‹ der Gesinnung halber und ›Nur eine kurze Zeit‹ weil ich dieses Lied für vielleicht das Beste halte, das mir innerhalb meines bescheidenen Rahmens bis jetzt glückte. Ich glaube, daß das Deutsche wenigstens in

---

[44] Der Brief fehlt wie andere Briefe vor allem aus den Jahren 1909 und 1910 im Nachlaß Heymels.

der letzten Strophe intimer und besser ist, als im Englischen.[45] Hast du etwas auszusetzen, so lasse mich es bitte wissen.

Du und die Deinen seien freundschaftlichst gegrüßt von Gitta und deinem dir in Freundschaft, Verehrrung, Liebe zugetanenem

Alfred

P.S. Ich habe vor einigen Tagen im Deutschen Vorkämpferclub einen Vortrag über moderne Literatur gehalten, das heißt über die Dichter unserer Generation die wir am meisten verehren; ich las dann von Dehmel. Das Chinesische Trinklied und Caffee, Branntwein, Bier.

Von Rudi einige Sonette an die Sixtinische Madonna, drei Erzählungen aus Hama und einige Strophen aus dem Elysium.

Von Dir den Schiffskoch der mich hier in der Fremde immer von Neuem innerlichst erschüttert. Die beiden Totenreden auf die Schauspieler und ein Stück aus dem kleinen Welttheater.

Die Wirkung, trotzdem ich, wie du weißt nicht gut lese, war eine ungehoffte und ich bedaure nur nicht Zeit zu haben durch das ganze Land zu reisen und überall wo Deutsche wohnen sie bekannt machen zu können mit eurer Arbeit, eurer Kunst.[46]

---

[45] Die *Drei Übersetzungen* von Gedichten George Sylvester Vierecks, John G(neisenau) Neidhardts (1881 geb.) und Brian Hookers (1880–1946) gab Heymel in den Insel-Almanach auf das Jahr 1911 (S. 143–145). Zu Viereck siehe Anmerkung 46. Von Hooker hatte Heymel 1909 einen Einblattdruck veröffentlicht: »Flieder in der Hauptstadt. Nach dem Englischen des amerikanischen Dichters Brian Hooker von Alfred Walter Heymel«.

[46] George Sylvester Viereck (1884–1962) schrieb unmittelbar nach dem am 31. März gehaltenen Vortrag an Heymel: »[...] Ihr Vortrag, Ihre Persönlichkeit haben auf uns alle einen *tiefen* Eindruck hinterlassen. Wenn ich nicht an bestimmtes Kismet glaubte, würde es mich betrüben, daß wir einander nicht schon früher begegnet sind. [...]« Der englisch schreibende deutsch-amerikanische Dichter war schon 1897 mit dem Vater – die Mutter stammte aus Kalifornien – in die Vereinigten Staaten gekommen. Der Vater, einstiger Reichstagsabgeordneter, gründete in New York die Viereck Publishing Company, in der die deutsch-amerikanische Monatsschrift ›Der Deutsche Vorkämpfer‹ herauskam. Als Vorsitzender des Klubs gleichen Namens und des Verbandes deutscher Schriftsteller in Amerika hatte er Heymel zu dem Vortrag ins Verbandslokal ›Ewige Lampe‹ in Harlem eingeladen. – Zu den Hofmannsthal-Rezitationen: das Gedicht »Der Schiffskoch, ein Gefangener, singt:«; die Verse »Zum Gedächtnis des Schauspielers Mitterwurzer« und »Auf den Tod des Schauspielers Hermann Müller«. An Schröder schreibt Heymel nach seiner Rückkehr am 9. Juni 1910: »[...] Ich habe einen Vortrag gehalten über die Dichter unserer Zeit, der in Hofmannsthal gipfelte und Dich und Borchardt und andere durch Leseproben dem erstaunten Publikum nahe führen sollte. [...]«

Apropos die Masken des Erwin Reiners fesseln mehr und mehr und wühlen stärker auf je mehr Fortsetzungen in meiner Frau und in meine Hände gelangen. Grüße den Verfasser so wie Salten.

AWH

New York den 2ten Mai, 1910.

Mein Hugo: –

Wenn ich nicht sofort, hier auf der Stelle mit Dir eine halbe Stunde sprechen kann, könnte ich verrückt werden.

Ich habe Dir, einen dir vielleicht irrsinnig vorkommenden Cotton Bericht geschickt. Dieser Kampf bekommt etwas durchaus künstlerisches. Die beiden Parteien kämpfen miteinander, wie die Condottieres Venedigs und Ferrarras. Nicht Geld, nicht einmal mehr Macht sind die Kampfmotive. Dieses sogenannte nüchterne Geschäft in Baumwolle wächst sich zu einem großen duellartigen Ringen aus. Es ist eine Romantik in diesem Lande von der sich Durchschnittseuropäer nichts träumen lassen. Diese Romantik liegt vielleicht, wenn eine contradictio in adjecto am Platze ist, in der Modernität der Mittel mit denen alles angestrebt und durch die alles erreicht wird, die wiederum classisch genannt werden kann. Mein lieber Junge, Du solltest einmal herüber kommen. Es würde dich vielleicht zuerst erschüttern und aufwühlen das was du hier siehst, aber wenn du's, daran zweifle ich nicht, überwändest das Fremde und Neue, das Kaltblütige und zugleich Heißblütige, dieses Grausame und zugleich Gütige, so würde es Dir wiederum gut tun. Die Erlebnisse der letzten Tage haben selbst mich an die Grenze meiner Nervenspannkraft gebracht. Was es eigentlich ist, ist schwer zu sagen. Alle Papiere stürzen; das Gespenst allgemeiner Überfinanzierung und Überspekulation steht neben dem Nachtmahr eines europäischen Krieges für den in London ein großer Kriegsschatz aufgebaut zu werden scheint – denn anders ist das Verschwinden eines großen Teiles der erstaunlichen Goldausfuhren dieses Landes in den letzten zwei Jahren nicht zu erklären – Diese beiden oben genannten Alpdrücke hängen erschreckend über der Finanzwelt wie die beiden beunruhigenden

Kometen über der Erde! Scheint doch der Eine von diesen wieder hier die Ernten für dieses Jahr zu verderben, trotzdem der Fruchtbarkeitstern Amerikas, der Stier, einen hülfreichen Kampfgenossen in Jupiter gegen den bösen, feindlichen Saturn gewonnen hat. Mir scheint, ich fange an zu phantasieren und schwer verständlich zu werden.

Heute Nacht, ich weiß nicht was es war – schossen mir die Tränen in Strömen aus den Augen als ich Überschrift und Bilder in einliegender Zeitung fand, die mich belehrten, daß die indianische Prinzessin Oneida, ein kluges, weit gebildetes, wunderschönes, schlankes, rotes Mädchen nach Europa reisen will, um dort die Sorgen ihrer sterbenden Rasse, den Kummer ihres Volkes zu tanzen um Geld zu verdienen, mit dem sie das Los der Ihren erleichtern möchte. Lasse das Ganze einen Reklametrick sein, es ist das, was wir daraus machen, und was wir darin sehen. Du findest, die von mir vielleicht aufgebauschte Geschichte in Einlage I.

Dann sieh hier Bild II die grausige Hölle in der ich lebe. Sieh das Bild der unnatürlichen Häuser und denke die Straßen, Stadtteile viele hundert Häuser-Blocks ihm gleichen, denke dir die Menschen die für Macht oder Liebe oder tägliches Brot darin herumrennen und stürzen und hasten und sage mir, ob das Ganze nicht fürchterlicher und traumhafter ist, wie die Städte mit schiefen Türmen, engen Gassen, Giebeln und Erkern voll Mord und Sünde und Ausschweifung, die Doree zu Balzacs Contes Drolatiques zeichnete.

Und dann sieh hier, wie eine amerikanische Volksmasse teilnimmt am Ausgang des amerikanischen Nationalspieles des Baseballs. Höre, daß gestern vor vielen tausenden und aber tausenden von Menschen in San Fransisco unter dem blauen Himmel Californiens, ein junger, vielversprechender Faustkämpfer, niedergeschlagen, beim Sturze zur Erde den Schädel brach und starb. Denke daran, daß vor nicht acht Tagen ein Schneesturm und ein tödlicher Frost die ersten, guten Ernteaussichten und hundert Millionen sichern Verdienst den Farmern des Landes zu Schanden machte und alles das was wir sonst in Deutschland mit mehr oder minder gleichgültigen Seelen lesen oder hören, oder auch gar nicht beachten, daß Alles dieses hier lebendigsten Einfluß auf die Lebensbedingungen des ganzen Landes hat. Wie viele Existenzen durch solche Geschehnisse gegründet und zerstört werden, wie sich hier eine neue Nation bildet, deren mangelhafte und all zu verschiedenen Gesetze in den unterschiedlichen Staaten in den nächsten Jahrzehnten revidiert und neu constituiert werden und glaube mir, daß wenn dies alles geschehen ist, Amerika vielleicht doch noch der junge und frische Erbe der Überlieferungen aller weißen Rassen sein könnte.

Ich muß noch einmal zurückgreifen. Hugo, denke dir daß in dieser Welt der Schwachheit und des Eigennutzes, wie die Pessimisten sagen, doch noch immer hier und dort Männer und Frauen sind, die einer Idee oder einem Menschen alles opfern. Denke dir, daß Oneida wirklich für ihr Volk tanzt, das Schönste das ein weibliches Wesen tun kann, wäre das nicht göttlich? Aber natürlich, sie wird eine Abenteurin sein.

Ich schicke dir hier die No. 5 des vierten Jahrgangs des »Deutschen Vorkämpfers«. Du wirst zwei Sachen darin finden, die dich interessieren werden, einmal einen Absatz aus einem Buche »Bekenntnisse eines Barbaren« das soeben erscheint und dessen Verfasser, George Sylvester Viereck ist, ein junger deutsch-amerikanischer Schriftsteller, gemischten Blutes, jüdischer Einschlag. Sein Großvater war, wie man allgemein annimmt und wie es beglaubigt zu sein scheint, Kaiser Wilhelm I. Der Junge hat ein sehr törichtes Stück und eine sehr törichte Novelle »Vampyro« geschrieben und ein Buch sehr beachtenswerter Gedichte herausgegeben, Niniveh. Er fing an deutsch zu dichten und ist zur englischen Sprache übergegangen. Er strebt und sucht nach dem künstlerischen Ausdruck für die Neue Welt. Ihm sind gleich Dehmel, Eisenbahnen und Untergrundbahnen, Tunnels, Brücken, Viaducte, die himmelhohen Gebäude, diese Gedanken und Träume in Stein und Stahl so wunderbar, wie Ritter, Drachen und Berge dem Romantiker. Ich bin gespannt auf diese Reisebriefe im Style Heinrich Heines und könnte mir denken, daß auch du Appetit auf die Lecture hättest; der Mann ist interessant, wenn schon halb verrückt. Rein wie ein amerikanischer College Boy und zugleich verderbt wie ein Page der großen Katharina von Rußland. Amerikanisches Völkerhaschee! We better wait till we make up our minds!!

Dann findest du auf Seite 17 den Auszug einer Tischrede die ich neulich im Vorkämpferclub hielt. Man hatte mich gebeten über die Ziele des Inselverlages und die Dichter unserer Generation zu sprechen. Die eigentliche Rede war breiter und bunter und noch persönlicher; vielleicht macht Dir der eine oder andere Satz Spaß; vielleicht auch ärgerst du dich, aber bitte ärger dich nicht über mich, sondern sei gut zu mir.[47] Ich brauche Deine Teilnahme mehr, als wie die irgend eines andern lebenden Menschen, denn Du bist nicht nur mein Freund und ein Kenner meiner Art, sondern Du bist, lasse es Dir sagen, ohne jede Sentimentalität »der Dichter«, das sagt Alles.

Seit acht Tagen habe ich wertvolle neue Bekanntschaften gemacht, Florindo, Tomaso, Christina, das Halbblut und die andern Nebenfiguren. Nun lebe auch ich endlich mit ihnen wie Du jahrelang mit ihnen gelebt hast. Ich brauche nur das Wort »Der Bub« zu lesen und ich höre deine liebe, österreichische Stimme und jeder Satz bist Du und ist Wien und Aussee, München und meine Jugend. Ob Christina nicht doch dann und wann in den behaarten Armen Tomasos an den Abenteurer denkt, der ich bin und du bist und der ohne daß wir dafür können der Traum unserer Sehnsucht ist, und ob sie nicht dann und wann Tomaso, (Pierre-Oedipus) vergißt, um des Charmes des Unhaltbaren, vielleicht schwachen und doch vielleicht im letzten Sinne Siegreichens wegens. Die Welt ist voll Kreons, Jaffirs, Florindos und Toren. Sorge ein jeder von uns, daß wir in den schwersten Momenten, derentwillen wir geboren wurden, irgend jemand mit dem Schweißtüchlein haben, der uns die Angsttropfen von der Stirn wischt oder einen Hund der uns anschaut, traurig und mitleidig in seiner eigenen Pein!! Wir alle sind Eigentum der Gräfin Leben, Sklaven unseres Schicksals und Akteure auf der fürchterlichen Bühne »Wirklichkeit«. Nun ich selbst so unsagbar verstrickt bin in Etwas das ich glaubte anzufangen, das aber anfing mich zu haben, finde ich den Weg zurück zu deinem Sebastian Melmoth erscheint mir de profundis rührender und möglicher. Wenn auch immer noch nicht zu billigen, doch nicht mehr zu verabscheuen.

---

[47] Der eingangs erwähnte *Cotton Bericht*, die Einlagen samt der Nummer des »Deutschen Vorkämpfers« sind nicht in der Korrespondenz, aber vorhanden im Nachlaß Heymels. Seinen umfangreichen Bericht über eine zweiwöchige Reise in die Südstaaten im April ließ Heymel als Separatum drucken (»An Outsider's Trip into the Fairyland of Cotton«). Im »Deutschen Vorkämpfer« vom Mai 1910 (4. Jg., Nr. 5) stand auf S. 17 ein Auszug aus Heymels »Plauderei« im Vorkämpferklub ›Deutsche Dichter des 20. Jahrhunderts‹. – Vierecks *sehr törichtes Stück* und *sehr törichte Novelle:* »A Game at Love« (1906) und »The House of Vampire« (1907). Ein Band »Gedichte« war 1904 in New York erschienen; 1907 folgte »Nineveh«. Große Unterschiede in der Bewertung zeitgenössischer deutscher Literatur zwischen dem früh von Heine, dann von Swinburne und Dante Gabriel Rossetti beeinflußten Viereck und Heymel kühlten die Beziehungen schon bald ab.

Gestern und vorgestern bin ich mit Freunden auf einer schönen, schlanken Dampf-Yacht den Hudson heraufgefahren. Der breite Fjord hat steile, rauhe Felsenufer die mit sanften Hügeln abwechseln. Manchmal ist es, als wäre man in Norwegen in der Nähe von Molde; dann aber wieder ist es, wie soll ich sagen, der Hudson, Amerika! In großen Abständen sieht man große und kleine, teuere und billige Landhäuser auf halber Höhe erbaut zwischen dunklem Nadelholz und hellem Laubwald versteckt. Ein um diese Jahreszeit hell rosa oder schneeweiß blühender Strauch, das dogwood, erlaubt sich einen Scherz auf den toten Winter. Die hellen Blüten sehen aus wie übriggebliebener letzter Schnee und bringen Leben und neue Farbe in die Abstufungen jeglichen Grüns, und Brauns und Gelbs. Die schmale, schnelle Yacht trug uns, wie ein edles Rennpferd wasseraufwärts; wir begegneten andern Booten, großen und kleinen, ungeheuren Kohlenflößen und Vergnügungsdampfern. Der Abend vereinigte uns auf der Höhe eines bewaldeten Hügels in einem Landhaus, Bungalow hier genannt; aus Holz erbaut; großer Kamin in der Halle, antique Statuen, Copien nach Veronese, mexikanische Strohgeflechte und Töpfereien. Tief in die Nacht saßen wir beim Whiskey und sprachen über die bösen Zeiten die möglicherweise über die Welt kommen mögen. Über Kriegsschiffe und schlechte Ernten, Luftschiffe und Demokraten, Roosevelt und den Kaiser; über das verlotterte Zeitungswesen, das tolle Verschwenden der Völker, Städte und Menschen. Gegenüber auf dem andern Ufer glitzerten die Lichter der amerikanischen Kriegsschule, Westpoint; im tiefen Dunkel lag eine bewaldete Insel inmitten des Wassers. Die Insel hat eine Geschichte. Sie ist seit langer Zeit im Besitze einer Familie die ausstarb und nur eine alte, beinah achtzigjährige Dame blieb übrig. Die hatte außer Grund und Boden beinah Nichts zu essen. Da boten ihr unternehmungslustige New Yorker $ 250 000.– um die beinahe heilige Insel in einen Vergnügungspark mit Carousellen und Russischen Schaukeln zu verwandeln. Sie wandte sich an die Regierung, die hier noch törichter wie die unserige zu sein scheint, und bot das ganze Besitztum für $ 175 000.– zum Kaufe an. Drei Jahre hielt man sie hin. Das Geld für Licht und Heizung war kaum noch aufzutreiben und mürbe geworden wollte sie an einem bestimmten Tage den Kaufcontract unterschreiben dessen Erfüllung den Reiz und Schönheit der ganzen Landschaft auf ewig zerstört hätte. Eine Nachbarin aber bekommt um dieselbe Zeit Besuch aus New York, sie, die 70jährige wird von einer Matrone besucht die ein ungeheures Erbe von dem Geizigsten aller Männer den sie überlebte zu eigen hat. Ihr Gatte war so geizig, daß er in der Subway weggeworfene Zeitungen las, weil er keine neue kaufen mochte. Als irgend ein Desperado einmal ein Attentat auf ihn ausübte und einen Gegenstand gegen ihn warf, riß er einen Angestellten seines Bureaus zwischen sich und das bedenkliche Wurfgeschoss; der Mann wurde leicht verwundet und erhielt keinen Dollar Schmerzensgeld. Russell Sage war der Name des Untiers, oder sagen wir lieber bedauernswerten Narren, der nicht wußte, daß Geld nur als Wechselmünze Freude macht, wenn man sich und andern Freuden dadurch verschafft. Also seine Witwe kommt zu Besuch; hört von dem häßlichen Geschäft das im Gange ist und entscheidet sich in fünf Minuten die Insel zu kaufen; die beiden alten Damen nehmen ein Boot und fahren zu der Besitzerin. Die Insel geht in den Besitz von Mrs. Sage über, die der Eigentümerin Wohnrecht bis zum Tode einräumt und die ganze Insel dem Government zum Geschenke macht. Dieselbe Frau stiftete kürzlich $ 90 000.– für den Central Park in New York, den englischen Garten oder Prater der Welthauptstadt, falls wir corrupt genug sind anzunehmen, daß Geld das Blut der Welt und somit New York ihr Herz ist, mit der Bestimmung daß blühende Bäume, pontische Azaleen und Rhododendron Sträuche dafür angeschafft werden sollten, da es wie in Rußland aufkam, daß die Reservefonds in der Parkverwaltung verschwanden. Diebstahl, Corruption, Unterschleife, Bestechungen regieren die Staaten. Sonntag sind wir dann wieder zu Wasser gefahren, durch lauen Frühlingswind. Nachts schienen die Sterne heller als ich je gesehen habe, Tags vergoldete eine nicht lästige Sonne die Ränder leichter Wolken und brach dann und wann mit ihrem süßen Lichte durch wie auf den Bildern Turners oder Millets und ging abends gegenüber unserem Landhause rot-golden unter.

Christinas Heimreise hat mich beide Tage als einzige Lecture begleitet. Dieses Buch, das fortwährende Denken an dich und den Begriff Dichter, zwischen all den eigenen Sorgen, beglückten mich so schmerzhaft, daß ich wie nach übermenschlichen Anstrengungen halbtot nach Hause kam, um meine Frau wieder einmal in höchstem Grade nervös vorzufinden, in einem Zustande der mir das Herz schneller schlagen läßt, die Kehle zuschnürt, die Gedanken verwirrt, so daß ich zum erstenmale in meinem Leben so etwas wie ein Schuldbewußtsein in mir aufsteigen fühle. Aber alles ist wie es ist und heute am Tage sieht sich alles wieder besser an und ich möchte nur dich recht bald wieder sehen. Schreibe mir ein Wort nach London, Botschaftsrat von Kühlmann, German Embassy. Ich gedenke am 17ten Mai auf einem holländischen Dampfer an der englischen Küste zu landen.

Lebe wohl, lieber Hugo! Nimm meinen herzlichsten Dank dafür daß gerade du es bist dem ich alles dies Wunderbare und Grausige schreiben darf. Grüße und streichele alle die Deinen und küsse die Hand der Frau Gerti – und wisse, daß du und deine Freundschaft mir gute Sterne bedeuten.

Alfred

Südbahn-Hotel Semmering bei Wien

24 V. [1910]

mein lieber Alfred

nun bist Du wieder in Europa und diese Zeilen sollen Dich recht herzlich von mir begrüßen. Deine Briefe waren schön und gut. In all dem Trubel bleibt Dein Eigenes, Bestes unverzerrt, das freut mich überaus. Im Sommer wird man sich sehen. Im Juni werd ich am Lido sein, dort will ich Ruhe, später aber bin ich in Aussee, wohl auch in München (um meine König-Ödipus-Übersetzung mit Reinhardt auf die Bühne zu bringen)[48] dann wieder in Aussee. Rudi wird kommen, Du wirst auch kommen, das Land soll nur wie ein Garten sein mit Wegen, auf denen man sich begegnet.

Grüß mir die Gitta, die ich nun kenne und so lange nicht kannte.

Dein Hugo.

Die neue Fassung der Cristina, kecker, kürzer – hatte in Wien einen völligen unbestrittenen Erfolg.[49]

---

[48] Reinhardt gab die Sophokles-Übertragung am 21. September in der dreitausend Zuschauer fassenden Musikfesthalle auf dem Münchner Ausstellungsgelände als Uraufführung.
[49] Erstmals am 12. Mai im Wiedner Theater.

München, 15. Juni 1910.
Gabelsbergerstr. 10 b.

Mein lieber guter Hugo!

Erst heute komme ich dazu, Dir für Deine guten Zeilen nach London zu danken. Zwei Briefkopien an Stedman und Schröder haben Dich auf dem laufenden gehalten wie es mir geht.[50] Du wirst sie vielleicht schon auf dem Lido erhalten haben. Wenn der Neid zu meinen vielen Untugenden gehörte, so würde er bei der Nachricht, daß Du jetzt in der göttlichen Hitze in Italien bist, gelb und üppig aufsprießen. Wann kommst Du zurück? Bitte, laß mich das bald wissen. Hier sind meine Sommerpläne: ich gehe Ende der Woche nach Tutzing und muß Anfang August zu einer achtwöchentlichen Übung beim Regiment einrücken. Hoffentlich gelingt es uns, im Juli noch ein Rendevous zu verabreden, denn sprechen muß ich Dich, schriftlich läßt sich so vieles nicht entwirren.

Ich habe jetzt beide Fassungen von »Christinens Heimreise« gelesen und glaube schon, daß das Weglassen des letzten Aktes für die Bühnenaufführung nicht ungünstig ist. Aber, ich kann mir nicht helfen, vielleicht sage ich etwas Törichtes, ich mochte den letzten Akt sehr gern. Der vielleicht ein wenig sentimentale Schluß, der doch so überaus fein und bedeutsam, vielleicht ein wenig altmodisch, das Ganze zu gutem Ende brachte, war mir sehr lieb, aber um wirklich ein Urteil zu haben, hätte man beide Aufführungen sehen müssen.

Ist Dein Operntext fertig? Wie freue ich mich auf den letzten Akt. – Denkst Du jetzt wohl gelegentlich an den Pagenaufstand gegen Alexander? Tu mir die Liebe und vergiß nicht dieses Versprechens, wenn Du wieder einmal in Ruhe an Deine Papiere kannst.

Sind die Mozartfestspiele in Salzburg schon im Juli? Das wäre eigentlich der schönste Fleck und die beste Zeit sich zu treffen.

Rudi ist in Rom, vielleicht begegnet Ihr Euch auch, wenn Ihr es tut, denkt meiner freundlich.

---

[50] Wohl die Briefe an Stedman vom 7. und an Schröder nach Rom vom 9. Juni mit Berichten über finanzielle Schwierigkeiten, über sein neues Haus, seinen Amerika- und Englandaufenthalt (Beisetzung König Eduards in London), politische Fragen und bremische Geschehnisse.

Grüß die Deinen und selber schönstens gegrüßt in unerschütterlicher Freundschaft

von Deinem [Alfred]

Rodaun, 3 VII [1910]

mein lieber Alfred

Dein Brief vom 15ten Juni ist aus Versehen nicht nachgeschickt worden und ich fand ihn erst gestern. Dagegen haben mir die beiden Copien der Briefe an Stedmann und Schroeder große Freude gemacht. Briefe an einen Dritten zeigen ein anderes Profil als das man zu sehen gewohnt ist und bereichern einen.

Nun wegen Wiedersehen. Ich kann unmöglich im Juli zu Dir kommen. Das Mozart-Fest, zu dem ich *nicht* zu fahren gedenke, noch auch jemals gedachte, ist meines Wissens erst Anfang August. Wenn nun das Wiedersehen nicht auf Anfang October hinausgeschoben werden soll, so müßtest Du für 24 oder 48 Stunden hierher kommen, im Gasthaus Stelzer nebenan wohnen und den Tag mit uns verbringen. Müßtest das aber vor dem 14ten tun, denn am 15ten schicken wir die Kinder nach Aussee und treten selbst mit Freunden eine vierzehntägige Auto-tour nach Südtirol an.

Vieles Gute Liebe an Gitta.

Dein Hugo.

Tutzing, Villa Frauenberg. 8. Juli 1910.

Mein guter Hugo!

Gestern kamen Deine lieben Zeilen in meine Hände. Ich war unterwegs nach Bremen zum Rennen, nach Berlin zu den Vereinigten Werkstätten und nach Travemünde zum Schulschifftag. Du, Hugo, da hättest Du mit dabei sein müssen, zwei schöne, große Dreimaster, richtige Segelschiffe, schlank und majestätisch, bedient von Jungens, die dort für die Handelsmarine als Matrosen, Steuerleute und Offiziere ausgebildet werden. Bengels zwischen 15 und 18 Jahren, in sauberen, weißen Anzügen mit roten und blauen weichen Pudelmützchen, voll blühenden Lebens und Leidenschaft zu ihrem Beruf, wie die in die Maste hinaufkletterten, an den Rahen hingen und den Anker bedienten. Einer fiel ganz oben herunter ins Wasser, wurde aber gleich wieder herausgefischt. Dieser Verein, den der Großherzog von Oldenburg gegründet hat, ist einer [der] ganz wenigen vernünftigen Vereine Deutschlands zu denen zu gehören, Vergnügen macht und die nützlich sind, denn sie kommen der Jugend und der neuen Generation und dem deutschen Handel und der deutschen Schiffahrt zugute.

Ich traf Rudi hier, der, wenn auch neuerdings erkältet, gut aussieht, wie es scheint eine wundervolle Zeit in Rom gehabt hat. Er hat eine Elegie über Tivoli angefangen an seine Schwester Klara, sie ist, soweit man heute schon das Fragment beurteilen kann, absolut das Schönste und Festeste, das er uns bis jetzt geschenkt hat.

Unser Wiedersehen muß nun doch wohl bis Oktober verschoben werden, da ich schon am 29. ds. beim Regiment einrücken muß. Vielleicht will es ein gutes Geschick, daß Du nach München kommst, wenn unser Haus, trotz aller Schwierigkeiten und widrigen Umstände, fertig ist.[51] Endlich könnten wir dann einmal wieder in meinen vier Wänden zusammen sein und hätten alles zur Hand, worüber wir gern sprechen. Willst Du mir bis dahin eine Liebe tun, dann vergiß mich nicht ganz, sondern laß hier und da etwas von Dir hören.

Grüß Deine liebe Frau und die Kinder und vergiß nicht, daß Du zu denen gehörst, von denen Gutes zu hören mich herzlichst erfreut.

In alter Anhänglichkeit

Dein Alfred

---

[51] Heymels zogen im Dezember in das neue Haus in der Poschingerstraße am Herzogpark.

Tutzing, Villa Frauenberg, 22. Juli 1910.

Mein lieber Hugo!

Einliegend erhältst Du die Kopie eines Briefes an Kippenberg. Ich bitte Dich, den Inhalt des Schreibens zu prüfen und mich wissen zu lassen, falls Du prinzipiell etwas gegen meine Vorschläge hast. Liegt nichts vor, das Dir unangenehm sein könnte, so können wir ja abwarten, wie Kippenberg sich zu meinen Vorschlägen stellt.[52] Meine Adresse ist am 26. ds. Leipzig, Insel Verlag, Kurzestr. 7, dann Osternburg bei Oldenburg i/Gr. Drag. Regt. No. 19. Offizierskasino.

Solltest Du Baron Andrian sehen, so kläre ihn doch bitte über die Art meiner Hundertdrucke, wie Villa und Zwillingsbrüder auf. Er und Fischer gaben mir die Erlaubnis den »Garten der Erkenntnis« so herauszubringen. Jetzt scheint er aber große Angst vor der Ausstattung zu haben. Sag ihm, daß auch ich Lebkuchenmuster der art nouveau ebenso verabscheue wie er und das Ganze einfach und würdig herauskommen wird.[53]

Ganz bescheidene Anfrage: Denkst Du wohl mal an den Pagenaufstand gegen Alexander? Du weißt, wie Du mich mit dem Manuskript erfreuen würdest, aber auch, wie es mir leid tut, Dich damit zu belästigen, wenn Du mittlerweile anderer Meinung geworden bist, oder dir das Heraussuchen zuviel Mühe macht.

Ich habe Deinen freundlichen Brief an Kippenberg[54] gelesen und wenn Du meine Meinung über Deine gütigst in Aussicht gestellte Rezension der Homer Übersetzung hören willst, so ist sie diese. Ich würde sie doch an Deiner Stelle nicht allzu lange hinausschieben, denn heute schon kann garnicht genug, speziell von den ersten Köpfen deutschsprechender Länder auf dies literarische Unternehmen hinge-

---

[52] Brief an Kippenberg vom selben Tage mit dem Vorschlag einer billigen Ausgabe aller Dramen, Gedichte, Vorspiele in einem Band. Siehe dazu BW Insel, Sp. 372–375.

[53] Andrian hatte am 17. Juli an Heymel geschrieben, er habe »keine Vorliebe für das sogenannte ›art nouveau‹«. Später monierte er, daß für den Vorsatz das gleiche Papier wie für den Druck verwendet werden sollte. Über die entstandene Situation hatte Heymel auch ausführlich Kippenberg am 20. Juli geschrieben.

[54] Brief vom 11. Juli (BW Insel, Sp. 370 f.). – Zu der von Heymel erwähnten *Rezension der Homer Übersetzung* siehe Hofmannsthals Brief an Kippenberg vom 5. August (BW Insel, Sp. 377). Der dort beigelegene, an Heymel weiterzuleitende Brief Hofmannsthals nicht im Heymelschen Briefnachlaß.

wiesen werden. Außerdem können wir ja immer, wenn Du nichts dagegen hast, die Rezension später, wenn die billige Ausgabe am Erscheinen ist, in den Insel Almanach des betreffenden Jahres tun; doppelt genäht hält besser.

Noch eins, meine Marlowe Übersetzung ist fertig, d. h. die Roharbeit ist fertig, genaueste Korrekturen müssen noch gemacht werden. Ich hoffe sehr, dich im Oktober zu sehen und Dir einzelne Stückchen vorlesen zu dürfen, damit Du nachprüfen kannst, ob Du den Ton getroffen findest, ich denke, daß wir Ende des Jahres mit dem Druck beginnen können. Folgende Fragen hätte ich aber gern von Dir beantwortet. 1. Soll ich oder ein anderer eine kurze Einleitung schreiben? 2. Würdest Du ev. Lust haben, etwas Kurzes über die Tragödie zu sagen, da sie Dir – wie Du schriebst – in jungen Jahren so einen wundervollen Begriff von höchster Literatur gegeben hat? 3. Meinst Du, daß es einen Sinn hätte den Juden von Malta auch zu übersetzen? Ich würde es ev. tun, wenn wirklich ein Bedürfnis dafür vorhanden ist.

Entschuldige, lieber Hugo, die vielen Belästigungen, aber wenn man sich so selten sieht, wie wir zwei, da muß Schreibmaschine und Papier herhalten.

Mit vielen Grüßen von Haus zu Haus Dein

Alfred Heymel

Bremen, den 29. Juli 1910.

Herrn Hugo von Hofmannsthal, Rodaun b. Wien.

Mein guter Hugo!

Heute sollst Du einen rein geschäftlichen Brief haben ohne alle persönlichen Zutaten. Ich habe jetzt mit Kippenberg und Schröder den Plan einer billigen Ausgabe Deiner kleineren Schriften durchgesprochen und beide überzeugt, daß die seit einem Jahre durchdachte, nach allen Seiten hin erwogene Idee eine durchaus gesunde und vernünftige ist. – Ich schlage Dir folgendes vor:

Wir drucken so schnell wie möglich für 2 M gewöhnliche Ausgabe einen Sammelband, der folgendes enthält:

  Gestern,
  Tor und Tod,
  Tod des Tizian,
  Bergwerk von Falun, I u. II!
  Kaiser und Hexe,
  Das kleine Welt-Theater,
  Alcestis,
  Der weiße Fächer,
  Die Vorspiele,
  Alle Gedichte,
  Der Triumph der Zeit,
  Der Schüler,
von Prosa eventuell: (sehr wünschenswert)
  Die Reiter-Geschichte,
  Das Abenteuer des Marschalls,
  Das Märchen der 672. Nacht,
  Lucidor,
  das Venezianische Erlebnis,
  Die griechischen Stimmungen.
Von einer Auflage von 10 000 Exemplaren, 20 % des Ladenpreises des ungebundenen Exemplars, pränumerando von Auflage zu Auflage an Dich zu entrichten, falls Kippenberg mit diesem Arrangement einverstanden ist. Ich zweifle aber nicht daran.[55]

Ich bin felsenfest davon überzeugt, daß im Laufe weniger Jahre drei bis fünf 10 000 Exemplar-Auflagen verkauft sein werden. Denn für 90% aller derjenigen jugendlichen und in beschränkten Mitteln lebenden Personen, die Dich lieben, ist die Erwerbung Deiner Werke pekuniär unmöglich geworden.

Ich glaube, eine derartige Ausgabe eines lebenden Dichters ersten Ranges würde in der Literaturgeschichte in allen Ländern einzig dastehen und unter Umständen Schule machen.

Ich möchte garnicht versuchen, Dir die dringenden und heftigen Gründe auseinanderzusetzen, die mich veranlassen, Deine Zustimmung

---

[55] Siehe dazu Kippenbergs Brief an Hofmannsthal vom selben Tage, in dem er »die sehr wichtige und sehr schwierige Frage einer ganz billigen Ausgabe« von Hofmannsthals Dichtungen erwähnt, sie aber gern besprochen statt brieflich erörtert wünschte (BW Insel, Sp. 373f.; dort auch im wesentlichen Heymels Brief abgedruckt).

sehnlichst zu erhoffen. Ich *flehe* Dich an, auch wenn Dir der Plan noch nicht einleuchtet, unter keiner Bedingung glatt abzulehnen und die weitere Diskussion abzuschneiden. Ist irgend etwas, was Dir heute noch gegen die Ausführung der Idee zu sprechen scheint, so verschiebe die endgültige Antwort, bis wir uns im Oktober gesprochen haben; dann können wir in aller Ruhe das Für und Wider erwägen und ich zweifele nicht, daß dir nach jeder Seite hin die Sache einleuchten wird, genau so, wie alle Bedenken vorsichtiger Art bei Rudi und Kippenberg vor der Kraft meiner Gründe verschwinden mußten. Laß mich bald wissen, wie Du Dich verhalten willst.

Ich grüße Dich herzlicher denn je.

Stets Dein Dir zugetaner Alfred

Scharzfeld 8.9.10.[56]

Mein guter Hugo, Dir aus allen Manoevern, die ich bis jetzt mitzumachen das Glueck hatte, wenigstens einen Brief zu schreiben, war und ist mir ein besonderes Vergnuegen und wie ein schuldiger Tribut an Deine Freundschaft, die mir vor vielen Jahren einmal aus Galicien so lebendig erzaehlte. – Seit fuenf Wochen bin ich beim Regimente und bleibe noch drei weitere. Wir ziehen seit dem 22 Aug. durchs Land. Von Oldenburg suedlich ueber Hannover – Hildesheim bis in den Harz. Ich kenne die Gegend hier noch nicht und genieße ihre fruchtbare sanfte Schönheit unbeschreiblich. Die Sonne brennt die Haut braun, leichter Spruehregen kuehlt, die Soldaten singen, die Officiere scherzen – es ist unglaublich wie harmlos wohlthuend kindisch man noch zwischen dreißig und vierzig sein kann. Die Doerfer sind reich, die Felder zur Haelfte abgeerntet, die Quartiere gut. Einmal lagen wir in einer Irrenanstalt. Der Oberarzt hatte einen prachtvollen Weinkeller mit Trinkstube zwischen den alten Flaschen. Magdalener sogar und er kannte unsere Verse.

[56] In diesem handschriftlichen Brief gebraucht Heymel entgegen früherem Usus wieder die alten Schreibungen der Umlaute, also ae für ä usw. (Nachwirkungen der Schreibnotwendigkeiten während des Amerika-Aufenthalts?). Dieser auffallende Wechsel wird hier übernommen. Das gleiche gilt für Heymels kurzen handschriftlichen Brief aus Berlin von Ende Februar/Anfang März 1912 (S. 153).

Dann beim Grafen auf dem Schloß mit Trueffeln und Sekt auf dem Tisch, beim reichen Baron, der auftrug, daß die Tischplatte haette brechen moegen, heute beim armen Dorfschullehrer, dessen Toechter zittern, es koennte nicht gut genug sein und dadurch schon lieb sind, gestern im Harzbad mit Reunion, Maedeln, zur Blechmusik, morgen auf Vorposten im Biwack und soweiter. Rebhuehner und Hartwurst in den Satteltaschen und immer Froehlichkeit, alles geht gegen frueher recht kriegsmaeßig zu, man merkt die Nervositaet kommender schwerer Zeiten. Nachts haben wir einmal mit Fackeln und Netzen Forellen gefischt, da dachte ich an Dich und Aussee und den schoenen Picknick-Abend. Wann werden wir uns wieder sehn; aeußerlich geht bei mir alles drueber und drunter, in der Familie und den Geschaeften, innerlich bin ich wie neu, wie neunzehn, frisch und beinahe gluecklich, so weit so ein Unrast, Ueberall und Unterwegs es sein kann.

Lies doch bitte gleich nach Erscheinen d'Annuncios neuen Roman. Vielleicht, vielleicht auch nicht.[57] Ich stecke mitten drin und haette gern Dein Urteil. Wann ist der Rosencavalier gedruckt, ich freue mich so, so, so auf ihn. Gruße mir die liebe Frau Gerti und Deine Kinder. Gitta ist in Nauheim, das ihr gut thut ich reite durchs Land und denke, und traeume und moechte Dich herhaben.

In Treue und Freundschaft

Euer Alfred

Briefe ueber Monatshefte bitte.

---

[57] Gabriele d'Annunzios von Karl Vollmoeller übersetzter Roman »Vielleicht – vielleicht auch nicht« erschien noch 1910 im Insel-Verlag. Hofmannsthal reagierte auf Heymels Hinweis brieflich ebenso wenig wie auf die Bemerkung von Ottonie Gräfin Degenfeld in ihrem Brief vom 12. März 1911: »Ich las neulich in ›Vielleicht, vielleicht auch nicht‹ einen Passus über die Freundschaft, besonders die Ungleichheit der Freunde, daß meist ein Gebender und ein Nehmender Teil es ist, – ich fand uns gleich auch so klar darin [...]« (BW Degenfeld [1986], S. 117 f.)

München, 24. Oktober 1910.
Gabelsbergerstr. 10 b.

Mein Hugo!

Da Dir seinerzeit die Einsendung von Briefen an andere Freunde Freude gemacht hat, so lege ich heute diesen Zeilen einen Brief an Stedman und einen andern an Rudi bei.[58] Dir möchte ich nur sagen, daß ich immer noch unsagbar glücklich bin, die Luft dieser Erde zu atmen, daß die dummen Auseinandersetzungen, die mich während Deines Hierseins beunruhigten, zur allgemeinen Zufriedenheit beendet wurden und daß ich mich darauf freue, das nächste Mal, wenn wir uns wieder sehen, weniger von meinen persönlichen Angelegenheiten voreingenommen zu sein.

Könntest du mir Korrekturbogen des Rosenkavaliers schicken? Du weißt, wie glücklich Du mich machen würdest. Ich verspreche Dir ehrenwörtlich keinen Mißbrauch damit zu treiben, d. h. sie nur mit Gitta zusammen zu lesen und sie dann zurück zu schicken, oder, wenn Du wünschest, zu vernichten.

Du wirst in dem Brief an Stedman von Festlichkeiten in Stuttgart lesen, das Hübscheste von allen aber, das wir dort mitmachten, war ein großes Feuerwerk auf dem Bodensee, gegenüber dem neuen, sehr eleganten Kurhaus. Etwa dreihundert Meter im See lag ein Feuerschiff, auf dem die ganze glühende und funkelnde Pracht abgebrannt wurde. Der Abend war ein klein wenig neblig, der See war gerade soweit verdunkelt, daß das Feuerschiff den Punkt bezeichnete, über den man nicht hinaus sehen konnte. Als nun all die tausend Leuchtkugeln in Buketts aufstiegen und niederfielen, die Raketenbündel in der Luft zerplatzten, die Räder und Sonnen feurig sprühend liefen, da hättest Du

---

[58] Brief an Schröder vom selben Tage mit Klagen über »architektonische Scheußlichkeiten« an seinem neuen Haus, Bemerkungen über den Münchner Literaturbetrieb und Glückwünsche zu Schröders innenarchitektonischen Erfolgen auf der Brüsseler Weltausstellung. – Brief an Stedman vom 20. Oktober mit Berichten über das Manöver und den Schulschifftag in Stuttgart und am Bodensee. Die Erwähnung von »Wolken über dem Ehehimmel«, die wieder etwas verzogen seien, gegenüber Stedman kann wohl auch auf die hier folgenden *dummen Auseinandersetzungen* bezogen werden. – Dort auch: »[...] Hugo Hofmannsthal war da, wir sind hinaus gefahren nach Dachau, wir haben zusammen gegessen und uns vorgelesen, er hat eine prachtvolle Totenklage auf Kainz geschrieben, diesen genialsten Schauspieler unserer Zeit, dessen Noblesse noch größer war vielleicht, wie seine Kunst. [...]«

Deine helle Freude gehabt an dem sinnlosen, verschwenderischen Spiel der Feuerwerkskörper, mehr aber noch an den geheimnisvollen Wiederbildern und dem Lichtwechsel auf dem Wasser. Ich wüßte kaum etwas im Leben, das mir soviel Freude macht wie ein großes Feuerwerk. Schon als Kind legte ich mein weniges Taschengeld, das ich für überstandene Krankheiten, gute Auf- und Abstriche und richtig gelöste kleine Exempel bekam, für Feuerwerk an, wenn ich es nicht vorher auf der Straße an irgendwelche Bettelkinder verschenkt hatte. Ein klein bißchen ist es so noch heute mit mir geblieben, denn auch jetzt noch freut mich das zwecklos schöne, reine, reizvolle Spiel ohne eigentlichen Sinn als daß es ergötzt, im Innersten mehr als alle Dinge und Absichten, die auf irgend etwas Nützliches oder Praktisches hinaus wollen.

Genug für heute, tu mir die Liebe und schreibe dann und wann an mich! Ich weiß, daß ich da etwas bitte, das viel bedeutet, Du aber weißt auch, wieviel die Erfüllung dieser Bitte mir bedeutet.

Grüß die liebe, süße Frau Gerti, sag ihr: Gitta warte auch noch immer auf das bewußte Abenteuer, wenn Deine Kinder noch irgend etwas von mir wissen, dann grüß auch sie. Wo und wann sehen wir uns wieder? Ich bleibe vorläufig in München.

Freundschaftlichst Dein Alfred

München, 18. Dezember 1910.
Poschingerstr. 5.

Mein guter Hugo!

Wäre Dein schöner Brief an Rudi nicht in seine Hände gelangt als er gerade bei mir für eine Woche zu Gaste war und mein neues, gelbes Eßzimmer mit Früchten und Weinkränzen lustig bemalte, ich hätte nichts von Dir gehört.[59]

Vergiß mich nicht ganz, denn nach den wirklich beruhigenden und stärkenden Tagen, die ich in München mit Dir zusammen sein durfte, ist

---

[59] Schröder hatte sich sowohl am Bau wie an der Einrichtung von Heymels Haus am Herzogpark beteiligt.

mein inneres und äußeres Verhältnis zu Dir womöglich noch heftiger geworden, als es schon war.[60]

Ich habe eine recht bewegte Zeit hinter mir, mir ist viel Glück und manches Peinliche und wenig Schöne seitdem widerfahren, doch ist das Widrige von mir abgefallen wie Schuppen, da ich mehr denn je das Gefühl und die Sicherheit habe meine Persönlichkeit gewonnen und wieder gewonnen zu sehen. Ich glaube Anlaß zu haben, gewiß zu wissen, daß die Kurve meines Lebens jetzt wieder aufwärts führt und die letzten drei Jahre der Irrtümer und Irrsale waren wohl durchaus nötig, daß ich mich nicht verlor, vielmehr mich besann und mich zurückfand.

Zu Weihnachten und zur Neujahrswende möchte ich Dir irgend etwas schicken, das Dir Freude macht und Deiner lieben Frau auch nicht mißfällt. So gehen denn gleichzeitig mit diesem Brief zwei Zeichnungen von Constantin Guys an Dich ab, die Dich erinnern mögen an den kaiserlichen Glanz und die mondaine Eleganz der letzten repräsentativen Epoche Frankreichs. Sie mögen Dir irgendwie eine Erinnerung an unser Paris sein, in dem wir uns zum ersten Male näher kennen lernten, an die Zeit, wo ich zum ersten Male zu mir selbst kam, vielleicht zum größten Teil durch Dich, durch den ich lernte wenigstens etwas Ordnung in das von allen Seiten auf mich allzu heftig einstürmende Leben zu bringen, wodurch verhütet wurde, daß ich von den geistigen und leiblichen Ausschweifungen, den übergewaltsamen, heftigen Eindrücken eines ein wenig zügellosen Lebens zermürbt und zerrüttet wurde. Gern hätte ich Dir das dunkle und das helle Blatt silbern, golden, oder mit Mahagoni und schwarzen Ecken einrahmen lassen, wenn ich nur eine Vorstellung Deines Hauses hätte und wüßte, ob Du die Blätter hängen und wohin Du sie hängen wirst. Vielleicht passen sie garnicht zu Deinen übrigen Dingen und Du tust sie in eine Mappe oder einen Schrank, so tue ich denn nichts mit ihnen, sondern entnehme sie nur meiner Sammlung und bitte Dich, sie ebenso herzlich gern anzunehmen, wie sie mit Freuden an Dich gesandt werden.

Du hast mit Deinen guten und teilnehmenden Worten an Rudi, Borchardts Intermezzo betreffend, etwas sehr Schönes getan, wie und warum und in welchem Sinne werde ich Dir zwischen Weihnachten und

---

[60] An Anton Kippenberg hatte Heymel am 5. Oktober aus München geschrieben: »[...] Hugo Hofmannsthal, mit dem ich unbeschreiblich nachdenkliche und seelisch lebendige gesprächsreiche Stunden hier wieder verleben durfte. [...]«

Neujahr schreiben, wenn Du es wissen willst. Heute möchte ich nichts aus unserm äußeren bewußt gelebten Leben hineinziehen, sondern Dir nur in Glück und Dankbarkeit, Dir befreundet sein zu dürfen, die Hand schütteln.

Grüß die liebe Frau Gerti und die Kinder sehr, sehr herzlich, möge es Euch Allen gut gehen.

Dein Alfred

Heymel an Gertrud von Hofmannsthal
München, 22. Dezember 1910.
Poschingerstr. 5.

Meine liebe Frau Gerti!

Diesmal bekommen auch Sie persönlich einen recht herzlichen Weihnachts- und Neujahrsgruß von mir, der Ihnen sagen soll, daß meine Frau und ich häufig freundschaftlich an Sie denken und von Ihnen sprechen und uns schrecklich freuen würden, wenn wir Sie recht bald irgenwo mit Hugo wieder sehen könnten. Aber bei meiner gewissen Schreibfaulheit und da wir bis jetzt doch noch garnicht in Korrespondenz gestanden haben, werden Sie wohl schon ein wenig stutzig geworden sein und merken, daß ich noch etwas auf dem Herzen habe. Das habe ich in der Tat und zwar eine recht große Bitte und dazu eine von denen, die sich nicht einmal erfüllen läßt, sondern es ist sogar eine Dauerbitte und ich weiß nicht, ob ich bei Ihren vielen Sorgen für Mann und Kinder und sich selbst – wir machen uns ja bekanntlich immer die meisten Sorgen – Ihr Leben noch mit etwas belasten darf und doch wage ich es, denn ich weiß mir keinen andren Ausweg. Kurz heraus gesagt, wollen Sie es übernehmen, mich durch Postkarten wissen zu lassen, wenn in Zeitungen von Hugo irgend etwas erscheint und wollen Sie ev., wenn es sich um österreichische Zeitungen handelt, mir einen Abzug zusenden? Ich höre jetzt, daß Hugo etwas so ungemein Bedeutendes und Schönes über Tolstoi gesagt haben soll.[61]

---

[61] Der in der Neuen Freien Presse, Wien, am 22. Novemter 1910 erschienene Beitrag zu einer Würdigung Leo Tolstois in Österreich »Tolstois Künstlerschaft«.

Mir fehlt der Nekrolog auf Kainz, der sicher schon irgendwo im Druck erschienen ist.[62] Sehen Sie, das schmerzt mich und bei meinem vielen Herumreisen ist es mir doch nicht möglich immer Fühlung zu behalten. Wenn Sie mich nun aber, liebe Freundin, aufmerksam machen, so kann ich mir sofort die Nummern nachbestellen und meine Sammlung Hofmannsthal erweitern. Mit der größten Mühe habe ich im letzten Jahre versucht die frühen Sachen von Hugo nachzusammeln. Es ist mir leidlich gelungen, das Wichtige zusammen zu bringen und doch fehlen mir ganze Nummern aus der Zeit und anderen Tageszeitungen, die wohl unerreichbar geworden sind.

Ich hoffe nur, daß Sie gewillt sind, mir diesen Herzenswunsch zu erfüllen und ich recht bald in die Lage kommen möchte mich zu revanchieren und etwas heraus zu finden, womit ich Ihnen eine ebenso große Freude machen kann, wie Sie sie mir mit diesen Orientierungen machen würden. Außerdem verspreche ich mir daraus einen lieben, kleinen Frauenbriefwechsel und eine nicht so immer wieder abgerissene Verbindung mit Ihnen, liebe Frau Gerti, der die liebe, kleine Hand in Verehrung und Zutunlichkeit herzlich küßt

Ihr [Alfred Heymel]

R[odaun,] 23 XII. [1910]

mein lieber Alfred

laß mich Dir aufs herzlichste danken für Deinen so guten Brief und für das schöne Geschenk, durch das Du mir die auserlesenste Freude gemacht hast. Denn ich dachte oft, ich würde sehr gern ein oder ein paar Blätter von Guys besitzen, aber wie sollte ich dazu kommen, dachte ich, da sie nicht leicht im Handel sind und ich nicht die Zeit habe, Auctionen zu verfolgen und Händler abzulaufen. Nun hast Du auf eine liebe errathende Weise diesen unausgesprochenen Wunsch erfüllt.

[62] Die »Verse zum Gedächtnis des Schauspielers Josef Kainz« waren am 22. Oktober 1910 im Morgenblatt des Wiener Journals Die Zeit unter dem Titel »Josef Kainz zum Gedächtnis« erschienen. Am selben Tag wurden die Verse als Prolog zur Kainz-Feier im Deutschen Theater in Berlin gesprochen.

Warum ich nicht schrieb, könnte ich kaum sagen, und schrieb doch so viele, allzuviele Briefe in dieser Zeit. Am allermeisten, weil mir immer vorschwebte daß Du herkommen würdest. Nun fügt es sich anders und so daß wir uns sehen, wie ich hoffe. Wir gehen Ende dieses Monats für eine Woche nach Neubeuern.[63] Ich liebe das große Haus, habe die 3 Frauen gern, die dort sind, vor allem gehe ich diesmal um Eberhard Bodenhausens willen hin, der mir ein überaus treuer guter Freund ist, und den ich seit sehr sehr langer Zeit nicht gesehen, in Essen, wo er nun 6 Jahre lebt, nicht besucht habe. – Von dort will ich nach München, Dich besuchen, Alfred, aber bitte sprich in München nicht viel davon oder besser gar nicht. Von München muß ich dann direct nach Dresden zu den Rosencavaliers-Proben. Es ist Aussicht, daß Rudi mir zuliebe für ganz kurze Zeit auch nach Neubeuern kommt, hoffentlich geht mir dieser Wunsch in Erfüllung, es wäre uns beiden besser, wenn uns das Leben nicht so auseinander hielte, und von einem Zusammensein auf dem ruhigen Schloß wo der Tag wirklich 14 Stunden hat, hoffe ich mir viel und wäre es auch nur für 2 Tage, daß er zukäme, wie er es mich hoffen läßt.

Leb wohl, mein lieber Alfred, und auf bald.

Dein Hugo.

Gitta alles Gute von uns beiden.

München, 26. Dezember 1910.
Poschingerstr. 5.

Mein lieber Hugo!

Für Deinen lieben, guten Weihnachtsbrief sage ich Dir meinen herzlichsten Dank. Ich brauche ja nicht noch einmal zu sagen, was Briefe von Dir für mich bedeuten, daß es mir aber dieses Jahr, wie es scheint, wirklich geglückt ist einen wirklichen Wunsch von Dir zu erraten, das macht mir das Weihnachtsfest ganz besonders lieb. Ich bin sowieso in recht gehobener Stimmung, denn ich habe eine ganze Reihe

---

[63] Hofmannsthals waren vom 28. Dezember 1910 bis zum 9. Januar 1911 in Neubeuern.

von Freundes- und Freundinnenbriefen bekommen, die mir das Gefühl geben, daß ich nicht ganz nutzlos bis jetzt gelebt habe.

Daß Du durch München durchkommst und mich besuchen willst, wird dem neuen Jahr gleich zu Anfang besonderen Glanz und besondere Bedeutung geben. Ich sage kein Sterbenswörtchen, daß Du fällig bist, am liebsten würde ich Dich ganz heimlich bei mir einschließen, wie der Herzog den Dr. Luther auf der Wartburg versteckte, und wirklich einmal einen oder zwei ganze Tage bis in die Nacht hinein mit Dir leben und mich aussprechen. Laß mich früh genug wissen, wann Du kommst und wie ich alles arrangieren soll. Kommt Frau Gerti mit, oder bleibt sie bei den Kindern in Wien? Hoffentlich habe ich sie durch meine Bitte nicht zu sehr belastet.

Der Rosenkavalier, das soll uns ein Fest werden! Ich denke ganz bestimmt zur Aufführung zu kommen und bitte Dich, mir einen Platz schon jetzt reservieren zu wollen, oder mich wissen zu lassen, wie ich dieses selber tun kann. Vielleicht kommt auch noch aus Bremen eine hübsche Überraschung, denn schon jetzt denken befreundete Damenköpfchen darüber nach, wie eine Reise nach Dresden zum Rosenkavalier wohl zu ermöglichen sei. Mehr sag ich noch nicht, denn man soll die Dinge nicht bereden.[64]

Beim Einkramen meiner Bibliothek, die jetzt wirklich recht stattlich aussieht, fand ich Photographien nach den Malereien William Blakes, von denen ich mir denken könnte, daß Du sie nicht kennst und daß ihr visionärer Charme einen gewissen Eindruck auf Dich machen könnte. Seltsame Blätter! Die Darstellung der fliegenden Engel und seligen Geister haben eine so wunderbare Wirklichkeit und eine Leichtigkeit, die Glauben erwecken. Ich schicke sie Dir mit der Bitte, sie mir wieder zu bringen, denn ich möchte sie nicht in meiner Sammlung missen, aber auch nicht gern mit Dir das erste Mal zusammen ansehen, sondern ich will, daß Du sie in Ruhe betrachtest, weil mein Urteil dieser Kunst gegenüber noch kein feststehendes und geklärtes ist und ich ein wenig Angst habe, daß mein Interesse dafür ein irrtümliches und ein zweifelhaft literarisches sein könnte.

---

[64] Zur Uraufführung des »Rosenkavaliers« am 26. Januar 1911 im Königlichen Opernhaus in Dresden siehe auch Heymels Brief an Gertrud von Hofmannsthal vom 19. Januar 1911.

Dein Wunsch, Rudi in Neubeuren zu haben, scheint mir in Erfüllung zu gehen, denn heute hatte ich Briefe von seinen Schwestern, die mir melden, daß er am 29. nach München abreist, auch von ihm ein paar Zeilen, die mir sein Hierherkommen für einen Tag in Aussicht stellen. Das deutet doch alles auf Neubeuren.

Wie gern würde auch ich Bodenhausen einmal wieder sehen, sag ihm das doch, bitte, vielleicht kommt er auch auf der Hin- oder Rückreise durch München durch und dann möchte ich ihn gern ein paar Stunden bei mir haben, sollte die Baronin mitkommen, auch sie, denn ich glaube sie kennt meine Frau noch nicht, denn ich möchte gern, daß die beiden Frauen sich kennten.

Von 1911 verspreche ich mir viel. Mein Geburtsstern, der Mars, ist Jahresregent und auch sonst ist die Konstellation am Firmament ebenso günstig für mich, wie es mir scheint, daß die Konstellation der bewußten Sterne in der eigenen Brust eine weit günstigere zu sein verspricht, als es in all den letzten Jahren der Fall war. Was haben wir noch alles vor uns und wie hoffe ich, daß für uns alle die eigentlichen Mannesjahre zwischen 30 und 50 das zur Reife bringen, was eine nicht ungenützte Jünglingszeit vorbereitete und säte. Bei mir geht die ganze Entwicklung langsamer als bei Euch andern, denn gar zu viel Unkraut erspießt frech und üppig zwischen meinen Ährenfeldern und Gemüsebeeten und muß ebenso mühsam ausgejätet werden, wie es leichtsinnig zur Blüte gebracht wurde.

Der fertige Vollmöller ist eine rechte Enttäuschung, denn das Stück wurde weder ein Kunstwerk, noch ein Ulk und Kassenstück.[65] Die dichterische Stimme, die Vollmöller einmal eigen war, schweigt nicht ganz, aber sie singt in keinem reinen Ton mehr. Ich bin sehr traurig über das Buch und sehe nichts Gutes für die Zukunft. Ich wollte Du könntest mich eines besseren belehren, doch fürchte ich, auch Du wirst mit Erschrecken und Grauen den Wust weglegen müssen. So lange ich nur Stücke des Stückes kannte, fesselte mich ein gewisser Reichtum der Erfindung, die Bewegtheit der Scenen, aber nun, da ich das Ganze überblicke, fügen sich die Stücke nicht natürlich und notwendig in einander und eine ganze Menukarte von Erinnerungen und Motiven soll abgegessen und verdaut werden und man hat das Gefühl als wenn

---

[65] »Wieland. Ein Märchen in drei Akten«.

man sich mit zu vielen und nicht zusammengehörigen Speisen den Magen schlecht angefüllt hat. Wenn Vollmöller ein gleichgültiger Mensch wäre, von dem wir nie etwas gehalten hätten, so wäre diese Arbeit, die selbstverständlich ein gewisses Talent zeigt, nicht der ernsten Betrachtung wert, so aber hat man das Gefühl, daß hier ein Dichter aus irgend welchen Gründen kaputt geht und bereits gegangen ist. Ich bin in einer greulich verzwickten Lage: er bat mich, das Stück zu lesen und ihm etwas darüber zu schreiben. Was soll ich ihm schreiben? Auch kann ich ihm nicht schreiben ohne das Stück zu erwähnen. So schiebe ich von Tag zu Tag den notwendigen Brief an ihn auf und warte hiermit bis ich Dich gesprochen habe.

Die Tage mit Borchardt, der immer noch in München ist, waren diesmal ein reiner, durch nichts getrübter Genuß. Alles Geschäftliche wurde nicht mehr berührt und Du weißt, daß das rein Geistige bei ihm etwas ganz wundervolles ist. Jeder, der ihn kennen lernt, ist von der Paratheit und Schlagfertigkeit seiner Argumente und Kenntnisse, von der Inbrunst und der Heftigkeit seiner Ansichten und Gefühle erschüttert. Du und Rudi und ich, wir drei haben ihm gegenüber glaube ich, den einzig richtigen Standpunkt eingenommen, warten, fördern und zu retten, was zu retten ist. Auch über ihn und einen großen Skandal bei den Südd. M. der durch sein »Intermezzo« entstand, muß ich Dir vieles sagen.[66]

Bis dahin auf Wiedersehen und Handschlag

Dein Alfred.

[66] Heymel an Richard von Kühlmann am 25. November: »[...] Borchardt war hier, las sein Buch Joram und hielt vorher eine Anrede an das Publikum. Beides machte großen Eindruck, selbst ältere Damen, wie Mama, Tante Marie, Mary Wrede, Frau Bruckmann, Annette Kolb waren ganz von dem inneren Feuer und der Vehemenz der Ansichten des jungen Kritikers gefangen genommen. [...]« – Zu den Auswirkungen der »Intermezzo«-Polemik Borchardts gegen den George-Kreis siehe Borchardt/Heymel/Schröder, S. 164–168.

Heymel an Gertrud von Hofmannsthal

München, 4. Januar 1911.
Poschingerstr. 5.

Liebes gutes Gertilein!

Mit Ihrem entzückenden Brief und durch die liebenswürdige Übersendung der schönen Totenklage auf Kainz haben Sie mir heute früh in meinem Bettchen eine Riesenfreude gemacht und so sollen Sie auch gleich wieder einen richtigen Brief von mir haben und wenn Sie weiter so brav und so süß mit mir sind, dann kriegen Sie so viele Briefe, daß es Ihnen schon noch eines Tages mal übergenug werden wird.

Zu dumm, daß Sie einen Schnupfen haben, jetzt gerade, wo sicher Neubeuern ganz im Schnee liegt, daß man den ganzen Tag herumstapfen möchte. Rudi, die äffische Natur muß das natürlich gleich mitmachen. Der Kerl wird auch nicht mehr gescheit.

Wie freue ich mich, auf Sie und Hugo und morgen auf Bodenhausen. Kennen Sie Stößl's Buch »Sonjas letzter Name«? Wenn nicht, dann sollen Sie es von mir haben. Ich glaube, Sie werden sich ebenso darüber freuen und halb rippenlahm lachen, wie ich es getan habe.[67]

Sagen Sie, bitte, Hugo, er soll mir Ihre Ankunft in München rechtzeitig schreiben, damit ich Sie mit dem Auto abholen und recht verziehen kann.

Anliegenden Brief bitte ich dem kindisch verschnupften Schröder zu übergeben, er ist natürlich von einer Dame, dieser Don Juan! Ich weiß auch von wem, sag es aber nicht Ihnen!

Hugo wird es interessieren zu hören – um Gottes willen, werden Sie nur nicht wieder eifersüchtig, daß Hugo schon wieder vorkommt – daß Kippenberg etwa um den 12. herum in München bei mir Quartier beziehen wird. Da können wir dann zu dreien alles besprechen, vor allem die wohlfeile Hofmannsthal Ausgabe, von der ich mir fabelhaft viel verspreche.[68]

---

[67] Die »Schelmengeschichte« des Wiener Schriftstellers Otto Stoessl (1875–1936) war 1908 bei Georg Müller in München erschienen.

[68] Die Ausgabe der »Gedichte und kleinen Dramen« wird zum Hauptgegenstand der bis in den Herbst gewechselten Briefe. Siehe dazu vor allem Anm. 83.

Nun genug, alles andere mündlich!
Stets Ihr, Ihnen aufrichtig

zugetaner [Alfred Heymel]

Heymel an Gertrud von Hofmannsthal

München, 19. Januar 1911.
Poschingerstr. 5.

Liebste Gerti!

Daß sie noch in Wien sind nehme ich an und schreibe Ihnen daher nach dorthin, und schicke versprochene Photographie Gittas. Hugo hat diese gewählt und sie ist in der Tat die hübscheste, die gerade noch auf Lager ist.

Ich freue mich schrecklich, Sie in Dresden zu sehen. Ich habe die herrlichsten Menschen zusammen gefangen als da sind, ich nenne nur die, von denen ich weiß, daß sie sicher kommen, der mächtige Zwerg und seine Mutter, Klärchen, Magda, Rudi, der Graf Bethusy und der Freiherr von Simolin. Wann werden Sie ankommen und wo werden Sie wohnen? Die meisten von uns nehmen Quartier im Hotel Savoy, nur Magda Pauli wohnt bei Freunden. Wir Männer wollen Euch hübschen und lieben Frauen schrecklich verziehen und vor allem der köstliche Zwerg soll Euch mit Kostbarkeiten überschütten. Ich freue mich ja schon so schrecklich darauf, daß Harry Kessler ihn kennen lernt. Aber Scherz bei Seite, er ist wirklich ein außerordentlich kluger, angenehmer, brauchbarer und netter Mensch, sonst dürften wir ja auch garnicht so viel Witze über ihn machen, die nur insoweit gutartig genannt werden können als wir alle den Kleinen ja sehr gern haben.[69]

Ich war vorgestern draußen in Neubeuern, lernte die Baronin Julie endlich näher kennen, wenn auch die Baronin Mädi mir viel, viel lieber ist. Sie war zu drollig wieder und gescheit und lustig, wir haben nach

---

[69] Der bremische Maler Leopold Biermann (1875–1922), Sohn eines Fabrikanten, war durch seine kleine Gestalt in seinen Tätigkeitsbereichen eingeschränkt, genoß aber in seiner Vaterstadt hohe Achtung als Kunstförderer und Sammler. Siehe dazu Gustav Paulis Würdigung in seinen »Erinnerungen aus sieben Jahrzehnten« (S. 226 f.).

Tisch sogar im großen Salon getanzt und wenn ich nicht den Abend zu einem Staatsessen eingeladen gewesen wäre, ich weiß nicht, wann ich aus dem Venusberg wieder zum Vorschein gekommen wäre.

Wir wollen – es ist zu dumm, daß Ihr nicht da seid – ohne Hofmannsthals ein nettes Fest nach der Premiere in München zusammen machen.[70]

Doch genug für heute, ich küsse Ihnen die Händchen und freue mich auf Dresden.

Ihr, Ihnen aufrichtig

zugetaner [Alfred Heymel]

[Hotel Adlon, Berlin W., Februar 1911][71]

mein lieber Alfred

vielen Dank für Deine vielen guten Depeschen aus München[72] – und das wollte ich Dir noch sagen: daß Du mir in Dresden so besondere Freude gemacht hast, ganz persönlich Du, und daß ich wieder einmal Dein liebes Wesen, Deine eigentliche Natur so unverzerrt und ungestört habe empfinden können, wie schon lange nicht. In Freundschaft Dein

Hugo

---

[70] Die Münchner Premiere des »Rosenkavaliers« war am 1. Februar, dem Geburtstag Hofmannsthals, unter der Leitung von Felix Mottl am Hoftheater. Siehe dazu Hofmannsthals Brief an den Vater vom 3. Februar (SW XXIII, Operndichtungen 1, S. 682).

[71] Briefkopf des Hotels. Die Datierung ergibt sich aus Hofmannsthals Dankeszeilen.

[72] Nicht in der Korrespondenz. Von einem der Telegramme spricht Hofmannsthal in seinem Brief an Ottonie Degenfeld vom 2. Februar eher etwas abfällig, wie er auch die Dresdner Aufführung, im Gegensatz zu der Bemerkung gegenüber dem Vater, höher als die Münchner einschätzt (BW Degenfeld [1986], S. 88f.).

[München,] 16. März 1911.

Du hast sie glaube ich kennen gelernt und kurz gesehen, lieber Freund, sie, die wir vorigen Sonnabend begraben mußten, Mutter Schröder für die Kinder, Großmutter Schröder für die Enkel und Tante Lilli für Neffen und Nichten und alle die, denen sie nahe stand. Auch meine Tante Lilli, die mir die grausigen sieben mal zweiundfünfzig Arbeitswochen in dem Hause meines Vormundes fast jeden Sonntag vergessen ließ.[73]

Sie ist ganz plötzlich gestorben und so traurig gestorben, daß man wieder einmal die oft konstatierte Taktlosigkeit des Schicksals geradezu anstaunen muß. Diese Frau, die ihren ungeheuren Liebesvorrat auf sieben erwachsene Kinder und zwölf Enkel so verteilte, daß auf jeden die ganze Liebe zu kommen schien, d. h., daß jedes Kind und jeder Enkel in ihr seine spezielle Mutter und Großmutter sah. Diese Frau mußte in einem fremden Nerven-Sanatorium, ganz allein mit einer fremden Schwester an schweren Gallen Koliken und entsetzlichen Herzkrämpfen zugrunde gehen, während ein Teil ihrer Kinder in Bremen auf einer Gesellschaft tanzt und sich unterhält, zwei Töchter aber durch Nachrichten beunruhigt, sich auf den Weg machen sie aufzusuchen, in Cöln aber den Anschluß verpassen und zu spät kommen. Die Torheit der Bremer Ärzte ist wieder einmal himmelschreiend, alles wurde auf Nerven geschoben, was innere Erkrankung war. Schließlich sind dann von Nassau, in einem Salonwagen, Vater Schröder und die sieben Kinder mit der Leiche der Mutter, zu der sie alle geeilt waren, nach Bremen gefahren, um am Freitag ein intimes Totenfest zu feiern und am Sonnabend die Leiche einzuäschern. Rudi las die Lieblingskapitel der Verstorbenen aus dem Evangelium Johannis, wenn Maria Magdalena zum Grabe des Herrn kommt und es leer findet und sie nicht weiß, wohin sie ihn gelegt haben und die schöne Legende als Christus zum dritten Male den Jüngern an dem Meer von Tiberias erscheint und Petrus und Johannes Auftrag erteilt und ihren Tod vorhersagt. Dann

---

[73] Heymels siebzehnjährige Kindheit und Jugendzeit bei den kinderlos gebliebenen Adoptiveltern Heymel in Dresden und bei dem Juristen Dr. Gustav Nagel in Bremen blieb ein Trauma. »Der neue Vater erprobte an dem Jungen ein Jahrzehnt lang etwas wunderliche Erziehungsmaximen, die nach Heymels eigenem Bericht auf einen Übermenschen abgezielt zu haben scheinen.« (Gustav Pauli, a. a. O., S. 216; dort auch auf den folgenden Seiten weitere Hinweise zu Heymels Biographie und Wesensart).

sprach ein Bruder der Heimgegangenen, ein Pastor aus Antwerpen, nun ja, wie Pastoren sprechen, handwerksmäßig, überflüssig und störend, da es ja aber der Bruder war, erzählte er wenigstens viel Einzelzüge aus dem Leben der Mutter und Schwester, wie sie als Kind ihre Puppen schon so lieb gehabt hat und dann die kleinen Küken und Enten auf dem Gut, dann ihren Gott und ihren persönlichen Heiland und schließlich den Mann und die Kinder und die Kindeskinder und alles Lebendige, das schutz- und hilfsbedürftig war und alles große und schöne, das Menschen und Künstler gemacht und getan haben.

Ihr Tagebuch, in das ich einige Blicke werfen konnte, ist das rührendste, geduldigste, zuversichtlichste und liebevollste kleine Hausbuch, das man sich denken kann. Viel Sorgen um jeden, der ihr nahe stand, viel Selbstprüfung, ob sie auch wohl alles richtig gemacht und eine Zuversicht und ein Glaube wie er kindlicher und reiner nicht gedacht werden kann.

Dann spielte Rudi Klavier und mit Lina als Vorsingerin wurden die kleinen Choräle aus der Reformationszeit gesungen, die wir von Kindheit an immer im Stadthaus und in Lesum draußen singen mußten.

Der rückhaltlose, aufgelöste Schmerz der Enkel hatte etwas erschütterndes; Marie Louise, die älteste Tochter Linas, die sowohl ihr wie der Großmutter am ähnlichsten wird, konnte sich gar nicht fassen und Peter schluchzte am Arm seines Vaters, während der Sohn Else's was eigentlich am traurigsten zu sehen war, es auch bei dieser Gelegenheit zu keinem Gefühl bringen konnte, wie er sich denn auch noch nie über irgend etwas gefreut hat. Am meisten von allen verliert vielleicht Else, die der haltbedürftigste Efeu war, der sich um den Mutterstamm rankte. Aber auch Lina und Klärchen und Rudi und die beiden unverheirateten Töchter sind wie der eigentlichen Heimat beraubt, denn Mutter Lilli war so recht das Centrum der ganzen Familie, schon dadurch, daß sie durch ihr Körpergewicht seit vielen Jahren an das Haus gefesselt war und eigentlich alle Lebensfäden der Kinder und Kindeskinder durch ihre Hände liefen; versuchte sie doch ein jedes Kind in seiner Individualität zu verstehen und nach ihr zu behandeln.

Eigentlich hat die Frau ein unsagbar glückliches Leben gehabt, denn bei allen Stürmen, die über jeden einzelnen ihrer Abkömmlinge tobten, ist nie etwas wirklich schlimmes passiert und der eigentliche Leidenskelch immer an ihr vorüber gegangen. An was für Abgründen sie vorbei gewandelt ist, welche Schwerter über ihr gehangen haben, davon hat sie keine Ahnung gehabt. Sorge haben ihr alle gemacht, aber keines wirklichen Kummer und dann denke Dir, wie vielen Menschen hat sie helfen, wie viele hat sie stützen und glücklich machen können. Mit ihrem Mann gab es natürlich Kämpfe und Streit zuweilen, wie in jeder guten Ehe, ohne das scheint es nicht abzugehen, aber schließlich vereinigte die beiden doch immer wieder das unzerreißbare Band des gemeinsamen Glaubens, zu dem der älteste Sohn nun wie es scheint, auch zurückgekehrt ist, denn er legte so etwas wie ein Bekenntnis auf die vier Evangelien ab. Das klingt nicht sehr geschmackvoll und ist in diesem Zusammenhang doch natürlich; das Milieu und die Vererbung ist überstark und der Trost, den er als einen Balsam in die Wunden des Vaters goß ist ein so schöner, daß man auch dies verstehen kann. Man sollte aber eigentlich nicht davon sprechen, denn es hat doch für unser einen einen seltsamen Beigeschmack. Du darfst auch nie mit Rudi darüber reden.[74]

Rudi, der sich sehr zusammen nahm, ist außer sich, gerade ihn hat seine Mutter nicht einmal, sondern ich weiß nicht wie oft mit Schmerzen zur Welt gebracht, denn wie diese kluge und starke Frau das schwächliche und wunderliche Kind vor dem Vater geschützt, vor der Unbill der Schule verteidigt, in seinen Nervenzuständen aufrecht gehalten hat, das verdient allein das ewige Leben, wenn es etwas derartiges gäbe.

Rudis Hauptaufgabe wird es jetzt wohl sein dafür zu sorgen, daß die ganze Familie nicht auseinander fällt, denn der Vater ist zu alt und auch wohl ein wenig zu verschroben, um einen Mittelpunkt zu bilden.

Darf ich noch sagen, was du ja längst weißt, wie sehr ich mit der Familie verwachsen bin und wie vielleicht sie allein es ist, daß Bremen mir eine Heimat wurde; das habe ich nie so stark gefühlt und gewußt wie neulich und nie werde ich vergessen können, was an Liebe und wirklich innerer Verwandtschaft mir diese Tage hindurch bewiesen wurde.

Die Ceremonie der Einäscherung war sehr schön und feierlich. Der Moment, wenn das Gestell mit dem Sarg ganz langsam in die Erde hinein versenkt, während man weiß, daß nun unter Absingen der

---

[74] Zu Heymels engen familiären Verbindungen mit Elisabeth und Johannes Schröder und deren Kindern Hans, Elsa, Lina, Clara und Dora siehe Borchardt/Heymel/Schröder, S. 52–75. Inhalts- und aufschlußreich dazu ist vor allem auch die Korrespondenz mit Clara (Heye) im Heymelschen Briefnachlaß.

feierlichen Choräle unten die sterbliche Hülle zu Flammen und Asche wird, das ist als Gebärde ungeheuer und viel ausdrucksvoller als das Versenken des Sarges in die Erde. Ein wenig viel für das Gefühl erscheint mir dann allerdings das Wiederheraufkommen des Gestells, auf dem oben die Blumen noch liegen, das nun ganz leer ist. Aber auch das ist vielleicht als eine in das Leben zurückrufende Geste gut so.

Unwiederbringlich ist alles Vergangene, unwiderruflich jede Tat, unweigerlich müssen wir alle vorwärts. Den stärksten Ausdruck für das unaufhaltsame Vorwärtsmüssen und Nicht-zurückschauen-dürfen hat für mich das militärische Begräbnis. Ich weiß nicht, ob es in Österreich bei Euch auch so ist; militärisches Geleit zu Pferd und zu Fuß, das Leibroß hinter dem Sarg, Rede, Musik, Salut, Versenkung des Sarges und dann sofort im Tritt mit klingendem Spiel und weltlichen Liedern zurück. In einzelnen Gauen Deutschlands geht man so weit das alte durch Jahrhunderte überkommene Soldatenlied zu spielen: Laß ihn liegen, laß ihn liegen, wollen schon nen andern kriegen. Das klingt wie eine ungeheure Rohheit, ist aber aus dem soldatischen und kriegerischen Empfinden heraus ganz folgerichtig.

Denk mal, ist das nicht seltsam, Mutter Lilli hat im vergangenen Jahre zweimal das vollkommene Gesicht ihres Todes gehabt und es ihren beiden Kindern Else und Hans erzählt. Sie wußte, daß sie allein in einer fremden Stube mit einer fremden Schwester unter fürchterlichen Herzkrämpfen sterben werde und keines ihrer Kinder würde Zeit für sie haben. Sie hat noch hinzugefügt, das Gesicht wäre ganz entsetzlich gewesen, aber die Wirklichkeit würde noch viel schrecklicher sein. Nun machen sich natürlich alle Hinterbliebenen die größten Vorwürfe und doch hat niemand Schuld gehabt.

Mutter Lilli war naiv und klug in einem, sie versuchte jeden zu verstehen, auf jeden einzugehen, ließ sich aber von keinem ein X für ein U vormachen und wenn wir jüngeren oder älteren Kinder ihr etwas vorflunkern wollten, dann sah sie uns aus ihren ungeheuren, großen violetten Augen so seltsam vorwurfsvoll an, daß wir uns schrecklich schämen mußten. Ja, ich glaube, ich habe mich sogar ganz weit weg von ihr, manchmal mancher Handlungen, die ich begangen oder unterlassen hatte, geschämt, wenn ich an sie dachte.

Ich weiß nicht, wem Du geschrieben hast, wenn Du aber mal Zeit hast, schreibe vor allem Else, bei ihr ist es am notwendigsten, daß das

Leben ihr zeigt, daß auch für sie Zusammenhänge mit der Welt noch bestehen.

Der letzte Absatz in dem Tagebuch, das ich oben erwähnte, handelt von Rudi. Die Schrift ist noch ganz frisch, daß man sich ordentlich fürchtet das Blatt umzuwenden, weil man glaubt, die Tinte sei noch naß. Ich wollte den Absatz erst abschreiben um ihn uns zu erhalten, vergaß es aber und werde es ein andermal nachholen. Der Inhalt ist etwa, frei aus dem Gedächtnis rekonstruiert, so:

Nun ist mein Rudi doch ein berühmter Mann geworden, ein gesuchter Innen- und Außenarchitekt, er dichtet Eignes und übersetzt den Homer sehr schön ins Deutsche, wenn er Klavier spielt, so gehen seine Melodien immer mehr zu Herz und Gemüt. Trotz großer Anerkennung, ja Schmeichelei von allen Seiten, ist er für mich immer derselbe geblieben und ich bedaure nur manchmal, daß seine vielseitige Beschäftigung ihm so wenig Zeit für mich übrig läßt. Ich genieße jede Stunde, die er mir schenkt und in der ich gesundheitlich frisch bin, unsagbar, wenn er mir Eigenes mitteilt.

Da bricht das Tagebuch ab, ich glaube es steht nicht einmal ein Punkt da, eine Art Gedankenstrich, als wenn die Betrachtungen hätten weiter fortgesetzt werden sollen.

Du kannst Dir denken, wie stark mich die Trauerversammlung um den wunderschön aufgebahrten und geschmückten Sarg berührte. Diese große Familie, Vater, Kinder und Kindeskinder, alle vom gleichen Schmerz bewegt, in diesem Augenblick ganz zusammen gehörig, ganz eins mit sich und mit der Toten und mich dazwischen, so wie ganz dazu gehörig und doch wie abgetrennt. Dies Gefühl, hierher gehöre ich und dann wieder, ja, so wie hinein geschneit und dann wieder die Frage: wohin gehörst du überhaupt? dies ewige im Kreis-herum-gejagt-werden von Kummer und Teilnahme und Nachdenken und nicht fertig werden können mit alldem, ließ mich schließlich Freitag Abend früher fortgehen als unbedingt notwendig gewesen wäre und so soll ich das schönste Spiel von Rudi versäumt haben, das seine Geschwister je von ihm gehört haben wollen.

Von mir möchte ich heute nicht viel schreiben, nur kurz berichten, wie es mir in letzter Zeit ergangen ist.

Ein reichlich wilder Faschingsschluß – viele, meistens langweilige gesellschaftliche Unterhaltungen – viele Menschen im Haus, darunter mehr Larven, Masken, Laterna-magicabilder als Persönlichkeiten – viele schöne neue Inselpläne, – zwei kleine Gedichte, – ein neuer Freund, der Bildhauer Fritz Behn, der ein talentvoller, vielversprechender Künstler, ein Prachtkerl, ein Mann ist, 32 Jahre, Afrikajäger, kurzum eine Bereicherung meiner menschlichen freundschaftlichen Einsamkeit hier – nähere Bekanntschaft mit dem Komponisten Otto Vrieslander,[75] von dem ich vor allem theoretisch, aber auch praktisch viel halte – dann und wann Zusammenkünfte mit dem guten, aber doch nur halb ernsthaften Blei – und seltsamer Weise wieder eine zunehmende Wirkung auf das weibliche Geschlecht und gewisse seelische Sympathiebezeugungen von der anderen Seite, eigentlich ohne jedes Zutun meinerseits.

Rudis Elegie »Tivoli« erscheint im nächsten Heft der Süddeutschen Monatshefte. Ich mache einen Sonderdruck für fünfzig Freunde.[76] Auch mir schrieb der Reichskanzler[77] über die deutschen Oden, von denen ich ihm einen Sonderdruck durch Kessler geben ließ, das Interesse scheint wirklich sehr tiefgehend zu sein. Dann wird gegen Pfingsten ein Hundertdruck erscheinen, alle Gedichte Rudis aus der Insel und wenn das Schicksal will, hoffentlich im nächsten Jahr der billige Sammelband.[78] Wenn nur der Deine erst heraus wäre! Ich rege mich innerlich so schrecklich darüber auf, daß er recht schön und reichhaltig wird und für uns alle den Erfolg hat, den ich mir verspreche.

Einleben kann ich mich vor der Hand in München noch durchaus nicht. Ich fühle mich eigentlich nur wohl, wenn ich auf meiner Schim-

---

[75] Mit dem damals in München lebenden Bildhauer Fritz Behn (1878–1960), der Heymel und Hofmannsthal modellierte und in jenem die Afrika-Pläne weckte, blieb Heymel bis zu seinem Tode seelenverwandtschaftlich verbunden. – Der seit 1904 in München tätige Komponist und Musikschriftsteller Otto Vrieslander (1880–1950) hatte Gedichte Goethes und aus »Des Knaben Wunderhorn« vertont. Von ihm erhielt Heymel »Lieder und Gesänge« aus dem »Wunderhorn« zum Geschenk.

[76] »Tivoli. Elegie als Epistel an meine Schwester Clara« stand im April-Heft (Jg. 8, 1911, Heft 4, S. 429–439). Davon wurde der Sonderdruck hergestellt, der nicht in den Handel kam.

[77] Theobald von Bethmann-Hollweg hatte am 13. März mit einem offiziellen Schreiben für den ihm zugekommenen Sonderdruck der ›Deutschen Oden‹ gedankt und am 14. April für den der Elegie »Tivoli«, die »voll feiner Empfindung« sei und »die Verse von einer Schmiegsamkeit und Fülle, wie sie nach Hölderlin der deutsche Hexameter wohl selten erreicht« habe.

[78] »Lieder und Elegien«, die Gedichte aus der ›Insel‹, erschienen 1911 als Hundertdruck; »Elysium. Gesammelte Gedichte« kam 1912 heraus.

melponystute nicht im Park und durch die Straßen reite, sondern mich wie in Bremen mit ihr auf den Feldern herumtreibe.

Es ist nicht unmöglich, daß ich doch in den nächsten vierzehn Tagen nach Amerika fahre, nur muß ich bis dahin etwas mehr Glück haben wie in der letzten Zeit. Jedenfalls werde ich im Herbst üben und das Kaisermanöver mitmachen.

Sonst habe ich gar keine Pläne. Lebe so von Tag zu Tag, versuche innerlich mich zu klären, zu vertiefen und zu verbreitern und warte äußerlich ein wenig wie ein kleines Mädchen auf das Wunderbare. Die letzten sieben Jahre haben wirklich ein bißchen zu viel Wechsel, Aufregung und Erschütterung gebracht, davon muß ich mich erholen und das Ganze verarbeiten und ordnen. Das kann ich aber nur, wenn ich relativ still sitze und nur von Tag zu Tag tue, was der Tag von mir fordert. Daß ich das dies Jahr kann, ist schon ein großer Gewinn.

Leb wohl, mein Hugo, schreib mir bald einmal, wie es Dir geht und was Du arbeitest. Küß der lieben, guten Gerti beide Hände und erinnere die Kinder an den seltsamen schwarzen Gast in Aussee.

Bei der plötzlichen traurigen Reise nach Bremen hat mich vorübergehend eigentlich nur so recht von Herzen ein kleines Buch getröstet, das mir zufällig beim Abfahren aus der Bücherreihe in die Hände kam, es war Theophil Morren's »Gestern«. Wie schön, daß es so etwas gibt!

Ganz Dein [Alfred]

München Herzog-Park
Poschingerstr. 5, Telef. 40 149
23. März 1911.

Mein lieber Hugo!

Dein guter Brief kam heute an einem wirklich außergewöhnlich guten vormittag in meine Hände.[79] Ich war früher als gewöhnlich aufgestanden, um eine ganze Reihe von angenehmen Briefen zu erledigen. Ein langes Schreiben an Max Bethusy, das Dich auch interessieren könnte,

---

[79] Nicht in der Korrespondenz, wie fast alle die geplante Ausgabe betreffenden Briefe.

lege ich Dir in der Kopie bei.[80] Dann waren die ersten Druckproben von Rudis Gedichten aus der Insel eingetroffen, was Anlaß zu schreiben an den Verlag und an den Dichter gab. Das Zusammenstellen der Schröderschen Gedichte aber aus der Insel brachte eine neue Anregung sich mit der Borchardt'schen Produktion einmal wieder auseinander zu setzen, denn der größte und schönste Teil von dem wenigen, was von Borchardt's Versen veröffentlicht wurde, steht ja in der Insel. So schrieb ich auch ihm und schlug ihm vor, wenigstens mal einen Hundertdruck von schon veröffentlichten Gedichten zu machen, damit unsereins wenigstens alles bequem beisammen hat.[81]

Dann kam um 11 Uhr Otto Vrieslander, der Komponist zu mir, mit dem ich mich sehr angefreundet habe. Er brachte mir Lieder nach Gedichten von Goethe mit und spielte sie mir vor. Wohl am tiefsten ergriff mich die Komposition nach dem unheimlichsten aller Klagegesänge, dem Irischen, den Goethe übertrug.[82] Dieser Pillalu wirkt mit dem vertonten, stark rhythmisierten, dumpfen und monotonen Klagegeheul Och orro orro olalu, einfach erschütternd. Wie wir so beide im Musizieren waren, da kam Dein Brief und ich war wieder ganz heiter, daß Du an mich gedacht hattest und daß ich Dir, wie es scheint, im richtigen Augenblick geschrieben habe.

Ich verstehe Deinen Standpunkt, Deinen Gedichten gegenüber, vollkommen und werde ihn auch in meinen Vorschlägen zu respektieren versuchen. Ich denke bis morgen dazu zu kommen, Dir die Liste derjenigen Gedichte einzusenden, die ich in der Insel Ausgabe vermisse.[83]

Wie ich mich auf den Sammelband freue, das muß ich Dir noch einmal wieder sagen, denn ich kann es Dir garnicht genug sagen. Steht

---

[80] Das *lange Schreiben:* Brief an Bethusy vom 22. März mit Nachrichten über seinen »Freund« Ludwig Klages, über Behn und Vrieslander, der »theoretisch weit dem Durchschnitt der zeitgenössischen Musiker voraus und ein enorm ernster Mensch« sei.

[81] Von Borchardt brachte Heymel 1913 zum 35. Geburtstag Schröders einen zweiten Hundertdruck: »Jugendgedichte. Geschrieben 1900–1906«. Auch diesen Band sandte Heymel an Bethmann-Hollweg, der sich am 14. März 1913 für die »außergewöhnlich guten« Gedichte bedankte. Siehe dazu Borchardt/Heymel/Schröder, S. 213–218.

[82] Goethes »Klaggesang. Irisch« (›Aus fremden Sprachen‹): »So singet laut den Pillalu / Zu mancher Träne Sorg und Not: / Och orro orro ollalu / O weh, des Herren Kind ist tot. [...]«

[83] Siehe den folgenden Brief Heymels. Zur Entstehungsgeschichte dieser Ausgabe gehört Hofmannsthals Briefwechsel mit Kippenberg (BW Insel, besonders Sp. 388–425); dort auch Auszüge der wesentlichen Partien aus Heymels Briefen an Hofmannsthal.

der Titel eigentlich schon fest? Kippenberg schrieb mir etwas von »frühen Schriften«. Ich weiß nicht, ob ich diese Bezeichnung glücklich nennen soll, es schränkt so stark ein. »Kleine Schriften« vielleicht, aber auch das finde ich nicht gut. Laß mich mal einen Augenblick nachdenken, vielleicht fällt mir etwas ein. Was meinst Du zu »Gedichte, Vorspiele und kleine Dramen«? Das gibt eine gewisse Fülle an und unterstreicht das wohlfeile und preiswerte der Ausgabe. Oder »Hugo von Hofmannsthal, sämtliche Schriften aus dem Inselverlag« aber das schränkt auch schon wieder ein. Es ist wirklich nicht leicht, etwas markantes zu finden. »Frühe Schriften« paßt deswegen nicht, weil wir doch auch spätere Gedichte hinein nehmen möchten. »Kleine Dramen« ist nicht ganz korrekt, weil die Frau im Fenster und Abenteurer und Sängerin fehlen. Vielleicht könnte man auch die Hochzeit der Sobeide dazu rechnen. Am besten scheint mir in diesem Augenblick doch der Titel »Hugo von Hofmannsthal Dramen, Vorspiele und Gedichte, oder Gedichte, Dramen und Vorspiele aus dem Insel Verlag. Gesamtausgabe«. Ich glaube wir sollten auf etwas derartiges abkommen. Laß mich einmal kurz wissen, was Du meinst.[84]

Sternheim ist menschlich übrigens doch ein ziemlich unerträglicher Geselle, taktlos, so taktlos, daß es beinahe schon wieder nicht ernst zu nehmen ist.

Denke Dir, zufällig fand ich bei Blei einige Gedichte von ihm selber, die mir recht gut gefielen. Es sind nur wenige, aber einige davon wirklich schön, besonders das Gedicht, das »Die Stimmen der stillen Nacht« heißt, auch das an die Jungfrau Maria. Ich lege die Verse auch diesem Briefe an, wenn Du magst, magst Du hinein schauen, wenn nicht, dann laß sie liegen.[85]

Ich war recht erkältet, jetzt ist es meine Frau. Wir beide grüßen Dich und die liebe Gerti sehr freundschaftlich und hoffen Euch dadurch nicht anzustecken.

In alter Treue und größter Freundschaft

stets Dein Alfred

---

[84] Hofmannsthal fand gewisse Heymel–Blei'sche Titelvorschläge (siehe auch Heymels folgenden Brief) »absurd«, war aber dankbar für Heymels Bemühungen, die »Abteilung der Gedichte zu erweitern, indem er mich an Vergessenes erinnert« (BW Insel, Sp. 393 f.).

[85] Nicht bei der Korrespondenz.

[München,] 24. März 1911.

Mein guter Hugo!

Du wirst mich jetzt so leicht nicht wieder los und ich Dich nicht, denn da ich von Dir den Auftrag bekommen habe, Dir Vorschläge zu machen, welche Gedichte, die nicht im alten Inselband stehen, in den neuen sollen, so wühle ich mich wie ein Hamster in die aufgespeicherten Hofmannsthal-Schätze. Dazu kommt noch die Sorge um den Titel, denn es ist mir immer deutlicher klar geworden, daß wir durchaus einen schlagenden Obertitel finden müssen und der von mir vorgeschlagene »Kleine Dramen, Vorspiele und Gedichte« nur als Untertitel benutzt werden darf.

Gestern war ich beim guten Pater-Pierrot-Blei, er war ganz derselben Meinung und schlug etwas vor, was mich erst ein wenig erschreckte, heute Nacht aber und heute früh mir immer mehr einleuchtet. Er meint Du solltest das Buch nennen: »Gradus ad Parnassum«, das klingt ein wenig nach »Das Maul voll nehmen« und doch liegt in dem Gradus, in diesem auf-dem-Wege-nach etwas gemäßigtes. Ich glaube, daß Du Dir einen solchen Titel wohl leisten kannst, auch finde ich ihn sehr schön und klangvoll und er prägt sich jedem ein, der ihn hört und er könnte zum Schlagwort werden.

Ein anderer Vorschlag lautete: »Pandemonium« der gefällt mir aber nicht so gut.

Weißt Du, es ist schon jammerschade, daß »Abenteurer«, »Sobeide, Dianora« nicht mit in den Band kommen. Die gehören so ganz dazu. Hälst Du es für ausgeschlossen, daß Fischer mit sich reden läßt? Ich habe immer so das Gefühl, als wenn ihm an den prosaischen Schriften nicht so sehr viel läge. Blei meinte das auch. Wenn man ihm nun die prosaischen Schriften abkaufte, ob man dann das Theater in Versen nicht auch haben könnte? Aber viel wichtiger ist es zu wissen, ob Du Deine Bücher nicht viel lieber bei Fischer läßt und ob der Einzelverkauf der drei Theaterstücke in Versen nicht ein viel einträglicherer ist, als wenn man sie auch noch in den Sammelband tut.[86]

---

[86] Zu der Frage der Aufnahme der »Frau im Fenster« und damit verbunden von »Gestern« und den anschließenden Auseinandersetzungen siehe BW Insel, Sp. 414–421 und Samuel Fischer, Hedwig Fischer. Briefwechsel mit Autoren. Hrsg. von Dierk Rodewald und Corinna Fiedler. Frankfurt a.M. 1989, S. 548f. und 1017f.

Du kannst mir es nicht verübeln, daß ich Dich ein wenig agassiere, es geschieht ja nur aus Liebe und Interesse für Dich und für den Verlag.

Wann kommen übrigens die beiden, schon längst angekündigten Bände der prosaischen Schriften?[87] Ich hätte sie zu gern in der Bücherei, weil so vieles drin stehen soll, das jetzt noch so verzettelt ist. Laß mich wissen wie Du darüber denkst.

Aus der Aufstellung der Gedichte, die nicht in meinem Besitz sind und die mir – und ich halte mich doch für einen leidlichen Hofmannsthal-Kenner – nicht bekannt sind, kannst Du annehmen, wie schwer zugänglich bis jetzt eine Orientierung über alles, was Du hast drucken lassen, auch für den Beflissenen war. Gerade unter den kleinen, scheinbar unbedeutenden Liedern, Einfällen und Sprüchen sind so prachtvolle Sachen, daß man jedesmal, wenn man wieder auf etwas neues und nicht gekanntes stößt, von frischem gepackt ist von der Sicherheit und Grazie mit der Du für jede Empfindung und jede Vorstellung den Ausdruck findest.

Sehr sehr herzlich Dein [Alfred]

24. März 1911.

Es ist beinahe Abend geworden, lieber Freund, noch liegt mein Brief vom Morgen unabgesandt da und mittlerweile wurden alle Gedichte, die ich von Dir besitze abgeschrieben bis auf den langen Prolog zur Frau im Fenster. Willst Du ihn hinein haben, dann brauchst du es mich nur wissen zu lassen, dann schicke ich das Heft nach Leipzig.

Ich weiß von einer ganzen Reihe Gedichte, die ich nicht in meiner Hofmannsthal Bibliothek habe. Ich fahnde schon lange nach einer vollständigen Ausgabe der Blätter für die Kunst. Ich bin überzeugt, daß sich unter den von mir nicht abgeschriebenen Gedichten noch eine ganze Reihe finden, die ein Verehrer nicht gern in der großen Ausgabe missen möchte. Wenn es nach mir ginge, würde ich überhaupt jeden Vers drucken, der von Dir zu bekommen ist.

---

[87] Von der auf vier Bände geplant gewesenen Ausgabe der »Prosaischen Schriften gesammelt« waren bisher nur der erste und zweite Band erschienen (1907). Der letzte der auf drei Bände reduzierten Sammlung kam 1917 dazu.

Ich stimme nicht ganz mit Dir überein, wenn Du glaubst, der Eindruck könnte durch ein Zuviel abgeschwächt werden. Es gehört halt alles, was Du geschrieben hast dokumentarisch zu der Totalität Deines Wesens, aber nimm es nicht als Aufdringlichkeit, daß ich dies sage, sondern ich möchte Dir nur, indem ich möglichst alles Material herbeischaffe, die Auswahl erleichtern.

Ordnen würde ich vielleicht die Gedichte, wobei ich natürlich die, die ich nicht kenne, weg lasse, so:

Sinnspruch
Vom Schiff aus
Dein Antlitz
Gute Stunde
Vorfrühling
Erlebnis
Reiselied
Die beiden
Lebenslied (Den Erben)
Wir gingen einen Weg mit vielen Brücken[88]
Weltgeheimnis
Ballade des äußeren Lebens
Terzinen
Manche freilich
Ein Traum von großer Magie
Verwandlung
Die Drei kleinen Lieder, ev. mit dem
»Ich weiß ein Wort«, als viertes würde ich wieder
»Im Grünen zu singen« nehmen.

Dann kommen die Gestalten wie in der Insel Ausgabe, nur mit dem »Jüngling und die Spinne« hinter »der Jüngling in der Landschaft«.

Dem würde ich die »Idylle« folgen lassen. Darauf die Prologe und Trauerreden und zwar so, daß ich die Trauerreden zuerst nehmen würde, in der Reihenfolge: Mitterwurzer, Müller, Kainz. Dann Prolog zu Anatol; zu einem Buch ähnlicher Art ev. den Prolog zur Frau im Fenster.

---

[88] Nachgetragen; aber an anderer Stelle als am Schluß des Briefes angegeben.

Nun die Vorspiele, genau in der Reihenfolge der Insel Ausgabe und jetzt als Überleitung würde ich den Tod des Tizian mit dem Nekrolog auf Arnold Böcklin folgen lassen und dann die kleinen Dramen zum Schluß setzen.

Wenn »der Tod des Tizian« auch zeitlich nicht vor »Gestern« und »der Tor und der Tod« fällt, so bildet er doch mit der Anrede an Böcklin einen gewissen Übergang von den Trauerreden und Prologen zu den kleinen Dramen.

Das neue Gedicht »vor Tag«, auf das ich mich ganz unbeschreiblich freue, konnte ich nicht einstellen, da ich nicht weiß wo es hin gehört.[89]

Da fällt mir noch ein, daß ich irgendwo einmal ein ganz frühes Gedicht von Dir gelesen habe, das mir einen gewissen Eindruck gemacht hat. Soweit ich mich erinnern kann, hat es etwas, wie soll ich sagen, vielleicht trunkenes, sehr, sehr jugendliches. Ich glaube, daß ich mit Borchardt seinerzeit darüber sprach, seitdem ist es verschwunden. Es wechselte im Rhythmus und stand in einer ganz verschollenen Zeitschrift.

So, hier hast Du alle die Gedichte und meine unbescheidenen Wünsche. Mach damit, was Du willst und sieh mich gnädig an, ich hab es gut gemeint.

Soeben finde ich das prachtvolle »Wir gingen einen Weg mit vielen Brücken«. Ich würde es unbedingt in die erste Abteilung, etwa hinter »Dein Antlitz«, stellen. Ich füge es dort noch ein.

Noch einmal wieder

herzlichst Dein [Alfred]

Am 5. April 1911.

Mein lieber Hugo!

Eine ganze Reihe schöner Gedichte von Dir, die nicht in der Ausgabe der »Blätter für die Kunst« und auch nicht in der »Insel« Ausgabe stehen, habe ich durch die Liebenswürdigkeit des Professors an der

---

[89] »Vor Tag« war am 1. November 1907 im Morgen erschienen (Jg. 1, Nr. 21, S. 664).

hiesigen technischen Hochschule, Dr. Emil Sulger-Gebing bekommen und abschreiben lassen. Da die Kopie nach einer Handschrift angefertigt wurde, sind sicher manche Fehler drin.[90]

Ich kann Dir garnicht sagen, wie sehr mich heute früh die erste Lektüre dieser frühen Gedichte gerührt und ergriffen hat. Die ganze nur Dir eigentümliche Diktion, die Deine Leser und Verehrer an Deinen Versen so lieben, ist hier schon ganz klar erkenntlich, ja manche Stellen in diesen Gedichten muten einen an, als könnten sie im Tod des Tizian, oder im Gestern oder im Tor und der Tod stehen. Sei nicht böse, daß ich dies noch einmal hier laut ausspreche, es ist im höchsten Grade zu bedauern, daß Du, wie es scheint, kein rechtes Verhältnis mehr zu diesen Nebenarbeiten Deiner frühen Periode hast und daher nur ungern einwilligst, daß sie der Gedichtsammlung eingefügt werden. Ich weiß, daß auch eine große kritische Kanone von dem Kaliber Borchardts, mit mir ganz einer Meinung ist, denn oft sprach er mir gegenüber sein Bedauern aus, daß die Inselausgabe diese Gedichte oder wenigstens eine Auswahl nicht enthalten hätte. Daß die Einfügung jetzt in die neue Ausgabe dem ganzen Buch und seiner Verbreitung nur zu Nutzen kommen würde, brauche ich wohl nicht zu betonen. Andererseits ist es aber natürlich die Hauptsache, daß das Buch, wenn es fertig gedruckt vorliegt, in Dir nur Freude und keine Regrets wachruft. Vielleicht läßt Du mich kurz wissen, wie Du Dich zu meinen Vorschlägen stellst. Solltest Du darauf bestehen viele von diesen Gedichten nicht jetzt in dieser Ausgabe drucken zu lassen, dann hätte ich Dir vielleicht einen andern Vorschlag zu machen, der den nächsten Freunden wenigstens eine bequeme Lektüre ermöglicht und sie nicht zwingt in tausend und einem Blatt sich mühselig die Verse zusammen zu suchen. Wenn Du

---

[90] Sulger-Gebing, Professor für Literaturgeschichte in München, hatte 1905 eine »literarische Studie« »Hugo von Hofmannsthal« (Leipzig 1905. Breslauer Beiträge zur Literaturgeschichte III) veröffentlicht und ihr eine Bibliographie angeschlossen, die sich hauptsächlich auf die Druckschriftensammlung von Ria Schmujlow-Claassen und Wladimir Schmujlow stützte. Heymel hatte am 25. März Sulger-Gebing gebeten, ihm die in seiner Hand befindlichen Drucke von Hofmannsthal-Gedichten zum Zweck der Abschrift auszuleihen. Dieser kam dem Wunsch nach und sandte Kopien. Heymel wiederum ließ diese maschinenschriftlich kopieren. In dem Brief an Sulger-Gebing hatte Heymel bemerkt: »[...] Ich könnte mich ja an Hofmannsthal wenden, der die Sachen noch sicher hat. Aber wie ich meinen Freund kenne, gibt er sie nicht heraus [...]« Heymel ging es vor allem um die 1890 in der Zeitschrift An der schönen blauen Donau und 1891 in der Wiener Modernen Rundschau erschienenen Gedichte.

aber natürlich schreibst: laß mich endlich mit der Sache zufrieden, dann halte ich ab heute brav und gehorsam mein Maul.

Denk mal, ich glaube ich habe Kippenberg überredet, endlich die merkwürdige Lebensgeschichte des Friedrich Freiherrn von der Trenck, die ich wahnsinnig liebe, neu herauszugeben. Kennst Du sie eigentlich? Ich stehe wieder ganz in dem Bann dieses bewegten Lebens und trotzigen, ungeduldigen Mannes.[91]

Hast Du die Photographien William Blakes gefunden, angesehen und Dir ein Urteil darüber gebildet? Wenn das alles schon geschehen ist, dann bitte sende sie mir gelegentlich zu, ich möchte einige vergleichende Studien mit anderen Zeichnungen und Bildern machen.

Mir geht es relativ gut. Ich arbeite fleißig an allerhand Plänen und Unternehmungen, suche die Südd. M. geschäftlich zu sanieren, diesmal zur rechten Zeit, ehe die Not am höchsten ist. Ich kämpfe für die Antiqua gegen die Fraktur, die ich nun mal nicht leiden kann, pflege meine Korrespondenz, zu der die eine oder andere Freundin hinzugekommen ist; z. B. eine reizende Österreicherin, Maria von Radio, die auf dem Schloß Baslan bei Meran wohnt und eine liebe österreichische Frau ist, in der Art zu reden mich manchmal an Gerti erinnert, die mir viele angenehme, feine Briefe schreibt. Wir haben uns nur zweimal im Leben gesehen und gleich sehr angefreundet; Du möchtest sie sicher gerne leiden![92]

---

[91] Heymel hatte Kippenberg am 27. März und auch nochmals am 3. April nachdrücklich auf von der Trencks Lebensgeschichte hingewiesen und zum Druck geraten. Am 30. März an Kippenberg: »[...] Wenn ich an eine Seelenwanderung glaubte, würde ich glauben, seine Seele wäre in meinen sterblichen Leib gefahren. [...]« Kippenberg brachte das Buch nicht; es erschien 1912 bei Georg Müller, München. Heymel hatte die achtbändige Ausgabe »Sämmtlicher Gedichte und Schriften« Friedrich von der Trencks von 1786 in seiner Bibliothek.

[92] Heymel hatte schon bei seinen Amerika-Aufenthalten erfahren, wie sehr die Frakturschrift der Verbreitung deutscher Literatur im Ausland hinderlich ist, und in seinem Anfang März 1910 vor Harvard-Studenten deutsch und englisch gehaltenen Vortrag dafür plädiert, »endlich mit der deutschen Type aufzuräumen«. Im 8. Heft der Sozialistischen Monatshefte vom 20. April 1911 erschien dann Heymels Brief an den Herausgeber Josef Bloch »Fraktur oder Antiqua?«, in dem er auch Passagen aus seinem Vortrag an der Harvard University zitiert (S. 496–501). Der aufgekommene allgemeine Streit hatte auch den deutschen Reichstag beschäftigt und Heymel sogar den Vorwurf des Vaterlandsverrats eingebracht. In den Süddeutschen Monatsheften, noch in Fraktur gedruckt, setzte sich Josef Hofmiller mit pädagogischen und gesundheitspolitischen Argumenten für die Antiqua ein (Jg. 8, 1911, Heft 4, April, S. 537–539). – Heymel hatte auch Kippenberg geraten, »soviel wie möglich in Antiqua und nur noch in den seltensten Fällen in Fraktur zu drucken.« (Brief vom 9. April

Anfang März habe ich von meiner Schwiegermutter ein junges Hündchen geschenkt gekriegt, er ist prachtvoll gezogen, heißt Fasolt von der Rottach, wird mal ein schöner großer deutscher Schäferhund, weißt Du, so ein halber Wolf oder Polizeihund und ist jetzt noch wie ein Kind oder ein Äffchen. Ich spiele jeden Tag ein-zweimal mit ihm, gewöhne ihn an mich und versuche ihn zu erziehen. Ich bin immer froh, wenn ich mit Lebendigem zu tun habe.

Auch das Reiten habe ich wieder aufgenommen, sogar morgens in der Morgenarbeit auf dem Rennplatze und all der Winterdreck, der Sekt, die Gänseleberpasteten, der Kummer und die Unentschlossenheit gehen langsam aus Gehirn, Knochen und Fleisch. Man ist doch gleich ein anderer Mensch, wenn man das Leben wenigstens eine Stunde lang jeden Tag aus dem Sattel ansieht.

Hast Du Reisepläne? Oder bleibst Du dauernd in Wien? Sollte meine Frau, wie sie es vorhat, nächstens einmal eine Freundin auf dem Lande besuchen, dann rutsche ich sicher und wäre es nur für vierundzwanzig Stunden einmal nach Wien zu Dir hinüber, d. h., wenn es Dir Spaß macht und außerdem ist dies kein Versprechen, daß ich komme, sondern nur so eine Idee und eine kleine Hoffnung.

Ob ich nach Amerika gehe, hat sich immer noch nicht entschieden, wenn ich gehe, so hat der Umstand allein etwas gutes und eine günstige Wendung in meinen Verhältnissen zu bedeuten, denn ohne eine solche Aussicht unternehme ich dieses Jahr nicht wieder einen Kreuzzug zum heiligen Mammon.

Das Buch von Gebsattel – Moral in Gegensätzen[93] – Das ich Dir gegenüber glaube ich einmal erwähnte, ist übrigens doch ein Schmarren. Als ich es zuerst schnell las, dachte ich: da ist etwas Herr Constabler! jetzt aber sehe ich bei der zweiten ruhigen Lektüre, daß da garnichts ist als Worte, Worte, Worte, dreimal gewogen, dreimal in den Mund genommen, dreimal ausgespuckt, wieder in den Mund genommen,

---

1911). Heymel hatte Maria von Radio auf einem Faschingsfest in München kennengelernt, auf dem er als Abbé verkleidet erschienen war. An diese Begegnung erinnert das Gedicht »An eine Erscheinung im Karneval« (Pan, Jg. 2, 1911/12, S. 385), 1914 in die »Gesammelten Gedichte« unter dem Titel »Auf eine Maske« aufgenommen (S. 180). Die Freundschaft belegt ein bis zu Heymels Tod intensiver Briefwechsel.

[93] Viktor Emil Frhr. von Gebsattel, Moral in Gegensätzen. Dialektische Legenden. München: Georg Müller 1911. Heymel hatte das Buch des Münchner Psychologen und Psychiaters in der ersten Begeisterung am 29. März auch an Kippenberg geschickt.

herum gedreht, gekaut und wieder ausgespuckt. Das gibt ein Mummla wie der Tiroler sagt, was soviel bedeutet, als Gekautes – (hat er doch das schöne Sprichwort: Magst du nicht mein Mummla, hast du mich nicht lieb!) – das ich nicht mag und darum den Vorkäuer auch nicht liebe. Hui, was scheinen diese Kastraten mit Fistelstimme schwer zu arbeiten und zu denken um auf langem, mühsamen Weg unerhörte Resultate zu zeitigen und schaut man dann nach und wiegt man nach, wie schnell die Wage in die Höhe und wie sehr zu leicht befunden wird das, was als kostbare Last zuerst empfunden wurde. Ja, so gehts nicht mit diesem Aufteilen der Welt und Ordnen der Welt in Gut und Böse, Hell und Dunkel, Christ und Heide, Jude und Arier, Mütter und Megären, Blond und Schwarz, Dialektiker und Fanatiker und was weiß ich alles. Das sind alles Bonmots aber Systeme lassen sich nicht darauf aufbauen. Sie, alle diese Leute, diese neuen Philosophen sie schweißen und trennen immer, die ganze Einheit und die Vielheit des Lebens geht zum Deubel! Du aber verbindest und schweißt zusammen und verdichtest und erklärst nicht, sondern stellst es hin und öffnest uns die Augen, das ist eins der tausend Dinge, die wir an Dir lieben. A. Kolb und ich waren gestern bei einem Thee bei der alten Gräfin Arco-Valley[94] wieder einer Meinung, daß selbst so eine Kleinigkeit, so eine Nebenbemerkung wie Deine Nachrede zum Rosenkavalier[95] ungefähr alles aufwiegt, was heute geschrieben wird. Übrigens selbst nach der ersten Lektüre des Gebsattels hatte ich schon ein gewisses Bedenken, so ein Untergefühl und schrieb daher an Rudi dem ich das Buch schickte, folgende schlechte, aber für die Unsicherheit des Gefühls bezeichnenden Verse:

Schreib mein liebster Rudi bald:
Was ist dieses Buchs Gehalt?
Bin wie auf den Kopf geschlagen;
Kann nichts denken, kann nichts sagen,
Weiß nicht, ist es gut, ists schlecht
Hat es unrecht, hat es recht,
Ist es schwächlich, ist es stark

---

[94] Leopoldine Marie Gabriele Gräfin von Arco auf Valley, 1847 geboren.
[95] Hofmannsthals »Ungeschriebenes Nachwort zum ›Rosenkavalier‹« hatte am Vortag in den Münchner Neuesten Nachrichten (4. April, Morgenblatt) gestanden. Der Erstdruck in: Der Merker. Österreichische Zeitschrift für Musik und Theater, Jg. 2, Heft 12, März 1911, S. 488f.

Ist es Weisheit, ist es Quark?
Geht es an »der Zwei« entzwei?
Ist das Wahre nicht die Drei?
Vater, Mutter und das Kind,
Stets für mich untrennbar sind.
Vater, heiliger Geist und Sohn,
Nicht nur in der Religion.
Allezeit und überall
Ist die Drei die heilge Zahl;
Und aus ihr sieht man verwundert,
Neun entstehn und mehr und hundert,
Hunderttausend, die Milliarde.
Seit mit Flammenhellebarde
Aus dem Paradies der Eine
Engel stieß im Notvereine
Unser aller Elternpaar,
Für »die Zwei« das Ende war.

Ich habe das Büchlein übrigens der Mädi Bodenhausen bei ihrer vorgestrigen Durchfahrt nach Essen hier geschenkt und bin recht gespannt, wie die kleine, lebendige, intelligente Frau sich dazu stellt, hoffentlich fällt sie nicht hilflos darauf rein, ich bin aber überzeugt, sie wird es nicht tun.

Laß von Dir hören, Guter, und denk mit Gerti zusammen nett an Euren, Euch sehr, sehr

zugetanen [Alfred]

Heymel an Gertrud von Hofmannsthal

[München,] 18. April 1911.

Meine liebe Gerti!

Wollen Sie mir einen großen Gefallen tun, dann bitte, liebste Freundin, schreiben Sie mir doch eine Beruhigungszeile.[96] Ich weiß nicht, woher es kommt, ich habe seit einigen Tagen das Gefühl, als wenn sich Hugo über einen meiner letzten vielen Briefe oder über die Art, wie ich den Neudruck seiner Gedichte ihm zu erleichtern und vorzubereiten versucht habe, geärgert hätte. Hoffentlich täusche ich mich, jedenfalls habe ich jeden Vorschlag nur gut, besser und am besten gemeint.

Ich gehe wohl nicht fehl, wenn ich Ihnen für die aufmerksame Zusendung des Merkers danke.[97] Ich glaube ich habe Ihre Handschrift auf dem zerrissenen Kuvert erkannt.

Ich schreibe bald mal ausführlich, muß jetzt aber hier schon schließen, da Theegäste draußen in der Garderobe rascheln, husten und sich die Hände waschen.

Ich küsse Ihre süße kleine Hand und bitte Hugo, wie immer in der alten Gesinnung von mir grüßen zu wollen.

Herzlichst Ihr [Alfred Heymel]

Heymel an Gertrud von Hofmannsthal

[München,] 28. April 1911.

Liebste Gerty!

Tausend innigen Frühlingsdank für Ihren Samstagsgruß, den ich in Bremen bei meinen Frau Cousinen – bitte, lachen Sie nicht, kleine Freundin – nachgesandt bekam. Ich bin über- und überglücklich, daß Hugo mir nicht zürnt, daraus natürlich nehme ich mir nun wieder das

---

[96] Die *Beruhigungszeile* von Gertrud von Hofmannsthal nicht in der Korrespondenz. – Am 28. April schrieb Heymel an Kippenberg: »[...] Ich habe Hugo ausführlich darüber geschrieben über die Titelfrage, er hat mich seine Meinung aber noch nicht wissen lassen. [...]«

[97] Wohl die Nummer mit dem »Ungeschriebenen Nachwort zum ›Rosenkavalier‹«.

Recht von mir aus ein wenig pikiert zu sein; Sie aber wissen, daß ich das garnicht sein kann.

Nun hören sie, wann kommen Hugo und sie von Paris zurück?[98] Fahren Sie dann über München? Werden wir Sie dann hier sehen? Sie müssen nämlich wissen, daß meine Frau im Mai zweimal zu Bekannten aufs Land fährt, im Anfang und in der Mitte. Wenn ich es irgend einrichten kann, käme ich dann mit Horrido und Hopsassa nach Rodaun.

Nun aber im ernsteren Ton. Zeigen Sie bitte diesen Brief Hugo oder schicken Sie ihn nach Paris; wenn Sie sich aber von dem köstlichen Dokument nicht trennen können, so machen Sie eine Kopie davon und schicken Sie ihm diese nach, falls er nicht mehr in Wien ist.

Ich muß noch einmal in seinem und nochmal in seinem und zum dritten Mal seinem und dann noch lange nicht, aber schließlich doch in meinem Interesse und dem des Verlages dringlichst ihm ans Männerherz legen, darüber nachzudenken, ob es nicht durchaus und unbedingt notwendig und wichtig ist, einen Titel für seine billige Herbstausgabe mit uns allen zusammen auszudenken. Ich schrieb ihm bereits Vorschläge, die nur Anregungen sein sollten und zu nichts verpflichteten, aber darüber hätte ich gern von ihm Antwort gehabt. Ich glaube, daß (was ja heute ideal zu bedauern, materiell aber erfolgreich ist,) der Titel »Irrgarten der Liebe« der billigen Bierbaum Ausgabe einen unkontrollierbaren, günstigen Einfluß auf den Absatz gehabt hat. Das heißt natürlich nicht, daß nun billige Ausgaben wirklich bedeutender Künstler unserer Zeit, etwa Kristall-Palast, oder Hippodrom oder Hexenschaukel oder Zauber-Kabinett der Liebe genannt werden sollen, wie auf dem Jahrmarkt, sondern nur, daß ein Titel gefunden wird, bei dem das gleichgültige, der Anregungspeitsche bedürftige Publikum sich etwas denken kann und der sich ihm einprägt.

Ich komme mir bei dem ewigen Gedramse – Bremismus – und Gequake, Gelärme und Gestöhne wegen dieser Publikation, die ja seit Dschahrenden – so drückt Dr. Voigt, der Mann meiner Frau Cousine, den starken Plural für viele Jahre aus – mein Lieblingsgedanke und ich glaube auch ideel und materiell der beste war, nun beinahe tölpelhaft aufdringlich, lächerlich und qualvoll vor, aber man kann nun mal nicht aus seiner Haut.

---

[98] Hofmannsthal war vom 29. April bis zum 10. Mai in Paris.

Doch nun genug hiervon, tun Sie, was Sie können, um Hugo mit diesem Brief nicht zu agassieren, intrigieren, molestieren und verstimmen, aber präsentieren Sie ihm ihn immerhin doch in einem glücklichen Augenblick.

Ach, wie gern wäre ich einmal in Rodaun, im österreichischen Frühling, im Hofmannsthal'schen und Gerty'schen. Ich glaube ich würde selber zu einem kleinen Hunderl, (wie Sie schreiben, wie ich das Wort liebe und wie ich Ihre Stimme daraus höre,) und kröche mit Ihrer Nachkommenschaft auf allen Vieren durch den Garten, als der gute Onkel Überall, wie mich meine Nichten und Neffen, die Kinder meiner Frau Cousine, nennen.

Handkuß und bald auf Wiedersehen, hier in München oder dort in Wien.

Stets Ihr alter unverbesserlicher, Ihnen aufrichtig zugetaner, trotzdem und alledem, nun erst recht lebens- und schicksalsfreudiger

[Alfred Heymel]

München Herzog-Park
Poschingerstr. 5, Telef. 40 149
23. Mai 1911.

Mein lieber Hugo!

Dein letzter Brief hat mich ebenso erfreut als verschreckt.[99] Wenn ich nicht selber das Gefühl gehabt hätte, daß irgend etwas ärgerliches zwischen uns getreten wäre, hätte ich garnicht so auf eine Antwort gedrungen, denn niemand versteht besser, daß man manchmal, auch von den besten Freunden, nichts sehen und hören mag, als ich. Wäre die Neubeuerngeschichte nicht noch dazugekommen, so würde ich vielleicht über Blei kein Wort verloren, sondern einfach Deine Reprimande eingesteckt haben. Nun muß ich ein paar ganz kurze Erklärungen doch noch widerwillig abgeben. Wenn ich seinerzeit Schröder und Borchardt nicht nachgab und Blei nicht fallen ließ, so waren vor allem freundliche

---

[99] Nicht in der Korrespondenz.

Worte daran schuld, die Du immer für ihn gefunden hast. Soweit ich mich erinnern kann, hast Du mich in den letzten zwei Jahren auch nie merken lassen, daß Du anders über ihn denkst. Sein Vorschlag war natürlich blöd, das fühlte ich schon damals und sehe es jetzt ein, und ich habe wohl in meinem Brief nicht die richtige Form gefunden, Dich das durchfühlen zu lassen, wollte nur Dich noch einmal nachdenklich machen, ob der von Dir gewählte Titel wohl der richtige sei. Deine Verstimmung ist durchaus meine Schuld und ich nehme sie auf mich. Hingegen muß ich es energisch ablehnen, daß ich den Neubeuern Damen Blei aufgedrängt habe. Mädi lernte Blei auf einem Monstrethee in meinem Hause kennen und später auf einer Art Kostümfest. Beide unterhielten sich gut mit einander und Mädi lud ihn, ohne mich zu fragen, Knall und Fall auf das Schloß ihrer Schwester ein und nicht nur für einen Tag, sondern zu übernachten. Was da oder später passiert oder gesagt wurde, entzieht sich meiner Kenntnis, ich weiß nur, daß man sehr böse auf ihn ist. Ich habe sofort die stärksten Bedenken dagegen gehabt, daß man sich so nahe mit ihm einließ denn ich kenne sowohl seine Gutherzigkeit als seine Gefährlichkeit, da er leicht die Grenze des Erlaubten überschreitet und schwatzhaft ist. Ich bin deswegen sogar den einen Tag nach Neubeuern gefahren, weil ich weiß, daß ich ihn ziemlich in der Hand habe.[100] Als dann Mädi durch München durchkam und mir dunkle Vorwürfe machte, konnte ich ihr nichts anderes sagen, als mich könnte das garnicht wundern, denn ich hätte eigentlich derartiges instinktiv erwartet, da man mich aber garnicht gefragt, ja sogar Blei verschiedentlich gegen mich ausgespielt hätte, wäre mir nichts anderes übrig geblieben als den Mund zu halten und abzuwarten.

Du kannst Dir wohl denken, wie unangenehm mir die ganze Angelegenheit ist. Blei hat sich mir gegenüber im Leben sehr freundschaftlich, sehr uninteressiert candide, ja, sogar hilfreich benommen, ich muß das hier unumwunden zugeben, so daß ich ihn, auf den alle Welt schimpft, nicht auch schlecht behandeln mag. Das ist aber eine reine Privatsache. Wenn nun aber versucht wird, mir quasi eine Verantwortung für ihn in die Schuhe zu schieben, so kann ich das nicht anerkennen. Du weißt ja,

---

[100] Näheres nicht bekannt. Einige Hinweise auf Bleis und Heymels Besuch in Neubeuern im Brief von Ottonie Degenfeld an Hofmannsthal vom 21. März 1911 (BW Degenfeld [1986], S. 127f.). Dora von Bodenhausen lernte Blei und Heymel wohl während ihres München-Aufenthaltes anläßlich der »Rosenkavalier«-Premiere am 1. Februar kennen.

wie Damen sind; interessiert sie jemand, erscheint er ihnen im Gespräch anregend und unterhaltend, dann schließen sie sofort eine große Freundschaft mit ihm, die dann meistens bald in die Brüche geht. Es wäre mir schon lieb, wenn den Damen gegenüber der Sachverhalt einmal richtig gestellt würde; nur widerspricht es meinen Gepflogenheiten nun meinerseits Briefe zu schreiben und aus einer kleinen Sache, die hoffentlich bald vorbei ist, eine große zu machen. Ich werde gelegentlich die Baronin Wendelstadt draußen besuchen und das Gespräch auf die Angelegenheit bringen, ich hoffe, daß sie dann damit dort aus der Welt ist. Von Dir fordere ich nur soviel Gerechtigkeit, auch mich hierin anzuhören.

Wegen der Idylle, die ich bis jetzt in den Fahnen vermißte, habe ich sofort an den Inselverlag geschrieben, ich werde aufpassen, daß nichts wichtiges fehlt; denn von all den vielen Büchern, die dieses Jahr erscheinen, liegt mir keines so am Herzen, wie das Deine, das meine Lieblingsidee seit Jahren ist.

Ich habe unendlich viel zu tun, schrieb über Sport und Lautrec, Antiqua und Fraktur, einige Verse und mache gerade meine Marloweübersetzung fertig, übernahm für Piper & Co. die Antwort auf den dummen Protest deutscher Künstler und versuche die Süddeutschen Monatshefte aus dem Dreck zu reißen.[101]

Von mir selber will ich schweigen, denn die Verstrickungen und Verwirrungen, in denen ich lebe, übersehe ich selber kaum, und vor allem können sie meine Freunde nur belasten, ehe es mir gelungen ist, alle endlich glücklich zu lösen, dann kann man mal darüber sprechen.

Bitte, grüße Gerty herzlichst von mir und sei selber in alter Treue und Anhänglichkeit freundschaftlichst gegrüßt von

Deinem Alfred

---

[101] »Über die Förderung des Sports durch Klubhäuser« (München 1911); Separatdruck aus: Klubhaus der Kaffeehag. Leipzig 1911, S. 4–24. – Zu *Antiqua und Fraktur* siehe Anm. 92. – Bei Eugen Diederichs war ein von dem Worpsweder Maler Carl Vinnen initiierter »Protest deutscher Künstler« herausgekommen, der sich gegen den Ankauf ausländischer Kunst, vor allem französischer Impressionisten durch deutsche Galerien und Museen richtete. Auf Heymels Betreiben wurde dagegen in den Süddeutschen Monatsheften und in der Broschüre des Piper Verlags »Im Kampf um die Kunst« Stellung bezogen. Siehe dazu: Reinhard Piper, Briefwechsel mit Autoren und Künstlern 1903–1953. München, Zürich 1979, S. 130–135 und 537 f. Dort auch Näheres zu Heymels Beitrag für die Neuausgabe der Toulouse-Lautrec-Bildmonographie in der Reihe »Moderne Illustratoren«.

[Rodaun,] 2 VI. [1911]

mein lieber guter Alfred

ich danke Dir schön für Deinen Brief. Es war mir nie eingefallen zu denken, Du hättest Mädi und ihrer Schwägerin den B. aufgedrängt, eher mutete ich Dir eine kleine Verschuldung durch Nicht-verhindern, Nicht-voraussehen zu. Um so lieber ist es mir, daß ich aus Deinem Brief nun weiß, die ganze Initiative in dieser Sache war bei Mädi und Du nur ganz zufällig oder überhaupt garnicht beteiligt. Sage Du das sicher Julie W. mit ganz klaren Worten.

Der Widerspruch zwischen meinem duldsamen Urteil über B. solange ich ihn nur par distance sah und dem energischen Ablehnen seiner physischen Gegenwart oder intimeren Annäherung mußt Du Dir zurechtlegen wie Du kannst. Es war mir in vielen Fällen natürlich, so zu handeln und ich würde es wieder so tun.

Lieber, ich bitte Dich um einen Gefallen, so ungern ich Dich belästige wo Du reichlich occupiert bist. Aber es ist mir nicht möglich durch andere Menschen dies herauszubekommen. Bitte bekomm Du mir durchs Telephon, durch Deine Secretärin oder irgendwie heraus und depeschiere es mir dann sofort an *wen*, welche Person, welche Körperschaft welche Geschäftsstelle man sich zu wenden hat, um etwas Authentisches zu erfahren, zu verhandeln was sich auf die *Festhalle* im Ausstellungspark bezieht.[102]

Viele gute Grüße

Dein Hugo.

[München,] 6. Juni 1911.

Mein alter Hugo!

Du hast mit mit Deinem letzten guten Brief eine große Freude gemacht, da er mich sehr beruhigte.

Weißt Du, in der Mädi/Bleisache möchte ich vor der Hand garnichts tun, um ihr nicht ein unnötiges Gewicht anzuhängen. Wenn ich mal

---

[102] Anfrage wohl wegen des Gedankens einer Aufführung des »Jedermann«.

nach Neubeuern hinauskomme, dann spreche ich, wie Du es mir rätst, klipp und klar mit der Baronin Julie. Ich kann mir die ganze Affäre, ohne daß ich weiß, was eigentlich vorgekommen ist, sehr gut denken. Mädi hat den Pierrot nach draußen eingeladen, dort hat er heftig mißfallen oder sich, wie Du richtig sagst, nicht ganz stubenrein aufgeführt, Julie hat Vorwürfe gemacht und die Mädi hat sich auf mich herausgeredet. Oder aber er hat wie üblich, aus lauter Begeisterung für Mädi, in die er ganz verliebt war, später irgend etwas in München erzählt, was den Damen wieder zu Ohren gekommen ist. Also Schwamm drüber! Ich ziehe eine gute Lehre daraus und warne in Zukunft Bekannte und Freunde vor solchen Leuten, die ich aus irgend welchen Gründen zu akzeptieren mir erlaube, trotzdem ich weiß, daß ich nicht ganz für sie einstehen kann.

Ich werde heute, gestern und vorgestern waren ja Feiertage, versuchen für Dich zu eruieren, mit wem man verhandeln muß, über die Dinge, die sich auf die Festhalle im Ausstellungspark, München, beziehen.

Nun muß ich Dich noch einmal wegen der frühen Werke bemühen. Der Text ist ausgedruckt; die Idylle war tatsächlich erst vergessen, ist durch mich aber in Satz gegeben worden. Ferner habe ich angeregt, daß die letzte Scene des Bergwerks von Falun, die im ersten Heft der Hyperionzeitschrift steht, gesetzt wird, wir sollten sie unbedingt mit dem Stück aus der Insel zusammen bringen.[103] Ich bin hocherfreut und stolz darauf, daß Du die Gedichte auf meine Anregung hin vermehrt hast. Ich persönlich hätte gern das eine oder andere kürzere Gedicht noch dabei gehabt, wie z. B. »Die Stille« u. a., respektiere aber ohne Gründe Deine Ablehnung selbstverständlich. Es bleibt uns ja immer noch vorbehalten, später einmal einen kleinen Sonderdruck aller von dir erschienenen Gedichte zu machen, wenn Du Wert darauf legst. Ich möchte hier nur noch an Verse erinnert haben, die, wenn meine Erinnerung nicht trügt, seinerzeit in dem unglücklichen »Morgen« erschienen. Ich erinnere eine Schlußzeile, die etwa so gelautet haben könnte: »Da geht ein Zittern

---

[103] Hofmannsthal ließ nur den ersten Akt nach dem 1906 in den »Kleinen Dramen« erschienenen Text drucken, wie dort auch hier als »Ein Vorspiel«. Er war über Heymels Vorschlag, aufgrund dessen der fünfte Akt in Leipzig bereits gesetzt worden war, verärgert und ließ den Brief unbeantwortet (siehe Hofmannsthals Brief an Kippenberg vom 21. Juni; BW Insel, Sp. 403).

durch den alten Leib der Erde.« Ich kann die Gedichte nicht wiederfinden. Solltest Du sie für gut und wichtig halten, so könntest Du sie ja immer noch einstellen.[104]

Die Idylle zwischen Prologe, Totenreden und kleine Dramen zu stellen, finde ich einleuchtend. Es wäre trotzdem zu überlegen, ob man sie nicht zwischen die Gedichte und die Prologe Totenreden stellen soll. Wenn ich den Band herauszugeben und zu ordnen hätte, würde ich von mir aus nach langem Überlegen heraus folgende Gruppierung machen:

Die Gedichte
die Idylle
die Totenreden
die Prologe, zu einer Totenfeier von Arnold Böcklin
als letztes der Prologe; nun den
Tod des Tizian, jetzt
das kleine Welttheater, und dann
die kleinen Dramen chronologisch.

Ich weiß nämlich nicht, ob es ganz richtig ist, das kleine Welttheater als letztes der kleinen Dramen zu bringen, da dieses nicht ganz im Charakter zu den übrigen Stücken stimmt; chronologisch scheint es ja allerdings das letzte dieser köstlichen Arbeit gewesen zu sein.

Zu der Abteilung Prologe möchte ich bemerken, daß der zur Frau im Fenster immer noch weggeblieben ist, vielleicht magst Du ihn nicht mehr oder findest ihn zu breit in der Anlage; zu bedenken wäre, daß die Einstellung trotzdem einen wertvollen Hinweis bieten könnte aus das Stück, zu dem er die Einleitung bildet und das eigentlich in unsern Band mehr noch als Abenteurer und Sängerin vielleicht, und Hochzeit der Sobeide hineingehörte.[105]

---

[104] Heymel denkt an »Vor Tag«. Der erinnerte Text steht nicht am Schluß, sondern in der Mitte des Gedichts: »[...] Dann geht / Ein Schauer durch den schweren, alten Leib [...]«. Es wurde in den Band aufgenommen und im Oktober 1911 im Insel-Almanach auf das Jahr 1912 (S. 46f.) wieder veröffentlicht. – »Stille« stand 1894 in den Blättern für die Kunst und kam nicht in die neue Ausgabe.

[105] »Idylle« steht in der auf die Gedichte folgenden Gruppe »Gestalten«, die mit dem »Tod des Tizian« und dem »Kleinen Welttheater« beschlossen wird. Es folgen »Prologe und Trauerreden«, ohne den Prolog zur »Frau im Fenster«, dann »Vorspiele« und schließlich die »Kleinen Dramen«, diese in chronologischer Reihenfolge. Die »Alkestis« wurde nicht in den Band aufgenommen.

Wenn ich zum Schluß hier, selbst auf die Gefahr hin Dich zu agassieren, noch einmal das Wort Alkestis nenne, so geschieht es nur, um einen von Anfang an vertretenen Standpunkt heute noch einmal ganz bescheiden wieder zu vertreten. Ich erwarte selbstverständlich kein neues Nachdenken von Deiner Seite, sondern will damit nur sagen, daß ich, trotzdem es sich um eine Überzeugung handelt, sie mit hineingenommen haben würde, weil sie mir einmal als ungemein bedeutsam für Deine damalige Entwicklung und Diktion zu sein scheint, sie andererseits überleitet zu Deinen späteren antikisierenden Stücken.

Du mußt mir schon erlauben, aus Liebe für Dich und Dein Werk, daß ich mich soweit ungedeckt vorwage. Mein guter Kerl, ich kann Dir ja garnicht sagen, wie ich mich auf dies Buch freue und wie überglücklich ich bin, daß ich es habe durchsetzen und an ihm mitarbeiten dürfen.

Was hast Du für Pläne? Wann sehen wir uns wieder? Ich gehe im letzten Drittel des Monats nach Hamburg zum Derby, dann vielleicht ein wenig an die See, bin aber Ende Juli wieder in München oder in der Nähe.

Küß der lieben Frau Gerty anhänglichst die Hand und sag ihr, ich erwarte ihre versprochene Zusendung.

Alle guten Geister und Dämonen wieder in diesem Sommer mit Dir, möge Deine Hauptarbeitszeit des Jahres eine recht ungestörte sein und kein plötzlicher, häßlicher, unerwarteter Hagelschlag die Ernte gefährden.

Wie immer Dein [Alfred]

Aussee, Obertressen. 1. VIII.1911

mein guter Alfred

die folgende Mittheilung gilt für Dich (allenfalls für Rudi) sonst für *niemand* in München: ich bin in München den 3ten abends (H. Marienbad) bis 4ten abends. 5ten u. 6ten in Garmisch bei Strauss. 7-10 voraussichtlich in Tutzing bei Max Reinhardt. Bist Du nicht abwesend so wird sich manche nette Möglichkeit ergeben, sich zu sehen.

Dein Hugo.

Regina-Palast-Hotel, Maximiliansplatz, München.
abends 1/2 11. 4.8.1911

mein guter Alfred

so muß ich Dir denn durch diese Zeilen Adieu sagen. Ich hatte vielerlei zu tun, verfehlte Dich im Continental, telephonierte verschiedene Male an die verschiedensten Orte, um Dich zu finden, aber vergebens.

Leb wohl. Ich hoffe bestimmt, es wird sich Reinhardts und meinem Wunsch, den »Jedermann« zuerst *Hier* zu machen, nichts entgegenstellen und wir werden uns hier im September sehen.[106]

Viele gute Gedanken von Deinem Freund

Hugo

15 VIII. [1911] Aussee Obertressen 14.

mein guter Alfred

inliegend Ariadne und der von Dir gewünschte Brief Borchardts. Erbitte von jedem 2 Copien und das Original zurück.

Morgen geht an dich einen Nummer der neuen Rundschau mit meinem Dialog »Furcht« mit gleicher Bitte.[107]

Herzlichen Dank Deines

Hugo.

[106] Hofmannsthal kam am 13. September für vier Tage nach München (siehe seinen Brief vom 9. September S. 132).
[107] »Das Gespräch der Tänzerinnen«, so der Titel in der Ausgabe der »Gesammelten Werke« von 1924, stand 1907 im Oktober-Heft der Neuen Rundschau.

München Herzog-Park, Poschingerstr. 5, Telef. 40 149
15. August 1911.

Lieber Hugo!

Dir einen Gefallen tun zu können, ist mir Lust und Glück. Ich denke Dein Ms. wird schon unterwegs sein und wir wollen es sorgfältig vervielfältigen.

Die Stunden mit Dir in München, trotzdem wir den letzten Tag Pech hatten und uns überall verfehlten, sind wieder schöne und wertvolle Steine im Mosaik unserer Lebensbeziehung.

Heute habe ich die erste Hauptkorrektur des Marlowe abgeschlossen. Der Umbruch wird in München vorgenommen und ich habe Order gegeben, daß Dir die Korrekturbogen von Leipzig zugesandt werden. Wie glücklich mich Deine Absicht macht, eine Vorrede, oder wenn Du willst, Nachrede zu dem Buch zu schreiben, kann ich Dir garnicht sagen. Ich bin förmlich beschämt und ängstlich, daß die Arbeit dafür nicht gut genug sein könnte. Wissen möchte ich von Dir gern, ob Du nicht auch jetzt meiner Meinung bist, daß nur Du ein paar Seiten schreibst. Meinst Du nicht, es ist ein bißchen viel, wenn Du vorn sprichst und ich hinten wieder das Wort ergreife? Schreib mir, ob ich Dir eine Zusammenstellung der Daten aus Marlowe's Leben schicken soll oder ob Du nur von dem Stück als Tragödie menschlich und künstlerisch sprechen willst. Um Dir möglichst einen Brief zu sparen, lege ich diesem Brief das Material bei, nach dem ich meine Einleitung gemacht haben würde. Vielleicht findest Du die eine oder andere Anregung und belebende Details. Ist Dir aber die Benutzung der Blätter störend und unangenehm, dann schick sie mir doch bitte gleich wieder.[108]

Mit banger Sorge im Gesicht fragte mich gestern der gute Leidensbruder Cossmann, ob ich glaubte, daß Du wirklich etwas bis Ende August schicken würdest. Ich sagte ihm, ich hoffte es wie er, nur dürfe man Dich ja nicht drängen, denn Du seiest mitten in vielseitiger Produktion, aber zart erinnern würde ich Dich schon noch. Durch diese Auskunft leuchtete sein Gesicht auf. Ist es nicht nett, daß man sich dann und wann mit irgend einem kleinen Wort nützlich machen kann?[109]

[108] Nicht in der Korrespondenz.
[109] Die Süddeutschen Monatshefte brachten im Oktober-Heft (Jg. 9, 1911/12, Heft 1, Oktober, S. 100–103 Hofmannsthals Essay »Über die Pantomime«.

Vollmöllers sind zur Stadt gezogen. Mit Reinhardt hatte ich eine fabelhaft interessante Abendunterhaltung.

Meine Berliner Pläne kristallisieren sich langsam deutlicher in der abwechselnd erhitzten und erkälteten Retorte meines Kopfes.[110]

Wenn es nicht zu lästig ist, schreib mir ein Wort, welche Stellung »die Zeit« in Österreich jetzt hat. Sie hat mich sehr liebenswürdig zur Mitarbeit aufgefor[dert.] Ich habe ihr einen Brief zum 60. Geburtstag des alten Voss geschickt, der mehr von Freiballon und Luftschiffahrt handelt als von ihm. Hoffentlich kompromittiere ich mich nicht zu sehr dadurch vor Deinen Augen.[111]

Denke Dir, von der Sportbroschüre erscheint jetzt das 50.–100. Tausend. Die Zuschriften und Kritiken mehren sich. Ich glaube wahrhaftig – ist das nicht drollig? – die irrelevante Sache bedeutet einen Umschwung in meinem Schicksal und den Start zu einem ganz neuen Leben. In Vorbereitung habe ich einen größeren Essay über Kultur-Politiker und Publizist und meinen Vortrag: die Gesellschaft und die Gedichte.[112]

Lieber, alter Hugo, ich wollte, wir könnten uns dann und wann mal so im Walde treffen und alles durchsprechen. Aber so ist es auch gut. Man muß erst dahin kommen immer gepäckloser durchs Leben zu gehen, man geht sich leichter, sicherer, freier. Jetzt fängt wieder Dein Lied vom Erben an zu klingen. Weißt du, das müßte als Schluß in einer großen, freudigen, festgefügten Symphonie die treibende Idee sein, so wie in der IX. Freude schöner Götterfunken!

---

[110] Ehe- und Familienschwierigkeiten hatten eine wenigstens zeitweilige örtliche Trennung der Heymels angeraten sein lassen. Heymel wollte in Berlin seine »afrikanischen Angelegenheiten« vorantreiben. Er baute dabei vor allem auf den Staatssekretär Wilhelm Solf.

[111] Den *Brief zum 60. Geburtstag*, in Versen, hatte Heymel tags zuvor an die ›Zeit‹ geschickt. Er war als Einleitung zu einem Hundertdruck zu Vossens Geburtstag am 2. September gedacht. Heymel hatte »einen neuen Wahnsinn«: Freiballonfahrten. Für Ende September, Anfang Oktober bereitete er sich für eine große Dauerfahrt vor, mit der sein Ballonführer Baron Hans-Hasso von Veltheim und er den Weltrekord von 78 Stunden in der Luft brechen wollten. Das gelang nicht.

[112] Zur *Sportbroschüre* siehe Anm. 101. – Heymel hielt seinen Vortrag »Die Gesellschaft und die Gedichte« am 20. November in der Heidelberger Akademischen Gesellschaft für Dramatik. Er begann ihn mit einem Zitat aus Hofmannsthals Vortrag »Der Dichter und diese Zeit« und las Gedichte von Hermann Burte, Dehmel, Vollmoeller, Rilke, Hofmannsthal, Dauthendey, George und sieben der Deutschen Oden von Schröder.

Nun habe ich aber wieder genug gefaselt und überlasse Dich der Entführung der schönen Ariadne und den Mondnächten Aussees.
Noch herzlicher denn je Dein und Gertys

Alfred.

München Herzog-Park
Poschingerstr. 5, Telef. 40 149
17. August 1911.

Liebster Hugo!

Die Ms. und Deine freundlichen Karten[113] sind eingetroffen. Ich hoffe, daß alles gut erledigt wird. In dem Personenverzeichnis der Ariadne hast Du übrigens Theseus geschrieben, das muß wohl Bacchus heißen! Ferner der Brief von Borchardt, der wirklich ganz außerordentlich schön ist, hinreißend schön, ist furchtbar schwer zu lesen, ich fürchte, es werden viele Fehler hineinkommen, manche Worte kann selbst ich nicht entziffern.

Deinen Vorschlag wegen Marlowe finde ich durchaus richtig, es tut mir leid, daß ich Dich nun mit der Zurücksendung des biographischen Materials belästigen muß. – Cossmann wird hupfen vor Freude, daß Du Dein Möglichstes tun willst.

Wie zauberhaft mich das kleine Opernspiel Ariadne, dessen Lektüre ich soeben beendete, berührt hat, kann ich Dir garnicht sagen. Ich bin einfach voll eines großen Dankgefühls dafür, daß du existierst und noch dazu in meiner Nähe! Laß es immer so zwischen uns sein.

Morgen Abend fahre ich nach Leipzig mit dem Dr. Hildebrandt, dem einzig Vernünftigen aus dem Jahrbuch der geistigen Bewegung. Wir wollen allerhand Zukunftspläne mit Kippenberg besprechen. Er und Wichert wollen – es darf aber nicht darüber geredet werden – viermal

---

[113] *Die Ms. und Deine freundlichen Karten* fehlen. – Der im folgenden angesprochene Brief Borchardts ist wohl der Hofmannsthals Hinwendung zum Lustspiel und zur Oper würdigende Brief vom 23. Juli 1911, aus dem Hofmannsthal einen Auszug in seinem Essay »Das alte Spiel von Jedermann« in den Blättern des Deutschen Theaters, dort unter dem Titel »Jedermann«, mitteilte (Jg. 1, Nr. 10, 1. Dezember 1911, S. 145).

im Jahr eine Schrift herausgeben, die »Form« heißen soll. Wenn nun die Insel entstehen sollte und Reinhardts deutsche Theaterzeitung etwas vernünftiges werden, so müßte man das eigentlich alles unter einen Hut bringen. Die Insel als Monatsschrift, die deutsche Theaterzeitung als Beilage und die Form als Zugabe. Zusammen mit Insel Aufführungen bei Reinhardt würde so der Begriff und die Wirkung der Insel mit unser aller Mitarbeit so stark werden, daß ein Zusammenschluß der auf ähnliche und gleiche Ziele gerichteten Kräfte zu einem enorm wichtigen kulturpolitischen Faktor würde.[114] Du ahnst hier vielleicht wie ich die Möglichkeiten, die sich noch nicht deutlich machen lassen und auch noch garnicht deutlicher gemacht werden dürfen, das alles muß ausreifen und wie ganz natürlich zu einem vorwärts treibenden Strom zusammen fließen. Ich bin heute Nachmittag noch mit Vollmöller zusammen und werde mit ihm auch noch darüber sprechen.

Von Deiner Ariadne erfährt niemand ein Sterbenswörtchen. Sobald ich Mitte nächster Woche zurück bin, sollst Du mehr und alles erfahren.

Bei den Göttern, ich freue mich auf Dein Hierherkommen Mitte September. – Reinhardt meinte gestern Abend Everyman würde sicher gemacht. Den Sternen sei Dank. Ich schüttle Dir die Hand und bleibe Dein Dir mehr denn je

zugetaner Alfred

---

[114] Heymel verwechselte den Mediziner und mit griechischer Philosophie und Dichtung sich befassenden Kurt Hildebrandt (Beiträger zu den von Friedrich Gundolf und Friedrich Wolters herausgegebenen Jahrbüchern für die geistige Bewegung, 1910–12) mit Hans Hildebrandt, dem Kunsthistoriker (siehe Heymels Brief vom 27. August, S. 129). Dieser plante, mit dem Mannheimer Kunsthistoriker und Galeriedirektor Fritz Wichert eine neue Zeitschrift ›Die Form‹ im Insel-Verlag herauszugeben, mit der eine neue »Kunstkultur« gefördert werden sollte. Die Briefköpfe waren bereits gedruckt, doch dann zerschlug sich das Unternehmen. – Zum Plan einer Insel-Zeitschrift siehe Anm. 119. – Reinhardts deutsche Theaterzeitung kam nicht zustande.

[München,] 27. August 1911.

Mein lieber Hugo!

Du sollst heute eine ganze Reihe von Mitteilungen haben, von denen ich hoffe, daß die eine oder andere Dich interessiert.

Ich bin von den vielen Orestieproben, die ich alle mitmache, dem ganzen Betrieb Reinhardts und meinen Plänen und Unternehmungen ein wenig abgespannt, daß der Brief keinen rechten Plan haben wird und ich nur so durcheinander Dir alles erzählen will, wie ich Dir erzählen würde, wenn Du hier säßest.

Ich bin also in Leipzig und Berlin gewesen. In Leipzig fand ich die Trauernachricht vor, daß Fischer »Gestern« aus dem billigen Band heraus reklamiert. Man hatte schon an Dich geschrieben, Du möchtest versuchen, diesen Schlag abzuwenden. Es wäre zu unangenehm, wenn er auf sein scheinbares Recht bestände, ich glaube zwar nicht, daß nur ein Buch weniger gekauft werden würde, aber für das Buch selber wäre es vielleicht der schwerste Schlag, den es treffen könnte. Dies erste Stück von Dir kommt mir vor wie der Drehpunkt, um den Deine ganze Produktion rotiert; der unerhörte Charme dieses Jugendgedichtes läßt alles Kommende ahnen und alles Spätere scheint irgendwie damit zusammen zu hängen und daran zu erinnern. Fischer wird zur Orestie-Premiere hier sein, Kippenberg will nicht, daß ich mit ihm über diesen Fall spreche, vielleicht fängt er aber von selber an. Wünschenswert wäre es, wenn Du mich rechtzeitig benachrichtigtest, wenn Du besondere Wünsche in dieser Angelegenheit hast.[115]

Die Orestie wird prachtvoll.[116] Dieses älteste uns überkommene Theaterstück wirkt in einer Weise zeitgemäß, die durch nichts überboten werden kann und es ist ja nie wieder etwas von dramatischen Dichtungen an diese ursprüngliche Wucht und Erschütterung herangekommen. Der heute vielleicht ein wenig unverständliche, politisch rituelle Schluß ist geschickt zusammen gestrichen, um nicht zu sehr zu ermüden. Die Eysold wird als Kassandra ein Erlebnis sein. Wir haben viel mit ihr über

---

[115] »Gestern« konnte nicht in den Sammelband aufgenommen werden. Siehe dazu BW Insel, Sp. 414f. und Samuel Fischer, Hedwig Fischer, Briefwechsel mit Autoren, S. 548f.

[116] Die »Orestie« des Aischylos in der Bearbeitung von Vollmoeller wurde am 31. August, von Reinhardt inszeniert, in der Münchner Musikfesthalle anläßlich der Festspiele des Münchner Künstlertheaters gegeben.

die Äußerungen des zweiten Gesichts gesprochen. Die Terwin ist als Elektra vorzüglich, noch ein wenig zu wild und jugendlich und nicht ganz schamhaft genug, das wird aber noch hereinkommen.

Reinhardt bei der Regie zu sehen, ist allein eine Reise um die Welt wert. Wie er alles in der Hand hat, wie er korrigiert, wie er anfeuert, wie er zurückhält! Er ist vielleicht das größte Regisseur Genie, das die Welt gesehen hat. Du weißt ich bin mit manchen Unterstreichungen und Mätzchen bei ihm nicht zufrieden, aber das muß wohl heutzutage so sein und zählt jedenfalls nicht gegenüber der Gesamtleistung. Er und seine übrigens im höchsten Grade sympathische, ruhige, natürliche Frau waren einen Nachmittag in Tutzing bei meiner Schwiegermutter und Gitta. Vollmöllers waren auch da und Humperdinks und die Pantomime für London wurde besprochen und was davon fertig war, vorgespielt. Die Musik ist harmlos, melodiös, recht für England geeignet.[117]

Gitta wohnt noch draußen, ich in der Stadt, Vollmöller wohnt bei mir; bis zur Premiere haben wir alle Hände voll zu tun sie gut herauszubringen. – Jammervoll schlampig, vielmehr garnicht existierend ist die Propaganda Abteilung im Betrieb Reinhardt. Die Presse wird garnicht oder schlecht behandelt, im letzten Moment haben wir noch die Einladungsliste gemacht. Es ist ja überhaupt ein Wunder, daß dort etwas heraus kommt, bei der Unordnung, die da herrscht. Aber das Genie und die Tüchtigkeit Reinhardts reißt eben doch immer im letzten Augenblick alles zusammen.

Von dem König Eduard haben wir garnicht geredet. Du wirst die Korrekturbogen jetzt alle bekommen haben, wenn nicht, lasse es mich bitte wissen. Deine Einleitung wird der Sache enorm nützlich sein. Als Vorveröffentlichungsstelle schlage ich die Theaterzeitung des Deutschen Theaters vor, oder weißt Du etwas besseres? Es wird den Berliner Leuten die Möglichkeit und Wichtigkeit einer Aufführung so recht eigentlich vor Augen führen. – Cossmann war überglücklich, daß Du ihm etwas zugesagt hast.[118]

---

[117] »Das Mirakel. Große Pantomime in zwei Akten und einem Zwischenspiel« wurde mit der Musik von Engelbert Humperdinck am 23. Dezember 1911 in einer spektakulären Inszenierung Reinhardts mit über 2000 Mitwirkenden in der 30000 Zuschauer fassenden Londoner Olympia Hall mit großem Erfolg aufgeführt.

[118] Die Einleitung zu »Eduard II.« kam nicht in den Blättern des Deutschen Theaters. Hofmannsthal gab sie in die Süddeutschen Monatshefte (Jg. 9, 1911/12, Heft 3, Dezember 1911, S. 438f.).

In Leipzig war ich einen Tag mit Klärchen und Lina zusammen, sie waren wie immer charmant die entzückenden Schwestern. Sie kamen gerade von Karlsbad und fuhren nach Bremen.

Was aus dem Inselplan wird, weiß ich nicht. Kippenberg scheint jedenfalls vor zu haben, sie bis nächsten Oktober zu machen, will aber nicht, daß ich mit irgend jemand darüber spreche. Vor allem weiß ich nicht, in welchem Verhältnis ich zu der Zeitung stehen werde, das beunruhigt mich recht. Seine Angst vor mir und Eifersucht auf mich macht mein Verhältnis zum Verlag recht schwierig. Das ist ganz privat natürlich, was ich hier schreibe. Er fürchtet, falls ich einen zu großen Einfluß auf die Zeitung gewinne, würde es ein Organ für Dich, Vollmöller, Schröder etc. Ich wieder fürchte, daß, wenn ich nicht einen direkten Einfluß habe, die Sache reichlich philologisch, historisch und unaktuell wird. Nun, wir müssen abwarten.[119]

In Berlin sah ich viel Menschen; knüpfte gewisse Beziehungen zum Verlag Ullstein an. Einen Posten in diesem enormen Unternehmen, das ungezählte Millionen im Hintergrunde und jetzt schon 1 1/2 Millionen Leser hat, halte ich mir als zweites Eisen im Feuer warm.

Ich aß mit der Freifrau von Schröder, die eine recht einflußreiche und angenehme Erscheinung in unserer unsichtbaren Loge der Intellektuellen zu sein scheint.[120] Sie gab Schröders Gedichte direkt an den Kaiser. Ich bin gespannt, was daraus kommt.

Dann war ich in der Redaktion der Sozialistischen Monatshefte, hörte politisch Interessantes, wie die glänzend organisierte Arbeiterschaft Deutschlands die Regierung energisch von einem Krieg abhält, trotzdem das in völliger Revolution befindliche England stark in einen Krieg hineindrängt. – Vielleicht amüsiert Dich ein Briefwechsel zwischen mir und einem Londoner befreundeten Bankier.[121] Seinen letzten pazifisti-

---

[119] Kippenberg verstärkte, auch auf Drängen Heymels und mit dessen nicht immer willkommenen Hilfe, seit 1911 die Verlagswerbung. Diesem Zweck sollte auch eine Hauszeitung oder -zeitschrift dienen. Der Plan wurde erst im Oktober 1919 – »viele Jahre alt, ... immer vertagt, durch den Krieg verzögert und dann erst recht gefördert« (so im 1. Heft, S. 44) – mit dem ›Inselschiff‹ verwirklicht.

[120] Heymel hatte Baronin Katherine von Schröder, eine geborene Engländerin, bei einem Essen in der Weinstube Borchardt kennengelernt und ihr dann mit tätigem Rat beim Aufbau der Bibliothek ihres Mannes Alexander geholfen. Gelegentlich einer Ungarn-Reise hatte sie Heymel auch um die Wiener Adresse Hofmannsthals gebeten.

[121] Nicht ermittelt.

schen Brief habe ich noch nicht beantwortet, er enthält das Übliche, ohne auf die psychischen Kriegsgründe einzugehen. Die Kriegslust geht aus der Menschheit nicht heraus. Das sieht man am besten im Manöver, wie da die Infanterie auf reitende Kavallerie trotz strengstem Verbot noch auf fünf Schritt mit Platzpatronen schießt, wie man immer wieder Not hat die Patrouillen davon abzuhalten sich mit der Lanze zu verprügeln und wie bei großen Kaisermanövern die Bayern auf die Preussen einhauen, wenn sie nur handgemein werden können.

Münsterberg, den amerikanischen Austauschprofessor,[122] sah ich einen Tag vor seiner Abreise nach Amerika, er interessiert sich für unsere Pläne und ebenso wie alle andern, die davon wissen, für Dein Buch. Nochmals und nochmals, wenn nur die Sache mit »Gestern« erst geordnet wäre. Ich würde ruhiger dem Morgen entgegen gehen. Münsterberg gab mir eine Übersetzung seiner Tochter, ein amerikanisches Stück, das die Rattenfänger zum Vorwurf hat, voriges Jahr einen enormen Theatererfolg hatte und wahrscheinlich bei den Südd. Monatsheften verlegt, ein gutes Propagandamittel für die Verbreitung der Zeitung und ihrer Bücher bei Deutsch-Amerikanern abgeben könnte, vor allem, da wir nächstes Jahr die amerikanischen Erinnerungen des prächtigen Schulrates Kerschensteiner in München bringen werden.

Mit Fred[123] war ich auch einen netten Nachmittag zusammen; er hat einen unglaublichen Dusel gehabt mit seiner Wohnung. Denke Dir, eine sechs-Zimmer Wohnung in Berlin, nicht zu weit draußen, in einer netten Straße, durch die nur Wagen fahren dürfen, die vor dem Hause halten, ein reizender Vorgarten, großer gepflegter Hofgarten, alles für M 2000.–. Fred ist ein rechter Lebenskünstler. Reinhardt hat ganz recht, man müßte ihn Bädeker vorschlagen, überall weiß er wo und wie gute Dinge zu haben sind.

---

[122] Hugo Muensterberg, Professor für Philosophie und Psychologie an der Harvard University in Cambridge, Mass., war Mitglied des Verbandes deutscher Schriftsteller in Amerika. Während seiner Austauschprofessur gründete er in Berlin ein Amerika-Institut. Mit Heymel hatte er u. a. den Plan einer »continental and american edition« der Gedichte Brian Hookers in englischer Sprache erwogen. Heymel gab diese Anregung am 1. März 1910 an Kippenberg weiter. Es blieb beim Plan.

[123] Mit Paul Cassirer gab Alfred W. Fred (d. i. Alfred Wechsler) damals die Halbmonatsschrift Pan heraus. Der Journalist hatte schon in der Wiener Zeit über Heymel geschrieben und ihn im Sommer in Tutzing besucht.

Wo ich auch hinkam, wurde über Dich gesprochen und nach Dir gefragt. Behn freut sich auf Deine Büste, er hat Moissi angefangen und Reinhardt, Schillings und Roland sind fertig, dann kommen die Eysold, die Terwin und ich an die Reihe, ev. Vollmöller, hoffentlich Du, dann muß Rudi her und dann wollen wir uns überlegen, das Dutzend voll zu machen. Seidl und Frau sind ja schon da. Denk Dir mal, wenn er nächstes Jahr auf der Münchner und Berliner Sezession herauskommt mit einem Brett von derartigen bekannten Köpfen, richtige, große Büsten. Du hast ganz recht, die Plaquetten müssen neben her laufen, die Büste ist die Hauptsache. Ich freue mich über die Arbeitskraft, die in dem Menschen steckt, der wie ein Raubtier beim Arbeiten anzusehen ist, als wenn ich teil daran hätte. Der Löwe ist fertig, bis du wieder herkommst, wird der Gipsabguß vollendet sein. Mich regt das Werden dieser Bestie auf, als handelte es sich um etwas ganz Wichtiges in meinem Leben.[124]

Angesichts all dieser Pläne und angefangenen Arbeiten wäre ein Krieg natürlich entsetzlich.[125] Ich ärgere mich förmlich, daß ich von meinem dunklen Vorgefühl nicht los kann. Ich habe oft das Gefühl, als gingen wir einer Zeit entgegen, wo jeder, wie bei einem Schiffbruch mit sich selbst zu tun haben wird und erst viel später, wenn die Windstille eingetreten ist, das aufgeregte Meer wieder glatt, als wäre nichts geschehen, eine neue Sonne zu spiegeln anfängt, ein jeder von uns, falls er noch da ist, Umschau halten muß, wer von den andern den Kopf

---

[124] Hofmannsthal saß am Jahreswechsel 1911/12 Behn in Neubeuern für eine Büste (siehe Hofmannsthals Brief vom 31. Dezember, BW Degenfeld [1986], S. 193). Sie wurde nicht ausgeführt, was vielleicht auch mit dem damaligen Eklat zwischen Heymel und Hofmannsthal zusammenhängen mag. Behns spätere Äußerungen über Hofmannsthal Heymel gegenüber – Reaktion auf Heymels große Enttäuschung über den Freund? – sind kritisch gestimmt. So liest man im Brief an Heymel vom 2. November 1912, nachdem Behn von der Uraufführung der »Ariadne« in Stuttgart (25. Oktober) zurückgekommen war: »[...] Er sprach nicht von Dir, außer daß er vielleicht hören wollte, ob Deine [Afrika-]Reise verunglückt sei oder Du. Ich bestätigte ihm gerne das Gegenteil. Seine Frau hatt ich zu Tisch und sagte ihr meine Auffassung über Euer Neubeurer Rencontre. [...] Das Stück – oder vielmehr die Musik, denn das Stück spielt nur als Inscenierung und Gerippe eine Rolle – hat mich stark gepackt. Das Fleisch war sehr mager. Hoff. aber wird immer fetter. [...]« – Heymel vermittelte 1912 eine Ausstellung von Behnschen Plastiken bei Paul Cassirer in Berlin.

[125] Heymel sah die seit 1909 wachsende Gefahr eines großen Krieges, den er sich schließlich sogar herbeiwünschte. 1911 steigerten die Annexion von Tripolis durch Italien, die dadurch verstärkten Spannungen auf dem Balkan und die zweite Marokkokrise die Kriegssorge.

noch über Wasser hat. Doch das ist vielleicht töricht und was auch kommen mag, das soll willkommen sein.

Rudi soll in Bayreuth gewesen sein und ist über Leipzig, Hamburg nach Hause gefahren. – Rilke ist in Leipzig als Logiergast bei Kippenberg. Er scheint der einzige lebende Künstler und Dichter zu sein, der es mit meinem braven Sozius aushält, dafür liebt ihn dieser aber auch und ist ganz entzückt von ihm wie ein Backfisch. Er scheint nur Menschen brauchen zu können, die keinen eigenen Willen und keine eigene Idee haben. Na, jedenfalls ist er tüchtig und hat den Insel-Verlag zu dem gemacht, was er werden mußte in dem Augenblick, wo er straff organisiert und ausgebaut wurde.

Was uns allen fehlt, ist die Organisation der Intellektuellen, alle anderen Stände und Berufe sind organisiert, nur nicht unsere Gruppe, der vielleicht letzten Endes doch wichtigsten Bilder, Erhalter und Bewahrer der Geste und Gebärde unserer Zeit und unseres Stiles. Wir müssen ein Hauptquartier in Berlin haben, eine Melde-Sammelstelle, darüber haben wir ja schon oft genug gesprochen.

Denke dir, etwas Reizendes ist passiert. Ich schrieb Dir doch, daß ich mit Curt Hildebrandt nach Leipzig fahren wolle, um mit ihm und Wichert aus Mannheim eine Viermonatsschrift, die sich mit bildender Kunst und Theaterdekoration befassen soll, im Inselverlag herauszugeben. Ich war von Hildebrandt entzückt, vor allem deswegen, weil es mir so erstaunlich schien, daß ein Mensch aus dem Kreise Stefan Georges so angenehm und natürlich sei. Ich habe ihn drei Tage lang wie ein rohes Ei behandelt, bin immer um die kritischen Punkte zwischen uns, nämlich George, Schröder, Borchardt diplomatisch herum geschlichen, habe dann und wann eine kleinen Vorstoß gegen die Georginen gewagt, mich aber begreiflicher Weise mit ihm mehr über Literatur und Weltanschauung unterhalten, als von der bildenden Kunst. Als ich schon weggereist war, bringt Cossmann heraus, daß es garnicht Curt, sondern Hans Hildebrandt, der nicht Philologe, sondern Kunsthistoriker ist. Du kannst Dir das Gelächter denken, das es in Leipzig gab als wir uns wiedersahen und ich ganz entrüstet ihn anfuhr: Sie sind ja garnicht der Curt Hildebrandt, und ich habe mir solche Mühe um Sie gegeben. Hinterher aber haben wir uns sehr angefreundet und ich hoffe, es wird etwas aus dem schönen Kunstplan, der uns sehr nützen kann, über den ich Dich aber bitte, nicht zu sprechen. Jedenfalls fällt er auch in meine

Organisationsabsichten aller kulturellen Faktoren, die in unserer Linie liegen.

So, nun aber Schluß. Schreibe mir, ob und wann Du zu »Jedermann« kommst. Es ist doch merkwürdig, daß man nicht ganz sicher erfahren kann, ob es nun eigentlich gespielt wird oder nicht. Reinhardt möchte es sehr gern und er sagt jedesmal auf Anfrage: Wir werden's schon machen, wir werden's schon machen. Die Premiere soll am 10. sein, da aber noch nicht angefangen ist, scheint es mit doch zweifelhaft, aber bei ihm ist kein Ding unmöglich.[126]

Ich freue mich, daß Frl. Eike[127] Dir durch die Abschriften hat nützlich sein können.

Grüß die liebe Frau Gerty, ich hab oft schreckliche Sehnsucht nach Aussee und Euch Allen. Küß ihr für mich die Hand und wisse, daß ich sehnlichst auf ein baldiges Zusammentreffen mit Dir ungeduldig harre.

[Alfred]

Hast Du neuerdings etwas über den Antagonismus der Partei des alten Kaisers und Ferdinands von Este gehört? Es fiel mir auf zu lesen, daß der österreichische Oberbefehlshaber die deutschen Manöver dieses Jahr mitmachen soll. Welche Rolle spielt Schönaich dabei? Weißt Du jemand, der uns für die Südd. M. etwas über die ganze österreichische Lage bei einem ev. Tod des alten Kaisers jetzt schon schreiben kann? Über das Ausrufen der Kottäc zur Königin von Böhmen und Ungarn; über die Möglichkeit einer Kaiserinkrönung in Wien, über Italiens kriegsbereites Abwarten der günstigen Gelegenheit die welsch-österreichischen Provinzen zu bekommen und über seine enormen Befestigungen an der Küste und die Artillerie-Anlagen, die bis nach Dalmatien hinüber schießen sollen?[128]

[126] Der Plan einer Vorrauffführung des »Jedermann« in der Festhalle des Münchner Ausstellungsparks wurde schließlich aufgegeben.

[127] Langjährige Sekretärin Heymels.

[128] Heymel, Aufsichtsratsmitglied bei den Süddeutschen Monatsheften, bemühte sich intensiv auch um die inhaltliche Gestaltung der Zeitschrift. Beiträge zur angespannten politischen Situation in der österreichisch-ungarischen Monarchie und zum kritischer werdenden Verhältnis zwischen Österreich und Italien waren angezeigt. Der Thronfolger Erzherzog Franz Ferdinand von Österreich-Este lebte in morganatischer Ehe mit der böhmischen Gräfin Sophie Chotek von Chotkowa und Wogrin. Zwischen ihm und dem greisen Kaiser Franz Joseph, seinem Onkel, waren die persönlichen Differenzen und die politischen Gegensätze ständig gewachsen, in deren Verlauf im September 1911 der österreichisch-ungarische

Da ich glücklich wieder bei den Soldaten bin, will ich Dir von einem prachtvollen Offiziertyp, den ich in Berlin kurz kennen lernte, erzählen. Ich traf ihn bei der Baronin Schröder und erfuhr dann durch sie von diesem Mann, dessen schöner, harter, energischer, ausdrucksvoller Kopf mich so fasziniert hatte. Er hat eine schnelle Karriere gemacht und wird, wenn nichts passiert, eine ganz große machen. Er war Militär-Attache in Sofia. In die Front zurückgekehrt, bekam er die Luftschiffer Abteilung, dort konstatierte er, daß die gegen Frankreich und England geringeren Erfolge unserer Aeronauten, nicht nur an den Maschinen, sondern an den mangelnden Nerven lägen. Um nur ein gutes Beispiel zu geben, fliegt jeden Morgen der verheiratete, chancenreiche Major Bronsart von Schellendorf[129] selber die neuen Maschinen ein, trotzdem die Generalität und alle Vorgesetzten und Verwandten ihn beschwören dies nicht zu tun. Er hält es aber für seine Pflicht, ein gutes Beispiel zu geben und steht auf dem Standpunkt, daß wenn ihm etwas passiert, sein Tod mindestens 2–3 erstklassige Flieger der Armee erziehen wird. Solche Leute brauchen wir in allen Betrieben, denen die Pflicht zur Passion wird, der sie alles, Leben und Frau und Kinder und was sonst den Menschen an diese Erde zu binden vermag, jeden Augenblick zu opfern bereit sind. – Schon sein Vater, der frühere Kriegsminister ging aus dem kaiserlichen Palais und aus der Stellung, weil der Kaiser ihm um 11 Uhr Vormittags zum Vortrag beschieden hatte, ihn aber warten ließ, weil irgend ein Puppenalleesteinmetz vorgelassen werden wollte. Einige Erfahrungen derart mehr im Anfang der Regierung und unser Kaiser wäre traitabler geworden.

Herzlichst Dein [Alfred]

Reichskriegsminister Franz Freiherr von Schönaich entlassen wurde. Franz Ferdinand war damals Generalinspektor, d.i. Oberbefehlshaber, über die gesamte bewaffnete Macht.

[129] Der *prachtvolle Offiziertyp* wohl der spätere General Friedrich Bronsart von Schellendorf (1864 bis nach 1942). Dessen Vater Walter war von 1893–1896 preußischer Kriegsminister gewesen und zurückgetreten, weil er im Kabinett die vom Reichstag geforderte Reform der Militärstrafprozeßordnung nicht hatte durchsetzen können.

Aussee, am 9. September 1911.

Mein lieber Alfred!

Den Plan einer einmaligen Aufführung in München haben wir nun aufgegeben, weil es zu viele Schwierigkeiten gab und nicht der Mühe wert war sie für diese Probeaufführung zu überwinden. Ich komme trotzdem nach München, aber nur für wenige Tage, gehe dann mit meinem Vater und Gerty über Berlin nach Kopenhagen. Den 14. – 17. werden wir in München sein im Hotel Marienbad und dort vermutlich auch mit Bodenhausens zusammentreffen.

Ich möchte Dich bitten jetzt schon Professor Behn zu sagen, daß ich ihm natürlich unter diesen veränderten Umständen jetzt unmöglich Modellsitzen kann, ihn aber aufsuchen werde um mit ihm einen späteren Termin zu verabreden. Hierüber möchte ich Dich noch Folgendes fragen: ich nehme doch wohl an, daß es Dir und Behn klar ist, daß es sich nicht um einen Auftrag meinerseits handelt, ich nehme an, daß es ihn interessiert den Kopf herzustellen und stelle mich ihm aus Interesse an seinem Talent dafür zur Verfügung, aber weder habe ich das geringste Interesse einen solchen Kopf persönlich zu besitzen noch auch wünsche ich dafür Geld auszugeben. Ich sage Dir das also zur Vermeidung von Mißverständnissen.

Schröder ließ mich auf eine sehr dringende Anfrage, die eine kurze telegraphische Antwort erwartete, ohne jede Antwort. Wenn Du vielleicht weißt, wo er sich befindet, so laß mir das, bitte, postwendend schreiben. Also auf bald

Dein Hugo

[Hotel d'Angleterre Kjøbenhavn
den] 22 IX. [1911][130]

mein guter Alfred,

ich hatte das damals nicht erfaßt daß ich Dich vor der Abreise nicht mehr sehen würde, so hab ich Dir nicht Adieu gesagt, das tut mir sehr leid.

Nun hör zu: es war damals ein recht dummer Ausdruck in dem Telegramm, daß die Pantomimen durchgefallen wären – es ist keine Spur davon, sie hatten eine flaue Premiere, vielleicht war Grete noch ziemlich unfertig, auch hat sie eine Partnerin, die als Amor nicht möglich ist, aber Psyche wird allmählich etwas wundervolles werden, das »Fremde Mädchen« ist schon heute fast völlig *da*, fast völlig realisiert – ich sah die beiden Pantomimen 2 Abende nacheinander, da kann ich mich auf mein Gefühl verlassen, daß das keine verlorene Sache ist, sondern der anonyme Anfang (zögernde Anfang) eines großen Erfolges.[131]

Bitte hilf auch dazu, wie Du kannst, mein Lieber, vor allem sieh Dir's an, schicke nette Leute hin – auch mein bestimmter Gedanke mit dem cinéma bleibt bestehen, das »Fremde Mädchen« ist wie geboren dafür, also hilf mir, Alfi. Wir sind den 26 – 27 in Berlin, Adlon, vielleicht auch den 28ten, dann 29 IX – 3ten oder 4ten X in Bremen.

Auf Wiedersehen, mein Guter.

Dein Hugo.

---

[130] Hofmannsthals reisten am 21. nach Kopenhagen und am 25. zurück nach Berlin. Von dort fuhr der Dichter nach Bremen und anschließend nach Neubeuern.

[131] Die für Grete Wiesenthal geschriebenen Pantomimen »Das fremde Mädchen« und »Amor und Psyche« hatten am 15. September im Berliner Hebbel-Theater Premiere. Hofmannsthals sahen die Aufführung am 18. und 19. (siehe dazu den Brief Hofmannsthals an Ottonie Degenfeld vom 19. September; BW Degenfeld [1986], S. 173). Für Alfred Kerr war »Amor und Psyche« eine »Mißlungenheit«. Zur Kritik siehe: »Im Geschwätz der elenden Zeitungsschreiber«. Kritiken zu den Uraufführungen Hugo von Hofmannsthals in Berlin. Berlin 1989, S. 74 und 115f.

[München,] 25.9.11.

Gewiß, mein Hugo, will ich Dir helfen. Was täte ich lieber und eifriger? Wie freue ich mich der guten Nachricht über die Pantomime! Mir wars ganz dunkel geblieben, warum sie keinen Eindruck machen wollte. Schon fürchtete ich, daß das Apachenstück den Leuten durch die meist töricht ausgeführten Tänze zu alltäglich vorgekommen sei und daß mich der Charme einer atemlosen Berichterstattung der szenischen Vorgänge übermäßig mitgerissen hätte. Wie gut, daß dem nicht so ist. Für den Kintopp scheint mir in der ganzen Welt nicht passenderes gefunden werden zu können. Ich nehme die Sache gleich Anfang Oktober in Arbeit, kläre das Gelände auf und melde Dir den Befund. Dann werden wir zusammen handeln.[132] Nun hör: ich kann vorm ersten nicht fort, wäre also frei für den 2., 3. oder 4. Je später desto besser für den Überraschungsstreich disponibel. Drahte mir also, bitte, 30. etwa hierher, welches der beste Abend. Ich fiebere, mit Euch allen zusammen zu sein. Dann gehen wir vielleicht zusammen nach Berlin zurück. 3. abends wäre prachtvoll! Bis dahin wünsche ich Dir alles Gute. Gerti alles Liebe. Auf Wiedersehen!

[Hillmanns Hotel Bremen] [3.X.1911.][133]

mein lieber Alfred

ich möchte Dir für ein gemütliches Gespräch einen Spaziergang morgen vormittag 12 h 15 vorschlagen. Man hat dann 1 bis 1 1/2 Stunden vor sich, vermutlich essen wir dann ohnedies zusammen, darüber weiß ich nichts. Es ist für mich unerläßlich, Rudi wieder etwas näher zu kommen, sonst würde das Resultat dieser Reise für mich recht betrübend sein.

Dein Hugo.

---

[132] Schon Kerr hatte geurteilt, Hofmannsthal habe mit dem »Fremden Mädchen« »den Kintopp lyrisiert«. 1912/13 wurde die Pantomime »kinematographisch aufgenommen von der Royal-Films-Gesellschaft mbH. Düsseldorf« und 1913 u. a. in München aufgeführt (siehe Süddeutsche Monatshefte, 11. Jg., 1913/14, Heft 6, März, S. 806 f.). Wegen Heymels Bemühungen siehe auch seinen Brief vom 12. Oktober.

[133] Das Briefdatum von Heymels Hand.

Den Borchardtbrief hab ich gefunden und sogleich an Eberhard abgeschickt, dagegen den Marlowe *nicht* und bitte Dich, ein Exemplar sogleich nach Neubeuern zu dirigieren.[134]

[Schloß Neubeuern,] 8 X. [1911]

mein lieber Alfred

inliegende Briefe sind Dir gewiß nützlich in der Cinema-sache.[135] Bitte schicke mir doch, umgehend, den Dir in Neubeuern für mich übergebenen Brief, den Du mir in Bremen zu geben vergaßen hast, hierher.

Viele Grüße

Hugo.

Berlin, den 12. Okt. 1911.
Pension Herzberg, Potsdamer Privatstr. 121 b.

Mein lieber Hugo!

Vielen Dank für Deine freundlichen Zeilen vom 8.. Damit Du nicht denkst, ich behandle unsere anderen Angelegenheiten wie den anvertrauten Brief – Du kannst Dir denken, wie beschämt ich noch immer bin, daß ich ihn im König Eduard liegen ließ und vergaß – so will ich Dir gleich Bericht erstatten, was ich bis jetzt in der Kinemasache tat. Ich war also heute bei der Film-Kompanie Paulus & Unger und brachte dort so viel heraus: Man interessiert sich entschieden für den Fall, wird der ganzen Sache aber lieber näher treten, wenn man sich über eine prozentuale Beteiligung einigen kann. Man sagte mir, die Kosten der Aufnahmen seien so groß, daß selbst Tausend Mark Fixum als ein zu

---

[134] Der *Borchardtbrief* (wohl nicht überliefert) ging am selben Tag an Bodenhausen, der ihn von Heymel erbeten hatte. – *Marlowe:* Korrekturexemplar von »Eduard II.«.

[135] Nicht in der Korrespondenz.

großes Risiko erschiene. Ich erbat mir dann eine Aufstellung, wie viel man im besten Falle bei einer Beteiligung verdienen könne, mittlerweile werde ich mit den anderen Firmen unterhandeln und Dich immer auf dem Laufenden halten, so weit mir das Betreiben meiner eigenen Affairen Zeit läßt. Bis jetzt sondiere ich immer noch die Tiefe des Berliner Stroms, ich sah Reinhardt, Vollmöller, Fred, Zavrell, Stern, Kassierer, Prittwitz auch zufällig Schröder's, Liebermann.[136] Die Orestie wird Morgen ihre Berliner Premiere haben. Ich bin recht gespannt, die Stimmung scheint eher dagegen als dafür zu sein. Es kommt ein eigenes Orestieheft bei den Blättern des Deutschen Theaters heraus, Strauss hat etwas sehr starkes für Reinhardt geschrieben. Auch ich war so leichtsinnig, etwas über das Archaische und zugleich Aktuelle der Trilogie loszulassen, was Du und die Freunde hoffentlich nicht zu kompromittierend finden werdet.[137] Ich wohne in einer netten ruhigen Pension im Grünen, um Abends weniger auszugehen und schließe die letzten Korrekturen des Marlowe ab und erwarte Deine Seiten falls Du zu ihnen kommen solltest. Beim Insel-Verlag fand ich alles fortschreiten und unaufhaltsam vorwärtsdrängend. Dein billiges Buch erscheint nächste Woche. 2000 sind etwa bar jetzt schon bestellt. Der fertige Insel-Almanach ist besser und reicher, denn je. Er wird Dir Freude machen.[138]

Für heute genug. Sei mir gegrüßt und grüße mir das vierblättrige Damenkleeblatt im Schloß.

Herzlichst Dein Alfred.

---

[136] Franz Zavrel war Oberregisseur am Berliner Modernen (früher Hebbel-)Theater und bei Ullstein tätig. Ihm hatte Heymel sein Gedicht »Im Ballon« vergebens angeboten (dann in: Quadriga 1, 1912/13, S. 452–455; nicht in den »Gesammelten Gedichten«). – Ernst Stern war Bühnenbildner bei Max Reinhardt. – Friedrich Wilhelm von Prittwitz und Gaffron (1884 geb.) war im Auswärtigen Amt tätig. Als Attaché an der deutschen Botschaft in Washington seit 1908, wurde er 1911 deren 3. Sekretär.

[137] ΟΡΕΣΤΕΙΑ; in: Blätter des Deutschen Theaters, Jg. 1, 1911/12, Nr. 5, 13. Oktober 1911, S. 68f. Dann auch in Heft 2, November 1911, S. XXXVII der Süddeutschen Monatshefte.

[138] Der Almanach auf das Jahr 1912 brachte neben dem Gedicht »Vor Tag« von Hofmannsthal »Der Jüngling und die Spinne«, »Verse zum Gedächtnis des Schauspielers Josef Kainz« und den Essay »Ritt durch Phokis. Das Kloster des Heiligen Lukas«.

R[odaun,] 26 X. [1911]

Brief, Dir von ganzem Herzen zu danken, für was Gutes tief Freundschaftliches von Dir, wahre schöne Treue, in meinem Buch steckt, das mich so sehr freut – von Tag zu Tag aufgeschoben – weil mich so abquälend mit dem Marlowe-aufsatz. Es wird mir so schwer, meinen Kopf jäh auf ganz Fremdes einzustellen. Hab es nun erzwungen, schreibe ihn jetzt nieder, glaubte schon fast, ich müßte Dir abschreiben.
Also, ich dank Dir schön für das Buch.

Dein Hugo.

1 XI. 11. Rodaun.

mein lieber Alfred

an ein fragmentarisches Unternehmen, wie es die Übertragung eines einzelnen von Marlowes Stücken, den Anschluß zu finden, war mir nicht ganz leicht, doch hoffe ich es in einer bescheidenen Einleitung (1 1/2 – 2 Druckseiten) getroffen zu haben, die ich direct handschriftlich an den Verlag gehen ließ, weil die Sache ja Eile hat und ich Deinen Aufenthalt nicht weiß.
Herzlich Dein

Hugo.

München Herzog-Park
Poschingerstr. 5
Telef. 40 149
2. November 1911.

Mein guter Hugo!

Deine Briefkarte, die mehr als erfreuliche Nachricht, daß die Einleitung zum König Eduard fertig wird, vor allem aber Deine sehr liebe, mich recht anrührende Widmung fordern soviel Dank von mir, daß ich garnicht weiß, wie ihn aufbringen ohne Schulden zu machen.[139]

Seit der braune Band fertig gestellt im Hause ist, verlassen mich Deine Gestalten und Bilder noch weniger als früher und täglich beinahe lese ich irgend jemand vor und weiß nun noch sicherer als früher ein wie integrierender Bestandteil Dein Werk in mir, in meinem Leben und in meinem Schicksal ist. Irgendwie leben wir, wenn wir das Maul ein wenig voll nehmen wollen, so könnten wir vielleicht sagen, wir Intellektuellen und Gefühlvollen zugleich, doch von Deinen Gnaden. Die, die Dich kennen und Dir nahe stehen dürfen, natürlich in gesteigertem Maße. Gestern Abend waren Julie Wendelstadt und die Potzputzin die elbische Gräfin Degenfeld und Annettchen, die Du so schön mit dem »dumm, aber weise« charakterisiert hast, bei uns nach dem Konzert zum Thee. Du warst auch immer da und das Gespräch ging eigentlich so durch Dich, trotz Dir über Dich hinweg, in Dich hinein weiter.

Heute ist Behn aus Berlin zurück gekommen und war sehr von der Ariadne und dem Jedermann angetan. Er freut sich jetzt schon auf den 28. Dezember in Neubeuern und was es für mich bedeuten würde, wenn ich dann auch dort sein dürfte, brauche ich wohl nicht auszuführen. Ich bin seit einigen Tagen wieder in München, um mich um die Südd. Monatshefte zu kümmern, bei Gitta zu sein, morgen Hubertus hier zu reiten und meine Bibliothek zu benutzen. Etwa am 8. reise ich nach Frankfurt zu Stedman, den ich nicht zu sehr aus meinem auf Kumpanei ausgehenden Leben verlieren darf und um liebe Menschen in Heidel-

---

[139] Hofmannsthal hatte Heymel den Band »Die Gedichte und kleinen Dramen«, der Mitte Oktober fertiggestellt war, mit der Widmung auf dem Vorsatz zugeschickt: »Meinem Freund Alfred. Hofmannsthal, Rodaun, im Oktober 1911. Was wir aufgehäuft hier innen, / laß es leben von den Sinnen! / Wohnst du drin: es ist ein Zelt! / Blick hindurch: da liegt die Welt!«

berg zu besuchen. Dann will ich die arme Frau Plate[140] in Godesberg am Rhein besuchen, damit sie ihre alten Zusammenhänge mit den wenigen wirklichen Freunden nicht verliert und dann gehe ich wieder nach Berlin, um die angeknüpften Beziehungen fester zu knüpfen. Anfang Dezember wohl werde ich in Heidelberg vor den Studenten endlich den Versuchsballon meiner lang geplanten Vorlesung »Die Gesellschaft und die Gedichte« steigen lassen. Ich weiß Du hältst nicht viel von dem Plan, mir aber liegt er so sehr am und schwer auf dem Herzen, daß ich ihn wegwälzen muß. Übrigens der Mann, der die widerliche Robbenschlacht beschrieben hat, hat mich verklagt. Das ist mir für meine publizistische Karriere sehr angenehm, denn ich werde das ganze gebildete Deutschland, soweit es Naturgefühl hat, auf meiner Seite haben und Schillings und Behn bei ihren Jagd- und Naturschutzbestrebungen sehr helfen können.[141] Weniger glücklich war ich bis jetzt in der Kinemasache für Dich. Die Leute verschleppen die Unterhandlungen und ich kann sie erst in Berlin wieder aufnehmen. Vor allem fürchte ich, muß ich fürchten, daß nicht sehr viel Geld dabei zu verdienen ist. – Fischers Jubiläumsfest war sehr anregend, Schlenters, Dehmels, vor allem des jugendlich geschminkten Poetleins Kysers Reden waren eher taktlos. Ich würde mit Wurstzippeln schmeißen, wenn man mich nach 25 Jahre Arbeit so feiern würde. Nansens Rede war Blödsinn, er feierte Fischer als Vorkämpfer der germanischen Literatur, nur Osborns witzige Suada brachte Erleichterung. Hauptmann hüllte sich in Schweigen, was ich unpassend und undankbar fand. Eigentlich war Sami Fischer jeden Augenblick der Sieger. Ich habe eine ungeheure Achtung vor seiner Mischung von Idealismus und Profitlichkeit, vor seiner Spürnase und seiner Hingebung an die Sache, ich könnte mir direkt ein Zusammenar-

---

[140] Die dem Bremer Freundeskreis um Schröder verbundene Ellen Plate lebte von ihrem Mann Albert, dem Mitinhaber der Firma Gebrüder Plate in Düsseldorf, getrennt, nachdem ein Millionenschuldenskandal aufgedeckt worden war.

[141] In dem von Adolf Miethe und Hugo Hergesell herausgegebenen Sammelband »Mit Zeppelin nach Spitzbergen« stand auch ein Beitrag des Kapitänleutnants a. D. Hans Hilmers »Seehundsjagd in Spitzbergen. Eine ganz kleine Erinnerung an froh erlebte Stunden«. Gegen diesen hatte sich Heymel mit einem kurzen Artikel in den Süddeutschen Monatsheften (Jg. 9, 1911/12, Heft 1, Oktober, S. 167) mit dem Vorwurf gewandt, daß hier Jagd zur »Robbenmetzgerei« werde. Er wurde daraufhin von Hilmers wegen Beleidigung verklagt (Notiz in Heft 2 vom November) und am 21. März 1912 zu einer Geldstrafe von 200 M verurteilt (Urteilsbegründung in Heft 11 vom August 1912 der Süddeutschen Monatshefte).

beiten mit ihm denken. Die Frau hatte etwas unsagbar rührendes, sie war geradezu schön, strahlend, rotglühend, die weißen Zähne zeigend, in ihrem lachenden Glück, so im Mittelpunkt zu stehen und den Mann den sie über alles liebt, geehrt zu sehen. Wie schön alle Frauen sind, wenn sie wissen, daß das allgemeine Interesse ihnen oder ihrem Geliebten gilt. Das macht mich immer mitzittern vor Freude, daß es so etwas gibt.[142]

Diese Tage kommt von mir eine Arbeit über Lautrec heraus, die ich Dir gleich schicken werde und dann habe ich mir in der »Güldenkammer« Bremen und den Südd. M. München ein Besprechungs-Ressort geschaffen, das ich ganz autokratisch, bewußt politisch und agitatorisch verwalten und behandeln werde. Sobald ich von dem ersten Versuch Korrekturbogen habe, schicke ich sie Dir und hätte gern Deine unumwundene Meinung, ob Du glaubst, daß bei zwölfmaliger Wiederholung in einem Jahr das Ganze Ansehen und Bedeutung haben kann, wenn auch jeder einzelne von uns über die einzelnen Meinungsabgaben anderer Meinung ist.[143] Ich bin sehr glücklich, Hugo, daß unser aller Leben, teilweise wenigstens anfängt symphonisch zusammen zu klingen. Daß Rudi so gar kein Instrument mitspielen will, ist schade. Vielleicht wird er in einem späteren Satz wieder verwendbar.

Heute Nachmittag hörte ich bei meiner Freundin Frau Dr. Schäuffelen[144] zwischen sechzig Menschen, zusammen mit Annette, schöne Kammermusik. Beethoven Streichquartett E-moll und sein Septett Es-dur für Violine, Viola, Violoncello, Kontrabaß, Klarinette, Horn und Fagott. Das bezauberndste Einzelstück war in dem Septett das »Tempo di minuetto«. Getragen von den Wellen dieser überaus zierlichen und zärtlichen Musik mußte ich immer an Deine Ariadne denken und Dir etwas ähnliches als Begleitung wünschen.

---

[142] Über die Feier des 25jährigen Verlagsjubiläums am 22. Oktober, vor allem das abendliche Bankett im Hotel ›Kaiserhof‹, siehe den mit Dokumenten belegten Bericht von Peter de Mendelssohn in seiner Monographie »S. Fischer und sein Verlag« (Frankfurt a.M. 1970, S. 570–574) mit von Heymels Eindrücken z.T. differierenden Meinungen über die gehaltenen Reden.

[143] Zur Toulouse-Lautrec-Arbeit siehe Anm. 101. – Das *Besprechungs-Resort* in den Süddeutschen Monatsheften war eine nur gelegentlich erscheinende Rubrik »Behauptungen«. Heymel schrieb dort als Anonymus.

[144] »Tante« Eugenie Schäuffelen, in München und Partenkirchen lebend. Sie hatte 1904 ein Buch über eine Indien-Reise veröffentlicht.

Vollmöller, sein Pech bekommt etwas Grandioses. Die Orestie nur dreimal gespielt, wegen Feuersgefahr abgesetzt, der Vater gestorben, die Frau in England erkrankt, Turandot comme-ci comme-ca, was wird mit der Pantomime noch alles passieren. Wenn man ihn so gern mag, wie ich es tue, leidet man förmlich mitgepeinigt mit.[145]

Der Bogen geht zu Ende, eine kleine Bitte. Könntest Du nicht bei Deinem Wiener Buchhändler ausdrücklich auf die S. M. abonnieren? Ich meine immer das kleine Opfer müßte dem Blatt groß guttun. Wir haben in letzten vier Wochen 200 neue Abonnenten gemacht. Das macht mir Mut und Appetit auf mehr. Für heute Abend oder heute Nacht, es ist schon 10 Uhr Schluß. Mehr denn jemals Dein

Freund Alfred

[München,] 9. Nov. [1911]

Mein Hugo!

Eben bekomme ich Dein Geleitwort zu meinem König Eduard in die Hände. Mein lieber, lieber Kerl, wie soll ich Dir eigentlich für Deine guten Worte danken. Das Einzige, was ich hoffe, ist das, daß Du an der letzten Gestaltung, die die Arbeit im letzten Augenblick durch mich noch bekommen hat und die Du noch nicht kennst, mehr Freude haben wirst, als an der, mit der Du Dich abfinden mußtest. Daß Du das aber überhaupt für mich getan hast, werde ich Dir nie vergessen. – In der drittletzten Zeile Deiner Einleitung steht das Wort Schwebungen, wie mich das in diesem Augenblick berühren muß, wirst Du vielleicht aus dem lyrischen Geigenkonzert in vier Sätzen, das ich jetzt erst den Mut

---

[145] Der Berliner Aufführung der »Orestie« am 13. Oktober im Zirkus Schumann waren zum Teil in der Presse ausgetragene Auseinandersetzungen mit den Berliner Polizeibehörden vorausgegangen. Reinhardt hatte aber zuvor schon lediglich um Genehmigung von nur drei Aufführungen nachgesucht (Max Reinhardt, Ich bin nichts als ein Theatermann. Hrsg. von Hugo Fetting, Berlin 1989, S. 169–172 und 540–543). – Gozzis »Turandot« in Vollmoellers Übertragung hatte am 27. Oktober im Deutschen Theater Premiere; sie erlebte stattliche 55 Aufführungen.

habe, Dir zu schicken, begreifen können.[146] Nie war ich vorher so überrascht und überrumpelt und überrannt, wie neulich Nachts als das so, wie es nun da ist, herausbrach. Während ich schrieb, glaubte ich wirklich beinahe so etwas wie ein deutscher Dichter zu sein, jetzt quält mich wieder die gräßliche Angst, daß alles unklar, undeutlich ist und unabsichtlich und doch künstlich verwirrt, dann glaube ich wieder, daß gerade dies notwendig ist und sinn und Geheimnis des Gedichtes, so wie wir es jetzt verstehen wollen. Du, der soviel weiß und ahnst von mir, wirst wenigstens spüren, was das Ganze will und soll. Schreib mir brutal die mutternackte Wahrheit. Ist das etwas oder will es nur etwas sein? Was Du auch sagen wirst, wird ein starker Vorstoß oder Kandarrenriss für mich werden. Alles kann daraus entstehen oder noch im richtigen Augenblick verhindert werden. Hugo, lieber Hugo, Du weißt, ich kann alles vertragen und alles aushalten, in jedes Joch gespannt und von allem befreit werden. Ich lebe sowohl im Nebel, wie im durcheinanderklingenden Glanz aller Gestirne. Neunzehnhundertelf ist für mich das Jahr der Seele, des Körpers, des Traums, der Sehnsucht, der Hoffnung, der Vollendung, der stärksten menschlichen Emanation durch das ich alles hindurchmußte. Ich bin so gelöst, erlöst und ganz und gar wild gemacht. Hoffentlich ists kein Katzenbraten, dem man durch Behandlung und Essig Hasengeschmack beibringen wollte! –

Die Südd. Monatshefte möchten die Einleitung gern im Dezemberheft bringen. Dürfen sie es? Bitte, Postkarte an Cossmann.[147]

Ich denk und fühle und leb mehr denn je durch Dich.

Dein Heymel

---

[146] Das *lyrische Geigenkonzert* waren vier Gedichte aus einem Zyklus »Heimat«, die Heymel in die Blätter des Deutschen Theaters (9, 1911/12, Nr. 11, 15. Dezember, S. 168–170) gegeben hatte: I »Der Name«, II »Das Bild«, III »Die Vision«, IV »Der Traum«.

[147] Die Einleitung zu »Eduard II.« stand als ›Vorwort zu einer Marlowe-Übersetzung‹ im Dezember-Heft der Süddeutschen Monatshefte (Jg. 9, 1911/12, Heft 3, S. 438 f.).

Hugo von Hofmannsthal, Photo: Thea Sternheim 1911,
Deutsches Literaturarchiv Marbach a. N.

München, 28. Dezember 1911.

Mein Hugo!

Heute, an dem Tage, da Du Abends um 10 Uhr in Schloß Neubeuern ankommen wirst, mußte ich leider Vormittags abreisen. Das war mir recht schmerzlich, wie Du Dir denken kannst und darum sende ich Dir gleich zum Frühstück des ersten Tages Deiner Weihnachtswoche in Neubeuern recht herzliche, anhängliche Grüße. Ich habe Dir vielleicht zum letzten Mal im Leben trotzdem Du es Dir verbatst, einen kleinen Weihnachtsgruß geschickt, obgleich ich sonst die Wünsche meiner Freunde wohl zu respektieren weiß, wie Du weißt. Aber schau her, bei dem Rangieren und Reinemachen, da kam mancherlei zu Tage, so auch ein Kasten mit Zeichnungen von Guys, die Du liebst, so sehr wie ich sie gern mag und da dachte ich daran, daß ich Dir einmal eine Loge von ihm geschickt hätte und da nun auf einmal noch eine Menge anderer Blätter da war, dachte ich, grad dieser kaiserliche Zeichner müßte bei Dir vollständiger und repräsentativer vertreten sein und darum schickte ich die silbernen Kartons und nicht nur, um unsere alte Freundschaft durch Aufmerksamkeiten weiter zu betätigen, sondern, weil Du mir zwar durch ein altes, aber immerhin neu veröffentlichtes Stück Deiner früheren Produktion wieder recht nahe gerückt warst. Ich fand den vierten Akt Deines Bergwerkes von Falun, dem ich vielleicht näher stehe, wie Du selbst es Dir jetzt einredest, in dem Almanach der Wiener Werkstätten und war von manchen Stellen bis dicht zum Ausbruch der Tränen hin gerührt.[148] Dir mag das vielleicht komisch vorkommen oder bedingt durch meine momentane Lage, ich kann als literarhistorischer Stimmungs- Gefühls- und Seelenchronist nur konstatieren: es war so. Meine Lage wird immer ernster und fordert eine immer nähere Entscheidung. Ich bin gewillt sie zu treffen, wenn ich erst Weg und Ziel genau vor mir sehe. Ehe ich aber gehe, würde ich gern einen Hundertdruck von Dir gemacht haben, den letzten vor längerer Unterbrechung, vielleicht den allerletzten. Ich proponiere noch einmal das ganze Bergwerk von Falun als Lieblingswunsch, auch wenn Du mich ob diesem am liebsten erschlagen möchtest, dann Ariadne auf Naxos, falls der Vorschlag nicht noch verfrüht ist und zu dritt irgend etwas, das Dir genehm

---

[148] Der vierte Akt war eben erstmals in dem von Max Mell redigierten Almanach (Leipzig: Rosenbaum, S. 5–37) erschienen.

ist und Du selber vorschlägst. Halt mich nicht für aufdringlich, aber jetzo dringt ein Mangel an Zeit in mich, wahrscheinlich für längere Zeit europäische Pläne ausführen oder liegen lassen zu müssen.[149]

Lies anliegenden Brief, beantworte ihn selber oder schick ihn mir wieder und laß mich Deine Meinung wissen, damit ich ihn in Deinem Sinne beantworten kann. Läßt sichs zeitlich machen, rate ich sehr zu. Der Boden ist vorbereitet, das Publikum angenehm und mitgehend, die Gelegenheit günstig, ich hab als leichte Reiterei dort scharmützelt, Borchardt wird die große Brummer Artillerie nach allen Regeln der Kriegskunst spielen lassen und Du könntest als Hauptmacht Deine ganzen Bataillone einsetzen, um den endgültigen Sieg zu entscheiden. Entschuldige die strategisch taktischen Bilder, aber ich habe mich gleich Eberhard derartig an der Lektüre Leuthens von Theodor Rehtwisch berauscht, daß ich mich nur noch friedercianisch ausdrücken kann.[150] Gitta und ich haben zwei ungetrübte schöne Tage letzhin und vielleicht zu guter Letzt in Neubeuern verleben dürfen. Die drei Damen waren jede in ihrer Art unvergleichlich nett, mir persönlich am wohltuendsten die Gräfin Ottonie. Ihr wundervolles wahrscheinlich hauptsächlich durch Dich notdürftig wiedergewonnenes, aber ganz reines Leben und leben lassen, ihr freies vegetatives Menschentum ist wunderbar tröstlich. Sag ihr das von mir, wenn sich irgendwie Gelegenheit dazu bietet. Daneben gab die seelisch hilfreiche Anteilnahme der Baronin Julie und der lieben Mädi Trost und Aufmunterung, Anfeuerung und Mut. Eberhards beinahe allzu bescheidene Güte tat das ihre dazu, mich zu stärken. Der überaus angenehme, bewegliche und gewandte Collier,[151]

---

[149] Heymel bemühte sich intensiv um eine Mission in den deutschen Kolonien in Afrika, überlegte sogar, sich als Reserveoffizier zur Schutztruppe überschreiben zu lassen. Deshalb nochmals der vergebliche Versuch, Hofmannsthal für einen Hundertdruck zu gewinnen.

[150] Der erwähnte *anliegende Brief* fehlt. – Heymel hatte die Bücher von Theodor Rehtwisch »Leuthen« (1907) und »Der König« (1911) in der »Güldenkammer«, der Hauszeitschrift der Bremer Kaffee Hag, als »Bücher zur rechten Zeit« angezeigt: »[...] In dieser von vierzigjährigem Frieden entnervten und entidealisierten Zeit, in einem Deutschland, das wieder einmal anfängt, von tausend Sonderinteressen und der Sorge um private Vorteile materialistisch infiziert zu sein [...]«. Die Süddeutschen Monatshefte übernahmen die Anzeige im März 1912 (Jg. 9, 1911/12, Heft 6, S. XIV).

[151] Den amerikanischen Sammler und Schriftsteller Price Collier (1860–1913) traf Hofmannsthal dann in den Neujahrstagen in Neubeuern. Skandalumwitterte Berichte aus Berlin ließen Hofmannsthal im Frühjahr 1912 Ottonie Degenfeld vor dem »in seiner Art mit Frauen recht gewöhnlich-amerikanisch« umgehenden Collier warnen (BW Degenfeld [1986], S. 213).

auch der gute Rathenau, der hier, fern von Berlin, einmal seine allzu sehr zur Schau getragene Würde und gönnerhafte Herablassung verständiger Weise nicht am Platze fand, sondern einfach, natürlich, klug beratend, Sinn auslegend und psychologisch entwirrend war, beide Männer brachten Glanz und Gewicht in unsere Unterhaltungen. Die Heiterkeit und Ausgelassenheit der Kinder berauschten mich einfach, ich könnte mit ihnen allen auf dem Buckel den ganzen Tag herumziehen und herumtollen.

Bitte, vermelde den Großen, daß ich, auf ihren strikten Befehl hin, meine langen Haare abgeschnitten hätte, und nunmehr eher einem Beamten als ehedem einem Slaviner ähnlich sehe. Ach, ihr Lieben, wie gern wäre ich bis zum 2. noch einmal mit Euch zusammen. Läßt sich garnichts längeres arrangieren, so komme ich entweder am 30. am 1. oder 2. wenigstens für einen Tag und verspreche jetzt schon feierlich gar keinen Lärm und Krach zu machen, sondern ganz still im Winkel zu sitzen und nur zuzuhören. Anfang Januar geht es dann gleich los, wohin das weiß ich selber noch nicht, das erste Ziel ist Berlin, was dann kommt, steht bei den Moiren. Ich möchte aber nicht gerne Eure Kreise stören und erwarte daher eine Postkarte von Dir oder einen Anruf, ob Ihr mich noch sehen wollt.

Ich lege diesem Brief eine kleinen Nekrolog auf Tschudi bei, der in den Südd. Monatsheften kommt und ohne eine Rückäußerung zu erwarten, die vier letzten Gedichte, die Du in Schreibmaschinen Abschrift erhieltst, gedruckt. Es scheint mir jetzt, als wenn 2 und 3 ganz fehlen könnten und 1 und 4 schon alles sagten.[152]

Ob Rudi wohl kommt? Er ist so ein unsicherer Mitspieler im Orchester unserer Freundschaftssymphonie.

Nun Schluß, doch nein, eins muß noch gesagt werden: Ich bin so von Grund aus glücklich, daß ich heute früh von allen Berliner Zeitungen, die mir in die Hände fielen, lesen konnte, daß unser Vollmöller in London mit seinem Wunder einen ganz einwandfreien, unumstrittenen Riesenerfolg gehabt hat. Die Turandot scheint tatsächlich die Pechserie gebrochen zu haben.[153] Ich wäre gern da gewesen, wie ich gern überall

---

[152] Hugo von Tschudi war am 27. November auf dem Stuttgarter Pragfriedhof beigesetzt worden. Heymels Nachruf »Tschudis Totenfeier« erschien im Januar 1912 (Jg. 9, 1911/12, Heft 4, S. 559f.). – Zu den *vier letzten Gedichten* siehe Anm. 146.

[153] Siehe Anm. 117 und 145.

da wär und mich verdreifachen möchte, wenn Eure und unsere Schlachten irgendwo in der Welt geschlagen werden, wenn gute Wünsche wirklich irgendwie Gewalt über das Schicksal haben, dann müßte es Euch allen soweit mein Wünschen in Frage kommt, paradiesisch gut gehen. Daß dies im nächsten und in den folgenden Jahren bei Dir und der lieben, lieben Gerty der Fall ist, wünscht niemand aufrichtiger und herzlicher als Euer beider

ganz und gar zugethaner Alfred

Heymel an Clara Heye

München, 3. Januar 1912

[...] Hofmannsthal war wieder ekelhaft verzogen, unträtabel und launenhaft, so daß ich nur einen halben Tag blieb. Es paßte ihm mal wieder nicht, daß ich hinaus kam, warum nicht, das wissen die Götter. Ich bin darum auch gleich gestern zurückgefahren, allerdings auch, weil ich scheußliche Schmerzen auf der ganzen linken Seite der Rippengegend hatte, wär er weniger langweilig gewesen, so wäre ich ein paar Tage draußen geblieben [...][154]

---

[154] Hofmannsthal hatte Heymels Brief vom 28. Dezember in Neubeuern vorgefunden, auf den er (siehe die folgenden Briefe) noch antwortete, den Brief dann aber wieder vernichtete. Dieser enthielt wohl auch die Bitte, Heymel möge nicht nach Neubeuern herauskommen. Als Heymel dann unerwartet doch am 2. Januar auf dem Schloß erschien, war Hofmannsthal offensichtlich äußerst irritiert, was Schröder Heymel wissen ließ. Daraufhin fuhr Heymel enttäuscht und verärgert zurück nach München.

Heymel an Gertrud von Hofmannsthal

München, 3. Januar 1912.

Liebe Gerty!

Daß ich Ihre freundliche Aufmerksamkeit in Gestalt der Nummer des Wiener Blattes mit Hugos Auslassung über den Urmeister bei der Plötzlichkeit und dem Durcheinander des gestrigen Aufbruches habe liegen lassen, ist mir ein großer Schmerz, speziell, da es wie eine Unaufmerksamkeit gegen Sie aussehen könnte.[155] Würden Sie die große Güte haben und unten in der Bibliothek nachsehen, ob die Zeitung zu finden ist, sie liegt wahrscheinlich zusammen mit meinem Buch »Der König« von Rehtwisch, das ich auch vergaß. Jedenfalls wäre ich Ihnen sehr dankbar, wenn Sie in der Sache etwas für mich tun könnten.

Es hat mir sehr leid getan, daß ich gestern so plötzlich abreisen mußte, es ging aber wirklich nicht anders, ich war zu wenig auf dem Damm und zu deprimiert, als daß ich einen brauchbaren Gesellschafter für so charmante Damen wie Ihr es seid, hätte abgeben können. Ich habe mich mit Balsam beschmiert, mit Watte und Wickel eingebunden und ein Pulver genommen und bis heute Mittag 12 Uhr im Bett gelegen und bin nun wieder auf und erwarte van de Velde zum Frühstück.

Amüsiert Euch schön und seid alle zusammen guter Dinge.

Sehr herzlich und freundschaftlich

Ihr [Alfred]

---

[155] Hofmannsthals Essay über die von Harry Maync entdeckte Urfassung von Goethes »Wilhelm Meister« (»Wilhelm Meister in der Urform«) stand in der Neuen Freien Presse, Wien, vom 24. Dezember 1911.

Heymel an Gertrud von Hofmannsthal

München, 9. Januar 1912.

Liebste Gerty!

Ihr herztröstlicher wieder in die Höhe bringender Brief vom (süße Dame) er ist natürlich ohne Datum, kommt in diesem Augenblick in meine Hände, in dem ich gerade im Begriff bin den achten Brief des Tages zu diktieren. Aber mein Fühlen und Gedenken war trotz der Wirrnis familiärer, geschäftlicher, psychischer, physischer, literarischer, geistiger Bedrängungen in den ersten acht Tagen des Jahres 1912 mehr als Sie, ihr gestrenger Gatte und all die anderen Frauen und Freunde im entferntesten auch nur ahnen können, in Neubeuern. Gewiß, liebste Gerty, auch ich bin überzeugt und ahne, daß ich Sie gerade in dem Augenblick, wo Sie es ahnten, besucht hätte. Eigentlich haben wir zwei doch viel zu wenig miteinander getratscht und geplauscht und ge-, was gibts sonst noch fürn Wort in dieser Linie? Krank ist der wilde Panther Alfi garnicht mehr, aber leichtsinnig dafür umsomehr. Ist mit dem Halbbarbaren Behn unterwegs und hält nächtens bis in den hellen Morgen hinein Wahlreden zu Kavalieren und Kutschern, Damen und Dirnen und was so alles in einer großen Fünfhunderttausendeinwohnerstadt vorkommt.

Ein Brief an den alten Onkel Voss mag Sie, süße Freundin, belehren, was so zu ein Drittel um mich herum los ist.[156] Ich geh bald nach Berlin, hoffe Rudi noch hier zu sehen. Eigentlich bin ich unsagbar froh und erkläre wieder einmal zum dreihundertdreiunddreißigtausendsiebenhundertvierundsiebzigsten Mal: Es ist eine Lust zu leben, so lange man noch seinen Geist und sein Fleisch, seine Seele und sein Gefühl, seine Knochen und Muskeln arbeiten fühlt. Ich werde in Berlin im Hotel Bristol wohnen, dort erreichen mich ersehnte Nachrichten. In München bin ich für niemand mehr zu sprechen und zu treffen. Hoffentlich kriege ich die Küsten dieses geist- und gottgeliebten und doch entgötterten Erdteils möglichst schnell in den Rücken. Ich bin in ihn verliebt wie ein Page und bis ins Mark hinein enttäuscht wie ein weisheitsschwangerer Greis. Euch zauberische Frauen werde ich immer im Herzen tragen, aber diese Männer können mir alle mit einander den Buckel runterrut-

---

[156] Brief an Richard Voss vom 9. Januar, mit anderen Briefbeilagen.

schen oder jeder einzelne müßte mit mir mal Abends vors Thor gehen, und dann hing er oder ich wie ein Schmetterling oder wie ein Käfer in einer Naturaliensammlung von der Stecknadel aufgespießt an seinem oder meinem Florett, das durch einen von uns durch und durch in einen ehrwürdigen Ahorn- oder Lindenbaum hineingestoßen wäre und dann – brauche ich das noch einer Frau zu sagen? hätte einmal der Überlebende wirklich recht und würde empfangen wie der Wanderhirsch, der mit hochaustretenden Schritten den Berg herunter schreitet, nachdem er den Vater der Herde abgeforkelt hat oder wie der siegreich aus dem Zweikampf ausnahmsweise einmal zurückkehrende Herdenpapa. Ich glaube, es ist dasselbe: wenn ihr nicht werdet wie die Kinder oder wie die Viecher oder wie die Götter – – Handkuß Gerty, Handkuß, sehr herzlich und Grüße an alle die auf dem Schloß

Ihr Alfi -
vieh

Ottonie Gräfin Degenfeld an Heymel

[Neubeuern,] 12. Jan. 12

Lieber Herr von Heymel,

es tut mir wirklich sehr leid zu denken, daß zwei Menschen in diesen Tagen traurig gemacht wurden, durch ein Mißverständnis. Hofmannsth. hatte hier einen Brief von Ihnen vorgefunden u. Ihnen auf diesen, wie er mir sagte mit einem langen u. freundschaftlichen Brf. geantwortet, auch in Bezug auf eine Begegnung in Neubeuern. Als Sie dann unvermutet ankamen u. den Entschluß äußerten, nur 24 Stunden zu bleiben, erbat Hofmt. der keine Ahnung von der inzwischen stattgehabten Unterredung zwischen Ihnen u. Schröder hatte – seinen Brf. zurück, weil er ihn überflüssig u. durch die Umstände überholt fand. Er war sehr betroffen als er vorgestern durch Schr. von dessen Intervention erfuhr, u. hoffte sogar den zerrissenen Brf. wieder zu finden, den nicht in Ihren Händen zu wissen er bedauerte, da er sicher zu sein glaubt, er habe Sie nicht verletzen *können*. Ich hoffe Sie lassen diese neue Wunde schnell wieder heilen. Außerdem hoffe ich Sie heute od. Morgen in München zu treffen u. mit Ihnen zu schwatzen.

Mit vielen lieben Grüßen stets Ihre

Ottonie Degenfeld.

Heymel an Gitta von Heymel

Hotel Bristol. Berlin, 22. Februar 1912.

[...] Hofmannsthal ist mit der Ottonie gestern hier eingetroffen. Ich habe ihn noch nicht gesehen, suche ihn vor der Hand auch nicht auf, da zwischen uns eine leise Verstimmung aufgekommen ist und ich mich abwartend verhalte. [...]

Heymel an Julie Freifrau von Wendelstadt

Berlin, 26. Februar 1912.

Liebste verehrteste Baronin!

[...] Ich habe gerade das letzte Mal auf dem Schloß Neubeuern einen so tiefen und unauslöschlichen Eindruck von der Liebenswürdigkeit und der wahrhaft freundschaftlichen Teilnahme aller Schloßbewohner in so höherem Maße gehabt, als ich innerlich über die beispiellose Unfreundlichkeit Hugos immer noch nicht hinweg gekommen bin, so sehr ich mir auch täglich sagen muß, daß er irgendwo ganz recht hatte. Für mich war das ganze Vorkommnis eine unvergeßliche Lehre und hat mir gezeigt, daß es eben in unserer Zeit nicht angängig ist, in schwankenden und zweifelhaften Lebenslagen von sich zu reden. Ich wäre allen meinen Bekannten mit meinen Plänen und Entwürfen niemals so lästig gefallen, wenn nicht gerade das liebenswürdige Entgegenkommen Ihrerseits, liebste Baronin, und das Ihrer Frau Schwester und Frau Schwägerin in den letzten Monaten so sehr ermuntert hätte. Ich glaube mit schriftlichen Auseinandersetzungen läßt sich hier nichts aus der Welt schaffen und ausgleichen, was unheilbar vor der Hand erscheinen muß und daß gerade Hugo, der augenblicklich in Berlin ist, das nicht empfindet, was er angerichtet hat, ist nur ein Zeichen mehr für die Unheilbarkeit. Wir haben Karten mit einander gewechselt und ich muß doch einen Abend in größerer Gesellschaft mit ihm zusammen sein. Gott sei Dank saß er so weit weg, daß es nicht zu einer Aussprache gekommen ist, die doch zu nichts geführt hätte, denn das ist ja unsere menschliche Schwäche, wir verzeihen nichts weniger, als wenn wir so halb und halb im Unrecht sind, wenn wir schonungsbedürftig nicht geschont werden und wenn man uns Fehler unter die Nase reibt, die wir ganz genau selber kennen. Es ist viel leichter ein wirkliches Unrecht einzusehen und abzubitten, als in unseren Kardinalfehlern nicht geduldet zu werden; ist es doch vielleicht das Wesen der wahren Freundschaft, daß einer den andern mit allen Fehlern und Vorzügen akzeptiert und frißt. Mir ist das Ganze so entsetzlich peinlich, vor allem deswegen, weil ich noch nicht einmal den Dreh gefunden habe der charmantesten aller kleinen Gräfinnen, Ihrer Frau Schwägerin, auf ihre noch nach München gerichteten Briefe zu antworten. Ich konnte ihr nur mündlich danken und sagen, es wäre eben doch alles ganz anders, als wie es Hugo empfindet und darstellt und so wird es auch wohl in alle Ewigkeit bleiben. [...][157]

[Hotel Adlon, Berlin W.]
Donnerstag [29. Februar 1912][158]

mein lieber Alfred

ich reise heute ab und hatte in diesen paar Tagen keine von Geschäften freie Stunde wenigstens keine, die ich vorher hätte wissen und Dir eine Begegnung vorschlagen können. Ich hoffe ich sehe Dich bald, und wünsche, ich höre bald Gutes von Dir und darf Dich tätig sehen und

---

[157] Siehe den Brief von Ottonie Degenfeld vom 12. Januar (S. 150f.). Ein zweiter Brief aus diesen Wochen ist nicht überliefert.

[158] Zur Datierung: Hofmannsthal war in den ersten Märztagen zurück in Wien. Der vorangehende *Donnerstag* war der 29. Februar. Nur dieser Donnerstag kann gemeint sein. – Am 11. März schrieb Heymel an Bodenhausen: »[...] Hofmannsthal war einige Tage hier, wir sahen uns aber nur flüchtig und zufällig. [...]«

Deine schönen lieben Gaben des Geistes und des Willens nicht an Projecte und vage Möglichkeiten verschwenden. Mein Anteil an Dir ist stets der gleiche. Du hast mir, wenigstens in den Intentionen, nie andres als Gutes und Liebes erwiesen. Jener Brief damals aus Neubeuern den ein unglücklicher Zufall nicht in Deine Hände kommen und, als er an mich zurückkam, eine unglückliche Laune mich vernichten ließ, enthielt nicht eine Zeile die Dich hätte kränken können.

Indem ich nochmals alle meine Wünsche für Dein wahrhaftes und entscheidendes, nur im eigenen Verhalten begründetes Wohlergehen in einem Händedruck und Blick auf Dein gutes, eigentümliches und mir so vertrautes Gesicht zusammenfasse,

verbleibe ich Dein Freund

Hugo.

[Conrad Uhl's Hotel Bristol
Berlin, U. d. Linden 5 u. 6.]
Donnerstag [29. Februar 1912]

Mein Hugo!

Ich war sehr (drei Tage) sehr elend durch Dich nun bin ich durch Deinen guten Brief wieder vom Fieber frei; ich *danke* Dir. Die maennliche Ehrlichkeit verlangt, daß ich Dir zu lesen gebe, was in mir mit Recht oder Unrecht vorging. Zerreiß es und – wenns moeglich waere *nie* wieder so etwas[159]

Dein getreuer Alfred

---

[159] Die Beilage ist nicht erhalten.

Heymel an Gertrud von Hofmannsthal

[Berlin, Ende Mai 1912]

Gerti von Hofmannsthal
Rodaun Wien

Ihnen den Kindern und Hugo auch gute Abschiedswünsche. Bitte sagen Sie ihm ich schwämme thatsächlich nach Afrika er brauche nun keine Angst zu haben daß ich bloß reden thäte[160]

Ihr Heymel

Heymel an Dora und Eberhard von Bodenhausen

Berlin, 22. Dezember 1912. Hotel Bristol.

[...] Wie ich Ihnen [Dora] schon drahtete, ist die Hofmannsthalsache so gut wie in Ordnung. Er schrieb mir sehr lieb. Ich konnte nicht hinterm Berge halten, wie böse und verzweifelt ich über seine Haltung gewesen sei, da er darauf nichts·hören ließ, so nahm ich an, daß er meinen Standpunkt, wenn auch nicht billigt, so doch innerlich verstanden hat. [...]

Berlin, 30. Januar 1914.
Fürst Bismarckstr. 2.

Lieber Hugo!

Als Du und Deine liebe Frau mir neulich die große Freude Eures Teebesuches gewährtest,[161] trugst Du mir eine Bestellung für Richard Dehmel auf, ich sollte ihm sagen, wünschest Du, daß es Dir leid täte,

---

[160] Heymel war am 30. Mai in Southampton und kam am 19. Juni in Swakopmund, Deutsch-Südwestafrika, an.
[161] Hofmannsthals waren vom 8. bis 18. Januar in Berlin.

ihm auf sein letztes Buch und seinen Geburtstag nicht geschrieben zu haben, Du seiest aber mit eigenen Dingen so beschäftigt, daß Du nur schwer zum Briefschreiben kämst, jedenfalls hättest Du gerade durch die Lektüre seiner letzten Gedichte ein besonders reines Gedenken an seinem Geburtstag für ihn gehabt. Diese Bestellung habe ich ihm ausgerichtet. Er meinte erst, ob das wohl nur Liebenswürdigkeit und Höflichkeit von Dir gewesen wäre, so zu sprechen, als ich ihm aber sagte, Du hättest es vollkommen ernst damit gemeint, hat er mich seinerseits gebeten, Dir zu sagen, er freue sich sehr über die Nachricht, sei aber tief beschämt, Du würdest selber schon wissen, was er meine. Somit hätte ich mich, glaube ich, nach beiden Seiten hin der aufgetragenen Botschaft erledigt.

Rudolf war noch länger hier und in ausgezeichneter Verfassung, auch Eberhard sehe ich dann und wann, der mir ein wenig nervös erscheint, aber ich glaube, Berlin tut ihm im ganzen doch gut.

Sonst wüßte ich nicht, was ich schreiben sollte, das Dich irgendwie interessieren könnte. Wenn Du wieder einmal nach Berlin kommst und Lust und Zeit hast, mich eine Stunde zu sehen, so laß es mich bitte wie dieses mal wissen.

Darf ich Dich freundlich bitten, die liebe Gerti recht herzlich von mir zu grüßen und sei selber auf das Beste gegrüßt von

Deinem ergebenen [Alfred]

Rodaun 3 II 1914.

mein lieber Alfred ich dank Dir vielmals daß Du so gut warst, Dehmel meine Worte und Gedanken zu übermitteln. Nur ein Freund *beider* konnte dies in schöner Weise tun.

Leb wohl und hab, bis wir uns wiedersehen, viele Grüße und gute Gedanken von uns beiden.

Dein Hugo.

Heymel an Clara Heye

[Martinsbrunn bei Meran,] 28. 4. 14

[...] In solchen Zeiten scheidet sich überhaupt die Spreu vom Weizen. Und was vom Einen wohl thut möchte man gar nicht vom andern z B von Hugo ein teilnemender Brief würde mich nur traurig oder zornig machen, denn wenns Gefühl verschüttet wurde, wie soll man empfinden wie denken. [...]

Heymel an Gertrud von Hofmannsthal

[Berlin,] 28. Mai 1914.

Liebe Gerti!

Für Ihre so überaus freundlichen und freundschaftlichen Zeilen vom 23. ds. sage ich Ihnen meinen lebhaftesten und erfreutesten Dank. Es tut so gut zu wissen, daß äußerliche und innerliche Erlebnisse nichts von dem kaputt machen können, was man früher zusammen erlebt hat. Ja, man traut sich nicht, gerade in Berlin hätte ich Ihnen auch so gern vorgeschlagen ein wenig mit mir spazieren zu gehen oder sich mit mir in die Hotelhalle zu setzen, denn ich spürte Ihre guten und ausgleichenden Gefühle, wie ich sie immer gespürt habe. Vielleicht kommen wir später einmal dazu, ein bissl zu zweit zu sprechen, wie Sie es so charmant wienerisch sagen. Ich war damals garnicht eilig, sondern begreiflicher Weise nur absolut hand- und kopfscheu gemacht und es liegt nicht in meiner Art, mich aufzudrängen. Wenn ich merke, daß man mich meidet, mir ausweicht, über Hintertreppen auf sein Zimmer schleicht, weil ich »unten auflauere«, während ich jemand nur einmal die Hand schütteln möchte, so ist das für mein ganzes Leben genug, um nur noch sehr gerufen und sehr gebeten beizugehen, das müssen Sie verstehen und werden Sie verstehen. Aber wie gesagt, irgendwie wird das Schicksal uns sicher zusammen bringen, dann wollen wir zwei recht lieb und nett zusammen reden wie früher und uns des schönen göttlichen Lebens freuen.

Ich bin sehr gebessert hierher zurückgekehrt, gehe von hier aus in den Schwarzwald oder an die See und wenn nicht was besonderes passiert, so bin ich bis Herbst vollständig wieder hergestellt, wenigstens soweit ich meinen Ärzten trauen kann.[162]

Daß Hugo in Paris etwas nervös geworden ist, kann ich mir sehr gut denken, denn sicher hat Harry ein kollosales Brimborium mit dem Joseph bezw. seiner Einleitung gemacht. Das Textbüchel habe ich von ihm gesandt bekommen.[163]

Für das Gedicht auf Seebach wäre ich sehr dankbar.[164] Denken Sie, meine ganze Hofmannsthalsammlung ist beim Umzug durcheinander gekommen und verstreut, alle die vielen Zeitungen und Monatshefte, die zusammen bei den Büchern Hofmannsthal lagen, sind nun überall in meiner Riesenbibliothek verstreut oder sogar ist das eine oder andere verworfen. Es ist sehr schade, denn ich hatte ungefähr alles, habe aber jetzt weder Laune, noch Energie, noch Möglichkeit, es wieder zusammen zu suchen.

Nun leben Sie wohl, liebe gute Gerti. Ich freue mich, von den Kindern so Gutes zu hören und wünsche Ihnen Allen zu Pfingsten das Allerbeste und das Allerfreundlichste.

Bitte grüßen sie Hugo auch von mir und seien Sie selber auf das Herzlichste und Freundschaftlichste gegrüßt von Ihrem

alten [Alfred]

---

[162] Heymel war Ende Januar an einer trockenen Rippenfellentzündung oder Bronchialpneumonie und dann mehrfach an Angina erkrankt – Vorboten des tödlichen Krebsleidens – und vom April bis etwa 20. Mai zur Kur in Martinsbrunn bei Meran. Nach kurzem Aufenthalt in Berlin fuhr er, weitere Erholung für die angegriffenen Atemwege suchend, nach Norderney.

[163] Anläßlich der Uraufführung der von Kessler und Hofmannsthal entworfenen »Josephslegende« an der Pariser Oper (14. Mai) war Hofmannsthal vom 9. bis 20. Mai in Paris. Hofmannsthals *Einleitung* zum Text des Balletts gaben Kessler offensichtlich Nahrung für das seit dem »Rosenkavalier« geweckte Nachdenken über den schöpferischen Anteil an dieser gemeinsamen Arbeit. – *Das Textbüchel:* Josephslegende. Handlung von Harry Graf Kessler und Hugo von Hofmannsthal. Musik von Richard Strauss. Berlin, Paris: A. Fürstner 1914.

[164] »Cantate. Zur Feier zwanzigjähriger Amtsführung des Generalintendanten Grafen Seebach«; der Vorabdruck erschien im Berliner Tageblatt vom 1. März 1914 (siehe Weber, S. 226 f.). Zur Geschichte von Hofmannsthals Beitrag zur Ehrengabe für den Grafen Seebach siehe Cynthia Walk, »... in der unmittelbaren Gegenwart«. Hofmannsthals Briefe an Karl Zeiss; in: HB 30, 1984, S. 63 f. und 67.

Berlin, 2. Oktober 1914.
Fürst Bismarckstr. 2.

Lieber Hugo!

Vorgestern erst, im Lazarett, kam Deine zu Anfang des Krieges von der Küste geschriebene Karte in meine Hände.[165] Wie *freue* ich mich, daraus zu ersehen, daß Du auch bei Beginn des Krieges an mich gedacht hast, wie traurig war es, daß ich die Karte erst so spät erhielt und Dir jetzt erst danken kann.

Ich bin zwischendurch in vielen Schlachten und Gefechten gewesen, Mitte September hat sich mein Befinden aber so verschlechtert, daß ich wieder nach Hause zur Erholung mußte. Ich liege jetzt wieder in meiner Wohnung, Fürst Bismarckstr. 2, und hoffe für Mitte des Monats auf Beschäftigung im Generalstab.

Mit meinen besten Wünschen und Grüßen für all die Deinen bin ich

Dein sehr ergebener Alfred

Heymel an Gertrud von Hofmannsthal

Berlin, 19. Oktober 1914.
Fürst Bismarckstr. 2.

Liebste Gerti!

Tausend Dank für Ihre Zeilen vom 15.. Wie freundlich ist es von Ihnen gewesen, meiner in dieser großen, göttlichen Abrechnungszeit gedacht zu haben. Die Zeit war unvergleichlich, der Siegeszug bis vor Paris, nie dagewesen, Strapazen so groß, daß man sie gar nicht mehr realisieren kann. Man ging und ritt in einer monomanischen Verfassung vorwärts, ob man zu essen bekam oder nicht, war ganz gleichgültig, wenn man nur dem Süden zu, in irgend einen Straßengraben, ein sogenanntes Biwak fallen konnte.

Ich bin in letzter Zeit sehr viel kränker gewesen, als zu Anfang der Rückkehr, habe eine sehr unangenehme, noch nicht ganz behobene

---

[165] Nicht in der Korrespondenz.

Kolik hinter mir und noch allerhand Gebresten, wie der selige Hiob, aber wir werden ihn schon flicken den Leichnam und für den Winter arbeite ich vielleicht im Generalstab, im Frühjahr gehe ich dann wieder hinaus zu meinen Waffenbrüdern und Freunden.

Daß Hugo in Wien im Kriegsfürsorgeamt ist, ist nicht nur ein großes Glück für Sie, sondern auch für ihn, solche Köpfe können doch in solcher Zeit anders verwendet werden als aus Schützengräben herauszugucken und sich totschießen zu lassen. Vor allem kann er unendlich viel Gutes stiften.

Alles, was man hier über Österreichs Kriegsbereitschaft hört, ist so, daß einem die Haare zu Berge stehen. Mitte Juli wurde das Ultimatum mit großem Säbelgerassel losgelassen, wir traten an die Seite, unser Aufmarsch war am 5. August fertig, der österreichische knapp am 20.. Leute, die sich stellen und untersuchen lassen wollten, lagen drei Nächte unter dem Sternenhimmel Prags usw. All diese Schlampereien, das Fehlen der Gewehre, Schuhe, Verproviantierung, falsche Anlagen der Ausrüstungsplätze, alles das ist umso bedauerlicher, als Ihr so wundervolle Völkerschaften habt, die mit beispielloser Bravour an unserer Seite kämpfen.

Doch genug für heute, liebste Freundin, bitte erwidern Sie auf das Erfreuteste Hugos kleinen Gruß und seien Sie selber auf das Herzlichste gegrüßt von

Ihrem getreuen Alfred

Dora von Bodenhausen an Hofmannsthal

[Degenershausen] 13. Nov[ember] 1914.

Lieber Hugo,

Eben ist Eberhard nach 1 1/2 tägigem Besuch wieder weggefahren. Er wollte mir einen langen Brief an Sie diktieren, ist aber nicht mehr dazu gekommen. Ich möchte Ihnen nur kurz etwas sagen, das mir keine Ruhe mehr läßt, seit Tagen. Unser armer Heymel stirbt uns langsam hin und wenn Sie ihn sehen könnten, so würden Sie, wie wir Alle, tief ergriffen sein. Von seinen qualvollen Schmerzen, von dem inneren Feuer, das ihn verzehrt – es sind wohl Alles Tuberkeln – will ich nicht sprechen. Wunderbar aber u. ergreifend ist es, wie abgeklärt er wird – wie still lieb und voll Güte. Er spricht natürlich nur von seinem neuen Posten im Generalkommando u. daß er wohl in einigen Wochen soweit sein werde. Innerlich denkt er wohl ganz anders u. *weiß* – wie Sterbende *wissend* werden. Ich hab es *gespürt*, daß von den Dingen, die ihm *Herzweh machen*, es mit das Schweigen ist, das zwischen Euch Beiden ist. – Meine Bitte geht nun dahin, daß Sie ihm einen lieb lieben Brief schreiben, und ihm das Weh wegnehmen – und – ich möcht beinah sagen – das Gehen weniger schmerzlich machen. Er braucht ja nicht denken, daß es ein Abschiedsbrief ist, – in dieser ernsten Zeit ist ein Grund für einen Brief nah genug – diese Zeit, die uns Alle neu u. noch enger verbindet, als es schon vorher die Freundschaft getan – und weil er krank ist u. auf seinem Heldenlager wie jeder Soldat, der verwundet heim kommt. Sie haben ja einen solchen Schatz an großer – ich hab sie auch schon göttliche Güte genannt, – schreiben Sie ihm so, wie Sie damals mit mir gesprochen haben, als Sie in Neubeuern an meinem Bett saßen und ich Fieber u. auch viel Herzweh hatte. – Es liegt etwas so unerbittliches in dem Bewußtsein, eine Sache nie wieder gut machen zu können, die wir einmal versäumt haben, – schreiben Sie schnell diesen Brief, damit er nicht mit auf jene Liste kommt. Dieser liebe Mensch sehnt sich so darnach, weil er Sie liebt. –

Clärchen[166] ist um ihn u. es ist eine wunderbare, schöne, reine gute Atmosphäre in den Räumen, die sich auch nicht verflüchtigt durch die Wellen von Unruhe, Sorge, Kampf, die alle Freunde u. Städter mit an sein Bett bringen. [...]

---

[166] Clara Heye, Schwester Schröders und Heymels freundschaftlich Vertraute.

Dora von Bodenhausen an Hofmannsthal

[Degenershausen,] 17. Nov[ember 1914]

Lieber Hugo,

Ich fürchte, mein Brief kommt zurück und vor Allem erreicht Sie zu spät, den ich in der Zerstreutheit zugeklebt habe. Um nochmals zu wiederholen, – das ist schlimm, wenn man so was wiederholen muß. Ich wollte Sie um etwas bitten u. zwar sehr dringend bitten. Unser lieber Heymel stirbt uns langsam hin, – vielleicht schon ist er in einigen Tagen nicht mehr da, vielleicht zieht es sich noch einige Wochen hin. Ein inneres Feuer u. qualvolle Schmerzen verzehren ihn. Er *weiß* wohl innerlich, wie es um ihn steht, wenn auch nach außen er immer wieder von seinem neuen Posten spricht etc. Er steht schon so über allen Dingen u. liegt wie ein liebes Kind da – verklärt könnte man beinah sagen, – jedenfalls aber so reif, so *nur* Güte, – daß man ganz klein wird u. von tiefer Ehrfurcht erfüllt, von ihm geht.

Ich hab es *gespürt*, daß seine Liebe zu Ihnen immer dieselbe ist, von diesem treuesten der Treuen – und gerade weil ein Jeder seiner Freunde, der zu ihm kommen kann, sein Teil an Liebe ihm hinbringt, – so *fehlt* ihm ein liebes Wort von Ihnen. Er *sehnt* sich im Stillen darnach. – Hugo, schreiben Sie schnell, – eh es zu spät ist – versagen Sie ihm diesen Liebesdienst nicht, – es wird sein Gehen sanfter machen. Schreiben Sie ihm unter irgend einem Vorwand, 's ist weiß Gott ja heut nicht schwer, – schreiben Sie ihm, daß Sie ihn krank wissen – schreiben Sie ihm aus der ganzen tiefen Güte Ihres Herzens heraus, – so lieb – wie Sie damals mit mir gesprochen haben in Neubeuern u. wie Ihre Liebe eine göttliche Güte war. – Es geht mir unsagbar nah u. er hat Alles abgestreift, was früher abstoßend war, – nur der herrliche, kostbare Kern seines Wesens ist zu sehen – tritt auch jetzt so wunderbar hervor, wie man's früher nie sah. –

Bitte tun Sie es gleich.

Liebes, Mädi

Rodaun, den 19. XI. 1914

mein lieber Alfred,

du kannst nicht wissen, wie viel mir dieses Zeitungsblatt bedeutet, das deine Schilderung des Tages von Charleroi enthält.[167] Nicht darum weil dieser Bericht etwas ganz Einziges ist unter allen den Kampfschilderungen, die ich in diesen Monaten gelesen habe – der einzige, in dem das Furchtbare drin ist, ganz wirklich und doch zugleich auch schon das unnennbar sänftigend und beglückende des Kunstwerks diese ganze Wirklichkeit überzieht – aber für mich ist es ja noch ganz ganz etwas andres, als ein höchst merkwürdiges Document, es ist ein Stück deines Lebens, du hast es durchlebt und hast es dargestellt, und mehr als das – mir ist: du mußtest solches durchleben und solches darstellen, wie sehr sprichst *du* daraus, nur du, ein einziges Wesen auf der Welt – darum kann ich das Stück Papier mit den schwarzen Columnen nicht vor mir sehen, ohne daß etwas an meinem Herzen reißt – noch anders, doch noch ganz anders als alles, was seit vier Monaten geschieht, an allen Herzen reißt. Wie oft in diesen Wochen, Alfred, hab ich in Gedanken an dich geschrieben, in meinem Amt oder in der Bahn – aber immer wieder kam die Ordonnanz herein mit dringenden Stücken oder es riß eine andere unmittelbare Sorge mein Denken weg, und doch habe ich *unter* den andern Dingen immer wieder an dich gedacht – und heute, Alfred, auch heute kann ich nicht ganz so schreiben, wie ich möchte – es ist zu viel, das sich zudrängt, zu heftig, zu verworren – so laß mich nur dies hinschreiben: Verzeih mir, daß ich dir weh getan habe und laß dein Herz mich wieder aufnehmen unter deine Freunde! Du darfst es tun, Alfred, denn glaub mir: nie hab ich dir aus kaltem, engem Herzen weh getan – mein Handeln war nur viel leidenschaftlicher als du wußtest und glaubtest. Nicht um mich ist es mir gegangen, Alfred, sondern um mein Bild von dir – und als dies Bild in mir anfing zu schwanken, ja, sich zu zersetzen, da hab ich leidenschaftlich gegen dich gehandelt, hart – ja ich weiß es, es tut mir so unsagbar leid – aber ich darf dir heute auch sagen,

---

[167] »Der Tag von Charleroi« stand erstmals in der Täglichen Rundschau, Berlin, vom 17. Oktober. Die Schilderung des »Höllenfeuers in Charleroi« am 22. August 1914 übernahm dann die Kriegszeitung der 4. Armee (Nrn. 76 bis 78 vom 10., 13. und 17. September 1915). Mit Gedichten und Rundbriefen an die Freunde aus dem Felde ist sie 1925 Teil des Bändchens 118 der Insel-Bücherei.

und ich weiß daß du mir glauben wirst: nie hab ich aufgehört, dich lieb zu haben – wie leicht wäre mir es gewesen, anders zu sein, wenn du mir jemals gleichgiltig gewesen wärst.

Zweimal, mich in meiner eigenen Tat unmittelbar zu strafen, hat ein Dämon hineingespielt: das erste Mal in Neubeuern, daß er den Brief, der aus dem Herzen zu deinem Herzen reden wollte, dich nicht erreichen ließ – daß du kamest und andere dir sagten, ich habe dich gebeten nicht zu kommen – was niemals andere hätten sagen müssen sondern nur mein Brief hätte sagen dürfen, der dann uneröffnet an mich zurückkam und den ich wieder in törichter Leidenschaftlichkeit verbrannte.

Zum zweiten Mal dann in Berlin in dem Hotel, das ist mir dunkel und trüb zu denken – unglückselige Fügung in dem kleinen wie – wie ein Page mir ausrichtete, du säßest unten in Gesellschaft und erwartetest mein Nachhausekommen und ich weiß nicht welches dämonische Widerstreben in mir, du würdest getrunken haben, überlebhaft sein – mein Hinaufschleichen auf der Hinterstiege, die Tür verriegeln – dann daß ich 24 Stunden, 48 – verstreichen ließ, bevor ich an dich schrieb – ich kann es mir nicht verzeihen. So verzeihe du mir.

Du sollst mir nicht schreiben, Alfred, jetzt nicht. Vielleicht daß ich wenn du dann wieder Dienst machst, für 2 Tage nach Berlin kann, dich sehe, dir die Hand drücke – oder Weihnachten? Wie glücklich wäre ich dein Gesicht zu sehen. Rudis, Mädi, Clärchen – es ist ja das Beste meines Lebens, Ihr alle – aber ich glaube nicht, daß ich vor Kriegsende von hier auch nur für 24 Stunden fortkomm. Du sollst mir nicht schreiben – aber wenn du mir verzeihen kannst, wenn du mit Liebe wieder an mich denken kannst, so schicke mir *als ein Zeichen* auf einer offenen Karte Dehmels Feldpostadresse.

Leb wohl. Dein Hugo

Eberhard von Bodenhausen an Harry Graf Kessler

[Bredeney,] 1. Dez 1914.

[...] Am vorigen Donnerstag ist unser tapferer Heymel eingeschlafen. Van de Velde war noch die letzten acht Tage bei ihm gewesen und hat ihm die Nächte hindurch die entkräftete Hand gehalten. Er war völlig abgemagert zum Skelett und sah aus wie ein alter Mann. Ich habe noch acht Tage vor seinem Tode einen ganzen Abend an seinem Bett verlebt [...]168

Hofmannsthal an Clara Heye

Rodaun, 21. II. [1915]

[...] Ihr Brief aus Degenershausen kam kurz vor Weihnachten. Seit damals wird er in Gedanken beantwortet. Dies ist eine lange Zeit – trotzdem ist mirs wieder, als ob die Ankunft dieses Briefes oder die eines früheren, worin es mir zum ersten mal gesagt wurde, daß es um Alfred sehr sehr schlimm stehe, als ob dies alles gestern oder vorgestern gewesen wäre. So geht es uns wohl allen in diesem Jahr: die Zeit rast dahin – und scheint auch wieder still zu stehen.

Sie haben sehr gütig und lieb von meinem Brief an Alfred gesprochen, von jenem, der eben gerade nicht völlig zu spät kam – aber doch zu spät. Sie sind Alfred näher gestanden als irgend jemand auf der Welt, so möchte ich auch zu Ihnen einige Worte über mein Verschulden gegen ihn sprechen und meine Reue. Diese werden Sie ja aus dem Brief selbst gefühlt haben, Reue und Selbstvorwurf, zugleich auch das *Einzige*, was mich vor mir selber entlastet: die seltsame Verstrickung aller dieser Dinge, die jede meiner Handlungen anders, härter, folgenreicher erscheinen ließ, als sie gemeint war.

---

168 Heymel starb am 26. November in seiner Berliner Wohnung. Siehe auch Bodenhausens Briefe an Hofmannsthal vom November und Hofmannsthals Brief an Bodenhausen vom 6. Dezember 1914, in dem er »aus tiefstem Herzen dankbar« der Mahnung Mädis gedenkt (BW Bodenhausen, S. 185f.); ferner Henry van de Velde, Geschichte meines Lebens. München 1962, S. 378–380.

Es gibt ein paar Verse von Goethe, die mir seitdem oft und oft eingefallen sind:

Ihr führt ins Leben uns hinein –
Ihr laßt den Armen schuldig werden
dann überlaßt ihr ihn der Pein
denn jede Schuld rächt sich auf Erden.

Es sind wirklich Unsichtbare, die mich haben an ihm so schlimm schuldig werden lassen. Aber eines, das ist seltsamer als Alles: nur dadurch, daß ich ihm wehtat, und dadurch wie er es aufnahm, hat sein Dasein für mich Wirklichkeit bekommen – dadurch ahnte ich, daß er eine Seele hatte und daß er ein Mensch war und konnte um ihn weinen. Sie werden dies nicht falsch verstehen, nichtwahr? Sie müssen denken wie dies zwischen uns war – wie alles das fehlte, woraus sich langsam aus der geistigen Anziehung zwischen Jünglingen das viel Schönere, Heiligere: Freundschaft zwischen Männern – ausbildet. Zuerst war von mir zu ihm diese geistige Anziehung gewesen – dann ein Warten bei mir, eine immer stärkere Ungeduld, die Hoffnung auf die Krise, Enttäuschung, innere Entfremdung – bis er, mit unsäglichem Reden und Reden, mir sein Bild verwischte, mir allmählich zum Gespenst wurde – nun sage ich dies wieder viel härter als ich möchte, mein Kopf ist nicht leicht genug, mein Herz ist zu dumpf. [...]

Nachbemerkung

Grundlage der Edition sind die Originale der Korrespondenz zwischen Hofmannsthal und Heymel sowie die Durchschläge, die Heymel von seinen diktierten Briefen – und das ist die Mehrzahl – hatte machen lassen, und schließlich die Abklatsche seiner eigenhändig geschriebenen Briefe. Sie befinden sich im Briefnachlaß Heymels im Deutschen Literaturarchiv Marbach a. N. und in der Sammlung von Briefen an und von Hofmannsthal der Stiftung Volkswagenwerk im Freien Deutschen Hochstift Frankfurt a. M. Den Durchschlägen von Heymels Briefen kommt insofern Bedeutung zu, als sie mit den handschriftlichen Korrekturen und Ergänzungen, die fast durchweg mit denen in den Originalbriefen übereinstimmen, die oft fehlenden Originale authentisch ersetzen. – Der gebotene Text folgt wortgetreu den Vorlagen; ob nach Originalen oder Durchschriften, ist nicht eigens vermerkt. Fehlschreibungen von Personen- und Ortsnamen wurden beibehalten. Eindeutige Hörfehler der Sekretärin wurden in den diktierten Briefen richtiggestellt, wenn Heymel sie beim Durchlesen übersehen hatte. Desgleichen wurden offensichtliche Tippfehler stillschweigend korrigiert. Vereinheitlicht wurde die Schreibung ß bei verwendetem ss und die der Umlaute (ä für ae etc.). Wenige Ausnahmen sind in den Anmerkungen begründet. – Von den Korrespondenten durch Unterstreichung Hevorgehobenes steht in Kursivschrift. – Gedruckte Briefköpfe wurden für Orts- und Datumsangaben ohne besondere Kennzeichnung übernommen, von einigen Ausnahmen zur Begründung in Zweifelsfällen abgesehen. Erschlossene Daten stehen in [ ], ebenso Zusätze und Ergänzungen des Herausgebers.

Zur Vervollständigung inhaltlicher Zusammenhänge sei neben den zu Rate gezogenen und in den Anmerkungen angeführten einschlägigen Briefwechseln und Publikationen auf die folgenden, zusätzliches dokumentarisches Material bietenden Veröffentlichungen besonders hingewiesen:

Renate Müller-Krumbach, Harry Graf Kessler und die Cranach-Presse in Weimar. Hamburg: Maximilian-Gesellschaft 1969.

Rudolf Borchardt / Alfred Walter Heymel / Rudolf Alexander Schröder. Katalog zur Ausstellung des Deutschen Literaturarchivs Marbach a. N.

Bearbeitet von Reinhard Tgahrt und Werner Volke, Eva Dambacher und Hildegard Dieke. Marbach 1978 (Sonderausstellungskatalog Nr. 29).

Harry Graf Kessler. Tagebuch eines Weltmannes. Katalog zur Ausstellung des Deutschen Literaturarchivs Marbach a. N. Bearbeitet von Gerhard Schuster und Margot Pehle. Marbach 1988 (Sonderausstellungskatalog Nr. 43).

Theo Neteler, Verleger und Herrenreiter. Das ruhelose Leben des Alfred Walter Heymel. Göttingen: Edition Peperkorn (erscheint Sommer 1995).

Über den Briefnachlaß Heymels im Deutschen Literaturarchiv informieren der Bericht und das Verzeichnis von Werner Volke im Jahrbuch der Deutschen Schillergesellschaft (XIX, 1975, S. 446–470); dort auch biographische und bibliographische Hinweise.

All den Vielen, die durch gern gewährte Hilfe und Ermunterung die Veröffentlichung unterstützt und die Arbeit begleitet haben, kann nur in dieser allgemeinen Form herzlich gedankt sein. Besonderer Dank gilt Herrn Dr. Rudolf Hirsch als Vertreter der Erben Hugo von Hofmannsthals und dem Deutschen Literaturarchiv Marbach a. N. für die bereitwillige Erlaubnis zum Abdruck der Korrespondenz, die sich in ganz eigener Weise nun in die bekannten Briefwechsel einfügt.

Hugo von Hofmannsthals »Gabriele d'Annunzio« in der Übersetzung von Gabriele d'Annunzio

mitgeteilt und kommentiert von Roberta Ascarelli

Vorwort

I

Am 17. Dezember 1893 erscheint in Neapel eine Sonderausgabe der neapolitanischen Zeitschrift »La tavola rotonda«, die dem Werk und der Persönlichkeit Gabriele d'Annunzios gewidmet ist. Außer zwei Aufsätzen französischer Rezensenten, die die Beziehung des Autors zur Kultur ihres Landes erörtern, bringt der Band die ziemlich freie Übersetzung des ersten dem italienischen Dichter gewidmeten Aufsatzes Hofmannsthals, der wenige Monate zuvor in der »Frankfurter Zeitung« veröffentlicht worden war.

Das allein würde kaum Aufmerksamkeit erregen, wäre nicht D'Annunzio selbst der Verfasser dieser Übersetzung, wie die im Archiv des Vittoriale erhaltene handschriftliche Kopie des Textes beweist.[1] Der Fund ist um so merkwürdiger, wenn man beachtet, daß die Deutschkenntnisse, über die D'Annunzio verfügte, auf ein reines Schuldeutsch beschränkt waren, und daß er in der Regel französische Übersetzungen den deutschen Originalen vorzog. Es ist deswegen anzunehmen, daß er einen unbekannten Übersetzer um Hilfe gebeten hat, und die Vermutung liegt nahe, daß er sich außerdem persönlich mit Hofmannsthal darüber verständigt hat.

Die Arbeitshypothese, daß die beiden Schriftsteller zum Zeitpunkt der Veröffentlichung des deutschen Originaltextes wie auch zum Zeitpunkt der italienischen Fassung, miteinander in Kontakt standen, läßt sich gut begründen: Die erste Begegnung zwischen den Autoren wird allgemein auf das Jahr 1893 datiert, wie aus einem im Sommer 1893 geschriebenen Brief Hofmannsthals an Felix Salten hervorgeht; es folgen darauf die beiden Aufsätze Hofmannsthals über D'Annunzio (1893/94)

---

[1] Ich danke Professor Anna Maria Andreoli, die die Authentizität der Übersetzung bestätigt hat. Vgl. dazu Anna Maria Andreoli: Atti del Convegno Sogno e Letterature, Cosenza 1992.

und das Geschenk eines Exemplars des Romans »Il trionfo della morte« mit der Widmung »à Hugo von Hofmannsthal avec les sympathies, les meilleures«, womit die Freundschaft der beiden Autoren in ein Stadium tritt, das die Aufmerksamkeit der Literaturhistoriker auf sich gezogen hat.

Viele Andeutungen erlauben es allerdings, die Behauptung aufzustellen, daß ein Briefwechsel bereits früher bestanden hat; doch dazu fehlen uns die Briefe. In den Taccuini D'Annunzios taucht jedoch in der ersten kurzen Liste der Briefpartner aus den Jahren 1891/92 der Name Hofmannsthals auf, was sich in einer zweiten Liste (vermutlich aus den Jahren 1892/93 wiederholt);[2] auch besitzt Hofmannsthal D'Annunzios neapolitanische Adresse, die er Marie Herzfeld im Januar 1893 mitteilt.[3] Was nun die Kenntnis der Werke des italienischen Schriftstellers angeht, so läßt sich feststellen, daß Hofmannsthal D'Annunzios Publikationen seit 1891 bereits mit Interesse verfolgt. Von ihm ist während des ersten Treffens mit George in Wien die Rede, außerdem finden sich schon im lyrischen Drama »Gestern« auffällige Spuren der Werke des italienischen Poeten. In der Weltanschauung von Andreas finden sich überraschende Parallelen zu den Auffassungen der Hauptfigur aus D'Annunzios 1889 verfaßtem Roman »Il piacere«, Andrea Sperelli, – und die Namensgleichheit ist wohl auch kein Zufall.

Abgesehen von dieser unterschwelligen Verwandtschaft, die dem kulturellen Ambiente entspringt, weist das Werk auch offenkundige Zitate aus den »Elegie romane« aus dem »Intermezzo« und erstaunlicherweise auch aus einigen Gedichten der fast unbekannten Sammlung »Canto novo« auf.

Mehr noch als diese Anhaltspunkte spricht aber die in Hofmannsthals Aufsatz wahrnehmbare inhaltliche Übereinstimmung für eine engere Beziehung zwischen beiden Autoren. Ganz gleich ob es sich um das Ergebnis eines besonders kritischen Scharfsinns oder um den Gedankenaustausch in einem unbekannt gebliebenen Briefwechsel handelt: es läßt sich vermuten, daß der Aufsatz und dessen Übersetzung mit dem Versuch zusammenhängen, den D'Annunzio Anfang der neunziger

---

[2] Gabriele D'Annunzio: Taccuini. Hg. von Egidio Bianchetti und Roberto Forcella. Milano 1965, S. 13-22.

[3] BW Herzfeld 41.

Jahre machte, seine Poetik und seine Identität neu zu definieren.[4] Der Essay erscheint an einem Wendepunkt im Leben des Künstlers aus Pescara, der nach der Überwindung seines Ästhetizismus auf der Suche nach neuen Vorstellungen und einem neuen Selbstbild war: Um 1891 hatte er sich der Tradition des russischen Romans zugewandt; in Anlehnung an Schopenhauer hatte er den literarischen Sensualismus seiner früheren Werke hinter sich gelassen[5] und war endlich nach einer eiligen und subjektiven Lektüre Nietzsches am Ufer des ›Übermenschen‹ gelandet, der ihm die Rolle des Herolds zuspielte, welcher »i più prodi alla loro prodezza« verkündet.[6]

In dem Artikel von 1892, der von dem zukünftigen Roman handelt, wird dieses Vorhaben genauer umrissen:

Tanto il pessimismo sistematico degli scrittori di Francia (leggi Schopenhauer) quanto la recente predicazione tolstoiana, tendono ambedue a un effetto distruttivo. L'uno dimostra l'inutilità di tutti gli sforzi e la spaventosa vacuità della vita; l'altra rinnega ogni civiltà e ogni progresso a benefizio delle idee di rinuncia. Ambedue le dottrine sono ingiuste nel loro eccesso, sono false e ristrette; e vecchie, specialmente: per sempre respinte dalla scienza e dalla coscienza dei tempi nuovi.[7]

---

[4] Vgl. Hans Hinterhäuser: Der Alcyone-Zyclus von Gabriele D'Annunzio. In: Romanische Forschungen 91 (1979), S. 377-398. Zur Beziehung Hofmannsthal – D'Annunzio vgl. Hans Hinterhäuser: D'Annunzio e la Germania. In: L'arte di Gabriele D'Annunzio. Hg. von Emilio Mariano (Atti del Convegno L'arte di Gabriele D'Annunzio. Gardone u. a. 1963). Milano 1968, S. 439-461; Friedbert Aspetsberger: Hofmannsthal und D'Annunzio. Formen des späten Historismus. In: Studi Germanici, N. F. 10 (1972), S. 425-500; Lea Ritter Santini: La memoria sentimentale. In: Hugo von Hofmannsthal. Saggi italiani. Milano 1983, S. 7-27; Katharina Maier-Troxler: Recezione delle opere di D'Annunzio nei paesi tedeschi. In: D'Annunzio e la cultura germanica (Atti del convegno D'Annunzio e la cultura germanica. Pescara 1984). Pescara 1985, S. 267-275; Giuseppe A. Canesino: Poesia senza frontiera. Milano 1989, S. 7-30; Maria Gazzetti: Gabriele D'Annunzio in Germania. In: D'Annunzio europeo. Hg. von Pietro Gibellini. Roma 1991, S. 159-170; schließlich den von Ursula Renner mitgeteilten und kommentierten Aufsatz Hofmannsthals »Die neuen Dichtungen Gabriele d'Annunzio's«. In: HJb 2, 1994, S. 7-20.

[5] Zu D'Annunzios Beziehung zur Poetik des Fin-de-siécle vgl. Maria Teresa Marabini Moevs: Gabriele D'Annunzio e le estetiche di fine secolo. L'Aquila 1986, S. 136-155. Nicht überzeugend scheint dagegen der Aufsatz Tosis (Guy Tosi: D'Annunzio et le simbolisme français. In: D'Annunzio e il simbolismo. Atti del Convegno su D'Annunzio e il simbolismo europeo. Milano 1976, S. 260 ff.), der sich vorwiegend mit der französischen Literatur befaßt.

[6] Das Zitat Nietzsches aus »Jenseits von Gut und Böse« ist in D'Annunzios »Il trionfo della morte« dem Text vorangestellt. In: Ders.: Prose di Romanzi. Bd. I. Hg. von Anna Maria Andreoli. Milano 1988, S. 638.

[7] D'Annunzio: Il romanzo futuro. In: La domenica del don Marzio, 31. Januar 1892.

Bei diesem Streben nach radikaler Erneuerung spielt das Bedürfnis, den Ruhm seines Namens über die Landesgrenzen hinaus zu verbreiten, eine wichtige Rolle.[8] Darüber hinaus will D'Annunzio endlich von den in den Mythen Carduccis und in den Regionalismen der italienischen Kultur verankerten Lesern anerkannt werden und damit seine Jugendwerke sowie seine Skandale vergessen machen. »Manifesti contro la carne« sind die Romane, die er nach dem »Piacere« verfaßt, und die ihn als engagierten Vorkämpfer für die Moral und gegen die Unzucht zeigen,[9] oder bald danach, infolge der Beschäftigung mit Nietzsche, als Verneiner jeder Moral im Namen eines neuen Heroismus.

Zum Kernpunkt seines Werkes wird der Konflikt zwischen dem Subjekt und seinen Gegenständen, der die Allmacht des Dichters begrenzt und ihn zwingt, das Leiden der Trennung, der Entscheidung und der Entsagung auf sich zu nehmen.[10] Als Spiegelbild dieses Zwiespalts tritt das Bestreben hervor, Vereinigungen in einer zersplitterten Welt zu erzeugen.[11] Es liegt am Künstler – wie er in einem vielzitierten Interview mit Ojetti äußert –, die antinomischen Aspekte zu erfassen und zu verschmelzen: Analyse und Synthese, Gefühl und Gedanke, Nachahmung und Erfindung so lange in eins zu zwingen, bis die Einheit erreicht ist.

D'Annunzio ist davon überzeugt, daß »l'arte moderna debba avere un carattere di universalità, debba abbracciare e armonizzare in un vasto e lucido cerchio le più diffuse aspirazioni dell'anima umana«.[12] Demzufolge orientiert er sein Werk an dem der europäischen Avantgarde, insbesondere dem der Symbolisten, die, wie er meint, das feine Flechtwerk der Korrespondenzen weben[13] und versuchen, die in der

---

[8] Vgl. Anna Maria Andreoli: Gabriele D'Annunzio. Firenze 1984, S. 45-52.

[9] D'Annunzio: Giovanni Episcopo (1892). In: Ders.: Prose di Romanzi I (Anm. 6), S. 1025f.

[10] D'Annunzio: Le vergini delle rocce (1895). Roma 1934, S. 18.

[11] Vgl. die treffende und fundierte Interpretation von Arturo Mazzarella. In: Ders.: La visione e l'enigma. D'Annunzio, Hofmannsthal, Musil. Napoli 1991, S. 40ff., der sich auf die weltanschaulichen und geistesgeschichtlichen Voraussetzungen der Beziehung Hofmannsthal–D'Annunzio konzentriert.

[12] Ugo Ojetti: Alla ricerca dei letterati. Roma 1895, S. 359.

[13] Zur Charakterisierung des Symbolismus bei D'Annunzio vgl. Ezio Raimondi: Il silenzio della Gorgone. Bologna 1980, S. 124ff.

scheinbaren Starrheit der Phänomene verborgene Überfülle des Lebens wiederzugeben.

In seinem Aufsatz läßt Hofmannsthal diesem Vorhaben D'Annunzios eine Deutung angedeihen, die in einem gewissen Einklang mit seiner Auffassung steht. Geschickt gelingt es dem Österreicher, die Aspekte herauszustellen, die dem italienischen Dichter am Herzen liegen, und das in einer so auffälligen Weise, daß die Vermutung, es habe ein Dialog zwischen den beiden Autoren über die behandelten Themen stattgefunden, nur um so plausibler wird. Auffallend ist, daß in dieser Analyse jene Motive fehlen, die einen Eklat beim italienischen Publikum hervorgerufen hatten: Er räumt den dekadenten Aspekten seiner Produktion und der Untersuchung seines Sensualismus wenig Raum ein, schränkt die pathologische und introspektive Dimension seines Schaffens ein und marginalisiert die Kategorien der Ohnmacht und der Handlungsunfähigkeit.

Von großer Bedeutung in Hofmannsthals Essay ist das Fehlen jeglicher Hinweise auf »Il piacere« und die Gedichte (besonders »Primo vere« und »Canto novo«), die er heimlich und nicht ohne Ironie in seinem ersten lyrischen Drama zitiert hatte.[14.] Er zieht es dagegen vor, bei Werken zu verweilen, in denen die oben angeführten Aspekte besonders auffällig sind.

Die im Aufsatz analysierten Prosastücke thematisieren den Konflikt zwischen Aktion und Reflexion und deuten die Überwindung jener medusenhaften Starrheit an, die auf einem verschärften Subjektivismus basiert.[15]

Ins Zentrum seiner Analyse stellt Hofmannsthal (nicht ohne einen Hauch von Autobiographismus) zwei Argumente, denen er wie der Italiener eine besondere Bedeutung zumißt: das Postulat unbedingter Differenzierung und das Bedürfnis unaufhaltsamer Dissoziation.

»Wie wenig die ruhelose, sehnsüchtige Seele unter diesen geschlossenen Lidern ihm gehört, wie die Träume sie bei Hand nehmen und

---

[14] Vgl. hierzu den Apparat der von mir herausgegebenen italienischen Ausgabe von »Gestern, Ieri«. Pordenone 1993.

[15] Zum Thema vgl. Ferruccio Masini: Il travaglio del disumano. Per una fenomenologia del nihilismo. Napoli 1982, S. 99-113; weiter Niva Lorenzini: Il segno del corpo. Roma 1984, S. 9-79.

fortführen, wohin er nicht folgen kann«,[16] schreibt er über »L'innocente.« Oberflächlich gesehen hebt er hier die leidenschaftliche Beziehung des Protagonisten zu seiner Frau hervor, aber eigentlich stellt er das schmerzhafte Ringen und die Unmöglichkeit, sie zu besitzen, in den Vordergrund; zugleich rückt er den Wunsch nach Einverleibung des Du ins Bewußtsein, den D'Annunzio mit den meisten Künstlern seiner Zeit teilt.

Hofmannsthal gewahrt scharfsinnig, daß in den von ihm besprochenen Werken, »Giovanni Episcopo« und »San Pantaleo«, D'Annunzio seine Rolle, ein »schlechter Komödiant« seines eigenen Spiels und ein Pathologe der Seele zu sein, ablegt und sich Stoffen zuwendet, die seinem Selbstgefühl und Selbstbild besonders fern sind. Aus Sehnsucht nach einem Kontakt zu dem, was »außer ihm liegt«, beschreibt er armselige, von Entwürdigung und Vulgarität erfüllte Begebenheiten, die sich der Identifikation entziehen und dennoch zugleich Mitleid erwecken.[17]

Das gilt auch für den anderen Prosatext, »L'innocente«, den Hofmannsthal in Betracht zieht. So wie die von bäuerlicher Rohheit erfüllten Novellen drückt auch dieser Roman der künstlichen provinziellen Feinheiten zugleich Spannung und Teilnahme aus. Es handelt sich um ein Werk, »scritto da un uomo che ha molto sofferto e che ha guardato dentro di sé con occhi lucidi e attentissimi«,[18] in dem Mitleid und Distanz einander abwechseln. Die analytische Teilnahmslosigkeit eines kühlen Intellekts wird von den Bestrebungen gemildert, humane Aspekte in dem erregten und verzweifelten Handeln der Protagonisten ausfindig zu machen. Die Wellen einer unaufhaltsamen Leidenschaft saugen jegliche Rationalität auf, und der prononcierte Egoismus wird durch eine fast elegische Wiederentdeckung der bürgerlichen Moral abgeschwächt, nicht weil sie moralisch, sondern weil sie »gesünder« ist.

Den Gedichten »Elegie romane« und »Isotteo« kommt dagegen die Aufgabe zu, den noch unbestimmten symbolistischen Absichten D'Annunzios einen deutlichen Ausdruck zu geben. Es ist aufschlußreich, daß Hofmannsthal hier einem Hinweis des italienischen Autors folgt, der in

---

[16] GW RA I 181.
[17] Vgl. Giuseppe Antonio Borgese: Gabriele D'Annunzio. 2. Aufl. Milano 1932, S. 73.
[18] D'Annunzios Brief an Georges Hérelle vom 14. November 1892. Ms. zitiert in: Andreoli: Gabriele D'Annunzio (Anm. 8), S. 52.

dem Artikel »L'arte letteraria nel 1892. La poesia« über Pascoli geschrieben hatte:

> Nella sua poesia rare volte si sente l'Indefinito. Il fantasma poetico non sorge dalla melodia e non ne riceve quasi mai significazioni notevoli. ... Ma al di là dal paesaggio e dalla figura la vista interiore non percepisce null'altro ... in questa poesia manca il mistero ... di quel mistero che è profondo in certi sonetti e in certe sestine del Petrarca, dove le parole paiono divenire immateriali e dissolversi nell'indefinito.[19]

Mit ähnlichen Fragen befaßt, zeigt Hofmannsthal in den lyrischen Texten D'Annunzios ein Gewebe von makelloser Erlesenheit auf, reich an Ornamenten und Verzierungen, aus dem sich ein Wort loslöst, das mehr als »un malsano / artifizio di suoni«[20] ist, und »una analogia discoperta, una relazione rivelata« eröffnet.[21] Metapher des vorläufigen Formwerdens, des ewig Schwankenden verkündet diese Sprache die Überwindung jener Detailbesessenheit des modernen Künstlers, die schon Nietzsche gegeißelt hatte; als die Überwindung des Verhaftetbleibens in einer Gelehrsamkeit, die nicht zum Leben erwacht, in einer vernünftlerischen Einseitigkeit, die nichts ist als Kraftlosigkeit. Das lyrische Wort D'Annunzios dagegen besitzt – so Hofmannsthal – die Gabe, das Erstarrte zu beleben, das Antinomische zu überbrücken, dem Veralteten ewige Jugend zu schenken.[22] Auf diese Weise gelingt es Hofmannsthal, die Selbstdarstellung D'Annunzios, der sich als Künstler in eine nur oberflächlich modernisierte klassische Tradition einfügte, umzumünzen und in die Figur eines Zauberers umzuwandeln.[23] »Una parola non concede intera la sua forza che a colui il quale ne conosce le origini prime« – schreibt D'Annunzio. Und auch nach den Worten Hofmannsthals ist der Zauberer derjenige, der den Ursprung beschwört und die innere Kraft des Wortes durch ein alchimistisches Verfahren freilegt.[24] Alles Definitive der Wirklichkeit wird ins Sinnbildliche gewan-

---

[19] D'Annunzio: L'arte letteraria nel 1892. La poesia. In: Il Mattino, 28-29 Dezember 1892.
[20] D'Annunzio: La Chimera (1889-1890). In: Ders.: Versi d'amore e di gloria. Bd. I. Hg. von Anna Maria Andreoli und Niva Lorenzini. Milano 1982, S. 587.
[21] D'Annunzios unveröffentlichtes Fragment aus den Jahren 1892-1894, zitiert in: Ders.: Versi d'amore e di gloria. Bd. I (Anm. 20), S. LVIII.
[22] D'Annunzio: Notturno (1921). Roma 1934, S. 47-148.
[23] Vgl. Giuseppe Petronio: Ipotesi per una biografia di D'Annunzio. In: Quaderni del Vittoriale, November-Dezember 1979, S. 33.
[24] D'Annunzio: Note sulla vita. In: Il Mattino, 22-23 September 1892.

delt, das Sinnbildliche ins Definitorische, und eben dadurch löst es den Künstler aus den Zwängen seiner Realitätsbezogenheit:

O poeta, divina è la Parola;
ne la pura Bellezza il ciel ripose
ogni nostra letizia; il Verso è tutto.[25]

II

Gewiß wäre es möglich, D'Annunzios Übersetzung von Hofmannsthals Aufsatz in das philologische Raritätenkabinett der Komparatistik einzureihen oder höchstens als weiteres Dokument der Wende D'Annunzios – nach seinen jugendlichen Verwirrungen – zu betrachten.

Immerhin weckt jedoch der Umstand Interesse, daß es sich bei D'Annunzios Übersetzung um eine extrem freie Wiedergabe des Hofmannsthalschen Textes handelt, in der originalgetreue Übertragung und freie Bearbeitung ineinanderwirken. Dieses Spiel weist auf einen anderen, ungeschriebenen Text hin, der Aspekte der kulturellen Debatte der Zeit widerspiegelt, und – einem Dialog zwischen den beiden Autoren gleich – Gemeinsamkeiten und Differenzen in deren Poetik und Weltanschauung beleuchtet.

Aus dem Vergleich zwischen den Texten ergibt sich eine überraschende Vielzahl von Veränderungen, und es ist auffallend, daß der Übersetzer keine Bedenken hatte, das Original gründlich umzuschreiben: ja, daß es ihm offensichtlich gerade hierauf ankam.

Die Eingriffe D'Annunzios in den Aufsatz Hofmannsthals sind zweifacher Art. In erster Linie handelt es sich um Umarbeitungen, die sich auf die in dem Aufsatz erörteten Texte D'Annunzios beziehen; sodann aber auch um bemerkenswerte Abweichungen, die fast unauffällig auf eine Veränderung des Porträts des Schriftstellers aus Pescara abzielen, offenbar mit der Absicht, sie seinem Selbstbild der neunziger Jahre noch genauer anzugleichen.

Die Veränderungen, die die Werke D'Annunzios betreffen, bieten der Interpretation keine Schwierigkeiten. Sie sind vorwiegend auf die Emp-

---

[25] D'Annunzio: Isotteo (1889-1890). In: Ders.: Versi d'amore e di gloria. Bd. I (Anm. 20), S. 454. Vgl. dazu Mario Praz: La carne, la morte e il diavolo nella letteratura romantica. Firenze 1966, S. 401 ff.

findlichkeit des Autors zurückzuführen, der sich mit den Ungenauigkeiten des Rezensenten nicht abfinden kann.

Was seine Prosa angeht, werden die zahlreichen, vielleicht nicht beabsichtigten Nachlässigkeiten Hofmannsthals sorgfältig verbessert.[26] Die Handlung der »Novelle della Pescara« wird neu erzählt. Und wo Hofmannsthal die surrealen Komponenten der Geschehnisse, die Kreatürlichkeit der Figuren, die Dekadenz der Atmosphäre betont, da hebt die Übersetzung die Gewalt, die Greuel, die Öde hervor, die ja in der Tat die Fabel beherrschen.

Ähnliches gilt für die der lyrischen Produktion D'Annunzios gewidmeten Seiten, in denen Interpolationen und Abweichungen die Ungenauigkeiten des deutschen Verfassers in den Vordergrund rücken. Wir finden weder die Stelle aus »Villa Chigi«, »Und meinen Blicken erschien ihre Hand wie gestorben, ein totes / Schien sie, ein wächsernes Ding, diese lebendige Hand«, die Hofmannsthal so frei wiedergibt, daß sie kaum wiederzuerkennen ist,[27] noch die vom österreichischen Autor sehr ungeschickt zitierte Stelle der vierten Ballade aus »Isotteo« wieder: »Ihr Hände, die ihr meinen Qualen das Tor der schönen Träumen aufschlosset«. Statt dieser Gedichte erwähnt D'Annunzio andere Werke, die von Hofmannsthal kaum in Erwägung gezogen werden, die aber offensichtlich für den Autor selbst eine besondere Bedeutung haben. So z.B. die Stelle aus »In un mattino di primavera«: »Non ti destare, non ti destare [...]«, oder die siebte, an Anklängen an die Renaissance reiche Ballade aus dem »Isotteo« »Il mister favoloso in cui la selva [...]«.

Vom Wunsch gelenkt, den eigenen Versen mehr Raum zu schenken, gibt D'Annunzio längere Zitate seiner Lyrik wieder, wo Hofmannsthal Paraphrasen vorzog,[28] oder wo es der Übersetzung der Verse an Sorgfalt

---

[26] In Bezug auf »La vergine Orsola« wird der Geliebte wieder zum Verwalter (nicht Landbriefträger, wie Hofmannsthal geschrieben hatte), in Bezug auf »Gli idolatri« werden die Ungenauigkeiten der Hofmannsthalschen Fassung verbessert: nur die Beraubten gehen zum Angriff gegen die Feinde über; die Kirche, in der das Gemetzel stattfindet, trägt keinen evokativen Charakter (weder Lilien noch Schnitzwerk); die Mauer des Hauses, von dem Helden des Romans »L'innocente« bewohnt, wird wieder zum Turm.

[27] Im Original lautete das Gedicht folgendermaßen: »Io la guardai. La mano bianchissima parvemi esangue, / parvemi cosa morta. Morta la cara mano«. D'Annunzio: Villa Chigi (1892). In: Ders.: Versi d'amore e di gloria (Anm. 20), S. 364.

[28] Implizite Andeutungen werden zu Zitaten – »pallido men di lei«, »oltre la vita invano«; Zitate werden erweitert. Dies trifft auf die elfte Ballade aus »Isotteo« zu und auf die Verse einer anderen Lyrik von »Isotteo« ›Il dolce grappolo‹; darauf folgt eine Stelle aus dem Gedicht »Sera

fehlte: Der aus »Villa Chigi« falsch zitierte sowie der unvollständig abgeschriebene Abschnitt aus »Il dolce grappolo« sind von D'Annunzio im Original wiedergegeben. Wo Hofmannsthal schließlich den Tod als einen schönen heidnischen Jüngling mit den Gelüsten und Träumen als valets de pied mit blühender Phantasie beschreibt, fühlt sich D'Annunzio berechtigt, dem Originaltext hinzuzufügen: »non la dea dei cemeteri / ma una fresca donna e forte / cui valletti lusinghieri / sono i Sogni ed i Piaceri / dal gentil volto pagano«. Die Aufzählung von Abweichungen dieser Art bestätigt den Eindruck, daß, abgesehen von der Vorliebe für die Ausweitung des Zitats, die Akribie D'Annunzios dem jungen Hofmannsthal gegenüber zugleich einen freundlichen Tadel enthält: so als wollte der Italiener ihm die impressionistische Selbstbezogenheit der Deutung seiner Werke[29] und das daraus erwachsende »manipulierende« Verhalten vorwerfen. Es ist oft behauptet worden, daß Hofmannsthal als Rezensent der zeitgenössischen Literatur die besprochenen Schriftsteller als Masken benützt, die die Züge seiner eigenen Persönlichkeit nur unzulänglich verhüllen.[30] Es kommt noch hinzu, daß er bei der Analyse der Texte anderer zugleich stets auf der Suche nach Gleichnissen ist, die seine von Zweifeln getrübte Identität erhellen sollen.[31] Sie sind, wie Hofmannsthal im Aufsatz über Barrès zu sagen pflegt: »die, die Nietzsche rät, auch wohl die Allegorie, wodurch sich Schwerverständliches offenbaren und einprägen soll«;[32] und dazu gelten sie ihm als »eine ideologische Karte: ein Schlüssel der Analogie, der ihm sein Inneres deuten hilft«.[33]

---

sui colli d'Alba:« »...Voi / tutte, apprenze de la divina Bellezza ne puri / occhi, non mi rapite l'anima«; im Anschluß daran finden wir wenig bedeutende Interpolationen aus »Isotteo« »bianche e pure come ostie in sacramento« und »dal collo puro, de la rosea gota«.

[29] Vgl. René Wellek: Hofmannsthal als Literaturkritiker. In: Arkadia 20 (1985), S. 66.

[30] Vgl. Franz Kuna: Von Barrès' ›Philippe‹ bis zu Philipp Lord Chandos: Die Entwicklung einer Form. In: Peripherie und Zentrum. Festschrift für Adalbert Schmidt. Hg. von Gerlinde Weiss und Klaus Zelewitz. Salzburg-Stuttgart-Zürich 1971, S. 121-135.

[31] Vgl. Rudolf Kassner: Loris. In: Für Rudolf Hirsch zum siebzigsten Geburtstag. Frankfurt a.M. 1975, S. 298-309. In diesem Essay über die Prosa des jungen Hofmannsthal behauptet der Verfasser, daß in den meisten Aufsätzen der neunziger Jahre Hofmannsthal, auf der Suche nach einem einheitlichen Sinn des Lebens, um die Überwindung der Trennung zwischen Idee und Natur, Natur und Geist ringe.

[32] GW RA I 119.

[33] GW RA I 124.

In den Aufsätzen, die Hofmannsthal D'Annunzio widmet,[34] ist diese Widerspiegelung autobiographischer Elemente besonders anschaulich: »Hofmannsthal se met en scène lui-même«, schreibt Pouget, »il campe sa propre image, avant de se tourner vers d'Annunzio«.[35]

Der Vergleich zwischen den beiden Texten stützt diese oft vertretene Interpretation. Die reiche Instrumentalisierung und die Ichbezogenheit der Hofmannsthalschen Rezeption werden durch die Korrekturen und Veränderungen D'Annunzios auffälliger: Daß von dem Werk D'Annunzios nur scharfsinnige, aber wenig reflektierte Einfälle zurückbleiben, daß er auswendig und ungenau zitiert, zeugt von einem gierigen und zerstreuten Leseverhalten, das als Beweis einer tiefsitzenden existenziellen Angst betrachtet werden kann.

Zu den legitimen Einwänden eines Autors, der die Integrität seines Werkes verteidigt, können hingegen die zahlreichen Veränderungen, die die Grundargumentation der Analyse betreffen, nicht hinzugezählt werden.

Die einfachste Hypothese, daß es sich nämlich um Übersetzungsfehler D'Annunzios handele, die durch eine unzulängliche Kenntnis der deutschen Sprache bedingt sind, überzeugt nicht. Vielmehr handelt es sich bei dem in der »La tavola rotonda« veröffentlichten Text um eine schöpferische Tat sui generis. Man kann sogar behaupten, daß die italienische Version aus der Rivalität zwischen zwei Virtuosen der Sprache entsteht, die Pouget schon im Aufsatz Hofmannsthals erkannt hatte und die sich hier stilistisch wiederholt.[36] Nach einem mühevollen und unsicheren Anfang, und trotz einiger unerwarteter Einbrüche, beugt sich der Aufsatz D'Annunzios der Hofmannsthalschen Bildlichkeit und erreicht eine überraschende sprachliche und klangliche Genauigkeit. Im übrigen beweisen die Wortwahl und das weite Netz der kulturellen und emotionalen Bezüge eine merkwürdige Übereinstimmung zwischen den beiden Autoren.[37]

---

[34] Vgl. Mazzarella (Anm. 11), S. 41; Ritter Santini: La memoria sentimentale (Anm. 4), S. 18-19.

[35] Michèle Pouget: L'interrogation sur l'art dans l'oeuvre essayistique de Hugo von Hofmannsthal. Frankfurt a. M.-Bern-New York 1983, S. 113.

[36] Ebd., S. 166.

[37] In einem Essay von Ria Schmujlow-Claassen aus dem Jahr 1896, »Die neue Kunst«, finden wir folgende Stellungnahme: »[die Kunst] flüchtet zu den Griechen oder in die Renaissance [...]. Aber sie irrt sich. – Sie vermag den unkomplizierten, kräftigen Geist einer

Daß es hier nicht um Fehler geht, wird unter anderem durch die Kohärenz der Interpolationen bestätigt, die so konzipiert sind, daß sie die schriftstellerische Entwicklung D'Annunzios sehr genau widerspiegeln.

Die meisten Umformungen des Übersetzers scheinen demnach das Ziel zu haben, D'Annunzios eigene Persönlichkeit und sein Werk in anderem Licht erscheinen zu lassen, so daß sie sich in die heroische und übermenschliche Konstellation einfügen, die D'Annunzios Bestrebungen Anfang der neunziger Jahre charakterisieren. Wie er an einer berühmten Stelle aus »Il trionfo della morte« schreibt: »Noi tendiamo l'orecchio alla voce del magnanimo Zarathustra, o Cenobiarca; e prepariamo nell'arte con sicura fede l'avvento dell' Übermensch, del Superuomo«.[38]

Bis in die Sprache hinein finden wir die Spuren dieser Absicht. Um jenes Bild von sich selbst zu bestätigen, wählt D'Annunzio eine mittlere, auf Erfaßbarkeit ausgerichtete Sprache. Es ist, als wollte er damit Anspruch auf eine entsprechende Stellung zwischen Naturalismus und der Mystik des frühen Symbolismus erheben, die, wie er meinte, seinem Werk zustünde. So ist es nur konsequent, wenn er jegliches niedrige oder umgangssprachliche Element ausschaltet, und demgegenüber ebenso die Worte mit religiösem oder erhabenem Beigeschmack, die häufig im Original auftreten, auf ein Minimum beschränkt.

Besorgt, sein aristokratisches Selbstbild durch plebejische Züge getrübt zu sehen,[39] greift D'Annunzio immer dann in den Hofmannsthalschen Text ein, wenn er auf Triviales zu stoßen meint. Um nur einige im Text enthaltene Beispiele anzuführen: er glaubt den banalen Ausdruck »pagi«, den alltäglichen »grandi talenti dell'epoca« und den naiven »zwischen den Kindern des Lebens« eliminieren zu müssen; außerdem zieht er es vor, »monelli« in die eleganteren »fanciulli«, »Perspektive« in »perspicacia«, den zu bürgerlichen Ausdruck »Haus halten« in »salirono ad arricchire« abzuändern.

alten Zeit gar nicht einzufangen – es wird ein nervöses Griechentum und eine grüblerische Renaissance. Nur auf der äußeren Form ist der Stempel jenes Geistes in unvergleichlicher erneuerter Weise haften geblieben, und wir bewundern ihn in der knappen, durchsichtigen, funkelnden und doch so vieldeutigen Sprache von Gabriele d'Annunzio oder (in der deutschen Poesie) von Hugo von Hofmannsthal«. (BW Schmujlow-Claassen 134f.).

[38] D'Annunzio: Il trionfo della morte (1894). In: Ders.: Prose di Romanzi (Anm. 6), S. 644.
[39] Vgl. Petronio (Anm. 23), S. 33.

Nur schwer nachweisbar, aber nicht weniger interessant ist der Gegenprozeß: der Versuch, die auf eine mystische Dimension bezogenen Textstellen möglichst ganz auszumerzen. »Offenbarung« wird zu »manifestazione«, »Spiegelbild« und »Traumgestalt« – Wörter, die reich an neuplatonischen Anklängen sind, die D'Annunzio sicher auffallen – werden zu »illusione«, »leggerezza«, »chimera«. Es verliert sich der esoterische Bezug auf die »tiefen Brunnen«; »Trieb« wird als »tendenze« übersetzt.

Diese sorgfältige umfunktionierende Wortwahl reicht bis in die Struktur des Satzes hinein. D'Annunzio umgeht den elliptischen und von Assoziationen geprägten Satzbau Hofmannsthals, der ihm zu impressionistisch erscheint – er zieht Hendiadyoine vor, um die problematische und heldenhafte Natur seiner Absichten besser zu unterstreichen. Außerdem weicht er dem im Original vorhandenen Übermaß an Introspektion aus, entzieht sich dem Vergleich mit anderen zeitgenössischen Autoren, vorwiegend Bourget und Barrès, sowie dem in der französischen Dekadenz so verbreiteten Argument der Pathologie. Diese den Zeitgeist bestimmenden Aspekte werden durch den Hinweis auf den männlichen Schmerz ersetzt – einen Schmerz, der den Dichter zutiefst bewegt, ohne ihn jedoch zu beugen.[40] Aus moralischer Perspektive zensiert er die Hofmannsthalsche Anspielung auf das Haschisch, er unterschlägt den Begriff »neuropathisch« und »Neurose«; »Phantastik« ist mit »Idealità«, »Stimmungsgehalt« mit »aroma« übersetzt. Das gilt auch für typische Vorstellungen des fin de siècle, die der »überfeinen Seele« etwa, die D'Annunzio schlichtweg unterdrückt, und die der »sensitiven Frauengestalt«, die er in das allgemeinere »sensibilità dolorosa« abändert.

Mehr noch als die Abweichungen ist für die Forschung die Analyse der originalgetreu übertragenen Stellen von Interesse. Das Fehlen von Eingriffen in einem derartig umgearbeiteten Text kann nicht als Zufall bewertet werden. Implizit werden damit die von D'Annunzio bejahten

---

[40] In dem zitierten Brief an Georges Hérelle behauptet D'Annunzio: »Il Dolore finalmente mi diede nuova luce. Dal Dolore mi vennero tutte le rivelazioni (...) incominciai a soffrire con la stessa intensità con cui avevo goduto. Il Dolore fece di me un uomo nuovo (...) E, poiché la mia arte era già matura io potei manifestare d'un tratto il mio nuovo concetto di vita in un libro intero e organico. Questo libro è l'Innocente«.

Übereinstimmungen ausgedrückt, die weit über die vagen Gemeinsamkeiten zwischen den Zeitgenossen hinausgehen.[41]

Betrachtet man die Stellen, an denen der Italiener keine Änderungen vornimmt, so erweist sich, daß sie ein Thema betreffen, in dem D'Annunzio und Hofmannsthal sich einig wissen: die Poesie als Herausforderung eines einsamen Ich gegen eine vom Tod beherrschte Welt. Noch radikaler als bei anderen zeitgenössischen Schriftstellern ist es das Postulat der beiden Autoren, sich nicht auf die Darstellung des Konflikts zwischen Kunst und Natur zu beschränken. Sie streben nach einem integralen Humanismus »in comunione di spirito con l'intiera somma della umana esperienza«, den D'Annunzio in der Schrift »Cento pagine« theoretisch fundiert hat, und den er als die einzige Form der Erkenntnis preist, die dem Menschen zugestanden wird:[42]

> Se t'è l'acqua visibile negli occhi
> e se il làtice nudre le tue carni,
> viver puoi anco ne' perfetti marmi
> e la colonna dorica abitare
>
> Natura e Arte sono un dio bifronte
> che conduce il tuo passo armonioso
> per tutti i campi della terra pura.
> Tu non distingui l'un dall'altro volto
> ma pulsare odi il cuor che si nasconde
> unico nella duplice figura.

Diese von D'Annunzio 1903 thematisierte Perspektive[43] findet eine überraschende Vorwegnahme in einem 1895 geschriebenen Brief Hofmannsthals an Beer-Hofmann:

> Auch der D'Annunzio geht mir jetzt beim zweitem Lesen unglaublich nahe. Er sucht auch, wie Sie, den Schnitt durchs Leben der weder durch die reine Erscheinung, noch durch die ultimae rationes läuft, sondern durch aller

---

[41] Zu der europäischen Gesinnung D'Annunzios vgl. Mario Praz: La carne, la morte e il diavolo nella letteratura romantica (Anm. 25); und weiter: Atti del convegno su D'Annunzio e il simbolismo Europeo (Anm. 5); Atti del Convegno D'Annunzio e la cultura germanica (ebd.); Guy Tosi: Incontri di D'Annunzio con la cultura francese. In: Quaderni del Vittoriale, März-April 1981, S. 26-32 und ders.: D'Annunzio e il romanzo futuro. In: Quaderni del Vittoriale, September-Oktober 1981, S. 67-85.

[42] Marabini Moevs: Gabriele d'Annunzio e Schopenhauer. In: Atti del convegno D'Annunzio a Yale. Hg. von Paolo Valesio. Studi dannunziani, 3-4 (1988), S. 275.

[43] D'Annunzio: Alcyone (1903). Milano 1988, S. 116-117.

mannigfaltigste Gewebe in der Mitte, und wirklich suggeriert er einem manchmal das ungeheure Gefühl, eine Seele in ihrer Totalität zu spüren, wie man das nur am eigenen Ich zu erleben gewohnt ist, nämlich nicht aus einer plötzlichen, sehr charakteristischen Gebärde sondern aus einer wundervollen Anhäufung von kleinen Tatsachen, unscheinbaren Zügen, Erinnerungen, Assoziationen, und tausendfachem Dreinspielen der Umwelt. Er ist mir unter allen lebenden der merkwürdigste Künstler.[44]

Jene so stark betonte Totalität wird von Erinnerungen, Assoziationen, aber auch Erlebnissen geprägt, die in der Vergangenheit wurzeln. In dem Gewesenen versteckt sich in der Tat der Sinn, der, von einem Offenbarungsdrang geprägt, sich durch sein ganzes Werk zieht: Vergangenheit als existenzielle Bedrohung in »Gestern« und in »Der Tod und der Tod« die in der Gegenwart wieder auflebt und alle Erklärungsmuster in Frage stellt; die mythische Vergangenheit, die für Werke wie »Der Tod des Tizian« und »Age of Innocence« bezeichnend ist, die sich als Teil einer vom Platonismus geprägten Allegorie umformt; die historistisch geprägte Vergangenheit endlich, die wir in einer Fragment gebliebenen Renaissancetragödie »Ascanio und Gioconda« und in der Bearbeitung der »Alkestis« nach dem griechischen Original finden. Es ist gewiß kein Zufall, daß Hofmannsthal gerade diese beiden Epochen mit besonderem Interesse verfolgt.

Trotz des von D'Annunzio selbst immer wieder erhobenen Anspruchs, Begründer einer neuer Menschheit zu sein, entzieht sich diese Totalität auch für ihn jeglicher Zukunftsbezogenheit. Vielmehr bricht in ihm stets erneut der von Vittorio Roda hervorgehobene Widerspruch zwischen dem »Naturraum«, der der Vorzeit angehört, und dem zukunftsorientierten »Willensraum« auf, der doch reine Utopie bleibt. Ein Widerspruch, den D'Annunzio zuletzt zugunsten des Gewesenen löst.[45] Sein Platz bleibt in jenem unendlichen Weben, das Gegenwart und Vergangenheit, Zitate aus dem kulturellen Erbe und Träume, Künstlichkeit der Rhetorik und leidenschaftlichen Lebenswillen innig miteinander verknüpft: »eterno gioco che sa giungere fino alla apoteosi del virtuosismo tecnico, della fascinazione oratoria, della fede orfica nella parola«.[46]

---

[44] Brief an Beer-Hofmann vom 16. Juni 1895. In: BW Beer-Hofmann 54.
[45] Vgl. Vittorio Roda: La strategia della totalità. Bologna 1978, S. 65-77.
[46] Raimondi: Il silenzio della Gorgone (Anm. 13), S. 89.

In diesem Streben wird der Italiener, wie auch der Österreicher, von Anregungen geleitet, die aus dem Repertoire der Weltliteratur stammen. D'Annunzio bewahrt – wie Hofmannsthal zutreffend schreibt – Kunst und Schönheit in dem einzigen Museum, das aufzubauen sich lohnt, das Museum des allesfressenden Künstlers, der sich verpflichtet fühlt, für die Zeichen der Kunst zu bürgen.[47] »Tradimenti«[48] nennt sie D'Annunzio. Ihnen verdankt er den glücklichen Einfall,[49] den er dann in Poesie umwandelt.

Obschon beide Autoren auf dieser Suche nach Materialien, die als »materia infiammata« aus einem »terreno volcanico«[50] hervorbrechen, der gesamten europäischen Kultur verpflichtet sind, ist Italien als mythisches Kulturland das erkorene Revier, in dem die Schriftsteller einander begegnen. Die grundlegende Zustimmung D'Annunzios zu einigen der im Aufsatz Hofmannsthals ausgedrückten Anschauungen ist wesentlich auf die gemeinsame Liebe zur klassischen Tradition und zur italienischen Renaissance zurückzuführen. Vergil, Botticelli, Lorenzo de' Medici, Petrarca, Tibull, Horaz, Cellini und Machiavelli werden in den Texten beider mit einer unglaublichen Erkenntnis nachdrücklich hervorgehoben, fast als handelte es sich um seltene und kostbare Objekte der Ära der Dekadenz.

Es ist erwiesen, daß D'Annunzio den sehnsüchtigen Wünschen deutscher Leser entgegenkam, die »seine sinnliche Italianität als Bestätigung der eigenen Phantasie brauchten«.[51] Dies gilt gleichermaßen für Hofmannsthal, der lange Jahre damit beschäftigt war, die merkwürdige Fähigkeit seiner italienischen Kollegen zu studieren, die darin bestand, das Konkrete der Natur durch das Spiel lebendiger Zitate zu ersetzen.[52]

Während die Literaturhistoriker die Rolle Venedigs und der »romanitas«, als Provinz eines barocken und kaiserlichen Österreich, gründlich

---

[47] Giorgio Barberi Squarotti: Gli inferi e il labirinto. Bologna 1974, S. 96.

[48] »Tradimenti« sind sehr freie Übersetzungen der klassischen Dichter, die D'Annunzio in »Primo Vere« (1879) sammelt.

[49] D'Annunzio: Il piacere (1889). Milano 1951, S. 126.

[50] D'Annunzio: Il venturiero senza ventura e altri studii del vivere inimitabile (1944). In: Ders.: Prose di ricerca, di lotta e di comando. Hg. von Egidio Bianchetti. 2. Aufl. Milano 1956, S. 11.

[51] Lea Ritter-Santini: Lesebilder. Stuttgart 1978, S. 218.

[52] Vgl. Pouget: L'interrogation sur l'art dans l'oeuvre essayistique de Hugo von Hofmannsthal (Anm. 35), S. 128, 156-157.

erforscht haben,[53] ist die Frage nach der Bedeutung, die Italien für den jungen Hofmannsthal annimmt, weitgehend vernachlässigt worden.[54] Unter dem Bild Italiens darf man nicht das Heimatland des ästhetischen Sammlers wie in »Gestern« verstehen, nicht den magischen Ort, in dem alles symbolisch verfärbt wird, wie in »Der Tod des Tizian« oder im Roman »Andreas oder Die Vereinigten«, nicht die Kulisse für merkwürdige und flüchtige Begegnungen, wie in »Der Abenteurer und die Sängerin« oder in »Silvia im ›Stern‹«, und ebensowenig den Auslöser eines heftigen Konflikts zwischen Leidenschaft und Rationalität, der in dem Drama »Das gerettete Venedig« dargestellt wird. Vielmehr handelt es sich um Kulturfragmente, die, der von Chandos beschriebenen Muräne gleich, ein rebellisches Denken wecken und das Spiel einer schöpferischen, von Wirklichkeit befreiten Vorstellungskraft ermöglichen, vom Wunsch erfüllt, dem Toten Leben einzuhauchen. Es sind Bilder, die sich dem Instrumentarium des Pathologen entziehen und stets von neuem Begeisterung heraufbeschwören, von dem Wunsch beseelt, jegliche Starrheit zu überwinden.

In den »Blättern für die Kunst« von 1896 findet man eine Stelle von George, in der eine solche Vorstellung Italiens dargelegt wird:

(...) nun ist aber fast die hervorragendste und natürlichste aller deutschen stammeseigenheiten: in dem süden (...) zu dem wir dichter pilgern (...) in der tiefe das licht zu finden: ewige regel im Heiligen Römischen Reich Deutscher Nation.[55]

Italien, das »Schicksalsziel der deutschen Träume«,[56] stellt sich als »aristokratischer und heldenhafter« Ort der kosmischen und rituellen Immanenz des Poetischen und Bildlichen dar, die verdeckt bleibt, bis die

---

[53] Vgl. Geneviève Bianquis: L'image de Venise dans l'oeuvre de Hofmannsthal. In: Revue de littérature comparée, 32 (1958), S. 321-326, und Paul Requadt: Die Bildersprache in der deutschen Italiendichtung von Goethe bis Benn. Bern 1962, S. 215-239. Zur »romanitas« vgl. Helmut A. Fiechtner: Hugo von Hofmannsthal und die Romanität. Wien 1935 [Diss.]; Ernst Robert Curtius: Hofmannsthal und die Romanität. In: Neue Rundschau 40 (1929), S. 651-659; Massimo Cacciari: Intransitabili utopie. In: Hofmannsthal: La torre. Milano 1978, S. 155-226.

[54] Vgl. Dean Lowell Castle: Italy in the Life and Work of Hugo von Hofmannsthal. Illinois 1971 [Diss.].

[55] Blätter für die Kunst 3, N. 2 (1896); Vgl. dazu Emmy Rosenfeld: L'Italia nella poesia di Stefan George. Milano 1948.

[56] Mario Pensa: Stefan George e l'Italia. In: Il Veltro 6 (1962), S. 229. Weiter Gabriella Rovagnati: D'Annunzio nella traduzione di George. In: Sulla traduzione letteraria. Contributi

wunderbare schöpferische, im Innern des Dichters verborgene Kraft sie offenbart.[57]

In einem autobiographischen Brief von 1892 an seinen französischen Übersetzer, Georges Hérelle erklärt D'Annunzio die Bedeutung, die die »Muse Italien« für ihn einnimmt:

> Nel libro di versi intitolato La chimera sono numerose le odi che fanno pensare agli affreschi delle cappelle fiorentine e dei palazzi lombardi. Infatti io guardavo la vita con gli occhi di un quattrocentista mezzo pgano e mezzo cristiano: con gli occhi di un discepolo di Fra Filippo (Lippi).

Und an einer anderen, dem »Isotteo« gewidmeten Stelle heißt es:

> Nel libro di versi intitolato Isotteo io volli rinnovare le forme metriche tradizionali dell'antica poesia italiana del secolo XV, cantando le ballate alla maniera di Lorenzo il Magnifico.[58]

In diesen Zitaten wie in dem Aufsatz Hofmannsthals wird Italien zu einem mythischen Ort erkoren,[59] an dem aller Schutt der Vergangenheit, alle entseelten Trümmer sich neu beseelen, sich die Empfindungen und die Kenntnis der ewigen Regeln von Natur und Kunst vereinen, so daß die von der tödlichen Banalität hervorgerufene Leere, die zwischen »alten Möbeln« und »neuer Nervosität« entsteht, überwunden werden kann:[60]

---

alla storia della ricezione e traduzione in lingua tedesca di opere letterarie italiane. Hg. von M. G. Saibene. Milano 1989, S. 100-102. Weiter vgl. Claudio Magris: Il »Poema paradisiaco« del D'Annunzio e il »Traurige tänze« di Stefan George. In: Lettere italiane 12 (1960), S. 284-295; Gert Mattenklott: D'Annunzio e George. In: D'Annunzio e la cultura germanica (Anm. 4), S. 243-254.

[57] »Io sono una struttura, una sostanza e posso farmi simile a tutte le parvenze della materia costruita e atteggiata interpreto il linguaggio, i caratteri e numeri delle cose non dall'esterno, ma dall'interno«. D'Annunzio: Libro segreto. In: Ders.: Prose di Ricerca. Bd. II. Milano 1960, S. 846.

[58] Microfilm im Archiv des Vittoriale, zitiert in: Teresa Ariosto: La fortuna critica di D'Annunzio in Europa. Roma 1990 [Diss.], S. 62 ff.

[59] Vgl. dazu Raffaella Bertazzoli: In margine a una lirica dannunziana tradotta da Paul Heyse. In: D'Annunzio e la cultura tedesca (Anm. 4), S. 253-254.

[60] Wie Aspetsberger feststellt, hat man unter dem Begriff »schöne Möbel« die »Drapierung der im Leben wurzellosen Empfindung« zu verstehen, während »moderne Nervosität« den Schmerz des Verlusts von Anhaltspunkten, die sterile Ichbezogenheit von Epigonen meint (Hofmannsthal und D'Annunzio. Formen des späten Historismus [Anm. 4], S. 430). Der Einfluß Nietzsches (vgl. u. a. Unzeitgemäße Betrachtungen. II: Vom Nutzen und Nachteil der Historie für das Leben«) ist hier besonders auffallend und kann als Voraussetzung der Übereinstimmung zwischen den beiden Autoren betrachtet werden.

> Auch in den »Römischen Elegien« des Heutigen, des Italieners, wandeln die Grazien. Aber der Dichter hat sie erst in das Atelier des Tizian geschickt, sich umzukleiden. [...] Zu diesen Elegien hat Rom all seine Erinnerungen hergegeben: die herrischen, die sehnsüchtigen, die prunkenden, die mystischen, die melancholischen. Diese komplizierte Liebe saugt aus der Landschaft, aus Musik, aus dem Wetter ihre Stimmungen. [...] Diese Liebe ist wie gewisse Musik, eine schwere, süße Bezauberung, die der Seele Unerlebtes als erlebt, Traum als Wirklichkeit vorspiegelt.[61]

Die Stelle aus dem Roman »Trionfo della morte«, die Hofmannsthal in seinem Gedächtnis behielt und die er in dem Aufsatz über D'Annunzio von 1894 als Metapher wiedergibt, beweist die Faszination dieses Gewesenen, das zur Empfindung wird, und die Bewunderung für einen Künstler, der die Gabe besitzt, Überreste in Poesie zu verwandeln. Sie enthält die von ihm so leidenschaftlich erzielte Verwicklung von Vergänglichkeit und Ewigkeit, von Illusion und Wirklichkeit, von Streben und Erfüllung. Angezogen von dieser Erinnerung scheint Hofmannsthal zu sein, aber nicht überzeugt. So zeichnen sich dann auch allmählich die Unterschiede zwischen den beiden Autoren ab: Hofmannsthal meint etwas Künstliches, Unnatürliches, wenn er eine Vergangenheit wie diejenige D'Annunzios beschwört – ein Weg, der zuletzt in Formalismus mündet. Er fühlt außerdem, daß die »Visionen« des Italieners, die aus dem Bedürfnis entspringen, Erscheinung und Bedeutung zu vereinen, zuletzt erstarren.[62]

> [...] ringsum aber zwischen Myrtenbüscheln liegen und leuchten am Boden Trümmer von schönem und sinnlichem antiken Marmor: zarte, anmutige Hände, die den Fetzen eine Chlamys halten, herkulische Arme mit wütend geblähten Muskeln, ungeheure Brüste [...]. Es ist sehr sonderbar, wenn einer in so starren Dingen das Bild seiner Vision der Welt findet, da doch im Dasein alles gleitet und fließt. Und es ist sehr charakteristisch, daß sich ihm in den steinernen, künstlichen Spuren einer vergangenen Zeit das Leben ankündigt. Es ist in der Tat etwas Starres und etwas Künstliches in der

---

[61] GW RA I 180.

[62] »Oggi so che ogni soglia è misteriosa e che non mai lo spirito dovrebbe esser tanto vigile quanto nel rischiare l'atto di varcarla. Ovunque, comunque, s'io entro in una stanza, ricca o povera [...] sento che l'Invisibile mi viene incontro e mi alita sul cuore« (D'Annunzio: Il venturiero senza ventura [Anm. 50], S. 44).

Weltanschauung des Herrn d'Annunzio, und noch fehlt seinen merkwürdigen Büchern ein Allerletztes, Höchstes: Offenbarung.[63]

Solche Verwicklung scheint sich auf das Spiel des Zauberers zu beschränken, der, um seiner unendlichen Macht Ausdruck zu verleihen, nur die Karten des Scheins mischt. Der junge Hofmannsthal sieht dagegen in der Wiederbelebung der Tradition nur eine schwache Brücke zwischen dem Dichter und den heraufbeschworenen Abgründen[64] und, im Einklang mit Walter Pater, auch bloß die Vorstufe eines esoterischen Prozesses, der darauf zielt, die Poesie in den ewigen Zyklus der Existenz zu versetzen, wo der Banalität und den Fälschungen des Alltäglichen kein Raum mehr gegönnt wird.

Im Jahr 1895 verfaßt Hofmannsthal seinen dritten Aufsatz über D'Annunzio, diesmal dem Roman »Le Vergini delle rocce« gewidmet. In diesem Essay erneuert der Österreicher die Bewunderung für den Künstler, der scheinbar dem Ästhetizismus endgültig entsagt hat, um sich »den Mächten, die binden«[65], hinzugeben. Neben vielen anderen Themen kehrt hier auch der Mythos der von D'Annunzio evozierten ›Italianität‹ – Italien als metaphorisches Land der Wiedergeburt des Dichters – zurück. Aber das Bild hat sich wesentlich verändert: Um die Zerstückelung der Erlebnisse und den Konflikt zwischen Identifikation und Entfremdung zu überwinden, ist die einfache Benennung der »lateinischen Renaissance« nicht mehr ausreichend. Gefragt ist nun das mächtige Eingreifen des tatkräftigen Menschen, der fähig ist, diese Vergangenheit in poetische Gegenwart umzuwandeln:[66]

> Eine solche Kraft, ins Leben zurückgeleitet, kann uns ganze Länder entgegentragen [...]. Wie ich vor ein paar Monaten mit diesem Buch in Venedig unter den Arkaden saß, war seine Kraft so groß über mich, daß mir unter

---

[63] GW RA I 201. Vgl. dazu auch eine Stelle aus »Der Tor und der Tod« (GW GD I 284), die besonders im Einklang mit diesem Text steht.

[64] »Nichts umgibt uns als das Schwebende, Vielnamige, Wesenlose, und dahinter liegen die ungeheuren Abgründe des Daseins. [...] für einen Augenblick machen sieben durcheinandergehende Erinnerungen und der Anblick der sinkenden Sonne das Bewußtsein eines Menschen dem eines alten und starken Gottes gleich.« (GW RA I 572).

[65] GW RA I 213.

[66] Vgl. GW RA I 207.

dem Lesen wirklich manchmal war, als trüge mir der Dichter sein ganzes Land entgegen, als käme Rom näher heraufgerückt, das Meer von allen Seiten hergegangen, ja als drängen die Sterne stärker hiernieder.[67]

Am Ende schwindet für Hofmannsthal die Anziehungskraft D'Annunzios, sein Werk erstarrt in der Steifheit klassischer Rhetorik und in der Fixiertheit eines medusenhaften Blicks, der unfähig ist, trotz aller Schönheit der Sprache Fragmente und Empfindungen aus der Vergangenheit in die Gegenwart, aus der Welt des Möglichen in die der Realität zu übertragen.

In »Erinnerung schöner Tage« von 1896 beschäftigt sich Hofmannsthal mit der italienischen Literatur des vergangenen Jahrhunderts. Was ihn an den Büchern Marzanos und Pellicos fasziniert, ist nicht mehr das magische Hervortreten von Kulturfragmenten, sondern »Tat, nichts als Tat, die eine Tat, an der alles Glück, alle Würdigkeit des Daseins zu hängen scheint«.[68] Im Zusammenhang mit diesen Werken, die ein Engagement für die Wirklichkeit bezeugen, erwähnt Hofmannsthal auch eine Rede, die D'Annunzio im Wahlkampf 1896 hielt.

Hofmannsthal geht freilich nicht eigentlich auf den Inhalt ein, der in der österreichischen Presse heftigen Anstoß erregte. Was ihn anzieht, ist vielmehr die in der Rede bekundete Allianz zwischen Poesie und Aktion und der Beigeschmack der klassischen Rhetorik, die von D'Annunzio als künstliches Mittel in den Dienst seiner Einbildungskraft gestellt wird, um die Versöhnung der Gegensätze zu erreichen.[69] Als Hofmannsthal diese Rede zusammenfaßt, findet er begeisternde Worte für ihn, die aber nichts mehr von jenem Zauber verraten, den der italienische Dichter am Anfang der neunziger Jahre auf ihn ausgeübt hatte. Er versteht die Rede nur als »ein Ganzes, ein rhetorisches Kunstwerk« der schönsten und kräftigsten Ideologie.[70]

---

[67] GW RA I 213.
[68] GW RA I 592.
[69] Vgl. Paul Requadt: Sprachverleugnung und Mantelsymbolik im Werk Hofmannsthals. In: DVjs 29 (1955), S. 263.
[70] GW RA I 592.

Hugo von Hofmannsthal
Gabriele d'Annunzio

Man hat manchmal die Empfindung, als hätten uns unsere Väter, die Zeitgenossen des jüngeren Offenbach, und unsere Großväter, die Zeitgenossen Leopardis, und alle die unzähligen Generationen vor ihnen, als hätten sie uns, den Spätgeborenen, nur zwei Dinge hinterlassen: hübsche Möbel und überfeine Nerven. Die Poesie dieser Möbel erscheint uns als das Vergangene, das Spiel dieser Nerven als das Gegenwärtige. Von den verblaßten Gobelins nieder winkt es mit schmalen weißen Händen und lächelt mit altklugen Quattrocento-Gesichtchen; aus den weißlackierten Sänften von Marly und Trianon, aus den prunkenden Betten der Borgia und der Vendramin hebt sichs uns entgegen und ruft: »Wir hatten die stolze Liebe, die funkelnde Liebe; wir hatten die wundervolle Schwelgerei und den tiefen Schlaf; wir hatten das heiße Leben; wir hatten die süßen Früchte und die Trunkenheit, die ihr nicht kennt.« Es ist, als hätte die ganze Arbeit dieses feinfühligen, eklektischen Jahrhunderts darin bestanden, den vergangenen Dingen ein unheimliches Eigenleben einzuflößen. Jetzt umflattern sie uns, Vampire, lebendige Leichen, beseelte Besen des unglücklichen Zauberlehrlings! Wir haben aus den Toten unsere Abgötter gemacht; alles, was sie haben, haben sie von uns; wir haben ihnen unser bestes Blut in die Adern geleitet; wir haben diese Schatten umgürtet mit höherer Schönheit und wundervollerer Kraft als das Leben erträgt; mit der Schönheit unserer Sehnsucht und der Kraft unserer Träume. Ja alle unsere Schönheits- und Glücksgedanken liefen fort von uns, fort aus dem Alltag, und halten Haus mit den schöneren Geschöpfen eines künstlichen Daseins, mit den schlanken Engeln und Pagen des Fiesole, mit den Gassenbuben des Murillo und den mondänen Schäferinnen des Watteau. Bei uns aber ist nichts zurückgeblieben als frierendes Leben, schale, öde Wirklichkeit, flügellahme Entsagung. Wir haben nichts als ein sentimentales Gedächtnis, einen gelähmten Willen und die unheimliche Gabe der Selbstverdoppelung. Wir schauen unserem Leben zu; wir leeren den Pokal vorzeitig und bleiben doch unendlich durstig: denn, wie neulich Bourget schön und traurig gesagt hat, der Becher, den uns das Leben hinhält, hat

Hugo von Hofmannsthal

Gabriele d'Annunzio

übersetzt von Gabriele d'Annunzio

Sembra, certe volte, *veramente,* che i nostri padri – i contemporanei dell' * Offenbach – e i nostri avi – i contemporanei del Leopardi – e tutte le innumerevoli generazioni <u>loro</u> abbian lasciato a noi – nati in ritardo – due sole cose: bei mobili e nervi sopraffini. La poesia di questi mobili ci appare come il passato; il gioco di questi nervi, come il presente.[1]

Dai Gobelins impalliditi ci saluta il Passato con mani bianche e diafane, ci sorride dagli arguti volti del Quattrocento; dalle portantine bianche e oro di Marly e di Trianon, dai letti suntuosi della Borgia e della Vendramina si protende verso di noi e ci grida: »Noi avemmo l'amor fiero, l'amor raggiante; noi avemmo la magnifica orgia e il sonno profondo; noi avemmo la vita ardente; noi avemmo i dolci frutti e l'ebrezza che voi non conoscete.« Ed é come se, in questo eclettico secolo di sentimenti sottili, tutto lo sforzo consista nell'infondere alle passate cose una vitalità propria che incute timore. Si aggirano intorno a noi *gli esseri d'un tempo, come* vampiri, *come* viventi cadaveri, simili alle scope animate di quell'infelice alunno del Mago. Noi abbiam fatto dei morti i nostri iddii. Quel che hanno, essi l'<u>ebbero</u> da noi. Infondemmo nelle loro vene il nostro miglior sangue. <u>Cingemmo</u> queste ombre <u>con la più alta bellezza e la più meravigliosa forza</u> che possa sopportare la vita: con la bellezza dei nostri desiderii e con la forza dei nostri sogni. Tutte le nostre idee di bellezza e di felicità si dileguarono dal nostro spirito, dalla nostra vita cotidiana, e *salirono ad arricchire* * gli esseri di una esistenza artificiale, gli snelli angeli * fiesolani, i fanciulli * del Murillo e le pastorelle lascive del Watteau. Non rimase a noi se non la vita freddolosa, la verità misera e solitaria: sacrificio senza ali. Noi non possediamo se non una memoria sentimentale, una volontà infiacchita o la terribile dote della duplicità interiore. Noi siamo i testimoni vigili della nostra vita. Vuotiamo il calice prima del tempo e restiamo pur sempre assetati; poiché – come disse *

---

[1] Der Stern * signalisiert Auslassungen durch D'Annunzio; *Kursive* kennzeichnen Hinzufügungen, Unterstreichungen freie Übersetzung. Die zahlreichen Veränderungen im Vergleich zum Original sind durch diese graphischen Mittel hervorgehoben. In den Anmerkungen werden nur die markantesten Abweichungen kommentiert.

einen Sprung, und während uns der volle Trunk vielleicht berauscht hätte, muß ewig fehlen, was während des Trinkens unten rieselnd verlorengeht; so empfinden wir im Besitz den Verlust, im Erleben das stete Versäumen. Wir haben gleichsam keine Wurzeln im Leben und streichen, hellsichtige und doch tagblinde Schatten, zwischen den Kindern des Lebens umher.

Wir! Wir! Ich weiß ganz gut, daß ich nicht von der ganzen großen Generation rede. Ich rede von ein paar tausend Menschen, in den großen europäischen Städten verstreut. Ein paar davon sind berühmt; ein paar schreiben seltsam trockene, gewissermaßen grausame und doch eigentümlich rührende und ergreifende Bücher; einige, schüchtern und hochmütig, schreiben wohl nur Briefe, die man fünfzig, sechzig Jahre später zu finden und als moralische und psychologische Dokumente aufzubewahren pflegt; von einigen wird gar keine Spur übrigbleiben, nicht einmal ein traurig-boshaftes Aphorisma oder eine individuelle Bleistiftnotiz, an den Rand eines vergilbten Buches gekritzelt.

Trotzdem haben diese zwei- bis dreitausend Menschen eine gewisse Bedeutung: es brauchen keineswegs die Genies, ja nicht einmal die großen Talente der Epoche unter ihnen zu sein; sie sind nicht notwendigerweise der Kopf oder das Herz der Generation: sie sind nur ihr Bewußtsein. Sie fühlen sich mit schmerzlicher Deutlichkeit als Menschen von heute; sie verstehen sich untereinander, und das Privilegium dieser geistigen Freimaurerei ist fast das einzige, was sie im guten Sinne vor den übrigen voraushaben. Aber aus dem Rotwelsch, in dem sie einander ihre Seltsamkeiten, ihre besondere Sehnsucht und ihre besondere Empfindsamkeit erzählen, entnimmt die Geschichte das Merkwort der Epoche.

Was von Periode zu Periode in diesem geistigen Sinn »modern« ist, läßt sich leichter fühlen als definieren; erst aus der Perspektive des Nachlebenden ergibt sich das Grundmotiv der verworrenen Bestrebungen. So war es zu Anfang des Jahrhunderts »modern«, in der Malerei einen falsch verstandenen Nazarenismus zu vergöttern, in der Poesie, Musik nachzuahmen, und im allgemeinen, sich nach dem »Naiven« zu sehnen: Brandes hat diesen Symptomen den Begriff der Romantik abdestilliert. Heute scheinen zwei Dinge modern zu sein: die Analyse des Lebens und die Flucht aus dem Leben. Gering ist die Freude an Handlung, am Zusammenspiel der äußeren und inneren Lebensmächte,

con tanta bellezza e con tanta tristezza Paolo Bourget – il calice, che la vita ci porge, ha una sottile fenditura; e, mentre forse l'intera bevuta ci avrebbe inebriati, deve eternamente mancare quella parte di liquore che geme di sotto perdendosi. Cosí noi sentiamo nel possesso la perdita, e in ciò che accade sentiamo l'eterno indugio. Noi non abbiamo * radici nella vita e andiamo vagando – <u>profeti e pure ombre cieche</u> al giorno senza mai posa. Noi, noi! So bene che non parlo della grande intera generazione. Parlo soltanto di qualche migliajo di uomini sparsi nelle metropoli europee. Alcuni di costoro sono *già* celebri, scrivono libri curiosamente aridi, in un certo modo crudeli e pur commoventi e attristanti; altri, modesti o alteri, scrivono soltanto lettere – quelle lettere che, anche dopo cinquanta o sessant'anni, <u>si ritrovano e si * conservano come documenti psicologici e morali</u>. Di altri in fine non rimarrà traccia; non rimarrà nemmeno un aforisma tristamente maligno o una piccola nota segnata col lapis sul margine d'un libro ingiallito. Pur tuttavia questi due o tremila uomini hanno una certa importanza. Non è necessario che tra loro vi siano i genii * dell'epoca. Essi non sono per necessità nè la testa nè il cuore della generazione: essi ne sono semplicemente la coscienza. Con dolorosa lucidità essi sentono di essere gli uomini d'oggi; si comprendono fra loro; ed il privilegio di questa specie di massoneria spirituale è l'unico <u>ch'essi abbiano innanzi al buon senso degli altri</u>. Ma dalla scrittura jonadattica, con cui tra loro si narrano le loro stranezze e i singolari desiderii e le singolarissime sensibilità, la Storia trae appunto il <u>ricordo</u> dell'epoca.

Ciò che da periodo a periodo è »moderno« in questo senso spirituale mi pare più facile a sentire che a definire. Solo *la perspicacia* del sopravvivente può scoprire il motivo cardinale delle tendenze confuse. Cosí al principio di questo secolo era »moderno« nella pittura l'adorare un certo nazarenismo malo interpretato; nella poesia l'imitare la musica, e in genere l'aspirare alla ingenuità. Da questi sintomi il Brandes ha <u>dedotto</u> il giudizio sul Romanticismo. Oggi due cose sembrano moderne: l'analisi della vita e la fuga dalla vita. <u>Chi cerca la gioia nell'azione, nell'equilibrio armonioso delle forze vitali interne ed</u>

am Wilhelm-Meisterlichen Lebenlernen und am Shakespearischen Weltlauf. Man treibt Anatomie des eigenen Seelenlebens, oder man träumt. Reflexion oder Phantasie, Spiegelbild oder Traumbild. Modern sind alte Möbel und junge Nervositäten. Modern ist das psychologische Graswachsenhören und das Plätschern in der reinphantastischen Wunderwelt. Modern ist Paul Bourget und Buddha; das Zerschneiden von Atomen und das Ballspielen mit dem All; modern ist die Zergliederung einer Laune, eines Seufzers, eines Skrupels; und modern ist die instinktmäßige, fast somnambule Hingabe an jede Offenbarung des Schönen, an einen Farbenakkord, eine funkelnde Metapher, eine wundervolle Allegorie. Ein geistreicher Franzose schreibt die Monographie eines Mörders, der ein experimentierender Psychologe ist. Ein geistreicher Engländer schreibt die Monographie eines Giftmischers und Urkundenfälschers, der ein feinfühliger Kunstkritiker und leidenschaftlicher Kupferstichsammler war. Die landläufige Moral wird von zwei Trieben verdunkelt: dem Experimentiertrieb und dem Schönheitstrieb, dem Trieb nach Verstehen und dem nach Vergessen.

In den Werken des originellsten Künstlers, den Italien augenblicklich besitzt, des Herrn Gabriele d'Annunzio, kristallisieren sich diese beiden Tendenzen mit einer merkwürdigen Schärfe und Deutlichkeit: seine Novellen sind psychopathische Protokolle, seine Gedichtbücher sind Schmuckkästchen; in den einen waltet die strenge nüchterne Terminologie wissenschaftlicher Dokumente, in den andern eine beinahe fieberhafte Farben- und Stimmungstrunkenheit.

In seinen zahlreichen längeren und kürzeren Novellen – keine, auch die längsten nicht, lassen sich eigentlich »Romane« nennen – bewegen sich vielerlei und äußerst verschiedene Menschen; aber alle haben einen gemeinsamen Grundzug: jene unheimliche Willenlosigkeit, die sich nach und nach als Grundzug des in der gegenwärtigen Literatur abgespiegelten Lebens herauszustellen scheint, jenes Erleben des Lebens nicht als eine Kette von Handlungen, sondern von Zuständen.

Da ist die Geschichte eines armen Dienstmädchens:[1] eine Geschichte, simpel wie eine Legende, eine Art Monographie des Lebens einer

---

[1] Hofmannsthal bezieht sich auf die Novelle »Annali d'Anna«, die zum ersten Mal im Sammelband »Novelle di San Pantaleo«, 1886, bei Barbera in Firenze erschien. Die zweite revidierte Auflage wurde im Band »Novelle della Pescara« bei Treves Milano unter dem Titel »La vergine Anna« 1902 veröffentlicht und 1903 von Maria Gagliardi ins Deutsche übersetzt;

esterne, imparando la vita da Wilhelm Meister o risalendo al *concetto* shakesperiano? Non altro oggi si fa se non analizzare la propria anima o sognare. Riflessione o fantasia, illusione o sogno. Vecchi mobili e giovini nervosità: ecco il »moderno«. Moderno è lo psicologico udir crescere l'erba e mormorar l'acqua nella puramente fantastica terra de' miracoli. Moderno è Paolo Bourget, è Buddha, è il dividere gli atomi, è il giocare a palla col Tutto; moderno è il decomporre un capriccio, un sospiro, uno scrupolo; moderno in fine è l'abbandono istintivo, quasi direi sonnambolico, ad ogni manifestazione del Bello: a un accordo di colori, a una metafora splendida, a una allegoria luminosa. Un francese d'ingegno scrive la monografia d'un omicida che è psicologo sperimentale. Un inglese d'ingegno scrive la monografia d'un avvelenatore e falsario che è critico d'arte assai sottile e collezionista di incisioni appassionatissimo. La morale comune viene turbata da due tendenze: da quella verso l'esperimento e da quella verso la bellezza: dalla smania di comprendere e dalla smania di dimenticare.

Nelle opere dell'artefice più originale che abbia oggi l'Italia – parlo di Gabriele d'Annunzio – ambedue le tendenze si cristallizzano con una forza e con una chiarezza meravigliose. Le sue novelle sono protocolli psicopatici, le sue poesie sono scrigni di giojelli. In quelle regna un'austera sobria terminologia di documenti scientifici; in queste una quasi febbricitante ebrezza di colori e di suoni.

Nelle sue numerose novelle, lunghe e brevi, vivono tanti e cosí diversi personaggi, ma tutti hanno un carattere comune: – quell'assenza di volontà, inquietante, che a poco a poco nella letteratura contemporanea sembra diventar la base della vita rappresentata e renderla non come un succedersi di azioni ma come un succedersi di posizioni.

Ecco la storia d'una povera domestica, una storia semplice come una leggenda *ma che somiglia ad uno studio minuto ed esatto* su la vita d'una

bestimmten Spezies Pflanze: eine halb verbetete, halb verträumte Jugend, dann Dienst, Dienstbotenklatsch, ein paar Wallfahrten, viel Gebete; Freundschaft, animalische Stallfreundschaft mit einem alten, kränklichen Esel; der Tod des Esels; ein Wechsel im Dienst, eine späte müde Art von Liebe zu einem Landbriefträger, und Ehe und Tod.[2] Alles ist wahr, von einer niederschlagenden Wahrheit: nicht kraß und brutal, aber revoltierend, unerträglich durch den Mangel an Luft, durch die Konzeption des Menschen als einer Pflanze, die vegetiert, sich langweilt und abstirbt. Oder die Geschichte eines Tramwaybediensteten,[3] Giovanni Episcopo:[4] er ist sensitiv und feig; seine Frau hat Liebhaber, die ihn und sein Kind brutalisieren; er fürchtet sich, sehnt sich fort und schaut seinem Schwiegervater, einem Säufer, Branntwein trinken zu; und das dauert Jahre und Jahre... Oder die Geschichte,[5] wie die Bauern, weil ihrem Dorfheiligen die Wachskerzen gestohlen worden sind, halb wahnsinnig vor Fanatismus den wächsernen vergoldeten Heiligen auf die Schulter nehmen und mit Sensen und Dreschflegeln über die nächtigen Äcker ins Nachbardorf stürmen und die Kirchentür sprengen und auf den Altar des anderen Heiligen, des Rivalen, den ihrigen setzen wollen und wie die zwei Haufen wütender Menschen mit den zwei heiligen

was die Rezeption der Texte D'Annunzios in Deutschland um die Jahrhundertwende betrifft, sei auf das Literaturverzeichnis von Joseph Guerin Fucilla und Joseph Médard Carrière: D'Annunzio Abroad. 2 Bde. New-York 1935-1937, hingewiesen wie auch auf einige ausführliche Aufsätze (vgl. Anm. 4 des Vorwortes) und Käthe Scherpe: Gabriele D'Annunzios Romane und Dramen in der zeitgenössischen deutschen Kritik. Diss. Breslau 1944.

[2] »Landbriefträger« und »Ehe« sind markante Ungenauigkeiten in dieser Zusammenfassung der Novelle: zum einen ist der Verlobte Annas ein Gutsverwalter, zum anderen findet die Ehe wegen des plözlichen Todes des Geliebten nicht statt. Es handelt sich um Fehler, die D'Annunzio in der Übersetzung mit Nachdruck korrigiert, um der Handlung der Novelle vollen Ausdruck zu verleihen. Wie im Fall der Erzählung »Giovanni Episcopo« und einiger Gedichte, die Hofmannsthal in der Fortsetzung des Aufsatzes erwähnt, beweisen diese Fehler, daß der Verfasser nur über die Erinnerung alter Lektüren verfügt (ein wichtiger Hinweis, der zeigt, daß Hofmannsthal diese Werke schon seit langem kannte); sie sind außerdem als Bestätigung eines kritischen Verfahrens zu betrachten, das hier, wie in der Mehrheit der Essays dieser Zeit, sich aus den Fesseln der Philologie befreit und subjektiven Eindrücken folgt.

[3] Giovanni Episcopo ist tatsächlich ein Angestellter.

[4] Die Erzählung »Giovanni Episcopo« wurde 1892 bei Pierro in Neapel veröffentlicht.

[5] Es geht um die Erzählung »San Pantaleo«, Teil des schon erwähnten Bandes »Novelle di San Pantaleo«. Die Novelle ist das erste ins Deutsche übertragene Werk D'Annunzios: sie erschien in der Beilage der Neuen Freien Presse, An der schönen blauen Donau, im März 1889 (Vgl. I. Dragonetti: An der Schönen Blauen Donau. 1886-1892. Diss. Potenza 1993, S. 198).

particolare specie di piante: – una gioventù trascorsa * in preghiere ed * in sogni, poi il servizio, chiacchiere di anticamera, qualche pellegrinaggio, molte orazioni, una *tenera* amicizia * con un vecchio asino malaticcio, la morte dell'asino, un cambiamento di servizio, un tardivo e *casto idillio* con un <u>fattore</u>, *la fine triste dell'idillio in uno autunno piovoso, una nuova amicizia animale con una testuggine, una recrudescenza di fanatismo religioso, ritiro in un monastero, infermità, allucinazioni, estasi, agonia su la pubblica strada, sotto un olivo, in mezzo allo spavento suscitato da un terremoto.* Tutto questo è vero, d'una verità accasciante; non è brutale * ma opprime per la mancanza d'aria, *per l'infinita tristezza*. <u>La creatura umana è qui rappresentata</u> come una pianta che vegeta, langue e muore.

Ed ecco la storia d'un impiegato*: di Giovanni Episcopo. Egli è sensibile e vile. La moglie ha amanti che maltrattano lui ed il figliuolo. Egli ha paura, <u>soffre</u> *acuisce la sua sofferenza con i suoi ragionamenti* e guarda il suocero che s'ubbriaca d'acquavite. E questo dura anni ed anni. Ed ecco ancora, *in un'altra narrazione, la lotta feroce di due paesi per la gloria dei loro patroni**: *la marcia notturna d'una torma cieca di fanatismo, armata di falci, di ronche, di scuri, di zappe, di schioppi, attraverso le campagne ricche di grano, sotto un cielo acceso dall'aurora boreale; l'assalto alla chiesa degli avversarii, la battaglia, l'abbattimento della gran porta, l'ultima disperata mischia presso l'altare, gli urli, le*

Namen als Feldgeschrei in der finstern Kirche zwischen Lilien, Schnitzwerk und Blutlachen die Nacht durch morden.

Aber man glaubt vielleicht, daß das Quälende dieser Lebensanschauung, diese eigentümliche Mischung von Gebundensein und Wurzellosigkeit, durch den Zwang kleiner Verhältnisse erklärt werden soll? Keineswegs. Einige dieser Novellen spielen in der Gesellschaft, in den Kreisen der überlegenen, unabhängigen Menschen. Gleich »L'innocente«,[6] das Buch, welches von allen Werken des d'Annunzio die größte Anzahl Auflagen[7] erlebt hat. Es ist das Plaidoyer eines Kindesmörders. Ein Bericht, der auf Jahre zurück ausholt und aus den unscheinbarsten Kleinigkeiten eine unwiderstehliche Schlußkette neuropathischer Logik zusammensetzt. In diesem Buch hat Herr d'Annunzio ein Meisterwerk intimer Beobachtung geschaffen. In keinem modernen Buche seit »Madame Bovary« ist die Atmosphäre des Familienzimmers, der enge ewig wechselnde Kontakt zusammenlebender Menschen ähnlich geschildert: das Erraten der Stimmung des anderen aus dem Klang der Schritte, der Färbung der Stimme; alle Qual und alle Güte, die sich in ein besonders betontes Wort, eine rechtzeitig gefundene Anspielung legen läßt; das Erraten des Schweigens; die unerschöpfliche Sprache der Blicke und der Hände. Verglichen mit diesem wirklichen Miteinander- und Ineinanderleben von Ehegatten ist das Verhältnis in Bourgetschen oder Maupassantschen Eheromanen ein flaches, ein bloßes Nebeneinanderleben, von dem sich einzelne Duoszenen, Krisen abheben. Der Erzähler der Geschichte, der Ehemann, ist eines jener Wesen von morbider Empfindlichkeit, hellsichtig bis zum Delirium und unfähig, zu wollen. Auch er steht wurzellos im Leben, schattenhaft, müßig. An einer Mauer[8] seiner Villa ist eine Sonnenuhr befestigt. Manchmal gleiten seine Blicke über den Quadranten, der die Inschrift trägt: »Hora est bene faciendi«. Gut tun! In der Arbeit den Sinn des Lebens suchen! Wie lang ist es doch her, daß ein deutscher Roman die Menschen bei der Arbeit aufsuchen wollte! Man hat diese Devise, vielleicht durch eine falsche Ideenassozia-

[6] Napoli 1892, der Verleger war Bideri.

[7] Der Roman erzielte damals in Italien nur eine einzige Auflage; zwar erregte das Werk 1893 in der Übersetzung von Georges Hérelle unter dem Titel »L'Intrus« großes Aufsehen in Frankreich. Auch in England hatte das Werk eine gewisse Resonanz. Die erste deutsche Auflage erschien 1896 bei Fischer in Berlin in der Übersetzung von Maria Gagliardi mit dem Titel »Der Unschuldige«.

[8] Vgl. die Übersetzung D'Annunzios.

ferite orrende, il sangue, l'odore dell'incenso svanito. Ma non si creda che la tristezza di una tal concezione della vita si diffonda solamente su la miseria e su l'ignoranza delle infime creature umane. Alcune di queste narrazioni trattano dell'alta società, rappresentano uomini superiori e indipendenti. *L'Innocente* – il libro che fra tutte le opere di Gabriele d'Annunzio ha avuto maggiore fortuna – é il memoriale di un infanticida; è un racconto composto di tanti piccoli fatti che formano una catena saldata da una logica infrangibile. Gabriele d'Annunzio ha creato un vero capolavoro di osservazione intima. Nessun libro *, da Madame Bovary in poi, descrive con tanta evidenza l'intimità della casa familiare, il continuamente vario contatto delle persone che vivono insieme, la divinazione * data dal semplice suono dei passi, il colorito della voce, tutta l'aria e tutta la bontà che *l'anima umana* può infondere in una parola modulata con un accento speciale *, tutta l'eloquenza del silenzio e l'inesauribile linguaggio degli sguardi e delle mani.

Al paragone di questa vera vita di coniugi *, i romanzi di soggetto affine composti dal Maupassant e dal Bourget sono superficialissimi: non rappresentano se non alcune scene a due, alcune crisi che interrompono una esistenza senza rilievi. Qui il narratore delle vicende, il marito, è un essere di sensibilità morbosa, chiaroveggente sino al delirio e sprovvisto di volontà. Anch'egli non ha radici nella vita, * anch'egli è inerte. Su la torre d'una sua villa è * una meridiana; e talvolta i suoi occhi si volgono al quadrante che porta linscrizione: »Hora est bene faciendi«, *E' l'ora di ben fare, di* cercare nel lavoro il senso della vita. Quanto tempo è che un romanzo tedesco voleva rintracciar l'uomo nel lavoro? Ma l'intendi-

tion, als etwas philiströs empfunden. Man wollte keine »staatserhaltenden« Romane: man wollte sich die Freiheit nehmen, den Menschen sowohl beim Verbrechen als beim Genuß, sowohl beim romantischen als beim psychologischen Müßiggang aufzusuchen. Oder, da die Neigungen der Romanfiguren immer bis zu einem gewissen Grad die Neigungen der Künstler reflektieren: man fand den Begriff des Schwebens über dem Leben als Regisseur und Zuschauer des großen Schauspiels verlockender als den des Darinstehens als mithandelnde Gestalt. Es scheint, daß man auf einem Umweg zur bürgerlichen Moral zurückkommt, nicht weil sie moralisch, aber weil sie gesünder ist...

Im »Innocente« läßt sich deutlich der Punkt wahrnehmen, wo der raffinierte Verismus der Seelenzergliederung in Phantastik umschlägt. Die Frau des Kindesmörders, das Opfer seiner willenlosen Grausamkeiten und endlosen Quälereien, ist eine Figur von so scharf duftendem, quintessenziertem Stimmungsgehalt, daß sie darüber zum Symbol wird. Sie ist nur leidende Anmut, eine graziöse Märtyrerin, reizend und unwirklich wie jene blassen Märtyrerinnen des Gabriel Max, mit einem unbeschreiblichen Ausdruck von Kindlichkeit und Hysterie. In einer Bewegung ihrer weißen blutleeren Hände, in einem Zucken ihrer blassen feinen Lippen, in einem Neigen des blühenden Weißdornzweiges, den sie in den schmalen Fingern trägt, liegt eine unendlich traurige und verführerische Beredsamkeit. Wenn sie so daliegt, die fast durchsichtige Stirn und die schmalen Wangen von dunklem Haar eingerahmt, und der Polster, auf dem sie schläft, minder bleich als ihr Gesicht – diese ganze Technik des Weiß auf Weiß erinnert frappant an Gabriel Max –, so berührt sie wie ein Kunstwerk, eine Traumgestalt. Man begreift vollständig, daß sie einen Traumtod sterben kann, daß sie zum Beispiel im Wald die Schläge einer Axt auf irgendeinen unsichtbaren Baum wie Schläge des Lebens gegen ihre überfeine Seele empfinden und an dieser Emotion, also gewissermaßen an einem poetischen Bild, sterben kann.

Etwas Ähnliches geschieht dieser Figur wirklich. Aber nicht im »Innocente«, sondern in einem der poetischen Bücher von d'Annunzio, den »Römischen Elegien«,[9] die als »Geliebte« ganz die gleiche sensitive Frauengestalt enthalten. Römische Elegien! Uns klingen die zwei Worte

[9] »Elegie romane«, Bologna 1892. Das Buch erschien bei Zanichelli. Die deutsche Ausgabe, »Römische Elegien«, wurde in der Übersetzung von Eugen Guglia in Wien 1903 bei dem Verleger Stern veröffentlicht.

mento parve troppo filisteo. Non si volevano romanzi »conservanti lo stato«, si voleva la libertà di descriver l'uomo tanto nell'infamia come nel piacere, tanto nella romantica quanto nella psicologica <u>dissolutezza</u>. <u>Parve preferibile all'artista il concepir la vita non come attore e collaboratore ma come spettatore della grande commedia</u> – poichè le tendenze dei personaggi d'un romanzo riflettono, sino a un certo punto, le tendenze del romanziere. Sembra però che tortuosamente si ritorni alla morale borghese, non perchè sia *morale*² ma perchè è più salutare…

Ne l'Innocente v'è un punto in cui, nel *l'analisi* dell'anima, il verismo raffinato pende verso <u>l'idealità</u>. La moglie dell'infanticida, vittima *d'infiniti tormenti* *, è una figura satura d'un *aroma* così acutamente odoroso e sublimato * ch'ella diventa un simbolo. Ella è *una* Grazia sofferente, una martire venusta, ammirabile ed inverosimile come quelle pallide martiri di Gabriel Max, con una indescrivibile espressione di fanciullezza e d'isterismo. In un moto delle sue candide anemiche mani, in uno spasimo delle sue smorte labbra, in un inchinarsi del fiorito ramo di biancospino ch'ella porta fra le sue scarne dita, è un'eloquenza infinitamente triste e affascinatrice. Quando ella riposa, con quella sua fronte quasi diafana, con quelle sue quasi immateriali guance tra la capellatura cupa, sul cuscino »pallido men di lei«,³ – veramente tutta questa tecnica del bianco sul bianco *mi* ricorda * Gabriel Max – così ella ha il fascino di un'opera d'arte, *ha la leggerezza di uno spirito* *. Ben s'intende com'ella possa morire d'una morte di sogno; com'ella, per esempio, udendo nella foresta i colpi d'una scure su un tronco invisibile, possa <u>soffrirne</u> come di colpi iterati dalla Vita su la sua pura anima e di tal <u>sofferenza</u> * possa morire. Qualche cosa di simile accade veramente alla *dolce* creatura; ma non ne L'Innocente sì bene in uno dei libri poetici di Gabriele d'Annunzio, nelle Elegie Romane, <u>dove le amanti sono dotate della medesima sensibilità dolorosa.</u>

---

² Kursivierung von D'Annunzio, um den Bezug zur damals verbreiteten Theorie des »Übermenschen« zu betonen, die für D'Annunzio in den Jahren 1892-1894 wegweisend geworden ist (vgl. Guy Tosi: D'Annunzio découvre Nietzsche. In: Italianistica 3, September-Dezember 1973, S.14-36).

³ Die angeführte Stelle ist dem Gedicht »In un notturno di primavera« aus »Elegie romane« entnommen.

bedeutend und besonders, wie ein erlauchter Name. Zum Überfluß ist denen des Italieners ein Distichon aus denen des Deutschen vorangesetzt:

> Eine Welt zwar bist du, o Rom; doch ohne die Liebe
> Wäre die Welt nicht die Welt, wäre denn Rom auch nicht Rom.

So wird ausdrücklich ein gleicher Inhalt angekündigt, und Vergleichung scheint geradezu herausgefordert. Dichter steht gegen Dichter und Epoche gegen Epoche. In antik-heiterem Liebesleben die glückliche Vorzeit in sich aufleben lassen, von der Liebe den hohen naiven Stil des Lebens lernen und lebend und liebend sich jener heroischen und verklärten Wesen als wesensgleicher werter Vorfahren erinnern, in genialen Metamorphosen bald die antike göttliche Welt vertraulich zu sich in Schlafstube und Weinlaube ziehen, bald ehrfurchtsvoll im eigenen Treiben das Ewige und Göttern Verwandte begreifen, das war das »Römische« an diesen deutschen Elegien von 1790. Was hat Rom dazu gegeben? Goldene Ähren und saftige Früchte, von der Sonne Homers gezeitigt, eine reinlich konturierte, simple, fast Tischbeinsche Landschaft und von all seinen unzähligen berauschenden Erinnerungen nichts als das Gärtchen des Horaz, die Hütte des Tibull voll Liebesgeplauder und Duft von Weizenbrot und die Spatzen des Properz. Nie haben die Grazien das liebliche Brot unsterblicher Verse von einfacheren Holztellern gegessen und klareres Quellwasser dazu getrunken. Auch in den »Römischen Elegien« des Heutigen, des Italieners, wandeln die Grazien. Aber der Dichter hat sie erst in das Atelier des Tizian geschickt, sich umzukleiden. Sie wandeln beim Plätschern der Renaissancefontänen durch die Laubgänge der mediceischen und farnesischen Villen; farbige Pagen warten ihnen auf, und im smaragdgrünen Boskett spielen weiße Frauen im Stil des Botticelli auf langen Harfen. Zu diesen Elegien hat Rom all seine Erinnerungen hergegeben: die herrischen, die sehnsüchtigen, die prunkenden, die mystischen, die melancholischen. Diese komplizierte Liebe saugt aus der Landschaft, aus Musik, aus dem Wetter ihre Stimmungen. »Wie ein Wiesel Eier saugt«, sagt der melancholische Jacques.[10] Diese Liebe ist wie gewisse Musik, eine schwere,

---

[10] Es könnte sich um eine Anspielung auf Giacomo Leopardi und auf einige Überlegungen über die Kunst handeln, die im »Zibaldone« enthalten sind. Das Zitat ist aber nicht wörtlich, und D'Annunzio verzichtet auf die Anführungszeichen.

Elegie Romane! Hanno per noi gran suono queste due parole, poichè sono legate a un nome augusto. Inoltre, *come per provocare più apertamente il raffronto* alle elegie dell'Italiano è premesso un distico tratto dalle elegie del Tedesco.

> *Eine Welt zwar bist du, o Rom; doch ohne die liebe*
> *wäre die Welt nicht Welt, wäre denn Rom auch nicht Rom.*[4]

Poeta sta contro poeta ed epoca contro epoca. Risuscitare in sè il felice tempo estinto in cui la vita d'amore era gioconda; apprendere dall' amore quell' antica giocondità sovrana; vivendo e amando evocare quelle belle forme eroiche *glorificate da un popolo possente*; attrarre a sè, in metamorfosi geniali, il divino mondo antico nella stanza da letto o sotto la veranda; sentire e adorare ne'proprii atti ciò che s'avvicina alla divinità – ecco quanto v'ha di »romano« nell'elegie del 1790. Che cosa ha dato Roma al poeta? Spighe d'oro e frutti succulenti maturati dal sole d'Omero, un paesaggio nitidamente disegnato e semplice, e tra le innumerevoli memorie soltanto il giardinetto d'Orazio, la capanna di Tibullo piena di amorosi susurri e una fragranza di pane recente, i passeri di Properzio. Mai le Grazie mangiarono soave pane di versi immortali in piatti di legno più semplici e bevvero acqua di fonte più pura. Anche nelle Elegie romane di oggi, composte dal poeta italiano, respirano le Grazie. Ma il poeta le ha mandate prima nella bottega di Tiziano ad abbigliarsi. Esse incedono sotto le pergole delle ville farnesiane e medicee, ascoltando il mormorio musicale che fanno sul loro passaggio le fontane del Rinascimento. Paggi smaglianti le servono; e nel boschetto, verde e lucido come di smeraldo, belle donne bianche *simili alle creature misteriose* del Botticelli suonano sopra lunghe arpe. A queste Elegie Roma ha dato tutte le sue memorie, tristi e liete, mistiche e profane, sempre magnifiche e imperiose. Questo amore complesso sugge i suoi umori dal paesaggio, dalla musica, dal tempo. Il malinconico Giacomo direbbe: come la donnola sugge le uova. Questo amore è come una musica, è come un profondo e dolce incantesimo che dà all'anima

---

[4] Die Fehler finden sich nicht im Distichon der »Elegie romane«. D'Annunzio zitiert wahrscheinlich Goethe (und sich selbst) auswendig, und zeigt das übliche geringe Interesse am Philologischen.

süße Bezauberung, die der Seele Unerlebtes als erlebt, Traum als Wirklichkeit vorspiegelt. Es ist keine Liebe zu zweien, sondern ein schlafwandelnder wundervoller Monolog, das Alleinsein mit einer Zaubergeige oder einem Zauberspiegel. Um so öder ist das Erwachen, dieses ernüchterte Anstarren:

> Und meinen Blicken erschien ihre Hand wie gestorben, ein totes
> Schien sie, ein wächsernes Ding, diese lebendige Hand.
> Die mit so funkelnden Träumen die Stirn mir umflocht, und die, wehe,
> Süßeste Schauer der Lust mir durch die Adern gesandt![11]

In den beiden »Römischen Elegien« wiederholt sich eine Situation: wie der Dichter, auf dem Lager der Liebe halb aufgerichtet, den Schlaf der Geliebten belauscht. Welch sicheres Glück bei Goethe, welch sicheres Umspannen des Besitzes, welch seliges Genügen! Wie einen kleinen Vogel in der hohlen Hand, hält der Glückliche Leib und Seele der Geliebten, den blühenden Leib und das warme, naive hingebende Seelchen. Dem Modernen erscheint der kleine Vogel weniger zutraulich und weniger leicht zu besitzen. Wie er sich über die blasse, leise atmende Gestalt mit Liebesaugen beugt, kommt ihm nur der eine Gedanke: wie wenig die ruhelose, sehnsüchtige Seele unter diesen geschlossenen Lidern ihm gehört, wie die Träume sie bei der Hand nehmen und fortführen, wohin er nicht folgen kann. Und wenn die geliebten Lider sich öffnen und der Blick der suchenden Augen sich jenseits verlieren will, jenseits des Lebens, in vergeblicher Sehnsucht, muß er den bleichen Mond und den unendlichen mächtigen Himmel und die unruhigen Bäume und die sehnsüchtig flimmernden Sterne bitten, ihm nicht diese kleine sehnende Seele ganz zu rauben... »Gebet, wenn ich Euch verehrte, gebt, daß ihre Seele wandermüde sich an mich schmiege, weinend, mit unendlicher Liebe.«[12] Es ist, als hätte sich in den hundert Jahren, die zwischen diesen beiden Liebestagebüchern liegen, alle Sicherheit und Herrschaft über das Leben rätselhaft vermindert bei

---

[11] Diese Verse sind aus einem Gedicht der Sammlung »Elegie romane« entnommen und zwar aus »Villa Chigi«. Die Übersetzung ist sehr frei. Das Original lautet:
> Io la guardai. La mano bianchissima parvemi esangue,
> parvemi cosa morta. Morta la cara mano
> che tanta al capo gloria mi cinse, che tanti
> sparsemi di dolcezza brividi nelle vene.

[12] Hofmannsthal paraphrasiert hier eine Stelle aus »Sera su i colli d'Alba« in den »Elegie romane« (vgl. die Übersetzung D'Annunzios).

una vita non mai vissuta e le fa apparire il sogno come una verità. Non è un amore a due, ma è come lo stupendo monologo di un sonnambulo. *Il poeta è solo, con un violino magico, d'innanzi a uno specchio incantatore. Egli è solo e desidera d'essere solo.*[5]

> *Non ti destare, non ti destare – pregai nel segreto*
> *cuore – se vuoi ch'io t'ami! Sieno per sempre chiuse*
> *queste tue labbra; e ancora, ancora saranno divine.*
> *Ritroverò per queste labbra i sovrani baci.*
> *Ritroverò la mia più lenta carezza per questa*
> *fronte che amai, per queste gote che amai, per queste*
> *palpebre al fin sù l tuo dolce insostenibile sguardo*
> *chiuse; e per queste chiuse labbra i sovrani baci.*

In due elegie romane, *in una dell'Italiano e in una del Tedesco*, è la medesima situazione: – il poeta sul letto d'amore spia il sonno dell'amante. Che sicurtà * nel Goethe, qual sicuro * possesso, quale appagamento delizioso! Come se tenesse un piccolo uccello nel cavo della mano, il felice tiene corpo ed anima dell'amante: il florido corpo e l'anima calda, ingenua, umile. Al moderno sembra che il piccolo uccello sia meno docile, meno arrendevole. Come si curva egli su quella creatura pallida, dal fioco respiro*! Come sente egli che troppo poco gli appartiene quell'anima inquieta e piena di desiderii sotto le palpebre chiuse! *Come soffre pensando che* i Sogni la prendono per mano e la conducono via, lungi, dove egli non la può seguire! E quando gli amati occhi sono aperti *e sembrano guardare »oltre, oltre la vita, invano«** egli prega la tenue luna, il cielo candido come una neve impalpabile, Espero scintillante e gli olivi *religiosi* * perchè non gli rapiscano quell'anima.

> *...Voi*
> *tutte, apparenze de la divina Bellezza ne'puri*
> *occhi, non mi rapite l'anima sua; ma fate,*
> *S'io v'adorai, ma fate che l'anima sua forse stanca*
> *volgasi a me, piangendo, con infinito amore!*[6]

E'come se, nei cento anni che passano tra questi due *libri* d'amore, la sicurtà e la padronanza della vita fossero scemate oscuramente d'in-

---

[5] D'Annunzio gibt nicht die Stelle aus »Villa Chigi« wieder, die Hofmannsthal vorlegt, sondern ein langes Zitat aus »In un mattino di primavera« aus »Elegie romane«.

[6] Das Zitat ist hier umfassender. Die Verse, die hinzugefügt sind, enthalten eine Anspielung auf »Die Welt als Wille und Vorstellung« von Schopenhauer und stellen einen Topos der Décadence dar, den schon Amiel und Bourget thematisiert hatten (über die Bedeutung dieser

immerwährendem Anwachsen des Problematischen und Inkommensurablen.

Gegenüber diesem ekstatischen Auffliegen der Liebe, dieser uneingeschränkten mystischen Hingabe an die Stimmung, wie nüchtern bei Goethe die weise Beschränkung, wie simpel, wie antik! Dem nervösen Romantiker ist die Liebe halb wundertätiges Madonnenbild, halb raffinierte Autosuggestion; unter den Händen Goethes war sie nichts als ein schöner Baum mit duftenden Blüten und saftigen Früchten, nach gesunden Bauernregeln gepflanzt, gepflegt und genossen. Das war ihm »römisch«; er dachte an den Hymenaeus des Catull, diese lebenatmende Hymne, die in der Ehe nichts Heiligeres und nichts Unheimlicheres sieht als in der heiligen Ernte oder im saftsprühenden Weinlesefest. Er dachte an den Dichter, der in einem unsterblichen Buch die reife Leidenschaft der Dido und die herbe Mädchenliebe der kleinen Lavinia malt und in einem andern lehrt, die goldenen Honigwaben auszuschneiden und die reifen Birnen zu brechen. Ein Tagebuch der Liebe wie die »Elegie romane« steht nur noch halb auf der Erde. Es enthält den Ikarusflug, es enthält auch den kläglichen Fall und die lange, öde, elende Ermattung. Es enthält den Rausch der Phantasie und den Katzenjammer der Neurose und Reflexion. »Ciò che ti diede ebrezza devesi corrompere«,[13] aus Lust wird Leid, aus Blumen Moder und Staub. So schließt mit dem Jammer des Psalmisten, was mit der Ekstase des Doctor Marianus begonnen.

Um die reine Schönheit zu erreichen, muß die Gestalt der Geliebten immer traumhafter werden, muß die Liebe selbst immer mehr einem Haschischrausch, einer Bezauberung gleichen. Das ist im »Isottèo« erreicht.[14] Isottèo, Triumph der Isaotta,[15] ist gleichzeitig ein reales und ein phantastisches Buch, gleichzeitig Wirklichkeit und Traum. Es ist nirgends darin gesagt, daß die beiden Menschen darin kostümiert sind,

---

[13] Aus »Villa Chigi«. Es handelt sich um eine freie Zusammenstellung von zwei getrennten Versen (vgl. die Übersetzung). In dieser Form wird der Hinweis auf Shelleys Gedicht »Death is Here and Death is There« auffallender als im Original.

[14] Milano (Treves) 1890. »Isotteo« wurde zusammen mit der Gedichtsammlung »La Chimera« veröffentlicht.

[15] »Trionfo d'Isaotta. Alla maniera di Lorenzo de' Medici«, ein Gedicht der Sammlung in Stanzen von achtsilbigen Versen, das von der frühhumanistischen Tradition stark beeinflußt ist, wird hier von Hofmannsthal hervorgehoben, als wäre es der stilistische und inhaltliche Brennpunkt des Werkes.

nanzi al continuo crescere del problematico e dell'incommensurabile. In confronto di questa elevazione *estetica* dell'amore, di questo abbandono mistico e senza limiti *, com'é sobria la limitazione * del Goethe, com'é semplice e com'é antica! Pel *modernissimo* * *artefice* la creatura diletta é una specie di madonna miracolosa a cui un'autosuggestione raffinata *accresce potenza*; pel Goethe non era se non un bell'albero con fiori odorosi e frutta saporite, piantato secondo la sana regola dell'agricoltore, bene curato e quindi goduto in pace. Questo, per lui era »romano«. Egli pensava all'Imeneo catulliano, a quell'inno vitale che canta il conjugio sacro come la raccolta delle messi e come la vendemmia vermiglia. Egli pensava al poeta che dipinge in un libro immortale la passione matura di Didone e il forte verginale amore della piccola Lavinia e in un altro libro insegna a tagliare i favi di miele dorati e a cogliere i pomi nel lor tempo.

Un memoriale dell'amore come le Elegie romane *di Gabriele d'Annunzio* sta ancora per metà su la terra. Contiene il volo d'Icaro ma contiene anche la miseranda caduta e il lungo * scoramento. Contiene l'ebrezza della fantasia e l'improvviso *gelo* * della riflessione.

> *Cenere, fumo ed ombra parran quivi segnar la gran legge*
> *Devono, come i corpi, come le foglie, come*
> *tutto, le pure cose de l'anima sfarsi, marcire;*
> *devono i segni sciogliersi in putredine.*
> *Devi tu, uomo, sempre, di ciò che ti diede l'ebrezza*
> *assaporare torpido la nausea.*
> *Nulla dal fato é immune. Nel corpo e ne l'anima, tutto*
> *tutto morendo* devesi corrompere.[7]

Cosi con la lamentazione del salmista, si chiude quel che cominciò con l'estasi del Doctor Marianus.

Ma per raggiungere la bellezza pura, la persona dell'amata deve diventare sempre più *chimerica*, l'amore deve somigliare ad una ebrietà * *suscitata dal più prezioso degli aromi. Questa pura bellezza é, in fatti,* raggiunta nell'Isotteo.

Stelle vgl. Anna Maria Andreoli und Niva Lorenzini: Appendice. In: Gabriele D'Annunzio: Versi d'Amore e di gloria. Milano 1982, S. 1013-1014; dazu Guy Tosi: Incontri di D'Annunzio con la cultura francese. In: Quaderni del Vittoriale, März-April 1981, S. 5-48).

[7] Auch hier ist das Zitat umfassender als im Aufsatz Hofmannsthals und drückt eine »integrale adesione ai modelli del gusto decadente« (vgl. Anna Maria Andreoli und Niva Lorenzini: Appendice [Anm. 6] S. 1006) aus.

aber alle ihre Gedanken sind es. Diese Dichterseele ist so erfüllt mit den faszinierenden Abenteuern der Vergangenheit, daß sie unter der Berührung der Liebe unwillkürlich wie aus einem tiefen Brunnen eine Märchenwelt aufschweben läßt. »Mir war, als ströme aus ihrer Rede eine Bezauberung und unterwerfe alle Büsche und Bäume...«[16] »Ihr Hände, die ihr meinen Qualen das Tor der schönen Träume aufschlosset...«[17] »Ich kränze Dich, Quell, wo ich an jenem Tag einen Trunk tat, der mir lebendig bis ins Herz zu gleiten schien...«[18] Realiät und Phantasma rinnen völlig ineinander: Die Hände der Geliebten öffnen das Tor der Phantasie; wenn die Geliebte und der Dichter nebeneinander herreiten, ist es ihm, als ritten Lancelotto und Isolde mit der weißen Hand durch den smaragdfunkelnden Wald der Poesie; um ihren blonden Kopf sieht er gleichzeitig einen Kranz Rosen und die Glorie seiner Träume gewunden. Im Triumphzug der Isaotta gehen die Horen mit Feuerlilien in der Hand, hinter ihnen Zefirus, Blumenduft hauchend, gehen Flos und Blancheflos, Paris und Helena, Oriana und Amadis, Boccaccio und Fiammetta,[19] geht der Tod, kein Gerippe, sondern ein

---

[16] Es ist eine Paraphrase der »Ballata XI« aus »Isotteo« (vgl. die Übersetzung).

[17] Noch eine Paraphrase aus der »Ballata IV« aus »Isotteo«. Hofmannsthal gibt nur einen Teil der ersten Gedichtzeile und die letzte Zeile wieder. Der Text lautet folgendermaßen:

> Oh mani che il cruento
> cuor nostro ignavo e le piaghe mortali
> e tutti i nostri mali
> con infinitá carit guaristi,
> ed a'l nostro lamento
> le porte d'oro dei bei sogni apristi (...).

[18] »Ballata XIII« aus »Isotteo«. Die Paraphrase ist sehr frei. Das Original lautet:

> Io t'inghirlando, o fonte ove quel giorno
> parvemi bere in coppa iacintea
> il sangue di una dea,
> che al cuore mi fluetificando!

Es ist anzumerken, daß Hofmannsthal an dieser Stelle auf das Ornamentale und das Rhetorische der poetischen Sprache D'Annunzios bewußt verzichtet: »iacintea«, »sangue d'una dea« werden nicht übersetzt, und »letificando« wird mit »lebendig« wiedergegeben, so daß der Nachklang des Parnasses nicht mehr spürbar ist und die symbolistischen Elemente des Gedichtes hervorgehoben werden.

[19] Hinweis auf »Trionfo d'Isaotta« und auf ein typisches Stilelement der Renaissancekultur: die Aufzählung von Figuren der historischen wie der mythischen Welt, die zusammen an einem Zug teilnehmen. Die Rolle, die diese Wiederentdeckung der humanistischen Tradition Italiens in der Beziehung zu D'Annunzio spielt, wird im zweiten Aufsatz über D'Annunzio bestätigt (vgl. RA I 199).

L'Isotteo, trionfo d'Isaotta, é nel tempo medesimo un libro fantastico e reale, é nel tempo medesimo verità e sogno. In nessun punto é detto che i due personaggi sieno in costume, ma *appartengono al tempo remoto* tutti i loro pensieri. Quest'anima di poeta é cospiena delle affascinanti avventure *cavalleresche* * che, ad ogni fremito d'amore *e di gioja* *, <u>balza d'un tratto nel cielo della favola</u>.

Ed ancora:

Il mister favoloso in cui la selva	<u>a me parve che un incantamento</u>
era sommersa, e quella voce umana	<u>fluisse da quel lento</u>
che dava ad una vana	<u>eloquio tutti i boschi affascinando.</u>
ombra, la vita, e quel chiarore blando,	*Com'ella tacque, il fremito del suono*
il senso mi cingean di tal malia	*mi tremolò sì viva –*
ch'io mi credeva udire	*mente à precordi ch'io rimasi assorto*
suono di corni in lontananza ròco	*nel mio diletto ripensando al buono*
e veder cervi a mezzo de la via,	*Astioco. – E se a la riva*
grandi e candidi, escire	*d'oro il giglio d'Elai non anche è morto?*
con in fronte una croce alta di fuoco...[8]	*E se ancora a diporto*
	la fata Vigorina è pe' sentieri?...[9] *

Realtà e fantasma si congiungono. Le mani dell'»*bianche e pure come ostie in sacramento*«[10] <u>aprono le porte dei Sogni</u>. Quando l'amata e il poeta cavalcano l'una a fianco dell'altro, somigliano a Lancialotto e *alla bella Blanzesmano* attraversanti la radiosa foresta smeraldina della Poesia. Egli vede il biondo capo di lei cinto da una corona di rose e da una gloria di sogni. Nel <u>Trionfo</u> d'Isaotta, le Ore <u>danzano in letizia</u>, *coronate di narcisi*, portando in mano gigli purpurei; e dietro di loro vien Zefiro »*dal collo puro, dalla rosea gota*«[11] *versando fiori; e seguono gli altri molli venti recando fiori*

---

[8] »Ballata VII« aus »Isotteo«.

[9] »Ballata XI« aus »Isotteo«. Statt der Paraphrase Hofmannsthals wird hier eine lange Stelle des Gedichtes selbst wiedergegeben; es werden einige Verse hinzugefügt, die ein weiteres Lieblingsthema der Décadence darstellen: eine Metapoetik, die in der literarischen Verschachtelung ihr Vorbild hat. Astioco ist ein Troubadour und die Fee Vigorina erzählt in der »Ballata IX« ein Märchen, das als Kern des Werkes betrachtet worden ist (vgl. Eurialo De Michelis: Tutto D'Annunzio. Milano 1960, S.53).

[10] Diese Gedichtzeile aus der »Ballata IV« aus »Isotteo« führt das für D'Annunzio so typische Thema der Vergeistigung des Eros ein (vgl. Angelo Jacomuzzi: Una poetica strumentale: Gabriele d'Annunzio. Torino 1974, S. 213), das von Hofmannsthal ausgeklammert wird.

[11] »Trionfo d'Isaotta« aus »Isotteo«.

schöner heidnischer Jüngling mit den Gelüsten und Träumen als valets de pied.[20]

Das ist es, was ich den Triumph der Möbelpoesie genannt habe, den Zauberreigen dieser Wesen, von denen nichts als Namen und der berückende Refrain von Schönheit und Liebe zurückgeblieben ist. Freilich, die toten Jahrhunderte haben uns nicht nur Tapeten und Miniaturen, nicht nur Tanagrafigürchen und Terrakottareliefs, Grabmonumente und Bonbonnièren, farbige Kupferstiche und die goldenen Becher des Benvenuto Cellini hinterlassen, nein, wir haben auch Homer geerbt, auch den »Principe« des Machiavell und den »Hamlet« des Shakespeare. Aber Oriana und Amadis? aber Lancelot und Ginevra? aber die Frühlingsnymphen des Botticelli? aber die »Feenkönigin« des Spenser, die »Trionfi« des Lorenzo Medici, die Zaubergärten des Ariosto? Es gibt unzählige Dinge, die für uns nichts sind als Triumphzüge und Schäferspiele der Schönheit, inkarnierte Traumschönheit, von Sehnsucht und Ferne verklärt, Dinge, die wir herbeirufen, wenn unsere Gedanken nicht stark genug sind, die Schönheit des Lebens zu finden, und fortstreben, hinaus nach der künstlichen Schönheit der Träume. Dann ist uns ein Antiquitätenladen die rechte Insel Cythera; wie andere Generationen sich in den Urwald hinaus-, ins goldene Zeitalter zurückgeträumt haben, so träumen wir uns auf gemalte Fächer. In diesem Sinn ist das »Isottèo« das schönste Buch, das ich kenne; es erreicht eine berauschende, wundervoll verfeinerte Schönheit durch ein Vergleichen aller Dinge nicht mit naheliegenden, sondern wiederum nur mit schönen Dingen, ein berückendes Ineinanderspielen der Künste. »Ihre (Isaottas) Worte fielen nieder wie sehnsüchtig duftende Veilchen…«[21] »Die nackten silbernen Pappeln standen regungslos wie silberschimmernde Leuchter, und die Lorbeerbäume bebten wie angeschlagene Lauten…«

Hier sind Beispiele machtlos; ist es doch die schönste, die ewig beneidete Sprache; ist es doch das Land unserer Sehnsucht, wo es Städte gibt, deren Namen nicht nach schalem Alltag und rauher Wirklichkeit

---

[20] Noch eine Ungenauigkeit: der Tod erscheint im »Trionfo d'Isaotta« nicht als Jüngling, sondern als eine starke Frau (vgl. die Übersetzung D'Annunzios).

[21] Hier und im folgenden Zitat werden zwei Stellen aus einem Gedicht aus »Isotteo«, »Il dolce grappolo«, entnommen.

nella bocca; *e seguono gli Amanti:* * Fiore e Blanzifiore, Parigi ed Elena, Oriana ed Amadigi *; e in ultimo viene la Morte *,

> *non la dea dei cemeteri*
> *ma una fresca donna e forte*
> *cui valletti lusinghieri*
> *sono i Sogni ed i Piaceri*
> *dal gentil volto pagano.*
> *Dice: – Tutto al mondo è vano.*
> *Ne l'amore ogni dolcezza!*[12]

Ecco un saggio mirabile di ciò che *sul principio di questo studio* ho chiamato »poesia dei mobili«. Ecco la danza magica di esseri de'quali sono rimasti soltanto i nomi; *ecco* il ritornello malioso della bellezza e dell'amore. Certo noi non abbiamo ereditato dai secoli morti tappezzerie e miniature soltanto, non soltanto figurine di Tanagra e bassi rilievi di terra cotta, non soltanto monumenti * e cofanetti, incisioni e vasi d'oro cesellati da Benvenuto *. Abbiamo anche ereditato *i poemi d'*Omero, il Principe di Nicolò Machiavelli, l'Amleto di Guglielmo Shakespeare. – Ma Oriana ed Amadigi? Ma Lancialotto e Ginevra? Ma le ninfe primaverili del Botticelli? e i Trionfi del Magnifico e i giardini incantati dell'Ariosto e le fate dello Spenser? Innumerevoli cose che per noi non sono se non i trionfi e i giochi pastorali della Bellezza di sogno incarnata, idealizzata dalla lontananza e dal desiderio: cose a cui ci volgiamo quando i nostri pensieri, non a bastanza forti per trovare le gioie della vita *presente*, aspirano a quelle artificiali del sogno. Allora l'isola di Citera è per noi come un magazzino di antichità. Altre generazioni sognarono l'età dell'oro *; noi sogniamo su le miniature dei ventagli.

In questo senso l'Isotteo è il più bel libro che io mi conosca; raggiunge una bellezza senza pari, straordinariamente raffinata * per mezzo di similitudini tratte * da tutte le cose belle; per mezzo della *comunione* di tutte le arti. * *Ella disse: Non mai* le sue parole *ebber soavità cosi profonda: cadevan come languide viole da l'arco de la sua bocca rotonda…*[13] I pioppi

---

[12] Um den Fehler zu berichtigen, beschreibt D'Annunzio ausführlich die Allegorie des Todes.

[13] D'Annunzio wehrt sich gegen die lexikalische Strenge Hofmannsthals und fügt zwei Verse hinzu, in denen der ornamentale und rhythmische Gebrauch der Adjektive des italienischen Dichters besonders deutlich hervorgehoben wird.

klingen, sondern tönen, als hätten die süßen duftenden Lippen der Poesie selbst sie beim Singen und Plaudern geformt.

Ja es strömt aus diesen Versen eine Bezauberung, die unterwirft, nicht nur die smaragdenen Büsche und Bäume, sondern völliger noch die horchende Seele, die sehnende Seele, die verträumte Seele, unsere Seele.

Denn wie das rebellische Volk der großen Stadt hinausströmte auf den heiligen Berg, so liefen unsere Schönheits- und Glücksgedanken in Scharen fort von uns, fort aus dem Alltag, und schlugen auf dem dämmernden Berg der Vergangenheit ihr prächtiges Lager. Aber der große Dichter, auf den wir alle warten, heißt Menenius Agrippa und ist ein weltkluger großer Herr: der wird mit wundervollen Rattenfängerfabeln, purpurnen Tragödien, Spiegeln, aus denen der Weltlauf gewaltig, düster und funkelnd zurückstrahlt, die Verlaufenen zurücklocken, daß sie wieder dem atmenden Tage Hofdienst tun, wie es sich ziemt.

muti e senza movimento parevan candelabri alti d'argento; ed i lauri fremean come lenti...

Qui gli esempi sono inefficaci. E' la *sovranamente* bella, l'eternamente invidiata lingua, *nel* paese dei nostri desiderii, dove *splendono* città i cui nomi risuonano * come se le odorose labbra della Poesia li avessero creati nel canto *. Emana da tali versi »un incantamento« che soggioga non solo i boschi * ma anche, e più, l'anima in ascolto, l'anima desiderata, l'anima trasognata, la nostra anima. Come un giorno il popolo ribelle si riversò fuori dell'Urbe ritirandosi sul Monte Sacro, cosi tutti i nostri pensieri di bellezza e di gioja se ne fuggirono in folla dalla vita nostra cotidiana e posero sul monte del Passato in crepuscolo i loro attendamenti stupendi. Ma il grande poeta, che tutti aspettiamo, si chiama Menenio Agrippa ed è un uomo conscio del mondo, sereno dominatore della vita; il quale in virtù di sue * *meravigliose finzioni* richiamerà i fuggitivi.*

(Dalla Frankfurter Zeitung)   Hugo von Hofmannsthal

Jacques Le Rider

La »Reitergeschichte« de Hugo von Hofmannsthal
Éléments d'interprétation[1]

L'auteur et son double

Über Hugo einiges. Seine fast unverständliche Neigung zu literar. Aneignungen: Bassompierre in der Zeit, s. Z. eine Schlachtenerzählung in der N. Fr. Pr. (Uhl sagte damals im Schachclub: Ich habe fast wörtlich dasselbe vor kurzem gelesen und weiss nicht mehr wo. Hugo fand es auch merkwürdig, gestand aber nichts zu). Dann s. Z. als ich ihm den Stoff zur Beatrice erzählte: »Das Stück werd ich auch schreiben« (drum machte ich mich so eilig dran). – Vor 10 Jahren schrieb Gustav eine Bauernstückparodie, Hugo steuerte 2 Gstanzln und 1 Satz bei, sprach dann immer von »unserm Stück«, fragte einige Mal nach »unserm Honorar« und nahm, als ihm Gustav von dem erhaltnen Feuilletonhonorar zehn Gulden überschickte (ein Drittel) das Geld an. – [...] Es fuhr mir übrigens auch durch den Sinn, dass irgend ein andrer durch die eine Bassompierre Sache beinahe ruinirt gewesen wäre.[2]

Dans cette note de son journal, datée du 12 décembre 1902, Arthur Schnitzler parle de Hofmannsthal comme d'un plagiaire ou d'un faussaire. Mais il ne dit pas quelle aurait été la source de la »Schlachtenerzählung« (il s'agit de la »Reitergeschichte«). C'est le texte »Erlebnis des Marschalls von Bassompierre«, publié dans »Die Zeit« de novembre et décembre 1900, qui avait exposé Hofmannsthal à l'incrimination publique de plagiat. Le »Deutsches Volksblatt« (journal viennois »national-

---

[1] Contre le découragement que la logorrhée germanistique répandue sur la »Reitergeschichte«, un des textes les plus commentés de Hofmannsthal, a inspiré à Gerhard Träbing qui fait une revue féroce des opinions contradictoires (»Hofmannsthals ›Reitergeschichte‹. Interpretationen und Observationen 1949-1976«. In: Sprache im technischen Zeitalter, vol. 21, 1981, pp. 221-236), et contre l'avis de Martin Stern qui réclamait récemment une »Denkpause« (»Die verschwiegene Hälfte von Hofmannsthals ›Reitergeschichte‹«, in: Roland Jost et Hansgeorg Schmidt-Bergmann (éd.), Im Dialog mit der Moderne. Zur deutschsprachigen Literatur von der Gründerzeit bis zur Gegenwart. Jacob Steiner zum sechzigsten Geburtstag, Frankfurt am Main 1986, pp. 40-45), nous nous permettrons d'ajouter notre goutte d'eau à l'océan de la critique.

[2] Arthur Schnitzler, Tagebuch 1893-1902, Vienne 1989, p. 389f. Gerhart Hauptmann, lui aussi, accusera Hofmannsthal de plagiat: »Der kl[uge] v[on] Hofmannsthal fructificiert seine hiesigen Eindrücke stark. Überall tauche ich auf. Der Akt der Psyche. Im Shakespearevortrag. Das Mannweibliche der Totenmaske, wie ich es bei Beethoven u[nd] Napoleon festgestellt hatte, etc« (G. Hauptmann, Journal, 2.5.1905, cité par Peter Sprengel, Literatur im Kaiserreich. Studien zur Moderne, Berlin 1993, p. 59).

allemand«, antisémite et antimoderne), sous la plume de Vergani, avait attaqué Hofmannsthal, l'accusant d'avoir publié une contrefaçon de Goethe. Dans »Die Fackel«, Karl Kraus commente en ces termes:

> Nach Jugendtagen, in denen er bald in der modernen Franzosen Bezirk, bald in Shakespeare, dann wieder in Ovids und in der griechischen Tragöden Bereich seinen Geist und seine Sprache sich herumtummeln ließ, ist Hugo v. Hofmannsthal immer mehr zum Goethe unserer Zeit herangereift. Bewundernd sahen seine Freunde ihn sich entwickeln, sahen, wie Hofmannsthals Hand, die Herr Hermann Bahr einst eine »weiche, streichelnde, unwillkürlich caressante Hand der großen Amoureusen, wie die leise, zähe Schmeichelei verblasster alter Seide« genannt hat, bald die straffen Striche führen lernte, mit denen Goethe zu zeichnen liebte [...]. Das kurze Geschichtchen, das Goethe den Memoiren des Marschalls von Bassompierre nacherzählt hat, ist ein Canevas, in den Herr Hofmannsthal seine pompöse Stickerei hineingearbeitet hat. [...] Wer den Faust oder Hamlet citiert, mag es manchmal für nöthig erachten, den Namen Goethe oder Shakespeare dabei zu nennen. Aber soll es wirklich als Plagiat gelten, wenn er's nicht thut? [...] Was Ungebildete hier Plagiat nennen, ist in Wahrheit Citat. Und seht doch, worauf es Hofmannsthal eigentlich ankam. Er hat uns zeigen wollen, dass er Goethes Erbe auch zu mehren weiß [...]. Das ist bekanntlich Goethes großer Mangel, dass er uns über die Psychologie des Weibes so wenig zu sagen gewusst hat. Und das ist die große Aufgabe seines Erben Hofmannsthal: dass er uns Goethes Werke umdichte, sie für die feineren Bedürfnisse und die tiefere Seelenkenntnis unserer Zeit herrichte [...].[3]

Dans le cas de »Bassompierre«, l'affaire est plus aisée à démêler. Hofmannsthal ne fait pas mystère de ses sources: il les mentionne à la fin du récit[4]. Ce que les Béotiens appellent plagiat est en réalité citation: le risque de la citation à demi inconsciente et incontrôlée préoccupe Hofmannsthal depuis ses débuts. Cette lettre à Schnitzler du 27 juillet 1891 en témoigne:

> Ich lese Homer, Maupassant, das Linzer Volksblatt, Eichendorff und cette touchante histoire de petite Secousse, die manchmal so schön ist, qu'elle donne presque envie de pleurer, trotz Boulange-, Mysti-, Stoi- und Katholicismus. Ich habe gar keine eigenen Empfindungen, citiere fortwährend in Gedanken mich selbst oder andere [...].[5]

---

[3] Die Fackel, n° 60, fin novembre 1900, p. 20 sqq.
[4] Hofmannsthal, GW E 142.
[5] BW Schnitzler (1983), p. 8.

Dans le cas de la »Reitergeschichte«, Hofmannsthal ne donne aucune indication. L'édition critique souligne: »Zeugnisse zur ›Reitergeschichte‹ gibt es so gut wie keine«.[6] Pourtant, le soupçon d'imitation pèse dès l'origine sur cette nouvelle. Otto Brahm écrit par exemple à Hofmannsthal, le 26 décembre 1899:

> Ich muß Ihnen doch für das Weihnachtsgeschenk danken, das Sie der Menschheit und mir mit der famosen Reitergeschichte gemacht haben. Zwar wünschte ich den Vortrag etwas weniger kleistisierend – Sie haben einen eigenen Schnabel, was brauchen Sie danach zu kucken, wie andere gewachsen sind ? –, und der Ausgang scheint mir um eine Linie zu knapp, und dadurch nicht ganz zwingend – aber im Übrigen alle Achtung, und Hut ab vor der Dame Vuic.[7]

L'idée d'une comparaison de la »Reitergeschichte« avec Kleist a de quoi surprendre. Est-ce dans la *langue* de Hofmannsthal qu'Otto Brahm veut déceler des échos kleistiens, dans la »verschachtelte Syntax«[8] du début de la nouvelle ? Veut-il suggérer que le maréchal des logis Lerch serait un Michael Kohlhaas refusant de céder »son« cheval et se transformant en révolté ? Ou que le cas disciplinaire de Lerch aurait quelque chose de commun avec celui du prince de Homburg qui n'avait pas obéi pour avoir confondu le rêve et la réalité ? Ou qu'il y aurait un lointain écho du début de »Die Marquise von O...« (»In M..., einer bedeutenden Stadt im oberen Italien, ließ die verwitwete Marquise von O..., [etc.].« S'agit-il de Milan ? Les soldats russes qui assiègent la citadelle au début de la nouvelle de Kleist doivent-ils être mis en parallèle avec l'armée autrichienne dans la »Reitergeschichte« ?). – Ce genre de comparaison ne tient pas, et la remarque d'Otto Brahm n'ouvre pas de perspective convaincante.

Curieusement, Martin Stern a repris – sans le citer – cette idée lancée par Otto Brahm:

> Der Text wirkt komponierter und konstruierter als die meisten anderen. Auf Passagen fast lyrischer Art folgen Szenen von äußerstem Lakonismus. Innen und außen, Seelenzustände und gezeigte Umwelt sind hier mit großer

---

[6] Hofmannsthal, SW XXVIII Erzählungen 1, 217.
[7] Cité ibid., p. 220.
[8] Cette remarque m'a été suggérée par Jürgen Link, professeur associé à l'Université de Paris VIII en 1992-93, dont les conseils m'ont été précieux pour la mise au point de ce manuscrit.

> Präzision rhythmisch verschränkt und streng aufeinander bezogen [...]. Das ganze geheimnisvoll – und attraktiv. Zeichnen sei die Kunst des Weglassens, soll Max Liebermann einmal geäußert haben [...]. Kleist hat diese lakonische und stimulierende Form bekanntlich besonders geliebt und meisterlich gehandhabt. Bei ihm entsprang sie zugleich metaphysischer Verzweiflung und erzählerischer Ehrlichkeit [...]. Bei Hofmannsthal dürfte mehr rezeptionsästhetisches Kalkül als metaphysische Bedrängnis im Spiel gewesen sein, wenn er – wie hier – die kleistsche Erzählmaske wählte.[9]

Peut-on parler d'un »masque kleistien« revêtu par Hofmannsthal, quand les éléments de comparaison restent si ténus, si extérieurs?

Comment définir l'originalité de Hofmannsthal, comment cerner la spécificité de cette modernité incontestable (nul doute que la »Reitergeschichte« compte parmi les textes les plus »modernes« de son auteur)? Faut-il parler d'une »postmodernité« avant la lettre, qui ferait de la citation affichée ou cachée le principe même de sa création?

Walter Benjamin, lui aussi, était frappé par cette »intertextualité« presque envahissante qui caractérise la plupart des oeuvres de Hofmannsthal. Hella Tiedemann, dans sa conférence au colloque parisien »Modernité de Hofmannsthal«, citait cette note du »Nachlaß« de Benjamin (1929 ou 1930-31):

> »Hofmannsthal mit [Aleco] Dossena zusammenrücken«. Dossena, ein italienischer Bildhauer, wurde 1928 der Fälschung von Skulpturen überführt. »Dossena fälschte, ohne es zu wissen.« Ich [H.T.] zitiere mit wenigen Auslassungen: »Hofmannsthal fälschte, ohne es zu wissen, aber freilich erfüllt von den Werken, die aufs neue in ihm lebendig wurden. [...] Darum ist ›Übersetzung‹ für das, was er mit Ödipus, der Elektra, mit dem geretteten Venedig, mit Jedermann, mit dem Leben ein Traum und sovielem andern vornahm, garkein adäquater Begriff. Er tat mit diesen Werken nichts anderes als was er beispielsweise an der Goetheschen Novelle oder an dem Märchen mit der Frau ohne Schatten vornahm, die ja gewiß keine Übersetzung ist. Sie läßt aber zugleich erkennen, worum es sich hier handelt, was das Gemeinsame all dieser Arbeiten ist. [...] Der große Fälscher [...] zitiert [das] Urbild. Und das ist Hofmannsthals Fall: er zitiert nicht Zeilen, schöne Stellen oder dergleichen sondern das ganze große [...] Urbild insgesamt. Er erhebt es in den Stand der Anführung, aber auch in den Stand der Erscheinung. Denn in der Tat zitiert der Fälscher auch in jenem andern Sinne die Werke: er

---

[9] Martin Stern, Die verschwiegene Hälfte von Hofmannsthals »Reitergeschichte«, op. cit., p. 40 et p. 44.

beschwört sie. Und zwar war für Hofmannsthal solche Beschwörungskunst untrennbar mit der Bildung verbunden [...]«.[10]

Aux yeux de Benjamin, le problème de l'épigonalité de Hofmannsthal soulève des questions plus subtiles que la simple recherche de »sources« plus ou moins dissimulées qui auraient fait l'objet d'une »imitation«. »Er zitiert nicht Zeilen, schöne Stellen oder dergleichen sondern [...] das ganze Urbild insgesamt«. Cette perspective nous incite à ne pas traiter le problème du »texte palimpseste«, de la mémoire culturelle et littéraire qui imprègne le *poeta doctus,* comme un problème d'art de la citation. Hofmannsthal ne »cite« pas ou, plutôt, il cite »das ganze Urbild insgesamt«. Cette expression nous renvoie évidemment au contexte de la réflexion de Walter Benjamin sur la notion de tradition, de continuité et de discontinuité dans la succession des oeuvres d'art et des textes.[11]

Ces différentes citations, du »gossip« littéraire viennois »à la Schnitzler« aux remarques beaucoup plus profondes de Benjamin, posent le problème de la définition de »l'originalité« de Hofmannsthal. Waltraud Wiethölter a bien montré que cette question est au centre de la »crise« de Chandos. Celui-ci, placé au milieu de sa bibliothèque encyclopédique, des monuments de l'histoire universelle et des beautés de la nature, peut-il encore répondre à la question qu'il voulait placer en exergue de son ouvrage »Nosce te ipsum«?

> Der Lord [wollte sich] offenbar nicht mehr länger mit der Rolle des Lesers und Kommentators, das heißt mit der eigenen Zweitrangigkeit gegenüber dem göttlichen Autor und dessen Text begnügen. [...] Und beides hat Chandos erfahren: sowohl die Dispersion seines Ichs durch dessen eigene Produktionen, die er von einem gewissen Zeitpunkt an nur noch mit

---

[10] Hella Tiedemann-Bartels, »Unveräußerliche Reserve bei aller Bewunderung«. Benjamin über Hofmannsthal. In: Austriaca 37, 1993 (»Modernité de Hofmannsthal«), pp. 299-305, 301 sq.

[11] Cf. un des premiers états de cette réflexion chez Benjamin, dans »Die Aufgabe des Übersetzers«. In: Gesammelte Schriften, IV, 1, p. 11 (»Die Geschichte der großen Kunstwerke kennt ihre Deszendenz aus den Quellen, ihre Gestaltung im Zeitalter des Künstlers und die Periode ihres grundsätzlich ewigen Fortlebens bei den nachfolgenden Generationen«); cf. Stéphane Mosès, L'idée d'origine chez Walter Benjamin. In: Walter Benjamin et Paris, éd. par Heinz Wissmann, Paris 1986, pp. 809-826.

Befremden betrachten konnte, als auch die unendliche Leere der Zeichen, denen er die Präsenz des Sinnes hatte abzwingen wollen.[12]

Wiethölter parle ici principalement du langage lui-même qui devient *écriture en jeu* et qui échappe à son »auteur«. Mais on peut sans difficulté, me semble-t-il, appliquer ces analyses au problème de l'originalité du *propre* de la création littéraire qui, chez le *poeta doctus* Hofmannsthal, a tendance à se confondre avec l'*étranger* de la tradition. Comme l'évoque le »Gespräch über Gedichte«: »Wir besitzen unser Selbst nicht: von außen weht es uns an.«[13] – Ce point de vue permet à Wiethölter de renouveler l'interprétation de la »Reitergeschichte« à partir du thème du double. Le *Doppelgänger* n'est plus seulement le symptôme d'une *Spaltung* du sujet entre ses pétitions nobles (l'élan »héroïque« de Lerch) et ses vils appétits (conquêtes sexuelles faciles, désirs petits-bourgeois de confort patriarcal, etc.), ni seulement le signe annonciateur de la mort, mais l'autre de son écriture que rencontre l'auteur. Lerch est donc bien une figure à laquelle s'identifie Hofmannsthal,[14] et sa crise d'identité pourrait être comparée à la crise d'identité de l'écrivain qui se rencontre dans son propre texte comme un double étranger à lui-même.[15] Lerch apparaît,

---

[12] Waltraud Wiethölter, Hofmannsthal oder Die Geometrie des Subjekts. Psychostrukturelle und ikonographische Studien zum Prosawerk, Tübingen 1990, p. 59 sq. et p. 66.

[13] GW E 497

[14] Les éléments autobiographiques de la »Reitergeschichte« ont souvent été soulignés. Souvenirs de ses périodes militaires: son année de »volontaire« à Göding (1894-95), ses périodes d'exercices à Tumacz (mai 1896) et Czortkow (juillet 1898). En particulier la scène des chiens:
»Und auf dem Rasen sind... 15 Hunde, alle häßlich, Mischungen von Terriers und Bauernkötern, übermäßig dicke Hunde, läufige Hündinnen, ganz junge schon groß mit weichen ungeschickten Gliedern, falsche Hunde, verprügelte und demoralisierte, auch stumpfsinnige, alle schmutzig, mit häßlichen Augen, und wundervollen weißen Zähnen. Darin lagen alle Mächte des Lebens und seine ganze erstickende Beschränktheit, daß es von sich selbst hypnotisiert ist«. (Lettre du 7 août 1895 à Leopold von Andrian). Mais aussi le nom du personnage. Hofmannsthal évoque un »Wachtmeister Lerch von der III. Eskadron« dans sa lettre du 13 août 1895 à son père. Documents cités in SW XXVIII Erzählungen 1, p. 219 sqq. On peut citer, dans ce contexte, la »Soldatengeschichte«, directement inspirée par les expériences personnelles de Hofmannsthal durant ses périodes de service militaire et qui décrit quelques tableaux de la vie militaire sous le signe de la dépression et de la »nausée«.

[15] Cf. Maupassant, Lui ?, où l'écrivain voit son double assis à sa table de travail...

dans cette perspective, comme frappé d'une maladie analogue à celle de Chandos.[16]

Deux références cachées: Stendhal et D'Annunzio

Aucun de ceux qui éprouvaient face à la nouvelle de Hofmannsthal un effet de déjà vu (déjà lu) et qui pressentaient un »modèle caché« de la »Reitergeschichte« n'indiquait pour autant une piste sérieuse. S'il fallait mener cette enquête et chercher des références occultées, je proposerais le début de »La Chartreuse de Parme« de Stendhal et les romans de Gabriele D'Annunzio.

La première hypothèse est inspirée par Theodore Fiedler[17] qui, en 1976, estimait que l'ironie était le principe structurel de la »Reitergeschichte«. Il remarquait la ressemblance entre ce passage de Hofmannsthal décrivant le rêve éveillé de Lerch:

> Der Rasierte nahm bald die Stelle eines vertraulich behandelten, etwas unterwürfigen Freundes ein, der Hoftratsch erzählte, Tabak und Kapaunen brachte, bald wurde er an die Wand gedrückt, mußte Schweiggelder zahlen, stand mit allen möglichen Umtrieben in Verbindung, war piemontesischer Vertrauter, päpstlicher Koch, Kuppler, Besitzer verdächtiger Häuser mit dunklen Gartensälen für politische Zusammenkünfte und wuchs zu einer schwammigen Riesengestalt, der man an zwanzig Stellen Spundlöcher in den Leib schlagen und statt Blut Gold abzapfen konnte,[18]

---

[16] Waltraud Wiethölter (p. 78) observe que la fascination du spectacle répugnant des chiens est un thème commun à »Lettre« de Lord Chandos et à la »Reitergeschichte«. Dans les deux cas, ce spectacle est annonciateur d'un »dédoublement« du sujet.
Jürgen Link me fait remarquer que la »nausée« d'Anton Lerch suit un schéma analogue à celui que décrit Jean-Paul Sartre, dans »L'Etre et le néant«, à propos de la »viscosité«: »Mais qu'est-ce donc qui traduit cette crainte, sur le plan ontologique, sinon justement la fuite du Pour-soi devant l'En-soi de la facticité, c'est-à-dire justement la temporalisation ? L'horreur du visqueux, c'est l'horreur que le temps ne devienne visqueux, que la facticité ne progresse continûment et insensiblement et n'aspire le Pour-soi qui ›l'existe‹.« (L'Etre et le néant. Essai d'ontologie phénoménologique, Paris 1943, p. 672 sq.)

[17] Theodore Fiedler, Hofmannsthals »Reitergeschichte« und ihre Leser. Zur Politik der Ironie. In: Germanisch-Romanische Monatsschrift 26, 1976, p. 140-163.

[18] GW E 125. À propos de ce passage, Heinz Rieder, Hugo von Hofmannsthals »Reitergeschichte«. In: Marginalien zur poetischen Welt. Festschrift für Robert Mühlher zum 60. Geburtstag, éd. par Alois Eder et al., Berlin 1971, (pp. 311-323) p. 315, fait observer: »Interessant ist nun, daß der Wachtmeister für diese Wunscherfüllung einen Dritten benötigt, seine Liebe zu der Frau also erst in einem Dreiecksverhältnis genießen kann«. Il rapproche ce »triangle« de celui de l'histoire du maréchal Bassompierre (hübsche Krämerin / Krämer / Bassompierre).

et le passage du premier chapitre de »La Chartreuse de Parme«:

> En mai 1796, trois jours après l'entrée des Français, un jeune peintre en miniature, un peu fou, nommé Gros, célèbre depuis, et qui était venu avec l'armée, entendant raconter au grand café des *Servi* (à la mode alors) les exploits de l'archiduc qui, de plus, était énorme, prit la liste des glaces imprimée en placard sur une feuille de vilain papier jaune. Sur le revers de la feuille, il dessina le gros archiduc; un soldat français lui donnait un coup de baïonnette dans le ventre, et, au lieu de sang, il en sortait une quantité de blé incroyable.[19]

Curieusement, Theodore Fiedler se bornait à ce rapprochement de détail qui, pris isolément, ne pouvait guère sembler convaincant. En réalité, son intuition mérite d'être suivie plus systématiquement. On s'aperçoit alors que la »Reitergeschichte« est, par de nombreux traits, une citation du début de »La Chartreuse de Parme«. Mais il s'agit d'une citation dont le sens est entièrement renversé. Ce sont les Autrichiens de l'armée contre-révolutionnaire qui entrent dans Milan pour une mission de répression, et non les Français libérateurs et porteurs des idées de 1789. Ils n'apportent point la joie et la vie, mais la mort et la désolation. Lerch n'est pas le brillant lieutenant Robert, futur père de Fabrice, qui fait irruption dans le palais de la marquise del Dongo dont il aura tôt fait de conquérir le coeur et les faveurs, – mais un maréchal des logis bien peu héroïque et assiégé par des fantasmes érotiques plutôt sordides.

Le début des deux oeuvres contient des motifs homologues mais inversés:

> Le 15 mai 1796, le général Bonaparte fit son entrée dans Milan à la tête de cette jeune armée qui venait de passer le pont de Lodi et d'apprendre au monde qu'après tant de siècles, César et Alexandre avaient un successeur. Les miracles de bravoure et de génie dont l'Italie fut témoin en quelques mois réveillèrent un peuple endormi [...].

> Den 22. Juli 1848, vor 6 Uhr morgens, verließ ein Streifkommando, die zweite Eskadron von Wallmodenkürassieren, Rittmeister Baron Rofrano mit einhundertsieben Reitern, das Kasino San Alessandro und ritt gegen Mailand [...].

Ce ne sont pas des miracles de bravoure et de génie que raconte le début de la »Reitergeschichte«, mais des escarmouches d'arrière-

---

[19] Stendhal, La Chartreuse de Parme, Paris 1972, p. 22.

garde... Les soldats de l'armée autrichienne, qui ramène l'ordre habsbourgeois à Milan en cette fin de juillet 1848, sont les successeurs de ces Autrichiens que les Français, au début de »La Chartreuse de Parme«, ont chassés de Milan:

> Un peuple tout entier s'aperçut, le 15 mai 1796, que tout ce qu'il avait respecté jusque-là était souverainement ridicule et quelquefois odieux. Le départ du dernier régiment de l'Autriche marqua la chute des idées anciennes: exposer sa vie devint à la mode; on vit que, pour être heureux après des siècles de sensations affadissantes, il fallait aimer la patrie d'un amour réel et chercher les actions héroïques. On était plongé dans une nuit profonde par la continuation du despotisme jaloux de Charles Quint et de Philippe II; on renversa leurs statues, et tout à coup l'on se retrouva inondé de lumière.[20]

La citation »ironique« (on pourrait dire: par antiphrase) de »La Chartreuse de Parme«, peut-être aussi de »Lucien Leuwen«,[21] dans la »Reitergeschichte«, a une valeur politique. Nous y reviendrons. Relevons encore quelques lointaines ressemblances, suffisamment troublantes pour qu'on ne les considère pas comme purement fortuites.[22] Au chapitre troisième du roman de Stendhal, à Waterloo, Fabrice se fait voler son cheval par un général qui n'est autre que son père, le lieutenant Robert de 1796:

---

[20] Ibid., p. 21 sq.

[21] »Le souvenir de l'entrée du régiment de Lucien Leuwen à Nancy se retrouve dédoublé dans la traversée de Milan et dans celle du village. Nancy, ville répugnante; il y a même un abattoir juste avant la ville; le sol glissant, boueux; la chute de cheval de Lucien, qui lui paraît un mauvais présage; la femme à la fenêtre, contemplée à la faveur d'un encombrement sous une voûte, l'éveil du désir et le réveil de l'âme de Lucien. [...] Une scène en particulier: le colonel du régiment doit donner l'accolade à Lucien, son cheval fait un écart à ce moment, et Lucien fait suivre le mouvement à son propre cheval, tandis qu'une lueur ironique passe dans son regard; le colonel Mahler le prend en haine dès ce moment«. Remarques de Vivette Pouzet, dans une contribution à mon séminaire de DEA de l'Université de Paris VIII.
Notons qu'une édition de »Lucien Leuwen« venait d'être publiée en 1894 (édition et présentation de J. de Mitty). – Dans une lettre de mai-juin 1892 à Richard Beer-Hofmann, Hofmannsthal écrit: »Stendhal behalte ich noch«. (BW Beer-Hofmann, p. 7)

[22] »La fumée blanche qui signale le lieu de la bataille; l'histoire de cheval acheté, pris, de nouveau acheté, puis volé; le rythme de galop perpétuel (»ventre-à-terre«), les habits rouges jonchant le champ de bataille et le sang du cheval éventré, qui coule dans la boue; Fabrice abat un Prussien avec tout le plaisir d'une chasse; l'insubordination de l'armée de Napoléon; la charge sur le pont«. Remarques de Vivette Pouzet, op. cit.

> Le maréchal des logis s'approcha de Fabrice. A ce moment, notre héros entendit dire derrière lui et tout près de son oreille: C'est le seul qui puisse encore galoper. Il se sentit saisir les pieds; on les élevait en même temps qu'on lui soutenait le corps par-dessous les bras; on le fit passer par-dessus la croupe de son cheval, puis on le laissa glisser jusqu'à terre, où il tomba assis.
> L'aide de camp prit le cheval de Fabrice par la bride; le général, aidé par le maréchal des logis, monta et partit au galop.[23]

Sur ce champ de bataille de Waterloo, où Fabrice assiste – sans rien y comprendre – à la défaite de l'empereur admiré, non seulement il n'est pas reconnu par son père, mais il est privé par lui de son cheval, il subit le châtiment de castration.[24] – On pourrait dire que la »Reitergeschichte« nous présente la scène de l'autre côté de la barrière: le maréchal des logis Lerch prend le cheval d'un officier italien et se le fait à son tour voler par son supérieur, le capitaine Rofrano, auquel, pendant son rêve de bravoure héroïque, Lerch a cru pouvoir s'égaler.

Comment interpréter cette »citation« cachée – et ironique – de Stendhal dans la »Reitergeschichte«? Sans doute comme l'indice d'une volonté de Hofmannsthal de »méditerraniser« son écriture, au sens où Nietzsche écrit dans »Der Fall Wagner«: »Il faut méditerraniser la musique«.[25] C'est probablement Nietzsche qui conduit Hofmannsthal vers Stendhal: Nietzsche, l'enthousiaste admirateur d'Henri Beyle.[26] Plusieurs traits de l'écriture de »La Chartreuse de Parme« pourraient avoir servi de modèle à Hofmannsthal: le style de la chronique historique, la rapidité du récit, sans interventions de l'auteur, – tandis que d'autres éléments, là aussi, font l'objet d'un renversement »ironique«: le culte stendhalien de Napoléon et de l'italianité a fait place, dans la »Reitergeschichte«, à la perspective autrichienne des soldats de Radetzky; l'élégance du hussard stendhalien, »aux masques de poussière et de sang«;[27] tandis que la »chasse au bonheur« de Fabrice del Dongo se transforme en une descente aux enfers du maréchal des logis Lerch.

---

[23] Ibid., p. 65

[24] Cf. la postface de Béatrice Didier à l'édition citée de »La Chartreuse de Parme«, p. 503

[25] Friedrich Nietzsche, Sämtliche Werke. Kritische Studienausgabe, éd. par Giorgio Colli et Mazzino Montinari, Berlin-New York, München 1980, vol. 6, p. 16.

[26] Cf., sur ce point, Charles Andler, Nietzsche, sa vie et sa pensée, vol. 1 (Livre II, »L'influence des moralistes français«, chapitre 6, »Stendhal«), Paris 1958, pp. 159-176.

[27] »aus einer Larve von blutgesprengtem Staub«, GW E 123.

Hofmannsthal croit aux différences des »styles nationaux«, comme en témoigne ce passage de l'essai de 1891 sur Amiel:

> Amiel tritt den Weg nach Deutschland an, aus dem Land der Antithese, des klassischen Alexandriners, in das Land des freien Rhythmus; aus der analytischen, rhetorischen Welt in die synthetische, poetische; von Condillac zu Hegel, von Paul-Louis Courier, dem Klassiker der reinen Form, zu Jean Paul, dem Klassiker der Formlosigkeit.[28]

L'»objectivité« de la technique narrative stendhalienne, qui est celle de la »chronique« historique, correspond chez Hofmannsthal à une impassibilité *unheimlich* qui déconcerte le lecteur en quête de »vraisemblance psychologique«. Reprenant l'expression de Theodore Fiedler, »politique de l'ironie«, on peut dire qu'à travers les échos stendhaliens dont il parsème son texte, Hofmannsthal ironise sur la glorieuse campagne de Radetzky. Tout comme Fabrice del Dongo parcourait le champ de bataille de Waterloo sans prendre conscience de l'importance historique de l'événement dont il était le témoin, absorbé qu'il était par des incidents subalternes, de même la campagne italienne de Radetzky, vue dans la perspective d'Anton Lerch, se réduit à bien peu de chose. Quelques escarmouches, quelques rapines, une affaire de chevaux... L'ironie hofmannsthalienne consiste en une réduction de la grande Histoire à de la petite histoire. De même que Stendhal réduisait Waterloo, pour Fabrice, à une succession d'affaires de chevaux.

Le texte de la »Reitergeschichte« pourrait être caractérisé comme une variation de rythme et d'intensité.

> La recherche d'un effet de rythme domine le style, marqué par une cadence rapide (entrée de l'armée à Milan, scènes de combat) qui se ralentit (traversée du village), puis s'accélère à nouveau (rencontre avec le double et assaut de Lerch contre l'officier italien; instantané de la scène finale). Ce jeu des temporalités instaure un *dédoublement* du récit: action d'une part, rêverie et analyse pyschologique d'autre part; effet de réel ›historique‹, puis intrusion de l'irréel, de l'onirique, de l'invraisemblable.[29]

La structure du récit est ainsi fondée sur un dualisme des effets de rythme et des motifs: traversée de Milan / traversée du village; opposition Rofrano / Lerch; contraste entre l'extériorité des premières et des

---

[28] »Das Tagebuch eines Willenskranken«, GW RA I 109.
[29] Remarques de Vivette Pouzet, op. cit., dans une contribution à mon séminaire de DEA de l'Université de Paris VIII.

ultimes descriptions – et l'intériorité dans laquelle nous fait pénétrer le récit pendant la traversée du village. La rencontre de Lerch avec son *Doppelgänger* s'inscrit dans la logique de ce que Ritchie Robertson appelait »the dual structure of Hofmannsthal's ›Reitergeschichte‹«[30] faisant observer que, sur ce point, la structure de la »Reitergeschichte« et celle du »Märchen der 672. Nacht« se ressemblent; mais que la construction de la »Reitergeschichte« est encore plus complexe.

Ce que nous venons d'appeler une variation de rythme – il s'agit d'une véritable rupture de rythme –, est aussi le signe d'une défaillance du langage.[31] La première page du texte a des sonorités claires, martiales et le timbre des cuivres (séquences de voyelles a / o – o / a, dont le modèle est contenu dans les noms des protagonistes: Anton L. et Baron Rofrano) – fanfare qui, en regard de la suite du récit, sonne faux. C'est aussi le seul passage de la nouvelle, qui contient une comparaison tendant vers la métaphore (»von den Gipfeln der fernen Berge stiegen Morgenwolken wie stille Rauchwolken gegen den leuchtenden Himmel«); rappelons que Hofmannsthal, dans l'essai de 1894, »Philosophie des Metaphorischen«, suggérait que la métaphore traduit un sentiment d'union entre la subjectivité et le monde:

> Ich erwartete eine Philosophie der subjektiven Metaphorik; eine Betrachtung des metaphernbildenden Triebes in uns und der unheimlichen Herrschaft, die die von uns erzeugten Metaphern rückwirkend auf unser Denken ausüben [...]. Eine hellsichtige Darstellung des seltsam vibrierenden Zustandes, in welchem die Metapher zu uns kommt, über uns kommt in Schauer, Blitz und Sturm: dieser plötzlichen blitzartigen Erleuchtung, in der wir einen Augenblick lang den großen Weltzusammenhang ahnen, schauernd die Gegenwart der Idee spüren, dieses ganzen mystischen Vorganges, der uns die Metapher leuchtend und real hinterläßt [...].[32]

Cette quasi-métaphore (»Morgenwolken [stiegen] wie stille Rauchwolken«) se révèle hautement ambivalente. Elle évoque à la fois l'idylle (la fumée qui symbolise la paix du foyer) et la menace (la fumée qui fait songer à des villages mis à feu et le sang par les opérations militaires; un silence de mort). Ce signal narratif sert d'avertisseur: une lecture

---

[30] Ritchie Robertson, The Dual Structure of Hofmannsthal's »Reitergeschichte«. In: Forum for Modern Language Studies 14, 1978, pp. 316-331.

[31] Remarques de Daniel Binswanger, dans une contribution à mon séminaire de DEA de l'Université de Paris VIII.

[32] GW RA I 192.

attentive peut l'interpréter comme l'annonce de »double structure« du texte, qui obéit à la fois à une logique de chronique militaire et à une logique de pulsion de mort.

La grande »synthèse« métaphorique, simulée par la (fausse) idylle décrite dans ce premier paragraphe, sera irrémédiablement perdue dans le milieu du récit qui sera, au contraire, travaillé par la fragmentation et la division, exprimées par l'usage de »und zwar«, singulièrement appuyé dans la scène de la rencontre entre Anton Lerch et son double: »[…] und zwar einen Wachtmeister, und zwar auf einem Braunen mit weißgestiefelten Vorderbeinen.« Au contraire, le registre métaphorique sera repris dans la dernière séquence de la nouvelle: le jeu de la couleur rouge (soleil couchant / taches de sang / mort / fanfare des cuivres):

> Als der Wachtmeister mit dem schönen Beutepferd zurückritt, warf die in schwerem Dunst untergehende Sonne eine ungeheure Röte über die Hutweide. Auch an solchen Stellen, wo gar keine Hufspuren waren, schienen ganze Lachen von Blut zu stehen […]. Seitwärts der rotgefleckten Bäume hielt der Rittmeister und neben ihm der Eskadronstrompeter, der die wie in roten Saft getauchte Trompete an den Mund hob und Appell blies. (E 129)

Ce tableau, où tout se trouve fusionné dans le sang et la couleur rouge, annonce l'»union mystique«, célébrée dans la violence, de la fin du récit. Pourtant, il ne s'agit pas, dans ce tableau, d'un registre purement métaphorique. La phrase »Auch an solchen Stellen, wo gar keine Hufspuren waren, schienen ganze Lachen von Blut zu liegen« suggère une notation des plus réalistes (aux endroits piétinés par les chevaux, ce sont bien des taches de sang qui colorent le sol), de telle sorte que le sens figuré de »roter Saft« ne permet pas un instant le sang qui inonde tout le paysage. Ainsi, l'»héroïsation« qui, à première vue, semble sans doute un peu trop conforme à la rhétorique des fresques académiques de bataille (soleil couchant sur le champ du combat; fanfares; cavaliers galopant vers le rassemblement), se transforme en description macabre. La »synthèse,« cette fois encore simulée par le registre métaphorique des variations sur la couleur rouge, est détruite par les notations réalistes sous-jacentes.

La »défaillance du langage« qui se manifeste au milieu du texte, lorsque les »métaphores« (simulées) ont disparu pour faire place à la juxtaposition et à la division, s'exprime aussi dans l'impossibilité de dialogue à laquelle se heurte Lerch au moment de sa rencontre avec

Vuic: à ses paroles répondent un silence pesant, une fuite furtive, un sourire gêné. C'est donc par antiphrase que Hofmannsthal écrit: »Das ausgesprochene Wort aber machte seine Gewalt geltend.« (124) Car cette »violence« du langage ne s'exerce que sur Lerch lui-même. L'apostrophe à Vuic, restée sans réponse, déclenche en Lerch un processus d'association d'images intérieures qui l'arrachent à la réalité. Comme si Lerch n'avait fait que parler à lui-même. Cette »défaillance du langage« se traduit dans l'image: »[...] der Gedanke an das bevorstehende erste Eintreten in das Zimmer mit den Mahagonimöbeln war der Splitter im Fleisch, um den herum alles von Wünschen und Begierden schwärte.« (125) »Splitter« est à la fois l'épine qui perce Lerch jusqu'à son inconscient et l'éclatement du langage qui, malgré sa violence, ne parle plus à personne.[33]

Aux variations de rythme s'ajoutent des variations d'intensité. Lumière étincelante et sonorités martiales jusqu'à »so ritt die schöne Schwadron durch Mailand«. Lourdeur, fatigue et lubricité dans la scène de rencontre avec Vuic: »[...] einen nicht mehr frischen Schritt reitend [...] Atmosphäre von Behaglichkeit und angenehmer Gewalttätigkeit«. Engourdissement du corps (mais »aufgeregt war seine Einbildung«), lenteur et difficulté des mouvements durant la traversée du village dont la laideur[34] fait contraste avec la »schöne Villa« évoquée au début du récit, et dont tous les habitants semblent, comme la chienne, »unendlich müde und traurig«. – Au moment même où l'intensité du texte se relâche jusqu'à la torpeur et à l'immobilité (»eine so unbeschreibliche Schwere, ein solches Nichtvorwärtskommen«[35]), un retournement se produit qui coïncide avec la scène de rencontre avec le *Doppelgänger*:

---

[33] Selon Rolf Tarot, Hugo von Hofmannsthal. Daseinsformen und dichterische Struktur, Tübingen 1970, p. 337, le passage »[...] während seinem scharfen Blick noch gleichzeitig in einem Pfeilerspiegel die Gegenwand des Zimmers sich verriet, ausgefüllt von einem großen weißen Bette und einer Tapetentür, durch welche sich ein beleibter, vollständig rasierter älterer Mann im Augenblick zurückzog« (GW E 123), serait une expérience du miroir, qui marquerait le début du clivage de la personnalité de Lerch. Mais rien n'indique que Lerch aperçoive son propre reflet dans la glace qui révèle à son regard scrutateur le fond de l'appartement de Vuic. Parler d'expérience narcissique, comme le fait Rolf Tarot, semble donc excessif.

[34] Une laideur qui fait songer aux alentours de la maison de Božena dans le »Törless« de Musil – et qui fait de ce passage, après le clinquant »stendhalien« des premiers paragraphes, un morceau de prose naturaliste.

[35] On peut rapprocher ce sentiment d'engourdissement cauchemardesque du passage d'»Andreas« où le personnage éponyme du roman, en rêve, éprouve une difficulté analogue à

> [...] So trieb er ungeduldig sein Pferd sogar mit den Sporen zu einem sehr lebhaften Tempo, worauf der andere sein Tempo ganz im gleichen Maße verbesserte.[36]

Le crescendo est extrêmement rapide, et, avec le son des trompettes de l'escadron qui sonnent l'attaque, une scène de combat commence pour s'achever par une mise à mort sanguinaire:

> Der Offizier wollte über den Bach; der Eisenschimmel versagte. Der Offizier riß ihn herum, wendete dem Wachtmeister ein junges, sehr bleiches Gesicht und die Mündung einer Pistole zu, als ihm ein Säbel in den Mund fuhr, in dessen kleiner Spitze die Wucht eines galoppierenden Pferdes zusammengedrängt war. Der Wachtmeister riß den Säbel zurück.[37]

Ce retournement peut faire songer à une scène du roman de Gabriele D'Annunzio, »Les Vierges aux rochers«, que Hofmannsthal avait recensé dans ›Die Zeit‹ du 11 janvier 1896. Le héros du roman de D'Annunzio[38] est en route, à cheval, vers le château où habitent les trois vierges parmi lesquelles il choisira son épouse. Voici une des scènes décisives où D'Annunzio montre la naissance du *superuomo* nietzschéen:

> Te voilà mûr enfin [...]. Jouis donc de ton printemps; reste ouvert à tous les souffles; laisse-toi pénétrer par tous les germes; accueille l'inconnu et l'imprévu et tout ce qui t'apportera l'événement; abolis toute inhibition [...]. Ne repousse pas la douceur qui t'envahit, l'illusion qui t'enveloppe, la mélancolie qui t'attire, toutes les choses nouvelles et indéfinissables qui, aujourd'hui, tentent ton âme étonnée. Ce ne sont que les formes vagues de la

---

lever le pied au-dessus du chat torturé à mort: »Den schweren linken Fuß hebt er mit unsäglicher Qual« (GW E, 226).

[36] GW E 128.
[37] Ibid., p. 129.
[38] »À la différence des personnages principaux des romans précédents, Claudio Cantelmo, le héros des ›Vergini delle rocce‹, est une figure positive, même s'il reste en lui une forte composante de velléité. Après avoir fortifié sa vertu de surhomme par la solitude, par un détachement dédaigneux vis-à-vis du monde contemporain, par le dégoût de ce que, dans ›Il Piacere‹, l'auteur avait appelé ›le gris déluge démocratique d'aujourd'hui‹, Cantelmo décide de donner un débouché pratique à ses potentialités dominatrices en les projetant dans le futur, grâce à la naissance d'un fils qui sera le ›Roi de Rome‹. Dans cette intention, il retourne sur les terres de ses ancêtres pour choisir une épouse parmi les trois sœurs. [...] ›Le Vergine delle rocce‹ est le roman de D'Annunzio où, avec l'abandon complet du naturalisme et de la vraisemblance, avec le renforcement de l'atmosphère décadente et la pleine apparition du surhomme déjà annoncée dans le ›Trinfo della morte‹, l'idéologie antidémocratique apparaît pour la première fois de la manière la plus explicite«. (Paolo Alatri, Gabriele D'Annunzio, trad. Alain Sarrabayrouse, Paris 1992, p. 150 sq.).

vapeur qui se dégage de la vie en fermentation dans la profondeur de ta nature féconde. [...]

J'arrêtai mon cheval. [...] »Je ferais peut-être bien de me tenir encore en garde contre la vie extérieure; je ferais peut-être bien de ne pas entrer dans le cercle qui, comme une oeuvre de magie, s'ouvre à l'improviste devant moi pour m'emprisonner.« Mais le Démoniaque me répéta d'une voix claire: »N'aie pas peur! Accueille l'inconnu et l'imprévu et tout ce que t'apportera l'événement. Abolis toute inhibition, poursuis ta route, libre et assuré. N'aie plus désormais d'autre souci que de vivre. Ton destin ne peut s'accomplir que dans la profusion de la vie«.

Je poussai mon cheval avec une sorte de furie, comme si un grand acte eût été résolu à cette minute même«.[39]

Hofmannsthal, dans son compte rendu publié en 1896, avait commenté en ces termes la »conversion existentielle« du personnage:

> Es kann einer hier sein und doch nicht im Leben sein: völlig ein Mysterium ist es, was ihn auf einmal umwirft und zu einem solchen macht, der nun erst schuldig und unschuldig werden kann, nun erst Kraft haben und Schönheit. Denn vorher konnte er weder gute noch böse Kraft haben und gar keine Schönheit; dazu war er viel zu nichtig, da doch Schönheit erst entsteht, wo eine Kraft und eine Bescheidenheit ist.
>
> Ins Leben kommt ein Mensch dadurch, daß er etwas tut.[40]

Si l'on admet ce parallèle entre D'Annunzio et la »Reitergeschichte«, on peut dire que la »crise« du maréchal des logis Anton Lerch est du même ordre que celle du fils de marchand dans le »Märchen der 672. Nacht«. Accéder à la vie, au »Leben«, au risque de devoir regarder la mort en face, sortir d'une vie antérieure (dans le vocabulaire propre à Hofmannsthal, on parlerait de »préexistence«) qui restait coupée de la vie, sortir de soi, se dépasser. Ces formules simples résument le »nietzschéisme« du jeune Hofmannsthal. Dans cette perspective, Anton Lerch fait une expérience analogue à celle de Claudio dans »Der Tor und der Tod« (1893): rencontrant son double, il se trouve confronté à la figure de la mort – et celle-ci lui révèle une forme supérieure de vie (»Da tot mein Leben war, sei du mein Leben, Tod!«[41]). Le schéma d'interprétation appliqué par Marianne Burkhard à la »Reitergeschichte«, par analogie à la »Lettre« de Lord Chandos, me semble convaincant: »In beiden

---

[39] Gabriele d'Annunzio, Les Romans du lys. Les Vierges aux rochers, trad. Georges Hérelle, Paris 1897, p. 109-114.
[40] »Der neue Roman von D'Annunzio«, GW RA I 208.
[41] GW GD I 297.

Werken geht es um die Begegnung mit dem Zerfall des Lebens«, estime M. Burkhard qui compare l'ivresse initiale de Chandos (»Mir erschien damals in einer Art Trunkenheit das ganze Dasein als eine große Einheit«) à l'euphorie qui règne au début de la »Reitergeschichte«: dans un paysage étincelant, l'action militaire se déroule sans rencontrer d'obstacle. La rencontre avec Vuic provoque la perte de cette grande »unité«. À partir de là, Lerch souffre d'une sorte de *Spaltung* entre son intériorité et la réalité.

> Das Ausweichen in den brutalen Traum zeigt, daß Lerchs Welt nun so egozentrisch ist, daß er sich weigert, ihm im Leben entgegengesetzte Kräfte als Realität hinzunehmen [...]. Der Plan des Wachtmeisters, durch das Dorf zu reiten, wächst organisch aus seinem Traum und dem Gedanken an das Eintreten bei Vuic hervor [...]. Was in der Dorfszene als fremde Seite des Lebens erscheint, zeigt sich dann im Doppelgänger als Fremdheit in Lerchs eigenem Ich.[42]

Cette interprétation est affaiblie par une appréciation trop positive de l'état initial dans lequel Anton Lerch est décrit au début du récit. On pourrait dire que la »große Einheit«, dans laquelle il se trouve pris, est celle de la vie militaire qui ne laisse aucune place á la subjectivité. La »Larve von blutbesprengtem Staub« qui cache le visage de Lerch pendant sa traversée de Milan peut s'entendre au double sens du mot »Larve«: comme larve et comme masque.[43] L'individu Lerch, au début du récit, est une »larve« prisonnière de la gangue de la discipline militaire; son individualité créatrice et autonome va s'affirmer dans la dernière partie du récit, après sa »décision« de s'arracher à sa torpeur de rêve éveillé et de se ruer à l'assaut de l'officier italien aperçu au bord du ruisseau.

Cette interprétation (qui rejoint la classique explication freudienne du *Doppelgänger* comme »retour du refoulé«) permet de comprendre qu'à la fin du récit, Anton Lerch a perdu le contact avec la réalité – ou plutôt qu'il a cessé d'adhérer aux routines et aux réflexes militaires qui font le parfait soldat. Le diagnostic de »schizophrénie« (Gotthart Wunberg[44]),

---

[42] Marianne Burkhard, Hofmannsthals »Reitergeschichte« – ein Gegenstück zum Chandosbrief. In: Amsterdamer Beiträge zur neueren Germanistik 4, 1975, pp. 27-53.

[43] Je dois cette remarque à Katrin Sauer, dans une contribution à mon séminaire de DEA de l'Université de Paris VIII.

[44] Gotthart Wunberg, Der frühe Hofmannsthal. Schizophrenie als dichterische Struktur, Stuttgart 1965.

de »perturbation« (Wolfram Mauser[45]) ou d'»autisme« (Richard Exner[46]) n'est qu'une autre façon de nommer ce dérèglement de la relation intériorité / monde extérieur.

Anton Lerch n'est pas un esthète comme la majorité des personnages de Hofmannsthal, qui vivent en état de *Lebensferne*.[47] Pourtant, sa crise existentielle fait songer à celle qu'exprimait Hofmannsthal en été 1895, durant sa période de service militaire à Göding:

> Das Ungeheure des Lebens ist nur durch Zutätigkeit erträglich zu machen; immer nur betrachtet, lähmt es. [...]
> Im Leben gefangen sein.
> Die Elemente. Der beschwerliche Staub, die mühseligen Steine, die traurigen Straßen, die harten Dämme, die Tücke der Pferde und des eigenen Körpers.
> Leben und sich ausleben nur im Kampf mit den widerstrebenden Mächten. So lehrt mich mein Pferd den Wert des Vermögens, der Unabhängigkeit. Sehnsucht, Haß, Demütigung... sind die Einstellungen des seelischen Augapfels zum Erkennen der eigenen Lage im universellen Koordinatensystem und des Verhältnisses zu den anderen Geschöpfen. Vorher geht man in Gedanken leichtfertig mit den Wesen um wie mit *Marionetten*. (Scheinhaftes Leben).[48]

Il ne s'agit pas, pour Anton Lerch, de sortir d'une préexistence esthétique pour entrer dans la vie, mais de s'arracher à une »apparence de vie«[49] pour accéder, á une vie d'une plus grande intensité, celle de la

---

[45] »Mit dem Ritt durch Mailand und dem Ausbruch der Triebhaftigkeit, die im Grunde einander bedingen, zerbricht die Identifikationsfähigkeit Lerchs, zeigt sich, wie wenig tragfähig die Identifizierung mit Dienstaufgaben und Kriegszielen war [...]. Das macht ihn gefährlich«. Wolfram Mauser, Fatalität der Identitätsstörung: »Reitergeschichte«. In: W. Mauser, Hugo von Hofmannsthal. Konflikbewältigung und Werkstruktur. Eine psychosoziologische Interpretation, München 1977, p. 113 sq.

[46] Richard Exner, Ordnung und Chaos in Hugo von Hofmannsthals »Reitergeschichte«. Strukturelle und semiotische Möglichkeiten der Interpretation. In: Roland Jost et Hansgeorg Schmidt-Bergmann (éd.), Im Dialog mit der Moderne. Zur deutschsprachigen Literatur von der Gründerzeit bis zur Gegenwart. Jacob Steiner zum sechzigsten Geburtstag, Frankfurt am Main 1986, (pp. 46-59) p. 80 (»Lerch ist extrem ins Subjektive degeneriert, er ist autistisch geworden, sein Selbst füllt ihn ganz aus«).

[47] Cf. Wolfdietrich Rasch, Claudio. Die Erfahrung der Lebensferne in Hofmannsthals Spiel »Der Tor und der Tod«. In: Wolfdietrich Rasch, Die literarische Décadence um 1900, München 1986, pp. 180-197.

[48] A 126 sq.

[49] Si l'on suit l'indication donnée par Rolf Tarot (Hugo von Hofmannsthal. Daseinsformen und dichterische Struktur, Tübingen 1970, p. 345 sq.) et reprise par Theodore Fiedler, dans

force, de l'instinct, de l'identité avec le monde. La violence du combat, la mort du jeune officier italien, le sang de la victime transpercée par le sabre, la conquête d'un beau cheval, provoquent en Lerch une ivresse dionysiaque, une transgression libératrice et créatrice. Le »cheval blanc«, *Eisenschimmel*, conquis par Lerch, est une sorte de figure fabuleuse et magique.[50] Dans le combat au bord du ruisseau, la plus extrême violence voisine d'un moment de tendresse et de poésie:

> Der Offizier wollte über den Bach; der Eisenschimmel versagte. Der Offizier riß ihn herum, wendete dem Wachtmeister ein junges, sehr bleiches Gesicht und die Mündung einer Pistole zu, als ihm ein Säbel in den Mund fuhr, in dessen kleiner Spitze die Wucht eines galoppierenden Pferdes zusammengedrängt war. Der Wachtmeister riß den Säbel zurück und erhaschte an der gleichen Stelle, wo die Finger des Herunterstürzenden ihn losgelassen hatten, den Stangenzügel des Eisenschimmels, der leicht und zierlich wie ein Reh die Füße über seinen sterbenden Herrn hinhob. (129)

Cette rencontre entre deux bouches (Mündung / Mund) est une rencontre érotique entre un féminin (l'officier italien) et un masculin (Lerch). De la sauvage mise à mort du féminin naît l'androgyne *Eisenschimmel*, à la fois cheval de combat et animal d'une grâce et d'une beauté troublantes qui font de lui une sorte de licorne (»zierlich wie ein Reh«[51]). Cette scène

l'article déjà cité, une »source« de Hofmannsthal pour la scène de la rencontre avec le *Doppelgänger* aurait été le »Versuch über das Geistersehn«, partie des »Parerga« de Schopenhauer. Pour Schopenhauer, l'état psychologique du sujet qui voit, aperçoit son double, s'apparente à celui du rêveur ou du somnambule: ce sujet perçoit la réalité avec beaucoup d'acuité, mais il ne s'agit pas d'une perception sensorielle. Sans entrer dans le détail des développements de Schopenhauer, on peut noter que cette approche complète l'interprétation d'un Anton Lerch qui se trouve à la fois »dans la vie et hors de la vie«.
Pour la tradition littéraire du thème du double, on n'a que l'embarras du choix, de Chamisso à Brentano et à E.T.A. Hoffmann. On peut aussi mentionner (les indications suivantes sont dues à Vivette Pouzet, op. cit.): Edgar A. Poe, Metzengerstein (le cheval fantastique venge la mort de son maître en entraînant Metzengerstein, son nouveau maître, dans la mort); Théophile Gautier (»Le Chevalier double«, où le chevalier affronte son double sur un pont; mais aussi »Avatar«, où se trouve évoquée la légende de l'apparition du double comme présage de la mort; cette référence à »Avatar« est suggérée dans SW XXVIII Erzählungen 1, p. 221).
Karl Foldenauer, Hugo von Hofmannsthals Idee der Prosa. In: Im Dialog mit der Moderne, op. cit., pp. 60-83, estime que la »Reitergeschichte« est un morceau dans le style du fantastique de Maupassant.

[50] Remarques de Daniel Binswanger, op. cit.
[51] Cf. Hofmannsthal, Geschichte der beiden Liebespaare, GW E 84 sq.: »Nicht das knaben-mädchenhafte Gesicht war, nicht die unglaublich jungen unglaublich dünnen lichtbraunen Haare waren es, mit denen die Ohren zugedeckt waren, nicht die wundervolle

libère Anton Lerch du poids de sa »descente aux enfers« du milieu du récit, qui était marquée par la nausée de la sexualité vulgaire de Vuic, puis de l'équivoque »Frauensperson« rencontrée dans le village. Le blanc pommelé du cheval[52] s'oppose au blanc impur de la chienne blanche aperçue quelques instants plus tôt (»Es war eine weiße unreine Hündin mit hängenden Zitzen«). Dans toute cette scène de sacrifice de la sexualité, de »rédemption« et de naissance de l'androgyne, s'exprime une fascination de la violence et du sang, qui a déjà retenu l'attention des commentateurs.[53] Cette violence va de pair avec une horreur de la sexualité et avec une aspiration au Salut par l'androgyne, qui annoncent »Andreas«. Ainsi, la crise d'identité, qui constitue le thème principal de la »Reitergeschichte« (crise d'identité du soldat qui se révolte contre son rôle, de l'individu qui se découvre une personnalité, du sans-grade qui se mutine contre son supérieur hiérarchique, de l'Autrichien qui doute de sa mission répressive en Italie, etc.) prend aussi la forme d'une crise d'identité sexuelle.[54] Après les signes d'une masculinité prononcée dans la première partie du récit, la capture du cheval blanc pommelé, à la fois »licorne« et talisman, permet à Anton Lerch d'accéder à une sphère supérieure de l'être où tend à s'abolir l'antithèse élémentaire masculin / féminin.

bestrickende Unfertigkeit der Bewegungen dieser Bewegungen die an ein *kindisches Reh* erinnerten, sondern es war die Art dieser 5 Worte.« (Hervorh. J. L. R.) C'est nous qui soulignons ce passage révélateur d'un usage constant de Hofmannsthal de la comparaison avec le »Reh« pour désigner la beauté androgyne. Je remercie Daniel Binswanger, op. cit., d'avoir attiré mon attention sur ce rapprochement.

[52] Daniel Binswanger, op. cit., signale que, dans »La Chartreuse de Parme«, Fabrice se retrouve après »sa« bataille de Waterloo à l'auberge du Cheval Blanc. La scène contient un élément qui joue un rôle essentiel dans la »Reitergeschichte«: le petit pont. »Allant toujours et regardant de tous les côtés, il arriva à une rivière marécageuse traversée par un pont en bois assez étroit. Avant le pont, sur la droite de la route, était une maison isolée portant l'enseigne du *Cheval Blanc*. Là je vais dîner, se dit Fabrice.« (in »La Chartreuse«, op. cit., p. 80).

[53] Cf. Ritchie Robertson in Hofmannsthal's »Das Gespräch über Gedichte« and »Andreas«. In: Modern Austrian Literature 23, 1990, p. 19-33; et Lorna Martens, Kunst und Gewalt: Bemerkungen zu Hofmannsthals Ästhetik. In: Austriaca 37, 1993, »Modernité de Hofmannsthal«, pp. 155-166.

[54] Je me permets de renvoyer à mon livre Das Ende der Illusion. Zur Kritik der Moderne. Die Wiener Moderne und die Krisen der Identität, Wien 1990 (deuxième partie: »Krisen der männlichen Identität«); ainsi qu'à mon article Wien als ›Porta Orientis‹. Die Farben und das Dreieck männlich / weiblich / jüdisch bei Hugo von Hofmannsthal. Über »Die Briefe des Zurückgekehrten« und »Die Wege und die Begegnungen«. In: Austriaca 33, 1991, pp. 109-121.

On a souvent souligné l'importance et la cohérence du symbolisme animal chez Hofmannsthal. La »Reitergeschichte« est aussi une histoire de chevaux (tout comme l'épisode carinthien d'»Andreas«[55]). Au début du récit, Lerch et sa monture ne font qu'un, l'humanité du personnage ne s'est pas encore détachée de la vie instinctive de son cheval.[56] Le cheval capturé à la faveur du combat avec l'officier italien est aussi un présage de mort. Derrière le mot »Eisenschimmel«, on entend »Schimmelreiter«, ce personnage de Theodor Storm qui apparaît au moment de la mort. Au signe du fait que ce cheval tient du surnaturel: il a refusé de franchir la rivière, provoquant ainsi la mort de l'officier italien qui le montait. Or c'est un attribut traditionnel du »cheval diabolique« que de refuser de franchir les cours d'eau.[57]

Évoquant les échos stendhaliens à mon avis perceptibles dans la *Reitergeschichte*, j'ajoutais qu'il s'agissait d'une »citation« ironique, Anton Lerch faisant piètre figure à côté de Fabrice del Dongo. C'est aussi comme une citation ironique qu'il faut comprendre les éléments d'intensité »vitaliste« dans lesquels je reconnais un nietzschéisme à la manière de D'Annunzio. Dans son étude sur Hofmannsthal et D'Annunzio, Friedbert Aspetsberger a subtilement analysé le »malentendu«[58] que représente la lecture hofmannsthalienne du roman »Les Vierges aux rochers«. Il parvient à la conclusion suivante:

---

[55] Waltraud Wiethölter, op. cit. passim, insiste sur l'iconographie qui soutient ces images de chevaux chez Hofmannsthal.
[56] Cf. Helen Frink, Animal Symbolism in Hofmannsthal's Works, New York 1987, écrit: »Together horse and rider form a single unit: the warrior« (p. 68).
[57] Helen Frink, ibid., p. 84; Renate Böschenstein, Tiere in Hofmannsthals Zeichensprache. In: HJb 1, 1993, (p. 137-164), p. 143, fait cette remarque: »Sicher nicht zu Unrecht hat man die Dominanz des Motivs *Pferd* in seiner poetischen Sprache mit diesen Erfahrungen zusammengesehen, welche auch das Erlebnis der faktischen Unverfügbarkeit von Tieren einschlossen: Helene von Nostitz hat seinen Bericht über den Ritt auf dem durchgegangenen Pferd überliefert, welcher der Entstehung des Gedichts ›Ein Traum von großer Magie‹ voraufging.«
[58] Friedbert Aspetsberger, Hofmannsthal und D'Annunzio. In: F. Aspetsberger, Der Historismus und die Folgen. Studien zur Literatur in unserem Jahrhundert, Frankfurt a. Main 1987, pp. 45-107 (particulièrement le chapitre »Das Mißverständnis in der Auffassung der ›Vergini delle Rocce‹«, p. 61 sqq.).

> Hofmannsthals Vorstellung vom »Leben« setzt wesentlich auch in diesen »Super«-Sphären an, also liegen doch Berührungen mit D'Annunzio vor. Aber Hofmannsthal reduziert die Monumentalität, versucht in der Innerlichkeit Boden zu gewinnen [...].[59]

Cette »réduction de la monumentalité« du *superuomo*, ce repli sur l'intimité (alors que D'Annunzio voit dans la »vitalité« reconquise la base d'un programme politique de grande envergure), – la »Reitergeschichte« en apporte une bonne illustration. Anton Lerch n'est pas »à la hauteur« du Cantelmo de D'Annunzio, pas plus qu'à celle de Fabrice del Dongo. Son »héroisme« et son dépassement de la vie ordinaire ne laissent dans les annales de la campagne italienne de Radetzky que le souvenir éphémère d'un incident disciplinaire des plus subalternes. Sa volupté du sang et de la mort est-elle dans le récit d'une »intensité« différente du bestial déchaînement de violence qui illumine le facies de Scarmolin (»[er] sah neben sich den gemeinen Scarmolin mit lachendem Gesicht einem die Finger der Zügelhand ab- und tief in den Hals des Pferdes hineinhauen«)?

La fin de la »Reitergeschichte« est bien marquée par le »Trionfo della morte«, et ce triomphe est scellé par le suicide final qui n'est reconnu par personne, peut-être même pas par le lecteur, tant la fin du récit est elliptique. Car il s'agit bien d'un acquiescement donné par Anton Lerch à la mort rencontrée sous les traits de son double, de l'autre côté du petit pont »qui figure le seuil entrevu de l'au-delà«[60]. Depuis cette rencontre, Lerch est dominé par le désir de mort, par le *Todestrieb*. L'officier italien qu'il tue au bord du ruisseau, est aussi son *Doppelgänger:* comme Anton Lerch quelques instants plus tôt, l'Italien ne peut pas faire avancer son cheval, ni même tirer alors qu'il vise Anton Lerch à bout portant. Ce coup à bout portant, c'est le capitaine Rofrano qui le tirera quelques minutes plus tard sur Lerch. Depuis cette rencontre avec son double et la mise à mort quasi sacrificielle de l'officier italienne, Anton Lerch a quitté la sphère inférieure de la vie des soldats de son régiment. Dans la scène finale, c'est un autre en lui-même, un masque (»Larve«) qui regarde l'officier avec »etwas Gedrücktes, Hündisches« dans les yeux; dans cette scène qui provoque la mort de son ancien masque, seul le nouveau Lerch héroïque est présent, tandis que le maréchal des logis Lerch semble

---

[59] Ibid., p. 72.
[60] Je dois cette remarque à Vivette Pouzet, op. cit.

dépassé par l'importance de l'événement: »sein Bewußtsein [war] von der ungeheuren Gespanntheit dieses Augenblicks fast gar nicht erfüllt.«[61] Il traverse un pré qui semble inondé de sang (»eine ungeheure Röte über die Hutweide«).

> Der Tod ist die Pointe, auf die hin [die ganze Geschichte] geschrieben ist, nicht die Subordinationsverletzung des Wachtmeisters Lerch [...] die Frage nach dem Motiv wird also gegenstandslos, der Tod wird selbst zum Motiv.[62]

Or l'officier italien avait le visage de Claudio, ou celui des amis qui entouraient le Titien mourant, le pâle visage des esthètes décadents, qui était encore celui des premiers héros de D'Annunzio, dans sa première phase »pré-nietzschéiste«[63] (»Der Offizier [...] wendete dem Wachtmeister ein junges, sehr bleiches Gesicht [...] zu«). Tuant ce jeune officier, Lerch tue pour ainsi dire Claudio. Il apporte la mort au »fou«. Mais en prenant son cheval, il s'identifie à lui. Lerch s'élève au-dessus de sa »basse condition« de sous-officier. Il appartient désormais au monde du »fils de marchand« du »Märchen der 672. Nacht«; on peut même dire qu'il devient désormais un double fictionnel de l'auteur lui-même (Hofmannsthal n'avait-il pas déjà reporté sur Lerch quelques souvenirs intimes de sa période de service militaire?). L'interprétation de la »Reitergeschichte« doit tenir compte de ce *gradus ad parnassum* final d'Anton Lerch.[64] Hugo Schmidt faisait même remarquer qu'en cédant à

---

[61] GW E 131.

[62] Heinz Rieder, »Reitergeschichte«, op. cit., p. 321.

[63] Dans le premier des textes qu'il consacre à D'Annunzio, l'essai »Gabriele d'Annunzio«, publié en décembre 1894 dans »Die Zeit« (GW RA I 174 sq.), Hofmannsthal le présente comme le représentant italien de la décadence et de l'esthétisme européens.

[64] Aussi la lecture proposée par Volker O. Durr, Der Tod des Wachtmeisters Anton Lerch und die Revolution von 1848: Zu Hofmannsthals »Reitergeschichte«, in: The German Quarterly 45, 1972, pp. 33-46, qui ne veut apercevoir jusqu'au bout du récit que la »vulgarité« et la *Verworfenheit* du maréchal des logis Lerch, concluant que le lecteur ne peut éprouver aucune sympathie pour ce personnage, et voyant dans l'exécution finale le heurt entre le monde aristocratique de Rofrano et les »classes dangereuses« représentées par Lerch, ne me semble pas satisfaisante (»So objektivieren Lerchs Besuch bei der Vuic und das Dorferlebnis Eruption und Richtungsnahme gesellschaftsgefährdender Begierden im Wachtmeister, während seine brutale Erscheinung die malose Reaktion einer geschwächten und verstörten Oberschicht bedeutet.«, p. 44).

De même, la magistrale interprétation de Wolfram Mauser, op. cit., recule devant la conclusion qui s'impose. Après avoir si bien rapproché la »crise« d'Anton Lerch, son refus de la vie militaire de subalterne, sa révolte contre son existence de soldat subalterne, de la »crise« traversée par Hofmannsthal lui-même durant son service militaire, Mauser termine sur une

l'attrait de l'érotisme obscène de Vuic, puis de la laideur du village, Lerch met au jour le désir d'abaissement et de souillure qui se cache dans le comportement le plus esthète. Hofmannsthal écrit à propos d'Oscar Wilde:

> Und seine Glieder, die Orchideen zerpflückten und sich in Polstern aus uralter Seide dehnten, waren im tiefsten voll fataler Sehnsucht nach dem gräßlichen Bad, vor dem sie doch, als es sie dann wirklich bespritzte, sich zusammenkrampften vor Ekel.[65]

Le même désir masochiste d'abaissement gouvernait la deuxième partie du »Märchen der 672. Nacht«. Ces remarques permettent de conclure que, dans la »Reitergeschichte«, les sphères de la beauté et de la laideur se touchent: »Das grauenhafte Dorf und die schöne Stadt sind miteinander verwandt.«[66]

Cette interdépendance de l'inférieur et du supérieur, de l'aristocratie et de la plèbe, de l'artiste et de l'homme du peuple, Hofmannsthal l'exprimait dans »Manche freilich«:

> Manche liegen immer mit schweren Gliedern
> Bei den Wurzeln des verworrenen Lebens,
> Andern sind die Stühle gerichtet
> Bei den Sibyllen, den Königinnen,
> Und da sitzen sie wie zu Hause,
> Leichten Hauptes und leichter Hände.
>
> Doch ein Schatten fällt von jenen Leben
> In die anderen Leben hinüber,
> Und die leichten sind an die schweren
> Wie an Luft und Erde gebunden:[67]

---

dénégation: »Nun wäre es verfehlt, in Lerch einen Exponenten dieser Art bürgerlich sublimierten Subjektivitätskults zu sehen« (p. 116), tout en ajoutant que Lerch est un représentant de la »génération 1900«: »Das Konfliktsyndrom Lerchs ist nicht eines des Jahres 1848, sondern des Jahres 1898« (p. 116 sq.). Mais Mauser ne nous dit pas de manière convaincante pourquoi cela serait »verfehlt«.

Ces interprétations s'inscrivent dans le droit fil de celle de Richard Alewyn, Über Hugo von Hofmannsthal, Göttingen 1958, p. 86 (Alewyn parle d'»Aufstand des Gemeinen gegen das Edle, des Häßlichen gegen das Schöne, des zu schweren Bluts gegen das zu dünne Blut«).

[65] GW RA I 343.
[66] Richard Exner, op. cit., p. 78.
[67] Hofmannsthal, GW GD I 26.

Cet »humanisme catholique« qui pousse Hofmannsthal à rapprocher »die leichten und die schweren Leben« fait songer aux premières lignes de »Der arme Spielmann«, où Grillparzer s'exclame: »[...] und wahrlich! man kann die Berühmten nicht verstehen, wenn man die Obskuren nicht durchgefühlt hat«.[68]

Dans la scène finale, un nouveau dédoublement du personnage se produit – ou plutôt se confirme. Au début du texte, le capitaine Rofrano et le maréchal des logis Anton Lerch semblaient séparés l'un de l'autre par la hiérarchie militaire, la différence de statut social (l'aristocrate qui porte le nom d'une grande famille d'origine italienne; le sous-officier de basse extraction) et la prestance. Mais on comprendra au moment de la scène finale que les deux hommes sont en réalité proches l'un de l'autre, rapprochés par une haine tenace (»[ein Zorn], wie er nur durch jahrelanges enges Zusammenleben auf geheimnisvolle Weise entstehen kann«). Durant le combat final au bord du ruisseau, la laideur la plus vulgaire altérait les traits du capitaine Rofrano (»das Gesicht des Rittmeisters mit weit aufgerissenen Augen und grimmig entblößten Zähnen«); tandis que le capitaine Rofrano prend les traits d'une vilaine tête de cheval (semblable au cheval[69] qui donne un coup de sabot mortel au fils de marchand, dans le »Märchen der 672. Nacht«), Lerch se saisit de l'élégant cheval gris de l'officier italien qu'il vient de tuer. Les rôles sont inversés, Lerch est passé du côté noble, tandis que Rofrano est retombé du côté vil. Déjà en décidant de traverser Milan »pour le plaisir« (»[...] Der Rittmeister [konnte] sich selbst und der Schwadron nicht versagen, in diese große, schöne, wehrlos daliegende Stadt einzureiten«[70]), le capitaine Rofrano avait préfiguré le comportement de Lerch choisissant, quelques heures plus tard, de s'écarter de son escadron et de passer par le village. Selon la formule de Richard Exner, »wenn Lerch und Rofrano [...] gepaart werden können, dann müssen

---

[68] Franz Grillparzer, Der arme Spielmann. In: Sämtliche Werke, éd. par Peter Frank et Karl Pörnbacher, München 1964, vol. III, p. 148. Je remercie Jürgen Link de m'avoir suggéré ce rapprochement.

[69] Waltraud Wiethölter, op. cit., p. 44 sqq., dresse un inventaire impressionnant des images de chevaux, qui ont pu étayer l'imagination de Hofmannsthal en commençant par les cavaliers de l'Apocalypse de Dürer.

[70] Rolf Tarot, op. cit., p. 334, souligne que »Dieser Entschluß ist militärisch sinnlos, er widerspricht der Aufgabe eines Streifkommandos.«

sie auch auf einer Ebene austauschbar sein«[71]. Ce dédoublement est ce que Schopenhauer appelle »la contradiction de la volonté avec elle-même« quand il évoque l'identité du bourreau et de la victime ou quand il traite de la question du suicide.[72]

Le dernier »dédoublement« de Lerch est souvent interprété comme une mutinerie, comme un refus d'obéissance. L'exécution immédiate signifie sans doute aussi la revanche du double »vulgaire« de Lerch qui ne veut plus se reconnaître en lui. Cet effet de dédoublement Lerch/Rofrano confirme le constat de Waltraud Wiethölter à propos du sujet hofmannsthalien: »Keine Figur ist isoliert, keine ungeteilt bei sich selbst [...]. Es ist eine Struktur, durch die das Subjekt ins Spiel, das heißt in ein Verhältnis zu den anderen und damit zu sich selbst kommt«.[73]

Commémoration de 1848: un travail de deuil

Une des premières allusions[74] à la »Reitergeschichte« se trouve dans une lettre du 23 juillet 1898 à Andrian. Hofmannsthal écrit qu'il songe à composer »eine kurze Reitergeschichte aus dem Feldzug Radetzkys im Jahr 1848«. Son texte est d'abord destiné au numéro »viennois« que prépare la revue »Pan«, sous la direction de Kessler. Finalement, la nouvelle sera publiée dans le numéro de Noël, »Weihnachtsbeilage«, de la »Neue Freie Presse« du 24 décembre 1899. L'année précédente, on avait fêté, à Vienne, le cinquantième anniversaire de l'avènement de François-Joseph, qui coïncide avec le cinquantième anniversaire de la contre-révolution autrichienne. Le maréchal Radetzky et le souvenir de ses »glorieuses« campagnes de l'été 1848 font partie intégrante de l'idéologie officielle.

> Das genaue Datum [...] ist ein geschichtlich bedeutsames, denn es bezeichnet den Tag vor der Schlacht bei Custozza, in der die Italiener eine der entscheidenden Niederlagen hinnehmen mußten. Historisch belegen lassen sich auch die militärischen Details.[75]

---

[71] Richard Exner, Ordnung und Chaos, op. cit., p. 52.

[72] Dans »Die Welt als Wille und Vorstellung« IV, chapitres 65 et 69. Je remercie Jürgen Link de m'avoir suggéré ce rapprochement.

[73] Waltraud Wiethölter, op. cit., p. 6 sq.

[74] Cf. SW XXVIII Erzählungen 1, p. 217 sqq.

[75] Iris Paetzke, Erzählen in der Wiener Moderne, Tübingen 1992 (interprétation de la »Reitergeschichte«, pp. 51-70), p. 61; à propos de la date, cf. Mathias Mayer, Hugo von

Publier cette nouvelle, qui offre un tableau si critique de la campagne italienne de Radetzky, tenait de la provocation: des soldats qui n'en font qu'à leur tête et se conduisent sur le champ de bataille comme des reîtres en quête d'aventure et de rapine, un capitaine tantôt laxiste, tantôt impulsif et cruel (jusqu'à l'insoutenable, dans la dernière scène du récit). Voilà qui pouvait laisser perplexe le public de la »Neue Freie Presse«. Voilà ce qui incitait Theodore Fiedler à parler d'une »politique de l'ironie«: Hofmannsthal devait rester suffisamment »hermétique« pour que sa nouvelle ne soit pas accusée de porter atteinte à l'honneur de l'armée (on sait que les autorités viennoises ne badinaient pas avec ce genre de sujet: Arthur Schnitzler l'avait appris à ses dépens).

On pourrait soutenir que le »dédoublement du récit« s'explique aussi par une stratégie de l'auteur qui tient compte de la réception et du lieu de publication et qui construit son texte selon deux logiques parallèles: l'une suit la nécessité propre à Hofmannsthal et inscrit le récit dans le cycle qui va du »Märchen der 672. Nacht« à l'aventure de Bassompierre; l'autre logique permet la lecture du texte comme un récit historique et réaliste.

Car on ne quitte pas, dans la »Reitergeschichte«, le domaine de la vraisemblance. Même la scène finale, que tant de commentateurs jugent trop exorbitante de l'ordinaire pour être »réaliste«, l'exécution foudroyante de Lerch par son chef d'escadron, peut passer pour vraisemblable:

> Im Krieg hatte der Regimentskommandant in besonders gefährlichen Fällen von Ungehorsam, Feigheit oder Plünderung das Recht, sofort die Todesstrafe auszusprechen und vollstrecken zu lassen. Im Vergleich zu anderen Ländern war die österreichische Disziplinarstrafordnung sehr streng, doch begründete Kuhn [Franz Kuhn von Kuhnenfeld, ministre de la guerre de 1868 à 1874] dies mit dem geringen Bildungsstand eines Teiles der Mannschaft sowie mit dem Entfall der körperlichen Züchtigung.[76]

Hofmannsthal, Stuttgart-Weimar (Sammlung Metzler, Bd. 273), p. 123 sq.: »Die bislang übersehene Tatsache, daß der historisch nachweisbare Streifzug vom März 1848 auf den symbolisch befrachteten 22. Juli verlegt wird, den St.-Magdalenentag, gibt einen Hinweis: Wie schon in der frühesten Prosageschichte des Fünfzehnjährigen, ›Der Geiger vom Traunsee‹, [...] wird im Drama ›Die Frau im Fenster‹ [...] der Magdalenentag Zeichen einer ambivalenten, ›kritischen‹ Situation, nach dem Volksglauben Glücks- und Unglückstag zugleich«. Déjà Rolf Tarot, op. cit., p. 333, notait que »Mailand war nicht am 22. Juli, sondern vom 21. bis 24. März unbesetzt«.

[76] Die Habsburgermonarchie 1848–1918, vol. V, Die bewaffnete Macht, Wien 1987, p. 544.

Du point de vue strictement »militaire«, fait observer Carl V. Hansen, »the captain is justified in killing Lerch in order to complete his patrol and lead his unit safely to the southern outposts of the Austrian army«.[77] Le déroulement du récit peut se lire comme le procès-verbal d'une indiscipline croissante de Lerch (que son grade de maréchal des logis rend responsable de tout un groupe de soldats): au moment de la traversée de Milan, alors que l'escadron pourrait être menacé par des francs-tireurs (»aus tausend Dachkammern, dunklen Torbogen, niedrigen Butiken Schüsse zu gewärtigen«), Lerch cède à la tentation d'un arrêt chez Vuic. Puis il prend la décision de passer le village, entraînant deux hommes avec lui, espérant réussir une opération tout à fait personnelle (capturer un général ennemi...). Cette initiative était particulièrement risquée. Lerch et les deux soldats auraient pu se trouver nez à nez avec le peloton ennemi qu'ils rencontrent finalement au bord du ruisseau. Durant ce combat, Lerch, arrivé au dernier moment, ne respecte aucun ordre de combat et se précipite sur l'officier italien qu'il tue sans avoir tenté de le faire prisonnier. Ce comportement n'est »héroïque qu'en apparence, et le visage grimaçant du capitaine Rofrano, que Lerch aperçoit pendant le combat au bord du ruisseau, exprime sans aucun doute un reproche, peut-être même un ordre que Lerch ne veut pas entendre. En s'emparant du beau cheval blanc de sa victime, il continue à agir de manière toute personnelle, comme un pillard, donnant le (mauvais) exemple, puisque plusieurs hommes de sa petite troupe ont fait de même. – Il est vrai que le capitaine Rofrano lui-même, on l'a vu, avait eu le tort de prendre des risques inutiles en traversant Milan, attiré par la tentation de saisir cette ville »offerte«.

On pourrait dire que Lerch est victime d'une absence de présence d'esprit. C'est un acte manqué, une »Fehlleistung«, causée par un »oubli« momentané, au sens où Nietzsche écrit:

> »[...] Wie prägt man diesem theils stumpfen, theils faseligen Augenblicks-Verstande, dieser leibhaftigen Vergesslichkeit Etwas so ein, dass es gegenwärtig bleibt?« ... Dies uralte Problem ist, wie man denken kann, nicht gerade mit

---

[77] Carl V. Hansen, The Death of the First Sergeant Anton Lerch in Hofmannsthal's »Reitergeschichte«. A Military Analysis. In: Modern Austrian Literature 13, 1980, (pp. 17-26) p. 17. Ce commentateur précise que la »décision« est prise par le capitaine Rofrano »in the light of [his] estimate of the situation and his decision to attack the enemy again immediately, the gravity of Lerch's insubordination and the necessity for quick, decisive action« (p. 24).

zarten Antworten und Mitteln gelöst worden; vielleicht ist sogar nichts furchtbarer und unheimlicher an der ganzen Vorgeschichte des Menschen als seine *Mnemotechnik*. »Man brennt Etwas ein, damit es im Gedächtnis bleibt: nur was nicht aufhört, *weh zu thun*, bleibt im Gedächtniss« [...]. die Härte der Strafgesetze giebt in Sonderheit einen Maassstab dafür ab, wie viel Mühe sie hatte, gegen die Vergesslichkeit zum Sieg zu kommen und ein paar primitive Erfordernisse des socialen Zusammenlebens diesen Augenblicks-Sklaven des Affekts und der Begierde *gegenwärtig* zu erhalten«.[78]

Il est question de mémoire, de »Erinnern und Vergessen« dans la »Reitergeschichte«, à plusieurs niveaux, nous l'avons vu: relation du *poeta doctus* à la tradition littéraire; relation de l'individu à sa propre identité (Lerch, à proprement parler, »s'oublie« et se dédouble en une *persona* ancienne et un rôle nouveau); peut-être aussi la relation de la langue littéraire à la convention rhétorique (cette défaillance du langage dont nous avons parlé ne consiste-t-elle pas en un oubli de toutes les métaphores rassurantes ?). À propos de la crise d'identité de Lerch, on peut dire qu'il a souffert d'une perte de présence d'esprit. Mais cette perspective conduit aussi à réexaminer le statut de l'histoire nationale dans la »Reitergeschichte«. Si l'on admet que la campagne italienne de Radetzky est bien le thème de cette nouvelle publiée dans le numéro de Noël 1899 du plus grand journal viennois, on peut conclure que Hofmannsthal – de manière prudemment codée – exprime une sensibilité libérale qui ressent la contre-révolution de 1848-1849 comme un péché originel du régime de François-Joseph, comme une faute historique, dont les conséquences se font toujours sentir (mouvement des nationalités, clivages sociaux d'une société qui reste de structure »féodale«, poids de l'armée et des moeurs militaires). La »Reitergeschichte« n'est certainement pas un récit »apolitique«, mais le témoignage d'une insatisfaction historique fondamentale qui n'ose pas s'exprimer directement. L'hermétisme du récit permet de dire ce malaise sans le dire. L'impassibilité du narrateur rend son »point de vue« en apparence indécidable.

Un des signes les plus apparents de l'insatisfaction historique de Hofmannsthal est l'admiration de l'Italie,[79] qui transparaît dans la

---

[78] Nietzsche, Zur Genealogie der Moral, Sämtliche Werke op. cit., vol. 5, p. 295 sq.

[79] Dimension soulignée par Theodore Fiedler, Hofmannsthals »Reitergeschichte« und ihre Leser. Zur Politik der Ironie, op. cit.; et par John Botterman, History and Metaphysics. In: Modern Austrian Literature 21, 1988, 1-15.

»Reitergeschichte«. La préférence donnée à l'italianité à va de pair avec la description très négative de la guerre autrichienne de répression en Italie. Les allusions à Stendhal que je crois bien déceler dans ce texte renforcent un tel contraste entre les Italiens et les Autrichiens. Chez Stendhal, les Français de l'armée de Bonaparte venaient délivrer la jeune Italie du joug habsbourgeois. Chez Hofmannsthal, les Autrichiens de l'armée de Radetzky piétinent le printemps des peuples de 1848 et ramènent l'Italie du Nord un siècle en arrière... L'allusion à D'Annunzio a un sens politique plus évident encore. Dans l'essai »Die Rede Gabriele D'Annunzios: Notizen von einer Reise im oberen Italien« (1897), on trouve la phrase »Das Schicksal Italiens ist nicht zu trennen von den Geschicken der Schönheit, deren Mutter Italien ist«. Les prisonniers sont décrits comme »hübsche junge Leute mit weißen Händen und halblangem Haar«. Ils incarnent la beauté, la culture latines, une identité nationale vivante et créatrice. Le baron Rofrano au contraire est un aristocrate »réactionnaire«, un représentant du néo-absolutisme habsbourgeois, et son nom italien rappelle que quelques-unes des grandes familles de la monarchie étaient originaires de ces provinces où l'escadron de Rofrano sème à présent la désolation. Nous avons vu que la »Reitergeschichte« est aussi le récit d'une concurrence mortelle entre Rofrano et Lerch. Mais ce conflit de castes ne tourne pas à l'avantage du capitaine. Rofrano a beau punir Lerch pour la transgression, sociale autant que disciplinaire, que constitue la conquête du beau cheval gris, il se sera révélé tout au long du récit indigne de son aura d'aristocrate: aussi impulsif que ses hommes de troupe, déformé par une laide grimace qui symbolise la petitesse de son caractère, incapable d'affirmer son autorité autrement que par la violence (cette même violence que son escadron fait subir aux insurgés italiens).

À propos de la célèbre nouvelle de Ferdinand von Saar, »Schloß Kostenitz«, de 1892, Karlheinz Rossbacher fait les observations suivantes:

> Saar konfrontiert nicht nur den älteren [Grafen Günthersheim] mit dem jüngeren Mann [Rittmeister Graf Poiga-Reuhoff] [...], nicht nur den Verdienstadeligen mit dem Hocharistokraten und [...] den Liberalen mit dem Reaktionär, sondern er konfrontiert auch zwei Weisen des gesellschaftlichen Gebarens, die verschiedenen Graden von Zivilisiertheit entsprechen. Saar, dessen wache künstlerische Sensibilität sich immer auch auf »manners«

richtet, [hebt] im Mangel an Affektkontrolle des Grafen, im Gehenlassen der Gesichtsmuskulatur, in seinem herrisch-lauten Sprechen hervor [...], daß der Graf (als Adeliger!) die Anforderungen zivilisierten Umgangs nicht beherrscht, daß immer wieder »seine Natur... die Oberhand gewinnt«. [...] In dem unzivilisierten obwohl adeligen Rittmeister hat Saar die Gewalttätigkeit der politischen Reaktion nach 1848 nicht nur als politischen, sondern auch als zivilisatorischen Rückfall gestaltet.[80]

Le rapprochement entre la nouvelle de Saar et la »Reitergeschichte« n'est pas habituel. Pourtant, les affinités de Hofmannsthal avec Saar sont bien attestées: en 1892, un des premiers essais de Hofmannsthal est un hommage intitulé »Ferdinand von Saar, ›Schloß Kostenitz‹« (publié dans la ›Deutsche Zeitung‹ de Vienne, le 13 décembre 1892). En 1893, Hofmannsthal était admis dans le salon de Josephine von Wertheimstein, à Döbling (il avait fait sa connaissance en été 1892). Il y avait rencontré Ferdinand von Saar. Par-delà les anecdotes biographiques, on peut dire que la culture politique du jeune Hofmannsthal doit beaucoup à la »Kultur der Ringstraßenzeit« et au libéralisme d'un Ferdinand von Saar. Voilà pourquoi les points communs thématiques entre le récit »Schloß Kostenitz« et la »Reitergeschichte« méritent qu'on leur prête attention.

L'époque est la même, 1849; Günthersheim est un ancien »quarantehuitard«: on lui a retiré ses fonctions administratives et il vit en solitaire dans un château et un parc qui font songer à l'idylle mélancolique du »Nachsommer« de Stifter. Le Rittmeister Graf von Poiga-Reuhoff commande un bataillon en route vers un champ de bataille de la répression contre-révolutionnaire. Le château de Kostenitz est réquisitionné. Le Rittmeister explique, lorsqu'on lui demande d'où vient son bataillon:

»Aus Italien, wo wir so ziemlich unnütz waren, da die Kavallerie in den sumpfigen Reisfeldern keine rechte Verwendung finden konnte. Nun, Papa Radetzky ist trotzdem mit den Italienern fertiggeworden. Wir sollten hierauf mit anderen Truppen unter Haynau nach Ungarn marschieren. Unterwegs aber erhielt das Regiment Order, hierherzurücken. Es bereitet sich wohl etwas gegen Preußen vor; der alte Hegemoniekitzel scheint sich dort wieder zu regen.«

[80] Karlheinz Rossbacher, Literatur und Liberalismus. Zur Kultur der Ringstraßenzeit in Wien, Wien 1922, pp. 40-41.

>Der König von Preußen hat die deutsche Kaiserkrone abgelehnt«, sagte der Freiherr im Tone leiser Zurechtweisung.
>Weil sie ihm vom Frankfurter Parlament angeboten wurde«, entgegnete der Graf mit unterdrückter Heftigkeit. »Es wäre Unsinn gewesen, sie von solcher Seite anzunehmen. Die Schwäche Österreichs ist eine weit bessere Chance, und da Kossuth und Görgei noch immer obenauf sind, glaubt man auch damit rechnen zu können. Aber das russische Bündnis wird den Dingen eine ganz andere Wendung geben«.[81]

Par sa confiance en Radetzky et en Haynau (surnommé »der Ungarnschlächter« ou »Hyän Haynau«[82] après la répression sanglante de la révolution hongroise), par cet appel à la coalition austro-russe pour rétablir l'ordre de l'Europe des rois dérangé par 1848, le Rittmeister du récit de Ferdinand von Saar se révèle être, comme Rofrano, un représentant de l'esprit »néoábsolutiste« de 1848-1859. Saar précise à la fin de la nouvelle que ce Rittmeister va mourir sur le champ de bataille de Magenta, dans la campagne d'Italie qui marque la fin de cette période néo-absolutiste et le début du libéralisme à Vienne. Comme dans la »Reitergeschichte«, la critique de l'armée et des militaires inclut, chez Ferdinand von Saar, la condamnation des moeurs sexuelles brutales du capitaine von Poiga-Reuhoff. Celui-ci conquiert Klothilde, la femme de Günthersheim; mais il s'agit plus d'un viol que d'une conquête amoureuse, et cette affaire entraîne indirectement la mort de Klothilde.

»Schloß Kostenitz« et la »Reitergeschichte« expriment l'insatisfaction historique des libéraux autrichiens, pour qui le souvenir de la répression de la révolution de 1848 est un pénible travail de deuil. Dans les deux textes,

deuten die Zeichen auf scharfe Kritik einer Ordnung, die einen Lerch, einen Rofrano und deren Gefechte und Eroberungszüge – ob privat oder von Staates wegen – in die Welt gesetzt hat und immer weiter in einem militärisch-maskulinen, also in jeder Beziehung chauvinistischen Sinne propagiert.[83]

---

[81] Ferdinand von Saar, Schloß Kostenitz. In: Gesamtausgabe des erzählerischen Werkes, vol. 2, Wien 1959, p. 183 sq.
[82] Cf. Karlheinz Rossbacher, op. cit., p. 36.
[83] Richard Exner, Ordnung und Chaos, op. cit., p. 54 sq.

»Das zunächst abgerufene Muster der historischen Novelle [...] ist jedoch dadurch irritiert, daß der Blick von der ›äußeren‹ Kriegshandlung auf die ›inneren‹ Empfindungen eines Soldaten gelenkt wird.«[84] – En 1898, l'année où Hofmannsthal composait sa »Reitergeschichte«, Sigmund Freud faisait son fameux »rêve révolutionnaire«, dont Carl Schorske a donné le commentaire désormais classique:

> In der Deutung der Szene identifiziert sich [Freud] selbst mit Adolf Fischhof, dem Medizinstudenten und Studentenführer, der die Revolution von 1848 an die Universität zu bringen und ihr einen breiteren politischen Schauplatz zu verschaffen half. Freud entdeckte einen weiteren jüdischen Arzt und Politiker im Traum: seinen früheren Kommilitonen Viktor Adler. Zur Zeit des Traumes, 1898, war Adler Führer der österreichischen Sozialdemokratie [...]. Das »politische« Problem wurde in der Schlußszene auf dem Bahnsteig aufgelöst, wo der Traum den sterbenden Vater an die Stelle des lebenden Grafen [Thun bzw. Taaffe] setzte. Hier fand die Flucht vor der Politik durch die Universität hindurch zum wissenschaftlichen ärztlichen Dienst ihre Rechtfertigung [...]. Der Vatermord ersetzt den Königsmord: die Psychoanalyse überwindet die Geschichte. Die Politik wird durch eine antipolitische Psychologie neutralisiert.[85]

En esquissant ce parallèle avec l'homme Freud, je ne songe pas à m'engager dans une interprétation psychanalytique de la »Reitergeschichte«. Ni même à suggérer que Freud et Hofmannsthal auraient eu une position »politique« commune. Bien trop grandes sont, au contraire, les différences qui les séparent. – Il s'agit pour moi d'appliquer la formule de Schorske »la politique se trouve neutralisée par une psychologie antipolitique«, à la »Reitergeschichte«. »*Flectere si nequeo superos, Acheronta movebo*«: cette formule (empruntée par Freud à Lassalle) exprimait la rage impuissante et la »revanche« du fondateur de la psychanalyse, qui, faute d'avoir pu devenir le réformateur libéral qu'il avait rêvé (d')être dans sa jeunesse, trouvait dans son nouveau savoir sur l'inconscient des armes bien plus séditieuses encore contre l'ordre social et politique.

---

[84] Iris Paetzke, op. cit., p. 69; cf. Rolf Tarot, op. cit., p. 334: »Die in der ›Reitergeschichte‹ erzählend erzeugte Wirklichkeit ist nicht rückfragbar auf ein historisches Geschehen«.

[85] Carl E. Schorske, Wien. Geist und Gesellschaft im Fin de siècle, Frankfurt am Main, 1982, p. 182 sqq.; sur ce même rêve, William J. McGrath, Freud's Discovery of Psychoanalysis. The Politics of Hysteria, Ithaca-London 1986, a prolongé l'interprétation de Schorske.

La »Reitergeschichte« peut se lire comme une neutralisation de l'histoire et de la politique par les moyens de la »psychologie«. Cette »neutralisation« produit néanmoins un effet »contestataire« non négligeable: peu de textes de Hofmannsthal ont, autant que celui-ci, à la fois exprimé et refoulé son malaise dans la civilisation habsbourgeoise.

Hofmannsthal cependant ne fait pas de psychologie. De surcroît, »there is no narrator to direct, comment or interpret [...], the reader has to assume responsability for interpreting the action.«[86] Il faudrait plutôt parler de déconstruction du sens historique dans la »Reitergeschichte«, dont la déconstruction du sujet est le principal instrument. À aucun moment du récit, aucun des personnages ne prend conscience de la dimension »historique« de l'événement. À travers les effets de crise d'identité, de dédoublement, le temps historique semble, au contraire, suspendu, aboli. Les variations de rythme (rapidité, lenteur...) et les changements de perspective (temps »intérieur«, temps »objectif«) brouillent les repères temporels du lecteur. À ces effets de dislocation du temps »objectif« (historique) s'ajoute le rôle privilégié de l'*instant fatal*, de l'*Augenblick* qui, chez Hofmannsthal, est aussi un *Augen-Blick*, un croisement de regards.

Le temps du récit se joue dans ces instantanés qui ont l'apparence du hasard et de l'éternité à la fois. Selon les mots de Karl Heinz Bohrer:

In der »Reitergeschichte« hat die »Augenblicks«-Struktur die komplizierteste Form, wodurch der Hermetismus aufgebrochen wird und das Schweigen der Bilder [...] beredter wirkt. [...] Erst durch die feste Bindung an einen narrativen Handlungsverlauf, der in sich verständlich bleibt, erhält der »Augenblick« hier seine unheimliche Intentionalität. Der Leser empfängt das Zeichen, daß innerhalb der Realität etwas nicht stimmt, daß jederzeit der Einbruch des Unverständlichen zu erwarten ist.[87]

À la fin de la »Reitergeschichte«, l'Histoire dont se réclamait la première phrase du récit (»Den 22. Juli 1848, vor 6 Uhr morgens, ...«) a disparu, et avec elle la mémoire de cette histoire qui ne laisse plus que le souvenir

---

[86] Lilian Hoverland, Hofmannsthal's »Reitergeschichte«. Culmination of the Novel of the Nineteenth Century«. In: Erika Nielsen (éd.), Focus on Vienna 1900. Change and Continuity in Literature, Music, Art and Intellectual History, München 1982 (Houston German Studies, vol. 4), pp. 72-76.

[87] Karl Heinz Bohrer, Plötzlichkeit. Zum Augenblick des ästhetischen Scheins, Frankfurt am Main 1981, p. 59 sqq.

de bribes d'histoire privée. Cette annulation du temps historique est un symptôme autant qu'un exploit d'écriture. Elle met à nu les difficultés d'une identification de l'histoire intime à l'histoire collective, et de l'individu Hofmannsthal au »mythe habsbourgeois« de l'époque de François-Joseph.

Mathias Mayer

Zwischen Ethik und Ästhetik
Zum Fragmentarischen im Werk Hugo von Hofmannsthals[1]

Hofmannsthals Fragmente sollen hier nicht nach Grenzen und Gründen ihres Status abgesteckt werden. Die Beleuchtung einer »Ästhetik des Fragmentarischen« wirft ihr Licht wohl weniger auf die sogenannten Fragmente Hofmannsthals als auf den Teil seines oeuvres, den man als das vermeintliche Werk von den Fragmenten abzusetzen pflegt. Damit hängt zusammen, daß von einer Ästhetik des Fragmentarischen wohl nur in Verbindung mit einer Ethik des Fragmentarischen im Werk Hofmannsthals die Rede sein kann. Es geht daher auch um die Ortung einer fragmentarischen Identität bei Hofmannsthal. Die Gründe für eine solche, vielleicht paradox anmutende Umschreibung vom Ästhetischen zur Ethik, vom Fragment zum Werk scheinen gerade aufgrund auch editorischer Erfahrungen im Umgang mit Hofmannsthal gerechtfertigt: Es ist zunächst die zwar angesichts der großen Torsi wie »Andreas«, »Silvia im ›Stern‹«, »Timon« oder »Kaiser Phokas« verständliche Frage nach den Gründen für den Abbruch der Arbeit, aber dann gerade ihre immer nur unbefriedigend – kann man sagen: unvollständig? – ausfallende Antwort, die zu einer resignativen Einstellung führt. Im Fall des »Andreas«-Romans, um hier das wertvollste aller Fragmente stellvertretend anzuführen, sind schon von den ersten Lesern die unterschiedlichsten Versuche unternommen worden, den Abbruch, die Brüchigkeit durch eine eindeutige Antwort zu glätten und damit den Fragmentcharakter zu nivellieren. Man hat den Untergang der Donaumonarchie dafür verantwortlich gemacht, aber auch an Hofmannsthals erzählerischer Begabung gezweifelt. Statt nach dem Grund zu suchen, weshalb das vorliegende Fragment nicht Werk geworden ist, könnte man umgekehrt, und vielleicht nicht mit weniger Recht, danach fragen, ob nicht auch ein hypothetisch vollendeter »Andreas«-Roman zumindest

---

[1] Leicht bearbeitete Fassung eines Vortrags, der unter dem Titel »Die Identität des Fragments – Zum Werk Hugo von Hofmannsthals«, auf Einladung der Hofmannsthal-Gesellschaft am 10. September 1994 in Marbach am Neckar während einer Tagung über Hofmannsthals »Ästhetik des Fragmentarischen« gehalten wurde.

innerlich Fragment hätte bleiben müssen: Denn etwa die amöbenhafte Identitätsvirtuosität des Protagonisten und die Implosion der Identität, wie sie bei Maria/Mariquita, aber auch beim Malteser zu beobachten ist, lassen die Ausbildung in sich ruhender Vollendung gar nicht zu.² Felix Braun spricht daher sehr glücklich in einer italienisch geschriebenen Rezension des Romans von ihm als einem frammento interno.³

So bruchstückhaft eine solche qualitative Ortung des Fragments sich ausnimmt, so wenig befriedigend fällt das Bemühen aus, aufgrund quantitativer Maßstäbe zu einer Berechnung von Fragment und Werk kommen zu wollen. Hofmannsthal ist zuweilen ein Meister des kleinen Werkes und des großen Fragments. Nicht selten bietet die Keimzelle von wenigen Notizen, wie im Fall von »Jupiter und Semele«, weit mehr Verknüpfungen und Perspektiven als der Riesentorso des »Emporkömmlings«⁴ oder der »Kinder des Hauses«.⁵ In einem Brief an Rudolf Pannwitz schreibt Hofmannsthal 1917, daß er dessen Vorstellung einer »nackten« Tragödie ahnen könne und vielleicht »gerade in Fragmenten [...] einmal geben« könne.⁶ Und in der Einleitung zu den »Deutschen Erzählern«, die im »Andreas«-Jahr 1912 geschrieben wurde, heißt es beziehungsvoll über Chamisso:

> Sein »Schlemihl« ist freilich wundervoll angefangen, die Erfindung ist von hohem Rang, doch fällt die Erzählung ab, wird trüb und matt. Wäre es auch äußerlich ein Bruchstück, wie es innerlich gebrochen ist, ich hätte eher gewagt, es den anderen anzureihen.⁷

Die Unentscheidbarkeit dieser Fragestellungen, das Versagen qualitativer wie quantitativer Messungen im Feld von Fragment und Werk scheint zu einer Folgerung zu führen: Es kann nur darum gehen, die Grenze zwischen Fragment und Werk aufzuheben, den Fragmentcharakter des Werkes und dessen Umkehrung, den Werkcharakter des Fragments, ernstzunehmen. Es bedarf dazu nicht notwendigerweise einer Anleihe bei der modernen französischen Texttheorie, die von

---

² Vgl. Vf.: Die Grenzen des Textes. Zur Fragmentarik und Rezeption von Hofmannsthals »Andreas«-Roman. In: Etudes Germaniques 49, 1994, S. 469-492.
³ Felix Braun: Rezension des »Andreas«. In: Studi Germanici 1935, S. 118-121, bes. S. 119.
⁴ SW XXII Dramen 20.
⁵ SW XIX Dramen 17.
⁶ BW Pannwitz 34.
⁷ GW RA I 428.

Harold Bloom auf die Formel gebracht wurde, daß es keine Texte gibt, sondern nur Beziehungen zwischen Texten. Der Gedanke der Intertextualität, wonach kein Text autark und begrenzt ist, sondern unabhängig vom Willen seines vermeintlichen Autors bereits einem Textuniversum eingeschrieben ist, indem er sich als Provokation, als Antwort anderer Texte liest oder zu lesen ist[8] – dieser Gedanke muß im Fall Hofmannsthals auch als Fluktuation zwischen Fragment und Werk verstanden werden. Das scheint aber Hofmannsthal selbst in einer Aufzeichnung von Anfang 1904 unter dem Titel »Über Kritik« sehr genau bedacht zu haben, wenn er sagt:

> Falsch: jedes Kunstwerk als definitiv anzusehen, immer zu sagen: Er hat das aufgegeben, er wendet sich jenem zu, er sieht nur das; er meint also das und das; [...] Richtig: jeden Übergang und insbesondere alle unterirdischen Übergänge für möglich zu halten.[9]

Ein paar solcher unterirdischen Übergänge möchte ich im folgenden in vier Punkten nachgehen: 1. einer Betrachtung über die Fragmentarisierung als Prozeß, 2. der Kritik des Fragmentarischen, 3. der Ästhetik des Fragmentarischen und 4. der fragmentarischen Identität.

I

Zunächst also »Fragmentarisierung als Prozeß«. Damit ist der Umstand angesprochen, daß »Fragment« weniger einen Zustand als einen Vorgang bezeichnet, der bei Hofmannsthal in allen Werkphasen und

---

[8] Zum Stichwort Intertextualität sind vor allem folgende Titel zu berücksichtigen: Michail Bachtin: Literatur und Karneval. Zur Romantheorie und Lachkultur. München 1969; Probleme der Poetik Dostojewskijs. München 1971; Die Ästhetik des Wortes. Frankfurt 1979. Ulrich Broich/Manfred Pfister (Hgg.): Intertextualität. Formen, Funktionen, anglistische Fallstudien. Tübingen 1985. Julia Kristeva: Bachtin, das Wort, der Dialog und der Roman. In: Jens Ihwe (Hg.): Literaturwissenschaft und Linguistik. Ergebnisse und Perspektiven. Bd. 3. Frankfurt 1972, S. 345-375. Renate Lachmann (Hg.): Dialogizität. München 1982; Gedächtnis und Literatur. Intertextualität in der russischen Moderne. Frankfurt 1990. Wolfgang Schmid/Wolf-Dieter Stempel (Hgg.): Dialog der Texte. Wien 1983. Karlheinz Stierle/Rainer Warning (Hgg.): Das Gespräch. München 1984.
Zu Hofmannsthal aus der Sicht der Intertextualität gibt es bislang auffallend wenig Studien: Benjamin Bennett: Hugo von Hofmannsthal. The Theaters of Consciousness. Cambridge u.a. 1988. – Karlheinz Stierle: Hugo von Hofmannsthals »Manche freilich...« ein Paris-Gedicht? In: Etudes Germaniques 45, 1990, S. 111-125. Jean Wilson: The Challenge of Belatedness: Goethe, Kleist, Hofmannsthal. Lanham, New York, London 1991.
[9] GW RA III 451.

Gattungen zu beobachten ist. Man könnte aber auch, wie an anderer Stelle geschehen,[10] von einem Prozeß nachträglicher Fragmentarisierung sprechen, indem ein zumindest äußerlich abgeschlossen erscheinendes Werk im nachhinein seiner Vollständigkeit wieder beraubt wird. Im spektakulärsten Fall, der bei Hofmannsthal des öfteren begegnet, erscheint dem Autor offenbar die Summe der Teile eines Werkes von geringerem Ausdruck als die Aussagekraft eines einzelnen, oftmals nur des ersten Teils. Das führt zu der freilich paradoxen Konsequenz, daß das Fragment chronologisch gar nicht immer vor dem Werk liegen muß, vielmehr ist verschiedentlich zu beobachten, daß ein fertiges Werk schließlich seinen Platz als Fragment findet. Dieses beunruhigende Verhältnis zwischen Werk und Fragment, das auch das Werk noch in den Fluktuationsprozeß einer Fragmentarisierung einbindet, kann man an drei Beispielsskizzen sichtbar machen.

1. Einem mindestens zu Ende geschriebenen, bisweilen aber gar gedruckten oder aufgeführten Werk wird durch nachträgliche Fragmentarisierung die Vollständigkeit genommen, weil die umfangreichere Version offenbar poetisch weniger gelungen wirkt als einer ihrer Teile. »Das Bergwerk zu Falun« wurde 1899 niedergeschrieben. Der erste, umfangreichste Akt wurde in der Insel gedruckt und in die Kleinen Dramen übernommen; gelegentlich publizierte Hofmannsthal noch den 2., 4. und 5. Akt, aber nie das ganze Stück, das komplett erst postum, 1933, bekannt wurde. Der 3. Akt, in dem Elis die für Anna bestimmten Liebesworte an den Knaben Agmahd vergeudet, der ihre Gestalt angenommen hat, blieb unveröffentlicht.

Einen vergleichbaren Fall kann man bei der mühsamen Entstehung der Komödie »Florindos Werk« von 1908 beobachten. Hofmannsthal hielt diese Fassung für zumindest bühnenuntauglich,[11] für ein »uneigentliches Theaterstück«,[12] aber auch die gänzliche Umarbeitung zu »Cristinas Heimreise«, sogar in zweierlei Fassungen von 1909 und 1910, befriedigte nicht. Hofmannsthal kehrte 1921 zum Beginn der »Florindo«-Komödie zurück, indem er die Szenen zwischen Florindo und der Unbekannten und mit Cristina noch einmal drucken und aufführen

---

[10] Vf.: Hugo von Hofmannsthal. Stuttgart und Weimar 1993 (Sammlung Metzler 273), S. 63.
[11] SW XI Dramen 9 809.
[12] SW XI Dramen 9 836.

ließ. Auch hier ist es der vielversprechende Anfang, dessen Verknüpfungen besser erraten als vorgeführt werden sollen.

Es ist daher der Rückschluß zu ziehen, daß für die Poetik Hofmannsthals die Vollständigkeit ein nachgeordnetes, die Initiativkraft des Textes aber ein vorrangiges Kriterium darstellt: »Man soll nie *geben*, was sich ohnedies erraten läßt«, schreibt er am 25. März 1910 an Ottonie Degenfeld.[13] Fragmentarisierung stellt also einen Prozeß dar, der nicht zu begrenzen, schon gar nicht durch ein vermeintlich »fertiges« Werk aufzuhalten ist, sondern der jeden Text zu neuer Destillation zwingen kann. So ließ Hofmannsthal bekanntlich auch vom »Unbestechlichen« nach der Uraufführung nur den ersten Akt drucken, der bereits die Palastrevolte enthält und als Programm das komplette Stück vollgültig zu repräsentieren vermag. Am 29. November 1924 schreibt Hofmannsthal an Richard Strauss: »Das andere Lustspiel (das Pallenberg spielte) habe ich, als eine leichtere Arbeit, die ich vielleicht noch umarbeite, zunächst als Buch nicht erscheinen lassen«.[14]

Den 2. Fall, den ich als Prozeß einer anhaltenden Fragmentarisierung bezeichnen möchte, könnte man als den Widerruf des Werkes und seine Fortschreibung in anderen Texten und Kontexten bezeichnen. Dieser Fall ist in einem kleinen Stück gegeben, das zu den Höhepunkten des Jugendwerkes zählt und im ersten Band der Insel erschien, bald danach in einer der schönsten Buchpublikationen überhaupt: Die Rede ist von »Der Kaiser und die Hexe« von 1897, einem Text, der nicht umsonst in den Aufzeichnungen »Ad me ipsum« eine Schlüsselrolle einnimmt, wo er denn als »Analyse der dichterischen Existenz« angesprochen wird.[15] Dieses virtuose Versdrama ist ein Paradigma für die Konfusion, die die Grenze zwischen Werk und Fragment, Geschlossenheit und Fortschreibung durcheinanderwirft. Daher beansprucht »Der Kaiser und die Hexe« in einer Diskussion des Fragments bei Hofmannsthal einen herausgehobenen Platz. Den besten Beleg dafür bietet der bekannte Brief an Georg Terramare von 1926:

> Ich denke oft daran, nicht so, wie man an eine abgeschlossene Arbeit denkt, sondern eher wie an einen Plan oder Entwurf. Ich glaube zu verstehen, woher dies kommt. Daher, daß ich als recht junger Mensch in dieser Arbeit

---

[13] BW Degenfeld (1986) 23.
[14] SW XIII Dramen 11 248.
[15] GW RA III 608.

einen sehr großen wahrhaft tiefen Stoff ergriffen habe, aber in halb traumwandelnder Weise, ohne ihm ganz gewachsen zu sein, nämlich, was es auf sich habe mit der Verschuldung des Kaisers, worin seine Verbindung mit der Hexe liege, die – das fühlt man wohl – im bloßen gemein Sinnlichen sich nicht erschöpft haben kann. Das wird in dem Stück nicht offenbar. Ja, ich muß, so seltsam Ihnen dies klingen wird, es aussprechen, daß dies mir selbst nie ganz offenbar geworden ist, obwohl ich weiß, es liegt irgendwo hinter dem Ganzen. Am ehesten geben noch die Reden des Kaisers an den jungen Kämmerer den Schlüssel zu dem Geheimnis, aber es ist ein Schlüssel, der nicht völlig in das Schloß paßt und es nicht sperrt.[16]

Schon im Jahr 1908 überliefert Kessler Hofmannsthals Selbstkritik des Stückes, dem er die »dritte Dimension« abspricht. Hofmannsthal meint, das Stück habe »nur eine abstrakte, moralisierende Voraussetzung«, die nicht in »ein subtiles, höchstpersönliches Schicksal« aufgelöst werde. Das »vollkommene Scenario«, das er angeblich 1907 von einer Umarbeitung geschrieben hat, ist jedenfalls nicht erhalten.[17] Wohl aber gibt es Pläne aus dem Jahr 1918, »Kaiser und Hexe« nunmehr als Pantomime[18] oder auch als Novelle[19] neu zu schreiben, wobei Anregungen aus Calderón aufgegriffen werden, wie Ellen Ritter gezeigt hat. Der Gerichtstag, der über den Kaiser gehalten wird,[20] ist das Gericht über einen Dichter, dessen Muse und Inspiration sich in der Hexe verkörpert; Ibsens Wort vom Dichten als Gerichtstag halten über sich selbst steht dabei im Hintergrund. Hofmannsthals Notiz deutet denn auch die anhaltende Irritation durch die Frage: »Wie kommt der Kaiser eigentlich zu der Hexe?«[21] mit der autobiographischen Reflexion an: »meine Rettung war die sinnliche Wirklichkeit der Worte«.[22] Welch seltsamer Fall: Hofmannsthal ist dem traumwandlerisch gelungenen Werk schließlich nicht gewachsen und versucht, das daran als unbefriedigend Empfundene in verschiedenen Anläufen zu klären. So ist immer wieder gesehen worden, daß auch der Kaiser in der »Frau ohne Schatten« eine

---

[16] SW III Dramen 1 707f.
[17] Unterwegs mit Hofmannsthal. Berlin – Griechenland – Venedig. Aus Harry Graf Kesslers Tagebüchern und aus Briefen Kesslers und Hofmannsthals. Mitgeteilt von Werner Volke. In: HB 35/36, 1987, S. 50-104, hier S. 59.
[18] SW XXIX Erzählungen 2 388-390.
[19] SW XXIX Erzählungen 2 209-212.
[20] SW XXIX Erzählungen 2 211.
[21] Unterwegs mit Hofmannsthal (s. Anm. 17), S. 59.
[22] SW XXIX Erzählungen 2 388.

spätere Manifestation des jungen Kaisers ist. Beide müssen den Weg nach Hause finden und ein Bluturteil verantworten.[23] Noch die Entstehung der Efrit-Szene im Märchen verdankt neue Impulse der Wiederaufnahme von »Kaiser und Hexe« im Jahr 1918. Aber auch weiter entlegene Texte der 20er Jahre fügen sich in den Versuch ein, das Werk des 23jährigen einzuholen. Es sind Bemühungen, in denen Fragmentarisierung und Totalisierung ebenso ineinander übergehen wie der verzweifelte Versuch, diesem Text die Legitimation des eigenen Dichtens einzuschreiben. Der Kaiser wird zum Dichter, der Dichter zum Sprachsünder.[24] In einer späten Notiz zum »Turm« wird ausdrücklich vermerkt: »Analogie des Schlusses mit dem Schluss von ›Kaiser und Hexe‹«,[25] wobei auch in diesem politischen Trauerspiel von dem Verbrechen die Rede ist, das »durch das Wort«[26] begangen wurde. Auch für die H»erbstmondnacht«, eines der wichtigen Fragmente, erwägt Hofmannsthal, »in wie fern hier das Grundthema von Kaiser und Hexe: die Creation der Frau aus dem Mann wieder aufgenommen« werde,[27] und zu »Kaiser Phokas« notiert er: »Verborgene Verwandtschaft dieses Stoffes mit Kaiser u. Hexe. – Durch den frevelnden Gebrauch den er vom Wort machte (als dem menschenverbindenden) hat sich der Kaiser vergangen. Sprachsünde«.[28] Die Sünde wider das Wort ist nicht nur die Schuld des Kaisers Porphyrogenitus, sondern ist auch der ethische Imperativ, der Hofmannsthal in einer einzigartigen Unruhe immer wieder zu gerade diesem Text zurückkehren ließ. Er ist Matrix und Palimpsest, Werk und Fragment in einem. Wie ernst Hofmannsthal sich dieser Herausforderung gestellt hat, belegt vielleicht am deutlichsten die Einlassung auf einen vergleichbaren Fall in der Biographie von Brentano, wo von der unaufrichtigen Übertreibung der Sprache die Rede ist.[29]

---

[23] SW XXVIII Erzählungen 1 292; SW XXIX Erzählungen 2 211.
[24] Vgl. dazu »Ad me ipsum«: »Die magische Herrschaft über das Wort das Bild das Zeichen darf nicht aus der Prae-existenz in die Existenz hinübergenommen werden«; GW RA III 601.
[25] SW XVI.1 Dramen 14.1 465.
[26] SW XVI.1 Dramen 14.1 321.
[27] SW XIX Dramen 17 68.
[28] SW III Dramen 1 707; SW XVI.1 Dramen 14.1 613.
[29] GW RA III 615.

Vom Prozeßcharakter des Fragmentarischen kann schließlich auch in einer dritten Weise die Rede sein: »Jedermann« und das Märchen »Die Frau ohne Schatten« scheinen mir, um es provokant zu pointieren, bislang die deutlichsten Beispiele dafür zu sein, daß Anlagen aus den oftmals sehr frühen Arbeitsnotizen im Verlauf der Werkgenese untergehen oder eingeebnet werden, daß also in mancher Hinsicht das schließlich publizierte Werk die Impulse seiner Konzeption aufgegeben hat. Beim »Jedermann« ist es das Verhältnis von Unendlichkeit und Endlichkeit, von Totalität und menschennotwendiger Fragmentarik, das den Anfang dieser Werkgenese prägt, aber im endgültigen Text weitgehend verloren gegangen ist. Daß dabei das Moment des Todes, daß die Bewältigung der Endlichkeit im Mittelpunkt dieser Geschichte vom Sterben des reichen Mannes steht, scheint kein Zufall. Das Unendliche nicht durch materielle Häufung des Endlichen, sondern im Symbol zu fassen,[30] wie es in einer der Notizen heißt, läßt die endliche Existenz als zwangsläufig nicht vollständige zur spezifisch menschlichen Identität des Fragments werden. Nicht die gehortete und tote, sondern die immer wieder neue und lebendige Endlichkeit, die ständig vergeht, kann Unendlichkeit stiften. »Und weil kein einziges der Unendlichkeit genug thun kann, so müssen immer wieder neue auf die Welt kommen. Die Kinder! die Kinder!« Von diesem Zusammenhang, den die Notizen des Jahres 1903 formulieren, ist im Text von 1911 allenfalls indirekt noch etwas zu spüren. Werkgenese und Ausführung der fragmentarischen Notizen müssen daher nicht zwangsläufig ein Prozeß der Komplettierung sein; im Fall des »Jedermann« wie der »Frau ohne Schatten« kann die Werkentstehung auch als Reduktion und Konzentration verstanden werden. – Die dichte Vernetzung der Motive und Symbole im Märchen der »Frau ohne Schatten« ist aus den Notizen und Varianten deutlicher zu rekonstruieren als aus dem Text der Erzählung selbst. Etwa der Zusammenhang zwischen dem ungelösten Knoten des Herzens bei Kaiserin und Färberin ist motivisch eng verzahnt mit dem Ineinanderverschlungensein von Anfang und Ende im Brief der Kaiserin und im Teppich der ungeborenen Tochter. In denselben Zusammenhang gehören aber auch Halbmond und Kreis als Zeichen von Endlichkeit und Unendlichkeit, von Anfang und Ende beim Gastmahl des vierten

---

[30] SW IX Dramen 7 137.

Kapitels. Im Text hat Hofmannsthal ferner den deutlichen Bezug zwischen dem Opfer der Kaiserin und dem Lamm Christi wieder gelöscht. – Während hier die Werkgenese in Einzelheiten als Reduktion des Entwurfs und seiner Offenheit erscheint, gibt es auch das gerade Gegenteil: So erscheint die Subtilität des »Schwierigen« aus den Notizen kaum zu erahnen. Hier ist das vollendete Werk in der Ausdifferenzierung vor allem seiner Dialoge allen Vorstufen haushoch überlegen und die teleologische Metaphorik einmal – ausnahmsweise – gerechtfertigt. Wie wohl bei keinem zweiten Werk kommt es beim »Schwierigen« ja auf die Nuancen des Gesprächs an, die sich erst im größeren Textzusammenhang entwickeln lassen, daher in den Notizen höchstens vorgebildet sind. Daß es bei Hofmannsthal oft genug anders der Fall ist, sollte der Blick auf »Kaiser und Hexe«, auf das »Bergwerk« und den »Jedermann« zeigen.

II

Daß gleichwohl dem Moment des Fragmentarischen eine »kritische« Kapazität eignet, zeigt sich dort, wo Hofmannsthal weniger als Dichter denn als Leser, als Kritiker von Literatur auftritt. Als zweite Station ist daher die »Kritik des Fragmentarischen« zu untersuchen, die aber bezeichnenderweise wiederum nicht entlang der Grenze von Werk und Fragment verläuft, sondern diese Linie schneidet und somit den Vorwurf des non-finito weniger an Fragment gebliebene Texte richtet als über innerlich unzulängliche, äußerlich abgeschlossene Werke urteilt. Ein Beispiel dafür war die oben zitierte Kritik an Chamissos »Schlemihl«. Nachdem zuerst der Totalitätsanspruch des Fragments sichtbar geworden ist und die Grenze zum sogenannten Werk eingerissen hat, tritt das Fragment nunmehr ins Zeichen einer Destruktion des literarischen Werkes. Aufgabe des dritten Schrittes wird es dagegen dann sein zu zeigen, daß dem Fragment ein für das Kunstwerk existentieller Wert zukommt. Die Verschränkung von Kritik und Anerkennung des Fragments soll im abschließenden vierten Teil unter dem Begriff der fragmentarischen Identität aufgewiesen werden.

Um zeigen zu können, inwiefern nachher das Fragment als Bestandteil des Kunstwerks zu werten ist, muß zuvor die Kritik des Nicht-völlig-Gelungenen dargelegt werden. Beispielhaft wird sie bereits in der

Habilitations-Schrift über Victor Hugo entwickelt, wenn Hofmannsthal über die Figuren in den großen Dramen der 1830er Jahre schreibt:

> Könnte sich einer von ihnen jemals umwenden, so müßte er sehen, daß die anderen alle nur von vorne bemalte Figuren sind und nach der Breite keinen Durchschnitt haben; daß es Figuren von Papier sind.[32]

Was hier als Vorwurf papierener Flächenhaftigkeit formuliert wird, kehrt auch in Hofmannsthals selbstkritischen Urteilen als Antinomie von flächenhafter Zweidimensionalität und eigentlich anzustrebender Dreidimensionalität wieder, so etwa in seiner Verurteilung von »Kaiser und Hexe« aus dem Jahr 1908, die Kessler überliefert hat. Das Stück sei »blos zweidimensional«, sagte Hofmannsthal, »und ein Stück müsse dreidimensional sein: ihm fehlt sozusagen die Dritte Dimension. [...] Damit das Stück die dritte Dimension bekäme, müsste man die ›Sünde‹ in ein subtiles, höchstpersönliches Schicksal auflösen, oder die Vorgeschichte geben«.[33] Auch der Efrit aus der »Frau ohne Schatten« wird defizitär als »etwas phantomartiges, [...] nur zweidimensional« charakterisiert, das noch nicht Gestalt sei.[34] Was bei dieser Kontrastierung des Visuellen und des Plastischen als Maßstab im Hintergrund steht, wird schon in der Hugo-Schrift deutlich, wenn es über seine Figuren weiter heißt: »Eine einzige nach allen Dimensionen »reale« Gestalt, eine Gestalt wie Hamlet, eine Figur wie Götz, müßte, wenn sie in eines dieser Dramen verwickelt würde, durch ihr bloßes Dabeisein die ganze Handlung zersprengen«.[35]

Es ist die Realität der Bühne, dann aber auch im barocken Sinn der Lebensbühne, die der dritten Dimension Boden gibt. Zweidimensionale, flächenhafte Bühnenwerke versagen sich der theatralischen Präsentation und dienen daher auch selbstkritischer Einsicht. 1916 schreibt Hofmannsthal an Käte Riezler-Liebermann, nachdem sie von einer Sternheim-Komödie (»Das leidende Weib«, nach Klinger) auf der Bühne enttäuscht war, die ihr beim Lesen gefallen hatte:

> Ich kann gut verstehen, daß Sie das Stück auf dem Theater enttäuscht hat, ohne daß es darum als Stück weniger gut zu sein braucht, glaube ich. Sternheim ist halb unwillkürlich dem Stil von Klinger und dessen Zeitgenos-

---

[32] GW RA I 286.
[33] Unterwegs mit Hofmannsthal (s. Anm. 17), S. 59.
[34] BW Pannwitz 254.
[35] GW RA I 286.

sen gefolgt, und dieser Stil hat etwas Flächenhaftes, und diese Stücke, wenn man sie aufs Theater bringt, verlieren mehr als sie gewinnen. (Auch Clavigo gehört zu dieser Art von Stücken) Z.B. die Nebenfiguren, der Bruder Franz und seine Freundin, das ist ganz in der Fläche componirt, ich spürte beim Lesen, daß es geistig reizvoll, aber im dramatischen Sinn wie nicht vorhanden ist. Das sind Dinge, die man schwer ganz klar machen kann, man spürt sie, wenn man selbst Ähnliches versucht hat. Meine eigenen Jugendsachen sind wieder in einer anderen Weise flächenhaft, reine Gedichte, darum gehören sie auch nicht auf die Bühne.[36]

So schwierig es ist, den hier herangezogenen Vorstellungen der Realität und Lebendigkeit im Unterschied zur unlebendigen Flächenhaftigkeit einen konkreten Sinn zuzuweisen, so eindeutig ist der Bezug zu einem ethischen Bereich, den ich für die Formulierung einer Identität des Fragmentarischen reklamieren möchte. Das flächenhafte Werk versagt durch seine Abstraktheit vor der Dreidimensionalität, die durch ein ethisches Moment ausgewiesen ist. So heißt es 1922 in einem Brief an Carl Jacob Burckhardt:

> Alles, was Menschen ohne Herz aufschreiben, sei es noch so wahr und deutlich beobachtet, entbehrt der Tiefe; die Tiefdimension kommt aus dem Herzen.
>
> Die Notizen über Napoleon sind keine bloßen Excerpte; sie schweben im Medium einer tiefen ehrfurchtsvollen Anteilnahme des Gemütes, darum sind sie nicht flächenhaft, sondern sie bilden einen Raum.[37]

Und noch eindringlicher äußert sich Hofmannsthal 1926 gegenüber Willy Haas über einen Roman von Otto von Taube:

> es fehlt wohl dem Ganzen an dem was aus der Fläche in die dritte Dimension führt wie ich mir das Plastische (im Dichterischen) überhaupt nur aus der Gerechtigkeit ableiten kann.[38]

Der eher handwerklich gemeinte, flächenhafte Begriff des Fragmentarischen bleibt demnach ohne Tiefe, die letztlich nur aus der Plastizität des Lebens und damit einem ethischen Bereich entstammen kann. Das

---

[36] Leonhard M. Fiedler: Eine Molière-Ausgabe von Hofmannsthal und Sternheim. Begegnungen und gemeinsame Pläne. In: HB 4, 1970, S. 262.
[37] BW Burckhardt (1991) 100.
[38] BW Haas 69.

Plastische ist gegenüber dem Visuellen nicht nur »ein mehr«,[39] sondern auch ein Tieferes. Aber es gehört zu den Paradoxien Hofmannsthalschen Weltverständnisses, daß die Dimension der Tiefe wesentlich, wie zu zeigen sein wird, mit einem künstlerischen Begriff des Fragmentarischen zu tun hat, in dem sich Ästhetik und Ethik treffen. Wie sehr indes die dritte Dimension eine Sache des Lebens, die Fläche dagegen unzulänglich bleibt, sei noch an zwei Momenten verdeutlicht. In einem wichtigen Brief an Rudolf Borchardt, zu dem er sogar einen Entwurf niedergeschrieben hat, heißt es Anfang August 1912 über ein vorangegangenes Wiedersehen in Italien:

> Alles was man ausgesprochen hat, und gelegentlich noch aussprechen würde, scheint wenig: das eigentliche Erlebnis unausschöpflich – dieses – den Freund so lebendig gefunden zu haben, so vielseitig, allseitig ins Leben eindringend, allseitig vom Leben berührt – die Vorstellung ist dagegen immer unzulänglich, flächenhaft. So sind mir die kleinsten Zwischenäußerungen aus unseren Gesprächen, Reflexe, Seitenblicke auf dies und jenes im Leben, so wert: weil sie jenes Drei-dimensionale verbürgen, das wie in der Kunst so im Leben, Wunder des Wunders ist, das eigentliche Mysterium, wodurch sich schöpferische Natur hervortut.[40]

Und in den Notizen zum »Turm« heißt es einmal über die Figur des Clotald: »Nicht zu kühn. Ihm fehlt die dritte Dimension wodurch erst der Mensch mächtig wird der Dinge. So ist mir selbst da ich nicht handeln durfte alles Schatten u. Traum geworden. (Plastik) Jetzt erst wieder Mensch!«[41]

Blieb am Ende der ersten Betrachtung die Grenze zwischen Werk und Fragment so unscharf, daß vorgeschlagen werden kann, auf die strenge Kontrastierung der Begriffe zu verzichten, sie vielmehr nur instrumental zu handhaben, so ist nunmehr die Kritik des Fragmentarischen als ein Defizit letztlich ethischer Tiefe sichtbar geworden. Das flächenhafte Werk, wie etwa »Kaiser und Hexe«, entbehrt dramatisch-theatralischer Realität ebenso wie einer inneren, ethischen Tiefe. Manche Werke, die äußerlich abgeschlossen sind, bleiben flächenhaft, fragmentarisch;

---

[39] SW XXX Roman 165.
[40] Hugo von Hofmannsthal – Rudolf Borchardt. Unbekannte Briefe, mitgeteilt von Werner Volke. In: JDSG 1964, S. 23.
[41] SW XVI.1 Dramen 14.1 256.

Plastizität wird zu einer Marke, die sowohl ästhetischen wie ethischen Gesichtspunkten genügen muß.

III

Bestand die »Kritik des Fragmentarischen« im Vorwurf einer Defizienz, die dem theatralischen Leben oder der ethischen Dimension nicht genügt, so darf daraus nicht geschlossen werden, daß das Erreichen der dritten Dimension etwas mit bloßer Totalisierung oder Vervollständigung zu tun hätte. Das als flächenhaft kritisierte Fragment unterscheidet sich wesentlich von jenem Werk, das sich aufgrund einer vergleichsweise künstlerischen oder inneren Fragmentarik als lebendig und ethisch verantwortlich erweist. Im dritten Punkt der Erörterung steht daher nicht das Fragment als Defizit, die Fläche gegenüber der Dreidimensionalität im Blick, sondern das Fragment als Existenzform und Möglichkeit des Kunstwerks. Es geht gerade nicht um ein naives Verständnis von Totalität, das schon zu Beginn desavouiert wurde, wenn Hofmannsthal auf die vollständige Publikation eines Textes zugunsten eines seiner Teile verzichtete. Jetzt steht vielmehr die notwendigerweise fragmentarische Struktur des Kunstwerks zur Diskussion, das sozusagen den Schritt aus der Fläche zur Plastik schon geleistet hat.

Fragmentarisierung sei daher kein Vorwurf, keine Kritik im Hinblick auf ein besseres Modell, etwa wie im Vergleich zwischen Victor Hugo und Shakespeare, sondern sie sei als Konturierung, Begrenzung und Formung des ungehemmt fließenden Lebensstromes verdeutlicht. Brennpunktartig hat Hofmannsthal diesen Sachverhalt in sein »Buch der Freunde« versammelt, wenn er dort den Satz von Rudolf Pannwitz aus dessen Kommentaren zu Hofmannsthals Frühwerk[42] aufnimmt: »Das Lebendige fließt, aber das Fließende ist nicht die Form des Lebens.«[43] In diesem Satz scheint mir für die Ästhetik des Fragmentarischen Zentrales ausgesagt. Das Leben ist lebendig nur als verströmendes, als hemmungsloser, unbegrenzter Fluß. Soll es aber in der Kunst dargestellt und interpretiert werden, muß es in einer Form aufgegriffen werden, die sich notwendigerweise von der Formlosigkeit des Lebensflusses unterscheidet. Das Kunstwerk bekommt damit die Aufgabe

---

[42] BW Pannwitz 735.
[43] GW RA III 269.

zugesprochen, das fließende Leben zu gestalten und als geformtes wiederzugeben, eben in *der* Form, zu der das bloße Leben als lebendig strömendes nicht in der Lage ist. – Welche prekäre Konsequenz damit verknüpft ist, hat Hofmannsthal unmittelbar zuvor zu bedenken gegeben, wenn er den Denkspruch aufstellt: »Die Formen beleben und töten«. Hier ist doch angesprochen, daß die Kunstwerdung des Lebensstromes diesen belebt, indem sie ihm Gestalt und Dauer verleiht, daß sie ihn aber zugleich tötet, mortifiziert, indem sie seine Lebendigkeit begrenzt und um der Form willen anhält. Maurice Blanchot hat in seiner denkwürdigen Abhandlung über »Die Literatur und das Recht auf den Tod« darauf aufmerksam gemacht, daß schon beim frühen Hegel ein entsprechender Gedanke formuliert wird, wenn er sagt: »Der erste Akt, wodurch Adam seine Herrschaft über die Tiere konstituiert hat, ist, daß er ihnen Namen gab, d.h. sie als Seiende vernichtete«.[44] Mit diesem Gedanken, mit dessen Hilfe man auch Hofmannsthals bedeutenden Beitrag zu einer Poetik des Todes erfassen kann, ist nun ein Angelpunkt seiner Ästhetik des Fragmentarischen bezeichnet. Das wird sofort sichtbar, wenn man die aus dem »Buch der Freunde« angeführten Sätze dahingehend zusammenfaßt, daß das ungehemmte Verströmen des Lebensflusses zwar lebendig, aber gerade dadurch kontraproduktiv, gegenkünstlerisch ist. Produktiv im Sinne der Kunst ist nicht nur, wie die Frühromantiker, namentlich Novalis, wußten, und wie es später Thomas Mann im Licht Schopenhauers verbreitete, künstlerisch produktiv ist nicht gerade allein der Tod, sondern, so Hofmannsthal, das gehemmte Verströmen, die gehemmte Bewegung. Der Begriff der »Hemmung« ist für die Ästhetik Hofmannstals vielleicht noch nicht genügend beachtet worden. In den Blütenstaub-Fragmenten des Novalis fand Hofmannsthal die Notiz, die er sich für den »Schwierigen« notierte: »Gewisse Hemmungen gleichen den Griffen eines Flötenspielers, der um die Musik hervorzubringen bald diese bald jene Öffnung zuhält«.[45] Und in »Glauben und Liebe« heißt es bei Novalis: »Wer recht viel Geist hat, den hemmen Schranken und Unterschiede nicht; sie reizen ihn vielmehr«.[46]

---

[44] Maurice Blanchot: Die Literatur und das Recht auf den Tod. In: Ders.: Von Kafka zu Kafka. Übersetzt von Elsbeth Dangel. Frankfurt a.M. 1993, S. 31.
[45] SW XII Dramen 10 203f.
[46] Novalis. Werke, Tagebücher und Briefe Friedrich von Hardenbergs. Hg. von Hans-Joachim Mähl und Richard Samuel, Bd. 2. München 1978, S. 293.

Die Hemmung der Lebensbewegung wird für Hofmannsthal zur Voraussetzung seiner Kunstwerdung, oder, so könnte man sagen, das Lebendige könne nur als Fragment, nicht in toto, dargestellt werden. »Mehr oder weniger improvisiert und fragmentarisch ist alles, was wir von uns geben, das ist das Lebendige daran«, schreibt Hofmannsthal 1906 an Hugo Heller.[47] Shakespeare wird ihm dann Bürge dafür, daß das Dramatische nicht aus bloßer Bewegung bestehen dürfe, sondern aus »gehemmter Bewegung«,[48] einer Synthese von Treibendem und Beharrendem.[49] Poetisches Kraftfeld dieser Experimente ist dann, nicht zufällig, das frammento interno des »Andreas«, dessen Titelfigur sich durch den Anblick ihres Spiegelbildes lähmen läßt: »Er ahnt nicht«, heißt es, »wie sehr der wahrhaft Lebende aus Hemmungen Verdunkelungen besteht«.[50] Die gespaltene Psyche von Maria/Mariquita ist der Schauplatz dieses Konfliktes: Hemmungslosigkeit ist das Wesen von Mariquita, Hemmung als Wesen von Maria festgehalten.[51]

Kronzeuge für die Kapitulation vor der Totalität des Lebens, für die Unfähigkeit zur Gestaltung und Formung wird schon für den 17jährigen Hofmannsthal Henri-Frédéric Amiel:

> Amiels Versinken in die Unendlichkeit der Ursachen; verwandt damit das willenlose Hinfluten des modernen Menschen in der Empfindung. Demgegenüber Pflicht sich zu beschränken, im Schaffen und Denken mit dem Fragmentarischen sich zu begnügen, auch das Gefühl zu begrenzen. (Hebbels Tagebücher im Gegensatz zu Amiels Journal).[52]

Wenig später verläßt er die Lektüre mit »unsäglicher Sehnsucht nach Begrenztem, nach scharfen Konturen, nach greifbarer, gemeiner Deutlichkeit«.[53]

Zum dichterischen Bild gerinnt diese Ästhetik des Fragmentarischen in der Gestalt des Fremden, der als Goldschmied im »Kleinen Welttheater« von der steinernen, d.h. unveränderlich fixierten Brücke aus in den immer sich wandelnden Fluß des Lebens hinabblickt, in dem er ver-

---

[47] GW RA I 377.
[48] GW RA II 216.
[49] GW RA II 217; BW Kessler 252; BW Strauss 655.
[50] SW XXX Roman 38.
[51] SW XXX Roman 118.
[52] GW RA III 321.
[53] GW RA III 332.

meint, »Geschmeide hingestreut zu sehen«. Es ist aber die schöpferische Gestaltungskraft seiner Phantasie, die dem ungehemmten, amorphen Strom Bilder, Körper, Zeichen zu entnehmen vermag. Der Künstler ist derjenige, der sich konzentrieren, der auswählen kann:

> nur ist es viel zu viel, und alles wahr:
> eins muss empor, die anderen zerfliessen.
> Gebildet hab ich erst, wenn ich's vermocht
> vom grossen Schwall das eine abzuschliessen.
>
> In einem Leibe muss es mir gelingen
> das Unaussprechlich-reiche auszudrücken,
> das selige In-sich-geschlossen-sein:
> Ein-Wesen ist's, woran wir uns entzücken!⁵⁴

Auch die von Carlpeter Braegger beleuchtete Kategorie des Dürerschen *Herausreißens* ist in diesem Zusammenhang zu sehen, wenn Hofmannsthal notiert: »Das Schöne *Herauszureißen* aus der Natur«.⁵⁵ Die notwendige Fragmentarisierung des Lebens als Gesetz seiner poetischen Darstellbarkeit: Diesen Gedanken, in dem sich Hofmannsthals Ästhetik des Fragmentarischen bezeugt, hat er explizit in einer Aufzeichnung aus dem Jahr 1911 ausgeführt:

> Wir sind überall, immerfort gehemmt und immerfort kommen wir über Hemmungen hinweg. Sie gehören mit zu unseren fruchtbarsten Lebensbedingungen. S'ingénier pour les vaincre. Das Meer trennend, aber verbindend. Der Berg dräuend, aber kräftigend. Überall der partielle Tod die Wurzel des Lebens. Aus Hindernissen Belebung.⁵⁶

Hier öffnet sich die Poetik des Fragments für eine Ethik fragmentarischer Identität, für den partiellen Tod als Impuls des Lebens. Dabei ist an Goethes Sonett vom Mächtigen Überraschen zu denken, wo Wirbelwind und Felsmasse das Herabströmen des Flusses aufhalten:

> Die Welle sprüht, und staunt zurück und weichet,
> Und schwillt bergan, sich immer selbst zu trinken;
> Gehemmt ist nun zum Vater hin das Streben.

---

⁵⁴ SW III Dramen 1 140.
⁵⁵ GW RA III 613; vgl. Carlpeter Braegger: Das Visuelle und das Plastische. Hugo von Hofmannsthal und die bildende Kunst. Bern und München 1979, S. 103ff.
⁵⁶ GW RA III 509.

Sie schwankt und ruht, zum See zurückgedeicht;
Gestirne, spiegelnd sich, beschaun das Blinken
Des Wellenschlags am Fels, ein neues Leben.[57]

Ein spätes und besonders schmerzliches Versagen vor der produktiven Fragmentarisierung der Lebenstotalität bezeugt sich in Hofmannsthals Versuch, das Andenken Eberhard von Bodenhausens, seines besten Freundes, zu gestalten. In Briefen aus dem letzten Jahr, 1929, an Ottonie Degenfeld und Rudolf Borchardt, klagt er über sein Unvermögen, hier »vom grossen Schwall das eine abzuschließen«. »Es fehlt«, schreibt er, »an allem was Farbe, an allem was Contur gibt. Da ist keine Anekdote, kein prägnanter Zug, keine Sonderbarkeit; kein Gelingen nach außen, kein Höhepunkt, keine Entscheidungen. Alles rund, ohne Contur; alles ausweichend dem Erfolg, dem Erreichen – und darin so ergreifend; und vorbildlich. Aber wie das wiedergeben?«[58] Das Ergebnis dieser Irritation ist ein unausweichliches Paradoxon: Die Unfähigkeit, das Runde und Ganze des Lebens zu formen, zu fragmentarisieren und zu begrenzen, schlägt sich in einer Reihe von Aufzeichnungen, von – Fragmenten nieder.[59] Anders gewendet, wird hier das Fragmentarische zur Struktur des Werkes, so daß auch von dieser Richtung die Entgegensetzung von Fragment und Werk sich als revisionsbedürftig erweist. Die vielberufene formidable Einheit des Werkes[60] besteht nicht zuletzt darin, daß Texte nur in statu nascendi möglich sind, mit fließenden Übergängen und untergründigen Verbindungen.

Mit das Erstaunlichste ist dabei vielleicht, wie früh bei Hofmannsthal auch dieses Bewußtsein von der Notwendigkeit des Fragmentarischen einsetzt. Eine beiläufige, überdies gestrichene Notiz, publiziert im Nachlaßband der Gedichte, gibt bereits 1892 das Verhältnis zwischen Totalität und Darstellung zu bedenken:

Welt = Totalität der einander kreuzenden Ideen das beste, eigenste lässt sich nicht geben, hat keinen Namen, gerade Gegenwart ist öd. Schale nothwendig, Erinnerung, Zusammenfassung, Antithese, Kunstwerk schön.[61]

---

[57] Goethe: Weimarer Ausgabe, I.2, S. 3. Ich folge hier einem Hinweis von Friederike Mayer.
[58] BW Degenfeld (1986) 513; BW Borchardt 199f.
[59] GW RA III 155-169.
[60] GW RA III 620.
[61] SW II Gedichte 2 315.

Und noch ein Jahr früher begegnet in den Tagebuchaufzeichnungen unter der allerdings schillernden Überschrift »Berufsdilettantismus« die Formulierung, »jedes Gewordene, Feste [sei] Lüge«. Und weiter:

> Das Halbe, Fragmentarische aber, ist eigentlich menschliches Gebiet: Beruf, Gesinnung, Neigung, Gewohnheit, Eigenart, Geschmack, ja Kultur und Epoche, alles dies macht uns einseitig und beschränkt uns in gewissem Sinne, aber diese Beschränkung ist uns wohltätig.[62]

Man könnte also von einem Humanismus der Fragmentarik sprechen, aber auch von einer Ästhetik der Begrenzung und einer Ethik des Fragments, die Hofmannsthal im Widerspruch zu einer Figur wie Amiel entwickelt hat. Die Pflicht, sich »im Schaffen und Denken mit dem Fragmentarischen zu begnügen«, mündet in eine Konzeption, die man als die *Identität* des Fragments bezeichnen kann. Ihr soll die vierte und letzte Betrachtung gewidmet sein.

IV

Daß bei Hofmannsthal die Ästhetik des Fragmentarischen wohl nur in Verbindung mit einer Ethik des Fragments zu beschreiben ist, hängt damit zusammen, daß zwar das Kunstwerk gegenüber der Rundung und Ganzheit des Lebens sich notwendigerweise bruchstückhaft ausnimmt, zugleich aber die vermeintliche Totalität des Lebens in einer anderen, existentiellen Perspektive sich als eine zutiefst endliche Totalität ausweist. Mit anderen Worten: Das Verhältnis zwischen der Ästhetik des Fragmentarischen und der Komplexität der Lebenswelt wird noch einmal überformt durch das Verhältnis zwischen der Begrenztheit des Lebens und dem unerreichbaren Ideal einer Unendlichkeit. Kein Gedanke, so wird man wohl sagen dürfen, habe Hofmannsthal von Anfang an mehr beschäftigt als der Gedanke der Zeitlichkeit, der Vergänglichkeit und des Todes. Schon 1893 heißt es im Tagebuch: »Der tragische Grundmythos: die in Individuen zerstückelte Welt sehnt sich nach Einheit, Dionysos Zagreus will wiedergeboren werden«.[63] Der Tod erscheint auch im Frühwerk nicht nur als eine ethisch-moralische Größe, als memento mori, sondern zugleich als ästhetischer Impuls. Wie durch hohe, schlanke Gitter bleiben die *Tizian*jünger von der Erfahrung

---

[62] GW RA III 321f.
[63] GW RA III 359.

ihres Meisters ausgeschlossen, der noch dem Tod die Begegnung mit dem großen Pan abtrotzt und aus dem Todesaugenblick eine lebendige Schöpfungsphantasie zu entwickeln vermag: »Indes er so dem Leben Leben gab, / Spach er mit Ruhe viel von seinem Grab«.[64] Während die Jünger das Leben »haben und doch sein vergessen!«, entgleitet es Tizian zunehmend, indem er sich seiner umso konzentrierter erinnert.

Eine Schlüsselszene von Hofmannsthals paradoxer Poetik des Todes, die man füglich als eine Identität des Fragments beschreiben kann, ist dann das Ende des Dramoletts »Der Tor und der Tod« von 1893. Die Gestalt des Todes fungiert hier in einer bezeichnenden Doppelrolle, zunächst als jener unwillkomme Gast, der ein Leben, das sich selbst als ungelebt und unvollständig begreift, frühzeitig abbricht, sodann aber auch als Regisseur und Künstler, als Geiger und Tänzer, der den Sterbenden zwingt, nunmehr das Leben zu ehren.[65] Im Moment des Todes wird Claudio in gut platonischer Tradition Erkenntnis ungeteilt zu eigen. Der Tod, der das Leben begrenzt, kann es zugleich komprimieren und es, wie der Goldschmied des »Kleinen Welttheaters«, dadurch bilden, daß er vom großen Schwall das eine, vom leeren Leben die erfüllte letzte Stunde, abschließt. Claudio anerkennt denn auch die durch und durch künstlerische Qualität des Todes. »In eine Stunde kannst du Leben pressen, / Mehr als das ganze Leben konnte halten«.[66]

Später, in »Ad me ipsum«, legt sich Hofmannsthal selbst über diese Zusammenhänge Rechenschaft ab, wenn er »das Ich der Sterbenden« mit der »présence de l'univers«[67] verknüpft und den »Aspekt der letzten Stunde als Steigerung« versteht.[68] Die Gebrochenheit des Lebens wird hier mit seiner Unendlichkeit verquickt, Fragment und Totalität auf eine faszinierende Weise aneinander verwiesen. Ein weiterer Kronzeuge dieser Erfahrung ist dann natürlich Claudios jüngerer Bruder, »Jedermann«, der aus der Einsicht in die Endlichkeit: »Hie wird kein zweites Mal gelebt!«[69] den Wert der Einmaligkeit erkennen kann. Der Tod soll hier nicht nur der Bote sein, »dessen Nähe schöner und erhabener

---

[64] SW III Dramen 1 50f.
[65] SW III Dramen 1 73.
[66] SW III Dramen 1 79.
[67] GW RA II 38; RA III 613.
[68] GW RA III 614.
[69] SW IX Dramen 7 84.

macht«,[70] sondern er ist auch der dionysische »Gärtner der weiß wie die Wohlgerüche gemischt werden müssen«.[71] 1925 hat Hofmannsthal den Literaturhistoriker Walther Brecht wissen lassen, daß seinen Figuren nichts zustößt, »als daß sie sich ihrem Tod entgegen enthüllen«.[72]

Den prekären Versuch, einen erhöhten Zustand, wie er ihn im Frühwerk vorgeführt hat, »durch Supposition des quasi-Gestorbenseins« zu wahren, hat Hofmannsthal in »Ad me ipsum« problematisiert. Beispielhaft stellt er »Das kleine Welttheater« zwischen die Bemühung um »Totalität« einerseits, die er aber als Nachteil wertet, und die Schwierigkeit, »demgegenüber […] zum einzelnen durchzudringen«.[73] Dennoch scheint mir mit der Formel von der Supposition des Quasi-Gestorbenseins ein Angelpunkt beschrieben, um den sich die Identität des Fragments bewegt. Das zeigt das fragmentarische »Gespräch zwischen einem jungen Europäer und einem japanischen Edelmann« von 1902: »Jeder Mensch«, heißt es da, »muss seine wirkliche Welt finden diese liegt noch tiefer als die Stimmungen Ein Weg sie zu finden, ist wenn man schon einmal gestorben ist«.[74] – Auch das zentrale Gespräch des »Schwierigen« ist ein solcher Austausch von Erfahrungen des quasi-Gestorbenseins, wenn Hans Karl das dreißigsekündige Verschüttetsein »vis à vis dem Tod«[75] »nach innen« als ein anderes Maß erlebt hat: »Für mich war's eine ganze Lebenszeit, die ich gelebt hab'«.[76] Auch für Helene Altenwyl »ist ja der Moment gar nicht da«, sondern die brennenden Lampen sieht sie in sich »schon ausgelöscht«.[77]

Im »Turm«-Trauerspiel wird die Identität des Fragments dann zum Zeugnis der Erkenntnis, wenn Sigismund vor seinem Tod sagt: »Ihr sehet nicht wie die Welt ist. Nur ich, weil ich schon einmal tot war«.[78] Eine Vorstufe des 5. Aktes sieht denn auch den Auftritt jenes »Volks der

---

[70] SW IX Dramen 7 33.
[71] SW IX Dramen 7 146.
[72] JdFDH 1930, S. 342.
[73] GW RA III 605.
[74] SW XXXI Erfundene Gespräche und Briefe 42.
[75] SW XII Dramen 10 18.
[76] SW XII Dramen 10 102.
[77] SW XII Dramen 10 100.
[78] SW XVI.1 Dramen 14.1 135.

Todten« vor, das von sich sagen kann, sie seien die, »die den Tod einbezogen haben und ihn nicht fürchten«.[79]

Meister Eckart, Novalis und Kierkegaard scheinen mir die drei Autoren zu sein, denen Hofmannsthal mit der so beschriebenen Identität des Fragments am nächsten steht. In der Ausgabe von Eckarts »Mystischen Schriften«, die Gustav Landauer 1903 herausgegeben hat, fand Hofmannsthal den nur auf den ersten Blick kryptischen Satz: »Es ist niemand Gottes voll als wer im Grunde tot ist«.[80] Und bei Novalis las er im zweiten Teil des »Ofterdingen«-Fragments auf die Frage: »Warst du schon einmal gestorben?« die entwaffnende Antwort: »Wie könnt' ich denn leben?«[81] Und schließlich ist es Kierkegaard, der mit der Kategorie des Sich selbst Wählens nicht nur die ethische Basis des »Schwierigen« geschaffen hat, sondern auch mit dem Gedanken vom Vorlaufen in den je eigenen Tod das wahre und wirklich gelebte Leben ermöglichen will.

Bildet die Fragmentarisierung der Lebenstotalität die Basis der »Ästhetik des Fragmentarischen«, so ist die Einsicht in die endliche, wie auch immer fragmentarische Verfassung des Lebens die Basis einer fragmentarischen »Identität«, die Hofmannsthal in einem seiner wertvollsten Fragmente, dem »Sohn des Geisterkönigs«, zu gestalten unternommen hat. Es ist der 1916 begonnene, ehrgeizige Versuch, eine Adaption von Ferdinand Raimunds »Diamant des Geisterkönigs« in die Höhe barocken Welttheaters zu heben. Die Anklänge an »Faust II« sind dabei nicht zu überhören. Der »Sohn des Geisterkönigs« ist eine Parallelaktion zur »Frau ohne Schatten«, wenn der unsterbliche Geisterkönig Longimanus im leidgeprüften Erdendasein seines Sohnes noch einmal der geliebten Menschlichkeit teilhaftig werden will. Er läßt sich, um den Zusatz Büchnerscher Langeweile gegenüber Raimund noch vertieft, seinem Diener gegenüber so vernehmen:

---

[79] SW XVI.1 Dramen 14.1 407.
[80] Meister Eckarts mystische Schriften. In unsere Sprache übertragen von Gustav Landauer. Berlin 1903, S. 219.
[81] Novalis (s. Anm. 46), Bd. 1, S. 373.

> Schafskopf! kann unsereiner sterben! ist es nicht das prae, was sie vor uns voraushaben, dass sie sich ihr Stückerl Ewigkeit mit einer hinten vorgehaltenen Grablaterne farbig durchleuchten können – wenn ich hätt sterben können dann lebe ich ja noch![82]

Mit diesem wohl über Landauer vermittelten Brentanozitat[83] promoviert Hofmannsthal den Geisterkönig-Stoff nicht nur »ins ganz Grosse, Faustische«, wie er an Pannwitz schreibt,[84] sondern macht das leider Fragment gebliebene Werk zum Triumph des Fragmentarischen, zur Allegorie des Humanen, um hier die Selbstcharakteristik der »Frau ohne Schatten« abzuwandeln.

»Das Halbe, Fragmentarische aber, ist eigentlich menschliches Gebiet«, hatte der 17jährige geschrieben. Die Darstellung dieser Identität des Fragmentarischen ist das übergreifende Thema in der Dichtung Hofmannsthals, in Werken wie in Fragmenten wohl gleichermaßen. Daß aber das Fragment in einer expliziten Weise *Thema* wird, macht Hofmannsthal zu einem modernen Dichter höchsten Anspruchs. Hier ist eine Verwandtschaft mit der »Ästhetik der Abdankung«, die Fernando Pessoa skizziert hat, nicht zu übersehen:

> Es siegt nur, wer niemals sein Ziel erreicht. Es ist nur stark, wer immer den Mut verliert. Das beste und purpurnste ist es abzudanken. Das höchste Imperium ist das des Kaisers, der abdankt von jedem normalen Leben, von den anderen Menschen, auf dem die Sorge um die Überlegenheit nicht wie eine Last von Juwelen drückt.[85]

Auch die postmoderne zeitgenössische Situation eines ethisch indifferent scheinenden Spiels der Zeichen ist in die Diskussion um die Ethik des Erzählens, des Lesens, um die Ethik der Gabe und den Zusammenhang von Gewalt und Gerechtigkeit eingetreten. Die Identität des Fragments könnte als Antwortversuch auf den Verlust eines gesamtgesellschaftlichen Paradigmas gelesen werden. Sie trägt dem Bewußtsein von der zerbrechlichen Einrichtung der Welt und ihrer Bewohner mit Texten Rechnung, die sich innerlich und äußerlich als Fragmente kundtun.

---

[82] SW XXI Dramen 19 94.
[83] Vgl. HB 19/20, S. 68, und SW XXI Dramen 19 301.
[84] BW Pannwitz 180.
[85] Fernando Pessoa: Dokumente zur Person und ausgewählte Briefe. Aus dem Portugiesischen übersetzt und mit einem Nachwort versehen von Georg Rudolf Lind. Zürich 1988, S. 23.

Identität scheint in ihnen nicht unversehrt, sondern als gezeichnet von Schmerz, Vergänglichkeit und Tod. Das Leben Claudios ist nur ein »Chaos toter Sachen«, das unfruchtbar geblieben ist, »ohn' Sinn, ohn' Glück, ohn' Schmerz, ohn' Lieb, ohn' Haß!«[86] Es ist aber die Erfahrung des Schmerzes, der Verletzung, der Zeichnung von Körper und Seele, die das Leben der Mutter, des verlassenen Mädchens und des ermordeten Freundes sinnvoll gemacht hat, während Claudio keinem etwas war und keiner ihm. Wer, wie Claudio, nie »von wahrem Schmerz durchschüttert« war,[87] hat die »wahre Einführung ins Dasein« versäumt, wie in der Habilitationsschrift über Hugo der Schmerz bezeichnet wird.[88] Auch der Kaiser des großen Märchens muß erfahren, daß »Verwirrungen nötig [sind] und die Scham und die Beschmutzung«,[89] bis der Knoten des Herzens gelöst werden kann. »Es sei alles zu erreichen«, heißt es, »aber durch den Tod«.[90] Von daher wird verständlich, welchen Anstoß Hofmannsthal von Büchners Wort auf dem Totenbett empfing, so daß er es ins »Buch der Freunde« aufnahm: »Wir haben nicht zu viel, wir haben ihrer zu wenig, denn durch den Schmerz gehen wir zu Gott ein. Wir sind Tod, Staub und Asche – wie dürfen wir klagen?«[91]

Es ist die Zeichnung durch den Schmerz, die das Werk Hofmannsthals zum Ort jener Verletzung und jenes Bruches macht, von denen der Vierzeiler »Inschrift« vieldeutiges Zeugnis ablegt:

> Entzieh Dich nicht dem einzigen Geschäfte!
> Vor dem Dich schaudert, dieses ist das Deine:
> Nicht anders sagt das Leben was es meine,
> Und schnell verwirft das Chaos Deine Kräfte.[92]

Von Hofmannsthal in keine Gedichtsammlung aufgenommen, aber immer wieder wie eine anonyme Textintarsie im späteren Werk zitiert, weist »Inschrift« die Existenz des Menschen als Ort einer schaudernden Einschreibung aus, als Verletzung und Schriftzug, der das Dasein zeichnet. Hofmannsthal greift das Diktum von Alexander Herzen auf:

---

[86] SW III Dramen 1 73.
[87] SW III Dramen 1 65.
[88] GW RA I 287.
[89] SW XXVIII Erzählungen 1 308.
[90] SW XXVIII Erzählungen 1 305.
[91] GW RA III 256.
[92] SW I Gedichte 1 67.

»wir sind nicht die Ärzte, wir sind der Schmerz«.[93] Nicht zur Gänze zu verstehen, sondern als Fragment wird Sinn, auch der Sinn des Lebens, lesbar: »Das Halbe, Fragmentarische aber, ist eigentlich menschliches Gebiet«.

[93] SW XXXI Erfundene Gespräche und Briefe 438.

Achim Aurnhammer

Hofmannsthals »Andreas«
Das Fragment als Erzählform zwischen Tradition und Moderne*

Obwohl Fragment geblieben, steht der »Andreas« im Zentrum von Hofmannsthals Schaffen. Um die Bedeutung und den fragmentarischen Status des »Andreas« zu erklären, ist ein Blick auf seine Entstehungs- und Überlieferungsgeschichte unerläßlich.

Entstehung

Hofmannsthal arbeitete an seinem Romanprojekt »Andreas« zwischen 1907 und 1927. Circa 500 Manuskriptseiten umfaßt der »Andreas« im Nachlaß Hofmannsthals.[1] Davon entfallen annähernd 100 Seiten auf den relativ geschlossenen Hauptentwurf von 1912/13, – er wurde postum, im Jahre 1930, unter dem Titel »Andreas oder die Vereinigten« erstmals veröffentlicht[2] – der Rest verteilt sich auf insgesamt knapp 400 Entwürfe, Skizzen, Notizen und Exzerpte.

Der Hauptentwurf beginnt mit der Ankunft des Andreas von Ferschengelder, eines jungen Wiener Adligen, in Venedig im Jahre 1778. In Form eines träumerischen Erinnerns werden die vorausliegenden Reiseerlebnisse in Kärnten nachgereicht, wo Andreas von seinem verbrecherischen Bedienten Gotthelf geschädigt wurde und sich in Romana, die Tochter eines reichen Schildbauern verliebt hat. In Venedig logiert Andreas bei einem verarmten Patrizier. Es kommt zu seltsamen Begegnungen. So lernt Andreas unter der Ägide des Malers Zorzi die schöne

---

* Überarbeitete Fassung meiner Antrittsvorlesung an der Ruprecht-Karls-Universität Heidelberg vom 24. Juni 1992.

[1] Zur Entstehungsgeschichte vgl. Manfred Pape: Entstehung und Mißlingen von Hofmannsthals »Andreas«. In: Etudes Germaniques 32 (1977), S. 420–436.

[2] Das Freie Deutsche Hochstift Frankfurt/M. verwahrt den handschriftlichen Hauptentwurf unter der Signatur Hs FDH – 24644 (zitiert wird daraus im folgenden nach der Aufstellung im Hofmannsthal-Nachlaß: E IV A 4, 1–99). Der Erstdruck trägt den Titel: »Fragment eines Romans von Hugo von Hofmannsthal«. [Hg. von Heinrich Zimmer]. In: Corona 1 (1930), S. 7 und S. 139–164. Die erste Buchausgabe mit einem Nachwort von Jakob Wassermann (Berlin 1932) enthält zusätzlich zu dem Hauptentwurf eine Auswahl von Notizen.

Nina kennen, macht die Bekanntschaft eines rätselhaften Maltesers und begegnet dem weiblichen Doppelwesen Maria-Mariquita. Mit der Suche des Andreas nach dieser rätselhaften Unbekannten bricht der Hauptentwurf ab.

Trotz des zusammenhängenden Hauptentwurfs hat sich in der Hofmannsthal-Forschung die Einsicht durchgesetzt, daß sich die nachgelassenen Fragmente nicht zu einem geschlossenen Werk ergänzen lassen.[3] Denn die konzeptionellen Schwankungen und Wandlungen, die das Romanprojekt im Verlauf der zwanzigjährigen Arbeit erfuhr, sind zu beträchtlich, als daß eine durchgängige Grundidee zu erkennen wäre. Diese mangelnde Kontinuität kommt auch darin zum Ausdruck, daß Hofmannsthal sein Projekt wechselnd als »Erzählung« und »Roman« bezeichnet. Mit dem ursprünglichen Plan, dem der Hauptentwurf zuzurechnen ist, lassen sich insbesondere Hofmannsthals Notizen seit November 1925 schwer vereinbaren. Diese deuten etwa auf eine Verlagerung der Handlungszeit ins 19. Jahrhundert hin: vom Zeitalter Maria Theresias zur Metternich-Ära. Neue Figuren, darunter historische Gestalten des 19. Jahrhunderts, kommen hinzu, der Schauplatz weitet sich, so wird der Nahe Osten einbezogen. Da sich mit diesen späten »Andreas«-Plänen das andere Romanprojekt Hofmannsthals, ein historischer Roman über den »Herzog von Reichstadt«, überschneidet, muß

---

[3] Richard Alewyn: Andreas und die »wunderbare Freundin«. Zur Fortsetzung von Hofmannsthals Roman-Fragment und ihrer psychiatrischen Quelle. In: Euphorion 49 (1955), S. 446–482 (wieder in: Ders.: Über Hugo von Hofmannsthal. Göttingen [4]1967, S. 131–167), versuchte auf der Grundlage des zentralen Quellenfundes die Fortsetzung des Fragments zu skizzieren; und auch der Herausgeber der Kritischen Ausgabe, Manfred Pape (wie Anm. 1), S. 423, meint, noch ein Handlungsziel ausmachen zu können: »Deutlich wird jedenfalls, daß Hofmannsthal von Anfang an die Absicht hatte, den Roman mit Andreas' Rückkehr zu Romana zu beschließen«. Der Wahrheit näher kommt die negative Bilanz, die Mathias Mayer: Hugo von Hofmannsthal. Stuttgart und Weimar 1993, S. 138, aus der Forschung zieht: »in den folgenden Jahren [nach 1913] entstehen Hunderte von Notizen, die sich nur zum Teil zu Kapitelgruppen zusammenfassen, eine Handlungslinie aber nicht eindeutig erkennen lassen«. – Hauptentwurf und Notizen in einer Gesamtinterpretation zu integrieren, vermeint Waltraud Wiethölter: Hofmannsthal oder Die Geometrie des Subjekts. Psychostrukturelle und ikonographische Studien zum Prosawerk. Tübingen 1990, bes. S. 118–235. Ihr Versuch krankt aber eben daran, daß er von Fragmentarik und Faktur absieht und einen Verschnitt an Hintergrundwissen bietet, welcher »das Puzzle der fragmentarischen Hinweise mühelos [!] entziffern und zu einem Gesamtbild ergänzen« könne (227).

eine eindeutige Zuordnung der späten Notizen mißlingen.[4] Doch nicht nur inhaltlich, auch ästhetisch-stilistisch, ist das »Andreas«-Material heterogen und widersprüchlich. Insbesondere wechselt der Grad der literarischen Gestaltung: er reicht von bloßen Lektüre-Exzerpten zu fertig ausgearbeiteten Entwürfen.[5] Unbefriedigend blieben denn auch die Versuche, einige nachgelassene »Andreas«-Fragmente in einen narrativen Zusammenhang zu bringen.[6]

Überlieferung und Darstellung des »Andreas«-Materials in der ›Kritischen Ausgabe‹

Die Heterogenität betrifft nicht nur das Verhältnis der Fragmente untereinander, sondern auch der Hauptentwurf selbst bezeugt in seinen verschiedenen Korrekturphasen die langwierige und widersprüchliche Entstehungsgeschichte. Den wichtigsten Beitrag zur Erschließung des »Andreas«-Materials leistet die Kritische Ausgabe, die Manfred Pape im Jahre 1982 vorgelegt hat.[7] Allerdings bringt diese Edition – ebensowenig wie der editorische Kompromiß von Mathias Mayer[8] – die offene Form eines Werks *in statu nascendi*, wie es der »Andreas« repräsentiert, nicht angemessen zum Ausdruck.

Hofmannsthals eigenhändige Handschrift des Hauptentwurfs, die sich im Freien Deutschen Hochstift in Frankfurt befindet, umfaßt etwa 100 Seiten, die meisten mit Tinte in gleichmäßiger Schreibschrift

---

[4] So lassen sich etwa die Notizen N 339 oder N 345 nicht eindeutig dem »Andreas« oder dem »Herzog von Reichstadt« zuordnen. Figuren wie Anton Graf Prokesch von Osten oder Sagredo kommen in beiden Romanprojekten vor; auch deren literarische Vorbilder (wie etwa Lamennais) überschneiden sich.

[5] Wie schwierig es ist, nachgelassene Notate vergleichend zu bewerten, illustriert Wolfram Groddeck: »Vorstufe« und »Fragment«. Zur Problematik einer traditionellen textkritischen Unterscheidung in der Nietzsche-Philologie. In: Textkonstitution bei mündlicher und schriftlicher Überlieferung. Hg. von Martin Stern. Tübingen 1991, S. 165–175.

[6] Dieser Versuch ist in der ersten Buchausgabe zu spüren, die als Anhang zu dem Hauptentwurf eine entsprechende Auswahl von Notizen bietet.

[7] SW XXX Roman. Auf diese Ausgabe beziehen sich im folgenden die eingeklammerten Seitenzahlen im Text.

[8] Hugo von Hofmannsthal: Andreas. Hg. von Mathias Mayer. Stuttgart 1992. Mayers Text folgt der Ausgabe GW E, berücksichtigt aber »eine Reihe von Textverbesserungen aufgrund der Handschrift Hofmannsthals [bzw. der Kritischen Ausgabe Papes]« (S. 121). Da diese »Textverbesserungen« aber nicht eigens ausgewiesen sind, stellt diese Ausgabe ein problematisches *mixtum compositum* dar.

zwischen 23 und 25 Zeilen beschrieben. Datierungen am Rand vermitteln eine genaue Chronologie der ersten Niederschrift zwischen 1912 und 1913. Hofmannsthal hat dieses Manuskript mehrfach überarbeitet, wovon mannigfache Durchstreichungen und Verbesserungen Zeugnis ablegen. Von den zahlreichen Sofortkorrekturen unterscheiden sich deutlich einige Tintenkorrekturen, deren präziser und moderner Duktus auf eine spätere Bearbeitung schließen läßt. Des weiteren enthält die Handschrift eine Vielzahl von Bleistiftkorrekturen, die wohl zwei Korrekturvorgängen entstammen. Eine erste Bleistiftkorrektur dürfte vor der Tintenkorrektur erfolgt sein, eine zweite Bleistiftkorrektur nachträglich. Diesen textgeschichtlichen Befund von vier Schichten berücksichtigt die Kritische Ausgabe nicht.

Die Kritische Ausgabe weicht an vielen Stellen von der postumen Erstveröffentlichung in der »Corona« (1930) und von der ersten Buchausgabe (1932) ab. Dem Anspruch, »erstmals eine authentische Fassung« des »Andreas«-Fragments zu liefern,[9] wird sie jedoch nicht ganz gerecht. Der edierte Text präsentiert zwar bis in orthographische Unstimmigkeiten und Abbreviaturen die mutmaßlich letzte Textfassung, übergeht aber die offene Form, in der sich der fragmentarische Status des »Andreas« als eines *work in progress* widerspiegelt. Denn an vielen Stellen, etwa bei eingeklammerten Textteilen oder bei Überschreibung ohne Durchstreichung des Überschriebenen, vermied Hofmannsthal bewußt die eindeutige Entscheidung für eine Lesart. Er scheint Varianten häufig als gleichrangige Möglichkeiten erachtet zu haben. Dies macht die Kritische Edition kaum sichtbar, sondern bringt die meisten Varianten nicht einmal im Apparat, der nur die angeblich »wichtigen Varianten« enthält.[10] Von der beträchtlichen Menge gestrichenen Textes unterschlägt die Variantenauswahl der Kritischen Ausgabe selbst umfängliche Passagen. Wie editorischer Willkür oder auferlegtem Entscheidungszwang wesentliche Sinnbezüge zum Opfer fallen, illustriere das Androgynie-Motiv.

---

[9] Vgl. das Nachwort von Manfred Pape zu seiner »Andreas«-Edition (wie Anm. 7), S. 486.

[10] Scheint schon der Ansatz zweifelhaft, entgegen der offenen Form des Manuskripts einen letztgültigen Text zu präsentieren, so gerät seine editorische Umsetzung zudem inkonsequent. Denn obgleich der Herausgeber prinzipiell die Bleistiftverbesserungen zur Grundlage des edierten Texts macht, bleiben manche Bleistiftkorrekturen unberücksichtigt, ja werden nicht einmal unter den ausgewählten Varianten verzeichnet.

Als Andreas Maria-Mariquita begegnet, verunsichert ihn deren Doppelnatur dermaßen, daß »Andres einen Augenblick dachte er habe mit einem verkleideten jungen Mann zu tun« (89, Z. 13f.).[11] Das Androgynie-Motiv wird wieder aufgenommen, wenn der Maler Zorzi Andreas behilflich sein will, die rätselhafte Person ausfindig zu machen, »ob es nun ein verkleideter Mann ist oder eine öffentliche Person« (GWE 256). Anstatt dieser verdeckten Anspielung auf Mariquitas Mannweiblichkeit, wie sie in der *editio princeps* zu lesen ist, bietet die Kritische Ausgabe an dieser Stelle folgenden Wortlaut: »ob es nun eine verkleidete Nonne ist oder eine öffentliche Person« (91, Z. 32). Zieht man die Handschrift zu Rate, ist festzustellen, daß das strittige Wort, mag es »Mann« oder »Nonne« lauten, jedenfalls das durchgestrichene Wort »Bursch« ersetzt.[12] Die Variante »Mann« liegt nicht nur semantisch näher, sondern sie würde auch erklären, warum Artikel und Adjektiv (»ein verkleidter Bursch«) in ihrem männlichen Genus unkorrigiert bleiben. Dem kritischen Herausgeber ist die Verwandlung eines Burschen in eine Nonne nicht einmal eine Erwähnung in der Variantenauswahl wert. Anstelle der Worte Zorzis schließlich, die das androgyne Geheimnis Maria-Mariquitas offenbaren, »Lassen Sie jetzt Ihr kletterndes Mannweib« (GWE 257), findet sich nur noch die banale Äußerung: »Lassen Sie jetzt Ihre Verkleidete« (92, Z. 10). Wer dies für eine textgetreue Wiedergabe der Handschrift hält, lasse sich eines Besseren belehren: Hofmannsthal schrieb zunächst »Lassen Sie jetzt Ihre Verkleidete«, änderte dann »Ihre« in »Ihr«, strich »Verkleidete« und schrieb mit Tinte »kletterndes Mannweib« darüber. Ob die Bleistift-Unterpungierung diese Variante rückgängig macht, darf wohl bezweifelt werden, denn die Überschrei-

---

[11] Hier folgt die Kritische Ausgabe dem Wortlaut des Erstdrucks. Der Handschrift zufolge lautete die Stelle zuerst: »er habe einen verkleidten Knaben vor sich« (E IV A 4, 84). Unter den Varianten der Kritischen Ausgabe wird diese Änderung nicht verzeichnet. Vgl. hierzu meine Arbeit: Androgynie. Studien zu einem Motiv in der europäischen Literatur, Köln und Wien 1986, bes. S. 246–258. Entgegen der Kritik Mayers (wie Anm. 8), S. 130 Anm. 12, habe ich Papes Lesungen »Nonne« und »Verkleidete« nicht »irrtümlich [an]geklagt«, sondern moniert, daß die Kritische Edition eine wesentliche Sinnschicht unterdrückt.

[12] Die Alternative lautete ursprünglich: »ob es nun ein verkleidter Bursch ist oder eine Wahnwitzige«. Dann ergänzte Hofmannsthal die zweite Möglichkeit durch das Substantiv »Person« und änderte das vormalige Hauptwort zu einem Adjektiv: »ob es nun ein verkleidter Bursch ist oder eine wahnwitzige Person«. Schließlich strich er die vormalige Alternative und ersetzte sie durch folgende Bleistiftkorrektur: »Ob es nun ein verkleidter Mann ist oder eine öffentliche Person, die sich ein Spaß gemacht hat« (E IV A 4, 89).

bung ist nicht gestrichen.[13] Auch die Tatsache, daß keineswegs alle Bleistiftkorrekturen den letztgültigen Wortlaut bieten, spricht dafür, die Überschreibung »kletterndes Mannweib« mindestens als gleichwertige Alternative zur überschriebenen Variante »Verkleidete« anzuerkennen. Doch kommt das ›kletternde Mannweib‹ in der Kritischen Ausgabe nicht einmal mehr als Variante vor. Verloren geht somit der Aspekt der Androgynie, der auch im Namen Maria-Mariquita enthalten ist: ›Mariquita‹ bedeutet im Spanischen ›verkleideter Mann‹.

Das Unterfangen, eine eindeutige, verbindliche Fassung zu rekonstruieren,[14] verfehlt somit wie die spekulativen Ergänzungsversuche die ästhetische Eigenart, die gerade die Fragmentarik dem »Andreas« verleiht. Sie scheint mir mehr als bloß eine Signatur des Unvollendeten zu sein: Die offene Form des »Andreas« drückt ein ästhetisches Programm aus.

Die Fragmentarik des Hauptentwurfs

Die Ästhetik des Fragmentarischen durchzieht Hofmannsthals dichterisches und kritisches Werk. Wie eng die Fragment-Idee mit Hofmannsthals Selbstverständnis eines Epigonen verknüpft ist, der aus fragmentierten Traditionsbezügen schöpft, zeigt sich bereits in der jugendlichen Prosaskizze »Der Geiger vom Traunsee«. Das Bruchstück eines fingierten Lenau-Sonetts wird für den Ich-Erzähler zum Mittel schöpferischer Phantasie: »Eine Säule eines verschütteten Palastes, ein abgerissener Accord, vom Wind verweht. Und doch ein Accord«[15] – auch die Metaphorik bekundet die Nähe zur romantischen Tradition. Hofmannsthal hat den zugleich produktions- wie wirkungsästhetischen Reiz am

---

[13] Vgl. MS E IV A 4, 90. Ausgerechnet an dieser Stelle weicht Mayer (wie Anm. 8), S. 82, von der Taschenbuchausgabe ab und folgt Papes zweifelhafter Lesart.

[14] Vermutlich respektierte der Herausgeber die Grenzen einer ›Kritischen Ausgabe‹, ohne genügend zu bedenken, ob er da entscheiden darf, wo der Autor sich scheute. – Angesichts der überragenden Bedeutung des »Andreas«-Fragments sollte eine Historisch-Kritische Ausgabe ins Auge gefaßt werden.

[15] Vgl. Hugo von Hofmannsthal: Der Geiger vom Traunsee (Eine Vision zum St. Magdalenentag). In: SW XXIX Erzählungen 2 S. 7–12, hier S. 9, Z. 19. Dazu vgl. die vorzügliche Studie von Martin Stern: Lenau der Geiger. Zu Hofmannsthals frühester Prosaerzählung. In: Lenau-Almanach 1980/81, S. 73–87 (wieder in: Karl Pestalozzi; Martin Stern: Basler Hofmannsthal-Beiträge. Würzburg 1991, S. 95–108), die Hofmannsthals Anleihen an Lenaus Faust-Dichtung erklärt.

unvollendeten Kunstwerk geschätzt, das den Künstler sowohl zur Nachahmung als auch zum kreativen Ergänzen stimuliert. Dies geht aus einer frühen Aufzeichnung hervor: »Künstler lieben vollendete Kunstwerke nicht so sehr wie Fragmente, Skizzen, Entwürfe und Studien, weil sie aus solchen am meisten fürs Handwerk lernen können«.[16] Wie sehr die Anlehnung an künstlerische Vorbilder und Stile Hofmannsthals Vorliebe für das Fragment prägt, zeigt sich an seinem lyrischen Drama »Der Tod des Tizian«, das er selbst mit der Gattungsbezeichnung »Bruchstück« versehen hat. Auch die Fassung, die im Jahre 1901 als Totenfeier für Arnold Böcklin in München aufgeführt wurde, trägt den Untertitel »Ein dramatisches Fragment«. Die Fragmente des Novalis, das fragmentarische Spätwerk Hölderlins, der fragmentarische Ur-Meister Goethes, mit denen sich Hofmannsthal während der Niederschrift des Hauptentwurfs zum »Andreas«-Roman ausführlich beschäftigt, erachtet er als vorbildliche literarische Muster. Für Hofmannsthal bedeutete das Fragmentarische weniger mangelnde Vollendung als vielmehr ein ästhetisches Programm, das dem spannungsvollen Verhältnis von Moderne und Tradition Rechnung trägt.

Am Fragment-Status des Hauptentwurfs hat Hofmannsthal im Verlauf der zwanzigjährigen Arbeit am »Andreas« nie einen Zweifel gelassen. Nach der ersten provisorischen Einteilung des Romanprojekts in acht Kapitel umfaßt der ausgeführte Entwurf »mindestens ein Viertel« des geplanten Ganzen,[17] während er einer brieflichen Äußerung aus dem Jahre 1925 zufolge »die Hälfte etwa des ersten Buches« eines auf »vier oder fünf Bücher«[18] angelegten Romanplans ausmacht. Auch wenn sich der Anteil des Hauptentwurfs am jeweils geplanten Werkganzen veränderte, blieb seine Funktion als Romananfang durch alle konzeptionellen Veränderungen hindurch gleich. Dies unterstreicht die Vorrangstellung, die dem Hauptentwurf als mit Abstand umfänglichstem und am stärksten bearbeitetem Fragment innerhalb des »Andreas«-Materials ohnehin zukommt. Hofmannsthal selbst erkannte dem

---

[16] Hugo von Hofmannsthal: Aufzeichnungen aus dem Nachlaß [1891]. In: GW RA III 331.

[17] So Heinrich Zimmer in einem Brief an Herbert Steiner vom 18. Mai 1930. Vgl. »Der leibhafte und der bildhafte Andreas«. Mitgeteilt von Werner Volke. In: HB 25 (1982), S. 66-73, hier 73.

[18] Vgl. Brief von Hugo von Hofmannsthal an Carl J. Burckhardt vom 6. Dezember 1925. In: BW Burckhardt (1957) 110f.

Hauptentwurf eine gewisse Endgültigkeit zu. Er las ihn im Jahre 1918/19 Carl Jacob Burckhardt vor[19] und wollte aus ihm »eine in sich geschlossene Darstellung zurecht machen«.[20]

Die Fragmentarik des Hauptentwurfs berührt dies nicht. Als kleinerer Teil eines größeren Werkganzen ist er für Ergänzungen offen. Allerdings stellt er kein nach allen Seiten hin offenes Bruchstück dar, sondern den definitiven Anfang.[21] Insofern erlaubt der Torso durchaus Rückschlüsse auf ein übergreifendes Romankonzept. Es gilt aus dem Erzählanfang zu ermessen, ob das Gesamtkonzept Hofmannsthals dem Romangeschehen ein festes Ziel vorschrieb, oder ob es eine regulative Idee blieb, die der Arbeit am Fragment lediglich die Richtung wies. Zugespitzt lautet die Alternative: Ist die Fragmentarik nur dem Status des unabgeschlossenen Romananfangs geschuldet, also rein äußerlich, oder repräsentiert sie ein allgemeines Erzählprinzip, das in der offenen Form verwirklicht wird?

Soweit sich die Forschung überhaupt mit der fragmentarischen Qualität des »Andreas« auseinandersetzt,[22] beurteilt sie diese gern als ein ›Scheitern‹ – einzig Angelika Corbineau-Hoffmann erkennt der Frag-

---

[19] Vgl. ebd., S. 145. Brief von Carl J. Burckhardt an Hugo von Hofmannsthal vom 8. März 1924: »Seit unserer Begegnung vor bald sechs Jahren ist eine besonders nachdenkliche Begebenheit das Geschenk, das Sie mir machten, als Sie mir das Bruchstück Ihres Romans lasen«.

[20] Vgl. Brief Hofmannsthals an Wåhlin, Redakteur der schwedischen Zeitschrift »Ord och Bild« vom 29. September 1921. Zit. nach der Kritischen Ausgabe (wie Anm. 7), S. 371f., hier 371.

[21] Rudolf Kassner: Hugo von Hofmannsthal und Rilke. In: Sämtliche Werke. Hg. von Ernst Zinn und Klaus E. Bohnenkamp. Bd. 10. Pfullingen 1991, S. 307–321, hier 311, bezeichnet den Hauptentwurf als den »ersten Teil des ›Andreas‹-Fragments«. Einen falschen Schluß zieht dagegen Antje Wischmann: Ästheten und Décadents. Frankfurt/M. [u. a.] 1991, S. 208–227, hier 210: »Der Text [scil. der Hauptentwurf] ist sowohl als in-medias-res-Beginn denkbar [...], wie auch als Kern- und Schnittstelle, an die Vorgeschichte bzw. Fortsetzung anknüpfen«.

[22] Einen Überblick über die »Andreas«-Forschung und eine Bibliographie der Forschungsliteratur bietet Mayer (wie Anm. 8), S. 123–148. Um die Forschungsgeschichte zu skizzieren, genügt es, festzuhalten, daß mit Erscheinen der Kritischen Ausgabe an die Stelle der bis dahin dominierenden quellenkritischen und entstehungsgeschichtlichen Studien zunehmend psychologische und thematologische Analysen traten. Hinter inhaltlichen und außerliterarischen Fragen drohte der formale und literarische Charakter des »Andreas« aus dem Blick zu geraten: er wurde zum Tummelplatz kühner Symbolklitterungen. Erst in jüngster Zeit bemüht man sich im Zuge der Intertextualitätsforschung wieder verstärkt um die narrative Faktur des Textes.

mentarik einen ästhetischen Wert zu.[23] Dabei hat schon Rudolf Kassner bezweifelt, ob ein imaginäres Werkganzes als Maßstab dem »Andreas« gerecht wird, indem er feststellt, daß das »Romanfragment [...] gar nicht vollendet werden konnte«.[24] An Kassners Feststellung anknüpfend, vertrete ich die These: Die ästhetisch-poetische Eigenart des »Andreas« prädestiniert ihn zum Fragment. Im folgenden gilt es, diese These in Sprache und Stil des Hauptentwurfs nachzuweisen. Zu diesem Zweck wird untersucht, inwieweit Erzähltechnik, Motivik und Hofmannsthals Bezugnahme auf die literarische Tradition der offenen Form entsprechen.

[23] Dabei werden äußere Faktoren (»Zusammenbruch Österreichs«) geltend gemacht; auf den Ersten Weltkrieg, »die große Cäsur in unser aller Leben«, und den »Zusammenbruch Österreichs«, führen wie Jakob Wassermann (wie Anm. 2), S. 176, auch Marcel Brion und Volke (wie Anm. 17), S. 70, das Scheitern des Projekts zurück; hauptsächlich werden aber interne Gründe ins Feld geführt: im konzeptionellen Schwanken sieht der Herausgeber Manfred Pape den Hauptgrund der Fragmentarik; die These von der »Größe des Zieles«, die ein Ende verhindert habe, stammt von Fritz Martini: Hugo von Hofmannsthal. Andreas oder Die Vereinigten. In: Ders.: Das Wagnis der Sprache. Stuttgart ⁶1970, S. 225–257. Mehr oder weniger modifiziert, begegnet diese Erklärung auch bei Angelika Corbineau-Hoffmann: Der Aufbruch ins Offene. Figuren des Fragmentarischen in Prousts »Jean Santeuil« und Hofmannsthals »Andreas«. Ein Versuch. In: HF 9, 1987, S. 163–194, die eine Verselbständigung des Textes vom Autor vermutet. Das ›Scheitern‹ des »Andreas« wird schließlich psychologisch mit der autobiographischen Nähe, problematischen Konfiguration und thematischen Spannweite erklärt. Bereits Karl Gautschi: Hugo von Hofmannsthals Romanfragment »Andreas«. (Diss.) Zürich 1965, bes. S. 96, hat vermutet, »daß das Fragmentarische der Erzählung mit dem deutlichen Bekenntnischarakter von Gestalten, Situationen und Gedanken zu begründen sei«. Gerhart Baumann: Hugo von Hofmannsthal: »Andreas oder die Vereinigten«. In: Ders.: Vereinigungen. Versuche zu neuerer Dichtung. München 1972, S. 115–142, weist diesbezüglich auf den unentschiedenen Charakter des Andreas hin. W[infried] G[eorg] Sebald: Venezianisches Kryptogramm. Hofmannsthals »Andreas«. In: Ders.: Die Beschreibung des Unglücks. Salzburg 1985, S. 61–77, bes. 63, verkündet, daß Hofmannsthal aus moralischen Gründen vor Weiterungen der erotischen Aspekte zurückgeschreckt wäre, während Ursula Renner-Henke in ihrem Aufsatz: »...daß auf einem gesunden Selbstgefühl das ganze Dasein ruht...«. Opposition gegen die Vaterwelt und Suche nach dem wahren Selbst in Hofmannsthals »Andreas«-Fragment. In: HF 8, 1985, S. 233–262, hier 238, mutmaßt, daß die »Spannung von gestalteten oder angedeuteten seelischen Tiefenschichten und deren Verschweigen oder Mystifizierung [...] mitverantwortlich dafür [wäre], daß das Werk ein Torso geblieben ist«.

[24] Kassner (wie Anm. 21), S. 312, hält die Fragmentarik des »Andreas« wegen dessen »echter eingeborener Traumhaftigkeit« für unabdingbar. Diese Argumentation teilt Beda Allemann: Die Schwierigkeit zu enden. In: Jürgen Söring (Hg.): Die Kunst zu enden. Frankfurt/M. 1990, S. 125–144, bes. 134–137. Er sieht im thematischen Leitprinzip des *solve et coagula*, im »Wechselgesetz von Bindung und Lösung«, den »Widerspruch, über dem das Projekt schließlich nicht mehr zu einem Abschluß gelangen konnte« (137).

Subjektiviertes und fragmentierendes Erzählen

Die erzähltechnische Eigenart des »Andreas«-Fragments ist in der Forschung bisher kaum erörtert worden. Dies überrascht insofern, als ihm ein sehr modernes Konzept zugrunde liegt, nämlich die radikale Subjektivierung des personalen Erzählens. Der »Andreas« repräsentiert eine traditionelle Er-Erzählung. Daß es sich aber um einen nur scheinbar neutralen Erzählerbericht handelt, der tatsächlich weitgehend die subjektive Perspektive des Andreas wiedergibt, zeigen thematische, deiktische und wertungsmäßige Merkmale. Häufig werden mehrere dieser Merkmale bei der Subjektivierung der Erzählanteile wirksam. So entspringt etwa in dem Satz »Andres [...] war heiß u. kalt neben dem Menschen da« (49, Z. 34) sowohl die despektierliche Bezeichnung des Bedienten als auch die Deixis dem Standpunkt des Andreas. In dialektalen Wendungen wie »Andres hatte wollen auf Spittal und dann durchs Tirol hinab reiten« (49, Z. 26f.) und in Gallizismen wie »roth vor wilder frecher Lust wie ein Fuchs in der Rage« (51, Z. 17) kommen Herkunft wie Standesbewußtsein des Protagonisten zur Sprache. Wiederholte Wechsel ins Präsens vermitteln die Erlebnisgegenwart des Protagonisten; häufig geht das Präteritum kaum merklich in Erlebte Rede über, die die Innensicht des Andreas zur Geltung bringt: »so viel Geld war ausgegeben und für nichts und wieder nichts« (69, Z. 11). Im Zusammenspiel mit Ellipse und Asyndese kommt es dabei zu regelrechten Bewußtseinsprotokollen, die sich in ihrer Diskontinuität und fast unvermittelten Erlebnisgegenwart dem Inneren Monolog annähern:

> [...] da hörte er, die draußen suchten ihn, wer wurde nach ihm die Treppe hinaufgeschickt. Nun mußte sich alles entscheiden. Jetzt alles umstoßen? dachte er blitzschnell sagen ich bleibe da, das Gepäck abnehmen lassen; die Knechte bedeuten ich habe mich anders besonnen? wie war denn das möglich? und wie konnte er vor den Finazzer, auch nur vor die Bäuerin hintreten? mit welcher Rede   mit was an Begründung? Wer hätte er sein müssen um sich eine solche Handlungsweise zu erlauben und sich dann in einer solchen blitzartig veränderten Lage zu behaupten? (75, Z. 15ff.)

Ellipse und Asyndese verkürzen die indirekte Rede, so daß sich die aufgeregte Sprunghaftigkeit des Sprechers mitteilt:

Er: er brauche keinen, reise allein, besorge sich tagsüber sein Pferd selber nachts thäten es schon die Hausknechte. (47, Z. 4ff.)

Die Konzentration auf die Perspektive des Andreas schließt auch Träume, Erinnerungen, vor allem Schuldgefühle, Assoziationen und Halluzinationen ein. Da so die Grenzen zwischen den unterschiedlichen Bewußtseinszuständen verschwimmen, sind die objektiven Gegebenheiten kaum noch von den subjektiven Wahrnehmungen unterschieden. Denn keineswegs immer werden Projektionen als solche kenntlich gemacht wie in »Der Großvater Ferschengelder fiel ihm ein« (69, Z. 17f.), häufig werden sie wie reale Ereignisse behandelt: »Die stämmige Figur des Onkels Leopold stand vor ihm« (69, Z. 30f.). Auch die impersonale Formel ›es war ihm als...‹, ein bevorzugter Einleitungsteil, sorgt für die durchgängig ›subjektive‹ Bedingtheit der ›objektiven‹ Realität, wie folgende Beispiele zeigen: »Andres war[,] es habe ein bleigraues Gesicht hereingeschaut« (59, Z. 29f.), »ihm war als habe er etwas Schweres begangen und nun komme alles ans Licht« (65, Z. 17ff.), »ihm war als hätte seine Zunge es aus eigener Macht gesagt« (84, Z. 19).

Der Hauptentwurf präsentiert somit ein heterogenes, projektiv überformtes Material, das der Leser ohne Hilfe eines Erzählerkommentars in eine psychologische Kausalität bringen muß. Seiner Orientierung dient einzig die subjektive Sicht des Andreas. Da diese sich nicht durch panoramatische Distanz und Souveränität auszeichnet, sondern eingeschränkt und unsicher ist, bleibt auch die Sicht des Lesers stark limitiert. Zu dessen Verunsicherung trägt wesentlich das ständige und häufig unauflösbare Wechselspiel zwischen Realität und Projektion bei. Dieses Vexierspiel erstreckt sich auch auf die Personen, die Andreas wahrnimmt, insbesondere auf das sonderbare Doppelwesen Maria-Mariquita. Des weiteren verrätseln Mutmaßungen (»die Stallungen mußten hinter ⟨dem⟩ Haus sein« [53, Z. 14f.]) und Wahrnehmungsfragmente (»er sah die eine Seite eines jungen blassen Gesichtes« [89, Z. 4]) die Phänomene. Da die Irritation das wahrnehmende Subjekt selbst betrifft, wird die Lektüre des »Andreas«-Fragments zum Nachvollzug einer Identitätskrise mit der Hoffnung auf Selbstfindung.[25]

---

[25] Vgl. dazu Juliette Spering: Das Ich und das Gegenüber. Zur Identitätsproblematik in Hofmannsthals »Andreas« und Prousts »A la recherche du temps perdu«. In: Arcadia 18 (1983), S. 139-157. Um des Vergleichs mit Proust willen vereinfacht Spering allerdings die

Halten wir als Zwischenergebnis fest: die radikale Subjektivierung der traditionellen Er-Erzählung legt Hofmannsthal im »Andreas« an auf Ambiguität und Irritation. So schafft er ein erzähltechnisches Korrelat zum offenen Charakter des Hauptentwurfs.

Unstimmigkeiten und Halbheiten

Die Fragmentarik des Hauptentwurfs erweist sich aber nicht nur in der erzählerischen Darbietung, sie kommt auch in Sprache und Motivik zum Ausdruck. Das Motiv des Fragmentarischen ist dabei häufig wahrnehmungspsychologisch fundiert und als Trennung in Gegensätze beschrieben: »Beim Nachtmahl wars Andres wie nie im Leben, alles wie zerstückt, das Dunkel und das Licht die Gesichter und die Hände«, (60, Z. 20ff.) oder: »alles war auseinandergetreten in Weiß u. Schwarz« (62, Z. 9f.). Diese widersprüchliche Wahrnehmungsweise findet sich auch in summarischen Urteilen wie »sonderbare[r] Aufzug« (46, Z. 14) oder »Die Stimme schien ihm so fremd« (60, Z. 26). Häufig werden aber die Gegensätze genannt und mit adversativen Konjunktionen hervorgehoben: So erblickt Andreas ein Haus, »das wohl eine vornehme aber recht verfallene Hinterseite hatte und dessen Fenster anstatt mit Glasscheiben alle mit Brettern verschlagen waren«. (41, Z. 32ff.)[26]

Andreas entdeckt immer wieder Phänomene mit einer paradoxen Struktur, und zwar Dinge wie Menschen. Die Kirche, in der er dem widersprüchlichen Wesen Maria-Mariquita begegnet, stellt ihrerseits ein *mixtum compositum* dar: »Die Kirche war aus Backsteinen, niedrig und alt; vorn gegen den Platz zu hatte sie einen [Marmor-]Aufgang der wenig zu ihr paßte« (86, Z. 34f.). Doch mehr noch sind es Gegensätze bei Menschen, die seine Aufmerksamkeit beschäftigen. So wundert er sich etwa über die unstimmige Kleidung der merkwürdig zurechtgemachten Zustina:

Identitätskrise im »Andreas« zu sehr und überzeichnet ihn im Kontrast mit Machs ›unrettbarem Ich‹ zu einem Modell »integrer Identität« (ebd., S. 154).

[26] Die Vorstufe dieser Stelle lautet in der Handschrift: »ein vornehmes aber recht verfallenes Ansehen«. Danach hat Hofmannsthal das Substantiv »Ansehen« mit »Hinterseite« überschrieben (E IV A 4, 4), ohne aber das neutrale Genus der Adjektive entsprechend zu korrigieren.

[Sie war] frisiert wie zu einem Ball mit einem hohen Toupet und trug zu den Pantoffeln einen Taffetrock mit Silberspitzen, oben aber eine carrierte Hausjacke die ihr viel zu weit war und den reizenden, schlanken [aber] gar nicht kindischen Hals völlig zeigte. (78, Z. 10ff.)

Insbesondere unstimmige körperliche Phänomene geraten Andreas immer wieder in den Blick. So erscheint ihm die Hand des Grafen Prampero »weiß und außerordentlich wohlgeformt [...] nur zu klein für einen Mann und dadurch unerfreulich« (79, Z. 2f.). An dem Malteser bemerkt er: »der Kopf war bei weitem zu klein für die Gestalt« (83, Z. 18).

In diesen Diskrepanzen, die den Hauptentwurf geradezu leitmotivisch prägen, spielt das Wort ›halb‹ die entscheidende Rolle. Als adjektivisches Attribut vermittelt es dem Leser die Unsicherheit, die Andreas in seinen Wahrnehmungen häufig befällt. Nur selten wird die mangelnde Gewißheit den äußeren Bedingungen angelastet wie etwa durch die Bezeichnungen »Halbdunkel« (59, Z. 38) oder »halb hell« (65, Z. 9), meistens charakterisiert sie die Objekte der Wahrnehmung, fast ausschließlich Personen. Wegen dieses interpersonellen Gebrauchs liegt es nahe, die ›halb‹-Komposita im Sinne überbesetzter Realitätszeichen als Projektionen des Andreas zu verstehen. Es sind vor allem sexuelle und körperliche Disharmonien, die Andreas besonders aufmerksam registriert. So reizt ihn Zustina als ein »halberwachsenes Mädel« (GW 200),[27] in dem er gleichermaßen noch das »Kind« (42, Z. 15) wie auch schon »eine resolute brave kleine Frau« (79, Z. 21) erkennen kann. Daß Andreas in Zustinas Brüdern »zwei halbwüchsige[] Jungen, die Zwillinge sein mußten« (43, Z. 3) sieht, unterstreicht seine fast manische Aufmerksamkeit für Dopplungen. Auf Unordnung und Unstimmigkeit in der Kleidung anderer Menschen reagiert Andreas mit Erröten und ›halb‹-Komposita. Dies unterstreicht den projektiven Charakter der Entzweiungen: So frappieren ihn der höfliche Herr im bloßen Hemd unter dem Mantel und besonders dessen »Halbmaske« (40, Z. 20) und »Kniestrümpfe die die halben Waden bloß ließen« (41, Z. 5). Die sexuelle Konnotation solcher Halbheiten wird in der Kärntner Episode noch deutlicher, wo die Bäuerin »halb angekleidet« der sexuell mißbrauchten und »vor Angst halb wahnsinnige[n]« Magd beisteht (65, Z.

---

[27] Papes Korrektur (»kaum erwachsenes Mädel« [42, Z. 11f.]) leuchtet mir nicht ein. (E IV A 5, 4, Z. 13).

32; 66, Z. 8). Und erscheint Romana Andreas im Traum »in seltsamen halb bäurischen halb städtischen Kleidern [...]« (64, Z. 7), so sieht er sie später wirklich »halb angezogen mit bloßen Füßen« (66, Z. 31f.).

Für die leitmotivische Verwendung des Begriffs ›Hälfte‹ und seiner etymologischen Derivate ließen sich noch weitere Beispiele anführen. Aufgrund ihres projektiven Gebrauchs erweist sich die Halbheit als ein Wesenszug des Andreas, den Hofmannsthal in den kleineren Entwürfen auch unverhüllt zum Ausdruck gebracht hat: »Andreas' zwei Hälften, die auseinanderklaffen« (GW 265), so beginnt »Das venezianische Erlebnis des Herrn von N.«, und ein Entwurf für das letzte Kapitel greift dieses Bild auf: »wie Leopold [Prototyp des Andreas] flüchtet und wieder bergauf fährt, ist ihm, als ob zwei Hälften seines Wesens die auseinandergerissen waren, wieder in eins zusammengiengen« (21, Z. 1ff.). Auch im Hauptentwurf selbst wird immer wieder auf die mangelnde Identität des Andreas angespielt, wobei allerdings die Ich-Spaltung nicht als Halbierung, sondern als Dopplung zur Sprache kommt: Doch lassen Stellen wie »ihm [Andreas] war, da läge ein anderer, in den müßte er hinein, habe aber das Wort verloren« (72, Z. 18f.) oder »traumartig fühlte er jenes andere Selbst« (GW 260)[28] keinen Zweifel daran, daß es das programmatische Ziel des Andreas ist, die Ganzheit zu erlangen. Dies meint der änigmatische Satz: »wieder kommen [...] als der gleiche und als ein anderer« (75, Z. 26).

Auf der Folie einer utopischen Ganzheit erscheinen die Entzweiungen, Disharmonien und Halbheiten, die die Wahrnehmung des Andreas prägen, als Ausdruck seiner eigenen Unvollkommenheit. Hofmannsthals Werkkonzept zielt auf ein symbolisches Curriculum von Ganzheit, Entzweiung und Vereinigung, der Hauptentwurf präsentiert jedoch lediglich das Stadium der Entzweiung. Ebenso wie der Protagonist nach Ganzheit strebt, ohne sie je zu erlangen, ist das »Andreas«-Fragment auf eine Geschlossenheit angelegt, die nicht eingelöst werden kann.

---

[28] Die im Manuskript eingeklammerte Passage (E IV A 4, 94) hat Pape nicht einmal unter den Varianten verzeichnet.

Gattungstradition des Bildungsromans

In der Stilisierung des Protagonisten zum unerfahrenen jungen Mann, im Element der Bildungsreise, im Motiv der rätselhaften Begegnung – um nur die wichtigsten Charakteristika zu nennen – rekurriert Hofmannsthal auf die Tradition des deutschen Bildungsromans. Notizen im »Andreas«-Konvolut beziehen sich ausdrücklich auf solch einschlägige Gattungsbeispiele wie den »Ardinghello«, den »Anton Reiser«, den »Hyperion«, den »Wilhelm Meister, und den »Heinrich von Ofterdingen«. Die entscheidenden Vorbilder, jedenfalls für den Hauptentwurf, sind aber Schillers »Geisterseher« und Goethes »Ur-Meister«. Hofmannsthals Rekurs auf den »Geisterseher«, den er so sehr schätzte, daß er ihn in seine Anthologie »Deutsche Erzähler« aus dem Jahre 1912 aufnahm, manifestiert sich in deutlichen Parallelen zwischen Ort (Venedig), Zeit und Handlung beider Romane (Züge des Schauer- und Bundesromans).[29] Nicht minder prägte den »Andreas« freilich »Wilhelm Meisters theatralische Sendung«, der sogenannte »Ur-Meister«, der erst im Jahre 1911 veröffentlicht wurde. Dieses »fragmentarische Buch«[30] hatte Hofmannsthal in einem Essay gerühmt und es in romanspezifischer Hinsicht noch über die »Lehrjahre« gestellt.[31] Im »Ur-Meister« findet Hofmannsthal eine Bestätigung dafür, daß fragmentarischer Status und Werkbegriff sich nicht ausschließen. Eine harte Fügung gibt dies zu verstehen: »Hier bricht der Torso ab. Welch ein Werk!«[32] Und es ist mehr als ein bloßes Gedankenspiel, wenn Hofmannsthal den poetischen Ergänzungsspielraum, den Goethes Fragment eröffnet, skizzenhaft ausmißt: »Wie würden wir uns bemühen, das Geheimnis der weiteren Entwicklung zu durchdringen!«, um in resignativer Bewunderung für das unerreichbare Dichtervorbild zu dem hypothetischen Schluß zu kommen:

---

[29] Vgl. Stefan Nienhaus: Ein Irrgarten der Verschwörungen. Das Venedig-Sujet und die Tradition des Bundesromans. In: GRM 42 (1992), S. 87–105; die »Parallelführung« des »Andreas«-Romans mit dem »Geisterseher« ließe sich noch weiter präzisieren.

[30] Vgl. Hugo von Hofmannsthal: »Wilhelm Meister« in der Urform. In: GW RA I 403–411, hier 405.

[31] Ebd., S. 407: »Ein Roman – was man so einen Roman nennt, ist dieser Torso von 1782 mehr als jenes andere majestätische Werk von 1796«.

[32] Ebd., S. 408.

Aber wie immer wir dies wendeten, wir würden immer nur in gleichem Sinne vorwärtsschreiten, nie würden wir auch nur die Schwelle der Zaubersphäre berühren, zu welcher in dem Roman von 1796 [gemeint sind die »Lehrjahre«] alles Geschehen, auch das Geringfügigste, hinaufgehoben ist.[33]

Trotz dieser Einsicht eines modernen Epigonen nutzte Hofmannsthal den »Ur-Meister« zur Weiterdichtung. Sein Exemplar des »Ur-Meister« weist Einträge und Anstreichungen auf, die sich direkt auf die Arbeit an seinem Romanprojekt beziehen. Die frühen Theatererlebnisse des Andreas, ja der ganze Stoffkomplex, der mit Bühne und Theater zusammenhängt, gehen wohl direkt auf die »Theatralische Sendung« zurück.[34]

Der Forschung ist die Gattungstradition des »Andreas« nicht entgangen.[35] Unbemerkt blieb aber der entscheidende Umstand, daß es sich bei fast allen Gattungsvorbildern des »Andreas«, insbesondere bei den beiden wichtigsten Vorlagen, nämlich dem »Geisterseher« und »Wilhelm Meisters theatralischer Sendung«, um Fragmente handelt. Daß Hofmannsthal sich fragmentarische Bildungsromane zum Vorbild nimmt, kennzeichnet sein reflektiertes Verhältnis zur Tradition: einerseits schließt er an eine bedeutende gattungspoetische Überlieferung an, andererseits entbürdet er sich von der Last der Tradition, indem er auf offene Formen zurückgreift.

Intertextualität und ›dynamisches Pastiche‹

Ein letztes Argument dafür, in der offenen Form des »Andreas« mehr als ein simples Non-Finito zu erkennen, hängt ebenso wie die Gattungstradition mit der intertextuellen Methode Hofmannsthals zusammen; ich

---

[33] Ebd.
[34] Nicht nur in der Konfiguration (so trägt Zustina unverkennbar Züge von Mignon), sondern auch in sprachlichen Anklängen wird auf Goethes »Ur-Meister« angespielt: so zitiert die Kindheitserinnerung an einen »Zaubergarten« als Theaterkulisse (45, Z. 34) Wilhelm Meisters kindliche Vorliebe für den Zaubergarten Armidas.
[35] Schon Jakob Wassermann (wie Anm. 2), S. 175, erkannte im »Andreas«-Roman »einen österreichischen Wilhelm Meister«. Der »Bildungsroman« bildet das Interpretament von David H. Miles: Hofmannsthal's Novel »Andreas«. Memory and Self. Princeton 1972, ohne daß aber die Fragmentarik als Gattungsmerkmal in den Blick gerät. Die quellenkritische Hofmannsthal-Forschung resümierend, bestimmt auch Mathias Mayer (wie Anm. 8), S. 130f., die »Form des Bildungs- oder Entwicklungsromans« neben »kulturgeschichtlichen und zeitgenössischen Quellen« sowie »einzelnen Figuren« als entscheidendes literarisches Vorbild.

meine den Umstand, daß viele der Romangestalten ein literarisches Vorleben haben. Nina beispielsweise ist bis in Details der venezianischen Kurtisane Zulietta in Rousseaus »Confessions« (II 7) nachgebildet, die doppelte Maria-Mariquita weist frappierende Ähnlichkeiten mit einer gleichnamigen Romanfigur von Charles Sealsfield, aber auch mit Fontanes »Cécile« und mit Casanovas Nonne M. M. aus Murano auf.[36]

Doch auch in der Gestaltung ›kulissenhafter‹ Szenen, wie der Landung des Andreas in Venedig, oder der Begegnung mit der räselhaften Frau in der Kirche bildet Hofmannsthal hochgradig poetische Situationen nach, die in der literarischen Tradition – geradezu topisch – präformiert sind.[37]

Die Kirchenszene erhellt, wie mehrschichtig Hofmannsthal seinen intertextuellen Dialog mit der literarischen Tradition angelegt hat. Das Motiv der ›Liebesbegegnung in der Kirche‹ ist in der europäischen Literatur in zahlreichen Aktualisierungen variiert worden. Die Dido-Episode in Vergils »Aeneis«, Petrarcas Laura-Erlebnis, Ann Radcliffes »Italian«, Eichendorffs »Ahnung und Gegenwart« seien exemplarisch genannt.[38] Doch kommen als direkte Vorlagen für die Kirchenszene im »Andreas«, soweit ich sehe, nur Schillers »Geisterseher« und Hermann Bahrs »Theater«-Roman in Frage. Beiden Gestaltungen, die sich auch

---

[36] Von den vielen Quellenstudien zum »Andreas« seien hier nur die Arbeiten angeführt, die literarische Vorbilder für Maria-Mariquita nachweisen. Richard Alewyn (wie Anm. 3) hatte die Krankheitsbeschreibung einer schizophrenen Patientin als Quelle endeckt; Katharina Mommsen: Hofmannsthal und Fontane. Frankfurt/M. 1986, bes. S. 115ff., förderte interessante Übereinstimmungen zwischen Maria-Mariquita und »Cécile« sowie anderen weiblichen Figuren Fontanes zutage. Günter Schnitzler: Die Dissoziation des Ich. In: Ders.: Erfahrung und Bild. Die dichterische Wirklichkeit des Charles Sealsfield (Karl Postl). Freiburg 1988, S. 342–347, lieferte schlagende Parallelen mit dem gleichnamigen Doppelwesen aus Sealsfields Roman »Süden und Norden«. Des weiteren gleicht Hofmannsthals Gestalt nicht nur in ihren Initialen, sondern auch in ihrem religiös-erotischen Doppelleben der Nonne M.M. aus Casanovas Memoiren. – Allein diese Ahnenreihe – die Klosterschülerin Maria ou Mariquita aus der Komödie »L'Occasion« von Prosper Mérimée zählt dazu (freundlicher Hinweis von Herrn Dr. Rudolf Hirsch) – macht schon deutlich, wie vielschichtig Hofmannsthals intertextuelle Anleihen sind.

[37] So versuchte Jakob Wassermann (wie Anm. 2), S. 176, seinen Freund Hofmannsthal »zu bewegen [...], Venedig als Schauplatz aufzugeben, da es mir zu sehr Kulisse zu sein schien (eine Torheit: ich verstand damals noch nicht den Symbolgehalt dieser Raumfestsetzung [...])«.

[38] Vgl. hierzu den motivgeschichtlichen Abriß von Bernhard König: Die Begegnung im Tempel. Abwandlungen eines literarischen Motivs in den Werken Boccaccios. Hamburg 1960, bes. S. 88–98.

in Konfiguration und Handlungselementen deutlich von den anderen Versionen unterscheiden, liegt dieselbe charakteristische Ausprägung des Motivs wie bei Hofmannsthal zugrunde: Ein junger Mann sieht in einer sonst menschenleeren Kirche eine junge Betende, die sich beim Verlassen der Kirche in eine Andere zu verwandeln scheint. Auch in dieser Szene bedient sich Hofmannsthal auf für ihn typische Weise der klassischen Tradition: er relativiert seine Anleihen bei Schiller, indem er gleichzeitig auf Hermann Bahr als epigonalen Mittler zur Moderne zurückgreift.

Der deutsche Prinz in Schillers »Geisterseher«, der wie Hofmannsthals Andreas die Verwandlung der rätselhaften Beterin in einer venezianischen Kirche erlebt, schildert, wie er »unvermerkt in eine Nebenkapelle« gelangt, wo ihm »eine weibliche Gestalt in die Augen« fällt. Bei Betrachtung ihrer schönen Gestalt steigert sich der Ich-Erzähler in einen hypnoiden Zustand erotisch-religiöser Hingabe, die Beterin stilisiert er zu einem lebenden Madonnenbild:

> [...] ich stand in ihrem Anblick verloren. Sie bemerkte mich nicht, sie ließ sich durch meine Dazwischenkunft nicht stören, so ganz war sie in ihrer Andacht vertieft. Sie betete zu ihrer Gottheit, und ich betete zu ihr – Ja, ich betete sie an – [...]
> Sie stand auf, und jetzt erst kam ich wieder zu mir selbst. [...][39]

Die Bewegung, in die das lebende Bild gerät, bringt den Betrachter aus seiner wollüstigen Ekstase. Doch die vornehme Haltung, die die Beterin beim Verlassen der Kirche an den Tag legt, steht zu ihrer vormaligen hingebungsvollen Andacht in solchem Gegensatz, daß der Betrachter daraus wiederum neuen erotischen Reiz gewinnt. Sprachlich-rhetorische Mittel deuten die Differenz zu einer Verwandlung aus: Interjektionen, Tempuswechsel und Klimax (»nicht mehr«, »neu«, »ganz neu«) bezeugen deutlich die Figurenperspektive:

> Ich sahe sie den langen Kirchgang hinuntergehen. Die schöne Gestalt ist aufgerichtet – Welche liebliche Majestät! Welcher Adel im Gange! Das vorige Wesen ist es nicht mehr – neue Grazien – eine ganz neue Erscheinung.[40]

---

[39] Vgl. Friedrich Schiller: Werke. Nationalausgabe. Bd. 16: Erzählungen. Hg. von Hans Heinrich Borcherdt. Weimar 1954, S. 131f.
[40] Vgl. ebd., S. 132.

Hermann Bahrs Roman »Theater« von 1897 kannte Hofmannsthal aus einem Widmungsexemplar.[41] In diesem psychologischen Roman verliebt sich der Ich-Erzähler, ein Theaterschriftsteller, in eine launisch-dämonische Schauspielerin namens Mascha. Als er seine Geliebte zur Frühmesse begleitet, erlebt er eine befremdende Veränderung an der Betenden:

> Da hatte ich plötzlich, während ich unbehaglich und nervöse auf und ab ging, ich möchte beinahe sagen: eine Vision. Ich war eben zur Thüre gegangen und wendete mich dort um, gewiß zwanzig Schritte von ihr: da sah ich sie plötzlich so nahe vor mir, daß ich erschrak, als ob ich gleich auf sie treten würde; aber es schien nicht ihre liebe und vertraute Miene zu sein, sondern ich glaubte ihre Mutter grinsen zu sehen, so sehr glich sie jetzt, in dem fahlen und dampfenden Lichte, dem verlebten und gierigen Gesicht der Alten. Es war so unheimlich, daß ich beinahe aufgeschrien hätte. Ich mußte mir erst langsam klar machen, daß ich im Finsteren stand, das ganze Schiff war finster und nur auf sie fiel ein gelber Strahl herab: daher kam sie mir so nahe vor und daher schien ihr gutes Gesicht so bleich und fremd.[42]

Die Verwandlung, die Bahrs Ich-Erzähler an seiner betenden Geliebten wahrnimmt, hält der Realitätsprüfung nicht stand. Die »Vision« wird den Wahrnehmungsbedingungen angelastet und zur Sinnestäuschung abgewertet.

Als Hofmannsthals Andreas die venezianische Kirche betritt, sieht er »eine anscheinend junge Frau aus den bescheidenen Ständen mit dem schwarzen Tuch über Kopf u. Schultern« (87, Z. 13f.) in einem »Betstuhl [...], der vorn gegen den Altar zu stand« (87, Z. 25f.). Um die Betende in ihrer Andacht und »schmerzvollen Einsamkeit« (87, Z. 32) nicht zu stören, will er die Kirche wieder verlassen:

> Dabei ging sein Blick unwillkürlich nach jenem Betstuhl zurück und was er nun wahrnahm erstaunte ihn freilich so, daß er in den Falten des Vorhangs selber, und atemlos, stehen blieb: dort saß jetzt, genau an der gleichen Stelle, eine andere Person, saß nicht mehr sondern war im Betstuhl aufgestanden, kehrte dem Altar den Rücken und spähte auf Andres herüber, duckte sich nach vorne und sah sich dann wieder verstohlen nach ihm um. In ihrem Anzug unterschied sich diese Person nicht allzusehr von der früheren welche sich mit einer fast unbegreiflichen Schnelle u. Lautlosigkeit entfernt haben

---

[41] Vgl. Hermann Bahr: Theater. Ein Wiener Roman. Berlin 1897. Hofmannsthals Widmungsexemplar findet sich in seiner Bibliothek im Freien Deutschen Hochstift Frankfurt/M. Bahrs Roman blieb in der Hofmannsthal-Forschung bislang unberücksichtigt.

[42] Vgl. ebd., S. 74.

mußte. Auch die Neue trug sich in den gleichen bescheidenen dunklen Farben [...]. Aber diese hier hatte kein Kopftuch; ihr schwarzes Haar hing in Locken zu Seiten des Gesichtes: und ihr Gehaben war von der Art, daß es nicht möglich war, sie mit dem gedrückten und bekümmerten Wesen zu verwechseln, dessen Platz sie plötzlich und geräuschlos eingenommen hatte. Es war etwas Freches und fast Kindisches in der Art, wie sie sich mehrmals unwillig umblickte und dann geduckt über die Schulter, die Wirkung ihres zornigen Umblickens ausspähte. (88, Z. 15ff.)

Erst der Vergleich mit den Episoden Schillers und Bahrs zeigt, wie eigenständig Hofmannsthal die literarische Tradition im »Andreas« weiterentwickelt hat. Einerseits verbessert Hofmannsthal den Wirklichkeitsgrad der Episode deutlich: so werden die Wahrnehmungsbedingungen präzisiert, die Realitätsprüfungen perfektioniert, und an die Stelle eines projektiv überformenden Ich-Erzählers tritt ein scheinbar neutraler Er-Erzähler. Andererseits radikalisiert Hofmannsthal das poetische Wechselspiel von Halluzination und Wirklichkeit zu einem unauflösbaren Dilemma. Für Andreas und seinen Leser bleibt die Identität der beiden Frauengestalten in der Kirche unentschieden. Die Verringerung des ›Irrealen‹ in Hofmannsthals Roman dient – so paradox das klingen mag – einer erkenntniskritischen Verabsolutierung der Subjektivität. Denn während die literarischen Vorbilder Schiller und Bahr die Verwandlung der rätselhaften Beterin übereinstimmend als Sinnestäuschung auflösen, hebt Hofmannsthal die Grenze zwischen subjektiver Wahrnehmung und objektiven Gegebenheiten auf.

Der Exkurs zum intertextuellen Zusammenhang der Kirchenszene, hat gezeigt, wie Hofmannsthal die literarische Tradition mit der Moderne vermittelt. Durch solche literarische Zitate, die vom 18. Jahrhundert bis in die Gegenwart reichen, gewinnt der »Andreas« einen progressiven Pastiche-Charakter. Diesen Charakter bestätigen die vielen wörtlichen Übereinstimmungen mit dem »Buch der Freunde« (1922), einer Aphorismensammlung, ursprünglich als »Zusammenstellung von Fragmenten, Erzählungen und Aphorismen« (GW RA III, 646) konzipiert. Dieselben Motti und Zitate begegnen sowohl im »Andreas«-Konvolut als auch im »Buch der Freunde«. Diese Tatsache läßt vermuten, daß Hofmannsthal im »Andreas« Gestalten und Einsichten seiner Dichterfreunde bewußt in einer pastiche- oder collageartigen Technik zu integrieren suchte. In den späteren Entwürfen nimmt diese Tendenz zur Literarisierung eher noch zu. So führte Hofmannsthal etwa den Armenier aus Schillers »Geisterseher« ein oder er skizzierte beispielsweise die Gestalt eines jungen Deutschen nach dem Vorbild Georg Büchners, wie die Lebensstationen Gießen, Straßburg und Zürich unschwer erkennen lassen. Für Hofmannsthals Bestreben, den Roman zu einem imaginären Treffen maskierter literarischer Gestalten zu machen, läßt sich ein Ende kaum denken. Denn den versammelten Freunden kann sich immer noch ein weiterer beigesellen. Den letzten intertextuellen Beweis der intendierten Fragmentarik liefert der Arbeitstitel für den Hauptentwurf: »Die Dame mit dem Hündchen«. Die gleichnamige russische Erzählung trug ihrem Verfasser Anton Tschechow seinerzeit den Vorwurf ein, »nicht mehr als eine Studie, und dazu noch eine fragmentarische [geliefert zu haben], die gleichsam den Anfang, die ersten Kapitel eines ungeschriebenen Romans darstellt«.[43] Diesen Vorwurf münzt Hofmannsthal durch sein Titelzitat in ein narratives Programm um.

Zusammenfassung

Der »Andreas« ist von der Konzeption her, als Kompromiß zwischen Tradition und Moderne, zum Fragment und zur offenen Form prädestiniert. Dieser konzeptionellen Fragmentarik entspricht erzähltechnisch eine extreme Subjektivierung traditionellen Erzählens, ihr entspricht gehaltlich das Motiv der Halbheit und Unstimmigkeit, und gattungspoetisch entspricht ihr der Rekurs auf die Tradition des fragmentarischen Bildungsromans; hinzukommt die unabschließbare Tendenz zum vielschichtigen literarischen Zitat und zum progressiven Pastiche. Während die zeitgenössischen Romanexperimente der expressionistischen Avantgarde sich vom radikalen Bruch mit der Tradition einen ästhetischen

---

[43] Darauf hat mich dankenswerterweise Horst-Jürgen Gerigk (Heidelberg) hingewiesen, von dem auch die Übersetzung der russischen Kritik von Viktor Petrovich Burenin vom 25. Februar 1900 in Novoe vremja stammt; zit. nach Bd. 10 der russischen Ausgabe von Tschechows Werken und Briefen. 30 Bände. Hg. von Nikolai Fedorovich Bělikov u. a. Moskau 1974–1983. Hier Bd. 10, S. 430. Dort auch ein weiteres ähnlich lautendes Zeugnis. Der deutschen Rezeption tat der fragmentarische Erzählstil Tschechows keinen Abbruch, im Gegenteil: Alexander von Gleichen-Rußwurm: Tschechow. In: Die Nation 21 (1903/04), S. 714f., rühmt ihn als »Meister in edler Beschränkung«. Zur deutschen Tschechow-Rezeption vgl. Gerhard Dick: Čechov in Deutschland. (Diss. masch.) Berlin 1956.

Neuanfang versprachen und in ihrer forcierten Innovation heute eher antiquiert wirken, geht von Hofmannsthals »Andreas«-Fragment noch immer ein großer ästhetischer Reiz aus. Freilich stellt das »Andreas«-Fragment an den Leser hohe kognitive Anforderungen. Denn ihm wird das Geschehen so bruchstückhaft und ungereimt präsentiert, daß die ›Gestaltschließungen‹, die er leisten muß, immer fragwürdig bleiben. Hofmannsthal erprobt im »Andreas« sowohl in produktions- als auch in rezeptionsästhetischer Hinsicht – kongenial zu den Forschungsergebnissen der Gestaltpsychologie – das Fragment als Erzählform einer Moderne, die sich der Tradition verpflichtet weiß.

Elisabetta Potthoff

Endlose Trennung und Vereinigung
Spuren Ariosts in Hofmannsthals »Andreas«

Man gelangt zu interessanten Ergebnissen, wenn man folgende Verse von Ludovico Ariosto genauer untersucht, die gleich zu Beginn des Werkes, fast als Auftakt des Romans, zitiert werden: »Oh quante sono incantatrici, oh quanti / incantator tra noi che non si sanno.« Diese Verse stammen aus dem VIII. Gesang des Ritterepos »Orlando furioso«, der besonders wichtig ist, da gerade hier der Held zum ersten Male vorgestellt wird. Eine weitere symbolische Bedeutung ist in diesem Gesang ebenfalls zu erkennen, denn gerade hier läßt der zitierte Zauber die Liebenden »la lor prima forma«, d. h. ihr urprüngliches, wahres Antlitz zurückgewinnen. Berücksichtigt man auch die Tatsache, daß der Held bei seinem ersten Auftreten schon im Aufbruch begriffen ist, so kann behauptet werden, daß bereits an dieser Stelle das Thema der Bildungsreise eingeführt wird, die sich allmählich in Selbstsuche verwandeln wird. Parallelen zum »Andreas« beginnen somit schon ansatzweise sichtbar zu werden. Gerade bei seinem ersten Auftritt hat der Aufbruch des Helden Orlando nichts Zufälliges an sich, sondern weist schon auf die immanente Struktur des Werkes hin, wo jede einzelne Gestalt im Begriff ist, sich fortzubewegen, um vor jemandem zu fliehen oder um jemandem zu begegnen. Eine unaufhörliche Bewegung der Trennung und Vereinigung durchzieht das ganze Werk.

Jede Episode wird durch eine weitere aufgehoben; auf diese Weise erhält man den Eindruck einer unaufhaltsamen Mobilität, und während sich die ganze Darstellung ins Endlose ausweitet, weisen die einzelnen Geschehnisse einen fragmentarischen Charakter auf.[1]

Ariosto selbst hat sein Werk nie als abgeschlossen betrachtet und daran immer wieder, bis zu seinem Tode – im Jahre 1533 – gearbeitet. Vielfalt, Mannigfaltigkeit, Dynamik und Zauber der Ereignisse können

---

[1] Dieser Aspekt ist besonders von Lanfranco Caretti hervorgehoben worden: »Questa è la ragione per cui il ›Furioso‹ ci appare come un libro senza vera conclusione, come un libro perenne.« L.C, Ariosto e Tasso, Torino, 1961, p. 39. Aus diesem Grund scheint der »Furioso« als ein Buch ohne einen regelrechten Schluß, als ein offener Text.

nur zeitweilig aufgehoben, in der Schwebe gehalten, aber doch nie endgültig zu ihrem Ende geführt und abgeschlossen werden. Der neue Renaissancemensch entdeckt die Allmacht; die Totalität duldet keine Begrenzung, und die einzige Aussageform des Unendlichen ist das Fragmentarische an sich. Gerade wegen dieser Verknüpfung ist das Renaissancethema bei Hofmannsthal so beliebt.[2]

Aber kehren wir zu Orlando zurück: wir sehen ihn im VIII. Gesang seinen König Karl den Großen verlassen, um sich auf die Suche nach Angelica, dieser anderen ›wunderbaren Freundin‹, zu begeben. Angelica ist eine zwiespältige Gestalt; obwohl sie dem Namen nach, im Einklang mit dem literarischen Ideal des ›dolce stil nuovo‹, noch engelhaft wirkt, muß sie eine Reihe heikler Situationen bestehen, die auch groteske und triviale Züge in sich bergen. Somit kommt dem Helden oder vielmehr dem Autor, der sich mit dieser Gestalt identifiziert, die Aufgabe zu, zwei literarische Traditionen zu vereinigen, die laut Vorschrift der Rhetorik streng voneinander getrennt zu halten sind: der ›genus humile‹ und der ›genus sublime‹. Die ›wunderbare‹ Angelica kann also nur durch die Vereinigung getrennter Eigenschaften erobert werden, und gerade diese Vereinigung ermöglicht es dem Helden Orlando, mit sich selbst in Einklang zu kommen. Schon im Titel »Orlando furioso« kommt dem Eigenschaftswort die Bedeutung des lateinischen ›furens‹ zu, nämlich geistig gestört, verrückt. Symbolisch wird diese Verrücktheit durch eine reale Spaltung dargestellt. Orlandos Verstand hat sich von ihm getrennt und hält sich auf dem Mond versteckt; anschließend wird ein weiterer Aufbruch, der seines Freundes Astolfo, beschrieben. Dank seiner ›lunatischen‹ Reise, d.h. mondhaft und zugleich launenhaft, kann der Held wieder zu Verstand kommen. Gerade das Problem der Persönlichkeitsspaltung liegt auch dem Hofmannsthalschen Roman zugrunde. Unter den vielen Anregungen zu diesem Werk hatte ja gerade die psychiatrische Schizophrenie-Studie des Amerikaners Morton Prince eine nicht unwesentliche Bedeutung.

Orlandos Verstörtheit rührt nicht nur von der Liebesqual, sondern auch von der historischen Situation her, die in den Eingangsstrophen des Ritterepos ganz klar angegeben ist. Wir befinden uns »al tempo che

---

[2] Das erste lyrische Drama Hofmannsthals »Gestern« spielt in der Renaissance, und die Hauptgestalt, die den Namen Andrea trägt, sagt von sich selbst: »Ich kann nicht wählen, denn ich kann nicht meiden.« Jeder gefaßte Entschluß würde ihr Gefühl der Allmacht verletzen.

passaro i Mori d' Africa il mar / e in Francia nocquer tanto...«, d.h. in jener Zeit, als die ›Ungläubigen‹ das christliche Abendland von Gibraltar angriffen und das Heilige Römische Reich Karls des Großen gefährdeten. Aber jenseits der historischen Zäsur bietet sich, wie Ariosto in seinem Epos zeigen will, dem Abendland auch die Gelegenheit zur Kontaktaufnahme mit einer bisher fernen Kultur. So hat dieser historische Moment dieselbe Bedeutung, welche im »Andreas«-Roman der Malteser der Stadt Venedig zuschreibt: »Für ihn Venedig Fusion der Antike und des Orients«. Übrigens steht die Gestalt des Maltesers in einem direkten Zusammenhang mit dem historischen Rahmen des »Orlando furioso«, denn der Ritterorden, dem er angehört, entstand zur Zeit der Kreuzzüge, als das Abendland die heilige Stadt Jerusalem eroberte und verteidigte. Eine besondere Eigenschaft, die für den Ritter Sacramozo nicht belanglos ist, kennzeichnet diesen Orden: seine Mitglieder gruppieren sich nach den nationalen Sprachen, die sich gerade in der Epoche des ausgehenden Mittelalters und der frühen Renaissance bildeten. Also kann man im übertragenen Sinne behaupten, daß dieser Orden ein eminent literarischer ist, und auch die Beziehung zwischen dem Malteser und Andreas ist entsprechend eine literarische. Als solche wird sie ganz klar in den Fragmenten hervorgehoben, dort, wo nicht zufällig behauptet wird: »Sacramozo lehrt ihn an Ariost die Funktion der Poesie erkennen«. Und an einer weiteren Stelle: »Gelegentlich Ariost: das Unmögliche ist das eigentliche Gebiet der Poesie«, das Unmögliche oder, wie die zitierten Verse besagen, der Zauber, das Wunderbare als Inbegriff literarischen Schaffens.[3]

Auch die Begegnung zwischen dem Malteserritter und Andreas besitzt einen explizit literarischen Gehalt. Der Ritter wird dargestellt, wie er in einem Café Briefe schreibt: »Ein starker Luftzug warf eines der Blätter zu Andreas hinüber«. Daraus ergibt sich, daß die Aufgabe des Schreibens, die literarische Berufung vom Malteser auf Andreas übergeht. Dieser Übergang ist auch an einer anderen Stelle belegt, als

---

[3] Ariosto hat in der deutschen Kultur eine interessante Rezeption gehabt. Er wird in Hegels »Vorlesungen über Ästhetik« zitiert, auch öfters in Goethes »Tasso« genannt. Gerade zu diesem Drama schrieb Hofmannsthal die »Unterhaltung über den ›Tasso‹ von Goethe«. Nennenswert ist auch die Erwähnung von Ariosto am Anfang der Studie von Sigmund Freud »Der Dichter und das Phantasieren«. Über dieses Thema hatte Freud schon 1907 einen Vortrag in der Buchhandlung von Hugo Heller gehalten, welcher damals mit Hofmannsthal in Verbindung stand.

Andreas dem Ritter den auf den Boden gefallenen Brief zurückgibt und folgende Antwort bekommt: »Er muß Ihnen selbst gehören, jedenfalls möchte ich Sie bittten, darüber zu verfügen!«

Somit fällt es ausdrücklich Andreas zu, sich literarisch zu betätigen und jenen oft entworfenen Brief nach Hause, mit der dazugehörigen Verarbeitung der Kindheitserlebnisse, endlich auch zu schreiben. Das Endziel der Bildungsreise wäre danach die Begegnung mit einer ›wunderbaren Freundin‹, nämlich mit der Literatur selbst, das heißt die Aufgabe, einer schöpferischen Tätigkeit nachzugehen. Der Romanentwurf ist also ein literarisches Zeugnis, das nicht von der Tradition abweicht, sondern weit ausholt und bis auf Ariosto zurückgreift. Mit dem Renaissanceautor teilt Hofmannsthal hauptsächlich jene Momente der Trennung und Vereinigung, die sich nicht nur auf die Gestalten beziehen, sondern auch literarische Bedeutung haben, da getrennte Kategorien, das Triviale und das Sublime, zusammengebracht werden. Diese Alternanz kennzeichnet jede einzelne Episode im Roman. Als Andreas dem Malteserritter begegnet, sieht er neben ihm die erbämliche Szene des reichen Griechen, der von seinem Neffen flehentlich um Geld gebeten wird: »In beiden schien die Menschennatur entwürdigt«. Im Gegensatz dazu hat dann die Begegnung mit Sacramozo – schon dieser Name deutet auf Sublimierung hin – einen höheren Wert der Erkenntnis: »[Andreas] fühlte sich mit Wohlwollen empfangen, in eine jede Fiber seines Wesens erhöhende Atmosphäre…« und schließlich: »Von mir selbst kann ich über ihn erfahren.« Der trivialen Geldsuche wird somit die erhabene Selbstsuche gegenübergestellt. Diese Art von Gegenüberstellung zieht sich durch den ganzen Roman. Zustina – ihr Name leitet sich von ›giusto‹ (aufrichtig, gerecht) her – ist der erste Preis einer Lotterie, und sie wird den Mann heiraten, der das glückliche Los besitzt. Diese Lotterie hat also die Bedeutung einer perversen Heirat, aber gerade um diese Trivialität aufzuheben, bereitet Zustina die Ziehung mit liturgischer Frömmigkeit vor. Der Termin wird genau eine Woche nach Mariä Geburt festgelegt, und der Altar wird genauso gestaltet wie beim Fronleichnamsfest. Auch ihre Schwester Nina zeigt einen ähnlichen Zug der Sublimierung; obwohl sie Kurtisane ist, nimmt sie nicht jeden Freier auf. Der Graf Grassalcowicz wird z.B. empört zurückgewiesen, da sein Name wie eine Gotteslästerung klingt. Auch Romana ist zwiespältig, da ihre Naivität perverse Züge aufweist. Auf dem Friedhof geht sie über die Gräber und fühlt sich dabei genauso wohl, wie wenn sie zu Tische zwischen Vater und Mutter sitzt. Schon daran zeigt sich, daß sie zur Trennung unfähig und nicht imstande ist, Trauer zu verarbeiten. Ein Mangel an Trennung und Unterscheidung kennzeichnet auch die Geschichte ihrer Familie; der Onkel heiratete immer Frauen »aus der Blutsfreundschaft«, so sind auch die Eltern »zusammengebrachte Kinder« und »von gleichem Blut und von Kindheit an miteinander aufgewachsen«. Schließlich wird dann der Vater so beschrieben: »...der große Mann stand neben dem großen Kind wie ein Bräutigam.« Diese Bemerkungen erlauben uns, die zitierte »Blutsfreundschaft« als einen gelinden Ausdruck für »Blutschande« zu deuten. Daß Romana eben unter dieser krankhaften Bindung an die Familie leidet, zeigt sich deutlich in Andreas' Traum, wo das Mädchen gerade in der Trennung von den Verwandten die Voraussetzung einer möglichen Vereinigung mit Andreas sieht: »Der Vater will mich einsperren, die Mutter hält mich, die toten Brüder und Schwestern wollen sich auch anhängen, aber ich mache mich los, ich lasse sie alle und komme zu dir.«

Die Spaltung kulminiert schließlich in der letzten weiblichen Figur, die auftritt: Maria/Mariquita; der Riß in ihrer Persölichkeit ist so tief, daß sie sogar zwei Namen trägt. Bei der ersten Begenung in der Kirche zeigt diese ›wunderbare Freundin‹ ihre beiden Gesichter, in der folgenden Begegnug erscheint aber ein einziges Gesicht, und zwar in der Lücke eines ›lebendigen Daches‹, d.h. einer Weinlaube, und gerade diese Laube aus Reben und Weinstock deutet auf eine Doppelsymbolik hin, eine bacchantische sowie – im Hinblick auf die evangelische Parabel – auch eine christliche.

Dem Helden Andreas kommt die Aufgabe zu, gerade durch diese Gegensätzlichkeiten die eigene Individualität zu erkennen: »Bei Maria lernt Andreas die Freiheit des Wesens preisen, bei Mariquita graust ihm vor der absoluten Freiheit. Bei Mariquita muß er sich nach dem universalen Bindemittel sehnen, bei Maria nach dem Lösungsmittel: so muß ihm seine eigene Natur offenbart werden.«

Die Selbstsuche scheint nur durch die Auseinandersetzung mit dem Andersartigen möglich, dementsprechend heißt auch der Held Andreas. Anderssein bedeutet aber auch, sich auf neue Lebensaussichten gefaßt zu machen. In diesem Sinne taucht das Thema der Maske auf, ein Grundthema des Romans, denn wir wissen, daß Andreas eben hauptsächlich nach Venedig fährt, weil dort die Leute fast immer maskiert sind. Nur wenn eine Rollenvielfalt besteht, scheint es möglich zu sein, jene Rolle zu erkunden, in der sich die eigene Individualität am besten entfalten kann. Auch Orlando verkleidet sich, als er aufbricht, um Angelica zu suchen. So ist auch jede literarische Gestalt letzten Endes eine Maske, hinter der sich der Autor selbst verbirgt; sein Leben will er verhüllen, um »Autobiographisches überall« auszusprechen.

Novalis, ein Dichter, der von Hofmannsthal gerade in Bezug auf den »Andreas« oft zitiert wird, sieht in der Maske die wesentliche Komponente des Romans: »Der Roman handelt von Leben – stellt *Leben* dar [...]. Oft enthält er Begebenheiten einer Maskerade – eine maskierte Begebenheit unter maskierten Personen.« Aus den »Fragmenten« stammen diese Bemerkungen, und schon aus diesem Titel geht hervor, welches Unendlichkeitsstreben diesen Autor charakterisiert.[4] Wie schon für den Renaissancemenschen – also auch für Ariosto – wird jegliches Ende als eine Begrenzung empfunden, die die Möglichkeiten unerschöpflicher Vielfalt vernichtet. So behauptet Novalis, gleichsam Ariosto ›romantisierend‹: »Wer viel Geist hat, macht viel aus seinem Leben – jede Bekanntschaft, jeder Vorfall wäre für den durchaus geistigen – erstes Glied einer unendlichen Reihe – Anfang eines unendlichen Romans.«[5] So bleibt die Geschichte Andreas', der sich mit sich selbst und mit den anderen in Beziehung setzen will, ohne Ende. Gemäß der Redewendung ›Fersengeld geben‹ bleibt die Rechnung des jungen Ferschengelder offen; eine endgültige Bilanz von Geben und Nehmen kann nicht gezogen werden. Wichtig ist in diesem Hinblick die Mitteilung von Rudolf Hirsch, daß der 1899 fragmentarisch ›abgeschlossene‹ »Roman des inneren Lebens« bisweilen auch »Roman vom Geben und Nehmen« genannt wird, und gerade diese Bilanz kann ja nie endgültig gezogen werden.[6]

Das Fragment verheimlicht die letzten individuellen Geheimnisse und entspricht somit dem Prinzip Hofmannsthals: »Sprache und Individuum

---

[4] Novalis, Fragmente und Studien, in: Ders.: Werke. Hg. von Gerhard Schulz, München 1969, S. 391.

[5] Novalis, Vermischte Bemerkungen, ebd., S. 336.

[6] Rudolf Hirsch, Hofmannsthal und Stefan Gruß. Zeugnisse und Briefe. In: Literatur aus Österreich – Österreichische Literatur. Ein Bonner Symposium. Hg. von Karl Konrad Polheim, Bonn 1981, S. 191.

heben sich gegenseitig auf«.⁷ Gleichzeitig aber erlaubt diese Verheimlichung eine Ausweitung des Horizontes zum Unendlichen.

So verlassen wir Andreas auf einem leeren Platz, aber diese Leere ist nicht mehr jene des ›öden Platzes‹ am Anfang, sondern eine Leere, aus der sich Weite, neuer Horizont entfaltet. In diesem Sinne hat Hofmannsthal im Jahre 1917 eine Tagebucheintragung mit »Anbetung des Leeren« betitelt: »Jenes okkulte Verhältnis in mir zu einem Unerreichlichen, Non-existenz einer Landschaft, Non-existenz eines Mythos, Non-existenz einer Atmosphäre, vermöge welcher ich zu einem infiniten Etwas in einer infiniten Haltung stehe«.⁸

Diese infinite Dimension stellt die einzige Möglichkeit der Verbindung mit allem Getrennten, weit Entfernten dar, und gerade diese Leere entspricht im okkulten und auch im »orientalischen« Sinne der einzigen Möglichkeit echter Erfüllung. Und dieser Orient ist es, der im Ritterepos von Ariosto das Abendland zwar bedroht, aber zugleich auch das Bestreben einer Vereinigung, innerhalb einer höheren geschichtlichen Dimension, erweckt: »Fusion der Antike und des Orients«, ein Ideal, welches weit zurückliegt, in der Zeit, als die Mauren Afrikas Meer überquerten: »al tempo che passaro i Mori / d'Africa il mar...«: Der magische Zauber alles Getrennten in einer höheren Sphäre wieder zu vereinigen, ist der Traum, welcher immer noch nicht ausgeträumt ist.

---

⁷ RA III 560.
⁸ RA III 536.

Michael Hamburger

Das Fragment: Ein Kunstwerk?

Um diese nicht nur auf Hofmannsthal bezogene Fragestellung zu begründen, muß ich gleich erklären, daß meine intensive Beschäftigung mit Hofmannsthal mehr als dreißig Jahre zurückliegt.[1] Nur etwa fünf Jahre lang, von den späten Fünfzigerjahren bis zum Abschluß des dritten Bandes der englischen Hofmannsthal-Auswahl, der 1963 erschien, stand Hofmannsthal im Mittelpunkt meiner Tätigkeit. Obwohl ich Gedichte von ihm und lyrische Dramen schon spätestens in den frühen Fünfzigerjahren übersetzt hatte, wurde ich nur während dieser intensiven Beschäftigung ausnahmsweise auch zum Forscher, indem ich Hofmannsthals Bibliothek im Hause seines Sohns Raimund wenigstens zum Teil sichtete und die in den Büchern enthaltenen Anmerkungen und Aufzeichnungen – darunter auch solche zu geplanten eigenen Werken – zu entziffern versuchte, was mir in manchen Fällen nicht ohne die Hilfe der Tochter Hofmannsthals, Christiane, gelungen wäre, schon weil mir die in österreichischen Schulen gelehrte Stenographie ganz fremd und unentzifferbar blieb. Damals faszinierte mich jede Einzelheit der weit schweifenden Lektüre Hofmannsthals und deren Verarbeitung in eigenen Werken, gerade weil es mir als Herausgeber von zwei Auswahlbänden und für die Einleitungen dazu um das Erfassen der Ganzheit des Schaffens Hofmannsthals ging, wobei ich alles scheinbar heterogene, vereinzelte oder sich widersprechende verknüpfen wollte und die untergründige Einheit suchte.

Über die Nützlichkeit dieser Bemühungen habe ich gar kein Urteil mehr, nehme aber an, daß sie inzwischen überholt wurden. Schon während meiner intensiven Beschäftigung war ein Konflikt zwischen dieser und meiner Lehrtätigkeit als Germanist entstanden, so daß ich mich von der Universität beurlauben lassen mußte. Dazu kam der Konflikt mit anderen literarischen Arbeiten und Plänen, der in dieser

---

[1] Die Studie geht zurück auf einen Vortrag im Rahmen der Hofmannsthal-Tagung in Marbach a. N. 1994, die sich der »Ästhetik des Fragmentarischen« widmete.

Zeit so akut wurde, daß ich 1964 ganz aus dem regelmäßigen Lehrberuf ausscheiden mußte. Damals arbeitete ich nicht nur an eigenen Gedichten, sondern schon längst auch an dem Buch »The Truth of Poetry«, welches sich nicht einmal auf deutschsprachige Lyrik seit der Mitte des 19. Jahrhunderts beschränkte und eine auch weit schweifende Lektüre in mehreren Sprachen verlangte. Als man mich aufforderte, an der Herausgabe der ›Sämtlichen Werke‹ Hofmannsthals mitzuwirken, war es mir schon ganz klar geworden, daß eine solche minutiöse und spezialisierte Arbeit für mich nicht mehr in Frage kam. Damit endete aber für mich auch die Konzentrierung und Spezialisierung auf Hofmannsthal. Um diese weiterzuführen, hätte ich alle meine anderen Interessen und Tätigkeiten, auch als Übersetzer und Essayist, aufgeben müssen, weil die Vielfältigkeit und Komplexität seines Werks sonst nicht zu bewältigen gewesen wäre, wie auch nicht die immer hinzukommenden Briefbände, die ›Sämtlichen Werke‹ selber mit den bis dahin fehlenden Fragmenten, Entwürfen und Varianten, dann noch die dazugehörige, immer zuwachsende Sekundärliteratur.

Warum es gerade im Falle Hofmannsthals und in keinem anderen zu einem so jähen und drastischen Abbruch kommen mußte, hat sicher noch andere Gründe, die nicht zu meinem gegenwärtigen Thema gehören – etwa jener, daß mir jede Beziehung zum Theater und dem Theatralischen fehlt und daß ich dramatische Werke vor allem als dichterische Texte aufgenommen und auch übersetzt habe. Bei der Beschäftigung mit Hölderlin bin ich trotz allen Konflikten mit anderen Vorhaben ein halbes Jahrhundert lang geblieben – nicht ausschließlich, aber wiederholt und beständig. Hier genügt es auch, zu erklären, daß ich längst kein Hofmannsthal-Spezialist, -Forscher oder -Kenner mehr bin. Ohne diese Erklärung hätte ich nämlich die meine einstige Verbundenheit mit Hofmannsthal anerkennende Einladung überhaupt nicht annehmen können. Nur der entgegenkommenden Erlaubnis, einige Erwägungen zum Fragmentarischen überhaupt beizutragen, verdanke ich es, daß ich meine Hemmungen überwinden konnte und hier wenigstens symbolisch – wohl auch nur mit Fragmenten – einen Kreis schließen darf.

›Selected Prose‹ der erste Band der amerikanisch-englischen Hofmannsthal-Auswahl – der immer noch einzigen englischsprachigen Hofmannsthal-Ausgabe, die auch nie neu aufgelegt wurde – erschien schon 1952. Ob sich Hermann Broch, der die Einleitung zum Prosaband beitrug, an der Auswahl vor seinem Tode noch beteiligt hat, ist in dem Buch nicht vermerkt, doch nehme ich an, daß sie von Herbert Steiner im Einverständnis mit ihm getroffen wurde – so wie Herbert Steiner später die Auswahl der Texte für die zwei folgenden Bände, die ich herausgab, mit mir besprach. Bemerkenswert an dem Prosaband ist, daß er mit einem unfertigen Werk, dem »Andreas«, beginnt und daß – nach dem Fragment »Dämmerung und Nächtliches Gewitter« – nur *ein* Kapitel aus der Erzählung »Die Frau ohne Schatten« folgt, wodurch dieses abgeschlossene Erzählwerk für den englischen Leser nicht nur zu einem Fragment reduziert wurde, sondern auch seine allegorische Geschlossenheit verlor.

Daß der »Andreas« zu den hervorragenden Prosatexten Hofmannsthals gehört, stelle ich nicht in Frage. Aber daß diese knappe Auswahl sich nicht auf die fertigen, ausgearbeiteten Teile des Romans beschränkte – welche in Steiners Werkausgabe nur bis zur Seite 235, bis zum Venezianischen Reisetagebuch des Herrn von N., reichen – reißt schon die wesentliche Problematik des Fragmentarischen auf. Was der Autor für die nicht zustandegekommene Fortsetzung des Romans vorhatte, kann nämlich für den nicht wissenschaftlich tätigen Leser nur von sekundärer Bedeutung sein. Zweifellos gehört zu der Aufnahme jedes erzählenden und dramatischen Werks auch die Neugier auf den Ausgang, die Lösung der Verwicklungen. Wenn aber dieser Ausgang, diese Lösung fehlt, sind solche Aufzeichnungen, Einsichten, Lemmata wie jene Hofmannsthals für den venezianischen Aufenthalt kein Ersatz für den geformten dichterischen Text, da sie die Neugier eher peinigen und verwirren, als befriedigen. Bei dem frühen Märchenfragment »Der Goldene Apfel« liegt es anders, weil sich die angehängten Notizen auf derselben Ebene, nämlich der erzählerischen, entwickeln, daher wenigstens die Neugier befriedigen, die Allegorie wenigstens skizzenhaft vervollständigen.

Warum auch diese Erzählung trotzdem nicht bis zum Ende ausgeführt wurde, ist eine Frage, die nur ein noch mit dem ganzen Phänomen Hofmannsthal Befaßter beantworten könnte, obwohl jedes unvollendete Werk – wie auch »Das Märchen der verschleierten Frau«, »Der Brief des letzten Contarin« oder »Dämmerung und Nächtliches Gewitter« – eine eigene Erwägung der inneren und äußeren Hindernisse erfordert. Ich wage nur die Vermutung, daß bei frühen Werken die inneren Hindernisse entscheidend waren, die äußerlichen aber in späteren Jahren immer gewichtiger wurden, da ja Hofmannsthal unter anderem Berufsschriftsteller war, was ihm Termine, Überschneidungen und Prioritäten aufzwingen mußte. Inwiefern Hofmannsthal diesen Beruf als ›unanständig‹ empfand, da ja längst nicht alles, was Berufsschriftsteller hervorbrachten, zum »Schrifttum als geistiger Raum der Nation« gehörte, wäre dabei ebenfalls zu erwägen: denn das nicht fertiggestellte Werk ist ja zuerst das dem Verlags- und Bühnenbetrieb vorenthaltene. Noch wesentlicher ist es, daß Hofmannsthal als Lyriker und im »lyrischen Zustand«, wie er ihn psychologisch deutend nannte, begann, und daß im »lyrischen Zustand« die Entfernung zwischen Impuls, Eingebung und Ausarbeitung der geringste ist. Daß Hofmannsthal, trotz seines stark entwickelten Willens, im Konzipieren und Entwerfen noch fruchtbarer als im Ausarbeiten blieb, legen sogar die Notizen in den von ihm gelesenen Büchern nahe.

Der Einwand gegen die Aufnahme der Notizen zur Fortsetzung des »Andreas« in den Auswahlband soll keineswegs als verspätete Buchkritik verstanden werden. Die Einleitung Hermann Brochs – der dritte Teil seiner auf Deutsch als »Hofmannsthal und seine Zeit« veröffentlichten Studie – wie auch die Verdienste Herbert Steiners als Herausgeber bleiben für mich gültig. Hier geht es um den Unterschied zwischen dem Bruchstück, welches ein Kunstwerk bleibt, in manchen Fällen sogar ein Kunstwerk, welches von abgeschlossenen Werken nie übertroffen wurde, und dem nicht zum Kunstwerk gewordenen Material und Gerät. Es ist der Unterschied zwischen den Bruchstücken, Ruinen, die einmal zur Garten- und Parkkunst gehörten und dem Baugerüst, welches man nicht stehen ließ.

Daß es offene und geschlossene Kunstformen gibt und daß auch fertige Kunstwerke offenbleiben, abgebrochene Kunstwerke aber auf ihre Weise vollendet sein können, weil die Grenze, die sie nicht überschreiten konnten, schon für das Wagnis des Beginnens wesentlich und kennzeichnend war, ist wohl schon selbstverständlich. Auch die durch äußere Umstände zu Fragmenten gewordenen Kunstwerke, wie die Odenfragmente Sapphos, die verstümmelten Skulpturen, die echten Ruinen, die durch Krankheit oder Tod abgebrochenen Musikwerke, wie »Die Kunst der Fuge« Bachs oder Mozarts »Requiemmesse«, haben sich bewährt, obwohl ihre ausgebliebene Vollendung eine andere ist. Trotzdem ziehe ich die Darstellungen vor, welche, wie Helmut Walchas der »Kunst der Fuge« den Abbruch wiedergeben, weder das Fertige verkürzen noch einen nicht authentischen Schluß hinzufügen. Wir können ja gar nicht wissen, ob nicht sogar dieser Meister der konsequenten Ausarbeitung, die sich immer wieder ins Unerhörte wagte, in diesem Werk an eine Grenze seiner Möglichkeiten stieß; und das ›memento mori‹ des Abbruchs, des Verklingens der groß angelegten, dynamischen Fuge hat eine viel gewaltigere Wirkung, als die statischen, auch zur Konvention gewordenen, Parkruinen. Noch der späte Goethe ließ in der Landschaftsabbildung das Tote, die Ruine, den abgestorbenen Baum zu, bestand nur darauf, daß das Lebendige darin überwiegen müsse. Wenn auch in der Natur, anders als in den menschlichen Produkten, das Zyklische vorherrscht, können auch in Naturphänomenen Wachstum und Verfall gleichzeitig und untrennbar auftreten. Die unmittelbare Umgebung des Hauses, in der ich diese Worte schreibe, ist von einem riesigen Weidenbaum beherrscht, der schon vor Jahren zwei seiner großen Hauptäste verlor, aber immer weiterlebt und noch im Verfall alle übrigen Bäume überragt; er ist ein lebendiges Fragment, eine lebendige Baumruine. Auf dem Rasen hinter dem Haus liegt ein noch älterer, jahrhundertealter Maulbeerbaum, der im Orkan von 1985 ausgerissen und zur Hälfte entwurzelt wurde. Das halbe Wurzelsystem genügte, den gestürzten Baumtorso am Leben zu erhalten. Die Äste steigen wieder in die Höhe, tragen sogar wieder Früchte. Ich glaube, daß auch bei Kunstfragmenten die Lebendigkeit für die Fortdauer das Entscheidende ist, nicht aber jene Abgeschlossenheit, die wir uns von Kunstwerken zu erwarten gewöhnt haben.

In meiner Einleitung zum zweiten Band der englischen Hofmannsthal-Auswahl, die den Gedichten und lyrischen Dramen gewidmet war – und übrigens wieder nur den ersten Akt des »Bergwerks von Falun« enthält – schrieb ich: »Wo Hofmannsthals spätere Werke fragmentarisch oder nur unvollkommen realisiert blieben, liegt der Grund fast stets darin, daß die Konzeption zu komplex ist, als daß sie den Forderungen der gewählten spezifischen Gattung untergeordnet, von der Oberfläche und in sie hinein absorbiert werden könnte. Dieses trifft zu für die erste Prosakomödie »Silvia im ›Stern‹«, die er aufgab, weil sie zu überhäuft war mit verschiedenen Charakteren und deren verwickelten Verflechtungen, für den Roman »Andreas«, den qualvoll bezauberndsten seiner vielen unvollendeten Werke und, in geringerem Maß, für seine letzte Tragödie »Der Turm«. (Diese wurde ja abgeschlossen; aber auf mindestens zwei so verschiedene, sich widersprechende Weisen, daß sie für den Autor gewissermaßen unfertig und offen blieb.) Solche ungelösten, vielleicht unlösbaren Widersprüche im Konzept eines Werkes sind auch in den neu herausgegebenen Bruchstücken zu erkennen – so zum Beispiel in den zwei Fassungen des »Timon der Redner«, in denen eine zentrale Erkenntnis einmal so formuliert wird: »Die Macht des Demos ist ein Schein. Sie ist eine von den Verkleidungen des Nichts, wie die Zukunft, der Fortschritt, und das Ich.« Die entsprechende Stelle in der Handschrift Ia/6H lautet aber: »Der Demos glaube ich ist eine der Verkleidungen für das Nichts: die Zukunft – die Krankheit – und das Ich« – mit dem gewiß für manche schockierenden Schluß: »der wahre Gott bleibt das Geld«. »Fortschritt« und »Krankheit« sind zwei so verschiedene Dinge – wenn auch von dem tiefsten Konservatismus vielleicht jeder Fortschritt als jener einer Krankheit empfunden werden könnte –, daß es für den Leser kaum vermeidbar wird, den Unterschied als eine Unsicherheit im Konzept zu empfinden. Eine verwandte Unsicherheit – auch auf der Ebene des Politischen – ist in dem zweimal fertig gewordenen Meisterwerk »Der Turm« zu erkennen. Die Schwierigkeit mit Entwürfen, im Gegensatz zu Bruchstücken – wie übrigens auch mit Textvarianten von fertiggewordenen Texten, die ja vom Autor überholt und verworfen wurden, aber trotzdem in kritische Ausgaben aufgenommen werden – ist, daß sie die Aufmerksamkeit des Lesers vom Werk in die Werkstatt ablenken, dadurch auch vom Werk zur Person des Autors. Selbst abgebrochene Werke können die Probleme auflösen oder »erledigen«; in Entwürfen aber klaffen die nicht erledigten Probleme auf. Gerade durch das Abbrechen werden ja die Probleme für den Autor erledigt, wenn auch nicht gelöst. Durch das Offenbleiben des Bruchstücks entledigt er sich der Verantwortung für weitere Fragen über die nicht zum Kunstwerk gewordene Fortsetzung.

In Hinsicht auf die vielen mir damals nicht bekannten Dramen-Pläne und -Bruchstücke fällt mir nun auf, daß es meistens die gewagtesten der Konzepte Hofmannsthals waren, die nicht zum Abschluß gerieten – und nicht nur, weil sie die kompliziertesten waren, sondern auch, weil sie mit den Konventionen, die Hofmannsthal aus weltanschaulicher, ethischer

Verbundenheit pflegte, am schwersten in Einklang zu bringen waren. Dabei denke ich vor allem an Themenkreise, die er aus dem Mythos und den prä-rationalen, prä-moralischen Zeitaltern schöpfte. Hier ist es relevant, daß sich Hofmannsthal zu einem Zeitpunkt nicht nur mit der Tiefenpsychologie, sondern auch – wie fast alle seiner Zeitgenossen – mit den Schriften Nietzsches auseinandersetzen mußte. Dieser wurde in der späten Rede »Das Schrifttum als geistiger Raum der Nation« nicht genannt, hat aber gewiß zu dem Bild des für das damalige deutsche Schifttum als typisch dargestellten sektierenden, einsamen, asozialen Propheten beigetragen, da die Erschütterung durch Nietzsche der Ausgangspunkt dieser Entwicklung war. (In diesem Zusammenhang hielt ich Hofmannthals Briefwechsel mit Rudolf Pannwitz für unvergleichbar wichtig und aufschlußreich, da er Hofmannsthal auch zu ganz seltenen Selbstaussagen provozierte.)

Aber zurück zum Fragmentarischen – wenn auch im Zusammenhang mit Hofmannsthal alles mit allem zusammenhängt, die versteckte Tiefe immer ungreifbar bleibt und ich ihn hier nur sprunghaft umkreisen kann. Als ich meinem Freund Christopher Middleton von meinen Überlegungen zum Fragmentarischen schrieb, antwortete er: »Die literarische Vorstellungskraft begibt sich in eine diskontinuierliche Phase, wenn sie Aporien vorbringt (das heißt Strukturen des Denkens, die bis an eine Grenze entwickelt werden, jenseits dessen nichts denkbar ist), bis eine neue Reihe von Termini geschaffen worden ist, in der eine Kohärenz wieder möglich wird: eine Landmasse löst sich in einen Archipel auf und dieser wird wieder zu einer Landmasse.« Er bemerkt, daß man dabei zwischen »Fragmenten, die Splitter sind und solche, die ›bare bones‹ sind, unterscheiden müsse. Diese ›bare bones‹ sind intakte Bestandteile eines Körpers, obwohl der ganze Körper latent oder unsichtbar bleibt.« Nur solche Fragmente seien »feine Werkzeuge der Vorstellungskraft«, ganz und gar verschieden von Bruchstücken. Diese Unterscheidung meinte ich, als ich die Bruchstücke des »Andreas« nach der »Wunderbaren Freundin« für einen Auswahlband unpassend, wenn nicht gar ablenkend und verwirrend befand. Diese Bruchstücke bleiben nämlich Splitter. Middleton bezog sich auch auf Kafka, dessen Romane nicht fertig werden konnten, weil sie bei einem Fragen blieben, worauf Kafka noch keine Antwort hatte – also Aporien, im Sinne Middletons. Aus dem gleichen Grund sind Kafkas Romane keine Allegorien – was vielleicht bei Werken Hofmannsthals zu bedenken wäre, deren Allegorie sich nicht schließen ließ. Als gültige Fragmente erwähnte Middleton noch japanische und chinesische Gedichte und den »Kult der suggestiven Mikrobilder«. Obwohl Übersetzungen solcher chinesischer und japanischer Gedichte für ganze Generationen europäischer und amerikanischer Lyrik fruchtbar wurden – sogar für Brecht, der wie Hofmannsthal weltanschaulich verankert blieb –, kam für die Lyrik Hofmannsthals diese Befreiung vom Symbol und der Allegorie nicht in Betracht. Gerade dieses war aber der Sprung, den Hofmannsthal als Lyriker nicht wagen konnte oder durfte, nachdem ihm das Chandos-Erlebnis mit den vereinzelten, der europäischen Tradition nach sinnlosen Dingen konfrontiert hatte. Rilke konnte Lyriker bleiben, weil er diesen Sprung tat, sich vom »Wie-Dichter« – als den ihn Gottfried Benn ablehnte – wenigstens in manchen späten Gedichten zum Ding- und Phänomen-Lyriker entwickeln konnte – und auch ein Haiku schrieb.

Aber das Fragmentarische war in der Lyrik Hofmannsthals sehr viel seltener, als in der späteren erzählerischen und dramatischen Phase. Eine scheinbare Ausnahme ist »Der Tod des Tizian«, der aber trotz Abbruchs der Handlung so wenig unfertig ist, wie Goethes »Pandora« oder Büchners »Woyzeck« und »Lenz«. (Das Einzigartige von Goethes »Pandora« liegt ja auch nicht nur an der Virtuosität der Ausführung, sondern auch daran, daß die Heldin des Stücks gar nicht auftritt, gar nicht aufzutreten brauchte und vielleicht gar nicht auftreten konnte, ohne ihre Macht über das Geschehene zu zerstören und die Möglichkeiten des Theaters zu überanstrengen. Im »Woyzeck« ist es gar nicht mehr wesentlich, auf welche Weise der Mann in den Tod ging – ob auf die poetische oder die von den Dokumenten gegebene. Und der »Lenz« endet auch da, wo die Büchner angehende Episode aufhört, mit einer offenen, für die Vorstellungskraft so suggestiven Formel wie jene vieler Märchen, die es auch nicht für nötig halten, die Geschichte bis zum Tod der Hauptpersonen fortzusetzen. Das sind einige der vielen Kunstwerke, die als Fragmente lebendiger geblieben sind, als die Mehrzahl jener, die die Konvention zu einer Ganzheit beförderte.) Eine andere hervorragende Ausnahme ist die »Ballade des äußeren Lebens«, die nicht am Ende, sondern am Anfang offensteht – dadurch, daß sie mit einem »und« einsetzt. Übrigens endet dieses Gedicht auch mit einem so anschaulich realistischen Bild, daß sich die letzte Zeile fast von der symbolischen Funktion als Gleichnis befreit, durch unmittelbare Dinghaftigkeit die vorhergehenden Gedankengänge und Assoziationen weniger konsummiert als ersetzt und zurückläßt.

Sonst werden die eigentlich lyrischen – nicht zum Dramatischen übergehenden – Gedichte Hofmannsthals zu einem ungewöhnlichen Grade von der Musik getragen – der ihnen inhärenten Laut- und Rhythmusmusik, im Unterschied zu der hinzugefügten Musik der Operntexte. Schon bevor Herman Meyer entdeckte, daß das »Lebenslied« die Form eines gar nicht gewichtigen Gedichts von John Keats parodiert, dessen musikalische Geste übernimmt, aber diese mit ganz anderen Bildern und Bedeutungen beschwert, war ich nicht davon überzeugt, daß die Bilder dieses Gedichts alle als Symbole oder Embleme entschlüsselt werden könnten, wie das Richard Exner in einem diesem Gedicht gewidmeten Buch versuchte. Immer noch scheint es mir, daß das »Lebenslied« ein Halbunsinn ist, wie Goethe eins seiner auch durchaus gewichtigen Gedichte nannte – in Hofmannsthals Fall ein sich nicht pindarisch, sondern hermetisch und heraldisch gebärdender Halbunsinn. Das ist keine Entwertung des Gedichts, da die symbolistische Lyrik überhaupt zur *conditio* der Musik strebte und für sie in Extremfällen der deutbare »Sinn« eigentlich eine so weit wie möglich abzustreifende Belastung durch das Medium Sprache war. Gerade dank der tragenden musikalischen Geste hat Hofmannsthal in dieser Phase die Gefahr des Fragmentarischen vermieden, da sie die Lücken zwischen dem Gewollten, Bewußten, Sinngebenden und dem aus der Tiefe des Brunnens – der Innerlichkeit – Geschöpften schloß. Auch die Verwendung der Wiederholung und Modulation gehört zu den musikalischen Mitteln dieser Lyrik – im »Vorfrühling« die Wiederholung der ganzen ersten Strophe als siebente, hier ohne Modulation oder Abwandlung, weil es um keine thematische Entwicklung, sondern eine kreisende Bewegung geht; in den Terzinen die Wiederholung von »wie mein eigenes Haar« als Steigerung, die den Reim ersetzt. Das Geheimnis, fast schon Mysterium, des Fertigwerdens irgendeines Kunstwerks berührt Hermann Broch in seiner Hofmannsthal-Studie: »Indes, damit derartiges zustandekomme« – nämlich »wenigstens der Idee nach, im dargestellten Realitätsausschnitt ein Totalsystem der Welt zu liefern« – »müssen die Ketten endlich irgendwo abgebrochen werden; sonst gäbe es bloß *work in progress*, aber niemals ein abgeschlossenes Kunstwerk. Wann ist der Abschluß erreicht? von wo taucht das Kriterium hierfür auf? Gerade das lyrische Gedicht – in sonderbarer Parallele zum Witz – nimmt kühnst-irrationale Kettenverkürzungen vor, und vermutlich ist es der jedem Kunstwerk innewohnende lyrische Gehalt, dem es Abschlußreifung verdankt.« Diese Einsicht trifft auf Hofmannsthal zu, geht auch von der Erwägung seines Werks aus und bezieht sich dann auch auf die Musik, nämlich auf die »richtig gebaute Fuge«, als Möglichkeit der Vollendung, der Perfektion.

Vom Spätwerk Hölderlins dagegen ging Eugen Gottlob Winkler aus, als er scheinbar ganz im Widerspruch zu dem eben Zitierten das Gedicht als »ein eigentlich unbegrenztes Gebild« definierte und behauptete: »Das Gedicht ist seinem Charakter nach fragmentarisch. Es kann sich in seinen einzelnen Teilen, im einzigen Vers von einer Vollendung erweisen, die einen Zusammenhang des Ganzen eher zerstört als fördert. Als Ausdruck einer psychischen Erregung, die weder mit dem ersten vernehmbaren Wort ihren Anfang nimmt, noch mit dem letzten ihre Beruhigung findet, in jeder Einzelheit aber vollkommen ausgesagt wird, ist das Gedicht ein selten in sich geschlossenes Werk. Ein jedes verlangt nach dem nächsten, und zugleich sind zehn Gedichte nicht mehr als eins.« Damit erweist sich der scheinbare Widerspruch als eine Ergänzung der Erkenntnis Hermann Brochs, in dem das Gedicht zugleich als das Fragmentarische und das »selten in sich geschlossene Werk« gekennzeichnet wird.

Ein Großteil des Spätwerks Hölderlins – vor dem Identitätswechsel, der wieder geschlossene, aber ganz anders geartete Gedichte hervorbrachte – ist nie fertig geworden. Schon in früherer Zeit, als noch niemand Hölderlin für wahnsinnig hielt, hatte er die Gewohnheit, schon fertig gewordene, durchaus vollendete Gedichte mit neuen Fassungen zu überholen, zum Beispiel aus epigrammartigen kurzen Oden längere, tragisch erweiterte zu machen, die dadurch vielleicht die früheren zwar für den Autor zu Fragmenten machten, aber für den Leser keine neue Fassungen, sondern von den früheren unabhängige, ganz andere Gedichte sind. Unter den letzten von Hölderlin zur Veröffentlichung eingesandten Gedichten, den »Nachtgesängen«, befanden sich aber drei Bruchstücke aus nicht fertig gewordenen oder nicht erhaltenen größeren Hymnen oder Gesängen, die der – schon als wahnsinnig verdächtigte – Dichter damit zu fertigen Kurzgedichten machte, darunter »Hälfte des

Lebens«. Auch Hölderlin hatte sich, wie Hofmannsthal, auf Überlieferungen, Traditionen gestützt. Die längeren Hymnen oder Gesänge hatten sich aus dem Vorbild der pindarischen Ode entwickelt, die Hölderlin nur einmal metrisch nachzuahmen versuchte, aus der er dann aber nicht mehr die Verteilung der Stimmen, sondern nur noch eine seiner eigenen Vision entsprechende triadische Gliederung übernehmen konnte. Indem er aber die drei Bruchstücke als fertige, in sich geschlossene Werke erkannte – übrigens auch noch zur selben Zeit und noch später Fragmente Pindars übersetzte und in seinem Kommentar dazu als abgeschlossene Texte behandelte –, schuf er eine neue Gedichtart, nämlich die rhythmisch freie, die sich gar nicht mehr auf das Mißverständnis der metrischen Struktur der zum öffentlichen Vortrag bestimmten Oden Pindars berufen konnte oder wollte. Dieses Wagnis nahm auch andere Möglichkeiten der Lyrik des 20. Jahrhunderts vorweg, vor allem die Überwindung des Gleichnisses, an dessen Stelle eine Reihe von autonomen, wenn auch expressiven Bildern tritt. Rilke und Trakl, aber nicht Hofmannsthal, waren unter den vielen Lyrikern in vielen Literaturen, die mit oder ohne Hilfe des Beispiels dieser Gedichte Hölderlins zur freien Rhythmik und/oder zur freien, von Argument und Rhetorik gelösten Bildfolge kamen. (In der englisch-amerikanischen Lyrik hieß diese Tendenz »Imagism«, dann »Objectivism«, in der deutschen wurde sie meistens in die Pauschalkategorie »Expressionismus« eingeordnet.) Auch in den längeren, fertigen, aber für ihn niemals endgültigen Hymnen Hölderlins kommen solche autonomen Bilder vor, wobei zu berücksichtigen ist, daß schon vor dem Identitätswechsel äußere Umstände wie die Internierung in der Klinik, dann die Beschlagnahme des Foliohefts und bestimmt auch der Verlust vieler anderer Manuskripte zur Lückenhaftigkeit dieses Spätwerks beitrugen. Aber dadurch, daß der selber zerrüttete Dichter aus Entwürfen und Bruchstücken drei lückenlose – und damals ganz einzigartige, von keiner Überlieferung gestützte – Kurzgedichte machen konnte, wurde in der deutschsprachigen Lyrik das Fragment zum fertigen Kunstwerk.

In nicht fertiggewordenen oder nie eigentlich ausgeführten Werken Hofmannsthals kommen Widersprüche vor, die Hölderlin durch einen Neuanfang gelöst hätte. Noch aus der Schul- oder Studienzeit erinnere ich mich an eine Aussage Victor Hugos, die so lautet: »On doit corriger ses anciens œuvres en en faisant de meilleurs.« Auch weil Hölderlin kein

Berufsschriftsteller sein durfte, fiel es ihm leichter als Hofmannsthal, immer wieder einen neuen Anfang zu setzen, selbst in seinem einzigen erhaltenen dramatischen Werk, welches ja nicht für die Bühne fertig zu werden brauchte (aber trotzdem als Bruchstück aufgeführt worden ist). Die drei Fragmente dieses Trauerspiels – wie die zwei von Hofmannsthal veröffentlichten vom »Turm« – sind nicht als progressive Stufen desselben Konzepts, also nicht als Fassungen *eines* Werks, sondern als verschiedene Konzepte zu werten, die in Hölderlins Fall nicht zu Ende ausgeführt werden konnten, weil jede einer inneren Wandlung entsprach, mit der die Ausarbeitung nicht Schritt halten konnte. Bei Hofmannsthal kommt die Schwierigkeit der Konzepte selber hinzu: immer mußte so vieles, nicht nur eigenes, sondern übernommenes, eingeordnet, gegeneinander abgewogen und an der Oberfläche versteckt werden. Das konnte dazu führen, daß er aus Splittern ein Ganzes, Zusammenhängendes und Fertiges fügte – aber auch dazu, daß viele seiner gewagtesten Konzepte kaum oder gar nicht zur Ausführung kamen.

Im späten 20. Jahrhundert hat man sich, wie schon Hölderlin, mit dem Fragmentarischen abgefunden, nämlich dort, wo das Abgebrochene nicht nur von hoher Qualität, sondern aus inneren oder äußeren Gründen nicht zu einem Ende zu bringen war. Kafka habe ich schon erwähnt. Bei dem Hauptwerk Musils waren die inneren Hindernisse mit den äußeren vielleicht ähnlich verwoben wie bei Hofmannsthal, nachdem Musil nicht nur das Ende des österreichischen Kaiserreichs, sondern auch das Ende der Republik erlitten hatte. Musil veröffentlichte ein Buch mit dem Titel »Nachlaß zu Lebzeiten«. »Fragmente« hieß später ein nicht nachgelassenes Gedichtbuch Gottfried Benns. Was die Lyrik betrifft, hat Hofmannsthal die Entwicklungen dieses Jahrhunderts vermieden. Obwohl T.S. Eliot Hofmannsthal als Geistesverwandten anerkannte – als einzigen unter den deutschsprachigen Dichtern seiner Zeit, abgesehen von einem flüchtigen Interesse an der »monologischen Stimme« Gottfried Benns – und er kurze Vorworte zu zwei Bänden der englischen Hofmannsthal-Auswahl beitrug, geschah das vornehmlich aus weltanschaulichen Gründen. Das »Waste Land« Eliots war nicht nur eine Apotheose des Fragmentarischen, eine Zusammensetzung der heterogensten Bruchstücke, sondern wurde auch noch von Ezra Pound so drastisch gekürzt, daß die autorisierte Fassung zu einem Fragment des Originals wurde. Als »Fragmente eines aristophanischen Melodramas«

veröffentlichte Eliot 1932 seinen »Sweeney Agonistes«, das am wenigsten an den Konventionen haftende aller seiner Theaterstücke. Ezra Pounds Hauptwerk, die »Cantos«, reihten ebenfalls Erlebnis- und Zitatbrocken zusammen und blieben als Ganzes Fragment, da sie zwar das Inferno und das Purgatorio Dantes, aber nicht das Paradiso, welchem die letzten Cantos entsprechen sollten, zur Ausführung bringen konnten und mit Bruchstücken abbrechen. Selbst im Theater konnte sich das Fragment als Kunstform durchsetzen: die Stücke Samuel Becketts kommen so wenig zu einem Schluß wie sie einen der Exposition entsprechenden Anfang haben. In den Romanen und Erzählungen Becketts herrscht dieselbe Zeit- und Entwicklungslosigkeit. Die Erwartung, daß ein literarischer Text, um fertig zu sein, einen Anfang, eine Mitte und ein Ende haben muß, wird immer fraglicher.

Die schon erwähnte Geistesverwandtschaft Eliots mit Hofmannsthal beruhte zum Teil auf dem, was Hermann Broch die »Ich-Versteckung« Hofmannsthals nannte und der damit zusammenhängenden Traditionsgebundenheit beider Autoren. Nur in einer einzigen Zeile des »Waste Land« kann die Aussage als jene des entblößten biographischen Ichs – nicht des flüssigen, funkionellen lyrischen Ichs, welches eine Persona, eine Maske ist – empfunden werden. Es ist die Zeile: »These fragments I have shored against my ruins«, die Eliot auch als Zitat verkleidet, die aber als bekenntnishafter Schlüssel zu der Bruchstückanreihung des ganzen Gedichts wirkt. Geheimnisvoller als die Ausführung eines Werks im Rahmen der dramatischen und erzählerischen Konventionen – oder im lyrischen Gedicht im Rahmen einer tradierten Form, wie etwa dem Sonett, welches ja ein Ende nehmen muß, wenn die 14 Zeilen ausgefüllt worden sind, was schon vor dem Akt des Schreibens diesen bestimmt und begrenzt, oder dem nach westlichen Begriffen schon als Fragment angelegten Haiku – bleibt die Vollendung in ganz offenen Formen, wozu auch solche Fragmente gehören, die ein ihnen innewohnendes *nec plus ultra* erreicht haben. Selbst bei freien Gedichtformen, improvisierten Prosaformen wissen gute Dichter irgendwie, daß und wann sie aufhören müssen, auch wenn das Thema oder der Gegenstand keineswegs erschöpft ist, auch wenn das Offenbleiben des Abschlusses zur Vorbedingung des Geschriebenen gehört. Das Risiko eines Irrtums oder Fehlgehens gehört allerdings auch dazu. So fällt mir ein, daß ich einmal ein Gedicht für abgeschlossen hielt und schon in ein Buch aufnahm, dieses aber zwei Jahre später zum Anfang eines längeren Zyklus wurde, an dem ich noch sieben weitere Jahre lang arbeitete. Ich hatte die Entwicklungsmöglichkeit und -notwendigkeit dieses Gedichts nicht erkannt, weil ich überhaupt kein längeres Gedicht geplant oder erstrebt hatte. Erst nachdem ich eine Variationenform für den ersten Zyklus gefunden hatte, konnte ich einen zweiten als solchen beginnen und zu einem Ende, wenn auch zu keinem Schluß, führen.

Da ich auch hier zu keinem Schluß kommen kann – ganz besonders über Hofmannsthal und das Fragmentarische in seinem Werk – und sehr befürchte, nicht meinen Gegenstand, aber Ihre Aufmerksamkeit und Geduld schon längst erschöpft zu haben, ende ich nun mit zwei Zeilen Hölderlins oder eigentlich Scardanellis, des selber zum Bruchstück und zur Abstraktion gewordenen, in die Abstraktion geflüchteten, aber noch immer produktiven und auch sinnvollen Dichters:

»Und die Vollkommenheit ist Eines in dem Geiste,
So findet vieles sich, und aus Natur das Meiste.«

Carlpeter Braegger

Dem Nichts ein Gesicht geben
Hofmannsthal und die künstlerische Avantgarde

> *Bleistiftstriche so wie Worte: Hineinschneiden in den Raum, um dem Nichts ein Gesicht zu geben.*
> Hugo von Hofmannsthal[1]

> *... in Tat und Wahrheit sind ja die Kristalle des Wortes gleichermaßen in Auflösung begriffen wie die Kristalle der Körpergestalt... in einem Bild von Picasso.*
> Nikolaj Berdjajew[2]

> *Das Neue entstand jedoch nicht unter Aufhebung des Alten, wie man gemeinhin annimmt, sondern in der begeisterten Reproduktion des Vorbildes.*
> Boris Pasternak[3]

I »Die dumpfen Lügen der Tradition« – Avantgardismus beim frühen Hofmannsthal

Hofmannsthal und Majakowskij. Hofmannsthal und Picasso. Hofmannsthal und Malewitsch. Hofmannsthal und Beuys. – Was Hofmannsthal seinem Chandosbrief nachgerufen hatte – »fernes Fremdes als nah verwandt spüren zu machen« (BW Andrian 161) –, kann als Leitsatz gelten für den vorliegenden Beitrag,[4] der Hofmannsthal mit Namen in Verbindung bringt, von denen man bisher ziemlich genau wußte, wie wenig sie mit diesem Dichter zu tun haben.[5]

Im Dezember 1912 erschien in Moskau unter dem polemischen und zugleich programmatischen Titel »Eine Ohrfeige dem öffentlichen

---

[1] SW XXXI Erfundene Gespräche und Briefe 436f.

[2] Nikolaj Berdjajew, Picasso. In: Picasso in Russland. Hg. von Felix Philipp Ingold. Zürich 1973, S. 42.

[3] Boris Pasternak, Geleitbrief. Entwurf zu einem Selbstbildnis. Frankfurt a.M. 1986, S. 125.

[4] Für unermüdlichen Rat in »russischen Dingen« danke ich Felix Philipp Ingold. Er hat in vielen Gesprächen und im brieflichen Gedankenaustausch das Zustandekommen dieses Beitrags entscheidend gefördert. Anregungen verdanke ich im weitern Georg Quander (vgl. seinen Bericht über »Das Schweigen des Lord Chandos – eine musikdramatische Hommage à Hugo von Hofmannsthal«. In: HF 8, 1985, S. 217-232).

[5] Vgl. Peter-Klaus Schuster, Der Mensch als sein eigener Schöpfer. Dürer und Beuys – oder: das Bekenntnis zur Kreativität. In: Zum Tode von Joseph Beuys. Bonn 1986, S. 17.

Geschmack« das erste Manifest des russischen Kubofuturismus.⁶ Zu den Mitverfassern der radikal traditionsfeindlichen Deklaration der neuen *Dichterrechte* gehörte, neben Chlebnikov, Krutschonych und David Burljuk, auch der damals neunzehnjährige Kunststudent Wladimir Majakowskij, welcher kurz zuvor »völlig unverhofft zum Dichter«⁷ geworden war – und zwar so:

> Ein junger Mensch fühlte in sich Kraft, was für eine, wußte er nicht; er machte den Mund auf und sagte: »Ich!« Gefragt »Wer – ich?«, antwortete er: »Ich: Wladimir Majakowskij.« – »Und Wladimir Majakowskij ist wer?« – »Ich!« Nichts weiter zunächst. Und weiter, dann – alles. Da ging es denn los: »Wladimir Majakowskij – der, der ›ich‹ ist.« (Marina Zwetajewa)⁸

Hofmannsthal besaß kein »hartes Mundleder« (D IV 10), und er fragt ein Leben lang: »Wer ist das: ich? Wo hats ein End?« (D IV 379). Zur Großmäuligkeit des jungen Majakowskij – »Die Welt andonnernd aus der Wucht meiner Kehle,/ schrei ich, ein schöner Kerl,/ zweiundzwanzigjährig.«⁹ – läßt sich kein stärkerer Kontrast denken als die virtuose Schüchternheit des zweiundzwanzigjährigen Hofmannsthal, der es im April 1896 für »möglich« hält,

> daß ich einmal Bücher schreiben werde, die, ohne besonders groß zu sein, sich von allen andern unterscheiden. Es ist auch möglich, daß ich mit der Zeit ganz aufhöre, irgend etwas niederzuschreiben, und meinen Enkerln die paar Sachen, die ich vor dem zwanzigsten Jahr gemacht habe, als eine sonderbare Erbschaft hinterlasse. (...) Ich möchte auch manchmal wissen, ob ich jung sterben werde, oder lange und einsam weiterlebe, oder eine große Macht über die Seelen der Menschen erlange, wie ich mir das früher manchmal als möglich vorgestellt habe. (B I 181)

Die Zeit des jungen Hofmannsthal war nicht »jung und täppisch«, sondern »gedankenzerwühlte(s), fiebernde(s) Fin-de-siècle(s)«. (B I 10) 1890 heißt es in einem Brief des Gymnasiasten:

---

⁶ Im Originaltext nachgedruckt in »Manifesty i programmy russkich futuristov« (Die Manifeste und Programmschriften der russischen Futuristen), hg. von Vladimir Markov, München 1967, S. 50-51. Vgl. Felix Philipp Ingold, Der Autor am Werk. Versuche über literarische Kreativität. München 1992, S. 145f.

⁷ Wladimir Majakowskij, »Ja sam« (Ich selbst), zitiert nach Felix Philipp Ingold, Der Autor am Werk, wie Anm. 6, S. 145 und 169.

⁸ Marina Zwetajewa, Epos und Lyrik des zeitgenössischen Russland. Wladimir Majakowskij und Boris Pasternak. In: M. Z., Ausgewählte Werke. München 1989, Bd. 2, S. 284.

⁹ Wladimir Majakowskij, Wolke in Hosen (1915). In: W. M., Werke Frankfurt a.M. 1980, Bd. II/1, S. 9.

Aber Denken hier, das geht nicht (...) und Schaffen, Gestalten, das ginge noch weniger. Göttliche Gedankendämmerung, ein Durcheinanderwogen halbverklungener Töne, Mitklingen halbverrosteter Saiten, Stimmung! Stimmung!! Stimmung!!! (Ebd.)

Majakowskij begann, indem er sich zeigte, mit Lautstärke.[10] Hofmannsthal begann, indem er sich verheimlichte, sich verbarg:[11]

Also spielen wir Theater,
Spielen unsre eignen Stücke,
Frühgereift und zart und traurig,
Die Komödie unsrer Seele,
Unsres Fühlens Heut und Gestern,
Böser Dinge hübsche Formeln,
Glatte Worte, bunte Bilder,
Halbes, heimliches Empfinden,
Agonien, Episoden... (GLD 44-45)

Loris, das Pseudonym des jungen Hofmannsthal,[12] steht denn auch in der Literaturgeschichte nicht für Umbruch und Revolte, sondern für »seltsam prächtige(n) Verse« (Rilke),[13] für »ein betäubendes Ereignis« (Benn)[14]. Doch : der »Wunderknabe LORIS« (Dehmel)[15] – mißgünstige Zeitgenossen sprachen von einem Infantentypus mit offenbaren Verfalls-

---

[10] Vgl. Marina Zwetajewa, Epos und Lyrik..., wie Anm. 8, S. 284.

[11] 1890 notiert Hofmannsthal: »Ich habe eine eigentümliche Scheu davor, einen starken Eindruck zu bekennen; was mich am tiefsten berührt, behandle ich oft so obenhin, daß viele Leute irregeführt werden. Es ist das eine Art Eitelkeit, sich nie überwältigt zu zeigen, die mir übrigens viel Freude verderben wird.« (GW RA III 316).

[12] – »Jedes Pseudonym ist unbewußt eine Absage an Nachfolge, Nachkommenschaft, Sohnschaft«, sagt Marina Zwetajewa, »ist vor allem Verzicht auf den Vatersnamen (...) Aber nicht nur vom Vater ein Abrücken, sondern (...) ein sich Lossagen von allen Wurzeln (...) *Avant moi le déluge!* Ich bin selber wer!«, Marina Zwetajewa, Ein gefangener Geist (Meine Begegnung mit Andrej Belyj), in: M. Z., Ein gefangener Geist. Frankfurt a.M. 1989, S. 233f.

[13] Zit. n. BW Rilke 9.

[14] In seinem Vortrag »Altern als Problem für Künstler« (1954) sagt Benn: »Nie wieder erreichen können, was man einmal war (...) zum beispiel Swinburne: mit neunundzwanzig Jahren war er ein betäubendes Ereignis, dann schrieb er unentwegt weiter und als er mit zweiundsiebzig Jahren starb, war er ein fruchtbarer anregend dichtender Mann. Von Hofmannsthal könnte man Ähnliches sagen: Der Weg von den Gedichten des zwanzigjährigen Loris zu den politischen Verworrenheiten des Turms des Fünfzigjährigen war der Weg der Speisung der Fünftausend zum Einsammeln der Brocken.« G.B., Gesammelte Werke in vier Bänden. Wiesbaden 1965. Bd. 1, S. 561 f.

[15] Hugo von Hofmannsthal/Richard Dehmel. Briefwechsel. In: HB 21/22, 1979, S. 12.

zeichen[16] – hatte sich seinen Dichternamen nicht auf »mystische Weise« zusammengezaubert, wie Richard Dehmel vermutete;[17] der junge Dichter drapierte sich mit dem Namen eines russischen Generals, eines »martialischen Leiters und Opfers der großen Politik«:[18] General Michaíl Tariélovič Lorís-Mélikov.[19] Und er verstand sich als ein Mann des »Kampfes«,

> ringend nach neuen, lebensvollen Formen, dem lebensquellenden Ausdruck, der ungeschminkten subjektiven Wahrheit, der Befreiung von konventioneller Lüge in ihren tausend tödlichen Formen (...)[20]

Zwar gibt es bei Hofmannsthal keine »Tagesbefehle an die Kunstarmee« (Majakowskij)[21], und es fehlt das von der Avantgardebewegung der Moderne hochgehaltene (und durchgesetzte) Innovationspostulat, es fehlt die Zukunftseuphorie und es fehlt die Polemik – Polemik ist »ungentlemanlike; man denkt sich ›Schwein‹, aber man polemisiert nicht.« (B I 79) Doch findet man beim jungen Hofmannsthal durchaus zarathustrischen Hochmut.[22] Am 9. Juli 1891 schreibt der siebzehnjährige Hofmannsthal aus Bad Fusch, Pinzgau, »1143 m über der Meeresoberfläche, Barometerstand 674«, an Richard Beer-Hofmann:

> Ich sitze im naßkalten Nebel, denke an nichts und mache Verse dazu. Außerdem lese ich Gogol, Schopenhauer (...) und eine provençalische Grammatik. Mir ist sehr leid, daß ich lauter neue Krawatten mithabe, denn

---

[16] Vgl. Loris. Die Prosa des jungen Hofmannsthal. Berlin 1930. Nachwort von Max Mell, S. 272.

[17] BW Dehmel, wie Anm. 15, S. 12.

[18] Vgl. Martin Stern, Über Hofmannsthals Pseudonym »Loris«. Aufgrund eines Hinweises von Max Mell mitgeteilt von M. S. In: HB 8/9, 1972, S. 181-182.

[19] General Michaíl Tariélovič Lorís-Mélikov. Aus armenischem Grafengeschlecht, Held des türkisch-russischen Krieges, Generalgouverneur von Charkov, war nach dem Attentat auf Zar Alexander II. mit diktatorischen Vollmachten ausgestattet worden. Er starb 1888 in Nizza. Begraben ist er in Tiflis.

[20] Brief an Eduard Michael Kafka (1890). Zitiert nach Werner Volke, Hofmannsthal in Selbstzeugnissen und Bilddokumenten. Hamburg 1967, S. 21.

[21] Wladimir Majakowskij, Tagesbefehl Nr. 2 an die Kunstarmee. In: W.M., Werke, wie Anm. 9, Bd. I/1, S. 73.

[22] Der »Adler-Mut«, der Nietzsches Zarathustra fordert, der zarathustrische Hoch-Mut, ist »(genauso wie der Über-Mut des Ikarus) der Tradition schlechthin entgegengesetzt, er leugnet jedes Vorbild, jede Vaterschaft, er postuliert die Schöpfung aus dem Nichts, er ist ganz Wille, ganz Zukunftsentwurf«. (Felix Philipp Ingold, Der Autor im Flug. Daedalus und Ikarus; Könnerschaft und Inspiration. In: F.P.I., Der Autor am Werk, wie Anm. 6, S. 36).

es ist niemand hier, der sie versteht. (...) Dann sitzt noch ein polnischer Feldmarschall-Leutnant herum, eine furchtbar konventionell-gemachte Figur: taub wie alle alten Kavalleristen, polternd wie in Benedix-Lustspielen, gefräßig, erzählt Anekdoten, hat einen Feldzug mitgemacht, raucht Tschibuk... ekelhaft. (...) also, da les' ich gestern »Menschliches, Allzumenschliches« und esse Kirschenkuchen dazu. Stellt er sich mit dem Tschibuk dazu und fragt, freundlich grinsend: »Also bitte, was ist das für eine ›Gattung‹ Buch?« Bitte nehmen Sie einmal Kirschenkuchen in den Mund, und versuchen Sie dann einem *tauben* Feldmarschall-Leutnant zu explizieren, was Nietzsche »für eine Gattung Buch« ist. Psychologie der Zahnbürste: Warum denke ich immer an die Liebe, sooft ich eine dicke alte Frau unter meinem Fenster Englisch sprechen höre? (B I 20f.)

Die »Psychologie der Zahnbürste« hat der kalauernde »Herr zu Mannsthal und auf Stahl und Ahl« (B I 119) uns vorenthalten, und er verschweigt auch seine »lebhafte Sympathie für den seligen Kaiser Claudius, der (...) das griechische Alphabet um 2 neue verdrehte Buchstaben bereicherte«. (B I 27)

Nietzsche verdankt der achtzehnjährige Hofmannsthal wohl auch die Einsicht,

> (daß) es (...) überhaupt ein Glück (wäre), wenn unsere Prosa und Poesie von dem Abenteuer der Untreue wegkäme; sie hat diese hübsche Weinbeere schon so ausgesogen und mit den Zähnen zerpreßt, daß sie darüber schal und eklig geworden ist. Unter uns (es schaut einem ja kein Bourgeoisschreiber und -leser zu): Wir erleben doch eigentlich noch eine Menge anderes als dieses Menuett mit Cora, Bianca, Arlette und Mutza, Josephine Beauharnais und Colombine. Wir sehen doch eine Menge anderer Dinge und sehen sie anders als andre. (...) wir erleben bei 3 Seiten Nietzsche viel mehr als bei allen Abenteuern unseres Lebens, Episoden und Agonien (...) ... warum verschweigen wir das alles so sorgfältig in unsern Büchern? (B I 56f.)

Nietzsche, der am künstlerischen Programm der Moderne prägend mitgeschrieben hat,[23] bezeichnet der Siebzehnjährige in einer Aufzeichnung von 1891 als »die Temperatur, in der sich meine Gedanken kristallisieren«. (GW RA III 335)

> In Nietzsche ist die freudige Klarheit der Zerstörung wie in einem hellen Sturm der Kordilleren oder in dem reinen Lodern grosser Flammen. (GW RA III 329)

---

[23] Vgl. Ingold, Der Autor am Werk, wie Anm. 6, S. 37.

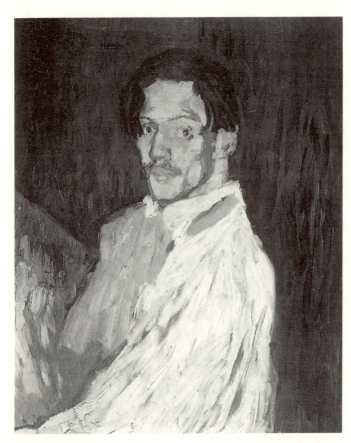

Abb. 1: Pablo Picasso: Selbstbildnis »Yo Picasso«. Paris 1901. Öl auf Leinwand, 73,5 × 60,5 cm. Zervos XXI, 192; DB V, 2. (Privatbesitz)

Nietzsches abgründige Selbstheroisierung[24] steht auch hinter Picassos Selbstbildnis »Yo Picasso« aus dem Jahre 1901 (Abb. 1), das Hofmanns-

---

[24] Vgl. Klaus Herding, Pablo Picasso. Les Demoiselles d'Avignon. Die Herausforderung der Avantgarde. Frankfurt a.M. 1992, S. 82. Hofmannsthals Picasso-Erlebnis gilt der dritte Teil des vorliegen den Beitrags. – Picassos Kunst war seit der Jahrhundertwende von Nietzsche geprägt. Einer Legende zufolge soll Picasso mit siebzehn Jahren sämtliche Werke des Philosophen gelesen haben. (Herding, Picasso, S. 81). »Unbestritten ist heute«, schreibt Herding, »daß Nietzsche das geistige Oberhaupt der spanischen ›Generation von 98‹ war, in deren künstlerischem Mittelpunkt wiederum Picasso stand. Der spanische ›modernismo‹ lebte von nietzscheanischen Sentenzen; er war mit Nietzsche ›gegen das Nützliche‹ gerichtet und strebte die ›Umkehrung aller Werte‹ an, verstand sich als… antibürgerlich und ›extrem individualistisch bis hin zum *Kult des Ich (culto de yo)*.« (ebd., S. 80f.) Mit Blick auf Picassos Arbeiten um 1907 heißt es dann: »… die Vorstellung von einer *produktiven Zerstörungsarbeit* trifft auf kein Werk mehr zu als auf die ›Demoiselles d'Avignon‹« (ebd., S. 83).

thal Ende 1912 erwerben sollte.²⁵ Ohne Zweifel erkannte Hofmannsthal in dem Selbstbildnis des zwanzigjährigen Picasso jenen Typus Künstler wieder, von dem er 1894, zwanzigjährig, sagte, er gehöre zu jenen »Menschen, die das schauernde Begreifen der Existenz fesselnder finden als das Sichabfinden mit Hilfe toter nichts mehr sagender Formeln.« (BW Karg 54)

> Denn das Wesen der Kunst ist doch immer Unmittelbarkeit, Wesentlichkeit, Anschauen des Daseins ohne Furcht, Trägheit und Lüge. (Ebd.)

Die Verwerfung »toter nichts mehr sagender Formeln« ist ein zentrales Postulat von Zarathustras pädagogischem Programm, das darin besteht, »Überliefertes vergessen zu machen, um dem Künftigen zum Durchbruch, zur Gestaltwerdung zu verhelfen«.²⁶

> (...) als Dichter, Rätselrater und Erlöser des Zufalls lehrte ich sie [die Schüler, CPB] an der Zukunft schaffen, und alles, was *war* –, schaffend zu erlösen.²⁷

Wie ernst es Hofmannsthal war mit dem Kampf gegen die »Bildungsphilister« (BW Karg 54), gegen die »unendlich komplexen Lügen der Zeit, die dumpfen Lügen der Tradition (...) die Lügen der Wissenschaften« (GW RA I 479), gegen die »akademische Leblosigkeit« (ebd. 520), gegen den »Eklektizismus« – die »große Kunstkrankheit des Jahrhunderts« (ebd. 523) – und gegen die »unfrohe Wortkunst« des Dekadentismus (ebd. 115), beweist nicht zuletzt die Tatsache, daß er 1902 seinen im wörtlichen Sinne epochemachenden »Brief« (des Lord Chandos) nicht irgendwo, etwa im Feuilleton oder auf der Literaturseite, sondern auf der Seite 1 der Zeitschrift »Der Tag«, der damals größten deutschen Tageszeitung veröffentlichen ließ.²⁸ Wenn Hofmannsthal trotzdem einen anderen Weg ging als die Futuristen, deren erstes Manifest 1909 im »Figaro« erschien – »das Gründungsereignis der modernen Kunst in Europa« (Benn)²⁹ – so deshalb, weil er in stärkerer Bindung an die Tradition auch deren Formen zu überliefern suchte.³⁰ Eine Zukunft ohne Herkunft, wie sie der Futurismus postulierte, war für

---

²⁵ Siehe dazu den dritten Teil des vorliegenden Beitrags (Hofmannsthals Picasso-Erlebnis).
²⁶ Vgl. Ingold, Der Autor am Werk, wie Anm. 6, S. 37.
²⁷ Friedrich Nietzsche, Werke in drei Bänden. München 1960-1963. Bd. 2, S. 445.
²⁸ Vgl. Georg Quander, Das Schweigen des Lord Chandos, wie Anm. 4, S. 220.
²⁹ Gottfried Benn, Probleme der Lyrik. In: Werke, wie Anm. 14, Bd. 1, S. 498.
³⁰ Vgl. Wolfgang Matz, Hofmannsthal und Benjamin. In: Akzente. Zeitschrift für Literatur, hg. von Michael Krüger. Heft 1/Februar 1989. München 1989, S. 57.

ihn nicht denkbar. Hofmannsthals »Lieblingsspruch (...): The whole man must move at once.« (BW Degenfeld 1986 175) impliziert die Erfahrung des Mystikers,[31] daß alle Dinge gleichzeitig sind. Vom Dichter sagt Hofmannsthal in »Der Dichter und diese Zeit« (1907):

> (...) er staunt immer, aber er ist nie überrascht, denn nichts tritt völlig unerwartet vor ihn, alles ist, als wäre es schon immer dagewesen, und alles ist auch da, alles ist zugleich da. (GW RA I 69)

Unter einem solchen Blick – »von sehr weit angeschaut« (BW Karg 93)[32] – erweist sich der rapide Denkstil der Futuristen als eine nur scheinbare Innovation. Um 1890 notiert der sechzehnjährige Hofmannsthal:

> Man ficht und spricht heute schneller als vor 100 Jahren. Sogar von Demosthenes zu Cicero läßt sich die Entwicklung zum Telegraphenstil, zur mangelhaften Verknüpfung der Sätze, zur Wirkung durch abgerissene bedeutende Wörter beobachten. (GW RA III 314)

2 »So wird man vielleicht einmal schreiben« – die neue Sprache – Hofmannsthals antizipierende Intuition

> *Unbegreiflich ungeheure Worte*
> *Fängt er an zu reden...*
> (GLD 312)

»Bei Hofmannsthal«, sagt Gottfried Benn in dem Vortrag »Probleme der Lyrik« (1951), »fand ich eine sehr radikale Äußerung: ›es führt von der Poesie kein direkter Weg ins Leben, aus dem Leben keiner in die

---

[31] Vgl. Ernst Robert Curtius, George, Hofmannsthal und Calderon. In: Hugo von Hofmannsthal. Wege der Forschung Bd. CLXXXIII. Darmstadt 1968, S. 10. In einem Brief an Carl Jakob Burckhardt heißt es mit Blick auf Calderon: »ein Spanier – wunderbare Nation«. (BW Burckhardt [1991] 89). Vgl. Ferner eine Variante zu den »Briefen des Zurückgekehrten«: »The whole man must move at once, das schließt eine starke Racigkeit (sic!) ein: nur dadurch geht alles mit (...). (SW XXXI 433) Hofmannsthals konservatives Konzept einer traditionsgebundenen und traditionsbildenden Kunstpraxis findet nicht nur bei Mandelstam, sondern auch im ästhetischen Denken Pasternaks eine bedeutsame Entsprechung. Vgl. dazu Ingold, Der Autor am Werk, wie Anm. 6, S. 175. Ferner: Carlpeter Braegger, Baustellen. Von Algabal bis Wolkenbügel. Ein enzyklopädisches Glossarium zur Architektur wie sie im Buch steht. Baden (CH) 1991. Dort besonders die Stichwörter »Akmeismus«, »Akustik«, »Mystisches Bauwerk«.

[32] Siehe dazu am gleichen Ort: »Es gibt Sterne, zu denen in dieser jetzigen Stunde sich die Schwingungen einfinden, die vom Speer ausgingen, mit dem ein römischer Soldat unsern Heiland in die Seiten gestoßen hat.« (BW Karg 93)

Poesie‹ – das kann nichts anderes heißen, als daß die Poesie, also das Gedicht, autonom ist, ein Leben für sich, und das bestätigt uns sein nächstes Wort: ›die Worte sind alles.‹«[33] Für Majakowskij bestand der Hauptbeitrag des Futurismus »zur laufenden Menschheitsgeschichte« insbesondere darin, daß der Futurismus »im Namen der Zukunftskunst in allen Bereichen der Schönheit einen großen Bruch« herbeigeführt und somit der Malerei wie auch der Dichtung zur »Freiheit« verholfen habe, zur Befreiung von konventionellen, außerkünstlerischen Bindungen und Zwängen zugunsten ästhetischer Selbst- und »Eigenziele«. Für die Malerei seien »Farbe, Linie und Form als selbstgenügsame Größen« zum Eigenziel geworden, für die Dichtung »der Schriftzug, die lautliche Seite« des Wortes.[34]

Weit vor dem Antritt der Avantgarde – 1893 – plädiert Hofmannsthal für ein neues, ein sinnlich-erkennendes, ursprüngliches Sehen und spricht von einer »wichtige(n) künstlerische(n) Eroberung«,

> die Dinge unbeschadet ihrer konventionellen Bedeutung als Form an sich zu erblicken (...). (GW RA I 530)

Am gleichen Ort ist die Rede von den »entbundenen ins Wesen schauenden Augen des Künstlers« und von den »Kinderaugen«, denen es gegeben ist, »naiv zu sehen«, den »Banden des Hörensagens« zu entspringen. (Ebd.) Nicht nur die Formen sollen »ihres banalen Sinnes« (ebd.) entkleidet werden, auch die Worte müssen nach der Auffassung Hofmannsthals befreit werden von der Bedeutungslast kultureller Konnotationen.[35] Nur so können die Worte »ihre kindische Kraft« (ebd. S. 481) zurückgewinnen.

> Wenn wir den Mund aufmachen, reden immer zehntausend Tote mit. (GW RA I 480)

Man muß an Majakowskij denken, wenn Hofmannsthal von dem Schauspieler Friedrich Mitterwurzer sagt:

> Er hat die zehntausend Toten totgetreten, und wenn er redet, redet nur er. In seinem Mund werden die Worte auf einmal wieder etwas ganz *Elementares*, der letzte eindringlichste Ausdruck des Leibes, *Waffen* wie die Zähne und die

---

[33] Gottfried Benn, Werke, wie Anm. 14, Bd. 1, S. 509.
[34] Hier zit. n. Ingold, Der Autor am Werk, wie Anm. 6, S. 145.
[35] Vgl. dazu auch Ingold, Der Autor am Werk, wie Anm. 6, S. 82.

> Nägel (...) reine sinnliche Offenbarungen des inneren Zustandes. (...) Wenn er Feuer und Wasser redet, spüren wir »es« sich wärmen, und »es« sich netzen. Da wissen wir endlich, warum wir ins Theater gegangen sind. Wir sind beiläufig bereit zu glauben, daß der Mitterwurzer einem Hund eine einfache, kurze Geschichte ganz gut so erzählen kann, daß der davon seinen Eindruck bekommt. Wir aber und die zehntausend Toten könnten lang reden, bevor ein Hund sich deswegen umdreht. (GW RA I 480f., Herv. CPB)

Das Bild von den zehntausend totgetretenen Toten erinnert an Parolen aus der kriegerischen Abteilung des Futurismus, und die Worte als »Waffen« läßt an Krutschonych denken, der in »Die neuen Wege des Worts« (1913) die Sprache mit der »Säge oder dem vergifteten Pfeil des Wilden«[36] vergleicht.

Die folgende Aufzeichnung aus dem Nachlaß Hofmannsthals führt ins unmittelbare Vorfeld avantgardistischer Wort-Kunst (*und* Bild-Kunst). 1891 – er hatte als Loris gerade seine ersten Gedichte publiziert – notiert der Siebzehnjährige:

> La pleine c'est le rêve, la montagne c'est le drame; la rue c'est l'épopée und der Wald ist das Märchen. Das könnte Amiel geschrieben haben. So wird man vielleicht einmal schreiben, in 3, 4 Sprachen zugleich, mit allem Raffinement neuer Interpunktionszeichen, eingestreuter Musiknoten, wechselnder Orthographie, mit griechischen und japanischen Buchstaben auf farbigem Papier, eine Orgie der Decadence! (GW RA III 329)[37]

Diese Aufzeichnung ist nicht nur ein – weiteres – Zeugnis für Hofmannsthals »weit vorausblickende Intuition« (Werner Hofmann),[38] sie liefert auch ein weiteres Indiz dafür, daß die avantgardistische Ästhetik in den »Orgien der Decadence« wichtige Bezugspunkte hat. In diesen spielerischen Sätzen des Siebzehnjährigen, die »schon eine Verbindung vom Traum zum Montageprinzip der neuen Sprache schlagen«, hat Wolfgang Matz »nichts Geringeres als eine Antizipation des Surrealismus« erkannt.[39] Es läßt sich jedoch auch an die kubistischen *papiers collés* von Picasso und Braque aus der Zeit um 1912/1914 denken, in denen – »auf farbigem Papier« – Worte, Wortfetzen, Buchstaben, Musiknoten in der

---

[36] Aleksej Krutschonych, ›Novye puti slova‹ (Die neuen Wege des Worts, 1913). Hier zit. n. Vladimir Markov, Manifesty i programmy russkich futuristov. München 1967, S. 67.

[37] Vgl. dazu auch Matz, Hofmannsthal und Benjamin, wie Anm. 30, S. 57.

[38] Werner Hofmann, Hofmannsthal als Kunstkritiker. In: Wort in der Zeit I,3 (1955), S. 39f.

[39] Wolfgang Matz, Hofmannsthal und Benjamin, wie Anm. 30, S. 57.

Abb. 2: Aleksej Krutschonych, Wassilij Kamenskij, Kyrill Zdanewitsch: »1918«. Tiflis 1917. Frontispiz des Zaum'-Albums »1918«. (Privatbesitz)

Funktion ikonischer Elemente auftreten.[40] Zu denken ist jedoch vor allem an die Buchwerke der russischen *Kubofuturisten* (Abb. 2 u. 3), an deren »Übersinnsprache« (Zaum'-Sprache), bei der es sich um die Offenbarung einer neuen Vernunft handeln sollte, die frei ist von der Logik des »gesunden Menschenverstandes« und frei von der »Erdenschwere, die das menschliche Denken niederdrückt«.[41] Indem die Zaum'-Sprache nicht in erster Linie Bedeutung haben, sondern *Wirkung* erzeugen sollte, eröffnete sie »eine inhaltlich neue Welt« (Krutschonych), in der »die Schwere der Dinge« durch die »Schwere der Klänge« aufgehoben werden konnte.[42]

---

[40] Vgl. William Rubin, Picasso und Braque. Die Geburt des Kubismus. München 1990, S. 13 ff.
[41] Vgl. Jewgeni Kowtun, »Sieg über die Sonne«. Materialien. In: Sieg über die Sonne. Aspekte russischer Kunst zu Beginn des 20. Jahrhunderts. Berlin 1983, S. 32.
[42] Zit. nach Felix Philipp Ingold, Bildkunst und Wortkunst bei Kasimir Malewitsch. In: Delfin. Eine deutsche Zeitschrift für Konstruktion, Analyse und Kritik. Siegen/Stuttgart 5. Jg., H. 2, September 1988, S. 50.

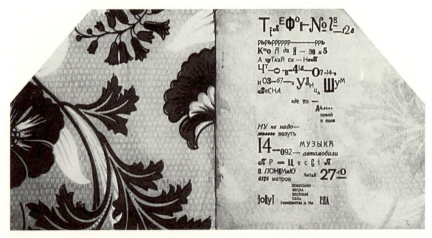

Abb. 3: Wassilij Kamenskij: »Die Futuristen. Poem aus Stahlbeton. Tango mit Kühen.« Zeichnungen von Wladimir und David Burljuk, Moskau 1914.

Was an der kubofuturistischen – namentlich von Autoren wie Majakowskij, Kamenskij, Krutschonych, Chlebnikov geförderten und von Künstlern wie Larionov, Rosanowa, Rodtschenko, Guro und Malewitsch unterstützten – Buchkultur neu sein sollte, war der Rückgriff auf althergebrachte artisanale Produktionsverfahren. »Die Texte sollten von Hand geschrieben, von Hand gestempelt oder – in möglichst uneinheitlichen Drucktypen – von Hand gesetzt werden, um das ›selbsttätige‹ Dichterwort aus dem linearen Raster des gutenbergischen Satzspiegels ausbrechen zu lassen, so daß es als autonomes graphisches oder typographisches Zeichen wo auch immer seinen Ort finden und – befreit von drucktechnischen wie von syntaktischen oder grammatikalischen Zwängen – beliebige (zufällige) Verbindungen eingehen konnte.« (Ingold, Bildkunst, wie Anm. 42, S. 55)

»Möglicherweise gibt es«, schreibt der Bild- und Wort-Künstler Kasimir Malewitsch 1916 an den Musiker und Maler Michail Matjuschin, »neue Wege, die Lautmassen (die ehemaligen ›Wörter‹) zu komponieren.«

> So reißen wir den Buchstaben aus seiner Zeile, seiner Eindimensionalität, und geben ihm die Möglichkeit, sich frei zu bewegen. (...) Folglich kommen wir (...) zu einer räumlichen Verteilung der Buchstaben/Töne, ganz wie in der suprematistischen Malerei. Diese Massen werden im Raum ausgestreut und machen es dem Bewußtsein möglich, sich immer höher von der Erde zu erheben.[43]

Erst da, wo »die Macht der Schwere ende(t)« (GLD 20), ist für Malewitsch (und auch für Hofmannsthal)[44] reine sprachliche Imagination möglich. Der *Wahnsinnige* in Hofmannsthals »Kleinem Welttheater«

---

[43] Zit. n. Ingold, Bildkunst..., wie Anm. 42. S. 55.
[44] Siehe dazu den letzten Teil dieses Beitrags.

– eine der leichtesten und glücklichsten Figuren des Werks[45] – spricht »Unbegreiflich ungeheure Worte« und tauscht »Mit den süßen hochgezognen Lippen / (...) unaufhörlich hohe Rede / Mit dem Kern und Wesen aller Dinge.« (GLD 313).

Die neue *archaische Wortkunst* ist, so meint Malewitsch, eine reine »*Empfindungswelt*«;[46] sie hat nichts anderes zum Gegenstand als das, was sie in ihrer puren Laut- oder Schriftgestalt *ist*, nämlich Rhythmus, Kadenz, eine Empfindungswelt also, wie sie auch in den »primitiven Strichen (Zeichen) des Urmenschen« zum Ausdruck kommt.[47]

In Hofmannsthals Chandos-Brief gerinnen die Wörter »zu Augen« und entwinden sich in ihrer sinnlich wahrnehmbaren – optischen – Qualität der Funktion begrifflichen Bedeutens.[48]

Was Kasimir Malewitsch in dem Brief an Matjuschin als befreienden »Explosionismus«[49] beschreibt – die Pulverisierung der Wörter – wird bei Hofmannsthal jedoch als heillose Verzweiflung in Szene gesetzt:

> Es zerfiel mir alles in Teile und die Teile wieder in Teile, und nichts mehr ließ sich mit einem Begriff umspannen. Die einzelnen Worte schwammen um mich; sie gerannen zu Augen, die mich anstarrten und in die ich wieder hineinstarren muß: Wirbel sind sie, in die hinabzusehen mich schwindelt, die sich unaufhaltsam drehen und durch die hindurch man ins Leere kommt. (SW XXXI 49)

---

[45] Vgl. in »Ad me ipsum«: »Der reinste state der Wahnsinnige, wovon die andern ›Glücklichen‹ nur unvollkommene Spiegelungen.« (GW RA III 608).
[46] Kasimir Malewitsch, Die gegenstandslose Welt. München 1927, S. 74.
[47] Ebd.
[48] Vgl. Ingold, Der Autor am Werk, wie Anm. 6, S. 367.
[49] Als *Explosateure* haben sich Malewitsch, Matjuschin und Krutschonych in ihrem Manifest 1913 zum Ersten Panrussischen Kongreß der Sänger der Zukunft bezeichnet. Vgl. »Sieg über die Sonne«, wie Anm. 41, S. 107 ff. Der befreiende »Explosionismus« führte in der Bildkunst zur Gegenstandsfragmentierung, zur Relativierung sämtlicher gegenständlichen Proportionen oder auch, wie im Fall der suprematistischen Abstraktion, zur Pulverisierung der Gegenstandsform, -»Die Zerschlagung, die Zerstückelung der ›Ganzheit der Dinge‹ hat Malewitsch (...) – gewissermaßen als Zwischenschritt zur reinen Gegenstandslosigkeit des Suprematismus – in den Jahren 1912/1914 auf exemplarische Weise in seinen kubofuturistischen Kompositionen praktiziert, deren horizontlose Bildräume eine Vielzahl von Perspektiven eröffnen, was die dargestellten Gegenstände von aller Schwerkraft zu lösen scheint und sie in einem mobilen Schwebezustand verharren läßt.« (Felix Philipp Ingold, In der Schwebe. Bild und Wort in der Kunst der russischen Avantgarde. In: Museums Journal. Nr. IV, 5. Jahrg., Oktober 1991. Berlin 1991, S. 7.)

In seinen »Versuchen über literarische Kreativität« schreibt Felix Philipp Ingold dazu:

> Wenn Hofmannsthal das Auseinanderdriften von Wort und Bedeutung als eine Art von Begriffsexplosion beschreibt, die notwendigerweise zur völligen Atomisierung des Sprach- beziehungsweise Textkörpers führen müsse, so nimmt er damit eine Erkenntnis vorweg, die ein Jahrzehnt später von der futuristischen Avantgarde zum Postulat erhoben und als Metapher vielfach realisiert wird.[50]

Am 3. Juli 1913 kann Malewitsch Michail Matjuschin von einem »Wunder« berichten, daß nämlich Krutschonych am 27. April »um drei Uhr nachmittags auf einmal anfing, in sämtlichen Sprachen zu sprechen (vgl. sein Buch ›Wsorwal‹)«.[51] *In allen Sprachen zugleich* sich auszusprechen ist eine Vorstellung, die, worauf wiederum Ingold hinweist, auch Hofmannsthal nicht fremd war.

> Nur dann wäre der Autor ganz bei sich und auch ganz (in der) Sprache, wenn er *in allen Sprachen zugleich* sich auszusprechen vermöchte; wenn sein Idiom identisch wäre mit dem, was die Sprache verschweigt, was alle Sprachen verschweigen; wenn er, statt die Dinge zu besprechen und durch die Besprechung sie zu objektivieren, die Dinge selbst, unmittelbar, zum Sprechen bringen könnte; wenn also im Akt des Redens das sprechende Subjekt mit dem besprochenen Objekt eins fiele –
>
> »... nämlich weil die Sprache, in welcher nicht nur zu schreiben, sondern auch zu denken mir vielleicht gegegeben wäre, weder die lateinische noch die englische noch die italienische und spanische ist, sondern eine Sprache (...), in welcher die stummen Dinge zu mir sprechen (...).«[52]

Eine Sprache, in der *die stummen Dinge zu mir sprechen,* findet Hofmannsthal 1907 in den *Farben*:

> (...) warum schien mir (...) die Farbe dieser Dinge nicht nur die ganze Welt, sondern auch mein ganzes Leben zu enthalten? (...) Warum, wenn nicht die Farben eine Sprache sind, in der das Wortlose, das Ewige, das Ungeheure sich hergibt, eine Sprache, erhabener als die Töne, weil sie wie eine Ewigkeitsflamme unmittelbar hervorschlägt aus dem stummen Dasein (...). (SW XXXI 173)

---

[50] Ingold, Der Autor am Werk, wie Anm. 6, S. 367.
[51] Zit. n. Sieg über die Sonne, wie Anm. 41, S. 40.
[52] Ingold, Der Autor am Werk, wie Anm. 6, S. 368 f. Das Hofmannsthal-Zitat: SW XXXI 54, »Ein Brief«.

Hofmannsthals Auffassung der Farben berührt sich, was später ausführlicher gezeigt wird, aufs engste mit Kasimir Malewitschs »Suprematismus«, der in den ersten Definitionen 1915-1916 als eine reine Äußerung von Farben erklärt wird :

Ich entdeckte die neue Welt der Farbe und nannte sie Suprematismus.[53]

Abb. 4: Hugo von Hofmannsthal in seinem Arbeitszimmer (um 1928). Links oben erkennt man Picassos Selbstbildnis »Yo Picasso«.

[53] Zitiert nach Miroslav Lamač und Jiri Padrta, Zum Begriff des Suprematismus. In: Malewitsch zum 100. Geburtstag. Galerie Gmurzynska. Köln 1978, S. 135.

3 »Farben: stärkstes Blau, Gelb bis Orange, Smaragdgrün« – Hofmannsthals Picasso-Erlebnis

> ... *hier ist jener spanische Ton, in den sich so viel Stolz und so viel Farbe zusammendrängen lässt... jenes mystische Herrschertum, worin sich die Farben der Ferne und der Nähe vermischen...*
>
> (GW RA I 263)

»... an Ihren Picasso denke ich mit Staunen«, schreibt Rilke am 28. März 1916 an Hofmannsthal (BW Rilke 86). Das im Frühjahr 1901 in Paris entstandene Selbstbildnis mit der bewußt auf die Unterschrift König Philipps II. von Spanien (»Yo, el Rey«) anspielenden Signatur »Yo Picasso«[54] hing von 1912 bis 1928 im Arbeitszimmer Hofmannsthals in Rodaun. Dort hatte es Rilke Anfang 1916 gesehen.[55] (Abb. 4)

Hofmannsthal hatte das Selbstbildnis des Spaniers am 4. November 1912 nach dem (auch finanziellen) Erfolg des »Rosenkavalier«[56] aus dem bereits Kubistisches umfassenden Picasso-Angebot der »Modernen Galerie« Heinrich Thannhausers in München erworben – spontan aus dem

---

[54] Zervos XXI, 192. Vgl. Pablo Picasso. Retrospektive im Museum of Modern Art, New York. Hg. William Rubin. München 1980, S. 29 und S. 36, Abb. 54. Vgl. TB Christiane (²1991) 244. Zu »Yo, el rey« s. auch die Entwürfe zu Hofmannsthals letztem Romanplan über »Philipp II. und Don Juan d'Austria« (SW XXX 279-300). »(...) ad Philipp im Ganzen. (...) Durchaus Spanier. Durch ihn Ausbildung des spanischen Nationalcharakters. Stolz. Frugalität. Frömmigkeit.« (Ebd. S. 285).

[55] Für Rilke gewannen 1915/16 Gemälde von Picasso steigende Bedeutung. Im Sommer 1915 beeindruckten ihn die »Saltimbanques« (1905); das Bild gehörte Frau Hertha Koenig, in deren Münchener Wohnung Rilke damals zu Gast war. Vgl. BW Rilke 210, Anm. 85.
In der ersten Jahreshälfte 1916 ist Rilke mehrfach zu Gast bei Hofmannsthal in Rodaun. Vgl. dazu: Joachim W. Storck, Hofmannsthal und Rilke. Eine österreichische Antinomie. In: Rilke heute. Beziehungen und Wirkungen. Frankfurt a.M. 1976, Bd. 2, S. 134ff.

[56] Diesen Hinweis verdanke ich Frau Christiane Zimmer, der 1987 in New York verstorbenen Tochter Hofmannsthals. Am 25.IX.1980 schrieb sie mir in einem Brief: »... ich habe für den Kauf des Picasso 1911 in Erinnerung. Es war nach dem Rosenkavalier, wo mein Vater zum ersten Mal viel Geld verdiente. Es kann aber natürlich auch 1912 gewesen sein.«
Im gleichen Brief an mich erwähnt Frau Zimmer einen »falschen Van Gogh«, den Hofmannsthal nach dem Krieg bei Cassirer in Berlin gekauft habe. »... es ist ein Blumenstück und war in einer Van Gogh Ausstellung. Als später ein Gesamtkatalog von Van Gogh gemacht wurde, war dieses Bild nicht darin aufgenommen. (...) Die Kunsthandlung gab meinem Vater später das Geld zurück und verlangte das Bild. Auf vielen Umwegen (Nazizeit, Auswanderung etc.) ist das Bild jetzt im Besitz meines Neffen Octavian von Hofmannsthal.« Zum »falschen van Gogh« vgl. auch Françoise Derré, Hofmannsthal und die französische Malerei. In: HF 9, 1987, S. 40. Eine Abbildung des Bildes findet sich in: Etienne Coche de la Ferté, Hugo von Hofmannsthal. Poètes d'aujourd'hui 115. Paris 1973, Abb. 7.

Schaufenster der Galerie.⁵⁷ Aus den Briefwechseln mit Harry Graf Kessler und Ottonie Gräfin Degenfeld geht hervor, wie stark sich Hofmannsthal für Picasso interessierte, und daß er auch weitere Arbeiten Picassos zu kaufen wünschte.⁵⁸ Am 28. Mai 1913 schreibt er an die Gräfin Degenfeld:

> Das Bemühen um den Picasso ist gut und lieb, auch ists nichts hässliches glaub ich, zu Bilderhändlern zu gehen – vielleicht finden Sie mir noch ein Bild (...). (BW Degenfeld 1986 266)

Aus zwei Briefen von Ottonie Gräfin Degenfeld wird deutlich, daß Hofmannsthals Interesse dem frühen Picasso galt und ein kubistisches Werk offensichtlich nicht in Frage kam.⁵⁹ Hätte Hofmannsthal, der in

---

⁵⁷ Hofmannsthal kaufte das Selbstbildnis Picassos zusammen mit einer Thuner See-Landschaft von Ferdinand Hodler für insgesamt 13000 Reichsmark. Im Juni 1928 schenkte Hofmannsthal das Bild »Yo Picasso« seiner Tochter Christiane – anläßlich ihrer Hochzeit mit dem Indologen Heinrich Zimmer. Später ging das Bild in den Besitz von Hofmannsthals Enkel Michael über, der es 1970 verkaufte. Im Mai 1981 wurde für Picassos Selbstbildnis bei einer Versteigerung des Auktionshauses Sotheby in New York 5,83 Millionen Dollar bezahlt. Das ist der höchste Preis, der bis dahin für ein Picasso-Gemälde und die höchste Summe, die bis dahin jemals bei einer Auktion für ein Gemälde aus dem 20. Jahrhundert bezahlt wurde. (Vgl. NZZ Nr. 118 vom 23./24. Mai 1981, S. 9). Im Mai 1989 tauchte »Yo Picasso« wieder bei einer Auktion von Sotheby auf und erzielte nun 47,85 Millionen Dollar. (Das Gemälde »Iris« von van Gogh wurde 1987 für 53,9 Millionen Dollar versteigert.) – »Vier Telefone waren im Einsatz, die entscheidenden Gebote wurden in 500000-Dollar-Schritten gemacht, es gab mehrfach Szenenapplaus.« (Clemens Herchenröder, »47 Millionen für ein Selbstbildnis«. In: NZZ Nr. 10 vom 16. Mai 1989, S. 7)

⁵⁸ Am 4.VI. 1913 schreibt Harry Graf Kessler an Hofmannsthal: »... so kann ich dir melden, daß ich für dich eine Mappe Radierungen von Picasso die nächstens bei Vollard erscheint (...) bestellt habe (...).« (BW Kessler 361) Bei der Mappe Radierungen dürfte es sich um »La suite des Saltimbanques« handeln, die 1913 bei Vollard erschien. Die Mappe scheint nicht abgeschickt worden zu sein. Vgl. Françoise Derré, Hofmannsthal und die französische Malerei. In: HF 9, 1987, S. 31. Zu Hofmannsthals Kunsterwerbungen vgl. auch Ursula Renner, »Le penseur et le génie«. Hugo von Hofmannsthal und Auguste Rodin. In: NZZ Nr. 131 vom 9./10. Juni 1990, S. 67f. Hofmannsthal besaß Arbeiten von Maurice Denis, Rodin, Constantin Guys, und er wünschte sich dies: »ein Poussin, ein Ingres (die beiden werde ich nie haben) aber: ein Delacroix oder zwei, drei, eine Landschaft von Courbet (...) ein Cézanne mit Figuren.« (BW Bodenhausen, 237f.) Zu Beginn des Jahres 1920 sah er sich aus Geldnot gezwungen, einige seiner Kunstschätze zu veräußern, u.a. die Landschaft von Hodler und die Rodin-Plastik.

⁵⁹ Im Mai 1913 schreibt die Gräfin Degenfeld an Hofmannsthal: »Da van de Velde nur sehr kurz hier war und dabei nicht wohl, habe ich ihn nicht gebeten mit mir zu gehen wegen des Picassos... Kahnweiler hatte außer einem kleinen Kopf nichts mehr und der war gar nichts. Er behauptete es sei bereits aus dieser Zeit alles verkauft. Ich kenne nun zufällig einen Bekannten von Picasso selbst, der mir herausfinden wird, ob er noch etwas im Atelier hat,

seinem »Brief« den Zerfall der sichtbaren Welt »in Teile« und »wieder in Teile« (SW XXXI 49) beklagt, nicht im *kubistischen* Picasso einen zuverlässigen Verbündeten gehabt? Im »späteren Picasso«, der für Rilke in den Kriegsjahren »fühlbar« wurde. »Picasso ist mir auch dort, wo er sich so ausdrückt, recht und zuverlässig«, schreibt Rilke 1917 im Zusammenhang mit der Berliner Ausstellung des »Sturm« an Elisabeth Taubmann.[60] War Picasso nicht, wie Carl Einstein schrieb, »der einzige, der es wagte, in wichtigen Dingen auf einer Kräftigung unseres Sehens zu beharren«?[61] Und: Notiert Hofmannsthal nicht zur Zeit des Chandosbriefes:

> Durch Maler sehen lernen. Erhabenheit (...) eines Gasometers. Man sieht, daß die größten Maler nicht ausgewählt haben, sondern niedergeworfen waren von der Schönheit jedes entgegenkommenden Dinges (...). (GW RA III 441)

dann gehe ich hin und seh mir's an. Ich hoffe nur ich würde etwas finden, was Ihnen dann auch Freude macht.« Und im Juni 1913: »Bei Vollard haben wir also noch vier Picassos gefunden: zwei Kinderbilder, davon eins mit einer Taube in der Hand, Ball liegt daneben sehr gut. Ein anderes Kinderbild im Stuhl sitzend, weniger. Eine Frau in gelber Bluse unbedeutend... Alle weiteren Bemühungen haben sich als erfolglos erwiesen, da momentan alle älteren Picassos in festen Händen sind.« (BW Degenfeld 265 und 267)

[60] Am 8.5.1917 schreibt Rilke an Elisabeth Taubmann: »Erst in der ›Verbannung‹, in der ich hier lebe, begann ich mich wieder (...) umzusehen, und hier ist mir das Werk Picassos fühlbar geworden.« (Zit. nach BW Rilke 211) Rilke ist nicht nur ein »Gradmesser für die Rezeption von Picassos Frühwerk« (Günter Metken). Im Unterschied zu Hofmannsthal war ihm auch der »spätere(n) Picasso« (Brief an Marianne von Goldschmidt-Rothschild vom 28.7.1915) zugänglich. – In einem Brief an Dorothea Freifrau von Ledebur aus dem Jahre 1917 beschreibt Rilke das Gedränge in den Berliner Untergrundbahnen: »Gott, was für ein Gedräng und Geschiebe, und zwischen den Menschen die Zeitungen mit ihren Aufschriften und Wortmassen, ich imaginiere manchmal ein expressionistisches Bild, das diese Durchdringung von Menschenleibern und Journalen zum Ausdruck brächte, Luft, Atmosphäre, Welt ist keine, die Zwischenräume zwischen den Menschen sind mit Zeitungsblättern ausgefüllt, als wäre das Ganze verpackt und sollte weit weggeschickt werden.« (Rilke, Briefe zur Politik. Frankfurt a.M. 1992, S. 191) – Zu der andersartigen Einstellung Hofmannsthals und Rilkes gegenüber den Erscheinungsformen der zeitgenössischen Kunst vgl. Storck, Hofmannsthal und Rilke, wie Anm. 55. Angesprochen auf sein Verhältnis zur neuen literarischen Bewegung des Expressionismus, schreibt Hofmannsthal 1916 an Bodenhausen: »Ich bin noch nicht so weit, daß ich mir Stefan George, Borchardt, manches andere, das mir nahe ist, genug zu eigen gemacht hätte. (...) So viel Materie soll der Stein der Weisen in sich aufnehmen, als er zu sublimieren (im Geist aufzulösen) die Kraft hat, heißt es in einem alchemistischen Praecept, und das ist zu beherzigen.« (BW Bodenhausen 214f.)

[61] Carl Einstein, Werke. Hg. von Rolf-Peter Baacke. Berlin 1980, Bd. 1 (1908-1918), S. 186.

Zum Beispiel – eines Flaschentrockners (Marcel Duchamp).

1912 sagt Hofmannsthal mit Blick auf den »wundervollen Russen« Nijinskij (BW Kessler 334): »Zu befremden ist das Los und das Vorrecht des Neuen, des Bedeutenden in der Kunst.« (GW RA I 508) Und er ist – im gleichen Jahr 1912 – bereit, Richard Strauss im Hinblick auf eine »Kollaboration im höheren Sinn (...) jede erdenkliche Freiheit der Polyphonie als auch der Modernität, d.h. der Entwicklung Ihrer Persönlichkeit bis ins Kühnste und Bizarrste zu gestatten (...)«. (BW Strauss 1964 209).

Man geht wohl nicht fehl in der Vermutung, Hofmannsthal habe der Kubismus, mit dem er sich ohne Zweifel beschäftigt hat[62] (Abb. 5), an Dinge gemahnt, die ihm nur zu gut vertraut waren und von welchen Nikolaj Berdjajew 1914 in seinem Picasso-Essay schreibt:

> Wenn man den Picasso-Saal der Galerie S. I. Stschukin betritt, wird man von einem Gefühl unheimlichen Entsetzens ergriffen. Diese Empfindung ist nicht nur mit der Malerei und dem Schicksal der Kunst verbunden, sondern mit dem kosmischen Leben und dessen Schicksal überhaupt. (...) Das Verhüllungsmaterial der Welt begann sich zu zersetzen, vaporisierte sich (...). Die Malerei ist mit den Kristallen gestalteter Leiblichkeit ebenso verbunden wie die Poesie mit den Kristallen des gestalteten Wortes. Die Zergliederung und Auflösung des Wortes muß den Eindruck erwecken, die Poesie sei am Ende. Und in Tat und Wahrheit sind ja die Kristalle des Wortes gleichermaßen in Auflösung begriffen wie die Kristalle der Körpergestalt.[63]

Bemerkenswert ist, daß Berdjajew bei der Auflösung des Wortes nicht an die futuristische Poesie denkt – »sie hat bislang nichts Bedeutsames hervorgebracht«,[64] sondern an Andrej Belyj, den er für eine »fast schon geniale Erscheinung in der russischen Literatur« hält und einen »kubistischen Schriftsteller« nennt.[65] Bei Hofmannsthal finden sich zwar keine schreckerregenden Wortverbindungen wie bei Belyj,[66] aber die Worte, »die zur Verständigung dienen, als Diener und Begleiter der Handlungen« (BW Karg 92), zerfallen Lord Chandos im Munde »wie modrige Pilze«. (SW XXXI 49)

---

[62] Siehe dazu die Legende zu Abb. 5.
[63] Nikolaj Berdjajew, Picasso, wie Anm. 2, S. 39 ff.
[64] Berdjajew, ebd., S. 42.
[65] Ebd.
[66] Ebd., S. 43.

leicht bloß ein Erinnern sei, kein unmittelbares Erblicken; sie schworen, es sei ein Erblicken. I can see my breakfast-table or any equally familiar thing with my mind's eye, quite as well in all particulars as I can do if the reality is before me. Jeden Unterschied zwischen Bildern, die das Auge des Geistes sieht, und den äußeren Bildern, die das Auge des Leibes sieht, jeden Unterschied an Schärfe, Gewißheit und Realität leugneten sie. Andere freilich gaben einen Unterschied zu, sei es, daß ihnen das geistige Bild nur in den Hauptzügen deutlich, im Detail aber blaß, flimmernd und verschwommen war, sei es, daß es erst durch Anstrengung allmählich aufgehellt und ausgeführt oder auch gewissermaßen immer wieder nachgefüllt werden mußte. Noch anderen blieb es gar ganz schattenhaft, so daß einer sagte, es sei eigentlich gar nicht ein geistiges Bild zu nennen, sondern eher ein Symbol. Dagegen war es einem Redner wieder ganz leibhaft, der seine

Abb. 5: Doppelseite aus: Hermann Bahr, Expressionismus. München 1916.

1918 findet sich in Hofmannsthals Aufzeichnungen eine Notiz unter dem Stichwort »Inneres Sehen«. Es handelt sich dabei um ein Exzerpt aus Hermann Bahrs Buch »Expressionismus« (München 1916):
»Zitat aus Galton ›Inquiries into human faculty and its developments‹ bei Bahr ›Expressionismus‹: ›Es ergab sich, daß manche mit dem Auge des Geistes mehr sehen, als das Auge des Leibes jemals sehen kann; das geistige Bild enthält zuweilen mehr, als ein sinnliches jemals enthalten kann. Sie können nämlich mit dem Auge des Geistes auf einmal sehen, was sie sonst bloss nacheinander sehen: sie sehen mit dem Auge des Geistes alle vier Seiten des Würfels, eine ganze Kugel auf einen Blick. Sie sehen also mit dem Auge des Geistes sozusagen rundherum. Ja das geht so weit, daß manche mit dem Auge des Geistes sogar sich selbst erblicken können und imstande sind, sich in ihrem Zimmer mit Frau und Kind bei Tisch und dabei auch noch was an der Wand hinter ihrem Rücken hängt zusammen zu sehen.‹« (GW RA III 546)
Hermann Bahr bringt das »geistige Sehen« in einen direkten Zusammenhang mit dem neuen Sehen der Expressionisten, Kubisten und Futuristen: »Wenn Maler, die das Auge des Geistes vorwalten lassen, mit ihren Werken an ein Publikum geraten, das gewohnt ist, den Augen des Leibes zu vertrauen, oder umgekehrt, kann man sich vorstellen, welche Konfusion entstehen muß.« (S. 101-102). Zwischen S. 88 und 89 findet sich bei Bahr eine Abbildung von Picassos berühmtem »Dichter« (1912). Picasso benutzte hier einen eisernen Malerkamm, um die Haare und den Schnurrbart seines poète zu malen/kämmen (peindre/peigner). Auf diesen gemalten/ gekämmten poète wird 1916 Marcel Duchamp mit einem emaillierten Dichter entgegnen – dem »Apolinère Enameled«. (Vgl. Thierry de Duve, Kant nach Duchamp. Wien 1993, S. 153, Abb. 18)

»Yo Picasso« markiert keinen brüsken Traditionsbruch (wie etwa Picassos Bildnis der Gertrude Stein, 1905/1906), vielmehr entspricht es Hofmannsthals generativer Auffassung künstlerischer Evolution und Innovation, »es ist neu und alt« (GW RA III 569). Für »Yo Picasso« gilt, was Boris Pasternak in seinem »Geleitbrief« mit Blick auf die Kunst von Skrjabin, Blok und Belyj schreibt:

> Das Neue entstand (...) nicht unter Aufhebung des Alten (...), sondern in der begeisterten Reproduktion des Vorbildes.[67]

Picassos Selbstbildnis bezieht seine außerordentliche Kraft nicht zuletzt aus einer über Generationen – Tintoretto, Velazquez, Goya, Delacroix, Toulouse-Lautrec, van Gogh – angereicherten und synthetisierten *Erinnerung*. (Abb. 6 und 7)

Es ist darin etwas von den »unendlich suggestiven Gesichter(n) von den Velasquezbildern« (GW RA I 302),

> (...) jener spanische Ton, in den sich so viel Stolz und so viel Farbe zusammendrängen läßt (...), jenes mystische Herrschertum, worin sich die Farben der Ferne und der Nähe vermischen. (GW RA I 263)

Vieles deutet darauf hin, daß Hofmannsthals Picasso-Erlebnis im Jahre 1912 zu jenen – im Werk des Dichters mehrfach bezeugten – unaussprechlichen und sprachlosen Begegnungen gehört, die »in vernünftigen Worten« (SW XXXI 52) kaum darzustellen sind.

> Mein Lieber, es gibt keine Zufälle, und ich sollte diese Bilder sehen, sollte sie in dieser Stunde sehen (...) Wie aber könnte ich etwas so Unfaßliches in Worte bringen, etwas so Plötzliches, so Starkes, so Unzerlegbares: (...) vermutlich etwas völlig Persönliches (...) ein Geheimnis zwischen meinem Schicksal, den Bildern und mir. (»Die Briefe des Zurückgekehrten«, SW XXXI 168f.)

»Yo Picasso« entspricht in den Farben – stärkstes Blau, Gelb-Orange, Grün – und weitgehend auch in der Faktur den Gemälden jenes »Mannes«, den das Postskript des vierten Briefs des Zurückgekehrten nennt:

> PS. Der Mann heißt Vincenz van Gogh. (...) Es ist etwas in mir, das mich zwingt zu glauben, er wäre von meiner Generation (...) Ich weiß nicht, ob ich vor diese Bilder ein zweites Mal hintreten werde, doch werde ich vermutlich eines davon kaufen (...). (SW XXXI 171)

Zuvor heißt es von den Farben in den Bildern van Goghs:

> Da ist ein unglaubliches, stärkstes Blau, das kommt immer wieder, ein Grün wie von geschmolzenen Smaragden, ein Gelb bis zum Orange. (SW XXXI 169)

---

[67] Boris Pasternak, Geleitbrief, wie Anm. 3, S. 125.

»Yo Picasso« zeigt den Künstler vor tiefblauem Grund in weißem Hemd und mit einem gelb-orangen Halstuch, weite Teile der Palette und das Barthaar sind grün – vier Jahre vor dem Grün im Gesicht von Madame Matisse, dem Bild, das in der »Cage aux Fauves« Skandal machte.[68]

Abb. 6: Eugène Delacroix: Selbstbildnis, zwischen 1829 und 1839 (Paris, Louvre)

Abb. 7: Van Gogh: Selbstbildnis mit Palette, 1889 (New York, Mrs John Hay Whitney Collection)

In seinem berühmten Aufsatz »Die Auferweckung des Wortes« (1914) entwickelt Viktor Schklowski die Vorstellung vom Verlust des Gefühls für die Welt und vom Tod der Dinge. Nach Schklowski führt der praktische Gebrauch der Sprache dazu, daß wir die uns umgebende Welt nicht sehen, sondern nur wiedererkennen: »Das Ding geht an uns gleichsam verpackt vorbei. Nach dem Platz, den es einnimmt, wissen wir, daß es da ist, aber wir sehen nur seine Oberfläche.« Der Künstler, so folgert Schklowski – nicht anders als Hofmannsthal – ist dazu da, »das Gefühl des Lebens zurückzugeben«. Um das Wiedererkennen der Dinge in ein Sehen der Dinge zu verwandeln, muß der Künstler die Dinge – mit einem Wort von Lord Chandos – »dem vereinfachenden Blick der Gewohnheit« entreißen (SW XXXI 49). Er muß die Wahrnehmung erschweren. Eine solche Bremsung der Wahrnehmung als Voraussetzung der ästhetischen Rezeption beschreibt Hofmannsthal im vierten Brief des Zurückgekehrten. Hofmannsthal hebt dort die zunächst ganz sonderbare Malweise van Goghs hervor, die sich durch die Faktur von der akademischen Malerei mit ihrem Prinzip eines Verbergens eines Verfahrens (der Materialität) deutlich unterscheidet: »Diese da«, so sagt der Zurückgekehrte von den Bildern van Goghs, »schienen mir in den ersten Augenblicken grell und unruhig, ganz roh, ganz sonderbar, ich mußte mich erst zurechtfinden, um überhaupt die ersten als Bild (...) zu sehen (...). (SW XXXI 169). Vgl. Hans Günther, Ding (vešč'). In: Glossarium der russischen Avantgarde. Hg. von Aleksandar Flaker. Graz-Wien 1989, S. 180 ff. Die Schklowski-Zitate zitiert nach Günther (a.a.O., S. 180). Ferner dazu: Aage Hansen-Löve, Faktur, Gemachtheit. In: Glossarium der russischen Avantgarde (wie oben), S. 212 ff.

[68] Vgl. Pierre Daix, Picasso und Paris. In: Der junge Picasso. Frühwerk und blaue Periode. Kunst-Museum Bern. Bern/Zürich 1984, S. 57.

4 Avantgarde und Mnemosyne – Picasso, Hofmannsthal und Aby Warburg. Die Ära der Synthesis – das Jahr 1912

> *Zeitgenössisch ist nicht das, was überschreit, sondern bisweilen das, was überschweigt.*
>
> Marina Zwetajewa[69]

Nicht nur der (kubistische) Picasso findet bei Hofmannsthal keine Erwähnung; es fehlen in seinen Schriften und Briefen so gut wie alle Namen jener »ikarischen Wagehalse«[70] aus der Zeit der revolutionären KUNSTISMEN (El Lissitzky/Hans Arp).[71] Weder die neue Material- oder Objektkunst (Picasso, Duchamp, Schwitters) noch die neuen typographischen oder kalligraphischen Verfahren (Marinetti, Apollinaire) finden sein Interesse.

1912 – Gert von der Osten spricht von diesem Jahr als dem »entscheidenden Jahr der europäischen Kunst«[72] – arbeitet Picasso mit Karton, Holz, Sand, Blech und Malerkämmen und setzt im Mai 1912 ein Stück bedrucktes Wachstuch in ein Ölbild.[73] Hofmannsthal beschäftigt sich zu diesem Zeitpunkt unter anderm mit den »wunderbaren Mädchenstatue(n)« des Akropolismuseums (BW Nostitz 128) und – mit Ingres. (Vgl. GW RA III 516f.)

In markantem Gegensatz zur traditionsfeindlichen Ästhetik der revolutionären Avantgarde, die davon ausging, daß »Dichtung keine Vorläufer hat« (Majakowskij),[74] verstand sich Hofmannsthal – als Dichter – »als den Ausdruck einer in weite Vergangenheit zurückführenden Pluralität.« (A 299) »Es ist das wahrhaft Großartige an der Gegenwart«, schreibt er Anfang der zwanziger Jahre, »daß so viele Vergangenheiten in ihr als lebendige magische Existenzen drinliegen.« (A 299) Selbst im Film, der »die Knute der Futuristen nicht nötig hatte, weil er selbst

---

[69] Marina Zwetajewa, Der Dichter und die Zeit. In: M. Z., Ein gefangener Geist. Frankfurt a.M. 1989, S. 63.

[70] Vgl. Ingold, Der Autor am Werk, wie Anm. 6, S. 24ff.

[71] Vgl. DIE KUNSTISMEN. Hg. von El Lissitzky und Hans Arp. Erlenbach-Zürich, München und Leipzig 1925.

[72] Gert von der Osten, Europäische Kunst 1912. In: Europäische Kunst 1912. Köln 1962. Zit. n. William S. Heckscher, Die Genesis der Ikonologie. In: Ikonographie und Ikonologie. Theorien – Entwicklung – Probleme. Hg. von Ekkehard Kaemmerling. Köln 1979, S. 127.

[73] Vgl. Rubin, Picasso..., wie Anm. 40, S. 12ff.

[74] Majakowskij, Von selbst gekommen. Zit. n. Ingold, Der Autor am Werk, wie Anm. 6, S. 176.

Technik selbst futuristisch ist« (Ilja Ehrenburg),[75] sah Hofmannsthal ein Medium, eine »Atmosphäre«, in welcher »die Menschen unserer Zeit (...) zu einem ungeheuren, wenn auch sonderbar zugerichteten geistigen Erbe in ein ganz unmittelbares Verhältnis treten« (P IV 50):

> – auf dem Film (...) fliegt (...) in zerrissenen Fetzen eine ganze Literatur vorbei, nein, ein ganzes Wirrsal von Literaturen, der Gestaltenrest von Tausenden von Dramen, Romanen, Kriminalgeschichten; die historischen Anekdoten, die Halluzinationen der Geisterseher, die Berichte der Abenteurer; aber zugleich schöne Wesen und durchsichtige Gebärden; Mienen und Blicke, aus denen die ganze Seele hervorbricht. Sie leben und leiden, ringen und vergehen vor den Augen des Träumenden; und der Träumende weiß, daß er wach ist; er braucht *nichts von sich draußen zu lassen; mit allem, was in ihm ist* (...) starrt er auf dieses flimmernde Lebensrad, das sich ewig dreht. Es ist der *ganze Mensch,* der sich diesem Schauspiel hingibt; nicht ein einziger Traum aus der zartesten Kindheit, der nicht mit in Schwingung geriete. Denn wir haben unsere Träume nur zum Schein vergessen. (P IV 50 und 48, Herv. CPB)

In einer Aufzeichnung aus dem Jahre 1922 formuliert Hofmannsthal sein – im wörtlichen Sinne – konservatives Konzept einer traditionsgebundenen und zugleich traditionsbildenden Kunstpraxis:[76]

> Jeder schafft sich das Instrument seiner Kunst selbst, indem er von Eindrükken und Halluzinationen ausgeht, die dem Eros unterstehen, und damit das von Überliefertem verbindet, was er erfassen kann. Es schafft immer eine Pluralität: Landschaft, Zeitgeist, Volksgeist. Ich habe mich immer um das Ausdrucksmaterial alter Meister bekümmert –
>
> »die kubistisch futuristische Infektion«. Kombination von Elementen.
>
> Tradition: Cézanne hat eine Rebekka von Delacroix noch einmal gemalt, Van Gogh Sträflinge von Doré, Delacroix Rubens. (GW RA III 569)

Picasso hat, so ließe sich hinzufügen, in späteren Jahren Bilder von Velazquez (Abb. 12 und 13), Poussin, Courbet und Manet noch einmal gemalt. Was Hofmannsthal in dem zitierten Passus vom Medium Film sagt, läßt sich auf Picassos malerisches Werk (wie auf kein anderes dieses Jahrhunderts) anwenden: Es läßt »die Menschen unserer Zeit« zu einem

---

[75] Ilja Ehrenburg, Und sie dreht sich doch. Moskau/Berlin 1922. Aus dem Russischen übersetzt von Lorenzo Amberg. Baden (CH) 1986, S. 145.
[76] Vgl. auch Anm. 31 des vorliegenden Beitrags.

Abb. 8: Pablo Picasso: Selbstbildnis, Barcelona 1896 (Museu Picasso, Barcelona)

Abb. 9: Pablo Picasso: Porträt Philipp IV. (Kopie nach Velazquez) Madrid 1897/98. (Museu Picasso, Barcelona)

»ungeheuren, wenn auch sonderbar zugerichteten geistigen Erbe« in ein unmittelbares Verhältnis treten.

Im Schaffen Picassos ist jene *integrierende Phantasie* (Abb. 8 bis 13) tätig, von der Ernst Robert Curtius mit Blick auf Hofmannsthals Calderon-Schöpfungen spricht:

> (...) in diesen (...) Fragmenten vollzieht sich die wundersamste Metamorphose des Überlieferten zum Strahlend-Neuen. (...) Seine Calderon-Schöpfungen erinnern manchmal an kaleidoskopische Verschiebungen, deren Farbenglut immer neu überrascht. (...) In dieser Alchemie des Geistes werden ererbte Kulturgüter und Kunstformen eingeschmolzen, umgewandelt und zu neuem (...) Leben emporgeführt.[77]

Picasso besaß wie kein anderer bildender Künstler dieses Jahrhunderts die geniale *Kraft der Assimilation*, von der Hofmannsthal in der »Studie über die Entwicklung des Dichters Victor Hugo« (1901) spricht:

---

[77] Curtius, George, Hofmannsthal..., wie Anm. 31, S. 14.

(...) so eignen sich die Geister einer produktiven Epoche alles an, was ihnen aus früheren Zeiten lebendig erscheint. (...) eine heftige Begierde, zu erobern, die Kunst in sich zu bereichern, treibt sie in jede Richtung. (GW RA I 299)

Was Hofmannsthal am selben Ort vom spanischen Erlebnis des Knaben Victor Hugo sagt, gilt auch für den Knaben Picasso. Wie Hofmannsthal ist auch Picasso ein »Kronenwächter (eines) versunknen Reichs« (GW RA III 374):

Wie ein Wrack lag diese prunkvolle, hochmütige, adelige und katholische Kultur da und zeigte ihr Inneres. (...) Welche Nahrung für den gärenden Geist dieses Knaben! Sich hineinzuträumen in diese gebietenden Gestalten, die Säle und Galerien in einer pompösen Haltung zu durchschreiten, den Arm in die Hüfte gestemmt, ein Schauspieler selbstgeschaffener Träume (...).(GW RA I 251)

Picasso, dessen Name für rastlose Kreativität und grenzenlose Erfindungsgabe steht, hat die Substanzen ererbter Kulturgüter zergliedert, aufgelöst und so, durch *Synthetisierung fremder Werke*, ein Ganzes geschaf-

Abb. 10: Picasso verleiht seinem Selbstbildnis die Züge Dürers (Selbstbildnis, Tinte, 1902. Barcelona, Museu Picasso)

Abb. 11: Selbstbildnis »Yo Picasso« (Ausschnitt), 1901 (Privatbesitz)

fen. (Abb. 12 und 13) Jenes einheitliche Ganze, das Lord Chandos im Sinne hat, wenn er davon spricht, in den mythischen Gestalten, den Dingen und Texten »verschwinden« zu wollen, um aus ihnen heraus »mit Zungen zu reden«. (SW XXXI 47)[78] Auf diese Weise sollte das »ganze Dasein« in eine »große Einheit« übergeführt werden, in der »geistige und körperliche Welt (...), höfisches und tierisches Wesen, Kunst und Unkunst« (ebd.) keinen Gegensatz bilden: »(...) in allem fühlte ich Natur, in den Verirrungen des Wahnsinns ebensowohl wie in den äußersten Verfeinerungen eines spanischen Zeremoniells (...)« (ebd.). »Ich wollte«, schreibt der Lord weiter,

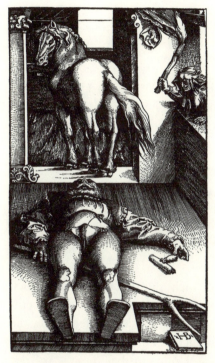

Abb. 12: Hans Baldung Grien: Der behexte Stallknecht, 1544

Abb. 13: Pablo Picasso: Entwurf für »Guernica«, 1. Mai 1937

Ein Ausgangspunkt für »Guernica« war offensichtlich der Holzschnitt »Der behexte Stallknecht« von Hans Baldung Grien.
Aus dem Pferd im Holzschnitt wird in der Skizze für »Guernica« ein Stier. Hinzu kommt das sterbende Pferd, dessen Flanke ein Pegasus entsteigt. (Vgl. Werner Spies, Picasso und seine Zeit. In: Pablo Picasso. Eine Ausstellung zum hundertsten Geburtstag. Werke aus der Sammlung Marina Picasso. München 1981, S. 29ff.)

[78] Vgl. dazu auch: Ingold, Der Autor am Werk, wie Anm. 6, S. 366.

> die Fabeln und mythischen Erzählungen, welche die Alten uns hinterlassen haben, und an denen die Maler und Bildhauer ein endloses und gedankenloses Gefallen finden, aufschließen als die Hieroglyphen einer geheimen, unerschöpflichen Weisheit (...).
> Ich entsinne mich dieses Planes. Es lag ihm, ich weiß nicht welche, sinnliche und geistige Lust zugrunde: Wie der gehetzte Hirsch ins Wasser, sehnte ich mich hinein in diese nackten, glänzenden Leiber, in diese Sirenen und Dryaden, diesen Narcissus und Proteus, Perseus und Aktäon: verschwinden wollte ich in ihnen und aus ihnen heraus mit Zungen reden. (...) Ich gedachte eine Sammlung »Apophthegmata« anzulegen. (...) Hier gedachte ich die merkwürdigsten Aussprüche nebeneinander zu setzen, welche mir (...) zu sammeln gelungen wäre; damit wollte ich schöne Sentenzen und Reflexionen aus den Werken der Alten und der Italiener vereinigen, und was mir sonst an geistigen Zieraten in Büchern, Handschriften oder Gesprächen entgegenträte; ferner die Anordnung besonders schöner Feste und Aufzüge, merkwürdige Verbrechen und Fälle von Raserei, die Beschreibung der größten und eigentümlichsten Bauwerke (...) und noch vieles andere. Das ganze Werk aber sollte den Titel Nosce te ipsum führen (ebd. S. 46–47).

Durch das überwältigende Synthesebedürfnis läßt dieses Unternehmen an Aby Warburgs zwischen 1907 und 1912 entwickelte ikonologische Methode denken, von der William S. Heckscher sagt, sie funktioniere in grundsätzlich gleicher Weise wie die Collagen von Picasso und Braque aus der Zeit um 1912:

> War nicht seine Studie der Schifanoia-Fresken eine Collage eigenen Rechts durch die Art und Weise, wie er seine Arbeit durch eine Zusammenstellung (aus Bruchstücken und Teilen von Religion, Mythologie, Folklore, Astrologie und Psychologie) zu dem führte, was jetzt stolz als ein zutreffendes Bild historischer Realität vor uns steht (...).[79]

Heckscher sieht in Warburgs Methode nicht nur den isolierten Versuch eines äußerst originellen Denkers, sondern erkennt darin »ganz entschieden auch die Widerspiegelung der Synthetisierungstendenz«, die sich im und um das Jahr 1912 in zahlreichen Bereichen des kulturellen Lebens niederschlug.[80] Wiederum hat Hofmannsthal diese »Ära der Synthesis« (Heckscher) vorausgeahnt. 1891 bezeichnet er in seinem Essay über Hermann Bahr die *Synthese* als das »große(n) Kunstproblem« der Zeit.

---

[79] Heckscher, Genesis..., wie Anm. 72, S. 134f.
[80] Ebd., S. 135.

Der dargestellte Vorgang, eine Synthese von brutaler Realität und lyrischem Raffinement, ist fast ein Symbol der heutigen Kunstaufgabe überhaupt. So hat Bahr selbst das Problem gefaßt: aus Zolaismus und Romantik, aus der Epik der Straße und der Lyrik des Traumes soll die große, die neue, die mystische Einheit werden. (GW RA I 104)

Was Hofmannsthal die *neue, die mystische Einheit* nennt, nimmt, so Werner Hofmann, bereits den umfassenden Ordnungsversuch Kandinskijs vorweg, der – 1912 – die moderne Kunst in die *große Realistik* und die *große Abstraktion* gliedert.[81]

Diese zwei Pole eröffnen *zwei Wege*, die schließlich *zu einem Ziel* führen. Zwischen diesen beiden Polen liegen viele Kombinationen der verschiedenen Zusammenklänge des Abstrakten mit dem Realen.[82]

5 »Ein Gesicht ist eine Hieroglyphe« – »Die Briefe des Zurückgekehrten« und die »Demoiselles d'Avignon« – 1907

*Aber muß ich wirklich complicirt werden
unter den Complicirten?*
(SW XXXI 152)

An den »Briefen des Zurückgekehrten«, die das fiktive Datum April/Mai 1901 tragen, schreibt Hofmannsthal im Sommer 1907. Der Zustand ist »fieberhafte Heftigkeit des Arbeiten-müssens« (B II 284). Picasso arbeitet zu diesem Zeitpunkt an seinem Bild »Les Demoiselles d'Avignon«, das er später als »mein erstes exorzistisches Bild« bezeichnen sollte.[83] Der zentrale Gegenstand der erfundenen »Briefe des Zurückgekehrten« ist das »Erlebnis des Sehens«,[84] und es ist darin die Rede von »Verfassungen des ungeheuersten Zweifels in der europäischen Luft« (SW XXXI 438) und von einem »Gefühl tiefster Unsicherheit« zwischen »Schauenden und Geschautes Fühlenden und Gefühltes« (SW XXXI 131):

---

[81] Werner Hofmann, Hofmannsthal als Kunstkritiker, wie Anm. 38, S. 39.
[82] Wassily Kandinsky, Über die Formfrage. In: Der blaue Reiter. Hgg. von Wassily Kandinsky und Franz Marc. München 1912, S. 82.
[83] Zit. nach Klaus Herding, Picasso, wie Anm. 24, S. 41.
[84] Vgl. Ursula Renner, Das Erlebnis des Sehens. Zu Hofmannsthals produktiver Rezeption bildender Kunst. In: Hugo von Hofmannsthal. Freundschaften und Begegnungen mit deutschen Zeitgenossen. Hgg. von Ursula Renner und G. Bärbel Schmid. Würzburg 1991, S. 285-305.

(...) zuweilen scheint es als ob alles nur anstatt eines andern da stünde: Der Krug, das Waschbecken – alles nur wie provisorisch und auf das wirkliche wartend. So auch die Bäume, selbst die Hügel. Es ist wohl aus uns dieses Unsichere, Wartende. Die Maler sind da, uns mit der Erscheinung auszusöhnen, der Erscheinung ihr *Pathos* zurückzugeben. (SW XXXI 438)

Bereits in den »Rodauner Anfängen« (1906) heißt es:

Eine furchtbar gesteigerte Dialectik gewohnt bauchrednerisch jeden Standpunkt im All einzunehmen hat uns enteignet in uns selbst: in schwankendem Ungefähr zerzittert unser Selbstgefühl. (...) unsere Leidenschaften sind ein Citat, unsere Gesetze wurzeln nicht und nicht einmal unsere Vergehungen in unseren Herzen. Wo nur der ganze Mensch auf einen Antrieb sich regen dürfte, regen sich immer nur Theile. Alle Formen überwältigen uns, Mächte unterjochen uns: unendliche Relativitäten unterhöhlen uns und schließlich das Geld bleibt als Ende aller Reihen. (SW XXXI 131)

Unter dem Blick des aus Südamerika in die Heimat Zurückgekehrten schrumpft – mit einem Nietzsche-Wort – der europäische »Culturmensch zur lügenhaften Caricatur zusammen«.[85]

So verwischt sind die meisten Gesichter, so ohne Freiheit, so vielerlei steht darauf geschrieben, und alles ohne Bestimmtheit, ohne Größe. (...) ihre linke Hand weiß wahrhaftig nicht, was ihre rechte thut, ihre Kopfgedanken passen nicht zu ihren Gemüthsgedanken, ihre Amtsgedanken nicht zu ihren Wissenschaftsgedanken, ihre Fassaden nicht zu ihren Hintertreppen, ihre Geschäfte nicht zu ihrem Temperament. (...) Um mich war seit Monaten eine Sintflut von Gesichtern, die von nichts geritten wurden als vom Geld, das sie hatten, oder von dem Geld, das andere hatten. Ihre Häuser, ihre Monumente, ihre Straßen, das war für mich (...) nichts als die tausendfach gespiegelte Fratze ihrer gespenstigen Nicht-Existenz (...). (SW XXXI 157ff.)

Was diesen Menschen, unter denen dem Zurückgekehrten nicht wohl wird, fehlt, ist »ein authentisches Antlitz« (Malewitsch).[86] (Abb. 14 und 15). Ihre Gesichter sind »verstümmelte, verwischte, geschändete« Hieroglyphen. (SW XXXI 159)

Wie Picasso in seinen »Demoiselles« – und in dem fast schielenden Selbstbildnis von 1907 (Abb. 16 und 17) – hat Hofmannsthal in den »Briefen des Zurückgekehrten« das Gesicht – den Blick – zu einem Leitthema erhoben.[87]

---

[85] Hier zit. nach Herding, Picasso..., wie Anm. 24, S. 49.
[86] Siehe dazu die Legende zu Abb. 14/15 und 16/17.
[87] Vgl. Klaus Herding, Picasso..., wie Anm. 24, S. 13.

Ein menschliches Gesicht, das ist eine Hieroglyphe, ein heiliges, bestimmtes Zeichen. Darin steht eine Gegenwart der Seele, und so auch beim Thier – sieh einem Büffel ins Gesicht, wenn er kaut oder wenn er zornig das blutunterlaufene Auge rollt, und sieh einem Adler ins Gesicht und einem guten Hund. (SW XXXI 159).

Muß ich »zurück nach Uruguay«, fragt sich der Zurückgekehrte,

oder hinunter nach den Inseln der Südsee, um wieder von menschlichen Lippen diesen menschlichen Laut zu hören (...) so wie die Drossel ihren Laut hat und der Panther den seinen und in seinem Laut die ganze, in Worten nicht zu fassende Wesenheit seines Daseins (...). (Ebd.)

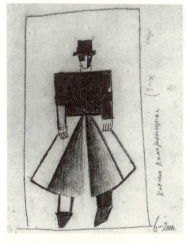 

Abb. 14: Kasimir Malewitsch: Kostümentwurf für die futuristische Oper »Der Sieg über die Sonne«, 1913. (Petersburg, Theatermuseum)

Abb. 15: Kasimir Malewitsch: Kopf eines Bauern (um 1930)

»Ein menschliches Gesicht, das ist eine Hieroglyphe, ein heiliges, bestimmtes Zeichen.« (SW XXXI 159) Vgl. dazu die folgende Variante zu den »Briefen des Zurückgekehrten«: »... die aussereuropäischen Dinge (...) sehen jetzt auf einmal Hieroglyphen, heiligen Zeichen gleich die auf das ewige hinweisen.« (SW XXXI 434) Kasimir Malewitsch hat mehrfach den Authentizitätsverlust des modernen Menschen, der sich der Geschichte unterworfen habe, statt sie zu überwinden, bildhaft vergegenwärtigt, indem er sein Gesicht (den Kopf) oder auch seine Brust (das Herz) durch ein schwarzes Quadrat ersetzte – »in dieser Schwärze endet unser Spektakel, hier ist der Schausteller der Welt eingetreten, nachdem er seine vielen Gesichter versteckt hat, weil ihm ein authentisches Antlitz fehlt.« Vgl. K. Malévitch, La lumière et la couleur / Quatrième tome des écrits), préfacé par Jean-Claude Marcadé, Lausanne 1981, S. 100. – Ferner: Felix Philipp Ingold, Welt und Bild. Zur Begründung der suprematistischen Ästhetik bei Kasimir Malewitsch (II). In: Wiener Slawistischer Almanach, Bd. 12, 1983, S. 132.

Parallel zur Kritik an »unsere(r) schlechte(n) Cultur« (BW Karg 54) geht bei Hofmannsthal das Lob des Ursprünglichen, des Kindlichen, des Wilden. – »Hund reden auch. Schaf auch: machen bäh!« (D IV 24) Mit diesen Worten wird im Trauerspiel »Der Turm« Sigismund, der Unmündige, zum Reden aufgefordert. Für Walter Benjamin liegt eine der

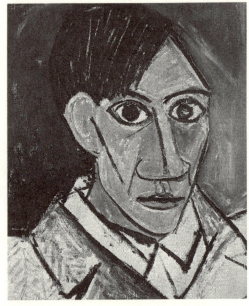

Abb. 16 links: Pablo Picasso: Studie für »Les Demoiselles d'Avignon«, Juli 1907 (Privatsammlung)

Abb. 17 rechts: Pablo Picasso: Selbstbildnis, 1907. (Prag, Nationalgalerie)

In dem Essay »Franz Stuck« (1893) bezeichnet Hofmannsthal das Zeichnen von Karikaturen als eine Vorschule »(...) für die Technik im weitesten Begriff (...). Er (Stuck, CPB) lernte hier das Lebendige ornamental und das Ornament lebendig verwenden. Er lerne auf den Kern der Dinge fußen, auf dem tiefen Sinn ihrer Form, dem unmittelbar erschauten; er lernte ›den Banden des Hörensagens‹ zu entspringen, naiv zu sehen. (...) Von der Karikatur besitzt er die Gabe der eindringlichen, übereindringlichen Charakteristik. Das ist ja das Wesen der Karikatur: ganz eine Eigenschaft, ganz ein Zustand zu sein (...).« (GW RA I 529 ff.)
Hofmannsthal ahnt, wie Werner Hofmann bemerkt hat, daß im Abkürzungsverfahren des Karikaturisten »die elementare, reduzierte Formchiffre steckt, das Ausdrucksmittel eines neuen Kunstwollens, dessen Ziel die Verdichtung der Erscheinungswelt zur Ausdrucksformel sein wird«. (A.a.O., S. 42) Die Wurzeln des Expressionismus liegen in der Karikatur. Nicht nur Picasso, sondern auch der von Hofmannsthal so hoch geschätzte Courbet mußte sich den Vorwurf gefallen lassen, Karikaturen zu malen.
Auch der junge Picasso interessierte sich für Franz Stuck. – »Wenn ich einen Sohn hätte, der Maler werden möchte, würde ich ihn keinen Augenblick lang in Spanien lassen und nicht nach Paris schicken, sondern nach Munik (München, CPB)«, schreibt Picasso 1897 in einem Brief. (Zit. nach Herding, Picasso..., wie Anm. 24, S. 77.)

»ergreifendsten Schönheiten« von Hofmannsthals Turm-Dichtung darin, daß auf den Lippen Sigismunds »jeder Laut zum Laute der Klage sich formen« muß, weil »Klage der Urlaut der Kreatur ist«.[88]

> Auch (...) tauchen die Worte aus dem aufgewühlten Lautmeer nur flüchtig hervor, mit erdenfremdem Najadenblick um sich schauend. Es ist der gleiche, welcher heute in der Sprache der Kinder, der Visionäre oder der Irren uns so tief betrifft. In den Urlauten der Sprache, nicht in ihren höchsten, kunstvollsten aber auch abhängigsten Gebilden, hat der Dichter deren gewaltigste Kräfte aufgerufen, als Nothelfer in ihren Kampf sie eingestellt, der der seine ist.[89]

Es bleibe dahingestellt, ob Benjamin bei der Sprache der »Visionäre« an die vor allem durch Klänge und Intensität *wirkende*, unverständliche Zaum'-Sprache Chlebnikovs dachte.[90] Der Knabe in Hofmannsthals Prosaskizze »Age of Innocence« (1891) spricht *sinnlose* Worte vor sich hin, die ihn berauschen:

> Manchmal verlor er den Faden seines Dramas, und wurde von dem bloßen Beben seiner Stimme durch eine Reihe von Affekten ohne Vorstellungsinhalt willenlos mitgerissen – sinnlose Worte vor sich hinsprechend, die ihn berauschten. – Dieses Vibrieren der Nerven, das er durch bewußte Führung und Wahl der Worte nie zu erreichen vermochte, hatte für ihn den großen Reiz des Unverständlichen und brachte ihm die Hochachtung vor unverständlich gewordenen Dingen (...) bei. (GW E 23)

Dieser Knabe ist nicht nur ein »magischer Bruder des Novalis«,[91] sondern auch des Knaben Kasimir Malewitsch, dem – so berichtet Malewitsch in seiner Autobiographie – eine »sehr angenehme Empfindung« zuteil wurde, als er, arglos mit dem Pinsel hantierend, plötzlich die Materialität der Farbe entdeckte. Und: »Einige Zeit später begann ich mit Tinte auf Papier einen Berg zu malen. Doch alle Formen verschmolzen in eins, und was herauskam, war ein Fleck, der absolut nichts darstellte.«[92] Diese Reminiszenz Malewitschs – die jähe Erfahrung (und Einsicht), daß «etwas» auch »nichts« darstellen kann, bezie-

---

[88] Walter Benjamin, Hofmannsthals »Turm«-Dichtung. In: Angelus novus. Ausgewählte Schriften. Frankfurt a.M., 1966, S. 378.
[89] Ebd.
[90] Vgl. Carlpeter Braegger, Baustellen..., wie Anm. 31, S. 218f.
[91] Vgl. Curtius, George, Hofmannsthal..., wie Anm. 31, S. 11f.
[92] Kasimir Malewitsch, Autobiographie (1923). In: Malewitsch zum 100 Geburtstag, wie Anm. 53, S. 16.

hungsweise daß auch »nichts« durch »etwas« dargestellt werden muß – hat »als frühester Bezugspunkt der suprematistischen Theoriebildung zu gelten, deren zentraler Gegenstand die bildhafte Darstellung der Gegenstandslosigkeit gewesen ist«.[93]

6 »Die große Einheit aller seienden Dinge« – Hofmannsthals Suprematismus
Die »Intellektualität des Rehs« – Exkurs zu Joseph Beuys

> *Der eingeatmete Dunst dieser Myriaden von abgestorbenen Gedanken muss ausgeatmet werden, die Kraft der Phantasie muss dieses Chaos einen Augenblick zusammenballen, um es dann für immer von sich wegstossen zu können.*
> (GW RA I 291)

> *Es ist mir dann, als geriete ich selber in Gärung, würfe Blasen auf, wallte und funkelte.*
> (SW XXXI 54)

»Unter Suprematismus verstehe ich die Suprematie der reinen Empfindung in der bildenden Kunst«, schreibt Malewitsch in seinem Bauhausbuch »Die gegenstandslose Welt« (1927; Abb. 18).[94] Für Malewitsch ist – wie für Hofmannsthal – »das große Ganze der Natur« (Malewitsch), »die große Einheit aller seienden Dinge« (BW Karg 73), durch die begriffliche, zweck- und bedeutungsorientierte Sprachverwendung überdeckt und die ästhetische Wahrnehmungsfähigkeit des Menschen bedroht.[95] Das »entsetzliche Verfahren, das Denken völlig unter den

---

[93] Vgl. Felix Philipp Ingold, Kasimir Malewitsch. Neue Texte und Studien. In: NZZ, 27. August 1981, S. 35.

[94] Kasimir Malewitsch, Die gegenstandslose Welt. München 1927, S. 65.

[95] Vgl. Felix Philipp Ingold, Welt und Bild, Zur Begründung der suprematistischen Ästhetik bei Kazimir Malevič (II). In: Wiener Slawistischer Almanach 12, 1983, S. 113-162. Auf mögliche »Einflüsse« auf das am Primat der sinnlichen Wahrnehmung orientierten Verständnis von Malewitschs Ästhetik kann hier nicht eingegangen werden. »Sollte Malewitsch, wie verschiedentlich behauptet wurde, zu einem späteren Zeitpunkt philosophische Anregungen oder theologische Vorstellungen aus der Geisteswelt der vorsokratischen Antike, der mittelalterlichen *Mystik*, der *Kabbala*, des *Taoismus* und *Tantrismus*, des *Bergsonismus* oder *Ernst Machs* in sich aufgenommen haben, so wäre«, schreibt Ingold (a.a.O., S. 116), »der ästhetische Schock aus der frühen Jugendzeit von diesen ›Einflüssen‹ dennoch nicht überlagert, sondern lediglich auf diskursiver Ebene beglaubigt oder und bekräftigt worden.«
Hofmannsthals Interesse an Mystik, Kabbala und besonders für die *fernöstliche Ganzheitsschau* von Leben und Welt und die östliche Vorstellung von der *Wesenlosigkeit* der Welt ist hinlänglich bekannt. Vgl. Hartmut Zelinsky, Hugo von Hofmannsthal und Asien. In: Fin de siècle. Zu Literatur und Kunst der Jahrhundertwende. Hg. von Roger Bauer... Frankfurt a.M. 1977, S. 508-566. Ferner: Carlpeter Braegger, Palladio und der Kaiser von China. Die ›Rotonda‹ im

Begriffen zu ersticken« (GW RA I 479), hat nach Hofmannsthals (und Malewitschs) Meinung dazu geführt, daß die meisten Menschen »nicht im Leben« leben, »sondern in einer Art von Algebra, wo nichts *ist* und alles nur *bedeutet*«. (BW Karg 81). Das »wortlose Weben der Natur aufzufassen« (BW Karg 203), ist den durch die parzellierende Vernunft verdorbenen Augen versagt (vgl. Legende zu Abb. 18). Die folgende Aufzeichnung des siebzehnjährigen Hofmannsthal trifft das Wesen des Suprematismus, der nichts Geringeres ist »als eine Philosophie des Ganzen« (Jean-Claude Marcadé):[96]

Abb. 18: Kasimir Malewitsch: Schwarzes Quadrat auf weißem Grund. Aus: »Suprematizm«, Vitebsk 1920

Das »Schwarze Quadrat auf weißem Grund«, an dessen malerischer Realisierung Malewitsch seit 1913 – zunächst im Rahmen alogischer Bildkompositionen von kubofuturistischer Faktur, dann im Zusammenhang mit seinen Bühnen- und Kostümentwürfen (Vgl. Abb. 14) für die Oper »Sieg über die Sonne« – gearbeitet hat, sollte zum »emblematischen Markenzeichen des Suprematismus« (Ingold) werden. Als »nackte ungerahmte Ikone« (Malewitsch), als »hermetisches Emblem des Vergessens« steht das »Schwarze Quadrat auf weissem Grund« für die zu vergessende Bücherwelt, und es erinnert an die »Unsichtbarkeit des Sichtbaren« (Ingold).
Möglicherweise hatte Malewitsch Walt Whitmans Gesang auf das göttliche Quadrat – »Ich singe das göttliche Quadrat« – durch Konstantin Balmont kennengelernt, der 1911 »Leaves of Grass« (›Pobegi travy‹) in russischer Übersetzung vorlegte. (Für diesen Hinweis danke ich Felix Philipp Ingold.) Hofmannsthal nennt Whitman in einem Zug mit Goethe und Rembrandt. (BW Degenfeld 248).
»Aber Whitman, Whitman ist nie zu schwer, er ist immer da, wo immer man aufschlägt ist er da, (...) atmendes Wesen, Auge, menschliche Nähe.« (Ebd., S. 256)

Hermetismus der Jahrhundertwende. In: Fünf Punkte in der Architekturgeschichte. Festschrift für Adolf Max Vogt. Hg. von Katharina Medici-Mall. Institut für Geschichte und Theorie der Architektur. Basel/Boston/Stuttgart 1985, S. 10-33.
[96] Jean-Claude Marcadé, Was ist Suprematismus? In: Malewitsch zum 100. Geburtstag, wie Anm. 53, S. 195.

> Die Sprache (sowohl die gesprochene als die gedachte, denn *wir denken heute schon fast mehr in Worten und algebraischen Formeln als in Bildern und Empfindungen*) lehrt uns, aus der *Alleinheit der Erscheinungen* einzelnes herauszuheben, zu sondern; durch diese willkürlichen Trennungen entsteht in uns der Begriff wirklicher Verschiedenheit und es kostet Mühe, zur *Verwischung dieser Klassifikationen* zurückzufinden und uns zu erinnern, daß gut und böse, Licht und Dunkel, Tier und Pflanze nichts von der Natur Gegebenes, sondern willkürlich Herausgeschiedenes sind. (1891, GW RA III 324, Herv. CPB)

Wenn Hofmannsthal in einer Notiz aus dem Jahre 1918 von der »Intellektualität« des Rehs spricht (GW RA III 550), wird erkennbar, in welch hohem Maße er zu einer *Verwischung der Klassifikationen* und zur *Auflösung aller Grenzen*[97] gelangt war. Es ist daher nicht abwegig, an den *Fluxus*-Künstler (den *arte povera*-Künstler) Joseph Beuys zu denken, wenn Hofmannsthal/Chandos schreibt, die »Zusammensetzung von Nichtigkeiten« könne für ihn zum »Gefäß der Offenbarung« werden, »eines »rätselhaften, wortlosen, schrankenlosen Entzückens« – »eine Gießkanne«, »morsche Bretter«, eine »auf dem Feld verlassene Egge«, der Anblick eines Hundes oder die Vision der vergifteten Ratten:

> denken sie aber nicht, daß es Mitleid war, was mich erfüllte. (...) Es war viel mehr und viel weniger als Mitleid: ein ungeheures Anteilnehmen, ein *Hinüberfließen in jene Geschöpfe* (...).
>
> *Es ist mir dann, als geriete ich selber in Gärung, würfe Blasen auf, wallte und funkelte.* Und das Ganze ist eine Art fieberisches Denken, aber ein *Denken in einem Material, das unmittelbarer, flüssiger, glühender ist als Worte.* (SW XXXI 50f. und 52f., Herv. CPB)

Und zuvor sagt der Lord:

> (...) es gibt unter den gegeneinanderspielenden Materien keine, in die ich nicht hinüberzufließen vermöchte. Es ist mir dann, als bestünde mein Körper aus lauter Chiffern, die mir alles aufschließen. Oder als könnten wir in ein neues, ahnungsvolles Verhältnis zum ganzen Dasein treten, wenn wir anfingen mit dem Herzen zu denken. (SW XXXI 52)

Unermüdlich hat Joseph Beuys postuliert, das Denken müsse erweitert, verlängert werden in die Arme und in die »Knie«, und bis hinein in den Todesbereich, und er scheute nicht davor zurück, *einem toten Hasen Bilder*

---

[97] Zu Hofmannsthals »Tier-Alphabet« vgl. Renate Böschenstein, Tiere als Elemente von Hofmannsthals Zeichensprache. In: HJb 1, 1993, S. 137-164.

zu erklären. »... mir kam es darauf an, daß hier auch Tiere an der Arbeit beteiligt sind.«[98] In seinen Fluxusaktionen (Material-Aktionen) demonstrierte Beuys – nicht selten umgeben von der eindringlichen *Präsenz stummer Tiere*[99] –, daß »geistige und körperliche Welt«, Tier und Mensch, »Kunst und Unkunst« (Lord Chandos, SW XXXI 47) für ihn keinen Gegensatz bilden (Abb. 19). Um – weiter – fernes Fremdes als nah verwandt spüren zu machen, sei angemerkt, daß der im Schaffen von Beuys zentrale Komplex der *Relation Mensch-Tier, Tötung-Christusanalogie*[100] auch bei Hofmannsthal ein wichtiger Gegenstand des Nachdenkens und der künstlerischen Produktion war. Im Trauerspiel »Der Turm« erinnert sich Sigismund im Gespräch mit seiner Pflegemutter an das einst vom Pflegevater geschlachtete, am Kreuzholz aufgehängte Schwein, dessen Todesschrei er mitschrie und von dem er sein Ich nicht abtrennen kann:[101]

> Ich brings nicht auseinander, mich mit dem und aber mich mit dem Tier, das aufgehangen war an einem queren Holz und ausgenommen und innen voller blutiger Finsternis. Mutter, wo ist mein End und wo ist dem Tier sein End?
> (D IV 87 f.)

Von der »*Tierheit* Sigismunds«[102] läßt sich, wie Renate Böschenstein aufgezeigt hat, eine Verbindung ziehen zu dem im »Gespräch über Gedichte«(1903) geschilderten Tieropfer. Dort stellt Hofmannsthal eine Analogie her zwischen »dem augenblickslangen Tod des Opfernden im Tier und der momentanen Auflösung des Dichters oder des dichterisch Empfindenden im Symbol«:[103]

> (...) er muß, einen Augenblick lang, in dem Tier gestorben sein, nur so konnte das Tier für ihn sterben. (...) alles ruhte darauf, daß auch er in dem Tier gestorben war, einen Augenblick lang. Daß sich sein Dasein, für die

---

[98] Vgl. Stephan Borstel (Hg.), Die unsichtbare Skulptur: zum erweiterten Kunstbegriff von Joseph Beuys. Stuttgart 1989. Das Beuys-Zitat S. 9. – Zum Thema Hofmannsthal und Beuys plant der Verfasser eine Arbeit unter dem Titel: »Alles gebunden im höchsten Socialen«. Die unsichtbare Skulptur bei Beuys und Hofmannsthal.
[99] Vgl. Borstel, Die unsichtbare Skulptur, wie Anm. 98, S. 8.
[100] Vgl. Renate Böschenstein, Tiere als Elemente von Hofmannsthals Zeichensprache, wie Anm. 97.
[101] Vgl. Böschenstein, Tiere..., wie Anm. 97, S. 164. Vgl. ferner: Carlpeter Braegger, »Gestalten aus verwischten Grenzen« – Hofmannsthal und Rembrandt. In: NZZ, 24./25. Juni 1978, Nr. 144, S. 61-62.
[102] Vgl. Böschenstein, Tiere..., wie Anm. 97, S. 161.
[103] A.a.O., S. 157.

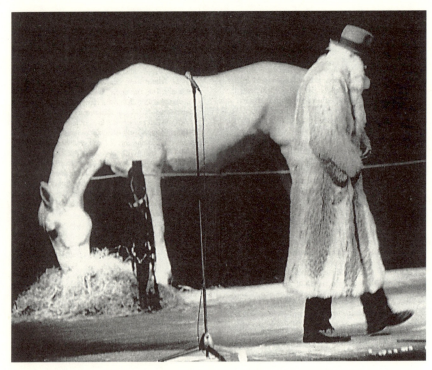

Abb. 19: Joseph Beuys: Aktion »Iphigenie/Titus Andronicus«, experimenta 3, Frankfurt am Main 1969

»Gesehen mit diesen Augen (den Augen der Poesie, CPB) sind die Tiere die eigentlichen Hieroglyphen, sind sie lebendige geheimnisvolle Chiffren, mit denen Gott unaussprechliche Dinge in die Welt geschrieben hat.« (GW E 501)

> Dauer eines Atemzuges, in dem fremden Dasein aufgelöst hatte. – Das ist die Wurzel aller aller Poesie (...) (GW E 502 f.)

In die Entstehungszeit des Gesprächs über Gedichte datiert Hofmannsthals als Fragment überlieferte »Reflexion über das Helldunkel«: »Rembrandts schlaflose Nacht«[104], ein nächtlicher Monolog Rembrandts, der im Traum zum Tier wird:

> (...) ich starre sie an, wie wenn ich ein Thier wäre. Ich bin ein Thier. Meine haarigen Rippen zittern. (SW XXIX 162)

---

[104] Vgl. Braegger, Hofmannsthal und Rembrandt, wie Anm. 101, S. 61-62.

In einer Notiz zur »Technik dieses Monologs« fällt der Name jenes Dichters, der auch das Denken von Beuys zutiefst geprägt hat: Novalis.

Der Schlaf das Nichtbewußtsein (=dem Schwarzen, dem Nicht-licht) das tiefste Element, in das er hinabzusinken hofft. Im Schlaf fände er alles (...) dort ist alles aufgelöst, wohllüstig geht dort eins ins andere hinüber. (Chiliasmus des Novalis.) (Ebd.)

Erwogen wurde ein »Schlußgleichnis: zwischen ihm (Rembrandt, CPB), dem Gekreuzigten und dem ausgeschlachteten Ochsen.« (Ebd., S. 164)[105]

7 »Reinheit zu oberst« – der weiße Suprematismus

Sich leichter fühlen. Ahnung des Höheren kaum mehr ausdrückbar: Wölkchen sich auflösend.
(GW RA III 616)

Was sich dem *Denken in Worten* entzieht – die autonome Evidenz einer Blume, eines Tieres, eines menschlichen Gesichts – offenbart sich Hofmannsthal in privilegierten Momenten, in »ekstatische(n) Momente(n) der Erhöhung«. (A 121)[106] Mehrfach belegt sind in Hofmannsthals Werk »blitzartige(n) Offenbarung(en)«, in denen sich das »allein Wissenswerte« *zeigt* und besser erfassen läßt »als wie aus einem ganzen großen System von wissenschaftlich analysierten Erscheinungen« (BW Karg 58). In solchen *Erlebnissen des Sehens* wird das Schauen zur umgreifenden sinnlichen Erfahrung, an der nicht nur das Auge, sondern – unter Ausschluß des logozentrisch gerichteten Denkens[107] – der Körper insgesamt beteiligt ist. Zu denken ist in diesem Zusammenhang vor allem an die im fünften Brief des Zurückgekehrten rapportierte Erzählung von der Erweckung des Rama Krishna – »das Erlebnis, das ihn aus den Menschen aussonderte und einen Heiligen aus ihm machte.« (SW XXXI 172)

[105] Vgl. Böschenstein, Tiere..., wie Anm. 97, S. 163.
[106] Vgl. George Steiner, Von realer Gegenwart. München 1990, S. 151.
[107] Vgl. Felix Philipp Ingold, »KUNST«-KUNST; »LEBENS«-KUNST. Zehn Paragraphen zu Kasimir Malewitschs »Weißem Quadrat auf weißem Grund«. In: Wiener Slawistischer Almanach 16, 1985, S. 187-199.

> Es war nichts als dies: Er ging über Land, zwischen Feldern hin, ein Knabe von sechzehn Jahren, und hob den Blick gegen den Himmel und sah einen Zug weisser Reiher in grosser Höhe quer über den Himmel gehen: und nichts als dies, nichts als das Weiss der lebendigen Flügelschlagenden unter dem blauen Himmel, nichts als diese zwei Farben gegeneinander, dies ewig Unnennbare, drang in diesem Augenblick in seine Seele und löste, was verbunden war, und verband, was gelöst war, dass er zusammenfiel wie tot, und als er wieder aufstand, war es nicht mehr derselbe, der hingestürzt war. (Ebd.)

Am gleichen Ort nennt Hofmannsthal die Farben eine Sprache »in der das Wortlose, das Ewige, das Ungeheure sich hergibt«, eine Sprache, die »wie eine Ewigkeitsflamme unmittelbar hervorschlägt aus dem stummen Dasein« und spricht von der Liebe zum »Gestaltlosen, zum Wesenlosen«. (Ebd.) Die Farbempfindung wird dort lokalisiert, »wo das Blut kommt und geht«. (Ebd.) – »Mein Nervensystem ist mit Farben durchtränkt. Mein Gehirn glüht von ihrem Leuchten«, sagt Malewitsch und betont, daß die Malerei ein Farbempfinden voraussetze, »das tief in unserem Organismus wurzelt«.[108] Es kann also nicht mehr überraschen, daß die das ästhetische Denken des Suprematisten Malewitsch bestimmenden Begriffe auch bei Hofmannsthal von zentraler Bedeutung sind:

- Die Empfindung/Erregung,[109] Bewegung
- Die Farben (das Schwarz/die Schwärze, das Weiß)
- Die Schwerelosigkeit, das Schweben
- Das Wortlose, das Schweigen[110] – Die Leere, das Nichts

»Nichts umgibt uns als das Schwebende, Vielnamige, Wesenlose«, sagt Hofmannsthal 1896:

> Wer das Starre sucht und das Gegebene, wird immer ins Leere greifen. Alles ist in fortwährender Bewegung, ja alles ist so wenig wirklich als der bleibende Strahl des Springbrunnens, dem Myriaden Tropfen unaufhörlich entsinken, Myriaden neuer unaufhörlich zuströmen. Mit den Augen, die uns den Springbrunnen vorlügen, müssen wir das Leben der Menschen anschauen: denn die Schönheit ihrer Gebärden und ihrer Taten ist nichts anderes als das Zusammenkommen von Myriaden Schwingungen in einem Augenblick. (GW RA I 572)

---

[108] Zit. nach Lamač, Was ist Suprematismus, wie Anm. 53, S. 135.
[109] Vgl. dazu Anm. 95.
[110] Zur Aufwertung des Schweigens im Suprematismus vgl. Ingold, Welt und Bild, wie Anm. 95, S. 128f.

Was Malewitschs gegenstandslose Welt im Innern zusammenhält und, zugleich bewegt, sind ebenfalls Myriaden von Schwingungen; es ist »die Fluktuation, die sich ergibt, wenn Normalzustände in den Zustand der Erregtheit übergehen und zu Vibrationen werden.«[111] (Abb. 20)

Der Suprematismus ist bei Malewitsch weder als Kunststil noch als Kunstepoche, sondern als »panästhetische Lebens-Form« (Ingold) gedacht, in der Kultur und Natur versöhnt ihre ursprüngliche Totalität zurückgewinnen könnten, und wo zwischen Wahrnehmendem und Wahrgenommenem kein Unterschied bestünde.[112] Die Suprematisten, so resümiert Malewitsch, haben den »Kampf ums Dasein« als Scheingefecht – als Kampf des Menschen mit der Bestie in sich selbst – erkannt und widmen sich statt dessen dem Kampf um die »Suprematie des Menschen«.[113]

Mit Malewitsch teilt Hofmannsthal im weitern die Sehnsucht nach Transzendenz, nach Elevation zur schöpferischen Herrlichkeit, nach »Reinheit zu oberst«:

> (...) oben war alles frei (...) kühn emporsteigend (...) zu oberst der beschneite Gipfel, unsagbar leuchtend und rein. Andres war zumut wie noch nie in der Natur, ihm war als wäre dies mit einem Schlag aus ihm selber hervorgestiegen: diese Macht des Empordrängen, diese Reinheit zu oberst. (»Andreas oder die Vereinigten«, SW XXX 76)

Die Farbe *Weiß* steht bei Malewitsch für die »Reinheit menschlichen schöpferischen Lebens«.[114] Im *weißen Suprematismus* der Jahre 1917 bis 1919 wird die Farbe Weiß zur »realen wahren Vorstellung des Unendlichen«; sie begründet ein neues »schöpferisches System«, eine »rein philosophische Bewegung«, die alle utilitären (darstellerischen) Absichten als unerheblich verwirft und einzig auf den Gewinn sinnlicher Erkenntnis – »sinnliche(r) und geistige(r) Lust« (SW XXXI 47) – gerichtet bleibt.[115]

---

[111] Vgl. Ingold, Malewitsch, wie Anm. 93.
[112] Vgl. Ingold, Welt und Bild, wie Anm. 95, S. 115f.
[113] Zit. nach Karl Philipp Ingold, KUNST UND OEKONOMIE. Zur Begründung der suprematistischen Ästhetik bei Kasimir Malewitsch. In: Slawistischer Almanach 4, 1979, S. 164f.
[114] Zu Malewitschs Auffassung von Licht und der Farbe Weiß vgl. Lamač, Was ist Suprematismus, wie Anm. 53, S. 140 ff.
[115] Vgl. Ingold, »KUNST«-KUNST..., wie Anm. 107, S. 192 und ders., KUNST UND OEKONOMIE, wie Anm. 113, S. 164ff.

Ich habe den blauen Abblendschirm der farbigen Begrenzungen aufgebrochen, ich bin hinausgetreten in die Weiße (...) ich habe die Lichtsignale des Suprematismus errichtet.[116]

1917, in dem Jahr, in dem Malewitsch im weißen Suprematismus das Blau des Himmels – »als Firmament rationaler Konzepte durchschlägt«[117] – notiert Hofmannsthal, am 10. Juni, unter dem Stichwort »Anbetung des Leeren«:

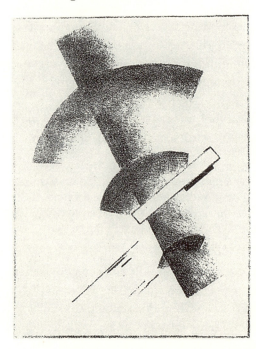

Abb. 20: Kasimir Malewitsch: Suprematistische Zeichnung. Aus: »Suprematizm«, Vitebsk 1920

»Mit Rückgriff auf den russischen Begriff für ›Malkunst‹ (živopis'; griech. zoographia), der soviel wie ›Lebenskunst‹ bedeutet, möchte Malewitsch (...) das Bild gemäß seiner alten griechischen Bezeichnung (zoon) rehabilitieren, indem er ihm, statt es bloß als statisches Ab-Bild zu begreifen, eine permanente Prozessualität und Potentialität zugesteht, ein Eigen-Leben, das immer dort sich zeigt, wo keine Sprache mehr hinreicht (...). Die Bild-Wirklichkeit ist gegenstandslos; die opake Malfläche wird zum reinen Licht-Grund, in dessen abgründiger, an der Oberfläche gesammelter Tiefe die ›wirkliche Einheit der Natur‹ (Malewitsch) zur Erscheinung kommt (...).« (Ingold, »KUNST«-KUNST; »LEBENS«-KUNST..., wie Anm. 107, S. 194f.)

Jenes Wort aus dem Tao-te-king: Erweisen wir Verehrung der Leere, denn sie gewährt die Nützlichkeit des Rades und die Harmonie der Laute. (...) Indem ich gehe und stehe, verübe ich nicht beständig die Zeremonie der Anbetung des Leeren: indem ich meine Aufmerksamkeit von der Welt des Trachtens ablöse – von der Ablenkung ablenke. (...) (GW RA III 537 f.)

Und wenige Tage später wird »jene Vorstellung des Leeren, die mich verfolgt« mit einem Claudel-Zitat präzisiert. Die *Leere* erweist sich als der *weiße Abgrund schweigenden Nichts zwischen den Zeilen,* der die Fülle aller

---

[116] Kazimir Malévitch, Le miroir suprematiste. Lausanne 1977, S. 83f.
[117] Vgl. Ingold, »KUNST«-KUNST, wie Anm. 107, S. 197.

mögliche Worte enthält, als die »wahre Vorstellung des Unendlichen« (Malewitsch):

> »O mon âme! le poème n'est point fait de ces lettres que je plante comme des clous, mais du blanc qui reste sur le papier«. (Hier ist jene Vorstellung des Leeren, die mich verfolgt.)
> »Il est de certaines sensations délicieuses dont le vague n'exclut pas l'intensité, et il n'est pas de pointe plus acérée que l'Infini.« (Baudelaire; GW RA III 538)

Bei Malewitsch geht es, wie schon bei Mallarmé, um das In-Erscheinung-treten-Lassen der Phänomene als »Wesen, die von ihrem wahrnehmbar gemachten Nichts ganz und gar umgeben sind«.[118] Das Nichts, von dem hier die Rede ist, steht im Zentrum von Malewitschs Lehre der Leere, »die in der Farbe Weiß – jener *Nicht*-Farbe also, die *alle* Farben des Spektrums in sich zusammenfaßt – ihre ambivalente Entsprechung findet«.[119] »Meiner Ansicht nach«, schreibt Malewitsch, »ist die weiße Natur schon vorauszuahnen. Diese weiße Natur wird eine Ausweitung der Grenzen unserer Erregung sein.«[120]

 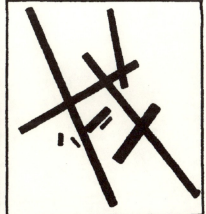

Abb. 21a, 21b: Kasimir Malewitsch: Suprematistische Zeichnungen. Aus: »Suprematizm«, Vitebsk 1920. »Bleistiftstriche so wie Worte: Hineinschneiden in den Raum, um dem Nichts ein Gesicht zu geben.« (SW XXX 436)

---

[118] Vgl. Hans Blumenberg, Die Lesbarkeit der Welt. Frankfurt a.M. 1981, S. 313. Ferner: Ingold, WELT UND BILD, wie Anm. 95, S. 128.
[119] Vgl. Ingold,»KUNST«-KUNST..., wie Anm. 107, S. 189.
[120] Kasimir Malewitsch, Suprematismus. Köln 1962, S. 217.

Dort, wo »die Macht der Schwere« (GLD 20), wo die heillose Gravitation der geschichtlichen Zeit endet, herrscht bei Malewitsch wie bei Hofmannsthal »weißes Licht«. Von diesem »Reich, wo alles rein ist« (L III 39), sprechen die »Verse zum Gedächtnis des Schauspielers Josef Kainz« (1910):

(...)
O Geist! O Stimme! Wundervolles Licht!
Wie du hinliefest, weißes Licht, und rings
Ins Dunkel aus den Worten dir Paläste
Hinbautest (...)

(...)
Du bist empor, und wo mein Auge dich
Nicht sieht, dort kreisest du, dem Sperber gleich,
Dem unzerstörbaren, und hältst in Fängen
Den Spiegel, der ein weißes Licht herabwirft,
Weißer als Licht der Sterne (...)
/ ein Licht des Weiße ohne Gleichen ist
/ weißer als Schnee weiß, weißer als Blüten
/ (...) und weißer als
/ der weißeste der Sterne...[121]

---

[121] Hier zit. nach Richard Exner, »O ihr vollkommen bewußtlosen Dichter«: Hugo von Hofmannsthals ›Verse zum Gedächtnis des Schauspielers Josef Kainz‹. In: Für Rudolf Hirsch zum siebzigsten Geburtstag. Frankfurt a.M. 1975, S. 213 und 218. Bei den mit Schrägstrichen (= /) versehenen Versen handelt es sich um Varianten.

Susanne Rode-Breymann

»...Ein Wort, daraus Tiefsinn und Trauer rinnt...«
Alban Bergs Vertonung der »Ballade des äusseren Lebens« – Spiegel seiner Hofmannsthal-Rezeption

Alban Berg begann seine kompositorische Laufbahn als Komponist von Klavierliedern, die Teil einer quantitativ frappierenden Liedproduktion im Wien der Jahrhundertwende sind: Das Klavierlied hatte zu dieser Zeit in Wien schon eine lange, vor Franz Schubert beginnende Gattungstradition und erlebte als Gattung von besonderer Lokalbedeutung nun einen späten, abschließenden Höhepunkt. Kaum ein Oeuvre eines in Wien lebenden Komponisten dieser Zeit zeigt nicht die Anziehungskraft eines musikalischen Lyrismus. Das gilt für Wilhelm Kienzl, Julius Bittner, Carl Lafite, Joseph Marx ebenso wie für Franz Schreker, Alexander von Zemlinsky, Arnold Schönberg, Alban Berg, Anton von Webern sowie für die beiden bedeutendsten Lied-Komponisten dieser Zeit – Hugo Wolf und Gustav Mahler. Ihre Liedkompositionen markieren zugleich einen zweifachen gattungsgeschichtlichen Wendepunkt, denn war Wolf der letzte, in dessen Schaffen das Klavierlied zwar noch einen alles dominierenden Rang einnahm, sich aber endgültig vom bis dahin gültigen Strophenlied-Modell ablöste und zum Deklamationslied entwickelte, so führte Mahlers Entwicklung von frühen, späterhin orchestrierten Klavierliedern zum Orchestergesang und zur Synthese zwischen Lied und Symphonik.

Berg tat es Mahler, einem seiner großen Vorbilder, gleich und wandte sich nach den »Vier Liedern« op. 2 (nach Texten von Hebbel und Mombert) dem Orchestergesang in Gestalt seiner »Fünf Orchesterlieder nach Ansichtskarten-Texten von Peter Altenberg« op. 4 zu. Daß er sich danach von der Lied-Gattung abwandte, steht zum Teil sicherlich im Zusammenhang mit deren allgemeinem Verschwinden, erklärt sich daneben sicherlich aber auch aus der Kritik Schönbergs an Bergs lyrischer Grunddisposition: »In dem Zustande«, in dem Berg zu ihm in den Unterrricht gekommen sei, so schreibt Schönberg 1910 an Emil Hertzka, »war es seiner Phantasie scheinbar versagt, was anderes als Lieder zu komponieren. Ja selbst die Klavierbegleitungen zu diesen hatten etwas vom Gesangsstil. Einen Instrumentalsatz zu schreiben, ein Instrumentalthema zu erfinden, war ihm absolut unmöglich.«[1]

Für die Liedkomposition der Jahrhundertwende allgemein charakteristisch und für Bergs Lieder insbesondere gültig ist das offenkundig stark zunehmende Bedürfnis nach Selbstausdruck, das einerseits einen erheblichen Teil zur Auflösung »von Periodik und Versmaß [...] des traditionellen Liedes [...] in deklamierte Prosa«[2] beitrug, das sich andererseits in Form eines steigenden literarischen Anspruchs äußerte.

> Je größer die literarische Bildung der Komponisten war, um so gezielter geschah auch ihre Textwahl. Schon die Tatsache, daß bestimmte Dichter nur selten vertont wurden, weist auf die Existenz von Auswahlprinzipien hin. Unter den relativ selten vertonten Dichtern der Jahrhundertwende heben sich zwei Gruppen heraus – einerseits Impressionisten und Symbolisten wie Peter Altenberg, Max Dauthendey, Stefan George, Hugo von Hofmannsthal, Alfred Mombert, Rainer Maria Rilke, Richard Schaukal, andererseits Naturalisten wie Karl Bleibtreu, Hermann Conradi, Gerhart Hauptmann, Arno Holz, Johannes Schlaf und Bruno Wille.[3]

Altenberg, Hofmannsthal, Mombert, Rilke, Holz und Schlaf begegnen als Textdichter in den Jugendliedern von Alban Berg, was einen deutlichen Hinweis auf dessen hohes literarisches Interesse gibt: Berg hatte nach früh entdeckten literarischen Neigungen zunächst sogar den Wunsch gehabt, Dichter zu werden. Wenn auch diese Seite seiner Begabung in seiner weiteren Entwicklung zurücktrat, so spielte Literatur doch zeitlebens eine dominante Rolle für ihn, wobei im Gesamtkomplex seiner literarischen Rezeption der Auseinandersetzung mit der Wiener literarischen ›Szene‹ nach der Jahrhundertwende[4] eine besondere Bedeutung zukam.

*

In der Zeit von Sommer 1901 bis zum Beginn seines Studiums bei Schönberg im Herbst 1904 hatte Berg 32, also etwa ein Drittel seiner

---

[1] Arnold Schönberg: Briefe, hrsg. von Erwin Stein, Mainz 1958, S. 17.

[2] Albrecht Dümling: Die fremden Klänge der hängenden Gärten. Die öffentliche Einsamkeit der Neuen Musik am Beispiel von Arnold Schönberg und Stefan George, München 1981, S. 113.

[3] Ebd., S. 108.

[4] Vgl. Susanne Rode: Alban Berg und Karl Kraus. Zur geistigen Biographie des Komponisten der »Lulu«, Frankfurt am Main 1988.

Jugendlieder[5] komponiert, in den folgenden zwei Jahren – ohne Kenntnis und unmittelbare Einflußnahme Schönbergs – entstanden nochmals mehr als 30 Lieder, darunter die beiden Vertonungen von Gedichten Hugo von Hofmannsthals: »Die Ballade des äusseren Lebens« (Anfang 1905)[6] und das »Reiselied« (Sommer 1905).[7]

Bergs produktive Hofmannsthal-Rezeption des Jahres 1905 sowie sein erstes Aufmerksamwerden auf Hofmannsthal fallen gleichwohl nicht auf einen Zeitpunkt; vielmehr versuchte sich Berg bereits 1903 an einer Vertonung des ersten von Hofmannsthals »Drei kleinen Liedern« und weihte unverzüglich Jugendfreund Hermann Watznauer ein, dem er am 20. November 1903 schrieb:

> Du warst am Donnerstag von uns fortgegangen. Der Ausgelassenheit folgte – wie leider immer bei mir – Trübsinn!! – Es packte mich jener alte Lebensschmerz, der an mir wie ein altes Erbübel klebt – – –. Ich hatte noch ein wenig zu tun – – bald war's geschehen – – dann zog's mich zum Clavier. Ich wollte den ersten Eindruck festhalten, den das Gedicht Hoffmanstal [sic!] in mir wachrief

---

[5] Vgl. Titel-Verzeichnis der Jugendlieder von Alban Berg bei: Nicolas Chadwick: Berg's Unpublished Songs in the Österreichische Nationalbibliothek, in: Music and Letters 52: 1971, S. 123-133.

[6] Das Manuskript befindet sich in der Musiksammlung der Österreichischen Nationalbibliothek unter Nr. 49 in F 21 Berg 3.

[7] Ebd., Nr. 55. Zur Datierung vgl. die Biographie von Bergs Jugendfreund Hermann Watznauer, veröffentlicht in: Erich Alban Berg: Der unverbesserliche Romantiker. Alban Berg 1885 – 1935, Wien 1985, S. 58 bzw. S. 60.

soweit kam ich – dann wollte es nicht weiter –– ich las dann in ›Dichtung und Wahrheit‹ – doch es bereitete mir wenig Vergnügen.[8]

Während die »Drei kleinen Lieder« erst 1907 in einer Buchausgabe erschienen, so daß Berg das für einen Kompositionsversuch erwogene Erste also als Einzelveröffentlichung in einer Zeitschrift kennengelernt haben muß (das I. der »Drei kleinen Lieder« war im Mai 1900 in München in ›Die Jugend‹ im Druck erschienen), so ist es denkbar und angesichts von Bergs Belesenheit und seinem schon zu diesem Zeitpunkt ausgeprägten Interesse für zeitgenössische Literatur wahrscheinlich, daß er »Die Ballade des äusseren Lebens« und »Reiselied« aus der ersten Sammlung Hofmannsthalscher Gedichte kannte, die 1903 unter dem Titel »Ausgewählte Gedichte« in Stefan Georges Verlag ›Blätter für die Kunst‹ in Berlin herausgekommen war.

Mit den Worten: »Nacht war schwer und ohne Schein«
und: »Östlich brach ein Licht heraus,
        Schwerer Tag trieb mich nach Haus«

weist das erste der »Drei kleinen Lieder« den Weg zu einem Zentralthema innerhalb von Bergs frühem Liedschaffen. Viele seiner Lieder sind Nachtverherrlichungen en miniature, angesiedelt zwischen Abendschein und Morgengrauen, erfüllt von den Faszinationen durch die Schönheit der mondbeglänzten wie durch die Schrecken der schattenschwarzen Nacht. Nacht, weit mehr als eine dunkle Version des Tages, symbolisiert Ruhe, Vergessen, Verlöschen, Tod wie auch Liebesseligkeit. Schweigend, stumm und sprachlos lauscht der Mensch den Klängen der Nacht. In Hofmannsthals erstem der »Drei kleinen Lieder« ist es »Musik«, in anderen von Berg vertonten Gedichten (etwa von Geibel, Lenau, Rückert, Stieler, Storm) sind es »ferne Lieder«, liebliche Gesänge, Laute von Vögeln, die durch die Stille der Nacht tönen.

Komponierend zeigte sich Berg von solchen Texten im Innersten berührt, fand er in ihnen doch eigene Empfindungen ausgedrückt. Nacht, so läßt sich aus einem Brief an seine Frau vom 17. November

---

[8] Ein Faksimile-Ausschnitt dieses Briefes ist abgedruckt in: Alban Berg. Leben und Werk in Daten und Bildern, hrsg. von Erich Alban Berg, Frankfurt am Main 1976, S. 79; eine Übertragung dieses Briefes, allerdings ohne den Liedanfang, wird auch von Watznauer in seiner Biographie mitgeteilt, s. FN 7, S. 41; hier ist dem Faksimile folgend zitiert.

1912 schließen, bedeutete Berg einen Ort der Einsamkeit und zugleich der gesteigerten Naturwahrnehmung:

> In tiefer Nacht fuhr ich [...] gegen Berghof, allmählich wuchs der Tag in diese unglaublich schöne Winterlandschaft. Beim See war's schon ziemlich licht. So etwas wie der steingraue See, der wie ölig bewegt war, das graublaue Schilf inmitten der weiten, schweren Schneeflächen, die in die zartesten Silberspitzen der Bergrücken enden, darüber der melancholischeste Himmel – – – und darin zu fahren, in Decken gehüllt, das Geklingel des Schlittenpferdes!!! Es hätte nicht der traurigen Erzählungen des Wastls bedurft, um den wollüstigen Schmerz dieser Naturschönheit bis ins Innerste zu spüren.[9]

In Bergs Denken, das sich in diesem Punkt mit dem Hofmannsthals traf, stand zu dieser Zeit der realistischen Häßlichkeit des Tages die dunkle Schönheit der Nacht gegenüber, der äußeren Wirklichkeit des Tages die innere Seelenlandschaft des nächtlichen Reiches voll von Sensibilität. Diese Aufspaltung des Daseins in Äußeres und Inneres begegnete Berg in literarischer Umschreibung in Hofmannsthals »Ballade des äusseren Lebens«, die er naheliegenderweise in den Dienst der Vertiefung seiner Selbsterfahrung nahm. Wenn Hofmannsthal in den ersten vier Strophen der »Ballade« ein Bild des Lebens entwirft, welches zwischen Kindheit und Tod als eine Folge unverbundener, in fremder Vereinzelung stehender Momente vergeht, so war eine solche Wahrnehmung des Daseins Berg keineswegs fremd: Im Innern nach der Einheit verlangend, erlebte er, wie die Einheit seines Selbst ständig in der Wirklichkeit zu zerfallen drohte. Es wird ihn mithin auch kaum unberührt gelassen haben, daß das Bild einer zerfallenden Wirklichkeit bei Hofmannsthal eine Dimension von Unentrinnbarkeit hat, indem Hofmannsthal zwar in der fünften Strophe seiner »Ballade« die unverbundene Reihe gleichgültig aufeinander folgender Ereignisse abbricht, durch die nachfolgenden Fragen nach dem Sinn alldessen die daraus für den Menschen resultierende Bedrohung aber um so drastischer ins Bewußtsein hebt. Erst mit den Worten:

»Und dennoch sagt der viel, der ›Abend‹ sagt,
Ein Wort, daraus Tiefsinn und Trauer rinnt«

---

[9] Alban Berg an Helene, 17. November 1912, in: Alban Berg: Briefe an seine Frau, München/Wien 1965, S. 231 f.

tritt der Umschwung ein, wobei die darin zum Ausdruck gebrachte Vorstellung vom Abend als Erfüllung, Ziel, Ende der im Tag dahineilenden Welt bei Berg auf vorbereiteten Boden fiel.

Auch die für Hofmannsthal typische Eigengewichtigkeit der Bilder scheint Berg, wirft man wiederum einen Blick auf die Texte seiner sonstigen frühen Lieder, stark angesprochen zu haben: »wie tote Vögel« in der »Ballade des äusseren Lebens«, die Vögel »auf starken Schwingen«, die »alterslosen Seen« oder der Brunnen im »Reiselied« – es sind Bilder, die sich von ihrer Abbildfunktion gelöst haben und zu Chiffren für einen wohl erahnbaren, sprachlich aber nicht mehr faßbaren Zusammenhang werden.

Offenkundig geleitet vom Eindruck des Vogelbildes scheint Berg zur Formanlage seiner Vertonung des »Reseliedes« gefunden zu haben: Der Vogel mit starken Schwingen trägt den Menschen fort aus den Gefahren, die in den Naturvorgängen auf ihn lauern, und gibt ihm den Blick von oben auf eine kultivierte Natur frei. Anders als in der »Ballade des äusseren Lebens« tritt im »Reiselied« der Umschwung, nach dem die Dinge doch noch einmal in einen Zusammenhang zueinander treten, nicht sanft, beinahe unmerklich, als finale Wende ein, sondern ist von Hofmannsthal als zentraler und durchaus kraftvoller Moment ins Zentrum des Gedichts gerückt. Vorher stürzte das Wasser, »uns zu verschlingen«, nachher gibt sich im beruhigten Wasserspiegel der »alterslosen«, das heißt gänzlich zeitentrückten »Seen« die Naturschönheit zu erkennen; die vorher bedrohende Natur ist nachher in eine montierte Landschaft, das heißt gedeutete Form von Natur verwandelt.

Eine sinnfällige Umsetzung dieses zentralen Moments findet Berg, indem er mit dem Nahen der Vögel auf starken Schwingen einen Abschnitt seines Liedes beginnen läßt, in dem die Akzente des Textes musikalisch viel langsamer aufeinander folgen. Die Akzentfrequenz von Halben und Vierteln, wie sie die erste, von der Bedrohung durch die Natur handelnde Strophe durchzogen hatte:

wechselt zu Ganzen und sogar punktierten Ganzen:

So vorbereitet setzt der zweite Teil des Liedes ein, wobei Berg den Moment des Perspektivwechsels im Gedicht musikalisch durch die Spaltakzente der Singstimme über dem orgelpunktartigen e der Klavierbegleitung deutlich heraushebt:

Den zweiten Teil seines Liedes formiert Berg, dabei die zweite und dritte Strophe von Hofmannsthals Gedicht zusammenfassend, auf dem Grund einer beinahe durchlaufenden Triolenbewegung im Klaviersatz. Dieser neue musikalische Bewegungsgestus kontrastiert nicht nur zu dem markanten des Anfangs (in dem der Keim der Triole gleichwohl bereits verborgen lag), sondern er korrespondiert auch zu den Verben liegen, spiegeln, steigen, mit denen Hofmannsthal im zweiten Teil des Gedichts eine geheimnisvolle Atmosphäre herstellt. Diese verdichtet sich bis hin zur Symbolik des leicht wehenden Windes: Mag auch Berg Hofmannsthals Verschlüsselung, die den Wind als Symbol für die Zusammenhang stiftende Poesie setzt, nur intuitiv aufgenommen haben, so tangierte sie doch seine Grundüberzeugung: Berg war in diesen Jahren nur auf ästhetischem Weg, durch poetische Interpretation, imstande, den Sinn und Bedeutungszusammenhang des äußeren Lebens zu erkennen.

Ballade des äusseren Lebens

Österreichische Nationalbibliothek Wien/Musiksammlung F 21 Berg 3, Nr. 57 [46]

Ballade des äusseren Lebens

Wie Hofmannsthal schien ihm Sinnstiftung nur durch Kunst, Verschmelzung von äußerem Leben und innerer Seelenlandschaft nur im Schaffensprozeß möglich. Berg konnte mithin ungeteilt Übereinstimmung mit Hofmannsthal empfinden, wenn dieser, in Parallele zur Rolle des Wortes am Anfang der göttlichen Welterschaffung, zum Schluß seiner »Ballade des äusseren Lebens« den Künstler in den Rang dessen erhebt, der mit der Kraft des Wortes die Dissoziation der Welt überwinden und Zusammenhang stiften kann.

*

Für seine Vertonung der »Ballade des äusseren Lebens« übernimmt Berg Hofmannsthals Text unverändert und beläßt die Gliederung in dreizeilige Strophen sowie die fünfhebigen Verszeilen im wesentlichen unangetastet, so daß Text und musikalische Form im Großformalen korrespondieren:

1. Strophe	8 Takte
Zwischenspiel	2 Takte
2. Strophe	6 Takte
3. Strophe	6 Takte
Zwischenspiel	2 Takte
4. Strophe	10 Takte
Zwischenspiel	1 Takt
5. Strophe	8 Takte
6. Strophe	6 Takte
7. Strophe	9 Takte
Schlußvers	4 Takte
Nachspiel	2 Takte

In Bergs Vertonung hebt sich ein erster, mittels symmetrisch eingeschobener Zwischenspiele gegliederter Teil von einem überleitungslos durchkomponierten zweiten Teil ab. Auf diese Weise spiegelt sich die inhaltliche Zweiteiligkeit der »Ballade«: In deren ersten vier Strophen ist die Rede von der Vergänglichkeit des Lebens, das einem Vorübergleiten disparater Momente gleicht, welche durch die (sechzehnmal, davon neunmal zu Versbeginn verwendete) anreihende Konjunktion »und«

scheinbar aufeinander bezogen sind. Im zweiten Teil der »Ballade«, den Strophen fünf bis sieben sowie dem einzelnen Schlußvers, stellt das Individuum, »groß und ewig einsam«, Fragen nach dem Sinn des Lebens, wobei eine Synthese des Disparaten nicht mehr möglich scheint, sondern Leben bedeutet, »wandernd nimmer [..] irgend Ziele« zu suchen.

Innerhalb der einzelnen Strophen läßt Berg die Verszeilen einander zumeist (bis auf die Ausnahmen »und alle Menschen« in der 1. Strophe, »die wir doch« in der 6. Strophe und »und dennoch sagt der viel« in der 7. Strophe) ohne Pausen folgen, so daß – obwohl sich keine auf den Reim oder die Verszeile bezogenen melodischen Korrespondenzen finden – in gewisser Weise ein Rest der unablässigen Bewegung erhalten bleibt, wie sie sich im Reimschema von Hofmannsthals »Ballade« herausbildet:

$$a\,b\,c\quad b\,d\,b\quad d\,e\,d\quad e\,f\,e\quad f\,g\,f\quad g\,h\,g\quad i\,j\,h\quad i$$

Naheliegenderweise verkoppelt Berg den über das Reimschema mit der letzte Strophe verknüpften letzten einzelnen Vers auch musikalisch eng, jedoch nicht ohne durch die Vortragsbezeichnung »sehr leise« auf die ursprüngliche Gliederung des Textes zurückzuverweisen.

Zum Erscheinungsbild der in Hofmannsthals »Ballade« zum Ausdruck gebrachten und von Berg autobiographisch nachempfundenen Dissoziiertheit der Persönlichkeit fügen sich die nie enden wollenden und sich deshalb einer Sinnstiftung entziehenden Erlebnisse und Bilder des äußeren, schließlich »totenhaft« verdorrenden Lebens (wie sie im ersten Teil der »Ballade« dargestellt sind) einerseits und das angesichts solcher Welterfahrung in »Tiefsinn und Trauer« versunkene Individuum (dem der zweite Teil der »Ballade« gilt) andererseits. Das Anwachsen der Empfindung äußerer im ersten und innerer Brüchigkeit im zweiten Teil vermittelt Bergs Vertonung, die sein im Alter von 20 Jahren bereits ausgeprägtes Interpretationsvermögen unter Beweis stellt, auf dreifache Weise: Erstens führt Berg sein Lied mit den Mitteln der musikalischen Zeitgestaltung, das heißt mit signifikanten Dehnungen, in der vierten auf einen ersten, in der siebenten Strophe auf einen zweiten Kulminationspunkt. Zweitens vermittelt er in eben diesen Strophen durch wechseln-

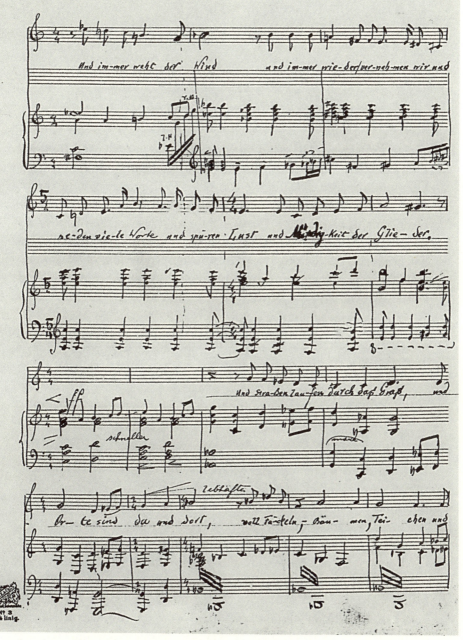

Österreichische Nationalbibliothek Wien/Musiksammlung F 21 Berg 3, Nr. 49 [63]

des Metrum die wachsende Brüchigkeit. Drittens vermittelt Berg dies auf der musikalisch konstruktiven Ebene, die er aus folgendem, in den Anfangstakten exponierten Motiv gewinnt:

Einem Passacaglia-Thema ähnlich, verleiht das zweitaktige Motiv dem Lied einen rein musikalischen, vom Text unabhängigen konstruktiven Halt, und die kleine Raffinesse von Bergs in so jungen Jahren komponiertem Lied besteht darin, daß Berg je eine dreizeilige Text-Strophe mit einer zumeist viermaligen Wiederholung des zweitaktigen Motivs verknüpft, so daß sich höchst variable Verschränkungen zwischen der konstruktiven Fundierung des musikalischen Satzes und der Textdeklamation ergeben, die etwa in der fünften und sechsten Strophe folgende Gestalt haben:

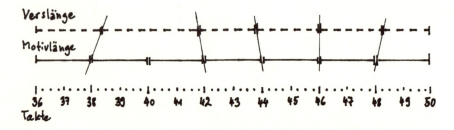

In der ersten Strophe wird das Motiv in der Grundgestalt, das heißt die Oktave zwischen g1 und g ausfüllend, viermal repetiert, wobei die Singstimme beim dritten Mal auf die Worte »wissen, wachsen« den Anfang des Motivs übernimmt. Nach den nicht motivgebundenen Strophen zwei und drei kündigt sich im Zwischenspiel in Takt 23 und 24 die Wiederkehr des Motivs an, das gleichwohl in der vierten Strophe seines ruhig fundierenden Charakters enthoben ist: Die in Oktaven geführte Grundgestalt wird enggeführt (Einsätze in Takt 25, 26 und 27), bricht in Takt 28 unvollständig ab und wird dann, um einen Ganzton nach unten transponiert und in Sextparallelen geführt, zweimal repetiert (Takt 29/30 und 31/32).

Nach der zwar in den Transpositionsstufen schweifenden, aber metrisch stabilen Motivfundierung in fünfter und sechsten Strophe komponiert Berg auf dem zweiten Kulminationspunkt, in der siebenten Strophe, abermals mit Phrasenüberschneidung und Abbrechen des Motivs (Takt 50 bis 53) die wachsenden Empfindung der Brüchigkeit mit musikalischen Mitteln aus.

Bedenkt man die für Bergs Jugendlieder sonst übliche fehlende satztechnische Unabhängigkeit zwischen Gesangslinie und Klaviersatz, erhellt das Überraschende dieser Vertonung, die mit der Eigenständigkeit von Instrumental- und Gesangspart eine erst viel später erreichte Position von Bergs kompositorischer Entwicklung vorwegnimmt. Da die Konstruktion des Liedes durch den als Formträger fungierenden Instrumentalpart begründet wird und nicht aus einem am-Text-entlang-Komponieren resultiert, kann der Gesangspart ganz auf die Funktion der deklamatorischen Deutung der Aussage hin orientiert sein.

*

Eine Verbindung zwischen Hofmannsthal und Berg läßt sich gleichwohl nicht nur auf dem Gebiet von dessen kompositorischer Rezeption aufzeigen; vielmehr fand der junge Berg im Werk des jungen Hofmannsthal auch im Hinblick auf seine Wirklichkeitserfassung vieles, von dem er sich an den Innenseiten berührt fühlte.

Typisch für die um die Jahrhundertwende in Wien geborene Generation, wuchs Berg in einer an ästhetischen Werten orientierten Atmosphäre auf, zu deren Merkmalen das Gefallen am Traurig-Schönen, das Schwanken zwischen morbiden Todeswünschen und ekstatischer Liebe sowie die Hingabe an entrückte Sehnsüchte zählten – eine Lebenshaltung, die Stefan George Hugo von Hofmannsthal gegenüber mit den Worten kritisierte: »In Ihrem land weht ein müder verlassener zug und Ihre ganze dortige jugend hat etwas rückgratloses bei äußerlicher überbildung und gefällt sich in einer äußerlichen und süßlichen verkommenheit.«[10] Gleich den »Helden« in ihren Dichtungen, die »ihr Leben als Ästheten zu verwirklichen« suchten, erlagen die Kunstschaffenden dieser Generation selbst den Verlockungen des Ästhetizismus,

---

[10] BW George 257.

indem ihnen »allein in der ästhetischen Existenz« noch eine »Einheit der Welt«[11] herstellbar schien.

Briefe Alban Bergs der Jahre bis 1909 und vor allem seine (von Mai 1903 bis Ende 1907) unter dem Titel »Von der Selbsterkenntnis« angelegte Zitatensammlung machen an Hand von vielen Details deutlich, daß Bergs Leben sich anfangs weniger auf eine erlebte Realität, die Wirklichkeit an sich, richtete, sondern daß er zur literarischen Fiktionalisierung der Realität tendierte und stets nach bereits gedeuteten Formen von Wirklichkeit suchte. Sein Lebensprinzip war das eines ästhetischen Menschen, dem Kunst und Literatur zur Entzifferung des eigenen Subjekts dienen und der das eigene Ich in den Umschreibungen der Literatur entdeckt und kennenlernt.

Bestätigung und Verstärkung dieses ästhetischen Lebensprinzips fand Berg in besonderem Maße im Werk von Peter Altenberg. Gedankliche Gefolgschaft leistete er Altenberg darin, sich nicht so sehr von der Natur in ihrer unmittelbaren Form angezogen zu fühlen, sondern der Wahrnehmung der kultivierten Natur, des Gartens als einer gedeuteten Form von Natur, uneingeschränkten Vorrang einzuräumen. Ebenso faszinierte ihn, daß dem Bild in Altenbergs Denken eine zentrale Funktion zufällt, indem es verborgene Poesien herausgräbt und verständlich macht. Auch konnte er in Altenbergs Ausruf: »Das Wirkliche vernichtet!! [..] und wir steh'n geblendet vor der ernsten Wahrheit unserer Sehnsüchte«,[12] einstimmen und teilte dessen Überzeugung, Erkenntnis sei nicht aus der Wirklichkeit, sondern aus dem Bild von Wirklichkeit zu gewinnen.

In diesem Punkt, einer Wirklichkeitserfassung in vorgeformten Bildern, erlebte Berg Kongenialität nicht allein mit Altenberg, sondern auch mit Hofmannsthal, der in seinen »Briefen des Zurückgekehrten« die »Verbindung einer Wirklichkeit mit einem Eindruck von Bildern«[13] thematisierte. Eine auf Juli/August 1907 datierbare Eintragung Bergs in

---

[11] Gotthart Wunberg: Literatur und Monismus um die Jahrhundertwende, in: Wien um 1900. Aufbruch in die Moderne, hrsg. von Peter Berner, Emil Brix und Wolfgang Mantl, München 1986, S. 104-112, hier S. 109.

[12] Peter Altenberg: Was der Tag mir zuträgt, Berlin 1917, S. 67.

[13] Hugo von Hofmannsthal: Die Briefe des Zurückgekehrten I-V [1907], in: P II 279-310, hier 294f.

das elfte und letzte Heft[14] seiner Zitatensammlung »Von der Selbsterkenntnis« belegt dessen Kenntnis dieses Textes, und der im Bezug auf andere Autoren teils genauer faßbare Zusammenhang zwischen Eintragungen in die Zitatensammlung und Bergs Gedankenwelt und Schaffen läßt den Schluß zu, daß Berg auch in Bezug auf die »Briefe des Zurückgekehrten« die eigene Subjektivität kontrapunktisch zum Lektüre-Material assoziiert hat.

Wie in Altenbergs Skizze »Fjaestad oder: Weg des Weibes«[15] geht es in Hofmannsthals »Briefen des Zurückgekehrten« um die Erkenntnismöglichkeiten durch eine gedeutete, beseelte Natur-Darstellung im Bild. Die »paar Bäume, die sie hier und da auf ihren Squares zwischen dem Asphalt, geschützt mit Gittern, stehen haben,« so schreibt Hofmannsthals Zurückgekehrter, habe er ansehen können und habe dabei gewußt, daß sie ihn »an Bäume erinnerten – keine Bäume waren.«[16] Erst angesichts einer in Gemälden dargestellten Natur sei er zu wahrem Sehen gelangt:

> dann aber, dann sah ich, dann sah ich sie alle so, jedes einzelne, und alle zusammen und die Natur in ihnen, und die menschliche Seelenkraft, die hier die Natur geformt hatte, und Baum und Strauch und Acker und Abhang, die da gemalt waren, und noch das andere, das, was hinter dem Gemalten war, das Eigentliche, das unbeschreiblich Schicksalhafte.[17]

Nur solche Momente des Sehens stifteten noch Sinn in einer Situation, wie sie der Zurückgekehrte anfangs beschrieben hatte:

> Meine Begriffe sind mir über dem wirklichen Ansehen […] verlorengegangen, und ich weiß nicht, was an ihre Stelle getreten ist: ein zerspaltenes Gefühl von der Gegenwart, eine zerstreute Benommenheit, eine innere Unordnung, die nahezu Unzufriedenheit ist.[18]

Die Disparatheit der Wirklichkeit schien Hofmannsthal – und mit ihm Alban Berg – in dieser Phase nur im Rückgriff auf das Seelenhafte, Wesenhafte, Ungreifbare[19] überwindbar. »Denn es lag in mir, daß ich

---

[14] Das 11. Heft von Alban Bergs Zitatensammlung »Von der Selbsterkenntnis« befindet sich unter der Signatur F 21 Berg 100/XII in der Musiksammlung der Österreichischen Nationalbibliothek.
[15] Peter Altenberg: Was der Tag mir zuträgt, Berlin 1917, S. 213-215.
[16] P II 299.
[17] Ebd. 302.
[18] Ebd. 279.
[19] Vgl. ebd. 285.

das Wirkliche an etwas in mir messen mußte, und fast bewußtlos maß
ich an jener schreckhaft erhabenen schwarzen Zauberwelt«,[20] läßt
Hofmannsthal seinen Zurückgekehrten schreiben und damit eine Welt
des traumhaften Bewußtseins imaginieren, in der das Dichter-Sein zu
einer Lebensform des Verstehens und Erfassens wird.

*

Schon im Juli/August 1906 (eventuell während der Lektüre von Hofmannsthals »Theater in Versen«, jener 1899 im Fischer-Verlag erschienenen ersten Buchausgabe früher Dramen Hofmannsthals, in der sowohl »Die Frau im Fenster« als auch »Die Hochzeit der Sobeide« enthalten sind) hatte Alban Berg in seiner Zitatensammlung aus zwei Dramen Hofmannsthals zitiert. Unter der Überschrift »Vom ›Unentrinnbaren‹« notierte er als Nr. 891 den folgenden Satz der Amme aus »Die Frau am Fenster«: »Er sagte, es ist alles unentrinnbar, und das ist das große Glück, zu erkennen, daß alles unentrinnbar ist.«[21] Das darauf folgende Zitat, die Nr. 892, belegt Bergs Lektüre von Hofmannsthals dramatischem Gedicht »Die Hochzeit der Sobeide« (Uraufführung: Wien und Berlin 1899). Unter der Überschrift »Augenblicke...!« hielt Berg die Passage aus dem Dialog der Sobeide mit dem reichen Kaufmann aus dem I. Akt fest, in der sie sagt:

> Augenblicke gibts, die Wangen haben, brennend wie die Sonne – und
> irgendwo schwebt ein uneingestandenes Geständnis, irgendwo zergeht in
> Luft der Widerhall von einem Ruf, der nie gerufen wurde; irgend etwas
> flüstert: »Ich gab mich ihm«, merk: in Gedanken! »gab« – der nächste
> Augenblick schluckt alles ein, sowie die Nacht den Blitz...[22]

Angesichts von Stoff und Atmosphäre der »Hochzeit der Sobeide« erhebt sich die Frage, warum es in späteren Jahren nicht zu irgendeiner Form künstlerischen Zusammenwirkens zwischen Hofmannsthal und Berg gekommen ist. Verwunderlich erscheint, daß nach der gedanklichen Nähe zwischen dem jungen Hofmannsthal und dem jungen Berg späterhin Hofmannsthal vollkommen aus Bergs Blick entschwunden zu sein scheint. Zur Beantwortung lassen sich jedoch von Hofmannsthal

---

[20] Ebd. 296.
[21] GW GD I 351; von Berg zitiert in seiner Zitatensammlung [= F 21 Berg 100, Nr. 891].
[22] Ebd. 404, bzw. F 21 Berg 100, Nr. 892.

wegführende Linien in Bergs Leben aufzeigen: Zum einen bewirkte die wiederholte Kritik, die Schönberg an Bergs ästhetischem Lebensprinzip übte, eine deutliche Richtungsänderung, zum anderen machte die zweite Autorität in Bergs Leben – Karl Kraus – zunehmend ihren Einfluß geltend.

In den ersten Jahren seiner (spätestens im Mai 1903 einsetzenden) Kraus-Rezeption hatte sich Bergs Blick vor allem auf die literarischen Urteile von Kraus gerichtet, die ihm Orientierung bei der Erschließung seiner eigenen literarischen Welt und zugleich seiner Weltvorstellung boten. Viele Autoren lernte er zunächst als Autoren der »Fackel« kennen, wobei die dort veröffentlichten Ausschnitte und kurzen Texte dieser Autoren ihn ganz offensichtlich zur vertiefenden Lektüre entweder der ganzen oder umfangreicherer Texte anregten – etwa im Falle von Oscar Wildes »Das Bildnis des Dorian Gray«, Frank Wedekinds »Die Büchse der Pandora« und Otto Weiningers »Geschlecht und Charakter«.

Für den Anfang zwanzigjährigen Berg begannen dann jedoch, die zentralen Themen von Kraus – darunter die Ästhetizismus-Kritik – eine immer wichtigere Rolle zu spielen. Daß Kraus nun für Berg den Rang einer Beurteilungs-Instanz einnahm, erhellt das Beispiel Arthur Schnitzlers: Als Kraus um 1907 begann, sein positives Urteil über Schnitzler zu revidieren, verlor parallel Berg sein Interesse an Schnitzler, dessen Werke in den Jahren 1905 bis 1907 zu seiner Lektüre gehört hatten, die dann jedoch aus seinem Gesichtskreis entschwanden und nicht einmal mehr im Bestand seiner Bibliothek[23] erhalten geblieben sind. »Und so nahm man keinen der Autoren je in die Hand, der von Kraus verdammt worden war«,[24] heißt es bei Elias Canetti über Karl Kraus' Einfluß.

Zu den Verdammten von Kraus zählte fraglos Hugo von Hofmannsthal,[25] der seit dem Erscheinen der »Demolirten Litteratur« 1896 von

---

[23] Alban Bergs Bibliothek befindet sich in der Alban Berg Stiftung mit Sitz in der Trauttmansdorffgasse in Wien.
[24] Elias Canetti: Karl Kraus. Schule des Widerstands [1965], in: ders.: Das Gewissen der Worte, Frankfurt/Main 1981, S. 51.
[25] Zum Verhältnis Kraus-Hofmannsthal vgl.: Helmut Arntzen: Karl Kraus und Hugo von Hofmannsthal [1968], in: ders.: Literatur im Zeitalter der Information, Frankfurt 1971, S. 221-245 sowie Reinhard Urbach: Karl Kraus und Hugo von Hofmannsthal. Eine Dokumentation. I. 1892-1899 / II. 1899-1935, in: HB 1, 1968/71, Heft 6 1971, S. 447-458 und 2: 1972/74, Heft 12 1974, S. 372-424.

Kraus unter Ästhetizismus-Verdacht gestellt worden war. Daß Hofmannsthal in Kraus' Texten »als Parteigänger der Secession, der Ornamentiker der Wiener Werkstätte, als literarisches Pendant zum Journalisten Maximilian Harden, dem Ornamentiker der Phrase«[26] figurierte, entzog sich aufgrund seines Lebensalters zunächst Alban Bergs Kenntnis. Als dessen »Fackel«-Lektüre einsetzte, waren die Ästhetizismus-Satire und der Fall Hofmannsthal keine für Kraus wichtigen Themen mehr. In der »Fackel« Nr. 162 vom 19. Mai 1904 druckte Kraus gar einen Hofmannsthal-Brief ab, der zu seinem Wohlgefallen begründete, warum Hofmannsthal keinen Beitrag in einer Festschrift für Detlev von Liliencron geleistet hatte. Es waren für Berg mithin nicht gleich die Positionen zwischen Hofmannsthal einerseits und Kraus (und Adolf Loos) andererseits erkennbar. Als Berg sich aber das von Kraus in der Zeit von 1908 bis 1914 immer ausgeprägtere kategoriale System von Natur und Kultur zu eigen machte, war auch Hofmannsthal für ihn negativ ›verortet‹, denn Berg schloß sich Kraus' Forderung nach Erhalt einer ungebändigten Natur ebenso an wie dessen Kritik an der Kultur, in der von der Natur nur ein ästhetisch gebändigter Rest von Naturwerten bleibe, und aus diesem System leitete sich ja auch Kraus' Kritik an Hofmannsthal her.

Später, als Berg sich von der Urteilsüberlegenheit von Karl Kraus freizumachen begann und Hofmannsthal längst seine Anfänge als ästhetizistischer Lyriker hinter sich gelassen hatte, verhinderte Hofmannsthals Rolle als Opernlibrettist von Richard Strauss eine Wiederannäherung zwischen Berg und Hofmannsthal. Die Verbindung zwischen Hofmannsthal und Strauss war zu eng, als daß ein anderer Komponist neben Strauss leicht Zugang zu Hofmannsthal hätte finden können. Selbst Egon Wellesz, seit 1918 mit Hofmannsthal befreundet, durfte Hofmannsthal nicht als Librettisten seines 1921 komponierten Balletts »Achilles auf Skyros« nennen; Hofmannsthals Sorge, Strauss zu verstimmen, war zu groß. Die Zusammenarbeit zwischen Strauss und Hofmannsthal hatte hermetische Züge, und zu dieser Welt hätte Berg,

---

[26] Hubert Lengauer: Metaphern der Macht. Ornament und Askese bei Hofmannsthal, in: Ornament und Askese. Zeitgeist des Wien der Jahrhundertwende, hrsg. von Alfred Pfabigan, Wien 1985, S. 191-211, hier S. 193.

selbst wenn er gewollt hätte, keinen Zugang erhalten: unrettbar war er als avantgardistischer Komponist der kulturellen Dominanz von Richard Strauss in Wien unterlegen.

Hofmannsthal-Bibliographie
1.1.1994 bis 31.12.1994[1]

Zusammengestellt von G. Bärbel Schmid

Primärtexte Hofmannsthals und Briefausgaben werden entsprechend dem für das HJb zugrundegelegten Siglenverzeichnis zitiert.
Briefe und Notizen, die erstmals in der Kritischen Ausgabe abgedruckt wurden, bleiben hier unberücksichtigt.
Jede bibliographische Angabe erhält eine Ordnungsnummer, ausgenommen davon sind in der Regel Rezensionen. Einzelkritiken zu aktuellen Inszenierungen sind nur in Ausnahmefällen aufgenommen.
Die mit *) gekennzeichneten Angaben sind Einfügungen der Bearbeiterin.

1. Quellen

1.1. Gesamtausgaben

[1.1.01.] SW XII Dramen 10
Der Schwierige. Hg. von Martin Stern in Zusammenarbeit mit Ingeborg Haase und Roland Haltmeier. Frankfurt a. M. 1993. 598 S.
Rezensionen von: Gert Mattenklott: Ein Wiederanfänger. *Der Schwierige* in einer kritischen Ausgabe. In: FAZ Nr. 163. 16.7.1994. – Jean-Marie Valentin. In: ÉG 49/2. 1994. S. 201-203.

[1.1.02.] SW XIX Dramen 17
Fragmente aus dem Nachlaß 2. Hg. von Ellen Ritter. Frankfurt a.M. 1994. 505 S.

[1.1.03.] SW XXII Dramen 20
Lustspiele aus dem Nachlaß 2. Hg. von Mathias Mayer. Frankfurt a.M. 1994. 311 S.

Rezension zu: SW XXI Dramen 19
Lustspiele aus dem Nachlaß 1. Hg. von Mathias Mayer. Frankfurt a.M. 1993. Von: Jean-Marie Valentin. In: ÉG 49/2. 1994. S. 234.

---

[1] Mit einzelnen Nachträgen.

1.2. Einzelne Werke

Rezension zu: *Andreas.* Hg. von Mathias Mayer (=RUB 8800). Stuttgart 1992. 148 S. Von: Jean Marie Valentin. In: ÉG 49/1. 1994. S. 100.

[1.2.01.] *Ballade vom kranken Kind – Kleine Erinnerungen – Mädchenlied – Wir sind aus solchem Zeug wie das zu Träumen.* In: Kindheit im Gedicht. Deutsche Verse aus acht Jahrhunderten. Ges., hg. u. komm. von Dieter Richter. Frankfurt 1992. S. 200, 422, 483, 89.

[1.2.02.] *Blick auf den geistigen Zustand Europas.* In: Hoffnung Europa. Deutsche Essays von Novalis bis Enzensberger. Hg. von Paul Michael Lützeler. Frankfurt a. M. 1994. S. 258-261.

[1.2.03.] *Elektra.* Tragödie in einem Aufzuge. Musik von Richard Strauss. Mit einem Nachwort von Mathias Mayer. Frankfurt a.M. 1994.

[1.2.04.] *Lucidor.* In: Deutsche Erzähler des Zwanzigsten Jahrhunderts. Von Arthur Schnitzler bis Robert Musil. Hg. von Marcel Reich-Ranicki (= Manesse Bibliothek der Weltliteratur). Zürich 1994. S. 226-246.

[1.2.05.] *Eine Monographie – »Friedrich Mitterwurzer« von Eugen Guglia* (Teilabdruck) / *Auf den Tod des Schauspielers Hermann Müller.* In: Die ganze Welt ist Bühne. Schauspielergeschichten. Hg. von Peter Simhandl (=RUB 8956). Stuttgart 1994. S. 150-154; 256-258.

[1.2.06.] *Die neuen Dichtungen Gabriele d'Annunzio's. I. Zwei Verherrlichungen der Stadt Venedig.* Mitgeteilt und kommentiert von Ursula Renner. In: HJb 2/1994 [2.2.01.]. S. 7-20.
* Aufsatzfragment H's aus dem Jahre 1898 zu Gabriele d'Annunzios »L'Allegoria dell'autunno« (1895).

[1.2.07.] *Der Schwierige.* Hg. von Martin Stern. Frankfurt a.M. 1994.

1.3. Übersetzungen

Französisch

Andreas
[1.3.01.] *Andreas* – Andréas. Traduit de l'allemand par Eugène Badoux. – Fragments. Traductions inédites de l'allemand par Jacques Le Rider. Préface et notes de Jacques Le Rider. Editions Gallimard 1994. 343 S. mit zahlr. Abb.

* Grundlage der Übersetzung: *Andreas.* Hg. von Bernd Schoeller in Beratung mit Rudolf Hirsch. In: GW E; der Übersetzung der Notizen (= Fragments): *Andreas.* Hg. von Manfred Pape. SW XXX Roman.

Richard Strauss – Hugo von Hofmannsthal. Briefwechsel
[1.3.02.] Correspondance Richard Strauss et Hugo von Hofmannsthal. Préf. et trad. de Bernard Banoun. Paris (Fayard) 1992. 690 S.

Italienisch

Ein Brief
[1.3.03.] Una lettera. A cura di Roberta Ascarelli. Pordenone, Studio Tesi, 1992.

Richard Strauss – Hugo von Hofmannsthal. Briefwechsel
[1.3.04.] Hugo von Hofmannsthal – Richard Strauss – Epistolario. A cura di Willi Schuh. Edizione italiana a cura di Franca Serpa (= Adelphi Edizioni 276). Milano 1993. 806 S.
* Darin: »Sulla strada che insieme dobbiamo percorrere...« di Franco Serpa.

Gestern
[1.3.05.] Ieri. A cura di Roberta Ascarelli, in collaborazione con P. Cesaroni. Pordenone, Studio Tesi, 1992.

Sizilien und wir
[1.3.06.] La Sicilia e noi. A cura di Andrea Landolfi. In: P. Chiarini (curatore): Goethe in Sicilia. Disegni e acquarelli da Weimar. Roma 1992. S. 11-13.

1.4. Einzelne (vollständig oder auszugsweise zum erstenmal veröffentlichte) Autographen, Materialien zu einzelnen Werken, Tagebuchaufzeichnungen, Notizen

1.4.1. Autographen, Materialien

[1.4.1.01.] *Auch hier beweget sich in reiner Luft* Neuerwerbung im H'-Archiv des FDH. In: Bericht aus dem H'-Archiv [2.1.1.01.]. S. 313 mit Abb. 9.

[1.4.1.02.] *Danae oder die Vernunftheirat.* Handschriftliche Zusätze zum »Scenarium« *Danae oder die Vernunftheirat* (1921). In: Bericht aus dem H'-Archiv [2.1.1.01.]. S. 316.

[1.4.1.03.] *Nicht zu der Sonne frühen Reise* – Variante zu dem 1897 entstandenen titellosen Gedicht, das als Motto für *Kleine Dramen* in der Ausgabe *Die Gedichte und kleinen Dramen* (Insel-Verlag 1911) vorangestellt war. Neuerwerbung im H'-Archiv des FDH. In: Bericht aus dem H'-Archiv [2.1.1.01.]. S. 314.

[1.4.1.04.] *Der Tod des Tizian* Veränderte Fassung des Bruchstücks (1901) und *Prolog* (1901). Neuerwerbungen im Hofmannsthal-Archiv des FDH. In: Bericht aus dem H'-Archiv [2.1.1.01.]. S. 311-313.

[1.4.1.05.] *Der Unbestechliche* Typoskript: *Handexemplar* - Dreiseitige Einfügung (1922), 5. Akt 4. Szene (= SW XIII Dramen 11 S.105,26 – 107,9. In: Bericht aus dem H'-Archiv [2.1.1.01.]. S. 316 mit Abb. 10.

1.4.2. Tagebuchaufzeichnungen, Notizen

o.D.

[1.4.2.01.] *Eleusinian Bacchic Mysteries* – In: G.B.Schmid: *Leda und der Schwan* [2.6.2.1.11.]. S. 151 Anm. 39.

[1.4.2.02.] *Goethe. hauptsächl. II Theil Faust* - In: G.B. Schmid: *Leda und der Schwan* [2.6.2.1.11.]. S. 146 Anm. 23.

[1.4.2.03.] Zu *Ernst Hartmann* – In: Jens Rieckmann: Im Scheinhaften scheinhaft [2.7.7.01.]. S. 269.

[1.4.2.04.] Zum *Roman des inneren Lebens* – In: Jens Rieckmann: Im Scheinhaften scheinhaft [2.7.7.01.]. S. 267.

[1.4.2.05.] *Zusammenhänge bildender Kunst* – In: G.B.Schmid: *Leda und der Schwan* [2.6.2.1.11.]. S. 149 Anm. 29.

1891/1893
Zu *Hofmannsthals jüdischem Erbe*
[1.4.2.06.] 2 Tagebuchnotizen von 1891 und 1893. In: Jens Rieckmann: Zwischen Bewußtsein und Verdrängung [2.3.07.]. S. 466 und 480.

1902
[1.4.2.07.] Adressen zu H's *Badfahrt von Juni 1902* – In: Bericht aus dem H'-Archiv [2.1.1.01.]. S. 317.

1905
[1.4.2.08.] Zur ersten Ausgabe von Hofmannsthals *Prosa* (Wien/Leipzig 1905) – In: Bericht aus dem H'-Archiv [2.1.1.01.]. S. 317.

1929

[1.4.2.09.] Zum *Tod* von H's Sohn *Franz* – Entwurf zur Todesanzeige seines Sohnes Franz und Telegrammentwurf an die Tochter Christiane Zimmer. In: Bericht aus dem H'-Archiv [2.1.1.01.]. S. 318.

1.5. Briefe

1.5. 1. Briefsammlungen

Rudolf Borchardt
[1.5.1.01.] Rudolf Borchardt – Hugo von Hofmannsthal – Briefwechsel. Text. Bearbeitet von Gerhard Schuster. München 1994. 449 S.
* 1899-1929: Rudolf Borchardt – H. v. H' (Gegenüber der 1. Ausg. von 1954 erw. u. korrig.)
1929-1940: Briefwechsel mit der Familie von Hofmannsthal.

Alfred Walter Heymel
Rezension zu: H.v.H' – Alfred Walter Heymel – Briefwechsel. Hg. von Werner Volke. Teil 1: 1900-1908. In: HJb 1/1993, S. 19-98. Von: Wolfgang Leppmann: Pegasus mit Herrenreiter. Briefwechsel mit Alfred Walter Heymel im Hofmannsthal-Jahrbuch. In: FAZ Nr. 125. 1.6.1994. S. 36.

Rudolf Pannwitz
[1.5.1.02.] Hugo von Hofmannsthal – Rudolf Pannwitz – Briefwechsel 1907-1926. In Verbindung mit dem Deutschen Literaturarchiv hg. von Gerhard Schuster. Mit einem Essay von Erwin Jaeckle. Frankfurt a. M. 1994. 943 S.

Rezensionen von: Hans-Albrecht Koch: Grösse und grosser Gestus. Hofmannsthals Briefwechsel mit Rudolf Pannwitz. In: NZZ Nr. 221 (Fernausg.). 23.9.1994. S. 45. – Paul Michael Lützeler: Prophet der europäischen Krise. In: Die Zeit Nr. 44. 28.10.1994. S. 69.

Alexander von Zemlinsky
[1.5.1.03.] Antony Beaumont: Alexander Zemlinsky: *Der Triumph der Zeit* – Drei Ballettstücke – Ein Tanzpoem. Dokumentation und Kommentar. In: Über Musiktheater. Eine Festschrift. Hg. von Stefan G. Harpner unter Mitarbeit von Birgit Gotzes. München 1992. S. 13-31.

Darin: Alexander Zemlinsky an Hofmannsthal: [1.3.1901]; [8.3.1901]; 6.7.[1901]; [Juli 1901]; [1. oder 2.8.1901]; 14.9.1903; [Februar 1904]; [Februar 1904]. S. 16f., 19f., 23, 26.

1.5.2. Einzelne (vollständig oder auszugsweise zum erstenmal veröffentlichte) Briefe Hofmannsthals an:

Hermann Bahr
[1.5.2.01.] vom 3.6.[1894]; 25.8.1897; September 1898; 28.9.1898. In: Die neuen Dichtungen Gabriele d'Annunzio's [1.2.06.]. S. 13, 15, 17, 18.

[1.5.2.02.] von [1894]; 2.8.1917; 2.8.1919. In: Jens Rieckmann: Zwischen Bewußtsein und Verdrängung [2.3.07.]. S. 474, 478, 482 f.

Hannibal Karg von Bebenburg
[1.5.2.03.] vom Juni 1895; 7.5.1896. In: Jens Rieckmann: Zwischen Bewußtsein und Verdrängung [2.3.07.]. S. 478.

Hugo von Hofmannsthal (Vater)
[1.5.2.04.] vom 29.7.1896. In: Jens Rieckmann: Zwischen Bewußtsein und Verdrängung [2.3.07.]. S. 476, 479.

Benno Becker
[1.5.2.05.] von [1190]. In: Bericht aus dem H'-Archiv [2.1.1.01.]. S. 312.

Alfred Roller
[1.5.2.06.] vom 14.3.[1904]. In: Antony Beaumont: Alexander Zemlinsky [1.5.1.03.]. S.26 f.

Franziska Schlesinger
[1.5.2.07.] vom [13.7.1898]. In: Jens Rieckmann: Zwischen Bewußtsein und Verdrängung [2.3.07.]. S. 476 f., 479.

Hans Schlesinger
[1.5.2.08.] vom 24.2.1899. In: Jens Rieckmann: Zwischen Bewußtsein und Verdrängung [2.3.07.]. S. 476 f.

Gabriele Sobotka
[1.5.2.09.] o.D. In: Jens Rieckmann: Zwischen Bewußtsein und Verdrängung [2.3.07.]. S. 475.

1.5.3. Einzelne (vollständig oder auszugsweise zum erstenmal veröffentlichte) Briefe an Hofmannsthal von:

Theodor Herzl
[1.5.3.01.] vom 2.11.[1]892. In: Theodor Herzl. Briefe und Tagebücher. Hg. von Alex Bein u.a. Erster Band: Briefe und Autobiographische Notizen 1866-1895. Bearbeitet von Johannes Wachten. In Zusammenarb. mit Chaya Harel u.a. Berlin / Frankfurt a.M. / Wien 1983. Brief Nr. 545 S. 404 f.

Hugo von Hofmannsthal (Vater)
[1.5.3.02.] vom 7.8.1895. In: Mathias Mayer: »Intérieur« und »Nature morte« [2.4.09.]. S. 306.

[1.5.3.03.] vom 6.5.1896; 11.8.1896; 19.9.1896. In: Jens Rieckmann: Zwischen Bewußtsein und Verdrängung [2.3.07.]. S. 480.

Gustav Mahler
[1.5.3.04.] von [Juli oder August 1901]. In: Antony Beaumont: Alexander Zemlinsky [1.5.1.03.]. S. 21.

1.5.4. Quellen, Zeugnisse und Dokumente anderer zu Hofmannsthal

Rudolf Pannwitz
[1.5.4.01.] Rudolf Pannwitz: H's Komödien – H's Erzählung *Die Frau ohne Schatten* – H' in unserer Zeit – [Zu den Briefen H's] – [H.v.H'] – H' spricht – H's frühe Prosa – H.v.H's Prosa II – H.v.H's Prosa III – Der Briefwechsel zwischen George und H' – Aus H's Briefen an Rudolf Pannwitz – Bei Gelegenheit von H's Prosa IV – [H.v.H']. In: H.v.H' – Rudolf Pannwitz. Briefwechsel 1907-1926 [1.5.1.02.]. S. 579-645.

[1.5.4.02.] Rudolf Pannwitz an Christiane von Hofmannsthal vom 7.6.1926. In: H.v.H' – Rudolf Pannwitz. Briefwechsel 1907-1926 [1.5.1.02.]. S. 574f.

Alexander von Zemlinsky
[1.5.4.03.] Alexander von Zemlinsky an Alma Schindler-Mahler vom [4.4.1901]; [2.5.1901]; [13.5.1901]; [1.6.1901]; [5.6.1901]; [13.6.1901]; [23.6.1901]; [4.7.1901]; [13.7.1901]; [17.7.1901]; [19.7.1901]; [22.7.1901]; [26.7.1901]; [1.8.1901]; [14.-15.10.1901]; [Ende Okt. 1904]; [Sommer 1910]; [1912]; [1912]. In: Antony Beaumont: Alexander Zemlinsky [1.5.1.03.]. S. 16-29.

2. Forschung

2.1. Bibliographien und Berichte

2.1.1. Berichte aus Archiven

[2.1.1.01.] Moering, Renate: Bericht aus dem H'-Archiv. In: Freies Deutsches Hochstift: Jahresbericht 1993/94. Jb. FDH 1994. S. 311-324 mit Abb. 9 und 10.

2.1.2. Berichte über die Kritische Ausgabe sämtlicher Werke Hugo von Hofmannsthals

[2.1.2.01.] Rölleke, Heinz: Bericht über die Kritische Ausgabe sämtlicher Werke H.v.H's 1994. In: Freies Deutsches Hochstift: Jahresbericht 1993/94. Jb. FDH 1994. S. 338-340.

2.1.3. Bibliographien, Indices

[2.1.3.01.] H'-Bibliographie 1.7.1992-31.12.1993. Zusammengestellt von Gisela Bärbel Schmid. In HJb 2/1994. S.359-381.

[2.1.3.02.] Gesamtregister zu den Hofmannsthal-Blättern. Im Auftrag der H'-Gesellschaft erstellt von Hans-Georg Schede. Freiburg i.Br. 1994. 109 S.
* Personenregister; Register der Werke und Editionen, der Gedichte, der Pläne und Fragmente ohne festen Titel; Inhaltsverzeichnis der Hofmannsthal-Blätter 1-41/42.

2.2. Periodica

[2.2.01.] HJb. Zur europäischen Moderne 2/1994. Im Auftrag der H.v.H'-Gesellschaft hg. von Gerhard Neumann, Ursula Renner, Günter Schnitzler, Gotthart Wunberg. Freiburg i.Br. 1994. 406 S.

Rezensionen zu: HJb 1/1993: Von: Albert von Schirnding. In: SZ 15./16.1. 1994; – Hansres Jacobi. In: NZZ Nr. 56 (Fernausg.). 9.3.1994. S.34; – o.A. In: Die Zeit Nr.12. 18.3.1994. S.59; – Wolfgang Leppmann. In: FAZ Nr.125. 1.6.1994. S.36.

Rezensionen zu HJb 2/1994: Von: Hansres Jacobi. In: NZZ Nr. 205. 3./4.9.1994. S.48. – Werner Ross. In: FAZ Nr. 272. 23.11.1994. S.36.

2.3. Darstellungen zur Biographie

[2.3.01.] Auszüge aus H's Gästebuch, dem Rodauner *Fremdenbuch* (1901-1929). In: Renate Moering: Bericht aus dem H'-Archiv [2.1.1.01.]. S. 318-324.

[2.3.02.] Böschenstein, Renate: Mythos als Wasserscheide. Die jüdische Komponente der Psychoanalyse: Beobachtungen zu ihrem Zusammenhang mit der Literatur des Jahrhundertbeginns. In: Conditio Judaica. Judentum, Antisemitismus und deutschsprachige Literatur vom 18. Jhdt. bis zum Ersten Weltkrieg. Hg. von Hans Otto Horch und Horst Denkler. Tübingen 1989. Teil II. S. 287-310.

[2.3.03.] Grab, Walter: »Jüdischer Selbsthaß« und jüdische Selbstachtung in der deutschen Literatur und Publizistik 1890-1933. In: Conditio Judaica. Judentum, Antisemitismus und deutschsprachige Literatur vom 18. Jhdt. bis zum Ersten Weltkrieg. Hg. von Hans Otto Horch und Horst Denkler. Tübingen 1989. Teil II. S. 313-336 (zu H': S. 315-318).

[2.3.04.] Ignée, Wolfgang: Im Reich der Zinnen. Randvoll mit Geschichte: Das Pustertal in Südtirol. In: Sonntag Aktuell Nr. 23. - 5.6.1994. S. 54f.

[2.3.05.] Lebenszeugnisse von H's Großvater August Hofmann von Hofmannsthal (1815-1881). In: Renate Moering: Berichte aus dem H'-Archiv [2.1.1.01.]. S. 317.

[2.3.06.] Perrig, Severin: Hugo von Hofmannsthal und die Zwanziger Jahre. Eine Studie zur späten Orientierungskrise (=Analysen und Dokumente. Beiträge zur neueren Literatur. Bd. 33). Frankfurt a.M./Berlin/Bern u.a. 1994. 230 S.
* Der Zusammenbruch der Donaumonarchie – H' und die Konstitution der Ersten Österreichischen Republik – H's kulturpolitisches Verständnis – H' und die Weimarer Republik – 20er Jahre als Krisenzeit.

[2.3.07.] Rieckmann, Jens: Zwischen Bewußtsein und Verdrängung. H's jüdisches Erbe. In: DVjs 67/3. 1993. S.466-483.

Rezension zu: W. E. Yates: Schnitzler, H' and the Austrian Theatre. New Haven and London, Yale University Press 1992, 286 S. Von: Jean-Marie Valentin. In: ÉG 49/1. 1994, S.101; – István Gombocz. In: GQ 67/1. 1994, S.120-122.

2.4. Beziehungen, Vergleiche, Wechselwirkungen

Gabriele d'Annunzio

[1.2.06.] *Die neuen Dichtungen Gabriele d'Annunzio's. I. Zwei Verherrlichungen der Stadt Venedig.*

Richard Beer-Hofmann

[2.4.01.] Rovagnati, Gabriella: Cronaca di un' amicizia difficile. Il carteggio fra H.v.H' e Richard Beer-Hofmann. In: Acme XLIV. 1991. S. 73-84.

Walter Benjamin

[2.4.02.] Tiedemann-Bartels, Hella: »Unveräußerliche Reserve bei aller Bewunderung«. Benjamin über Hofmannsthal. In: Modernité de H' [2.6.1.02.]. S. 299-305.

Gäste in Rodaun

[2.3.01.] Auszüge aus H's Gästebuch.

Paul Géraldy

[3.03.] Drei Widmungen für H'. In: Stern, Martin: *Cristinas Heimreise* von H' mit Louis Jouvet in Paris? Eine Ergänzung zum Beitrag: H's *Der Schwierige* in Paris. S.511.

Johann Wolfgang von Goethe

[1.3.06.] Landolfi, Andrea: »Questa luce indicibilmente gaudiosa«. Postilla alla Sicilia goethiana di H.v.H'. In: P. Chiarini (curatore): Goethe in Sicilia. Disegni e acquerelli da Weimar. Rom 1992. S. 13-16.

Lafcadio Hearn

[2.4.03.] Pache, Walter: Das alte und das neue Japan. Lafcadio Hearn und H.v.H'. In: DVjs 67/3. 1993, S. 451-465.

Rudolf Kassner

[2.4.04.] Rudolf Kassners Dissertation »Der ewige Jude in der Dichtung«. Auszüge aufgrund einer Abschrift. Hg. von Klaus E. Bohnenkamp. In: HJb 2/1994. S.21-78.

Harry Graf Kessler

[2.4.05.] Kostka, Alexandre: Crise de la modernité et crise esthétique: Kessler et H'. In: Modernité de H' [2.6.1.02.]. S.123-136.

[2.4.06.] Lohmann-Hinrichs, Dagmar: Ästhetizismus und Politik. Harry Graf Kessler und seine Tagebücher in der Zeit der Weimarer Republik (=Forschungen zur Literatur- und Kulturgeschichte; Bd.45). Frankfurt a.M./Berlin/Bern u.a. 1994. 180 S.

Hedwig Lachmann
[2.4.07.] Walz, Annegret: »Ich will ja gar nicht auf der logischen Höhe meiner Zeit stehen«. Hedwig Lachmann. Eine Biographie (= Edition Die Schnecke). Flacht 1994. 544 S. mit 60 Abb.

Maurice Maeterlinck
[2.4.08.] Mayer, Mathias: »Intérieur« und »Nature morte«: Bilder des Lebens bei Maeterlinck und H'. In: ÉG 46/3. 1991. S. 305-322.

[2.4.09.] Dangel, Elsbeth: »Sieh, ich stehe!« Blick und Bewegung der Geschlechter in H's *Der Kaiser und die Hexe* und Maeterlincks »Pelléas et Mélisande«. In: HJb 2/1994. S.157-180.

[2.4.10.] Dangel-Pelloquin, Elsbeth: Mimesis de la modernité dans le mouvement de corps: une comparaison entre *Der Kaiser und die Hexe* de H' et »Pelléas e Mélisande« de Maeterlinck. In: Modernité de H' [2.6.1.02.]. S. 75-83.

Rudolf Pannwitz
[2.4.11.] Schmid, Martin E.: *Preusse und Österreicher.* Rudolf Pannwitz und H.v.H' In: NZZ Nr. 221 (Fernausg.). 23.9.1994. S.45 f.

[2.4.12.] Jaeckle, Erwin: Rudolf Pannwitz. Eine Einführung. In: H.v.H' – Rudolf Pannwitz. Briefwechsel 1907-1926 [1.5.1.02.]. S.674-699.

Florens Christian Rang
[2.4.13.] Spedicato, Eugenio: Nota su H.v.H' e Florens Christian Rang. In: Annali della Facoltà di Lingue e Letterature straniere dell' Università di Bari V. 1984. S.169-182.

Max Reinhardt
[2.4.14.] König, Christoph: Traditionen, Traditionen. H.v.H' schreibt *Ödipus und die Sphinx* für Max Reinhardt. In: Modernité de H' [2.6.1.02.]. S.101-122.

Ferdinand von Saar

[2.4.15.] Bontempelli, Pier Carlo: La crise del liberalismo austriaco in due novelle die fine secolo: »Leutnant Burda« di Ferdinand von Saar e *Reitergeschichte* di H.v.H'. In: Merope I (1989). S. 121-132.

Arthur Schnitzler

[2.4.16.] Weinzierl, Ulrich: Arthur Schnitzler. Lieben Träumen Sterben. Frankfurt a.M. 1994. 288 S. mit zahlr. Abb. Zu H': passim.

[2.4.17.] Raihala, Lorelle: Choosing Convention: Schnitzler's »Komtesse Mizzi« and H's *Der Schwierige*. In: GQ 67/1. 1994. S.3-15.

Carl Sternheim

[2.6.2.1.01] Alt, Peter-André: Die soziale Botschaft der Komödie. Konzeption des Lustspiels bei H' und Sternheim.

Karl Wolfskehl

[2.4.18.] Klussmann, Paul Gerhard: Wolfskehls Entwurf eines neuen Dramas: Das Beispiel der »Saul«-Dichtung. In: Karl Wolfskehl Kolloquium. Vorträge – Berichte – Dokumente. Hg. von Paul Gerhard Klussmann in Verbindung m.a. Castrum Peregrini Presse. Amsterdam 1983. S. 86-110. – Zu H': S.90, 92, 107.

[2.4.19.] Karl Wolfskehl. Drei Briefe aus dem Exil, mit den Gegenbriefen. Mit Einführung und Kommentar von Margot Ruben. In: Karl Wolfskehl Kolloquium. Vorträge – Berichte – Dokumente. Hg. von Paul Gerhard Klussman in Verbindung m.a. Castrum Peregrini Presse. Amsterdam 1983, S. 268-305. – Zu H': S. 295, 305.

Alexander von Zemlinsky

[1.5.1.03.] Antony Beaumont: Alexander Zemlinsky.

2.5. Werkgeschichte und Herausgebertätigkeit

[2.5.01.] Bermann-Fischer, Gottfried: Wanderer durch ein Jahrhundert. Frankfurt a.M. 1994. S. 104, 125, 138 f.

[2.5.02.] Haufler, Daniel, Sabine Vogel, Niko Schmid-Burgk: Der letzte seines Stammes. In: Die Zeit. Magazin Nr. 41. 7.10.1994. S.12-19 mit zahlr. Abb.

2.6. Werkdarstellungen

2.6.1. Gesamtdarstellungen

[2.6.1.01.] Magris, Claudio: H.v.H'. In: Poesia Tedesca del Novecento. 1990. S. 19-25.

[2.6.1.02.] Modernité de H'. Austriaca. Cahiers Universitaires d'Information sur L'Autriche Nr. 37. Études réunies par Jacques Le Rider. Publications de L'Université de Rouen 1993. 331 S.

[2.6.1.03] Nehring, Wolfgang: Hugo von Hofmannsthal. In: Deutsche Dichter des 20. Jahrhunderts. Hg. von Hartmut Steinecke. Berlin 1994. S. 98-122.
Rezension zu: Hans-Albrecht Koch: H.v.H'. Erträge der Forschung, Bd. 265. Darmstadt 1989. Von: A. Drijard. In: ÉG 46/2. 1991, S.257.

Zum Frühwerk

[2.6.1.04.] Zwetkow, Jurij Leonidowitsch: Wesenszüge des frühen Schaffens von H' im Kontext der nationalen und internationalen Einwirkungen. – Nationalspezifik der ausländischen Literatur des XIX. und des XX. Jahrhunderts: Nationale Tradition und Poetik. Iwanowo, Die Staatliche Univ., 1984. S. 156-163.

[2.6.1.05.] Zwetkow, Jurij Leonidowitsch: Die Synthese des Lyrischen und des Dramatischen im frühen Schaffen H.v.H's. – Nationalspezifik der ausländischen Literatur des XIX. und des XX. Jahrhunderts. Probleme der Erzählformen. Iwanowo, Die Staatliche Univ., 1992. S. 55-65.

2.6.2. Gattungen

2.6.2.1. Dramatische Werke

Allgemeines

[2.6.2.1.01.] Alt, Peter-André: Die soziale Botschaft der Komödie. Konzeption des Lustspiels bei H' und Sternheim. In: DVjs 1994/2. S. 287-306.

[2.6.2.1.02.] Ascarelli, Roberta: »Also spielen wir Theater«. Elementi di una drammaturgia non-aristotelica nei drammi lirici di Hofmannsthal. In: Tra Simbolismo e Avanguardie. 1992. S. 41-64.

[2.6.2.1.03.] Bauer, Roger: Hofmannsthal et la comédie vénitienne. In: Modernité de H' [2.6.1.02.]. S. 19-26.

[2.6.2.1.04.] Goltschnigg, Dietmar: Der »ewige Augenblick« in den Libretti H.v.H's. Diss. o.J. Zit. in: Zirkular. Dokumentationsstelle für Neuere Österreichische Literatur 19. 1994. S. 48.

[2.6.2.1.05.] Mc Kenzie, John R.P.: Social Comedy in Austria and Germany 1890-1933 (= Britische und Irische Studien zur deutschen Sprache und Literatur. Vol. 8). Bern/Berlin/Frankfurt a.M. u.a. 1992. XVI/246 S.

[2.6.1.05.] Zwetkow, Jurij Leonidowitsch: Die Synthese des Lyrischen und des Dramatischen im frühen Schaffen H.v.H's.

Rezension zu: Drama und Theater der Jahrhundertwende. Hg. von Dieter Kafitz (= Mainzer Forschungen zu Drama und Theater. 5). Tübingen 1991. Von: Evelyne Polt-Heinzl. In: Zirkular. Dokumentatiosstelle für Neuere Österreichische Literatur 18. 1993. S. 50 f.

Einzelnes

Arabella
[2.6.2.1.06.] Tateo, Giovanni: *Arabella* e il »nuovo genere«. Appunti intorno ad un ultimo tentativo hofmannsthaliano. In: Annali della Facoltà di Lingue e Letterature straniere dell' Università di Bari XXIX. 1986. S. 1-28.

[2.6.2.1.07.] Banoun, Bernard: *Arabella,* réalisme »noir« et comédie forcée. In: Modernité de H' [2.6.1.02.]. S.9-18.

Elektra
[2.6.2.1.08.] Zagari, Luciano: »Sacerdotessa senza rito«. H.v.H' e la tragedia 'ironica' di Elettra. In: Tra Simbolismo e Avanguardie. 1992. S. 5-39.

Arabella/Elektra
[2.6.2.1.09.] Gudrun Kohn-Waechter (Hg.): Schrift der Flammen. Opfermythen und Weiblichkeitsentwürfe im 20. Jahrhundert. (= Der andere Blick. Frauenstudien in Wissenschaft und Kunst, Orlanda Frauenverlag). Berlin 1991. S. 148-169.

Jedermann / Das Salzburger große Welttheater
[2.6.2.1.10.] Stieg, Gerald: H' und die Salzburger Festspiele. In: Modernité de H' [2.6.1.02.], S. 287-298.

Der Kaiser und die Hexe
[2.4.09.] Dangel, Elsbeth: »Sieh, ich stehe!« Blick und Bewegung der Geschlechter in H's *Der Kaiser und die Hexe* und Maetericks »Pelléas und Mélisande«.

[2.4.10.] Dangel-Pelloquin, Elsbeth: Mimesis de la modernité dans les mouvements de corps.

Leda und der Schwan
[2.6.2.1.11.] Schmid, G. Bärbel: H.v.H's Entwürfe zu »einem dreitheiligen Spiegel«: *Leda und der Schwan*. In: HJb 2/1994. S.139-156.

Ödipus und die Sphinx
[2.4.14.] König, Christoph: Traditionen, Traditionen. H.v.H' schreibt *Ödipus und die Sphinx* für Max Reinhardt. In: Modernité de H' [2.6.1.02.]. S.101-122.

[2.6.2.1.12.] Bollack, Jean: La modernité de H' dans ses Oedipe. In: Modernité de H' [2.6.1.02.]. S.27-47.
* Oedipe et le Sphinx de Péladan, *Oedipus und die Sphinx* de Hofmannsthal – *König Ödipus* – La modernité.

Der Schwierige
[2.6.2.1.13.] Joyce, Douglas A.: H.v.H's *Der Schwierige*. A Fifty-Year Theater History. Camden House, Columbia 1993. 400 S.

[2.4.17.] Raihala, Lorelle: Choosing Convention: Schnitzler's »Komtesse Mizzi« and H's *Der Schwierige*.

[2.6.2.1.14.] Tunner, Erika: Tradition et innovation dans *Der Schwierige*. In: Modernité de H' [2.6.1.02.]. S.307-317.

Der Tod des Tizian
[2.6.2.1.15.] Zwetkow, Jurij Leonidowitsch: Die ästhetischen Anschauungen H's und ihre Verwirklichung im Drama *Tod des Tizian*. – Nationalspezifik der ausländischen Literatur des XIX. und des XX. Jahrhunderts: Autorenkonzeption und ihre künstlerische Verwirklichung. Iwanowo, Die Staatliche Universität 1991. S. 67-77.

Der Tor und der Tod

[2.6.2.1.16.] Fiedler, Leonhard M.: Die Sorge der Mutter. H.v.H's Verse für Gertrud Eysoldt in Max Reinhardts Inszenierung von *Der Tor und der Tod* (1908). In: Poetry – Poetics – Translation. Festschrift in Honor of Richard Exner. Hg. von Ursula Mahlendorf und Laurence Rickels. Würzburg 1994.

Der Triumph der Zeit

[1.5.1.03.] Beaumont, Antony: Alexander Zemlinsky. *Der Triumph der Zeit.*

Der Turm

[2.6.2.1.17.] Strelka, Joseph P.: Zwischen Wirklichkeit und Traum. Das Wesen des Österreichischen in der Literatur (= Edition Orpheus 9. Beiträge zur deutschen und vergleichenden Literaturwissenschaft. Tübingen/Basel 1994. XII/332 S. Darin: *Der Turm* in der Brust. H's Trauerspiel eines Untergangs. S. 210-224.

Der Unbestechliche

[2.6.2.1.18.] Sturges, Dugald S.: The Lineage of Theodor: Tradition and Revolution in H's *Der Unbestechliche.* In: MAL Vol. 26/1. 1993. S. 19-31.

2.6.2.2. Lyrik

Allgemeines

[2.6.2.2.01.] Fülleborn, Ulrich: Die deutsche Lyrik im gesamtkulturellen Wandel unserer Zeit. In: Poetry – Poetics – Translation. Festschrift in Honor of Richard Exner. Hg. von Ursula Mahlendorf und Laurence Rickels. Würzburg 1994.

[2.6.2.2.02.] Thomasberger, Andreas: Verwandlungen in H's Lyrik. Zur sprachlichen Bedeutung von Genese und Gestalt (= Untersuchungen zur deutschen Literaturgeschichte Bd. 70). Tübingen 1994. 308 S.

[2.6.2.2.03.] Zwetkow, Jurij Leonidowitsch: Lyrik des jungen H' und die französische Poesie des XIX. Jahrhunderts. Das Lyrische und seine Funktion im Kunstwerk. – Waldimir, Das Pädagogische Institut 1989. S. 83-91.

[2.6.1.05.] Zwetkow, Jurij Leonidowitsch: Die Synthese des Lyrischen und des Dramatischen im frühen Schaffen H.v.H's.

2.6.2.3. Prosa

Allgemeines

[2.6.2.3.01.] Wunberg, Gotthart: »Ohne Rücksicht auf Inhalt – Lauter Venerabilia«. Überlegungen zu den Prosagedichten H.v.H's. In: Modernité de H' [2.6.1.02.]. S. 319-331.

[2.6.2.3.02.] Potthoff, Elisabetta: La punta acuminata dell'infinito. Le prose poetiche di H.v.H'. In: POESIA VII, gennario 1994, n. 69. S. 61-68.

Rezension zu: Bärbel Götz: *Erinnerung schöner Tage*. Die Reise-Essays H.v.H's (= Epistemata. Würzburger wissenschaftliche Arbeiten Bd.85). Würzburg 1992. In: ÉG 48/4. 1993. S. 515f.

Rezension zu: Stefan Nienhaus: Das Prosagedicht im Wien der Jahrhundertwende. Altenberg – Hofmannsthal – Polgar. (Quellen und Forschungen zur Sprach- und Kulturgeschichte der germanischen Völker 85). Berlin/New York 1986. Von: G. Stieg. In: ÉG 46/3. 1991, S. 379.

Rezension zu: Iris Paetzke: Erzählen in der Wiener Moderne (Edition Orpheus 7). Tübingen 1992. Von: Evelyne Polt-Heinzl. In: Zirkular. Dokumentationsstelle für Neuere Österreichische Literatur 19. 1994, S. 57-59.

Rezensionen zu: Waltraud Wiethölter: H' oder Die Geometrie des Subjekts. Psychostrukturelle und ikonographische Studien zum Prosawerk (= Studien zur deutschen Literatur 106). Tübingen 1990. Von: Ursula Renner. In: Arbitrium 11/1993. S.220-224. Von: Jens Rieckmann. In: GR Vol. LXIX/1. 1994. S.46.

Einzelnes

Andreas

[2.6.2.3.03.] Ascarelli, Roberta: L'educazione alla complessità. »Andrea o I ricongiunti« di H.v.H'. In: Avventura 1992. S.219-235.

[2.6.2.3.04.] Hornig, Dieter: H' Romancier: *Andreas*. In: Modernité de H' [2.6.1.02.]. S. 85-99.

[2.6.2.3.05.] Mayer, Mathias: Die Grenzen des Textes. Zur Fragmentarik und Rezeption von H's *Andreas*-Roman. In: ÉG 49/4. 1994. S.469-490.

[2.6.2.3.06.] Schiffermüller, Isolde: Maria Mariquita. La doppia figurazione del femminile nel romanzo incompiuto di H's »Andrea o i Ricongiunti«. In: Quaderni di Lingue e Letterature XVIII. 1993. S. 1-19.

Ein Brief
[2.6.2.3.07.] Ascarelli, Roberta: »Die Situation des Mystikers ohne Mystik«. Sulle tracce del misticismo di *Ein Brief*. In: AION (T), n.s., I (1991). S.167-212.

[2.6.2.3.08.] Ascarelli, Roberta: Il senso di una fine, in H.v.H', Una lettera. Pordenone, Studio Tesi, 1992. S. IX-XXXVIII.

[2.6.2.3.09.] Osterkamp, Ernst: Die Sprache des Schweigens bei H'. In: HJb 2/1994. S.111-137.

[2.6.2.3.10.] Tateo, Giovanni: Le lettere immaginarie di H': critica del linguaggio e critica culturale. In: Contesti IV. 1992. S. 23-54.

Ein Brief / Die Wege und die Begegnungen
[2.6.2.3.11.] Neumann, Gerhard: H's poetologische Konzepte 1902 und 1907 aus der Sicht der Postmoderne (Botho Stauß: »Beginnlosigkeit«). In: Modernité de H' [2.6.1.02.]. S. 227-240.

Die Briefe des Zurückgekehrten
[2.6.2.3.12.] Robertson, Ritchie: Hofmannsthal sociologue: *Die Briefe des Zurückgekehrten*. In: Modernité de H' [2.6.1.02.]. S. 275-286.

Buch der Freunde / Aufzeichnungen
[2.6.2.3.13.] Boeschenstein, Bernard: Celan, lecteur des Notes de H'. In: Modernité de H' [2.6.1.02.]. S. 49-59.

Glück am Weg
[2.6.2.3.14.] Renner, Ursula: »Die Tiefe muss man verstecken – wo? an der Oberfläche«. Allegorisierung als Verfahren der Moderne in H's *Glück am Weg*. In: Modernité de H' [2.6.1.02.]. S. 253-265.

Das Märchen der 672. Nacht
[2.6.2.3.15.] Nakayama, Junko: *Das Märchen der 672. Nacht* von H.v.H' und Tausend und eine Nacht. In: Veröffentlichungen der Ryukoku Universität, Kyoto, 1975. S.62-85.
* In japanischer Sprache.

Reitergeschichte
[2.4.15.] Bontempelli, Pier Carlo: La crisi del liberalismo austriaco in due novelle di fine secolo: »Leutnant Buda« die Ferdinand von Saar e *Reitergeschichte* di H.v.H'.

Reitergeschichte/ Das Erlebnis des Marschalls von Bassompierre
[2.6.2.3.16.] Zagami, Gloria: H.v.H's Novellen *Reitergeschichte* und *Das Erlebnis des Marschalls von Bassompierre*. In: Messana, n.s., II. 1990. S.143-160.

Die unvergleichliche Tänzerin
[2.6.2.3.17.] Bondavalli, Leila: L'incomparabile danzatrice di H.v.H'. In: Quaderni di Teatro. V (1983). S.115-121.

2.7. Thematische Schwerpunkte

2.7.1. Epochen / Kulturräume

Jahrhundertwende / Wiener Moderne
[2.7.1.01.] Zwetkow, Jurij Leonidowitsch: »Das Junge Wien« und das Problem der nationalen Eigenart der österreichischen Literatur. – Nationalspezifik der ausländischen Literatur des XIX. und des XX. Jahrhunderts: Weltanschauung und Poetik. Iwanowo, Die staatliche Univ. 1983. S. 86-98.

[2.7.1.02.] Monti, Claudia: Mach und die österreichische Literatur; Bahr, H', Musil. In: Schnitzler und seine Zeit. 1985. S. 263-283. (Zit. in: Studi germanici, n.s. XXXII, 1994. S.309.)

Rezension zu: Stefan Scherer: Richard Beer-Hofmann und die Wiener Moderne. Tübingen 1993. Von Hans-Otto Horch. In. FAZ Nr. 106. 7.5.1994, Literaturteil.

2.7.2. Ästhetik, Poetik, Sprache

[2.7.2.01.] Bomers, Jost: Sprachskepsis in H's Werk als Antizipation zeitgenössischer Hermeneutik. In: Modernité de H' [2.6.1.02.]. S. 61-73.

[2.7.2.02.] Del Caro, Adrian: H.v.H': Poets and the language of life. London, Louisiana State Univ. press 1993. 142 p.

[2.7.2.03.] Martens, Lorna: Kunst und Gewalt: Bemerkungen zu H's Ästhetik. In: Modernité de H' [2.6.1.02.]. S.155-165.

[2.7.2.04.] Masson, Jean-Yves: »Die dumpfen Lügen der Tradition« – Quelques réflexions sur le concept de tradition chez H'. In: Modernité de H' [2.6.1.02.]. S. 167-181.

[2.7.2.05.] Masson, Jean-Yves: Remarques sur le thème de la métamorphose dans l'œuvre de H'. In: ÉG 49/1. 1994. S.53-67.

[2.6.2.3.11.] Neumann, Gerhard: H's poetologische Konzepte 1902 und 1907 aus der Sicht der Postmoderne (Botho Strauß: »Beginnlosigkeit«).

[2.6.2.3.09.] Osterkamp, Ernst: Die Sprache des Schweigens bei H'.

[2.7.2.06.] Puvirenti, Grazia: Fra il silenzio delle sirene ed il canto di Orfeo. La crisi del linguaggio nella poesia austriaca degli inizi del secolo: H', Trakl, Rilke. Catania, Marino, 1989.

[2.6.2.3.14.] Renner, Ursula: »Die Tiefe muss man verstecken – wo? An der Oberfläche« – Allegorisierung als Verfahren der Moderne in H's *Glück am Weg*.

2.7.3. Bildende Künste

[2.7.3.01.] Müller, Lothar: Modernität, Bewegung und Verlebendigung. H' und das Bild der antiken Statue. In: Modernité de H' [2.6.1.02.], S. 215-226.

[2.7.3.02.] Rosso Chioso, Fernanda: »Objets d'art« e poesia. In: H.v.H', Filosofia del metaforico. Siena 1988. S.49-75.

2.7.4. Geschichte, Kultur, Politik

[2.7.4.01.] Jäger, Lorenz: Politik und Gestik bei H.v.H'. In: HJb 2 /1994. S. 181-199.

[2.7.4.02.] Le Rider, Jacques: L'Idée Autrichienne de Reich Centre-Européen, selon H.v.H. In: Modernité de H' [2.6.1.02.]. S. 137-153.

[2.7.4.03.] Mauser, Wolfram: »Die geistige Grundfarbe des Planeten«. H.v.H's »Idee Europa«. In: HJb 2/1994. S. 201-222.

[2.7.4.04.] Mattenklott, Gert: H's Votum für Europa. In: Modernité de H' [2.6.1.02.]. S. 183-192.

[2.7.4.05.] Müller, Karl: H.v.H's Zeit- und Kulturkritik seit dem Ersten Weltkrieg. In: Modernité de H' [2.6.1.02.]. S. 193-214.

[2.3.06.] Perrig, Severin: H.v.H' und die Zwanziger Jahre. Eine Studie zur späten Orientierungskrise.

2.7.5. Musik und Tanz

[1.5.1.02.] Beaumont, Antony: Alexander Zemlinsky.

[2.7.5.01.] Daviau, Donald G.: The Final Chapter of the Strauss – Hofmannsthal – Collaboration on *Ariadne auf Naxos*. In: Music and German Literatur. Their Relationship since the Middle Ages. Ed. by James M. McGlathery. (= Clamden House, Studies in German Literature, Linguistics, and Culture; Vol. 66). Columbia 1992. S. 242-256.

[2.7.5.02.] Gumpert, Gregor: Die Rede vom Tanz. Körperästhetik in der Literatur der Jahrhundertwende (= Literatur und andere Künste). München 1994. 239 S.; hier besonders: S.47-147.

[2.7.5.03.] Hubach, Sybille: In Praise of »Culinary« Art? The Libretto Discussion between H.v.H' and Richard Strauss, with a glance at Walter Felsenstein's Music Theater. In: Music and German Literature. Their Relationship since the Middle Ages. Ed. by James M. McGlathery (= Clamden House, Studies in German Literature, Linguistics, and Culture; Vol. 66). Columbia 1992. S.242-256.

[2.7.5.04.] Kohler, Stephan: Zwischen Liedertafel und virtuosem Chorgesang. In: Almanach zu den Richard-Strauss-Tagen 1993. München 1993. S. 96 f.

[2.7.5.05] Kohler, Stephan: Richard Strauss – Reaktionär inmitten der Moderne? Ein ehemals »zeitgemäßer« Komponist auf dem Weg ins musikgeschichtliche Niemandsland. In: Almanach zu den Richard-Strauss-Tagen 1993. München 1993. S.4-7.

[2.7.3.01.] Müller, Lothar: Modernität, Bewegung und Verlebendigung.

[2.7.3.02.] Rosso Chioso, Fernanda: »Objets d'art« e poesia.

[2.7.5.06] Salvan Renucci, Françoise: Les livrets d'opéra de H.v.H': Esthétique, structure, langue: étude thématique axée sur des concepts musicaux. Marseille 1992.

2.7.6. Philosophie, Religion, Ethik

[2.6.2.1.11.] Schmid, G. Bärbel: *Leda und der Schwan.*

2.7.7. Theater und Film

[2.7.7.01] Rieckmann, Jens: Im Scheinhaften scheinhaft: Die Signifikanz des Schauspielers in H's Modernekritik der Neunziger Jahre. In: Modernité de H' [2.6.1.02.]. S. 267-274.

[2.6.2.1.10.] Stieg, Gerald: H' und die Salzburger Festspiele.

2.7.8. Einzelaspekte

Maskerade, Metamorphosen
[2.7.8.01] Lehnert, Gertrud: Maskeraden und Metamorphosen. Als Männer verkleidete Frauen in der Literatur. Würzburg 1994. 368 S.
* Zu H's *Lucidor* und *Arabella* S. 163-203.

Orte
[2.7.8.02.] Catalano, Gabriella: La poetica del giardino in H.v.H'. In: A. Tagliolini (curatore), Il giardino europeo del Novecento, 1900-1940. Firenze 1993. S. 173-182.

Personal
[2.7.8.03.] Pauleweit, Karin: Dienstmädchen um die Jahrhundertwende im Selbstbildnis und im Spiegel der zeitgenössischen Literatur (= Europäische Hochschulschriften Reihe I: Deutsche Sprache und Literatur, Serie 1, Bd.1381). Frankfurt a.M./Berlin u.a. 1993. 152 S.

Schauspieler
[2.7.7.01.) Rieckmann, Jens: Im Scheinhaften scheinhaft (...).

3. Wirkungs- und Rezeptionsgeschichte: Literatur, Theater, Film, Funk, Fernsehen

Literatur

Hermann Burger

[3.01.] Kobel, Erwin: Diabelli, Brestidigitateur. Hermann Burgers Variationen über ein Thema von H'. In: Poetry – Poetics – Translation. Festschrift in Honor of Richard Exner. Hg. von Ursula Mahlendorf und Laurence Rickels. Würzburg 1994.

Paul Celan

[2.6.2.3.13.] Boeschenstein, Bernard: Celan, lecteur des Notes de H'.

Botho Strauss

[2.6.2.3.11.] Neumann, Gerhard: H's poetologische Konzepte (...).

Zur Rezeptionsgeschichte in Frankreich

[3.02.] Ravy, Gilbert: Regards français sur la modernité de H'. In: Modernité de H' [2.6.1.02.]. S. 241-251.

[3.03.] Stern, Martin: *Cristinas Heimreise* von H' mit Louis Jouvet in Paris? Eine Ergänzung zum Beitrag: H's *Der Schwierige* in Paris (ÉG 48/2. 1993. S. 129-146.). In: ÉG 48/4. 1993. S. 508-511. – Darin ein Brief von Jacques Hébertot an Theodora Von der Mühll vom 23.2.1951. S. 510f.

Methodische Aspekte in der Hofmannsthal-Forschung

[3.04.] Zwetkow, Jurij Leonidowitsch: Zur Methodologie der kritischen Analyse der Poetik des frühen H.v.H'. – Probleme der Poetik der ausländischen Literatur des XX. Jahrhunderts. Tscheljabinsk: Das Pädagogische Institut, 1991. S.57-72.

Zu einzelnen Inszenierungen

Ariadne auf Naxos

[3.05] Brug, Manuel: Herr Jourdain amüsiert sich – die Urfassung der *Ariadne* (1912) in Lyon (Première 19.4.1994). In: Opernwelt. Juni 1994. S.28-30.

[3.06] Oppens, Kurt: Ariadnes Glanz und Otellos Elend. Zu Inszenierungen in der Metropolitan Opera New York (Première 16.4.1994). In: Opernwelt. Juli 1994. S. 56 f.

Das Bergwerk zu Falun
[3.07.] Programmheft einer Inszenierung *Das Bergwerk zu Falun*: Theater unter Tage im Besucher-Bergwerk Grube Bindweide in Steinebach. Bearbeitung und Regie: Katharina Becker (1994).

Die Frau ohne Schatten
[3.08] Voigt, Thomas: Schreie und Flüstern. *Die Frau ohne Schatten* von Homoki / Gussmann im Théâtre du Châtelet Paris (Première am 1.3.1994). In: Opernwelt. Mai 1994. S. 16 f.

Der Rosenkavalier
[3.09.] Almanach de Châtelet, Theatre Musical de Paris Nr. 16, Sept.-Octobre 1993. Zu: Cycle Richard Strauss, Saison 1993-1994. Darin: Jean Pierre Derrien: Le Chevalier à la Rose. Une Comédie Mêlée de Drame (S. 5); Adolf Dresen: Vienne Fin-de-Siècle. S.6.

[3.10.] Birnbaum, Clemens: *Der Rosencavalier* – ein Rückschritt? In: Programmheft der Deutschen Oper in Berlin. 1993. S. 9-12.

[3.11.] Blyth, Alan: Sprödes romantisch – Romantisches spröde. »Katja Kabanowa« und *Der Rosenkavalier*. Zu Inszenierungen in London (Première am 2.2.1994). In: Opernwelt. Mai 1994. S. 34 f.

[3.12.] Friedrich, Götz: »...eine Farce.« Und weiter nichts? Orientierungen zur Neuinszenierung des *Rosenkavaliers* 1993. In: Programmheft der Deutschen Oper in Berlin. 1993. S. 28-31.

[3.13.] Maidowski, Angelika: »Leicht muß man sein...«. In: Programmheft der Deutschen Oper in Berlin. 1993. S. 35-37.

[3.14.] Voigt, Thomas: Feinfühlige Marschallin. Zu einer Inszenierung in Dortmund (Première am 11. Juni 1994). In: Opernwelt. August 1994. S. 54.

Der Schwierige
[2.6.2.1.13.] Douglas A. Joyce: H.v.H's *Der Schwierige*.

Tonaufnahmen
Richard Strauss – Hugo von Hofmannsthal. Briefwechsel
[3.15.] Richard Strauss – H.v.H': Briefwechsel. Hg. von Willi Schuh.

Auswahl der Briefe: Otto Düben. Literatur und Musik. Sprecher: Rolf Boysen (RSt), Peter Lieck (H.v.H'). – 2 Compact-Discs (CD 38631 bzw. MC 28631). Leuberg-Edition. Wermatswil / Zürich / München 1994.

Corrigenda zu HJb 2/1994
[2.9.6.03.] Prodolliet, Ernest.

Hugo von Hofmannsthal-Gesellschaft e. V.

Mitteilungen

Internationale Tagung der Hugo von Hofmannsthal-Gesellschaft
Marbach a.N., 8. bis 11. September 1994

Die Internationale Tagung der Hugo von Hofmannsthal-Gesellschaft, die unter dem Titel »Ästhetik des Fragmentarischen« vom 8.–11. September 1994 im Deutschen Literaturarchiv in Marbach stattfand, schien ganz auf die kühle Modernität der neuen Räume des Hauses eingestimmt zu sein. Wer den Blick zur Decke richtete und den freigelegten Röhrenleitungen folgte, mochte dort eine genaue Entsprechung zu den Vorträgen finden, die dem Beziehungsgeflecht von Hofmannsthals dichterischen Bruchstücken nachgingen. Für die Wahl des Tagungsthemas gab es einen sachlichen Grund: das Verhältnis von Werk und Fragment hat sich, ablesbar an den neuen Bänden der Kritischen Hofmannsthal-Ausgabe, so sehr zugunsten des letzteren verschoben wie bei keinem anderen deutschen Dichter seit Novalis.

Der Vorsitzende Dr. Werner Volke eröffnete die Tagung am Donnerstag, 8. September 1994, um 15 Uhr. Er begrüßte die Teilnehmer, die aus vielen Ländern nach Marbach gekommen waren, um sich an der gemeinsamen Arbeit zu beteiligen, darunter besonders die osteuropäischen Gäste. Er dankte dem gastgebenden Deutschen Literaturarchiv und den Institutionen, die durch Fördermittel die Tagung ermöglicht hatten: der Arbeitsgemeinschaft Literarischer Gesellschaften, der Deutschen Forschungsgemeinschaft, dem Ministerium für Familie, Frauen, Weiterbildung und Kunst Baden-Württemberg und der Robert Bosch-Stiftung. In einem Überblick schilderte er sodann Hofmannsthals lebenslange Beschäftigung mit Schiller. Bereits 1905 hatte der Dichter auf die Fragmente in Schillers Nachlaß hingewiesen und besonders den »Demetrius« der Aufmerksamkeit der Zeitgenossen, die gerade Zeugen der russischen Revolution wurden, anempfohlen. Bei der Besprechung der späten Edition von »Schillers Selbstcharakteristik«, ursprünglich einem Werk aus der Mitte des 19. Jahrhunderts, bestehend aus Fragmenten, die Hofmannsthal noch einmal kürzte und fragmentierte, führte Werner Volke den genius loci und das Thema der Tagung zusammen.

Den wissenschaftlichen Teil der Tagung eröffnete Michael Hamburger mit dem Vortrag »Das Fragment, ein Kunstwerk?«, in dem er aus der Erfahrung als Herausgeber und Übersetzer Hofmannsthal in den Kontext der klassischen Moderne Deutschlands und Englands stellte. Gerhard Schulz sprach über Hofmannsthals Stellung zum romantischen Fragment, besonders zu Novalis, dessen Ideen im »Andreas«-Fragment anklingen. Gegenüber der provokativen Originalität der Frühromantiker sei allerdings bei Hofmannsthal, besonders im späteren Werk, eher die Verpflichtung der europäischen Literatur gegenüber zu verzeichnen.

Zur Vorstellung der seit der letzten Tagung erschienenen Bände der Kritischen Hofmannsthal-Ausgabe sprachen am Abend Monika Schoeller und Heinz Rölleke. Frau Schoeller wies auf das bisher Geleistete hin – 25 Bände in 20 Jahren –, dankte den Editoren und erinnerte an Hermann Josef Abs, der in einer schwierigen Zeit sich für die Weiterführung der Ausgabe eingesetzt hatte. Ganz auf der Linie der prononcierten Modernität dieser Tagung lag es, daß Heinz Rölleke in seinem Editionsbericht einen Band von Lustspielfragmenten ankündigte, in dem Hofmannsthals lebhaftes Interesse an der »Dreigroschenoper« von Brecht und Weill dokumentiert sein wird.

Beim abendlichen Empfang im Deutschen Literaturarchiv begrüßte Ulrich Ott als Gastgeber die Teilnehmer; der Bürgermeister von Marbach, Herr Keppler, schloß sich mit einem Grußwort an. Zum Rahmenprogramm der Tagung gehörte auch eine Lesung aus Werken Hofmannsthals, ausgeführt vom »studio gesprochenes wort« am folgenden Abend. Vorgetragen wurden »Der Tod des Tizian«, »Aufschrift auf eine Standuhr«, »L'allegro«, »Florindo und die Unbekannte« und der Anfang des »Andreas«-Romans – Fragmente allesamt, deren Zusammenstellung gegen den Schluß hin die heiteren und leichten Züge der Werke hervortrieb, die man am »Andreas« noch nie so deutlich hatte wahrnehmen können.

Gleichfalls zum Rahmenprogramm gehörte eine kleine Ausstellung, die im Foyer der Tagungsstätte anschauliche Zeugnisse von Hofmannsthals Schaffen bot: Teile seiner Korrespondenz mit Cäsar Flaischlen, dem Herausgeber des »Pan«, waren dort ebenso zu sehen wie Manuskriptblätter des »Kleinen Welttheaters« und der Sekretär aus Rodaun, an dem Hofmannsthal zu schreiben pflegte.

Achim Aurnhammer wies in seinem Vortrag »Hofmannsthals ›Andreas‹: das Fragment als Erzählform der Moderne« auf das Leitmotiv des »Halben«, in sich Gespaltenen, Androgynischen hin und auf Hofmannsthals Tendenz, als Romanleser die Werke zu fragmentieren, Anfänge gegenüber Schlüssen aufzuwerten. Am weitesten in die Richtung einer Modernität Hofmannsthals ging in seinem Vortrag »Reinheit zuoberst« Carlpeter Braegger, der auf verwandte Motive der russischen Avantgarde um 1910 einging. Dort, wo die Kunst an die Mystik grenzt, wie in Malewitschs berühmtem »Schwarzen Quadrat«, lassen sich auch manche Äußerungen Hofmannsthals lokalisieren. Picassos ungemein eindringliches frühes Selbstbildnis »Yo, Picasso«, lange im Besitz des Dichters, fand in Braeggers Vortrag eine genaue Interpretation. Mathias Mayer schließlich stellte das Fragment in den Mittelpunkt von Hofmannsthals Werk und versuchte, ihm eine Ethik des Begrenzten, Endlichen abzugewinnen, das »durch den Schmerz gezeichnet« sei.

Einen wesentlichen Bestandteil der Tagung bildeten neben den Vorträgen die Arbeitsgruppen, die zu drei Sitzungen am Freitag und Samstag zusammenkamen. Die Arbeitsgruppe 1, geleitet von Bernhard Böschenstein, beschäftigte sich mit dem Bruchstück »Der Tod des Tizian« und den verstörenden Wirkungen, die von Georges Algabal-Figur auf Hofmannsthal ausgegangen waren. In zwei Sitzungen wurde sodann das »Buch der Freunde« erörtert, das in der Tradition der französichen Moralistik des 17. und des frühens 18. Jahrhunderts steht. Eine komponierte Struktur verbindet die Fragmente zu einem großen Buch der Erziehung, mit dem Hofmannsthal im geistigen Chaos der Nachkriegszeit ein Plädoyer für ein sozial differenziertes, formbewußtes Leben führen wollte. Das Fragmentarische im Sinne des Unfertigen werde hier ebenso zurückgewiesen wie die »Tyrannei einer provisorischen, lautstarken Moderne« (Böschenstein).

Die Arbeitsgruppe 2 widmete sich unter der Leitung von Klaus Bohnenkamp den unvollendeten Antikendramen aus Hofmannsthals Frühzeit. Dabei wurde zunächst die Begriffsgeschichte des Wortes »Fragment« erörtert. Hofmannsthals Versuche mit antiken Stoffen, zumal die wiederholten Ansätze zu einem »Alexander«- und zu einem »Bacchen«-Drama, wurden einmal auf ihre Vorbilder und Quellen hin untersucht, unter denen Droysen, Bachofen, Nietzsche und Walter Pater aus der Literatur, Altdorfer und Böcklin aus der bildenden Kunst zu nennen sind, zum andern auf ihre Anleihen beim Orientalismus und ihre psychologisierende Deutung der überlieferten Stoffe.

Die Arbeitsgruppe 3 (»Ideen zu Gedichten«. Lyrische Skizzen aus Hofmannsthals Nachlaß), geleitet von Andreas Thomasberger, diskutierte die lyrischen Fragmente nach ihren Gruppierungen: die der »Idyllen« von 1897, zu denen Renate Böschenstein referierte, sodann die Aufzeichnungen von Traumvorstellungen, in denen sich der Vers in Prosa auflöst, und schließlich die 1922 geplante Folge von Gedichten auf die sieben Lebensalter.

Die Arbeitsgruppe 4 leitete Hans-Georg Schmidt-Bergmann. Hier wurde das Romanfragment »Andreas« behandelt. Eingegangen wurde sowohl auf seine psychiatrische Quelle, einem zeitgenössischen Bericht über Bewußtseinsspaltungen, wobei sich Gelegenheit fand, auf die Strukturen von Wahrnehmung, Gedächtnis und Erinnerung einzugehen, wie auch auf die historisch-politischen Ausfransungen des Fragments, die in dem Plan eines Romans über den Herzog von Reichstadt kulminierten.

Die Arbeitsgruppe 5 widmete sich unter der Leitung von Juliane Vogel dem Dramenfragment »Ascanio und Gioconda«. Der Vergleich mit den Vorlagen, einer Novelle Matteo Bandellos und einem Dramenentwurf Grillparzers, erwies, wie sehr für Hofmannsthal die Ausgestaltung der beiden Frauenfiguren Gioconda und Francesca das Zentrum der Arbeit bildete. Obwohl der Dichter zunächst ein Stück für die »wirkliche brutale Bühne« intendiert hatte, verwandelte sich ihm der Stoff zur Komposition eines weiblichen Rätselbildes im Geist der schwarzen Romantik, das Vergleiche mit Shelley, Swinburne und Mallarmé nahelegt. Nicht eine eindeutige Charakterisierung, sondern unverbundene Gebärden und Stimmungen, suggestive Notizen, Farben eher als Worte waren Hofmannsthal angelegen.

Am späteren Freitagnachmittag bot sich die Möglichkeit, an einer Führung durch das Deutsche Literaturarchiv oder Schiller-Nationalmuseum teilzunehmen. Das Schaffen Ricarda Huchs, das zwischen autonomem und repräsentativem Schreiben die Mitte hielt, wurde den Teilnehmern der Museumsführung, zu denen auch der Berichterstatter gehörte, konzentriert und präzise verdeutlicht.

Mit dem Dank des neugewählten Vorsitzenden Dr. Marcus Bierich an die Referenten, an die Teilnehmer und, last not least, an die Mitarbeiter des Tagungsbüros wurde die Tagung bereits am Samstagabend offiziell beendet. Am Sonntagvormittag bot sich die Gelegenheit, an der Eröffnung der Kabinett-Ausstellung »Vom Schreiben 2: Der Gänsekiel oder womit schreiben« teilzunehmen. Es sprach Peter Härtling.

Am Rande der Tagung fand am Samstag, dem 10. September, die Mitgliederversammlung der Hugo von Hofmannsthal-Gesellschaft statt. Da das Protokoll den Mitgliedern bereits vorliegt, mag hier eine kurze Zusammenfassung genügen. Der Vorsitzende Dr. Werner Volke gab einen Bericht über die Tätigkeit des Vorstands und einen Überblick über die seit der letzten Mitgliederversammlung in Neubeuern am Inn erschienenen Publikationen. Danach legte Dr. Bärbel Schmid den Finanzbericht der Gesellschaft vor. Dr. Elsbeth Dangel-Pelloquin dankte im Namen der Gesellschaft den auf eigenen Wunsch ausscheidenden Vorstandsmitgliedern: Dr. Werner Volke für seine jahrelange engagierte Arbeit und der stellvertretenden Vorsitzenden, Dr. Ursula Renner-Henke. In den neuen Vorstand wurden Dr. Dr. h.c. Marcus Bierich als Vorsitzender gewählt, als seine Stellvertreter Drs. Elsbeth Dangel-Pelloquin und Lorenz Jäger, als Schriftführerin Dr. Bärbel Schmid und als Schatzmeister Dr. Hermann Fröhlich. In den Beirat wurden neu gewählt: Prof. Renate Böschenstein, Dr. Brian Keith-Smith, Prof. Jacques Le Rider, Prof. Gert Mattenklott und Prof. Wendelin Schmidt-Dengler. Prof. Viktor Suchy schied auf eigenen Wunsch aus Altersgründen aus dem Beirat aus. In den Ehrenrat wurde Herr Andrew Zimmer, einer der Enkel Hofmannsthals, aufgenommen.

Lorenz Jäger

Martin Stern 65 Jahre alt

Aus Anlaß seines 65. Geburtstages wurde Martin Stern in Basel am 17. Februar mit einer Festschrift gefeiert. Sie trägt den Titel »Verbergendes Enthüllen. Zur Theorie und Kunst dichterischen Verkleidens« und wurde von Wolfram Malte Fues und Wolfram Mauser herausgegeben (Würzburg: Königshausen & Neumann 1995). Frau Dangel-Pelloquin übermittelte Gruß- und Dankesworte des Vorstands der Hofmannsthal-Gesellschaft, die wir hier wiedergeben:

Lieber Herr Stern,

> Im Spätsommer vergangenen Jahres wurde vom Deutschen Seminar der Johann Wolfgang Goethe-Universität Frankfurt aus ein ›Rundbrief an die Freunde der Dichtung Hugo von Hofmannsthals‹ versandt. Er erreichte etwa achthundert Interessenten des Planes, die uns Freunde und Kenner der Hofmannsthal-Forschung im In- und Ausland vermittelt hatten. Der Aktion war ein unerwarteter Erfolg beschieden: Im Laufe des Herbstes und Winters 1967/68 erklärte rund ein Viertel der Empfänger seine Bereitschaft, der zu gründenden Gesellschaft beizutreten.

Diese Sätze aus dem ersten Heft der »Hofmannsthal-Blätter« sind die älteste gedruckte Überlieferung der Hugo von Hofmannsthal-Gesellschaft, sozusagen die Keimzelle aus dem Jahre 1967. Und was im ersten Satz in der passiven Formulierung scheinbar ohne Subjekt daherkommt, hat natürlich – wie immer bei Passivsätzen – ein verborgenes Agens, das, dem Titel Ihrer Festschrift gemäß, enthüllt werden muß: Sie, Herr Stern, sind dieses Agens.

Sie waren der Initiator und Absender dieses Briefes und damit zugleich der Gründungsvater und Geburtshelfer der Hugo von Hofmannsthal-Gesellschaft, als deren Vorstandsmitglied ich heute die vergnügliche Pflicht habe, Dank und Glückwünsche des Vorstands der Gesellschaft zu übermitteln.

Daß das Kind, das Sie damals aus der Taufe gehoben haben, inzwischen zu einer gesunden und stattlichen Institution von sechsundzwanzig Jahren herangewachsen ist, das verdankt es besonders Ihrer Pflege und umsichtigen Tätigkeit in seiner Jugendzeit.

Elf Jahre lang, von der Gründung 1968 – in ›dürftiger Zeit‹, was literarische Belange und Aktivitäten anbetraf – bis zur Wiener Tagung 1979 waren Sie Vorstandsvorsitzender der Gesellschaft, Sie haben die »Blätter« herausgegeben und die »Forschungen« mitgetragen und -verantwortet.

Und Sie haben als Vorsitzender den Auftrag der Gesellschaft zu einer Ausgabe der Werke Hofmannsthals wahrgenommen und mit dafür gesorgt, daß aus dem immensen, zerstreut herumliegenden Nachlaß Hofmannsthals eine kritische Ausgabe in Angriff genommen wurde, zu der Sie selbst mit der Edition des »Schwierigen« beigetragen haben.

Wenn diese Ausgabe zum Jahrtausendende nahezu fertiggestellt sein dürfte, so wird erst das ganze Ausmaß der Veränderung erkennbar werden, die mit dem Werk innerhalb dieser dreißig Jahre seit der Gründung der Gesellschaft geschehen ist: wenig ist mehr am Platz geblieben und wenig damals gewohnte Lesarten können beibehalten werden. Sichtbar wird ein riesiges fragmentarisches, offenes, unendlich vernetztes Werk, aus dem die gesamte europäische Moderne spricht.

Eine »Historisch-Kritische Ausgabe«, die ja neuerdings unmittelbar auf die kritische folgt (ich denke da an Kafka), kann dann getrost dem nächsten Jahrtausend überlassen werden, denn wir sind mit dieser vorerst vollauf beschäftigt!

Wie sehr aber Ihr Lebenswerk, Herr Stern, bis heute mit Hofmannsthal verbunden ist, das zeigen nicht nur die Dokumente der Gesellschaft, das wird jetzt auch an Ihrer Festschrift in beeindruckender Weise evident. Bereits der Titel umspannt mit seiner Anspielung auf Ihren Essay aus dem Jahre 1959 über dreißig Jahre Hofmannsthal-Philologie. Fast ein Viertel der Beiträge widmet sich diesem Autor, mehr aber noch ist Ihr eigenes Schriftenverzeichnis mit seinen 42 Publikationen zu Hofmannsthal – d. h. einem Drittel Ihrer Gesamtproduktion – Zeugnis einer lebenslangen Auseinandersetzung, die, wie ich hoffe und erwarte, noch lange nicht beendet ist. Denn wenn auch mit dem Abschluß der Kritischen Ausgabe viele bisher verborgenen Schriften und Fragmente Hofmannsthals enthüllt sein werden, so bleibt in dieser Enthüllung – dem Titel Ihres Aufsatzes und Ihrer Festschrift getreu – doch Wesentliches verborgen, dem sich die literaturwissenschaftliche Arbeit weiterhin und in unabschließbarer Bemühung zuwenden kann: denn »darüber hinaus, dahinter ist noch etwas: die Wahrheit und das Geheimnis«.

Siglen- und Abkürzungsverzeichnis

SW Hugo von Hofmannsthal: Sämtliche Werke. Kritische Ausgabe. Veranstaltet vom Freien Deutschen Hochstift. Hg. von Rudolf Hirsch, Clemens Köttelwesch (†), Christoph Perels, Edward Reichel, Heinz Rölleke, Ernst Zinn (†), Frankfurt a. M.

SW I Gedichte 1	Hg. von Eugene Weber. 1984.
SW II Gedichte 2	Aus dem Nachlaß. Hg. von Andreas Thomasberger und Eugene Weber (†). 1988.
SW III Dramen 1	Hg. von Götz Eberhard Hübner, Klaus-Gerhard Pott und Christoph Michel. 1982.
SW IV Dramen 2	Das gerettete Venedig. Hg. von Michael Müller. 1984.
SW V Dramen 3	Die Hochzeit der Sobeide / Der Abenteurer und die Sängerin. Hg. von Manfred Hoppe (†). 1992.
SW VIII Dramen 6	Ödipus und die Sphinx/König Ödipus. Hg. von Wolfgang Nehring und Klaus E. Bohnenkamp. 1983.
SW IX Dramen 7	Jedermann. Hg. von Heinz Rölleke. 1990.
SW X Dramen 8	Das Salzburger Große Welttheater/Pantomimen zum Großen Welttheater. Hg. von Hans-Harro Lendner und Hans-Georg Dewitz. 1977.
SW XI Dramen 9	Florindos Werk. Cristinas Heimreise. Hg. von Mathias Mayer. 1992.
SW XII Dramen 10	Der Schwierige. Hg. von Martin Stern. 1993.
SW XIII Dramen 11	Der Unbestechliche. Hg. von Roland Haltmeier. 1986.
SW XIV Dramen 12	Timon der Redner. Hg. von Jürgen Fackert. 1975.
SW XV Dramen 13	Das Leben ein Traum/Dame Kobold. Hg. von Christoph Michel und Michael Müller. 1989.
SW XVI.1 Dramen 14.1	Der Turm. Erste Fassung. Hg. von Werner Bellmann. 1990.
SW XVIII Dramen 16	Fragmente aus dem Nachlaß 1. Hg. von Ellen Ritter. 1987.
SW XIX Dramen 17	Fragmente aus dem Nachlaß 2. Hg. von Ellen Ritter. 1994

SW XX Dramen 18	Silvia im »Stern«. Hg. von Hans-Georg Dewitz. 1987.
SW XXI Dramen 19	Lustspiele aus dem Nachlaß 1. Hg. von Mathias Mayer. 1993.
SW XXII Dramen 20	Lustspiele aus dem Nachlaß 2. Hg. von Mathias Mayer. 1994.
SW XXIII Operndichtungen 1	Der Rosenkavalier. Hg. von Dirk O. Hoffmann und Willi Schuh. 1986.
SW XXIV Operndichtungen 2	Ariadne auf Naxos/Die Ruinen von Athen. Hg. von Manfred Hoppe. 1985.
SW XXVI Operndichtungen 4	Arabella / Lucidor / Der Fiaker als Graf. Hg. von Hans-Albrecht Koch. 1976.
SW XXVIII Erzählungen 1	Hg. von Ellen Ritter. 1975.
SW XXIX Erzählungen 2	Aus dem Nachlass. Hg. von Ellen Ritter. 1978.
SW XXX Roman	Andreas / Der Herzog von Reichstadt / Philipp II. und Don Juan d'Austria. Hg. von Manfred Pape. 1982.
SW XXXI Erfundene Gespräche und Briefe	Hg. von Ellen Ritter. 1991

GW Hugo von Hofmannsthal: Gesammelte Werke in zehn Einzelbänden. Hg. von Bernd Schoeller (Bd. 10: und Ingeborg Beyer-Ahlert) in Beratung mit Rudolf Hirsch. Frankfurt a. M. 1979f.

GW GD I	Gedichte. Dramen I: 1891–1898
GW D II	Dramen II: 1892–1905
GW D III	Dramen III: 1893–1927
GW D IV	Dramen IV: Lustspiele
GW D V	Dramen V: Operndichtungen
GW D VI	Dramen VI: Ballette. Pantomimen. Bearbeitungen. Übersetzungen
GW E	Erzählungen. Erfundene Gespräche und Briefe. Reisen
GW RA I	Reden und Aufsätze I: 1891–1913
GW RA II	Reden und Aufsätze II: 1914–1924
GW RA III	Reden und Aufsätze III: 1925–1929. Buch der Freunde. Aufzeichnungen: 1889–1929

Gesammelte Werke in Einzelausgaben. Hg. von Herbert Steiner. Frankfurt a. M. 1945 ff. (bei späterer abweichender Paginierung 1. Aufl. mit Erscheinungsjahr)

P I (1950)	Prosa I. 1. Aufl. 1950
P I	Prosa I. 1956
P II (1951)	Prosa II. 1. Aufl. 1951
P II	Prosa II. 1959
P III	Prosa III. 1952
P IV	Prosa IV. 1955
A	Aufzeichnungen. 1959
E	Erzählungen. Stockholm 1945. 2. Aufl. 1949. 3. Aufl. 1953
GLD	Gedichte und Lyrische Dramen. Stockholm 1946. 2. Aufl. 1952
D I	Dramen I. 1953
D II	Dramen II. 1954
D III	Dramen III. 1957
D IV	Dramen IV. 1958
L I (1947)	Lustspiele I. 1. Aufl. 1947
L I	Lustspiele. 1959
L II (1948)	Lustspiele II. 1. Aufl. 1948
L II	Lustspiele II. 1954
L III	Lustspiele III. 1956
L IV	Lustspiele IV. 1956
B I	Hugo von Hofmannsthal: Briefe 1890–1901. Berlin 1935.
B II	Hugo von Hofmannsthal: Briefe 1900–1909. Wien 1937.
BW Andrian	Hugo von Hofmannsthal – Leopold von Andrian: Briefwechsel. Hg. von Walter H. Perl. Frankfurt 1968.
BW Beer-Hofmann	Hugo von Hofmannsthal – Richard Beer-Hofmann: Briefwechsel. Hg. von Eugene Weber. Frankfurt 1972.
BW Bodenhausen	Hugo von Hofmannsthal – Eberhard von Bodenhausen: Briefe der Freundschaft. (Hg. von Dora von Bodenhausen). (Düsseldorf) 1953.

BW Borchardt	Hugo von Hofmannsthal – Rudolf Borchardt: Briefwechsel. Hg. von Marie Luise Borchardt und Herbert Steiner. Frankfurt 1954.
BW Borchardt (1994)	Hugo von Hofmannsthal – Rudolf Borchardt: Briefwechsel. Text. Bearbeitet von Gerhard Schuster. München 1994.
BW Burckhardt	Hugo von Hofmannsthal – Carl J. Burckhardt: Briefwechsel. Hg. von Carl J. Burckhardt. Frankfurt 1956.
BW Burckhardt (1957)	Hugo von Hofmannsthal – Carl J. Burckhardt: Briefwechsel. Hg. von Carl J. Burckhardt. Frankfurt 1957 (Erw. Ausgabe).
BW Burckhardt (1991)	Hg. von Carl J. Burckhardt und Claudia Mertz-Rychner. Erw. und überarb. Neuausgabe. Frankfurt 1991.
BW Degenfeld	Hugo von Hofmannsthal – Ottonie Gräfin Degenfeld: Briefwechsel. Hg. von Marie Therese Miller-Degenfeld unter Mitwirkung von Eugene Weber. Eingeleitet von Theodora von der Mühll. Frankfurt 1974.
BW Degenfeld (1986)	Hugo von Hofmannsthal: Briefwechsel mit Ottonie Gräfin Degenfeld und Julie Freifrau von Wendelstadt. Hg. von Marie Therese Miller-Degenfeld unter Mitw. von Eugene Weber. Eingel. von Theodora von der Mühll. Erw. und verb. Auflage Frankfurt 1986.
BW George	Briefwechsel zwischen George und Hofmannsthal. (Hg. von Robert Boehringer). Berlin 1938.
BW George (1953)	Briefwechsel zwischen George und Hofmannsthal. 2. erg. Auflage. (Hg. von Robert Boehringer). München, Düsseldorf 1953.
BW Haas	Hugo von Hofmannsthal – Willy Haas: Ein Briefwechsel. (Hg. von Rudolf Italiaander). Berlin 1968.
BW Herzfeld	Hugo von Hofmannsthal: Briefe an Marie Herzfeld. Hg. von Horst Weber. Heidelberg 1967.
BW Heymel I	Hugo von Hofmannsthal – Alfred Walter Heymel: Briefwechsel. Teil 1: 1900–1908. Hg. von Werner Volke. In: HJb 1, 1993, S. 19–98.
BW Heymel II	Hugo von Hofmannsthal – Alfred Walter Heymel: Briefwechsel. Teil 2: 1909–1914. Hg. von Werner Volke. In: HJb 3, 1995, S. 19–167.

BW Insel   Hugo von Hofmannsthal: Briefwechsel mit dem Insel-Verlag 1901 bis 1929. Hg. von Gerhard Schuster. Frankfurt 1985.

BW Karg Bebenburg   Hugo von Hofmannsthal – Edgar Karg von Bebenburg: Briefwechsel. Hg. von Mary E. Gilbert. Frankfurt 1966.

BW Kessler   Hugo von Hofmannsthal – Harry Graf Kessler: Briefwechsel 1898–1929. Hg. von Hilde Burger. Frankfurt 1968.

BW Mell   Hugo von Hofmannsthal – Max Mell: Briefwechsel. Hg. von Margret Dietrich und Heinz Kindermann. Heidelberg 1982.

BW Nostitz   Hugo von Hofmannsthal – Helene von Nostitz: Briefwechsel. Hg. von Oswalt von Nostitz. Frankfurt 1965.

BW Pannwitz   Hugo von Hofmannsthal – Rudolf Pannwitz: Briefwechsel. 1907–1926. In Verb. mit dem Deutschen Literaturarchiv hg. von Gerhard Schuster. Mit e. Essay von Erwin Jaeckle. Frankfurt 1994.

BW Redlich   Hugo von Hofmannsthal – Josef Redlich: Briefwechsel. Hg. von Helga (Ebner-)Fußgänger. Frankfurt 1971.

BW Rilke   Hugo von Hofmannsthal – Rainer Maria Rilke: Briefwechsel 1899–1925. Hg. von Rudolf Hirsch und Ingeborg Schnack. Frankfurt 1978.

BW Schmujlow-Claassen   Ria Schmujlow-Claassen und Hugo von Hofmannsthal. Briefe, Aufsätze, Dokumente. Hg. von Claudia Abrecht. Marbach a. N. 1982.

BW Schnitzler   Hugo von Hofmannsthal – Arthur Schnitzler: Briefwechsel. Hg. von Therese Nickl und Heinrich Schnitzler. Frankfurt 1964.

BW Schnitzler (1983)   Hugo von Hofmannsthal – Arthur Schnitzler. Hg. von Therese Nickl und Heinrich Schnitzler. Frankfurt 1983.

BW Strauss   Richard Strauss: Briefwechsel mit Hugo von Hofmannsthal. (Hg. von Franz Strauss). Berlin, Wien, Leipzig 1926.

BW Strauss (1952)   Richard Strauss – Hugo von Hofmannsthal: Briefwechsel. Hg. von Franz und Alice Strauss. Bearb. von Willi Schuh. Zürich 1952

BW Strauss (1954)   Erw. Aufl. Zürich 1954.

BW Strauss (1964)	Im Auftrag von Franz und Alice Strauss hg. von Willi Schuh. 3., erw. Aufl. Zürich 1964.
BW Strauss (1970)	Hg. von Willi Schuh. 4., erg. Aufl. Zürch 1970.
BW Strauss (1978)	5., erg. Aufl. Zürich, Freiburg i. Br. 1978.
BW Wildgans	Der Briefwechsel Hofmannsthal – Wildgans. Erg. und verb. Neudruck. Hg. von Joseph A. von Bradish. Zürich, München, Paris 1935.
BW Wildgans (1971)	Hugo von Hofmannsthal – Anton Wildgans: Briefwechsel. Neuausg. Hg. und komm. von Norbert Altenhofer. Heidelberg 1971.
BW Zifferer	Hugo von Hofmannsthal – Paul Zifferer: Briefwechsel. Hg. von Hilde Burger. Wien (1983).
TB Christiane	Christiane von Hofmannsthal. Tagebücher 1918–1923 und Briefe des Vaters an die Tochter 1903–1929. Hg. von Maya Rauch und Gerhard Schuster, Frankfurt 1991.
TB Christiane (^{2}1991)	2. überarb. Aufl. Frankfurt 1991.
HB	Hofmannsthal-Blätter
HF	Hofmannsthal-Forschungen
HJb	Hofmannsthal-Jahrbuch

Alle gängigen Zeitschriften werden abgekürzt nach der Bibliographie der Deutschen Sprach- und Literaturwissenschaft (»Eppelsheimer/Köttelwesch«).

Anschriften der Mitarbeiter

Dr. Roberta Ascarelli
    Università degli studi di siena, dipartimento di letterature moderne e scienze dei linguaggi
    Piazza del Praticino, 7, I-52100 Arezzo

Prof. Dr. Achim Aurnhammer
    Deutsches Seminar II, Albert-Ludwigs-Universität Freiburg
    Werthmannplatz, D-79085 Freiburg

Dr. Carlpeter Braegger
    Büelstrasse 15, CH-8143 Sellenbüren

Prof. Dr. Leonhard M. Fiedler
    Institut für Deutsche Sprache und Literatur II,
    Johann-Wolfgang-Goethe-Universität
    Postfach 111932, Gräfstraße 76, D-60054 Frankfurt/Main

Michael Hamburger
    Marsh Acres, Middleton, Saxmundham
    Suffolk IP17 3NH

Prof. Dr. Jacques Le Rider
    Université Paris, Département d'études germaniques
    2, rue de la Liberté, F-93526 Saint-Denis

Prof. Dr. Mathias Mayer
    Universität Regensburg, Institut für Deutsche Philologie
    Postfach, D-93040 Regensburg

Prof. Dr. Gerhard Neumann
    Institut für Deutsche Philologie, Universität München
    Schellingstraße 3, D-80799 München

Prof. Dr. Elisabetta Potthoff
    Viale Cirene, 10, I-20135 Milano

PD Dr. Ursula Renner-Henke
    Deutsches Seminar II, Universität Freiburg
    Werthmannplatz, D-79085 Freiburg

Dr. Susanne Rode-Breymann
    Herzberger Straße 117, D-28205 Bremen

Dr. G. Bärbel Schmidt
    Floßgraben 4, D-79102 Freiburg

Prof. Dr. Günter Schnitzler
    Deutsches Seminar II, Universität Freiburg
    Werthmannplatz, D-79085 Freiburg

Dr. Werner Volke
    Eschenweg 20, D-71672 Marbach

Prof. Dr. Gotthart Wunberg
    Deutsches Seminar, Universität Tübingen
    Wilhelmstraße 50, D-72074 Tübingen

Register

Abbé Galiani 51
Abraham a Sancta Clara 51f.
Abrecht, Claudia 423
Abs, Hermann Josef 414
Adler, Viktor 247
Aischylos 124
Alatri, Paolo 229
Alewyn, Richard 238, 276, 291
Alexander der Große 58, 222
Alexander II. Nikolajewitsch, Zar 322
Alexis, Willibald 13
Alexius Hl. 8
Allemann, Beda 283
Almon, John 13
Alt, Peter-André 398f.
Altdorfer, Albrecht 415
Altenberg, Peter 363f., 380f.
Altenhofer, Norbert 14, 424
Amberg, Lorenzo 342
Amiel, Henri Frédéric 205, 225, 265, 328
Andler, Charles 224
Andreoli, Anna Maria 169, 171f., 174f., 207
Andrian, Leopold von 46, 75, 220, 319, 421
Angelico, Fra (Fra Giovanni da Fiesole) 190
d'Annunzio, Gabriele 21, 41, 79, 169-213, 221, 229f., 235, 236f., 244, 388, 392, 396
Apollinaire, Guillaume 341
Arco-Valley, Leopoldine Marie Gabriele von 108
Ariosto, Ludovico 210f., 297-303
Ariosto, Teresa 186
Arntzen, Helmut 383
Arp, Hans 341
Ascarelli, Roberta 169, 173, 389, 399, 403f.
Aspetsberger, Friedbert 171, 186, 235
Auguste Viktoria von Schleswig-Holstein-Sonderburg Augustenburg 51
Aurnhammer, Achim 275, 279, 414

Baake, Rolf-Peter 336
Bach, Johann Sebastian 308
Bachofen, Johann Jakob 415
Bachtin, Michail 253
Badoux, Eugène 388
Bahr, Hermann 216, 291-294, 338, 346f., 392, 405
Balmont, Konstantin 353
Balzac, Honoré de 66
Bandello, Matteo 415
Banoun, Bernard 389, 400
Barberi Squarotti, Giorgio 184
Barrès, Maurice 178, 181
Baudelaire, Charles 361
Bauer, Roger 352, 400
Baumann, Gerhart 283
Beauharnais, Josephine 323
Beaumont, Antony 391-393, 398, 402, 407
Becker, Benno 392
Becker, Katharina 410
Beckett, Samuel 317
Beer-Hofmann, Richard 182f., 223, 322, 396, 405, 421
Beethoven, Ludwig van 140
Behn, Fritz 97, 99, 128, 132, 138f., 149
Bein, Alex 393
Bělikov, Nikolai Fedorovich 295
Bellmann, Werner 419
Belyj, Andrej 321, 337f.
Benjamin, Walter 218f., 325, 328, 350f., 396
Benn, Gottfried 185, 312, 316, 321, 325-327
Bennett, Benjamin 253
Berdjajew, Nikolaj 319, 337
Berg, Alban 363-385
Berg, Erich Alban 365f.
Berg, Helene 366f.
Bermann Fischer, Gottfried 398
Berner, Peter 380
Bertazzoli, Raffaella 186
Bethmann Hollweg, Theobald von 97
Bethusy-Huc, Max von 39f., 51, 90, 98f.

427

Beuys, Joseph 319, 352, 354-357
Beyer-Ahlert, Ingeborg 420
Bianchetti, Egidio 170, 184
Bianquis, Geneviève 185
Bie, Oscar 7
Bierbaum, Otto Julius 111
Bierich, Marcus 416
Biermann, Leopold 90
Binswanger, Daniel 226, 233 f.
Birnbaum, Clemens 410
Bittner, Julius 363
Blake, William 86, 106
Blanchot, Maurice 264
Blei, Franz 38, 40, 100 f., 112 f., 115
Bleibtreu, Karl 364
Bloch, Josef 106
Blok, Alexander 338
Bloom, Harold 253
Blumenberg, Hans 361
Blyth, Alan 410
Boccaccio, Giovanni 291
Bode, Wilhelm von 48, 51
Bodenhausen-Degener, Dorothea (Dora, Mädi) von 39, 87, 90, 109, 113, 115 f., 145, 151 f., 154, 159, 161, 163 f., 421
Bodenhausen, Eberhard von 39, 85, 87, 89, 135, 145, 152, 154 f., 159, 164, 267, 335 f., 421
Böcklin, Arnold 104, 281, 415
Boehringer, Robert 422
Böschenstein, Bernhard 404, 409, 415
Böschenstein, Renate 235, 354 f., 357, 395, 415 f.
Bohnenkamp, Klaus E. 282, 396, 415, 419
Bohrer, Karl Heinz 248
Bollack, Jean 401
Bomers, Jost 406
Bondavalli, Leila 405
Bontempelli, Pier Carlo 398, 405
Borchardt, Marie Luise (Marel), geb. Voigt 422
Borchardt, Rudolf 23, 27 f., 59, 64, 82, 88, 99, 104 f., 112, 119, 122, 129, 135, 145, 155, 166, 262, 267, 336, 391, 422
Borcherdt, Hans Heinrich 292
Borgese, Guiseppe Antonio 174
Borstel, Stephan 355

Botterman, John 243
Botticelli, Sandro 184, 202 f., 210 f.
Bourget, Paul 181, 190, 193-195, 198 f., 205
Boysen, Rolf 410
Bradish, Joseph A. von 424
Braegger, Carlpeter 266, 319, 326, 351 f., 355 f., 414
Brahm, Otto 217
Braque, Georges 328 f., 346
Brandes, Georg 192 f.
Braun, Felix 252
Brecht, Bertolt 312, 414
Brecht, Walther 270
Brentano, Clemens 233, 257, 272
Brion, Marcel 283
Brix, Emil 380
Broch, Hermann 307 f., 313 f., 317
Broich, Ulrich 253
Bronsart von Schellendorf, Friedrich 131
Bronsart von Schellendorf, Walter 131
Bruckmann, Elsa, geb. Prinzessin Cantacuzène 26 f., 88
Bruckmann, Hugo 26 f.
Brug, Manuel 409
Büchner, Georg 271, 295, 312
Buddha 194 f.
Burckhardt, Carl Jacob 261, 281 f., 326, 422
Burenin, Viktor Petrovitsch 295
Burger, Hermann 409
Burger, Hilde 423 f.
Burljuk, Dawid 320, 330
Burljuk, Wladimir 330
Burkhard, Marianne 230 f.
Burte, Hermann 121
Byron, George Lord 58

Cacciari, Massimo 185
Caesar, Gaius Julius 222
Calderón de la Barca, Pedro 256, 326, 343
Canesino, Giuseppe A. 171
Canetti, Elias 383
Carducci, Giosuè 172
Caretti, Lanfranco 297
Carrière, Joseph Médard 196
Casanova, Giacomo Girolamo 291

Cassirer, Paul 40, 53, 128, 136, 334
Castle, Dean Lowell 185
Catalano, Gabriella 408
Catull 206f.
Celan, Paul 404, 409
Cellini, Benvenuto 184, 210f.
Cesaroni, P. 389
Cézanne, Paul 335, 342
Chadwick, Nicolas 365
Chamisso, Adelbert von 233, 252, 259
Chiarini, Paolo 389, 396
Chlebnikov, Velemir 320, 330, 351
Chotek, Sophie von Chotkowa und Wogrin 130
Cicero, Marcus Tullius 17, 326
Claudel, Paul 360
Claudius, Kaiser 323
Coche de la Ferté, Etienne 334
Colli, Giorgio 224
Collier, Price 145
Condillac, Etienne Bonnot de 225
Conradi, Hermann 364
Cooper, James F. 45, 53
Corbineau-Hoffmann, Angelika 282f.
Cossmann, Paul Nikolaus 24, 35, 120, 122, 125, 129, 142
Courbet, Gustave 335, 342, 350
Courier, Paul-Louis 225
Curtius, Ernst Robert 185, 326, 343, 351
Curzon, George Nathaniel 14

Daix, Pierre 340
Dambacher, Eva 167
Dangel, Elsbeth s. Dangel-Pelloquin
Dangel-Pelloquin, Elsbeth 264, 397, 401, 416f.
Dante, Alighieri 317
Dauthendey, Max 121, 364
Daviau, Donald G. 407
Degenfeld-Schonburg, Ottonie von 21, 61, 79, 91, 113, 128, 133, 145, 150-152, 255, 267, 326, 335f., 353, 422
Dehmel, Richard 64, 67, 121, 139, 154, 163, 321f.
Delacroix, Eugène 335, 339f., 342
Del Caro, Adrian 406
Demosthenes 326
Deneke, Otto 8

Denis, Maurice 335
Denkler, Horst 395
Derré, Françoise 334f.
Derrien, Jean Pierre 410
Deussen, Paul 13
Dewitz, Hans-Georg 419f.
Diabelli, Anton 409
Dick, Gerhard 295
Didier, Béatrice 224
Dieke, Hildegard 167
Dietrich, Margret 423
Doré, Gustave 66, 342
Dossena, Alleco 218
Dostojewskij, Fjodor Michajlowitsch 253
Dragonetti, I. 196
Dresen, Adolf 410
Drijard, A. 399
Droysen, Johann Gustav 415
Duchamp, Marcel 337f., 341
Düben, Otto 410
Dümling, Albrecht 364
Dürer, Albrecht 239, 266, 319, 343
Duncan, Isadora 21
Durieux, Tilla 40
Durr, Volker O. 237
Duve, Thierry de 338

Ebner-Fußgänger, Helga s. Fußgänger
Eckart, Meister E. 271
Eder, Alois 221
Eduard VII., König von England 72
Ehrenburg, Ilja 342
Eichendorff, Joseph Freiherr von 216, 291
Einstein, Carl 336
Eliot, Thomas Stearns 316f.
Emerson, Ralph Waldo 12
Enzensberger, Hans Magnus 388
Erler, Fritz 27
Eufemianus, Kaiser 8
Exner, Richard 232, 238-240, 246, 313, 362, 402, 409
Eysoldt, Gertrud 124, 128, 402

Fackert, Jürgen 419
Federn, Karl 45
Felsenstein, Walter 407
Fetting, Hugo 141

429

Fiechtner, Helmut A. 185
Fiedler, Corinna 101
Fiedler, Leonhard M. 7, 29, 261, 402
Fiedler, Theodore 221 f., 225, 232, 241, 243
Fiesole s. Angelico, Fra
Fischer, Hedwig 101, 124, 140
Fischer, Samuel 40 f., 75, 101, 124, 139 f.
Fischhof, Adolf 247
Flaischlen, Cäsar 414
Flaker, Aleksandar 340
Flaubert, Gustave 17
Foldenauer, Karl 233
Fontane, Theodor 291
Forcella, Roberto 170
Franckenstein, Clemens zu 34
Franckenstein, Georg zu 36
Franckenstein, Familie 31
Frank, Peter 239
Franz Ferdinand von Österreich-Este, Erzherzog 130
Franz Joseph I., Kaiser von Österreich und König von Ungarn 130 f., 240, 243, 249
Fred, Alfred W. 127, 136
Freud, Sigmund 247, 299
Friedrich III., der Weise, Kurfürst von Sachsen 86
Friedrich, Götz 410
Frink, Helen 235
Fröhlich, Hermann 416
Fucilla, Joseph Guerin 196
Fues, Wolfram Malte 417
Fülleborn, Ulrich 402
Fußgänger, Helga 423

Gagliardi, Maria 194, 198
Galton, Francis 338
Gauguin, Paul 54
Gautier, Théophile 233
Gautschi, Karl 283
Gazzetti, Maria 171
Gebsattel, Viktor Emil 107 f.
Geibel, Emanuel 366
George, Stefan 14, 47, 88, 121, 129, 170, 185 f., 326, 336, 343, 351, 364, 366, 379, 393, 415, 422
Géraldy, Paul 396

Gerigk, Horst-Jürgen 295
Gibellini, Pietro 171
Gilbert, Mary Enole 423
Gill, Eric 22
Gleichen-Rußwurm, Alexander von 295
Görgey, Arthur 246
Goethe, Johann Wolfgang von 8 f., 11 f., 14, 17 f., 39, 97, 99, 148, 165, 185, 202-207, 216, 218, 253, 266 f. 271, 281, 289 f., 299, 309, 312 f., 353, 389 f., 396
Götz, Bärbel 403
Gogh, Vincent van 334 f., 339 f., 342
Gogol, Nikolaj Wassiljewitsch 322
Goldschmidt-Rothschild, Marianne von 336
Goltschnigg, Dietmar 400
Gombocz, István 395
Gotzes, Birgit 391
Goya y Lucientes, Francisco José dé 339
Gozzi, Carlo 141, 146
Grab, Walter 395
Gräße, Johann Georg Theodor 8
Graupe, Paul 52
Grétor, Willy 48
Grey, Albert Henry George, Earl 62
Grien, Hans Baldung 345
Grillparzer, Franz 239, 415
Groddeck, Wolfram 277
Gros, Antoine Jean 222
Gruß, Stefan 302
Günther, Hans 340
Guglia, Eugen 200, 388
Gumpert, Gregor 407
Gundolf, Friedrich 123
Guro 330
Guys, Constantin 82, 84, 144, 335

Haas, Willy 261, 422
Haase, Ingeborg 387
Habermann, Hugo von 39
Härtling, Peter 416
Haltmeier, Roland 387
Hamburger, Michael 305, 413
Hansen, Carl V. 242
Hansen-Löve, Aage 340
Harden, Maximilian 384
Hardenberg, Friedrich von s. Novalis

Harel, Chaya 393
Harpner, Stefan G. 391
Hartmann, Ernst 390
Haufler, Daniel 398
Hauptmann, Gerhart 22, 33, 139, 215, 364
Haynau, Julius von 246
Hearn, Lafcadio 12f., 396
Hebbel, Friedrich 12, 14, 265, 363
Hébertot, Jacques 409
Heckscher, William S. 341, 346
Hegel, Georg Wilhelm Friedrich 225, 264, 299
Heine, Heinrich 67f.
Heinse, Wilhelm 289
Hellen, Eduard von der 18
Heller, Hugo 265, 299
Herchenröder, Clemens 335
Herding, Klaus 324, 347f., 350
Hérelle, Georges 174, 181, 186, 198, 230
Hergesell, Hugo 139
Hertz, Emil 363
Herzen, Alexander 273
Herzfeld, Marie 170, 422
Herzl, Theodor 393
Heymel, Alfred Walter 7, 19-167, 391, 422
Heymel, Gitta von, geb. von Kühlmann 21, 25, 28, 31-34, 37-39, 42, 44, 52, 54, 59f., 64f., 70f., 73, 79, 81, 83, 87, 90, 107, 125, 138, 145, 151
Heyse, Paul 186
Hildebrandt, Hans 122f., 129
Hildebrandt, Kurt 122f., 129
Hilmers, Hans 139
Hinterhäuser, Hans 171
Hirsch, Rudolf 7f., 18f., 24, 167, 178, 291, 302, 362, 389, 419f., 423
Hitzig, Julius Eduard 13
Hodler, Ferdinand 335
Hölderlin, Friedrich 97, 281, 306, 314-316, 318
Hoffmann, Dirk O. 420
Hoffmann, Ernst Theodor Amadeus 233
Hofmann, Ludwig von 22
Hofmann, Werner 328, 347, 350
Hofmannsthal, Augustin Emil Hofmann, Edler von 395

Hofmannsthal, Christiane von 305, 334f., 393, 424
Hofmannsthal, Franz von 391
Hofmannsthal, Gertrud (Gerty) von, geb. Schlesinger 20, 26, 30-32, 35-37, 42, 44, 60, 71, 74, 79, 81-84, 86, 89f., 98, 100, 109f., 112, 114, 118, 122, 130, 132, 134, 147-150, 154, 158
Hofmannsthal, Hugo Augustin von (Vater) 91, 132, 392f.
Hofmannsthal, Octavian von 334
Hofmannsthal, Raimund von 305
Hofmiller, Josef 24, 26, 33, 106
Holz, Arno 364
Homer 75, 96, 202f., 210f., 216
Hooker, Brian 63f., 127
Hoppe, Manfred 419f.
Horaz 184, 202f.
Horch, Hans Otto 395, 405
Hornig, Dieter 404
Hoverland, Lilian 248
Hubach, Sybille 407
Huch, Ricarda 416
Hübner, Götz Eberhard 419
Hugo, Victor 260, 263, 315, 343f.
Humperdinck, Engelbert 125
Husserl, Edmund 7

Ibsen, Henrik 10, 256
Ignée, Wolfgang 395
Ihwe, Jens 253
Ingold, Felix Philipp 319f., 322f., 325-327, 329-332, 341, 345, 349, 352f., 357-361
Ingres, Jean Auguste Dominique 335
Italiaander, Rolf 422

Jacobi, Hansres 394
Jacomuzzi, Angelo 209
Jaeckle, Erwin 391, 397, 423
Jäger, Lorenz 406, 416
Jean Paul 225
Jensen, Johannes Vilhelm 58
Johnston, Edward 22
Jost, Roland 215, 232
Jouvet, Louis 396, 409
Joyce, Douglas A. 401, 410

Kaemmerling, Ekkehard 341
Kafitz, Dieter 400
Kafka, Eduard Michael 322
Kafka, Franz 264, 311, 316, 418
Kahnweiler, Daniel-Henry 335
Kainz, Josef 80, 84, 89, 362
Kamenskij, Wassilij 329f.
Kandinsky, Wassily 347
Kant, Immanuel 338
Karg von Bebenburg, Edgar 325f., 337, 350, 353, 357, 423
Karg von Bebenburg, Hannibal 392
Karl der Große 298f.
Kassner, Rudolf 178, 282f., 396
Katharina II., die Große, Kaiserin von Rußland 67
Kayser, Philipp Christoph 18
Keats, John 313
Keith-Smith, Brian 416
Kellermann, Bernhard 53
Kerr, Alfred 133f.
Kessler, Harry Graf 22, 33, 36f., 43, 61, 63, 90, 97, 157, 164, 166f., 240, 256, 265, 335, 337, 396f., 423
Kienzl, Wilhelm 363
Kierkegaard, Sören 271
Kindermann, Heinz 423
Kippenberg, Anton 41, 47, 75-78, 82, 89, 99f., 106f., 110, 116, 122, 124, 126, 129
Klages, Ludwig 99
Kleist, Heinrich von 217f., 253
Klinger, Friedrich Maximilian von 260
Klussmann, Paul Gerhard 398
Kobel, Erwin 409
Koch, Hans Albrecht 391, 399, 420
König, Bernhard 291
König, Christoph 397, 401
Koenig, Hertha 334
Köttelwesch, Clemens 419
Kohler, Stephan 407
Kohn-Waechter, Gudrun 400
Kolb, Annette 38f., 88, 108, 140
Kossuth, Lajos 246
Kostka, Alexandre 396
Kowtun, Jewgeni 329
Kraus, Karl 216, 364, 383f.
Kristeva, Julia 253

Krüger, Michael 325
Krutschonych, Aleksej 320, 328-332
Kühlmann, Anna von 88
Kühlmann, Marguerite von s. Heymel, Gitta
Kühlmann, Richard von 25, 71, 88
Kühlmann, von (Familie) 34
Kuhn von Kuhnenfeld, Franz 241
Kuna, Franz 178
Kyser, Hans 139

Lachmann, Hedwig 397
Lachmann, Renate 253
Lafite, Carl 363
Lamač, Miroslav 333, 358f.
Landauer, Gustav 14, 271f.
Landolfi, Andrea 389, 396
Langen, Albert 48
Larionov, Michail 330
Lassalle, Ferdinand 247
Le Rider, Jacques 215, 234, 388, 399, 407, 416
Ledebur, Dorothea von 336
Lehnert, Gertrud 408
Lenau, Nikolaus 280, 366
Lendner, Hans-Harro 419
Lengauer, Hubert 384
Leonardo da Vinci 48
Leopardi, Giacomo Graf 190f., 202
Leppmann, Wolfgang 391, 394
Leuwer, Franz 7
Liebermann, Max 13, 218
Lieck, Peter 410
Liliencron, Detlev von 384
Lind, Georg Rudolf 272
Link, Jürgen 217, 221, 239f.
Lippi, Filippo 186
Lissitzky, El 341
Lohmann-Hinrichs, Dagmar 397
Loos, Adolf 384
Lorenzini, Niva 173, 175, 207
Lorenzo de Medici 184, 186, 206, 210f.
Loris-Mélikov, Michail Taríelovic 322
Lucas da Vinci 47f.
Lucas, R.C. 48
Lützeler, Paul Michael 388, 391
Luther, Martin 86

Mach, Ernst 286, 352, 405
Machiavelli, Niccolò 184, 210f.
Mähl, Hans-Joachim 264
Maeterlinck, Maurice 397
Magris, Claudio 186, 399
Mahlendorf, Ursula 402, 409
Mahler, Gustav 363, 393
Mahler-Werfel, Alma, geb. Schindler 393
Maidowski, Angelika 410
Maier-Troxler, Katharina 171
Majakowskij, Wladimir 319-322, 327, 330, 341
Malewitsch, Kasimir 319, 329-333, 348f., 351-353, 357-362, 414
Mallarmé, Stéphane 361, 415
Mandelstam, Ossip 326
Manet, Edouard 342
Mantl, Wolfgang 380
Marabini Moevs, Maria Teresa 171, 182
Marc, Franz 347
Marcadé, Jean-Claude 349, 353
Marco Polo 51
Maria Theresia, Königin von Ungarn und Böhmen, Erzherzogin von Österreich 276
Mariano, Emilio 171
Marinetti, Emilio Filippo Tommaso 341
Markov, Vladimir 320, 328
Marlowe, Christopher 43, 48, 61, 76, 114, 120, 125, 135-138, 141f.
Martens, Lorna 234, 406
Martini, Fritz 283
Marx, Joseph 363
Marzano 189
Masini, Ferruccio 173
Masson, Jean-Yves 406
Matisse, Henri 59
Matjuschin, Michail 330-332
Mattenklott, Gert 186, 387, 407, 416
Matthes, Ernst 47
Matz, Wolfgang 325, 328
Maupassant, Guy de 198f., 216, 220, 233
Mauser, Wolfram 232, 237, 407, 417
Mauthner, Fritz 14
Max, Gabriel 200f.

Mayer, Friederike 267
Mayer, Mathias 240, 251f., 254, 276f., 279f., 282, 290, 387f., 393, 397, 404, 414, 419f.
Maync, Harry 148
Mazzarella, Arturo 172, 179
McGlathery, James M. 407
McGrath, William J. 247
McKenzie, John R. P. 400
Medici-Mall, Katharina 353
Meier-Graefe, Julius 40
Mell, Max 144, 322, 423
Mendelssohn, Peter de 140
Mérimée, Prosper 291
Merkel, Otto Julius 52
Mertz-Rychner, Claudia 422
Metken, Günter 336
Metternich, Klemens Wenzel Nepomuk Lothar Fürst von 276
Meyer, Herman 313
Michel, Christoph 419
de Michelis, Eurialo 209
Middleton, Christopher 311f.
Miethe, Adolf 139
Miethke, Hugo Othmar 41
Miles, David H. 290
Miller-Degenfeld, Marie Therese 422
Millet, Jean-François 70
Mirabeau, Honoré Gabriel de Riqueti, Graf von 14f.
Mitterwurzer, Friedrich 327f., 388
Mitty, Jean de 223
Moering, Renate 8, 394f.
Moissi, Alexander 128
Molière 261
Mombert, Alfred 363f.
Mommsen, Katharina 291
Montaigne, Michel de 51
Monti, Claudia 405
Montinari, Mazzino 224
Moritz, Karl Philipp 289
Mottl, Felix 39, 91
Mozart, Wolfgang Amadeus 308
Mühlher, Robert 221
Mühll-Burckhardt, Theodora von der s. Von der Mühll
Müller, Hermann 388
Müller, Karl 407

433

Müller, Lothar 406, 408
Müller, Michael 419
Müller-Krumbach, Renate 166
Muensterberg, Hugo 127
Murillo, Bartolomí Esteban 190f.
Musil, Robert 172, 228, 316, 388, 405

Nagel, Gustav 92
Nakayama, Junko 405
Nansen, Fridtjof 139
Napoleon I., Kaiser der Franzosen 215, 222-224, 261
Nehring, Wolfgang 399, 419
Neidhardt, John Gneisenau 63f.
Neteler, Theo 167
Neumann, Gerhard 394, 404, 406, 409
Nickl, Therese 423
Nielsen, Erika 248
Nienhaus, Stefan 289, 403
Nietzsche, Friedrich 171f., 178, 186, 201, 224, 229f., 243, 311, 322-325, 348, 415
Nijinskij, Waclaw Fomitsch 337
Norris, Frank 58
Nostitz, Alfred von 32
Nostitz, Helene von 13, 32, 36, 235, 341, 423
Nostitz-Wallwitz, Oswalt von 423
Novalis 264, 271, 281, 289, 302, 351, 357, 388, 413

Offenbach, Jacques 190
Ojetti, Ugo 172
Okakura, Kakasu 12f.
Omar Khayyam 12f.
Oneida, Prinzessin 66f.
Oppenheimer, Felix Baron von 33f.
Oppens, Kurt 409
Osborn, Max 139
Osten, Gert von der 341
Osterkamp, Ernst 404, 406
Ovid 216

Pache, Walter 396
Padrta, Jiri 333
Paetzke, Iris 240, 247, 403
Palladio, Andrea 352
Pallenberg, Max 255

Pannwitz, Rudolf 252, 260, 263, 272, 311, 391, 393, 397, 423
Pape, Manfred 275-280, 283, 287-289, 420
Pascoli, Giovanni 175
Pasternak, Boris 319f., 326, 338f.
Pater, Walter 188, 415
Pauleweit, Karin 408
Pauli, Gustav 47, 90, 92
Pauli, Magda 90
Pehle, Margot 167
Pellico, Silvio 189
Pensa, Mario 185
Perels, Christoph 419
Perl, Walter H. 421
Perrig, Severin 395, 407
Perzynski, Friedrich 28
Pessoa, Fernando 272
Pestalozzi, Karl 280
Petrarca, Francesco 175, 184, 291
Petronio, Giuseppe 175, 180
Pfabigan, Alfred 384
Pfister, Manfred 253
Philipp II., König von Spanien und Portugal 334
Philipp IV., König von Spanien 343
Picasso, Marina 345
Picasso, Pablo 319, 324f., 328f., 333-348, 350, 414
Pindar 315
Piper, Reinhard 114
Pitt, William, Earl of Chatham 13
Plate, Albert 139
Plate, Ellen 139
Plutarch 51
Poe, Edgar Allan 233
Pörnbacher, Karl 239
Polheim, Karl Konrad 302
Polt-Heinzl, Evelyne 400, 403
Postl, Karl Anton s. Sealsfield, Charles
Pott, Klaus Gerhard 419
Potthoff, Elisabetta 297, 403
Pouget, Michèle 179, 184
Pound, Ezra 316f.
Poussin, Nicolas 335, 342
Pouzet, Vivette 223, 225, 233, 236
Praz, Mario 176, 182
Prince, Morton 298

Prittwitz-Gaffron, Friedrich Wilhelm von 136
Prodolliet, Ernest 411
Properz 202 f.
Proust, Marcel 283, 285
Pückler-Muskau, Fürst Hermann von 51 f.
Puvirenti, Grazia 406

Quander, Georg 319
Quint, Charles 223

Radcliffe, Ann 291
Radetzky, Joseph Graf R. von Radetz 224 f., 236, 240 f., 243-246
Radio, Maria von 106 f.
Raihala, Lorelle 398, 401
Raimondi, Ezio 172, 183
Raimund, Ferdinand 271
Rama Krishna 357
Rang, Florens Christian 397
Rasch, Wolfdietrich 232
Rathenau, Walther 146
Rauch, Maya 424
Ravy, Gilbert 409
Redlich, Josef 423
Rehtwisch, Theodor 145, 148
Reich-Ranicki, Marcel 388
Reichel, Edward 419
Reichstadt, Franz Josef Karl Napoleon, Herzog von 276
Reinhardt, Else 125
Reinhardt, Max 25-27, 40, 43, 46, 48, 61, 71, 118 f., 121, 123-125, 127 f., 130, 136, 141, 397, 401 f.
Rembrandt, Harmensz van Rijn 353, 355-357
Renan, Ernest 17
Renner, Ursula 171, 283, 335, 347, 388, 394, 403 f., 406, 416
Renner-Henke, Ursula s. Renner
Requadt, Paul 185, 189
Richter, Dieter 388
Rickels, Laurence 402, 409
Rieckmann, Jens 390, 392 f., 395, 403, 408
Rieder, Heinz 221, 237
Riezler-Liebermann, Käte 260

Rilke, Rainer Maria 47, 121, 129, 282, 312, 315, 321, 334, 336, 364, 406, 423
Ritter, Ellen 256, 387, 419 f.
Ritter-Santini, Lea 171, 179, 184
Robertson, Ritchie 226, 234, 404
Roda, Vittorio 183
Rode, Susanne s. Rode-Breymann
Rode-Breymann, Susanne 363 f.
Rodewald, Dierk 101
Rodin, Auguste 59, 335
Rodtschenko, Alexander Michailowitsch 330
Rölleke, Heinz 394, 414, 419
Rolland, Romain 128
Roller, Alfred 392
Roosevelt, Theodore 58, 69
Rosanowa, Olga Wladimirowna 330
Rosenfeld, Emmy 185
Ross, Werner 394
Rossbacher, Karlheinz 244-246
Rossetti, Dante Gabriel 68
Rosso Chioso, Fernanda 406, 408
Rothenstein, William 22
Rousseau, Jean Jacques 291
Rovagnati, Gabriella 185, 396
Ruben, Margot 398
Rubens, Peter Paul 342
Rubin, William 329, 334, 341
Rückert, Friedrich 366

Saar, Ferdinand von 244-246, 398, 405
Sage, Russell 70
Saibene, M.G. 185
Salten, Felix 41, 46, 60, 65, 169
Salvan Renucci, Françoise 408
Samuel, Richard 264
Sappho 308
Sarrabayrouse, Alain 229
Sartre, Jean-Paul 221
Sauer, Katrin 231
Schäuffelen, Eugenie 140
Schalk, Lili 13
Schaukal, Richard von 364
Schede, Hans-Georg 394
Scherer, Stefan 405
Scherer, Wilhelm 49
Scherpe, Käthe 196
Schiffermüller, Isolde 404

Schiller, Friedrich von 14, 289, 291 f., 294 f., 413
Schillings, Max von 139
Schindler, Alma s. Mahler-Werfel
Schirnding, Albert von 394
Schklowski, Viktor 340
Schlaf, Johannes 364
Schlenther, Paul 139
Schlésinger, Elisa 17
Schlesinger, Franziska 392
Schlesinger, Fritz 36
Schlesinger, Gertrud s. Hofmannsthal, Gertrud von
Schlesinger, Hans 392
Schmid, G. Bärbel 347, 387, 390, 394, 401, 408, 416
Schmid, Martin E. 397
Schmid, Wolfgang 253
Schmid-Burgk, Niko 398
Schmidt, Adalbert 178
Schmidt, Erich 49
Schmidt, Hugo 237
Schmidt-Bergmann, Hans-Georg 215, 232, 415
Schmidt-Dengler, Wendelin 416
Schmujlow, Wladimir 105
Schmujlow-Claassen, Ria 105, 179 f., 423
Schnack, Ingeborg 423
Schnitzler, Arthur 36, 46, 215 f., 219, 241, 383, 388, 395, 398, 405, 423
Schnitzler, Günter 291, 394
Schnitzler, Heinrich 423
Schoeller, Bernd 389, 420
Schoeller, Monika 414
Schönaich, Franz von 131
Schönberg, Arnold 363 f., 383
Schopenhauer, Arthur 171, 182, 205, 233, 240, 264, 322
Schorske, Carl Emil 247
Schreker, Franz 363
Schröder, Alexander von 126, 136
Schröder, Clara (Clara Heye) 28, 32 f., 74, 90, 93 f., 126, 147, 156, 160, 163 f.
Schröder, Dora 94
Schröder, Elisabeth, geb. Meyer 92-95
Schröder, Else 93-95
Schröder, Hans 93-95
Schröder, Johannes 92-94

Schröder, Katherine von 126, 131
Schröder, Lina 92-94, 126
Schröder, Rudolf Alexander 23, 26 f., 32-35, 47, 50, 63 f., 71-74, 76, 78, 80-82, 85, 87-90, 92-94, 96 f., 99, 108, 112, 118, 121, 126, 129, 132, 134, 139 f., 146 f., 149 f., 163, 166
Schubert, Franz 363
Schuh, Willi 389, 410, 423 f.
Schulz, Gerhard 302, 413
Schuster, Gerhard 167, 391, 422-424
Schuster, Peter-Klaus 319
Schwarzkopf, Gustav 215
Schwitters, Kurt 341
Sealsfield, Charles 291
Sebald, Winfried Georg 283
Seebach, Nikolaus Graf von 157
Seidl, Arthur 128
Serpa, Franco 389
Shakespeare, William 43, 46, 194 f., 210 f., 215 f., 263, 265
Shelley, Percy Bysshe 206, 415
Simhandl, Peter 388
Simolin, Rudolf von 90
Sinding, Stephan Abel 53
Skrjabin, Alexander 338
Slevogt, Max 45
Sobotka, Gabriele 392
Söring, Jürgen 283
Solf, Wilhelm 121
Sophokles 71
Spedicato, Eugenio 397
Spenser, Edmund 210 f.
Spering, Juliette 285
Spies, Werner 345
Sprengel, Peter 215
Stedman, Radulph von 54, 57, 72 f., 80, 138
Steichen, Edward 59
Stein, Erwin 364
Stein, Gertrude 338
Steinecke, Hartmut 399
Steiner, George 357
Steiner, Herbert 281, 307 f., 420-422
Steiner, Jakob 215, 232
Stempel, Wolf-Dieter 253
Stendhal (Henry Beyle) 221-225, 244
Stern, Ernst 136

Stern, Martin 215, 217f., 277, 280, 322, 387f., 396, 409, 416, 418f.
Sternberger, Dolf 7
Sternheim, Carl 29, 38, 48, 100, 260f., 398f.
Sternheim, Thea 143
Stieg, Gerald 401, 403, 408
Stieglitz, Alfred 59
Stieler, Kurt 366
Stierle, Karlheinz 253
Stifter, Adalbert 245
Stoessl, Otto 89
Storck, Joachim W. 334, 336
Storm, Theodor 234, 366
Strauss, Alice 423f.
Strauß, Botho 404, 406
Strauss, Franz 423f.
Strauss, Richard 20, 26, 118, 136, 157, 255, 265, 337, 384f., 388f., 407, 410, 423f.
Strelka, Joseph 402
Stuck, Franz von 350
Sturges, Dugald S. 402
Suchy, Viktor 416
Sulger-Gebing, Emil 105
Swinburne, Algernon Charles 68, 321, 415

Taaffe, Eduard Graf von 247
Tarot, Rolf 228, 232, 239, 241, 247
Tasso, Torquato 297
Tateo, Giovanni 400, 404
Taube, Otto Freiherr von 261
Taubmann, Elisabeth 336
Terramare, Georg 255
Terwin, Johanna 125, 128
Tewes, Rudolf 47
Tgahrt, Reinhard 167
Thannhauser, Heinrich 334
Thomas Morus 45
Thomasberger, Andreas 402, 415, 419
Thun, Franz Graf 247
Tibull 184, 202f.
Tiedemann-Bartels, Hella 218f., 396
Tintoretto 339
Tischbein, Johann Heinrich Wilhelm 202
Tizian 187, 202f.
Tolstoi, Leo 83

Tosi, Guy 171, 182, 201, 205
Toulouse-Lautrec, Henri de 41, 59, 114, 140, 339
Träbing, Gerhard 215
Trakl, Georg 315, 406
Trenck, Friedrich von der 106
Tschechow, Anton Pawlowitsch 295
Tschudi, Hugo von 48, 146
Tunner, Erika 401
Turner, Joseph Mallord William 70

Uhl, Friedrich 215
Urbach, Reinhard 383

Valentin, Jean-Marie 387f., 395
Velazquez, Diego 339, 342, 343
Velde, Henry van de 22, 148, 164, 335
Veldheim, Hans-Hasso von 121
Vergani, Ernst 216
Vergil 291
Veronese, Paolo 69
Viereck, George Sylvester 63f., 67f.
Vinnen, Carl 114
Vogel, Juliane 415
Vogel, Sabine 398
Vogt, Adolf Max 353
Voigt, Felix A. 111
Voigt, Lina 111
Voigt, Robert 111
Voigt, Thomas 410
Volke, Werner 19, 167, 256, 262, 281, 283, 322, 391, 413, 416, 422
Voll, Karl 47
Vollard, Ambroise 335f.
Vollmoeller, Karl 27, 41, 79, 87f., 121, 123, 125f., 128, 136, 141, 146
Voltaire 14
Von der Mühll, Theodora 409, 422
Voss, Richard 34, 53, 121, 149
Vrieslander, Otto 19, 97, 99

Wachten, Johannes 393
Wåhlin 282
Walcha, Helmut 309
Walk, Cynthia 157
Walz, Annegret 397
Warburg, Aby 341, 345
Warning, Rainer 253

Wassermann, Jakob 41, 60, 275, 283, 290f.
Watteau, Jean-Antoine 190f.
Watznauer, Hermann 365f.
Weber, Eugene M. 419, 421f.
Weber, Horst 422
Webern, Anton von 363
Wedekind, Frank 48, 383
Weill, Kurt 414
Weinzierl, Ulrich 398
Weiss, Gerlinde 178
Wellek, René 178
Wellesz, Egon 384
Wendelstadt, Julie von 90, 114-116, 138, 145, 151, 422
Wertheimstein, Josephine von 245
Whitman, Walt 353
Wichert, Fritz 123, 129
Wiesenthal, Grete 133
Wiethölter, Waltraud 219-221, 235, 239f., 276, 403
Wilde, Oscar 68, 238, 383
Wildgans, Anton 424
Wilhelm I., preußischer König und deutscher Kaiser 67
Wilhelm II., preußischer König und deutscher Kaiser 49-51, 69, 126
Wille, Bruno 364
Wilson, Jean 253
Winkler, Eugen Gottlob 314

Wischmann, Antje 282
Wissmann, Heinz 219
Wolf, Hugo 363
Wolfskehl, Karl 398
Wolters, Friedrich 123
Wrede, Mary von 88
Wunberg, Gotthart 231, 380, 394, 403

Yates, William Edgar 395

Zagami, Gloria 405
Zagari, Luciano 400
Zavrell, Franz 136
Zdanewitsch, Kyrill 329
Zeiss, Carl 157
Zelewitz, Klaus 178
Zelinsky, Hartmut 352
Zemlinsky, Alexander von 363, 391-393, 398, 402, 407
Zifferer, Paul 424
Zimmer, Andreas/Andrew 416
Zimmer, Christiane, s.a. Hofmannsthal, Christiane von, 334, 391
Zimmer, Heinrich 275, 281, 335
Zimmer, Michael 335
Zinn, Ernst 419
Zola, Emile 11
Zwetajewa, Marina 320f., 341
Zwetkow, Jurij Leonidowitsch 399-403, 405, 409

ROMBACH WISSENSCHAFTEN

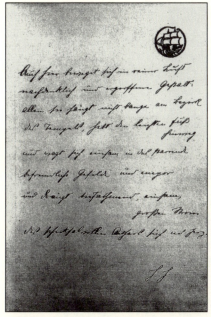

Gerhard Neumann
Ursula Renner
Günter Schnitzler
Gotthart Wunberg (Hg.)
**Hofmannsthal-Jahrbuch •
Zur europäischen Moderne
Band 1/1993**
408 S., 9 s/w Abb.,
engl. Broschur, 15,5 x 24 cm
DM 98,-
ISBN 3-7930-9094-9

»Dieses schön gedruckte Jahrbuch (Achtung Sammler!) tritt an die Stelle der bisherigen ... Publikationsorgane der Gesellschaft: der Hofmannsthal-Blätter und der Hofmannsthal-Forschungen. Es geht hierbei von jetzt an um das ganze, ungeheuer vielfältige Beziehungsgeflecht, in dem Hofmannsthals Œuvre eine zentrale Verknüpfungsposition einnimmt« (Süddeutsche Zeitung). »Besonders erwähnenswert ... sind die 128 Seiten bisher unveröffentlichter Briefe und ein hier erstmals publiziertes Gedicht Hofmannsthals« (Frankfurter Allgemeine Zeitung). »Das Jahrbuch ist schon mit dem ersten Band eine Fundgrube für Leser und Forscher« (Die Zeit, Hamburg). »Dem literarischen Œuvre, seinen traditionellen, motivischen Ausprägungen und seiner Rezeptionsgeschichte verpflichtet, versucht das Jahrbuch ›ein internationales Diskussionsforum‹ zu eröffnen« (Badische Zeitung), das den Dialog zwischen den Disziplinen beleben möchte. »Der erste Band des Hofmannsthal-Jahrbuches stellt eine Reihe von Fragen zur Diskussion, welche die Forschung wohl noch einige Zeit beschäftigen wird« (Neue Zürcher Zeitung). »Eine multikulturell-interdisziplinär angelegte ... Aufsatzsammlung« (Frankfurter Allgemeine Zeitung).

Erhältlich in Ihrer Buchhandlung

Bertoldstraße 10, D-79098 Freiburg i. Br.

ROMBACH WISSENSCHAFTEN

HOFMANNSTHAL
JAHRBUCH ZUR EUROPÄISCHEN MODERNE

Hugo von Hofmannsthal »Die neuen Dichtungen D'Annunzios«, Rudolf Kassner »Der ewige Jude in der Dichtung« Peter Sprengel Holz und Schlaf als »Klapphornisten« Ernst Osterkamp Die Sprache des Schweigens bei Hofmannsthal G. Bärbel Schmid Hofmannsthals »Leda und der Schwan« Elsbeth Dangel Blick und Bewegung der Geschlechter Lorenz Jäger Politik und Gestik bei Hofmannsthal Wolfram Mauser Hofmannsthals »Idee Europa« Rüdiger Görner Rilkes »Entwurf einer politischen Rede« Dietmar Schmidt und Claudia Öhlschläger »Weibsfauna«. Tiergeschichte und Pornographie Claudia Liebrand Tod und Autobiographie Christoph Brecht Horváth und die Semantik der Moderne Alfons Backes-Haase Der Fall Otto Gross

2/1994   Rombach Verlag Freiburg

Gerhard Neumann/
Günter Schnitzler/ Ursula Renner/
Gotthart Wunberg (Hg.)

**Hofmannsthal Jahrbuch 2/1994
Zur europäischen Moderne**
408 S., 3 s/w Abb., engl. Broschur,
15,5 x 24 cm, **DM 98,–**
ISBN 3-7930-9108-2

Das Hofmannsthal-Jahrbuch tritt an die Stelle der Hofmannsthal-Blätter und der Hofmannsthal-Forschungen, die Quellen und Dokumente zu Hofmannsthals Leben und Werk vorgelegt und die wissenschaftliche Auseinandersetzung mit seinem Werk gefördert haben. Es führt deren Konzeption weiter, soll aber darüber hinaus zum Forum einer Moderne werden, wie sie sich mit dem Namen dieses Autors verbindet. Zur Diskussion stehen also Hofmannsthals Werk und mit ihm die sogenannte klassische Moderne, zugleich ihre Herkunft und Fortschreibung bis heute. Überdies ist es ein besonderes Ziel des neuen Hofmannsthal-Jahrbuches, der interdisziplinären Forschung, die gerade bei der Erkenntnis der Dichtung Hofmannsthals gefordert ist, ein Forum zu bieten.

Ebenfalls erhältlich ist Band 1/1993
408 S., 9 s/w Abb., engl. Br., 15,5 x 24 cm, DM 98,–
ISBN 3-7930-9094-9
mit 128 Seiten bisher unveröffentlichter Briefe und einem hier erstmals publizierten Gedicht Hugo von Hofmannsthals

Erhältlich in Ihrer Buchhandlung

ROMBACH VERLAG
Bertoldstraße 10, 79098 Freiburg i. Br.
Telefon Verlag 07 61/45 00-3 30